中国领先企业技术创新能力成长之道

王 毅 张文彬 柏东海 胡新欣／编著

企业管理出版社
EMPH ENTERPRISE MANAGEMENT PUBLISHING HOUSE

图书在版编目（ＣＩＰ）数据

中国领先企业技术创新能力成长之道 / 王毅等编著. -- 北
京：企业管理出版社, 2011.10
ISBN 978-7-80255-896-0

Ⅰ. ①中… Ⅱ. ①王… Ⅲ. ①工业企业－技术革新－
案例－中国 Ⅳ. ①F424.3

中国版本图书馆 CIP 数据核字(2011)第 199859 号

书　　名：中国领先企业技术创新能力成长之道
作　　者：王毅　张文彬　柏东海　胡新欣
责任编辑：常杉　尤颖
书　　号：ISBN 978-7-80255-896-0
出版发行：企业管理出版社
地　　址：北京市海淀区紫竹院南路 17 号　　　邮编：100048
网　　址：http://www.emph.cn
电　　话：发行部（010）68701638　编辑部（010）68414643
电子信箱：80147@sina.com　　zbs@emph.cn
印　　刷：北京华正印刷有限公司
经　　销：新华书店
规　　格：170 毫米 ×240 毫米　　　　　16 开本　25.5 印张　484 千字
版　　次：2011 年 10 月 第 1 版　　2011 年 10 月 第 1 次印刷
定　　价：35.00 元

《重点工业企业技术创新能力问题研究》课题组

课题总指导：陈清泰　国务院发展研究中心原党组书记、副主任

　　　　　　奚国华　中国移动通信集团公司党组书记、副董事长（工业和信息化部原副部长）

　　　　　　娄勤俭　陕西省常务副省长（工业和信息化部原副部长）

　　　　　　李德成　中国企业联合会常务副会长兼理事长

　　　　　　蒋黔贵　中国企业联合会执行副会长

学 术 顾 问：吴贵生　清华大学技术创新研究中心主任、教授

课题组组长：闻　库　工业和信息化部科技司司长

　　　　　　胡新欣　中国企业联合会常务副理事长

课题组副组长：李　力　工业和信息化部科技司副司长

　　　　　　李建明　中国企业联合会副理事长、研究员

　　　　　　王　毅　清华大学经济管理学院副教授、博士

课题组成员：范书建　工业和信息化部科技司技术创新处处长

　　　　　　柏东海　中国企业联合会企业技术创新办公室主任

　　　　　　王　锐　工业和信息化部科技司技术创新处

　　　　　　张文彬　中国企业联合会企业技术创新办公室处长

　　　　　　高旭东　清华大学经济管理学院副教授、博士

　　　　　　李纪珍　清华大学经济管理学院副教授、博士

　　　　　　胡文瑞　中国石油企业管理协会会长

　　　　　　聂秀东　中国机械工业经济管理研究院产业经济研究室副主任、副研究员

　　　　　　陈炳炎　中国汽车工业协会研究部副主任

　　　　　　曾建平　中国电子信息产业发展研究院电子信息研究院所长、高级工程师

　　　　　　姜尚清　中国钢协发展与科技环保部副主任、教授级高工

　　　　　　张洪国　中国有色金属工业协会副秘书长

　　　　　　田　丽　中国纺织工业协会产业部副研究员

　　　　　　谭乃芬　中国船舶工业行业协会信息部副主任

　　　　　　常　杉　中国企业联合会企业技术创新办公室

　　　　　　刘建新　清华大学经济管理学院博士生

　　　　　　凌学忠　清华大学经济管理学院博士生

　　　　　　凌　陶　清华大学经济管理学院硕士生

　　　　　　付阳东　清华大学经济管理学院硕士生

　　　　　　臧祎霖　清华大学经济管理学院硕士生

　　　　　　张香兵　清华大学经济管理学院硕士生

为了解我国重点工业企业技术创新能力现状，分析当前工业企业技术创新存在的主要问题，总结成功经验，工业和信息化部科技司 2010 年 5 月委托中国企业联合会承担了《重点工业企业技术创新能力问题研究》课题。为高质量完成研究任务，中国企业联合会邀请了工业和信息化部科技司、清华大学技术创新研究中心和钢铁、汽车、船舶、石油石化、纺织、有色金属、机械、电子信息 8 个重点行业的领导和专家组成联合课题组。课题组历时 10 个月，从重点工业行业和案例企业两个层面展开了研究，主要研究内容如下：

1. 在梳理国内外企业技术创新前沿理论，了解最新研究方法和研究视角的基础上，课题组探索性的提出了评价工业企业技术创新能力三层次模型，作为案例企业技术创新能力评价的理论模型。

2. 系统分析了当前我国钢铁、汽车、船舶、石油石化、纺织、有色金属、机械和电子信息 8 个重点行业技术创新现状，总结了各行业近年来取得的主要技术进展，提出了"十二五"期间需要重点突破的技术领域和方向。

3. 实地调研了华为、中兴、长庆油田、中国船舶、海尔、海信、大唐电信、中国北车、哈尔滨电气、哈尔滨量具刃具、鞍钢、奇瑞汽车等 12 家案例企业，掌握了第一手资料，并以企业技术创新能力三层次评价模型为理论基础，系统评估了各案例企业技术创新能力现状，总结了技术能力成长的典型经验，分析了企业推进技术创新存在的主要问题。

4. 在消化吸收行业研究和案例企业调研成果的基础上，课题组提出了我国工业企业技术创新能力成长的 7 种典型路径，系统分析了当前推进我国工业企业技术创新需要重点关注的 5 个问题，并提出了具体的政策建议。

课题组成员研究分工为：工信部科技司领导提出了研究目的和具体要求；胡新欣、柏东海负责了课题研究总体框架的设计和研究成果主要观点的提炼总结，参加了部分案例企业调研；王毅、张文彬具体组织实施了课题研究工作，负责了案例企业调研和课题研究总报告的撰写；胡文瑞负责了石油石化行业研究；陈炳炎负责了汽车行业研究；姜尚清负责了钢铁行业研究；张洪国负责了有色金属行业研究；曾建平负责了电子信息行业研究；田丽负责了纺织行业研究；谭乃芬负责了船舶行业研究；聂秀东负责了机械行业研究；李建明、高旭东、李纪珍、刘建新、凌学忠参加了部分案例企业调研；付阳东撰写了鞍钢、哈尔滨电气、奇瑞

前言

汽车和中国船舶调研报告初稿；张香兵撰写了华为公司、中兴通讯和哈尔滨量具刃具调研报告的初稿；臧祎霖撰写了海尔集团、海信集团调研报告初稿；凌陶、臧祎霖共同撰写了长庆油田调研报告初稿；凌陶、付阳东共同撰写了中国北车集团调研报告初稿；张文彬、常杉负责了课题日常联络和组织工作。课题最终形成了 1 份总报告、12 份案例企业调研报告和 8 份行业研究报告。上述研究成果于 2011 年 1 月 21 日通过了工业和信息化部科技司组织的专家评审验收。

本书主要摘取了课题研究总报告和 12 个案例企业调研报告的内容，由王毅、张文彬、柏东海、胡新欣进一步改编而成。

感谢工业和信息化部科技司对本课题的资助；感谢中石油长庆油田分公司、中国北车、中国船舶、海尔、海信、华为、中兴、大唐电信、哈尔滨电气、哈尔滨量具刃具公司、鞍钢、奇瑞汽车等企业为本课题研究提供的大力支持和协助；感谢柳卸林、王兆华、宋卫国三位评审专家在评审中提出的宝贵意见。

最后，要特别感谢陈清泰、李德成、蒋黔贵、吴贵生等领导和专家在百忙中抽出时间亲自参与了部分案例企业的调研，并对课题研究总报告提出了许多建设性意见。

课题组

2011 年 9 月

综合篇

第一章

绪　论

一、研究背景

（一）我国工业企业技术创新能力发展阶段回顾①

新中国成立以来，我国企业技术创新能力发展经历了引进与独立开发、大规模引进、消化吸收、产品开发、自主创新五个阶段（如图1-1所示）。建国以后直至改革开放前，除20世纪50年代从前苏联等社会主义国家引进一些技术外，我国长期处于闭关锁国状态，企业在对20世纪50年代引进的一些技术消化基础上，进行低水平的独立开发。改革开放以后，从20世纪70年代末、80年代初开始，我国企业在国家有关部门和地区的支持下，大规模引进设备或整套生产线，生产产品以供国内之需。从20世纪80年代中期起，我国企业开始以实现零部件国产化和渐进创新为主的消化、吸收。20世纪90年代中期以后，由于国内竞争渐趋激烈，为取得竞争优势，企业在已经消化和积累的技术、经验的基础上，开始对产品进行创新，进入产品开发阶段。进入21世纪后，我国企业在

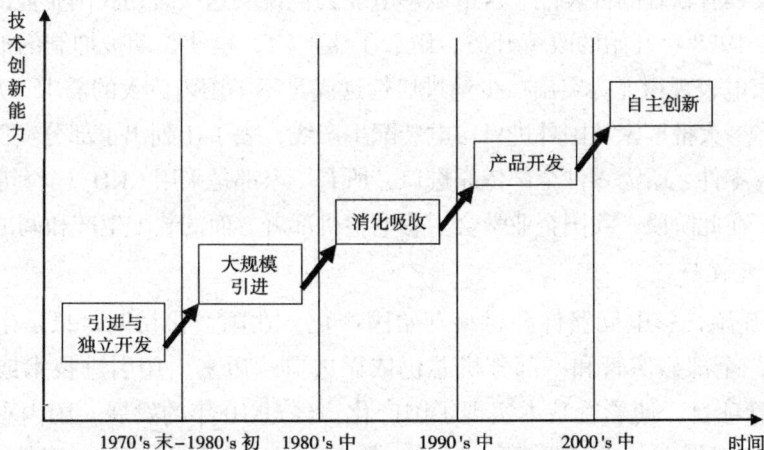

图1-1　我国企业技术创新能力发展阶段示意图

---

① 本小节在参考已经发表的文章基础上修改而成：吴贵生、王毅、谢伟，我国企业的技术成长与管理，研究与发展管理，2002年第5期，第34~40页。

国内市场面对更激烈的国际竞争，少数企业在国际市场的竞争中站住脚，政府也以中长期科技规划为契机，提出自主创新的国家战略，我国企业的创新不再停留在产品开发上，开始进入多种形式的自主创新阶段。

1. 引进与独立开发阶段

1978 年以前，独立开发是我国产业技术和工业化发展的基本原则。20 世纪 50 年代从前苏联等社会主义国家引进了一些技术。由于政治原因，从 20 世纪 60 年代初期到 20 世纪 70 年代末期，我国长期处于闭关锁国状态，企业处于一种低水平上依靠独立自主、自力更生的发展状态。而且，当时技术引进的方式主要局限于购买生产线和设备，从 1952 年到 1978 年，超过 80%的技术进口合同是用于购买交钥匙工厂和设备。从 1952 年到 1978 年，进口机器总额仅为 106 亿美元，而 1992 年一年就达到了近 60 亿美元。我国"一五"时期建设的 156 项重点工程发展起来的企业是这个阶段的典型代表。哈尔滨量具刃具集团有限责任公司是 156 项重点工程中唯一生产制造量具刃具的企业。哈量成立之初，在苏联专家的援助下，哈尔滨量具刃具厂的科研人员引进苏联技术，消化吸收并且进行产品的研发工作。这期间内，哈尔滨量具刃具厂生产出了我国第一支钻头，第一把卡尺、千分尺，第一块百分表，第一块量块，第一台精密量仪……成为了我国工量具行业的领军企业。1960 年之后，前苏联撤走了在华的全部专家，哈量开始独立自主的进行产品研发和技术创新。其中有代表性的创新是，自主研发出了被誉为"量具之王"的 00 级量块，填补了国内技术空白，达到了世界先进水平。

2. 大规模引进阶段

改革开放以后，我国企业技术发展进入了一个新的历史时期，彩电业的引进、消化吸收、产品开发具有较好的代表性。这里以彩电业为例说明这一时期我国企业的技术创新能力发展过程。1978 年开始的改革开放，解放了生产力，也使长期被抑制的消费需求得到释放，其中家电表现得尤为突出。少量进口远远满足不了国内巨大的需求，从 20 世纪 80 年代初开始，一大批厂家从国外进口彩电装配生产线，表 1-1 列出了部分实例。此时，国内尚不能生产零件，所需零件全部依靠进口，所有厂家都是采用 CKD（全套散件组装）方式进行生产。在此阶段，我国企业学会了彩电整机部署方面的装配生产和调试技术。

3. 消化吸收阶段

1986 年开始，彩电元器件和材料开始国产化。在国产化初期，只是生产一些非关键的零部件，全部显像管和一部分机芯仍依靠进口。后来，用引进技术或合资方式开展一批显像管项目，使彩管基本实现了国产化。经过 10 年的发展，国内彩电的供求基本平衡，并出现供大于求的局面。为此，企业要寻求产品差别化，以体现竞争优势。由于条件的变化，出现了一些新的消费需求，例如：许多家庭购买了录像机，需加装 AV 端子；国内电视台数目增加，对多频道接收提出了需求。鉴于上述情况，从 1990 年开始，彩电厂家对产品进行了局部改进，表 1-2 列出了部分改进的实例。

表 1-1　20 世纪 80 年代初期部分彩电企业装配线的进口

合同名称	购买单位	进口源	国外供给商	日期	主要内容
彩电装配生产成套设备	北京电视机厂	日本	松下电器株式会社	1980 年 2 月	成套设备
彩电装配生产成套设备	天津无线电厂	日本	胜利株式会社、日商岩井株式会社	1980 年 3 月	成套设备
彩电装配生产成套设备	天津电视机厂	日本	东芝电气株式会社	1984 年 3 月	关键设备
彩电生产设备	成都无线电一厂	日本	三洋电机株式会社	1985 年 3 月	关键设备
彩电生产成套设备	无锡 742 厂	日本	东芝电气株式会社	1983 年 3 月	成套设备

资料来源：谢伟，产业技术学习过程，清华大学经管学院博士论文，1999。

表 1-2　彩电生产企业所进行的部分彩电设计调整

彩电功能开发	开发彩电卡拉 OK 功能	开发 AV 接口	开发视频和音频输出功能	开发视频监视功能	开发高画质视频 S 端子	开发彩电静噪功能	开发 NTSC 制功能	开发遥控全关机功能	开发过压保护装置	开发遥控断电功能
彩电电路改进	彩电伴音电路改进	彩电行振荡供电电路的改进	彩电预选器电路改进	彩电电子调谐器的改进	彩电同步电路改进	彩电开关电源电路的改进	彩电机芯电源电路改进	遥控关机电源电路的改进	彩电定时开机电源电路的改进	遥控彩电开关电源起振性能的改进

资料来源：谢伟，产业技术学习过程，清华大学经管学院博士论文，1999。

4. 产品开发阶段

1996 年开始，随着城市市场的饱和、彩电厂家生产能力的扩张，供过于求的矛盾越来越尖锐，各厂家竞相降价，终于暴发了价格大战。企业一方面继续加强产品的局部改进，以试图通过产品差别化来部分化解价格竞争的压力，另一方面积极推出新产品。表 1-3 列出了全系列彩电产品创新的实例。

表 1-3　彩电的全系列产品创新

分类标准	创新名称	公司	日期
显示方式	液晶显示彩电	河北腾飞公司	1996 年 5 月
	背投式彩电	兆维公司	1998 年 2 月
	等离子体彩电	中山嘉华公司	1998 年 5 月
屏幕高度比	16∶9 彩电	康佳集团	1998 年 5 月
控制方式	声控电视机	中山嘉华公司	1997 年 4 月
	傻瓜电视	深圳华强	1998 年 8 月
画面显示方式	十画面画中画	康惠公司	1996 年 7 月
	十六画面画中画	夏华公司	1997 年 11 月
信号接收方式	卫星接收电视机	创维公司	1997 年 5 月
制式变化	高清晰度电视	康佳公司	1999 年 1 月

资料来源：吴贵生等，经济全球化与中国制造业发展战略研究，机械工程学报，2001.3。

5. 自主创新阶段

进入 21 世纪之后，我国彩电产业一方面开始瞄准国际市场，进行国际化的探索，例如 TCL 并购汤姆逊和长虹进入美国市场；另一方面面对彩电技术换代，平板电视快速替代传统 CRT 电视。平板时代的到来使我国企业开始陷入被动应对局面，只能依靠自主创新走出困境。自主创新不再停留在彩电整机这个层面，在芯片和面板这些核心部件上都有突破。海信集团是这个阶段的代表企业。2005 年，海信自主开发出"信芯"，运用该芯片的电视整机产品与采用国际先进芯片的电视相比，技术性能毫不逊色。继成功推出拥有自主知识产权的芯片——"信芯"后，2007 年 9 月，首批"海信制造"的电视液晶模组下线，我国电视液晶模组完全依赖进口的状况被打破。进入自主创新阶段之后，我国企业的创新呈现出以下新特点：技术开发的模式由模仿为主向二次创新和原始创新为主转变；技术获取方式由单纯引进向多元化方式转变；技术开发资源管理由以资金管理为主向人才为核心的管理转变。

（二）我国工业企业技术创新能力现状概述

1. 研发投入和产出整体情况

2000 年以来，我国研发投入和企业专利产出等都呈快速增长态势，R&D 经费支出以年均 23% 的速度增长，2009 年达到 5 802.1 亿元，跻身 R&D 经费投入大国之列。2009 年 R&D 经费投入强度达到 1.7%，创历史新高。2009 年国内职务发明专利申请受理数为 17.2 万件，是 2000 年的 13.7 倍；国内职务发明专利申请授权数为 5.2 万件，是 2000 年的 18.5 倍。规模以上工业企业新产品产值为 68 198.8 亿元，是 2000 年的 6.9 倍。2010 年，根据世界知识产权组织（WIPO）最近公布的数据，我国 PCT（专利合作协定）申请量世界排名超过韩国，由上年的第五位上升至第四位。这说明随着国家知识产权战略的深入实施，企业的自主创新能力和知识产权创造能力明显提升。中兴、华为、大唐移动通信、中国移动、西电捷通等 12 家国内企业 2010 年 PCT 申请公布量排名进入世界前 500 名，上榜企业数量比 2009 年再多 4 家。其中，中兴通讯有限公司取代华为技术有限公司成为 PCT 申请公布量最多的中国企业，位居全球第二，华为位居全球第四。

但与此同时，我国研发投入和企业专利产出等跟国际先进水平相比还有较大差距。世界领先国家的研发投入强度为 3% 左右，而我国只有 1.7%。而且，在我国研发经费支出中基础研究和应用研究所占比重偏低，与发达国家基础研究支出占 10% 以上（2008 年美国占 17%，2005 年日本占 12.7%）和应用研究支出占 20% 以上（2008 年美国占 22%，2005 年日本占 22.2%）的水平相比差距明显。企业自主研发能力不足，水平不高。2009 年我国大中型工业企业中有发明专利授权的企业为 1 893 家，仅占 4.7%；大中型工业企业共有授权发明专利 14 277 件，约每三家企业有一件。此外，我国 PCT

申请量仍然相对较少，优势企业数量仍显不足。在 PCT 申请全球百强申请人中，日本有 31 家，美国有 25 家，德国有 14 家，而我国只有 3 家。我国优势企业涉及的产业比较单一，集中在通信和网络产业，PCT 申请全球百强申请人中，日本的 31 家企业涉及电子、汽车、机械制造、化工等多个领域，美国的 25 家企业同样涉及通信、电子、化工、机械、飞机制造、军工、快速消费品等多个领域。

2. 企业自主创新调查①

2008 年 10 月，清华大学技术创新研究中心和国家统计局中国经济景气监测中心针对我国 42 个城市的部分规模以上企业的自主创新情况进行了跟踪调查，调查内容以这些企业在过去三年（2005 年 1 月 1 日～2007 年 12 月 31 日）从事的企业各项创新基本情况为主。此次调查覆盖全国 42 个城市，1399 家企业，覆盖所有制造行业，如表 1-4 所示。通过分析，我们发现了一些跟企业技术创新能力相关的新情况。

表 1-4　创新活动状况

	企业数	产品创新	工艺创新	创新
按所有制分				
国有企业	99	76.8	73.7	77.8
集体和私营	120	59.2	52.5	60.0
其他内资	753	74.0	72.5	77.7
三资企业	425	61.3	60.9	64.9
按规模分				
大型企业	206	90.3	84.5	90.3
中型企业	718	74.5	73.7	78.0
小型企业	475	51.7	50.5	56.0

（1）国有企业创新活跃，创新新颖度相对低，企业内部 R&D 活动相对高。

总的看来，随着规模的增加，企业的创新比例也在升高。大型企业中从事创新活动的企业百分比高于中型企业，而后者又高于小型企业。比较不同所有制类型的企业，可以发现国有控股企业以及建立了现代企业制度的各种股份制企业（即其他内资企业）的创新比例高于集体和私营企业，也明显高于三资企业。三资企业无论在产品创新或是工艺创新方面都要低于国有控股企业。

在企业对产品创新的新颖程度判断上，61.0% 的企业认为自己的产品创新仅对本企业新颖，57.1% 的企业认为只在中国新颖，而约 1/4（25.4%）的企业认为自己的产品创新在国际上依然是新颖的。根据企业所有制不同对产品新颖性程度进行划分，可以发

---

① 本小节内容摘自：清华大学技术创新研究中心，2008 年 42 城市制造业企业跟踪调查结果——技术创新活动调查，《创新与创业管理》第 5 辑，北京：清华大学出版社，2009 年 12 月，第 90~136 页。

现，国有企业和集体私营企业中，较少比例的企业认为自身的产品创新在国际上新颖，更多企业认为自身产品创新仅对本企业是新颖的；而三资企业与其他内资企业在产品创新的国际新颖程度上更有信心，如图 1-2 所示。

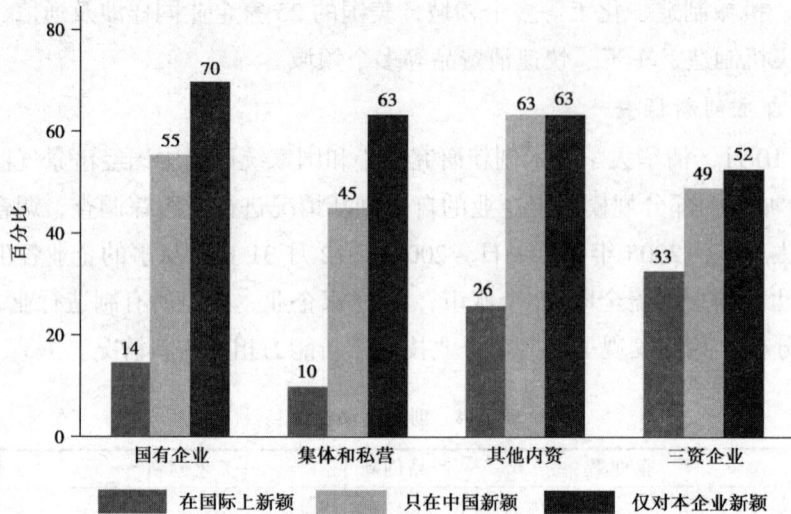

图 1-2　按所有制类型划分产品创新的新颖性程度

根据企业所有制进行划分，国有企业中更多的将企业内部 R&D 作为主要创新活动，其比例高达 69%；三资企业和其他内资企业比例类似，分别为 57% 与 59%；集体与私营企业比例最低，为 48%。而在购买机器、设备和软件这一项创新活动上，情况则恰好相反。其余三种创新活动，在各种所有制的企业中所占比例都很低，差别也不显著，如图 1-3 所示。

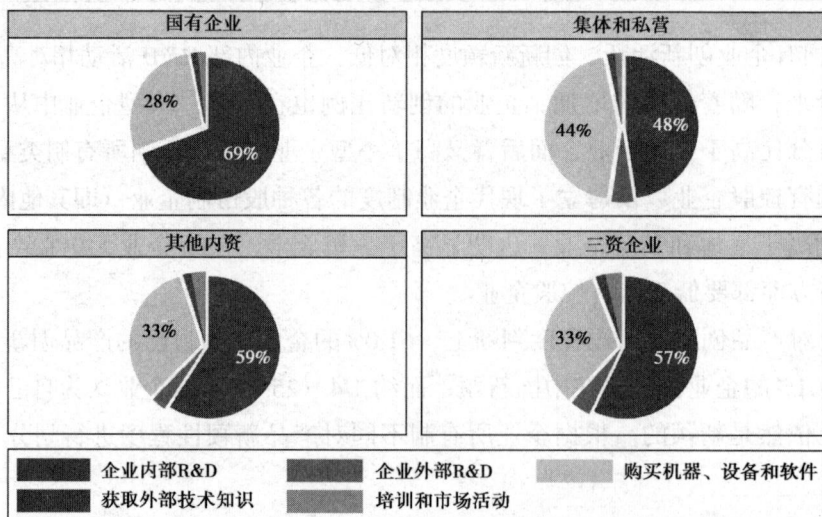

图 1-3　最主要创新活动类型的分布——按企业所有制划分

（2）国际市场导向的企业创新活跃，创新新颖度相对高。

根据不同企业市场重心不同，对从事产品创新企业的比例进行划分，以国内市场为主导、同时兼有出口的企业，从事产品创新最为活跃，其比例为83.8%；以国际市场主导的企业、以及省外市场主导且无出口的企业，从事产品创新的比例为63%左右；而从事产品创新企业比例最低的，是以本地市场主导且无出口的企业，仅有52.8%的企业进行了产品创新，说明了市场的局限性对企业的产品创新有负面影响，如图1-4所示。

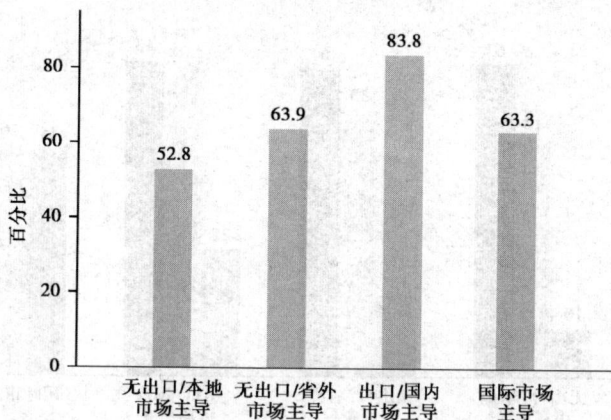

图1-4　按市场重心划分从事产品创新的企业比例

综合"市场重心"和"所有制类型"两个因素对被调查企业从事产品创新情况进行分析，发现国有企业中以国际市场为主导的企业全都从事过产品创新，而以国内市场主导兼有出口的企业紧随其后；而在集体和私营、其他内资以及三资企业里，均是国内市场主导兼有出口的企业中从事产品创新的企业比例最高，而另三种市场导向的企业在从事产品创新的比例上没有显著的差异，如图1-5所示。

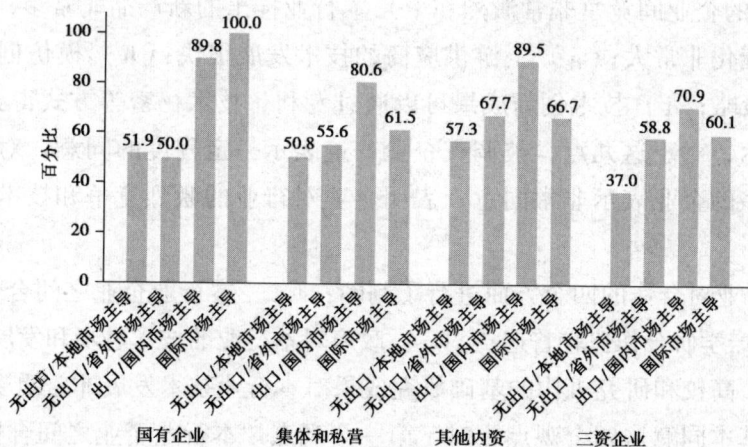

图1-5　按市场重心和所有制类型划分从事产品创新的企业比例

根据市场重心对产品创新的新颖性程度进行划分，可以发现，对外导向越明显的企业（例如国际市场主导的企业，其对外导向性高于有出口但以国内市场为主导的企业，后者又高于无出口但省外市场主导的企业等），产品创新越容易在国际上体现出新颖性。值得注意的是，有出口且国内市场为主导的企业，其产品创新更多的在国内体现出新颖性，如图1-6所示。

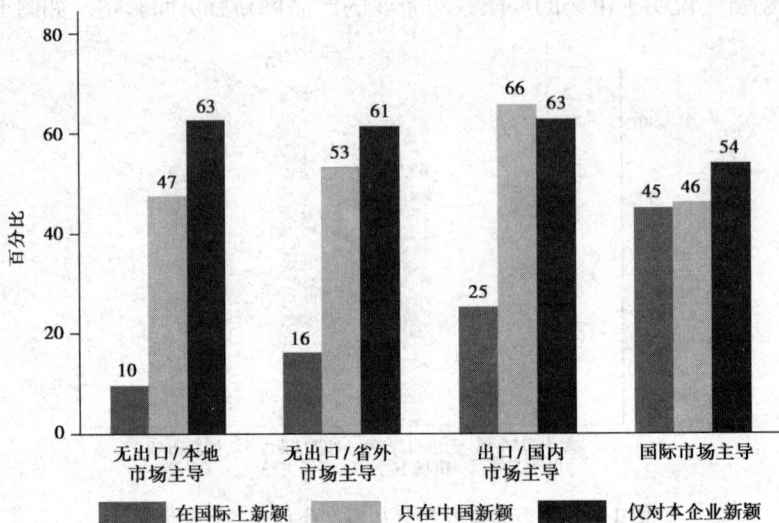

图1-6　按市场重心划分产品创新的新颖性程度

（3）企业竞争激烈、企业间合作不普遍、技术累积性重要、通过引进和合资合作获得国外关键技术的难度加大、从国外技术供应商获得关键技术的可能性增大。

企业对所在行业特征的判断方面，包括以下九个选项：（a）本行业核心技术发展较快；（b）本行业的研发投资成本较高；（c）本行业先前技术积累非常重要；（d）本行业的企业间竞争非常激烈；（e）本行业推出的新产品非常多；（f）本行业的总体需求变化非常大；（g）上游供应商的技术发展很快；（h）模仿创新是本行业普遍采取的策略；（i）技术创新成果可以通过专利、技术秘密等方式得到有效保护。如图1-7所示，对于这九点，被调查企业普遍表示一定程度的同意，对于第三点和第四点，更多的企业表示非常同意，表明企业对行业的激烈竞争和技术积累重要性的认同。

被调查企业对合作的四个方面进行了判断：（a）本行业企业之间合作比较普遍；（b）本行业产学研合作比较普遍；（c）政府对本行业的技术进步和发展提供了有力支持；（d）高校和研究机构的基础研究成果对本行业技术发展非常重要。如图1-8所示，企业基本同意这四个观点，对于第一个观点"本行业企业之间合作比较普遍"认同度相对较低。除了合作以外，技术获取也是企业获得关键技术的手段。被调查企

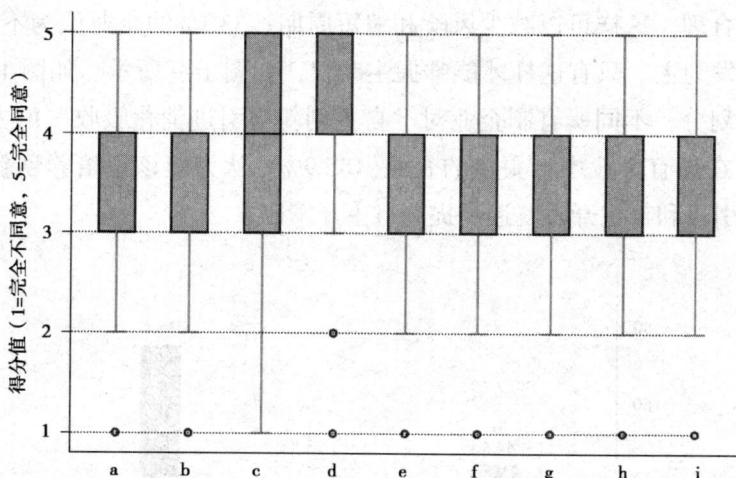

图1-7　企业对所在行业特征的判断

业对技术获取的四个方面进行了判断：（a）通过引进获得国外关键技术的难度加大；（b）通过合作或合资来获得国外关键技术的难度加大；（c）从国外技术供应商（如设计公司或技术咨询公司）获得关键技术的可能性增大；（d）通过并购获取国外技术的可能性增加。如图1-8所示，企业基本同意前三个观点，即引进或通过合作、合资获得国外关键技术的难度都在加大，而从国外技术供应商获得关键技术的可能性增大。对于通过并购获得国外技术的可能性，企业普遍表示中立态度。

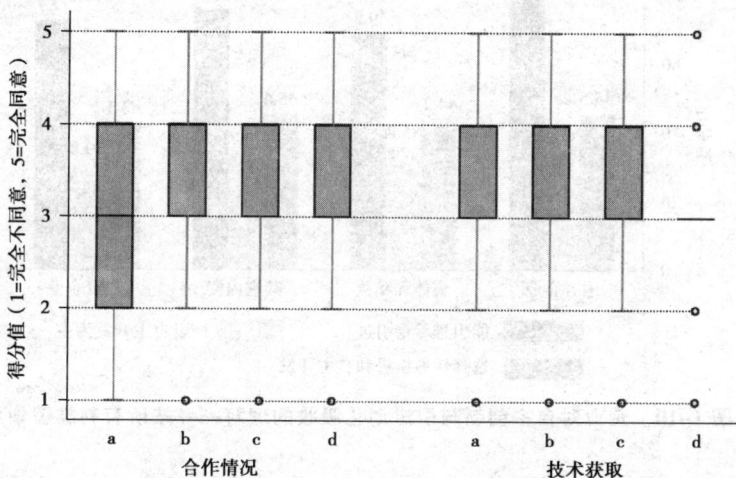

图1-8　企业对合作和技术获取情况的判断

（4）大多数企业、尤其是国有企业认为要把培养创新能力放在首位。

对于自主创新与引进消化吸收的理解，75.1%的企业认为应该把培养创新能力放在首位，选择性地引进和自主开发，逐步提高自主开发比重；44.6%的企业认为当能引进时还是引进更合理，这样可以减少风险和缩短周期；33.1%的企业认为不论能否引进，都要以自主开发为主，只有这样才能掌握主动权，如图 1-9 所示。如图 1-10，按企业的所有制性质划分，不同所有制企业对"自主创新与引进消化吸收"的主张基本与整体一致，除了在国有企业中，更多的企业（85.9%）认为应该把培养创新能力放在首位，选择性地引进和自主开发，逐步提高自主开发比重。

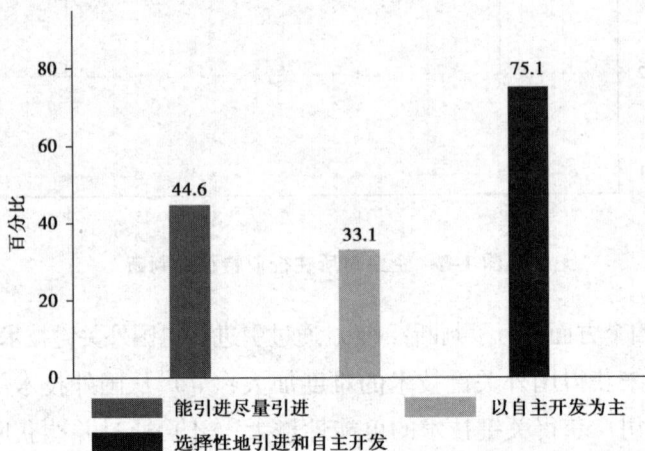

图 1-9　企业对自主创新与引进消化吸收的理解

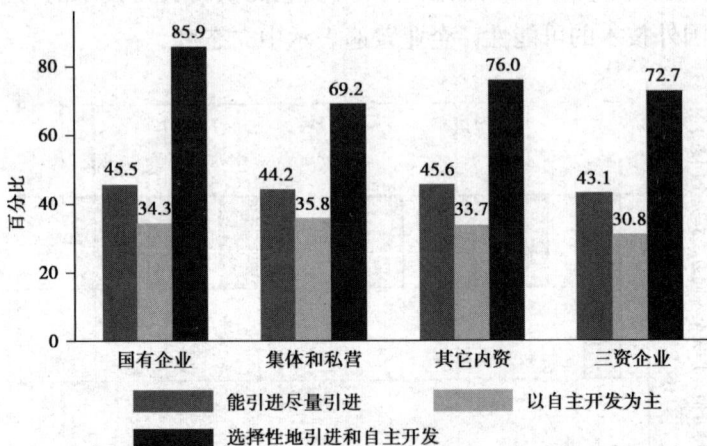

图 1-10　企业对自主创新与引进消化吸收的理解——按所有制类型划分

　　总体来看，调查结果与前面我国企业技术创新能力发展阶段、整体情况比较一致，我国企业技术创新能力整体偏低，国际市场对创新能力的提高更为重要，技术创新能力提高的途径多元化趋势明显，提高自主创新能力的紧迫性提高。调查情况表明，面对我国企业技术创新能力发展的新阶段，对企业提高技术创新能力的过程进行研究非常及时和有实际意义。

二、相关理论回顾

技术创新是指由技术的新构想，经过研究开发或技术组合，到获得实际应用，并产生经济、社会效益的商业化全过程的活动。技术创新是由技术和市场共同作用引发的；同时，创新过程中各环节之间及创新与市场需求和技术进展之间还存在交互作用的关系，如图 1-11 所示。

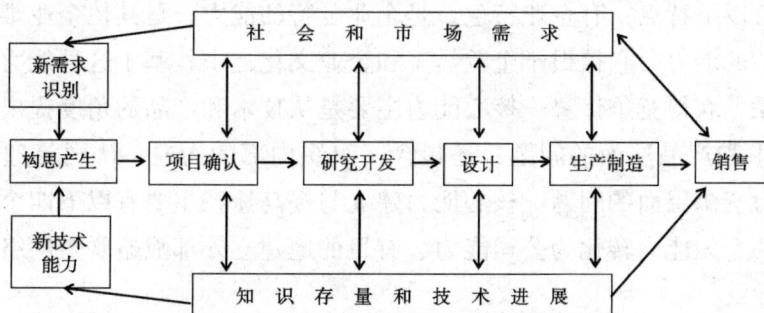

图 1-11　技术创新过程的交互模型

(一) 技术创新能力的定性描述及相关概念

1. 定性描述

技术创新能力是企业从事技术创新活动的基础，同时对技术创新的成效起决定性的作用。企业技术创新能力不是某一单项能力（如研究开发能力）所能概括的，而是多项能力的综合和集成。因为技术创新几乎涉及企业经营活动的各个方面和活动过程的各个环节，任何一个相关方面和环节缺乏能力支撑都会导致创新失败或低效。从技术创新的过程来看，技术创新能力包括投入能力、研究开发能力、制造（生产）能力、营销能力和管理能力。[①]

2. 相关概念

（1）吸收能力。吸收能力是企业为了创造价值而建立起来的获取、消化、转化和利用知识的组织惯例。企业有良好的吸收能力，就可以认识到新信息的价值，进行吸收，并将其应用于商业用途。吸收不是简单的模仿，而是包括消化外部知识、外部知识内部化、转化外部知识、使外部知识与企业组织惯例相适应，并在此基础上产生新知识。吸收能力由以下五种相互补充的异质能力构成：知识价值认知能力、知识获取能力、知识消化能力、知识转化能力、知识利用能力。吸收能力提升的措施有：增加研发投入、扩大外部知识接触渠道、积累知识基础、加强内外部合作与交流、建立跨边界沟通机制、

---

① 吴贵生，技术创新管理，北京：清华大学出版社，2000。

建立有利于知识吸收的组织文化。吸收能力包括两个层次：一是企业吸收大学和研究所基础研究的成就并应用于企业创新的能力；二是企业消化、吸收领先于自己企业的产品和工艺技术的能力。吸收能力具有相对性，企业对不同主体的知识和技术体现出不同的吸收能力特点。[①]

（2）核心能力。核心能力是组织内部的群体学习能力，尤其是如何协调不同产品技能、整合不同技术流的能力。核心能力是企业能在特定行业保持竞争优势的基础性能力，具有以下特点：有企业特色，是企业独特的能力；是其他企业难以模仿的能力；是基础性的能力，它植根于企业员工和企业文化之中，基于这种能力，企业可以在一系列产品上获得竞争优势。核心能力主要是从技术和产品的角度提出的，但它又不完全是技术和产品层面的问题，还包含了组织内部的沟通、认同等理念层面的问题，以及人力资源层面的问题。核心能力建立与提高途径主要有以下四个方面：组织学习、杰出的个人能力转化为公司能力、有目的地建立外部战略联盟网络、在创新实践中提升。[②]

（3）动态能力。动态能力是企业整合、构建、重组内部与外部能力，以适应快速变化的环境的能力。动态能力反映企业在给定路径依赖性和市场地位的情况下，获得新型、创造性竞争优势的能力。动态能力强调对快速变化的环境的适应性，独特的组织过程或常规，以及整合、学习、变革的重要性。动态能力是一种高阶能力，强调对资源、技能、专长的重新配置，以抓住技术、管制、市场等方面的环境变化带来的机会，包括感知机会与威胁、抓住机会应对威胁与转型等组成部分。从资源重新配置的角度来看，动态能力的表现形式有：利用现有资源、创造新资源、获取外部资源、释放资源。在资源配置和外部机会之间起桥梁作用的是资源认知能力。[③]

（二）技术创新能力的定量分析

1. Burgelman 双层次五要素框架[④]

创新既依赖技术方面的能力，也依赖制造、营销与分销、人力资源管理等方面的

---

① Cohen M. W., Levinthal D.A. Absorptive capacity: A new perspective on learning and innovation. Administrative Science Quarterly, 1990, 35:128-152.

② Prahalad C.K. and Gary Hamel (1990)，'The Core Competency of the Corporation', *Harvard Business Review*, May-June, pp.79-90.

③ Teece, D.J., Pisano, G., and Shuen, A. (1997). 'Dynamic capabilities and strategic management', *Strategic Management Journal*, 18（7）：509-533.

④ 陈劲、王毅译，[美] 罗伯特·A·伯格曼（Robert A. Burgelman）、[美] 莫德斯托·A·麦迪奎（Modesto A. Maidique）、[美] 史迪芬·C·惠尔莱特（Steven C. Wheelwright）编著，《技术与创新的战略管理（Strategic management of technology and innovation)》第 3 版. 北京：机械工业出版社，2004 年 1 月。

能力。例如，为达到产品优异性能而设计的技术战略必须要有一支受过技术培训的销售队伍支撑，他们能把有关产品性能的优点告知客户，除此之外，还要有高质量的制造系统。可以把创新能力定义为促进与支持创新战略的组织特性全集。创新能力存在于事业部与公司（多元化公司）层次。

- 事业部：具有独特的产品市场、竞争者与资源组合，能够确定具体战略与资源投入态势，创新能力定量分析要识别出影响该层次创新战略的关键因素；
- 公司：这个层次的定量分析既要识别出影响公司与事业部层次在创新能力方面的联系的关键因素，也要识别出影响公司整体创新战略制订和实施的关键因素。

事业部层次的创新战略与新产品、新服务和／或新生产系统、交付系统有关，能够从以下方面来描述：进入市场时机；技术领先或追随；创新范围；创新速度。

有五类重要因素影响一项业务的创新战略：可以用于创新活动的资源；从创新角度理解竞争对手战略和产业演化的能力；理解与事业部有关的技术进展的能力；事业部内部影响创业行为的组织与文化环境；处理内部创业的战略管理能力。这些能力的具体评价指标如下：

可以运用的资源及其配置能力：

- 研究开发资金投入水平：绝对数量、占销售额百分比、占公司全部研究开发资金投入百分比、与主要竞争者相比、与领先竞争者相比；
- 事业部在以下技能领域的深度与广度：研究开发、工程化和市场研究；
- 在与事业部有关的技术领域具有的独特能力；
- 把研究开发分配到：现有产品／市场、为现有产品种类开发新产品、开发新产品种类。

理解竞争者的创新战略和产业演化的能力：

- 情报系统与可以获取的数据；
- 识别、分析和预测竞争者创新战略的能力；
- 识别、分析和预测产业演化的能力；
- 预计与事业部创新战略有关的外部促进／阻碍力量的能力。

理解事业部的技术环境的能力：

- 对与事业部有关的技术的预测能力；
- 评价与事业部有关的技术的能力；
- 为事业部发现技术机会的能力。

事业部组织与文化环境：

- 管理研究开发工作的机制；
- 从研究向开发转移技术的机制；

- 在新产品开发过程中整合不同职能部门（研究开发、工程、营销、制造）的机制；
- 资助未列入计划的新产品开发请求的机制；
- 引发员工产生新构想的机制；
- 对创业行为的评价与奖励体系；
- 主导价值观和对成功的界定。

处理创业行为的战略管理能力：

- 事业部管理层确定重大开发战略的能力；
- 事业部管理层评价创业行为战略重要性的能力；
- 事业部管理层评价创业行为与该单位核心能力相关性的能力；
- 事业部管理层指导新产品热心支持者的能力；
- 事业部新产品热心支持者数量和质量。

公司层次的创新能力定量分析要增加一些维度，必须评价公司创新能力如何提高事业部层次的创新能力。换句话说，就是要分析公司创新能力整体如何大于各事业部创新能力之和。一般来说，公司层次的创新能力可以从以下几个方面来描述。

- 组合横跨当前事业部的创新能力而产生的新产品、新服务和 / 或生产与交付系统的范围与速度；
- 在公司研究开发和技术开发工作基础上形成新业务的范围与速度；
- 上述各事项的进入时机。

公司层次的创新能力定量分析要考虑五类因素，每一类都与业务层次相对应，但强调重点有所差异，与事业部相比，依靠自己的能力更多。这五类因素包括：可以用于创新活动的资源及其配置（例如公司研究开发，可以用于风险项目的现金）；理解多产业竞争战略和演化的能力（例如公司为创新做出的战略规划）；理解技术发展的能力（例如多产业监测与技术预测）；公司组织与文化环境；公司战略管理能力（例如，通过"横向"战略在创新中开发融合效应；公司内部创业投资与并购战略）。具体的定量分析指标如下：

可以运用的资源及其配置：

- 公司研究开发资金投入水平：绝对数量、占销售额百分比、与主要竞争者相比、与领先竞争者相比；
- 公司层次人员在以下技能领域的深度与广度：研究开发、工程化和市场研究；
- 在与多个事业部有关的技术领域具有的独特能力；
- 把研究开发分配到：试探性研究、支持主流业务的研究开发、支持形成新业务的研究开发、支持新业务发展的研究开发。

理解竞争者的创新战略和多产业演化的能力：

- 情报系统与可以获取的数据；
- 识别、分析和预测竞争者横跨多个产业的创新战略的能力；
- 对多个产业之间相互依赖的演化进行前景分析的能力；
- 预计与公司创新战略有关的外部促进／阻碍力量的能力。

理解公司技术环境：
- 对多个领域的技术的预测能力；
- 对技术领域之间交互作用的预测能力；
- 评价多个领域的技术的能力；
- 跨业务领域发现技术机会的能力。

公司环境（组织与文化）：
- 跨事业部边界共享技术的机制；
- 跨事业部边界形成新业务机会的机制；
- 为管理创业投资而设计的内部与外部组织；
- 资助未列入计划的行动请求的机制；
- 对创业行为的评价与奖励体系；
- 主流活动与创业之间的人员流动；
- 主导价值观和对成功的界定。

处理创业行为的战略管理能力：
- 高层管理确定长期重大公司发展战略的能力；
- 高层管理评价创业行为战略重要性的能力；
- 高层管理评价创业行为与核心能力相关性的能力；
- 中层管理与高层管理一起工作并获得／维持对创业行为的支持的能力（组织热心度）；
- 中层管理确定公司创业战略框架的能力；
- 中层管理指导创业经理的能力；
- 创业经理建立新的组织能力的能力；
- 创业经理为新创业务制订经营战略的能力；
- 在主流业务之外发现和形成新业务机会的新产品热心支持者的数量。

2. Chiesa 四过程三外因框架[1]

技术创新是新产品或改进产品的商业化过程、新工艺新设备或改进工艺改进设备的商业化过程，这个过程包括技术、设计、制造和营销等环节。根据这一定义，创新从输入到输出的过程至少包括以下三类过程：核心过程，把具体的产品或工艺概念转

---

[1] Chiesa V., Coughlan P., Voss C..Development of a technical innovation audit.Journal of Product Innovation Management, 1996, 13（2）：105~136。

化、传递为用户体验；支撑过程，支持核心过程进行资源转换，让战略愿景指导创新活动，并为创新活动提供基础；创新业绩，既表现为创新过程本身，也表现为市场绩效和竞争力。如图 1-12 所示，核心过程包括概念产生、产品开发、工艺创新和技术获取，支撑过程包括领导、资源供给、系统和工具。

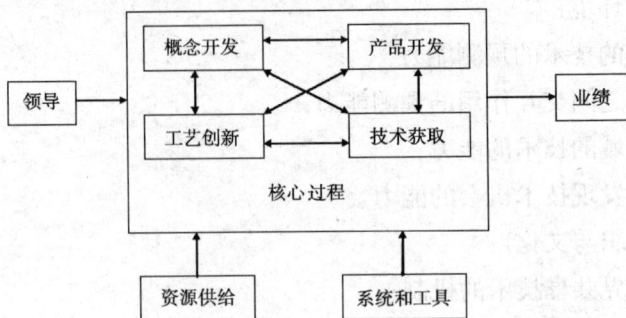

图 1-12　基于过程的技术创新能力定量分析框架

（1）概念开发。概念开发是识别用户需求并运用技术能力来满足这些需求，从而产生新产品概念和已有产品的改进概念。它主要包括四个方面的活动：

- 形成新产品构想——识别用户需求并运用技术能力来满足这些需求，从而产生新产品概念和已有产品的改进概念；
- 规划产品创新——形成产品创新战略，包括创新的范围和比例、进入市场的时机等；
- 推动和支持创造性；
- 通过新业务推动创新，并且支持已有业务的新产品开发。

（2）产品开发。产品开发是新产品概念经过开发、测试、制造直至成功上市的全过程。它主要包括四个方面的活动：

- 产品开发的项目管理，包括新产品从概念到上市的所有任务和程序；
- 团队工作和项目组织；
- 从设计到制造和分销的转移；
- 工业设计。

（3）工艺创新。工艺创新非常关键，既是竞争优势的直接来源，也与产品创新间接相关。主要活动包括：

- 形成生产工艺创新——使制造战略与制造能力和市场需求相匹配，开发新的生产技术；
- 实施新生产工艺；
- 持续改进生产工艺。

（4）技术获取。技术获取是与监测、选择和获得技术相关的活动。新技术和技改进可以通过内部研发或者外部获取来完成。技术获取的主要活动包括：

- 制订公司技术战略，设定技术目标和计划；
- 研发管理和组织，包括研发项目过程管理，运用外部资源和联系完成技术获取、技术许可和技术联盟；
- 知识产权管理——制定和实施保护和利用知识产权的策略。

（5）领导。领导是高管层对战略和过程的管理，并创造和维持创新氛围。

（6）资源供给。为创新进行资源供给包括下列机制和组织过程：

- 招聘、发展、评估和激励创新需要的人力资源；
- 为创新项目、产品开发、研发和技术获取提供资金。

（7）系统和工具。系统和工具是支持创新过程的方法、系统和工具。其包含的内容甚广，其中有一部分是特别支持核心过程的，包括：

- 用于支持产品开发过程和跨职能沟通的系统；
- 加快产品开发速度和提高产品开发效果的工具；
- 设计过程中的质量管理、分析和改进创新过程质量的方法。

3. 吴贵生（2000）创新过程框架

技术创新的过程来看，技术创新能力包括投入能力、研究开发能力、制造（生产）能力、营销能力和管理能力。

（1）投入能力。技术创新是一种资源重新组合性的行为，因此，创新的投入是启动创新和维持创新的基础条件，创新的投入能力主要包括以下方面：

- 资金投入：研究开发、新产品生产准备、新产品营销等所需资金的筹集能力，资金的运用能力；
- 人员投入：研究开发、新产品试制、新产品生产、新产品营销所需要的设计、工艺和售后服务人员的招募、培训、调配能力；
- 项目建设：研究、试验、生产设施等项目的谈判、采购、项目建设过程的组织与管理能力。

（2）研究开发能力。

- 技术选择能力：跟踪、预测技术发展动态、确定研究开发方向、选择开发项目、识别技术问题的能力；
- 解决技术问题的能力：应用现有技术和知识解决技术问题，通过研究开发新知识突破技术难题的能力；
- 模仿能力：通过"反求工程"等方法模仿已有产品并加以改进的能力；
- 创造能力：产生新发明、进行创造性新设计的能力；
- 研究开发组织能力：分解技术问题、物色合作伙伴、监督检查合作项目的能力。

（3）制造能力。

- 新产品试制能力：新产品试制所需设备、仪器、工具、材料准备与使用能力，新产品试制工艺制定与实施能力；
- 新产品生产能力：厂房、设备的生产能力，工艺制定与实施能力，质量保证能力，对产品设计变更的应变能力；
- 配套能力：原材料、零配件、部件的外部协作组织、实施、监督能力。

（4）营销能力。

- 市场研究能力：市场调查与预测能力、对潜在市场的鉴别能力；
- 市场开发能力：全新市场的开拓能力，扩大现有市场的能力，建立细分市场的能力；
- 销售能力：营销体系建设和运作能力，售后服务能力。

（5）创新管理能力。

- 技术创新战略管理能力：创新战略制定、实施能力，企业家的决策能力；
- 技术创新过程管理能力：创新计划制定与执行能力、创新过程各环节内的管理能力，部门和环节协调能力；
- 创新机制建立与运作能力：激励机制的设计与实施能力，人员考核、奖励和积极性调动能力。

（三）企业技术创新能力成长规律研究

1. 能力形态的成长：从技术引进到生产能力，再到创新能力[①]

生产能力形成和创新能力形成构成了产业技术能力发展的阶梯，每上一个台阶都是技术能力的一次跃迁。生产能力和创新能力有不同特点。生产能力学习的主体是在线技术人员和工人，而创新能力的学习主体一般是专业的研究和开发人员；生产能力的学习一般是通过生产中的"干中学"、"用中学"或"培训中学"来实现，创新能力的学习一般要通过"研究和开发中学"或"基于联盟的学习"来实现。

2. 能力实质演化：从基础能力到亚核心能力，再到核心能力[②]

如图 1-13 所示，随着企业的发展，企业能力不断增强，能力实质也就是能力的内涵从基础能力发展到亚核心能力、再到核心能力。基础能力强度最低，是企业能够生存的基础；核心能力强度最高，是持续竞争优势之源；亚核心能力介于二者之间，是短期竞争优势的基础。

3. 能力成长三段论：进得去、立得住、站得稳[③]

作为后发的中国企业自主创新的能力成长，必须能够帮助企业度过生存和发展中

---

① 谢伟，产业技术学习研究 [D]，北京：清华大学博士学位论文，1999。

② 王毅，企业核心能力与技术创新战略，北京：中国金融出版社，2004 年 8 月。

③ 吴贵生，自主创新战略和国际竞争力研究，教育部哲学社会科学研究重大课题攻关项目（05JZD00014）研究报告，清华大学，2009 年 3 月。

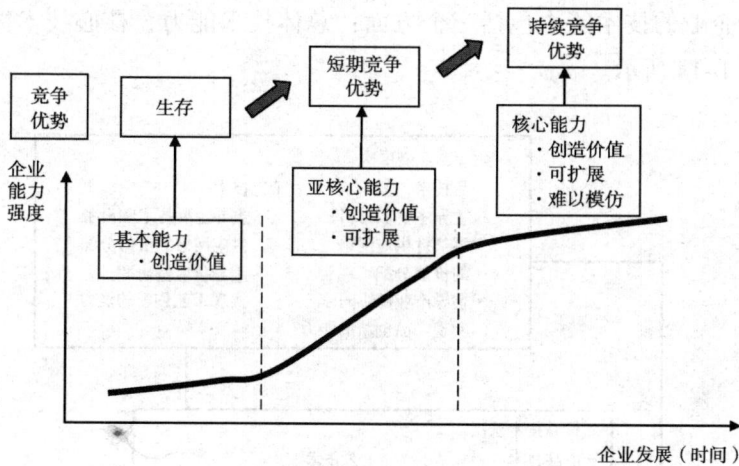

图 1-13　企业能力的发展

的三道关口：进得去、立得住、站得稳。进得去，是指企业必须获取进入产业，进行产品和服务生产并提供给客户的机会。在开放条件下跨国公司进入中国市场后营造了较高的进入壁垒，企业必须通过自身能力克服诸多进入壁垒之后，才能实现"进得去"的目标。立得住，是指企业在完成行业和市场进入之后，能够有所成长和发展。这种成长和发展可能是企业能够持续推出两到三款新的产品，也可能是企业在原来的销售区域之外开拓了新的市场。这种立得住的能力要求除了要求基本的创造价值和传递价值之外，还要求企业能够有复制的能力，包括产品开发本身的复制或地域上的复制；而且也要求企业能够有业务组合管理的能力。站得稳，是指企业不仅有简单复制成功的能力，而且能够体现出明确的发展思路和良好的成长趋势。企业还需要能够做到较好的对环境变化的预知判断和应变反应，在与竞争对手的较量中显示出独具特色的资源和能力。做到站得稳的企业，势必在自身的能力结构中有带来竞争优势的因素，而且这种因素是企业所独有的，其他企业难以进行模仿。

4. 从企业单独进行自主创新的能力到主导产业链创新的能力

企业单独进行自主创新的能力就是企业以相对独立的单项核心技术或单一产品的开发为目的的自主技术创新能力。这种自主技术创新活动相对脆弱，创新的可持续性比较差，对提高整个产业的竞争力的作用有限。主导产业链创新的能力是指建立以龙头企业为主导的完整的产业链为目的的自主技术创新能力。拥有这种能力之后，多个企业、多个产品和多项技术就会形成相互支持、相互依赖的关系，自主创新活动具有很大的稳定性和方向性，能够形成产业主导权，对提高产业竞争力的作用巨大。

三、本研究的理论探索

（一）工业企业技术能力三层次模型

根据理论研究和实地调研，课题组探索性的提出了工业企业技术能力三层次模型，认为一个工业企业的技术能力包括三个方面：总体技术能力、核心技术能力、产业主导能力，如图 1-14 所示。

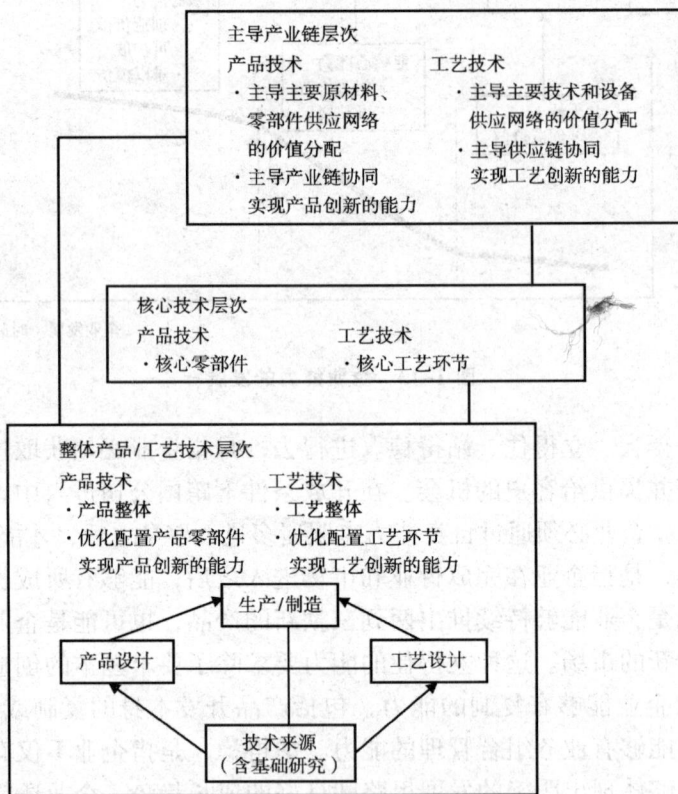

图 1-14 工业企业技术能力三层次模型

所谓总体技术能力是指企业对于单一或系列产品的总体研发设计和总装方面的能力，总装能力包括生产装配和工艺技术能力。与整体技术能力相关的核心过程包括技术来源、产品设计、工艺设计和生产/制造。其中与产品技术密切相关的是技术来源、产品设计和生产/制造。与工艺技术密切相关的是技术来源、工艺设计和生产/制造。技术来源中包含基础研究。这些要素与 Burgelman、Chiesa 和吴贵生教授的技术创新能力量化框架中提到的要素相关。Burgelman 教授强调公司或事业部在某些技术领域的能力深度、强调从研究向开发的技术转移、工程化能力等。Chiesa 的核心过程中有对技术来源、工艺创新、产品开发、概念开发的强调。吴贵生教授不仅重视研究开发能力，而且结合中国企业的特点，特别提出了制造能力这一重要要素，本研究框架予以借鉴。总体技术能力既可以是只具有总体研发设计能力，也可以只具有总装能力，或两者兼而有之。

所谓核心技术能力是指企业对于核心产品或关键零部件的研发设计和生产制造能

力。Prahalad 和 Hamel 教授提出的核心能力中特别强调对核心技术的掌握和灵活应用。王毅的能力构成和演化框架中也提出企业对核心技术掌握的重要性。核心技术能力既可以是只具有核心产品或关键零部件的研发设计能力，或只具有核心产品或关键零部件的生产制造能力，或两者兼而有之。

所谓产业主导能力是指企业对所在行业或产业的标准制定、规则设置、协调上下游等方面是否具有话语权和主导权。高旭东教授特别提出国家范围内的技术创新能力要落实到产业链上。对于有龙头企业的产业来说，龙头企业对产业链创新的主导能力可以在一定程度上体现高旭东教授主张的产业链创新能力。主导产业链创新的可能方式有：

- 产品整体和核心技术主导：例如本田在汽车产业，既掌握汽车整体技术，也掌握发动机技术；
- 核心技术主导：例如高通在 CDMA 移动通信产业、英特尔和微软在 PC 机产业；
- 产品整体技术和强势品牌主导：例如耐克在运动服装和运动鞋产业；
- 产品整体技术主导：一般的整机生产企业会对部分供应商形成主导，例如船舶制造企业、汽车制造企业对钢材供应商的主导，对一般零部件供应商的主导。

（二）工业企业技术创新能力评估模型

根据上述理论模型，并借鉴 Burgelman 双层次五要素框架、Chiesa 的四过程三外因框架、欧洲创新调查（Community Innovation Survey，简称 CIS）框架、吴贵生创新过程框架，按照企业技术创新的核心过程，课题组进一步提出了工业企业技术创新能力评估模型，从技术来源、产品设计、工艺设计、生产/制造四个方面进行评估（如图 1-15 所示）。该模型适用于工业企业的总体技术和核心技术两个层面的能力评估，其主要内容如下：

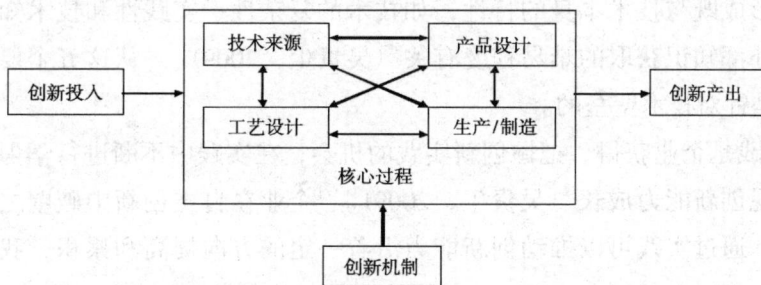

图 1-15　工业企业技术创新能力评估模型

1. 技术来源主要包括

- 内部基础研究；
- 产学研联合研究；
- 购买同行技术；

- 技术并购。

2. 产品设计和工艺设计方式包括

- 独立设计；
- 联合设计；
- 购买设计。

3. 生产和制造能力包括

- 生产和制造装备；
- 技能工人；
- 生产和制造管理。

课题组在对 12 个案例企业的技术能力研究中使用了这一评估模型。

（三）企业技术创新能力"破壁－实践－跃迁"成长模型

课题组在吴贵生教授（2009）[1]提出的创新壁垒论、创新实践论、能力阶段论的基础上，结合企业技术创新能力三层次模型，增加自主品牌这个要素，把 12 个案例企业的技术创新能力成长的一般过程概括为"破壁—实践—跃迁"成长模型，如图 1-16 所示。

该模型的主要内容如下：

（1）企业技术创新能力包括三个层次，即整体技术层次、核心技术层次和"主导产业链"层次，每个层次都遵循"破壁—实践—跃迁"的成长过程；

（2）破壁可以从创新的核心过程的五个要素（即技术来源、产品设计、工艺设计、生产/制造、自主品牌）的某一个或多个方面进行，以破除自主创新的多种壁垒，包括技术壁垒、资金壁垒、外部资源壁垒、无形资源壁垒和管理壁垒（吴贵生，2009）[2]等。在自主创新的多个壁垒中，最核心的、同时攻克难度最大的是技术壁垒。技术壁垒的形成既与技术本身的特性，如技术的复杂性、实践性和技术知识的积累性有关，也与外部知识获取的难易程度有关（吴贵生，2009）。[3]从这五个要素展开的破壁最主要就是针对技术壁垒的。

（3）实践是企业获得、把握创新实践的机会，在实践中不断进行学习、获得和创造知识，实现创新能力成长（吴贵生，2009）。[4]企业在自主创新中破壁之后，就有了实践的起点，通过实践可以推动创新能力沿着一定的方向提高和累积，我们调研的企

---

[1] 吴贵生，自主创新战略和国际竞争力研究，教育部哲学社会科学研究重大课题攻关项目（05JZD00014）研究报告，清华大学，2009 年 3 月。

[2] 吴贵生，自主创新战略和国际竞争力研究，教育部哲学社会科学研究重大课题攻关项目（05JZD00014）研究报告，清华大学，2009 年 3 月。

[3] 同上。

[4] 同上。

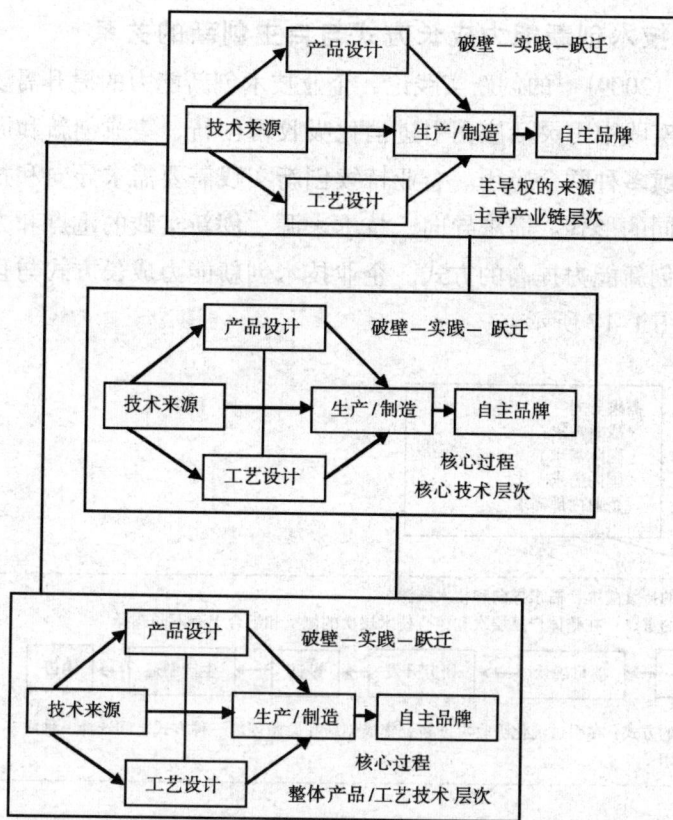

图 1-16　企业技术创新能力的"破壁-实践-跃迁"成长模型

业都有实践提高能力的特点。

（4）我国企业自主创新的能力成长一般要经过三个成长阶段：进得去、立得住、站得稳（吴贵生，2009）。[①]进得去，是指企业有能力获取进入产业、进行产品和服务生产并提供给客户的机会。立得住，是指企业在完成行业和市场进入之后，能够成长和发展，企业有复制的能力，包括产品开发本身的复制或地域上的复制。站得稳，是指企业不仅有简单复制成功的能力，而且能够体现出明确的发展思路和良好的成长趋势，在自身的能力结构中有带来竞争优势的因素，而且这种因素是企业所独有的，其他企业难以进行模仿。企业在某个阶段通过实践提升能力到一定程度，就会向下一个阶段发展。阶段之间的跃迁会遇到新的壁垒，又会要求和经历破壁。

因此，企业技术创新能力"破壁-实践-跃迁"成长是一个动态过程，会在创新能力的三个层次、三个阶段反复"破壁-实践"，以螺旋上升方式实现能力成长。

---

① 吴贵生，自主创新战略和国际竞争力研究，教育部哲学社会科学研究重大课题攻关项目（05JZD00014）研究报告，清华大学，2009 年 3 月。

（四）企业技术创新能力成长方式与自主创新的关系

根据吴贵生（2009）[①]的创新实践论，企业技术创新能力的提升需要持续的创新实践，企业在创新实践中可灵活应用引进消化吸收再创新、集成创新和原始创新三种方式，可选择一种或多种联合应用。企业持续创新实践需要需求导向和技术来源两个前提条件，各有不同的形式。需求导向、技术来源、创新实践的重点和方式的差异共同决定了企业技术创新能力提高的方式。企业技术创新能力成长方式与自主创新三种方式之间的联系如图1–17所示。

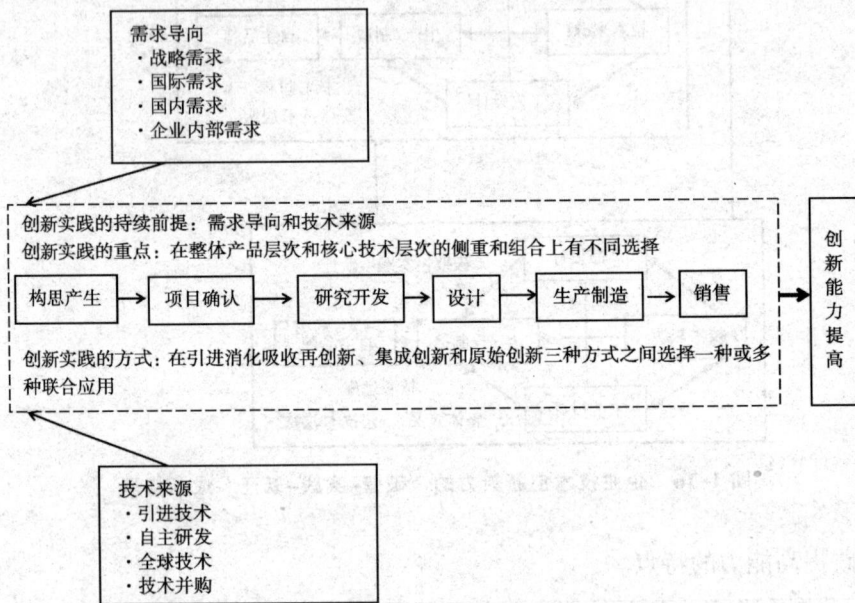

图1–17 企业技术创新能力成长方式与自主创新的联系

---

① 吴贵生，自主创新战略和国际竞争力研究，教育部哲学社会科学研究重大课题攻关项目（05JZD00014）研究报告，清华大学，2009年3月。

第二章

案例企业技术创新能力
成长典型经验

一、案例企业技术能力基本判断

本次研究课题组实地调研了中国石油长庆油田、华为、中兴、大唐电信、中国北车、哈电、鞍钢、奇瑞汽车、海信、海尔、中国船舶、哈尔滨量具刃具12家行业领先企业。按照工业企业技术能力三层次模型，分别从整体技术能力、核心技术能力和主导产业链创新能力三个层面对12个案例企业进行了分析，如表2-1所示。

二、案例企业技术创新能力成长的共性经验

课题组在调研中发现，用户拉动、适度竞争、开放创新、技术创新与管理创新有效互动是这些案例企业技术能力成长的共性经验。在网络信息技术日益普及、创新周期日益缩短、竞争压力逐渐加大、技术来源全球化的今天，这四个方面显得尤为重要。

（一）用户对企业创新具有直接拉动作用

用户对企业自主创新有直接拉动作用，促进企业突破创新障碍、提高技术创新能力。例如，三峡工程水电机组技术引进的成功离不开三峡工程总公司的大力支持。三峡技术引进之所以能够获得巨大的成功，首先最重要的利用14台机组，近7亿美元的发电设备市场份额来进行国际招标，同时还明确了左岸必须是联合体投标，联合体中还必须包括中方的制造企业，为国内企业参与三峡工程技术引进创造机会。为了要求国外厂商全面转让技术，作为业主方的三峡总公司还花费了巨额的资金，仅对哈电的全部技术引进直接投入了1 800万美元的资金支持。中海集运公司作为用户对造船产业的高端船舶创新有直接拉动作用。2007年9月，拥有完全自主知识产权的我国第一艘8 530箱超大型集装箱船在上海交付船东中海集运公司，从洋山港首航美国，标志着我国在高科技船舶设计建造领域自主创新取得重大突破。成为继韩国、日本、丹麦后第

表 2-1　案例企业技术能力状况

企业	整体产品/工艺技术	核心技术	主导产业链创新的能力
长庆油田	达到或接近世界先进水平	压裂技术和超前注水技术等局部达到或接近世界先进水平	国外先进技术的集成应用；国内产学研合作创新
华为	达到或接近世界先进水平	集成电路自主设计、IP 软交换技术等达到世界先进水平；PCT 国际专利申请全球第一	自主完善的产业链布局
中兴	达到或接近世界先进水平	移动软交换等达到世界先进水平；PCT 国际专利申请本行业内全球领先	自主完善的产业链布局
大唐电信	TD-SCDMA 系统产品全球领先	TDD 移动技术全球领先，具有标准制定话语权；TD 手机芯片技术全球领先	基本完善的产业链布局
中国北车	高铁、货车、动车组等主要产品达到或接近世界先进水平	掌握总成、转向架、车体、变流器、电机、牵引控制系统、网络控制系统、制动系统、变压器等九项关键核心技术	带动和主导国内技术供应商；在国际核心部件采购中拥有技术决策权
哈电	水轮机、超临界锅炉、空冷汽轮机等达到世界先进水平	水轮机叶片设计技术、水力发电机组的空冷技术等局部达到世界先进水平	对材料和设备供应商有带动作用
鞍钢	赤铁矿选矿工艺技术、轧钢生产线达到世界先进水平；汽车板、造船板、高强钢等接近世界先进水平	生产线过程控制软件、冷轧生产线装备技术等局部接近世界先进水平	对国内设备供应商和上游铁矿石有带动作用
哈量	齿轮测量中心、刀具预调仪、数控工具系统、并联机床等接近世界先进水平	三维扫描测头、控制软件等局部接近世界先进水平	自主努力向产业链高端攀升；对上游材料有带动作用；在齿轮测量、刀具、齿轮加工机床打造完整产业链
奇瑞	低端经济型轿车接近世界先进水平	发动机设计技术接近世界先进水平	自主努力完善产业链，向产业链高端攀升；对上游材料有带动作用
海信	液晶电视整机接近世界先进水平	彩电芯片开发等局部接近世界先进水平	在核心部件采购中拥有技术决策权
海尔	冰箱等白色家电领域达到世界先进水平	局部特色技术方面达到世界先进水平	白电领域具有产业链主导权
中国船舶	三大主流船型达到或接近世界先进水平；高技术船舶 LNG 船接近世界先进水平	具备低速机等关键部件国产化能力	对上游材料具有带动作用；在核心部件技术采用中拥有技术决策权

四个能自主设计、建造超大型集装箱船的国家。8 530箱集装箱船是中船集团公司所属沪东中华造船（集团）有限公司为中海集运公司自主开发设计建造五艘同类型船舶中的第一艘，拥有完全独立自主知识产权。该船是超巴拿马型大型集装箱船，也是目前我国自主设计建造完成的最大型集装箱船，是目前国际上主流集装箱船型之一，具有高技术含量、高经济附加值、高建造难度等特点。在环保方面，它成功申请了德国船级社EP船级符号，这一船级符号几乎覆盖了目前与船舶设计、建造有关的所有环保要求。国内用户同样拉动了中国船舶的LNG船的创新。LNG船是为运输零下163摄氏度极低温液化天然气而设计、建造的专用船舶，是国际公认的高技术、高难度、高附加值的"三高"船舶，被誉为造船业"皇冠上的明珠"，过去只有欧洲少数国家和韩国、日本能够设计、建造。为了培育我国自主开发、设计、建造LNG船的能力，中船集团公司所属沪东中华造船（集团）有限公司从1997年起就启动了LNG船的研究工作，对此类船舶的建造信息、规范规则、技术专利和市场前景进行了大量的调研和考察。经过几年的努力，在国家有关部委的支持和国外合作方的帮助下，沪东中华造船（集团）有限公司通过引进、消化、吸收，掌握了大型薄膜型LNG船的关键建造技术，并成功开发了采用蒸汽透平推进系统的14.7万立方米薄膜型LNG船。2004年8月，首艘LNG船建造合同签订，同年11月15日开工建造，2008年4月3日交付。截至2009年12月10日，首批5艘LNG船已全部交付使用。

（二）适度竞争有利于整个行业技术进步

在我国铁路装备产业，中国北车和中国南车的分拆，保证这个行业的龙头企业既有规模、又有创新的压力，而且能够在不同的技术轨道上进步，推动整个行业的创新。在水利发电设备行业也是如此。哈电集团、上海电气和东方电气是国内三家规模较大的电气设备制造商，三者形成了既竞争又合作的关系。在三峡技术引进中，哈电和东电共同参与，联合引进技术；在面对用户时，这些公司又是互相竞争的关系。这种有限竞争的市场格局，给企业增加了创新的推动力。在三峡右岸工程产品采购中，作为用户的三峡工程总公司要求国内国外的产品"同台竞技"，进行参数比较，择优采购。哈电大电机研究所的领导表示，这种方式带给哈电很大压力，产品如果没有优异的性能，便面临着失去市场的危险。最终，哈电生产的水轮机效率达到94%，超过国内外其他厂家，顺利拿到右岸机组的订单。

（三）产学研、上下游、国内外有效结合的全方位开放创新对企业技术创新能力提升有很好的促进作用

在这次调研中，课题组发现一些领先企业在传统的产学研合作创新的基础上，开始与上下游企业、国内外企业同时展开合作创新，构建了产学研＋上下游＋国内外有效结合的全方位开放创新体系，取得了十分显著的成果。例如，中国船舶在主流船型

设计和 LNG 船舶的系列创新突破过程中，就是有效地利用了全方位开放创新方式，在创新实践中有效提升了技术创新能力。长庆油田在研发中很多都是与石油行业内的大学和研究所合作进行的，行业系统大学和研究所的长期积累和完整存在对基础研究的延续和能力积累有重要意义。中国北车在自主设计 CRH380 高速动车组的过程中与中科院、清华大学、北京交通大学、西南交通大学等 50 多个高校与科研院所合作，建立了 6 个合作研究机构，围绕核心技术开展深度合作。除了引进国外技术和技术并购之外，哈量集团还充分的发掘国内技术资源，与高等院校和科研院所开展广泛的产学研合作，以期提升企业的创新能力，并总结出合作研究、合作培养人才、提升创新能力导向的产学研合作模式。

（四）技术创新与管理创新有效互动

管理创新为技术创新提供有利的环境以及管理与组织上的效率保证，为创新能力的提高和科学的发展打下坚实的基础。比如，为加强创新与市场结合，密切与用户合作，创新流程改进，鞍钢对重点用户提出并开展 EVI。鞍钢成立 5 个 EVI 活动团队，主要通过用户产品研发过程中的"前期介入"，有效地加快新产品开发及应用进程，形成具有鞍钢特色的独有产品和领先产品，有利地满足用户产品结构调整的需求。长庆油田坚持管理创新与技术创新有效结合，其管理创新成果显著，如苏里格开发中的"5+1"开发体制和标准化设计、模块化建设、数字化管理思路，超低渗透油藏开发中的勘探开发一体化，超前优化地面配置和简化通用标准化的地面建设模式。华为所实行的"全员持股"让后续者分享创业利益的制度创新为华为进行高风险技术创新提供了强有力的支撑。《华为基本法》是华为公司在宏观上引导企业长期发展的纲领性文件，是华为全体员工的心里契约。通过 IPD 改革，公司推行了"集成供应链"和"集成产品开发"变革项目，同时对人力资源系统、IT 系统、财务系统等进行了重新规划和变革，形成了全新的矩阵式管理。华为通过企业组织结构和研发组织结构的创新，完善了组织管理和创新管理，保证华为在经过起步阶段后，能够实现多个产品的研发突破以及研发的持续成功。

三、案例企业技术创新能力成长特色经验

根据企业创新能力成长中的市场导向、技术来源、自主开发、技术成熟度等方面的差异，课题组把 12 家案例企业的能力成长经验总结为七种特色经验，如表 2-2 所示。

（一）国家产业发展战略与企业有效配合的引进、消化、吸收与再创新，以中国北车和哈电集团为代表

高速铁路技术和水利发电设备是我国近年引进、消化吸收再创新的成功典范。课题组调研的中国北车和哈电分别参与其中，他们的具体做法包括：

表 2-2 案例企业技术创新能力成长的特色经验

	模式	市场导向	技术来源	自主开发	技术成熟度
北车、哈电	国家战略需求与企业有效配合的引进、消化、吸收与再创新	国内战略需求，集中可控	高起点引进技术	技术引进的自主创新导向	成熟技术
大唐电信	国家扶持下的突破性自主创新	国内战略需求，集中可控	自主研究	长期积累	新兴技术
华为、中兴	全球市场导向的渐进性自主创新	国际需求相对集中	利用全球技术资源	一贯坚持	新兴技术
中国船舶	基于自主品牌和快速响应市场需求的集成创新	国际需求分散	利用全球技术资源	整船自主设计	成熟技术
海尔		国际需求分散	利用全球技术资源	市场需求导向的自主设计	成熟技术
奇瑞	整机产品和核心技术突破并重的自主创新	国内需求为主，分散	利用全球技术资源	自主品牌导向的产品开发；努力突破核心技术	成熟技术
海信		国内需求分散	自主研究	自主开发中强调产业孵化；努力突破核心技术	新兴技术
长庆	基于企业内部需求的低成本创新	企业内部需求，集中可控	应用全球技术资源	自主设计生产模式	成熟技术
鞍钢		企业内部需求为主，集中可控	引进技术	生产线自主设计	成熟技术
哈量	基于技术并购的创新能力成长	国内需求为主，国际为辅，分散	技术引进、技术并购	坚持企业主导权的产品开发	成熟技术

1. 明确引进、消化吸收再创新的战略目标

在高速铁路和水力发电设备上，我国依托重大工程的战略需求发展重点装备制造行业的导向清晰，而且以"战略买家"通过市场机制落实，引进、消化吸收再创新的战略目标明确。在高速动车组技术引进中，作为"战略买家"，铁道部同时与具有该技术的四家跨国公司进行谈判（德国西门子、法国阿尔斯通、加拿大庞巴迪、日本川崎），在跨国公司明确知道不可能向中国直接出口动车组整车产品之后，铁道部和承担技术引进的南车、北车集团最终以较低的代价同时引入了所有四种动车组技术。南车引入庞巴迪技术生产 CRH1，引入川崎技术生产 CRH2；北车引入西门子技术生产 CRH3，引入阿尔斯通技术生产 CRH5。"战略买家"方式大幅度提高了我国引进技术的谈判地位，使得通过市场机制以低代价引进各国先进技术成为现实，为博采众长、自成一家的再创新创造了前提条件。以 CRH5 为例，2004 年铁道部与中国北车长客股份及法国阿尔斯通公司签订 60 列"时速 200 公里及以上速度等级交流传动电动车组"采购合同，总金额 137.91 亿元，含技术转让经费 9 亿元，长客股份占 75.75 亿元

（55%），阿尔斯通占 62.15 亿元（45%），合同约定原装车 3 列，CKD 车 6 列，其余由国内制造。其他动车组技术引进合同类似。

时速 300 公里动车组设计和制造技术的谈判成功更是很好地展示了"战略买家"方式以较低代价获得先进技术转让的作用。2004 年，铁道部进行 200km/h 动车组采购招标，在铁道部和北车集团统一组织下，长客股份与法国阿尔斯通公司开展技术合作，共同承担 60 列 200km/h 动车组项目。实际上，长客一开始瞄准的是西门子的技术。2004 年刚开始谈判的时候，西门子公司非常自信，不希望将核心技术转让给中国，合作的开价非常高。西门子公司的"维拉罗 E"时速 350 公里动车组，是当时世界铁路商业运营中速度最高、动力最大的一种成熟高速列车，但西门子向长春轨道客车股份公司开出"天价"：每列原型车的价格 3.5 亿元人民币，而技术转让费高达 3.9 亿欧元，按当时汇率相当于 39 亿元人民币。此外，他们对标书不响应之处多达 50 余项。长客转而与阿尔斯通谈判成功，导致西门子错过了这一轮的动车组采购，落后于法国、日本、加拿大的竞争对手，西门子视此为战略失误。2005 年，西门子又回到中国，参加铁道部第二轮时速 300 公里以上动车组的竞标。中方给出更严格的条件，最后西门子完全接受中方的技术转让方案和价格方案，和唐山轨道客车有限公司进行合作。2005 年 10 月，铁道部向唐山轨道客车有限公司和德国西门子公司采购 60 列时速 300 公里动车组，合同金额 130.3 亿元。采购面对的主体是唐山轨道客车有限公司，作为采购的前提条件，西门子向唐山轨道客车有限公司全面转让时速 300 公里动车组设计和制造技术。合同约定少量列车由德国直接出口至中国，大部分由唐山轨道客车有限公司在中国组装，并改名为 CRH3 型和谐号列车。2008 年，首列国产时速 350 公里 CRH3 "和谐号"动车组下线，我国由此成为世界上仅有的几个能制造时速 350 公里高速铁路移动装备的国家之一。

在水力发电设备上，战略需求导向同样通过市场机制得到实现。国务院三峡建委决定将"技贸结合、转让技术、联合设计、合作制造"作为三峡重大装备的采购原则，并将我国最具优势的哈尔滨电机有限责任公司和东方电机股份有限公司作为技术受让方。三峡工程电站设计装机容量 1 820 万千瓦，由 26 台（左岸 14 台，右岸 12 台）单机为 70 万千瓦的发电机组成。三峡机组运行水头变幅很大，从 61 米至 113 米，运行条件复杂，对水轮机性能参数的要求代表了当今世界的最高水平。1996 年 6 月 24 日，左岸电站招标工作开始，招标书明确规定：投标者必须带上中国有资格的制造企业，参加联合设计、合作制造，中国制造企业分包份额的比例不低于合同总价的 25%；投标者必须向中国制造企业转让技术，并培训技术人员；最后 2 台机组必须以中国制造企业为主制造。1997 年 9 月左岸 14 台水轮发电机组的国际招标采购揭标，夺标的 VGS 集团负责供应三峡左岸共 6 台机组，东电参与联合设计和合作制造，并分包其中 2 台；

阿尔斯通集团负责共 8 台机组设计和制造，哈电接受该集团技术转让，并分包其中 2 台水轮机制造。

2. 开列技术转让清单，明确验收标准

通过对国外和自身技术的了解，国内企业开列技术转让清单，并在合同中明确验收标准。以高速铁路为例，高铁技术可以分为六大块：牵引供电，动车组，基础，运输，通信信号和旅客服务。铁道部将相关领域专家按六个分类组成六大组，分别与外商谈判，做到"能自己做的绝不引进，如果要引进，那也要对方愿意转让核心技术"。技术转让合同规定了技术转让的内容、转让的方式、软件名称和图纸资料清单及验证方法。对每一项技术引进和技术培训，都必须有国内企业的参与人员签字，证明已经掌握了技术，或已经获得了核心的技术和软件，才支付技术转让费。验收标准就是要求掌握技术。2004 年 10 月，160 列时速 200 公里列车的订单被法国阿尔斯通、日本川崎重工、加拿大庞巴迪三公司获得。南车四方和北车长客分别与外商签署《时速 200 公里铁路动车组项目技术转让协议》和《时速 200 公里铁路动车组项目国内制造合同》等合作协议。合同规定，外商转让列车和部件生产技术，包括一般性组装、车体、转向体、牵引变压器、牵引逆变器、牵引机车、牵引控制系统和列车网络控制系统。除设计技术外，外方企业还要提供制造、检测试验调试技术资料和制造工艺设备，并负责对中方员工进行全面技术培训。

2005 年，德国西门子与北车集团唐山机车厂联合体获得 60 列动车组订单。西门子承诺，全面转让时速 300 公里列车设计和制造技术，包括动车组总成、车体、转向架、牵引变流、牵引变压、牵引电机、牵引控制、列车网络和制动系统等九项关键技术。九项关键技术分别由唐山轨道客车有限公司、铁道科学院机车车辆研究院和北车集团永济电机厂负责引进、消化、吸收。中方在技术引进中要求联合设计生产，外方转让全部图纸，明确技术规范和工艺规程，确立技术检验标准。人员培训计划也非常具体，比如作为总承包的西门子公司必须负责我们多少技术人员的培训，负责 20 年的维护工作。我们的工程师、大学老师分批去德国培训，回国后再一批批培训 18 个铁路局的人员。

在技术引进中，国内谈判专家既深入了解技术细节，又充分明确战略需求。例如牵引供电小组，由 18 个专家组成，与法国、德国、日本、加拿大四大集团各谈两天，从 8 点一直持续到 23 点。谈判非常激烈，每天谈完后，专家们商量各自的"作业"，哪些细节已经敲定，哪些还需讨价还价。例如，牵引供电方式的选择有 4 种方式，专家们决定采用最先进的 AG 供电模式。两个点段之间的距离可达 90 公里，供电距离长、能量大。AG 供电模式在 118 公里长的京津城际高铁，优势体现得不明显。但是对于 1 300 公里的京沪高铁来说，优势很清楚，只需建立 26 个变电站。外国公司的技术情况国内专家非常熟悉，在核心技术的转让上据理力争。比如 27.5 千伏的真空断路器，双方相持了很久，国内坚持让他们转让。最后西门子方面不得不摊出底牌，这个技术是西门子研究院研究了 40 多年的技术，在全世界申请了 220 多个专利，早已不是西门子能够随便转让，而且这样的转让也会对他们的股价造成很大影响。在这样的策略下，我国的技术人员从合作外商那里学得非常快。

水力发电设备同样如此。1997 年 9 月，三峡左岸 14 台机组采用国际招标。标书中规定：投标者要与中国有资格的制造企业联合设计、合作制造，并向中国制造企业全面转让技术。国内两家企业——哈尔滨电气集团和东方电气集团分别与两个联合体 VGS 联营体（德国 VOITH、西门子、加拿大 GE Hydro 和东电）和阿尔斯通联营体（法国阿尔斯通、原瑞士 ABB、原挪威 Kvaerne 和哈电）签订了分包合同和技术转让合同。技术转让合同规定了技术转让的内容、转让的方式、软件名称和图纸资料清单及验证方法。此次技术引进，包括水轮发电机和水轮机两大类技术。水轮发电机：水轮发电机电磁参数设计；水轮发电机的电磁场分析；发电机刚强度分析计算；发电机组轴系稳定性、临界转速及动态响应计算；电力系统与电机仿真计算；发电机通风冷却技术；发电机推力轴承技术；发电机绕组绝缘技术。水轮机：水力设计技术；模型水轮机试验测试技术；三峡水轮机结构计算软件；其它设计软件。技术转让合同规定，从 1998 年开始，哈电的科研、设计、工艺、项目管理和质量保证等方面的技术人员陆续前往国外，接受 Alston–ABB–KEN 集团的全面技术转让。根据技术转让协议规定的内容，哈电共接受设计分析软件 42 个，涉及三峡机组设计制造的各项关键技术，如水力设计与试验、电磁通风计算、推力轴承、结构刚强度、绝缘、关键工艺等，其中有商业软件和自开发软件。

3. 保证消化吸收投入，以提高能力为目标培养技术人员和高技能工人

技术的消化吸收需要投入资金保障，并把能力落实到一批人才队伍上。动车组和水力发电设备技术都做到了。唐山轨道客车有限公司在高速动车组技术引进中引进和消化的投入比达到了 1∶3，而国内企业技术引进和消化的投入一般是 1∶0.7。在与外方签定技术引进协议时，人员培训条款制定得非常详细，保证员工能够从外方学到真正的技术工艺。唐山轨道客车有限公司在出国培训上共组织 99 个团共 543 人次参加动车组项目出国培训，培训总学时超过 1 380 人月、每人次平均境外停留时间接近 3 个月，平均每人在国外的培训费至少在 5 万元以上。同时注重培训方法，建立规范国外培训程序。在德国培训的一名女铝焊工，经过六个月培训后，获得西门子要求的所有资质，被德国教练称为"中国焊花"，在动车组制造过程中解决了许多焊接难题，目前成为唐山轨道客车有限公司铝合金焊接的一道风景线，以她的名字命名了多种焊接方法。完成出国培训任务不是目的，让每一位操作者真正学会先进的制造技术，生产出不仅合格而且能创造中国第一的产品才是公司真正的追求。为此，唐山轨道客车有

限公司建立了回国人员当教员的接力培训，技能培训、技术培训、软件培训、管理培训、语言培训多点同步跟进。仅 2008 年上半年，就组织举办各类培训班 294 期，培训 3 991 人次，委外培训 41 批，培训 133 人次，并强力推行了一岗一证、持证上岗，已有 1 216 名员工取得动车组项目上岗资质。严格按照"先僵化、再固化、后优化、最后习惯化"的原则，两年来公司培养了"中国第一代高铁工人"。专业技术人才队伍中，获得 ISO9606-2 资质铝合金焊工 203 人（其中两名具有国际焊接培训大师资质，是国际公认的指导和培训师，是中国国内企业仅有的两名），调试人员 109 人。

在 200km/h 动车组项目执行过程中，长客股份充分消化吸收阿尔斯通公司 200km/h 动车组技术，全面掌握系统集成、车体、转向架等关键核心技术，完成了国产化生产，搭建了 200-250km/h 高速动车组平台。在技术引进中，长客派出了大量人员赴法国和意大利学习掌握关键核心技术、管理方式，阿尔斯通也派人员来中国指导动车组的生产和工艺。

哈电集团也非常重视人才队伍的锻炼和培养。通过 6 年多的技术引进，哈电不仅全面地掌握了大型水电机组的制造技术，为三峡电站提供了优质的产品，同时也培养出了一大批优秀的技术人才，这些掌握了先进技术的科技人员，把从三峡项目中所学到的知识消化吸收，运用到更广更多的方面，许多人已经成为了哈电公司的技术骨干和中坚。在这一点上，技术引进的参与者、哈电集团大电机研究所魏副总工程师深有体会：他参与了两次出国培训，第一次去挪威，第二次去法国；1998 年带领 4 位硕士生去挪威接受培训，学习到新的设计思想，之前国内专家的设计思路是根据现有的电站，通过软件得到各种参数，在此基础上进行设计，而国外的设计思想更具前瞻性和实用性。2005 年去法国培训 4 个月，重点掌握了设计思想和设计工具。凭借哈电自身的技术积累，再推广应用新的设计思路，哈电的产品设计能力有了较大的提升。

4. 以市场机制促进再创新

铁道部和三峡工程总公司作为"战略买家"，用后续订单的市场机制来促进参与技术引进消化吸收的单位实现再创新。在需求拉动之下，中国北车成功研制具有自主知识产权的时速 380 公里新一代高速列车 CRH380A、哈电自主开发三峡右岸全空冷巨型水轮发电机组取得技术成功并赢得国内市场，以创新实践检验了能力提升的效果。再创新可以是自主设计（哈电自主设计三峡右岸全空冷巨型水轮发电机组），也可以是联合设计（中国北车通过产学研合作成功研制 CRH380A）。

在引入 200km/h 动车组之后，2005 年为了确保同为北车的唐山轨道客车有限公司 300km/h 动车组项目成功，长客股份从 200km/h 动车组项目团队中抽调了 100 多名技术和管理专家，与德国西门子公司合作搭建 300-350km/h 动车组技术平台；并且为唐山轨道客车有限公司生产的 CRH3 提供核心的部件——高速转向架。长客掌握的技术能力得到了部分应用和检验。

2009年3月16日，在中国北车两个技术平台建设、两个高速动车组研制和第一代高铁工人队伍建设的基础上，铁道部与中国北车签署了研制100列时速380公里新一代高速动车组的合同。2010年5月27日，我国首列具有自主知识产权的时速380公里新一代高速列车"和谐号"CRH380A竣工下线。CRH380A项目是在中国北车的统一领导下，整合内部技术与研发实力，成立新一代动车组联合设计团队，在两厂三地开展异地协同设计，唐山、长春、北京三地协同设计，唐山、长春两地生产制造。该团队与清华大学、中科院等50多个高校与科研院所合作，成功完成了我国具有自主知识产权的时速380公里新一代高速列车CRH380A的再创新。

在三峡工程右岸产品采购过程中，三峡工程总公司要求国内产品与国外产品"同台竞技"，将国内企业和国外企业送交的产品在同一平台上进行测试，择优采购，此举带给企业技术创新压力，促进企业做好技术和产品的再创新。2003年10月三峡右岸机组12台70万千瓦机组开始国际招标，哈电、东电、阿尔斯通3家有资格的制造商参与投标。最终，阿尔斯通公司总体评价第一，哈电和东电紧随其后，在一些单项技术指标上，哈电和东电还优于阿尔斯通，国内研发的水力模型效率接近甚至部分超出国外厂商的制造水平，机组的稳定性达到了当前的国际水准。最终，三家企业分别承担4台机组的制造任务。2007年7月由哈电负责设计制造的右岸26号机组投产，这是国内首台自主研制并拥有自主知识产权的巨型国产化机组。在消化吸收左岸引进技术的基础上，哈电在水轮机转轮设计中，开发出具有哈电公司特色的模型转轮。水轮机叶片的设计技术直接关系到水轮机的转化效率，是水轮机设计制造的核心技术。哈电集团通过三峡工程左岸联合技术引进，得以引进大量设计和绘图软件，学习到新的叶片设计理念，并掌握了大型部件的制造工艺，产品质量得到保证。在吸收左岸技术上，哈电集团自主开发了三峡右岸"混流式L型叶片转轮"，该转轮各项性能指标远远好于原来引进的左岸外国公司的转轮，转化效率到达94%以上，获得国家发明专利，此专利同时也获得2008年中国专利奖优秀奖。哈电在右岸所采用的全空冷发电机，开创了700MW巨型机组空冷的新时代。三峡左岸由于采用的是半水冷发电机，这种冷却方式的发电机尽管冷却的效果比较理想，但由于需要专用的循环水系统，在厂房内要有一定的占地面积，同时还要设置净化水设备，在机组运行过程中，维护工作量大，还存在着水泄漏造成事故停机等诸多面的问题。哈电基于左岸机组存在的问题，在开展了大量研究工作的基础上，设计出了与左岸机组完全不同的冷却方式的机组。哈电机公司在右岸机组的创新，从三峡右岸机组投运后的数据表明，哈电机公司自主研发、自主设计、自主制造的全空冷机组，运行稳定，各项指标完全符合合同的要求，而且在全部三峡投运的26台机组中，哈电机公司生产制造的机组台台都创下最优的记录，被用户赞誉为创金牌的机组。在三峡工程之后的其他工程采购也是这样操作，例如，溪洛渡水电站的 18 台机组，哈电集团拿到 6 台；向家坝水电站的 8 台机组，哈电集团拿到 4 台。

5. 技术积累是重要基础

中国北车和哈电在引进之前都有较好的技术积累，这对他们在短时间内完成对引进技术的消化、吸收再创新非常关键。1995 年，中国北车长客股份选派技术人员到德国 ABB 公司学习高速铝合金客车技术，于 1997 年完成铝合金车体研制，填补我国此项空白。1999 年中国北车自行开发研制"大白鲨号"高速电动车组，是我国首列时速 200 公里的交直传动电动车组；2000 年研制的"蓝箭号"交流电动车组是我国首批自行开发的批量投入商业运营的国产高速交流电动车组，设计时速 200 公里。2001 年 4 月，铁道部下达"270km/h 高速列车设计任务"，拉开"中华之星"自主研发的序幕，集中了当时国内机车车辆制造和研发的最核心力量，包括南北车旗下四大铁路机车车辆厂（株洲电力机车厂、大同机车厂、长春客车厂、青岛四方机车车辆厂），株洲电力机车厂和大同机车厂负责研制动力车，长客股份和四方机车车辆厂负责研制拖车。2002 年 11 月 27 日，"中华之星"创造了 321.5 公里当时中国铁路试验速度的最高值。这些积累是企业对技术原理掌握、理解和应用的重要基础。这些积累也是我们在引进中能够开列详细技术清单的基础。

哈电在水力发电设备方面也有长期积累。1960 年至 1980 年，哈电自主开发刘家峡电站单机 22.5 万千瓦发电设备，刘家峡电站是当时世界上单机容量最大的电站。1980 年至 1997 年，哈电与日本日立事务所建立友好工厂，与跨国公司合作，承包生产任务，学习了国外的先进技术和管理经验。

6. 管理创新是保障

技术引进、消化吸收再创新过程不断推进管理创新起到了十分重要的保障作用。中国北车依托项目发挥集团管理优势，在集团化创新管理方式上进行了卓有成效的探索：首先，北车整合了长客股份公司和唐山轨道客车有限公司公司相关技术和管理资源，进行转向架项目专业化集中，在北京开展概念设计和系统设计，在唐山、长春两地分别开展工程设计。产品技术开发进入到股份公司整体策划、企业协同攻关的新阶段，保证项目的顺利实施。其次，中国北车建立了以高速列车系统集成国家实验室、研发中心、专业研究所和国家级企业技术中心为龙头的企业研发体系；搭建了高速动车组的产品技术平台，时速 380 公里 CRH380 型高速动车组采用全新的协同设计平台开发设计产品，结构设计采用先进的 ProE-Intralink 协同设计平台，电气设计采用国际领先的 ELCAD 电气设计平台，ProE-Intralink、ELCAD 均与 SAP 系统集成。第三，建立共性技术平台。中国北车把重点放在了电传动、网络控制、制动、行走系统以及变流装置、电机和柴油机部件技术平台，这些共性技术平台由集团统筹构建。在电传动系统领域，以引进交流传动系统的变流、控制等核心技术为基础，结合既有产品技术和开发手段，消化吸收并掌握交流传动系统联调试验、系统集成技术，构建北车电传动系统技术平台，开发拥有自主知识产权的轨道交通运输装备交流传动系统。在变压器领域，以引进的机车、动车组变压器技术为基础，为轨道交通运输装备提供配套的变压器系列产品。电机方面，以现有电机技术为基础，融合引进的各型电机技术，重点掌握计算分析、绝缘、试验技术，构建集团公司电机技术平台，自主开发轨道交通运输装备用电机系列产品。第四，依托信息化手段，形成了异地协同设计模式，发挥集团协同优势。异地协同设计要求所有处于异地的研发设计和管理工作都在已经建成的 Intralink 设计系统上进行，处在异地的研发人员组成一个虚拟开发团队共同完成一个产品。在新一代高速动车组 CRH380A 项目具体实施中，中国北车全面推行了"两厂三地"协同设计模式。"两厂"为中国北车所属的两个子公司，"三地"即总部所在地北京、两个制造基地唐山和长春。在北京开展概念设计、系统设计、流程管理和数据审核，在唐山和长春两地分别开展产品设计、工程设计、协同设计校对和主要数据创建。通过异地协同设计，所有的用户操作都是从主服务器进行的，以保证流程和数据的一致性；所有设计文件的上传下载都是在本地局域网内进行的，以保证数据访问的速度；所有设计文件的内容复制都是由系统在后台进行的，对用户是透明的，因此研发效率得到了极大的提高，研发周期缩短了 40%，实现了首辆首列产品提前下线。这标志着中国北车的产品技术开发进入到公司整体策划、下属企业协同攻关的新阶段。

中国北车下属的唐山轨道客车有限公司原先并没有高速动车组研发制造的基础，他们以时速 300 公里动车组项目为契机，一手抓技术的引进、消化、吸收，一手抓管理创新，做到了技术与管理有效互动，快速提升了唐山公司在高速动车组的研发制造能力。他们在管理创新方面的探索主要包括：首先，优化了组织架构，对职能部门按项目要求进行调整，围绕公司核心能力对各生产单位进行统筹规划，坚持充分授权的原则，按照成本中心、利润中心的模式设置各厂，授予基层领导更大的配置资源权限，并做到权责利对等，调动起各区域负责人的积极性，使组织机构更加清晰，工艺更加流畅。根据动车组生产的需要，在全公司范围内招聘员工，组建成立铝合金分厂，把总组装车间重组为总装配厂，新设立调试中心等机构；将非主产品或非主工序单位分离为独立经营、独立核算的虚拟利润中心。其次，实行强矩阵式管理。成立高速动车组项目组，下设技术转让、制造技术、物流、质量、信息化等专业小组。项目组全权负责动车组技术引进的工作，对外与客户和合作伙伴做好洽谈、沟通和协调，对内调度资源，全面推进技术引进生产、物流、质量控制等工作。项目组成员全部来自企业各个专业部门，小组长为各职能部门领导。这就比较有效地规避了矩阵和直线职能制的冲突。强化授权与协作，采取的手段是为项目团队的领导充分授权，各单位必须无条件地服从项目经理的管理，加强了项目管理的力度以及部门之间的横向沟通，提高了运行效率，促使在项目质量、成本、进度等多个方面获得提升。第三，管理信息化。借助信息化平台直接订单生产，减少车间库存的同时提升效率。引入世界先进的 ERP 系统 SAP，把优化后的流程固化，与西门子管理体系接管，建立管理信息化平台；西门子转让的几十万条物料明细、工艺路线、加工参数、质检信息等等，全部整理进入 SAP 系统，公司以此为平台，对产品和各项业务进行标准化设计、制造和管理、分析。

（二）在国家支持下立足于重大技术突破的自主创新，以大唐电信集团的 TD-SCDMA 项目为代表

大唐电信集团在 TD-SCDMA 的研发和产业化开发中，实现了"中国制造"向"中国创造"的跨越，成为国家自主创新的典范，多次受到国家领导人的肯定。2008 年 12 月，中共中央政治局常委、国务院总理温家宝在主持召开的座谈会上曾指出，大唐电信集团发展自主创新的 TD-SCDMA 是真正实践了"中国创造"的发展模式，对于我国高科技企业的发展有着很好的借鉴意义。2010 年 1 月，中共中央政治局委员、国务院副总理张德江在大唐电信集团考察中强调，大唐电信集团在自主创新、技术研发、市场开拓以及产业链上下游环节开拓等方面都取得了很大的成绩。工业和信息化部主要领导也指出：TD-SCDMA 产业化不仅是我国电信业自主创新的典范，更是建立自主创新型国家的重要里程碑，极大地提高了国有经济在关键领域的控制力。

1. 战略需求导向明确，政府对创新全过程大力支持

我国是全球手机用户最多的国家，对自主知识产权的 3G 标准有非常强烈的战略需求。我国政府 TD-SCDMA 研发和产业化过程中给予了大力支持。1997 年 4 月，国际电信联盟（ITU）向全世界发出了征集 IMT-2000 无线传输技术（RTT）的通函，并要求 1998 年 6 月截止提交候选技术，1998 年 9 月截止评估报告。此时，日本和欧洲等国家和地区已经进行了多年的研究和积累，对于早就涉足 3G 的爱立信、诺基亚、西门子、摩托罗拉、北电、朗讯等欧美通信巨头来说，角逐 3G 市场志在必得。而中国在这方面的研究基本为零，对中国大多数厂商和相关部门来说，仍习惯性被认作是一次缺席的赛事。而中国又不愿错过拥有自主知识产权国际标准的绝佳机会。在这样的背景下，1997 年 7 月，原邮电部成立了由国内运营企业、政府和研究机构的专家组成的 3G 无线传输技术评估协调组，并在 ITU 注册。1998 年 1 月，在国家"863"通信技术主题组与邮电部第三代移动通信评估协调组（ChEG）联合召开的"香山会议"上，原邮电部科技委决定支持大唐电信集团的前身电信科学技术研究院提出的 TD-SCDMA 代表我国上报 ITU，并争取成为 3G 标准。1998 年 6 月 30 日，大唐电信集团代表中国政府向 ITU 提交了 TD-SCDMA 标准。当时，ITU 共收到了中国、美国、欧洲、日本、韩国等

国提交的提案共十几个，其中美国、欧洲和日本的提案占了绝对多数，而我国的提案仅有一个，由于标准的确立牵扯多方利益，因此 3G 标准之争，从一开始就呈白热化程度。在随后的一年多时间里，各种标准草案之间发生了激烈的竞争。

关键时刻，我国政府明确表示支持 TD-SCDMA 标准商业化。2000 年 5 月 5 日，在土耳其召开的 ITU2000 年世界无线大会上，由中国提出的第三代移动通信标准 TD-SCDMA 被批准为 ITU 的正式标准，与欧日提出的 WCDMA 和美国提出的 CDMA2000 同列三大标准之一。至此，中国真正拥有了第一个国际电信标准。2001 年 3 月 16 日，在美国加州召开的 3GPP TSG RAN 第 11 次全会上，3GPP 正式接纳了由中国提出的 TD－SCDMA 第三代移动通信标准全部技术方案，并包含在 3GPP 版本 4（Release 4）中，这标志着 TD-SCDMA 被全球电信运营商和设备制造商所接受，从而成为全球 3G 移动通信网络建设的选择方案之一。

TD-SCDMA 标准的产业化过程同样有政府的大力支持。政府不仅给 TD 分配了频段，还组织了 Mtnet 测试。2002 年 1 月，原国家计委拿出 7 亿元发起成立 TD 产业联盟。国家的投资一方面减少了大唐独立进行 TD 研发和产业化的风险，另一方面也增强了设备供应商的信心。2002 年 10 月，原信息产业部给 TD-SCDMA 划拨了 155MHz 非对称频率，这一举措向产业界发出了政府对 TD-SCDMA 给予实质性支持的明确信号。2005 年 7 月，产业化专项测试结束后，TD 一度陷入了停滞等待状态。2005 年 9 月上旬，中国科技界三位德高望重的院士就 TD 的发展向中央领导建言，并很快得到胡锦涛总书记的批复："此事重大，关系到我国移动通信的发展方向。"这个批示使得前期的争论停止，统一了业界的思想。这是一次具有里程碑意义的重大转折点。自此以后，TD 的发展更体现了国家的意志和决心。2006 年 1 月 20 日，原信产部正式将 TD-SCDMA 定为我国通信行业标准，意味着中国政府对 TD 的大规模商用能力正式表示首肯，也是对之前"TD 产业化专项技术试验专家组"做出的"TD 可以独立组网"结论的官方认可，同时也表明国家开始全力进行 TD-SCDMA 发放牌照前最后阶段的准备工作。当时，TD 的发展出现了两个重大的转变：一是，由制造商单方面推动 TD 发展，变为制造商结合运营商一道推动 TD 发展；二是发展 TD-SCDMA 不仅是企业行为，而且上升到国家层面。TD 各方面的力量开始真正凝聚起来。

TD-SCDMA 标准的商业运营也得到了政府的支持。2006 年 2 月，TD-SCDMA 规模网络应用试验在我国政府的大力支持和运营企业的积极推动下全面启动。试验由国家三部委（发改委、原信产部、科技部）统一领导组织，中国电信、中国网通、中国移动三大运营商参与主导。2006 年 12 月 21 日，原信息产业部电子信息产品管理司组织专家组对大唐移动通信设备有限公司承担的国家移动通信产品开发与产业化专项资金项目《TD-SCDMA 第三代移动通信标准与产品开发项目》进行了验收。结论是："有效地促进了 TD-SCDMA 系统和终端产品的成熟，为 TD-SCDMA 大规模商用奠定了良好的基础，一致同意该项目通过验收"。2009 年 1 月 7 日，工业和信息化部举办小型牌照发放仪式，向重组后的中国移动、中国电信和中国联通发放三张 3G 牌照，其中中国移动获得 TD-SCDMA 牌照，中国电信获得 CDMA2000 牌照，而中国联通则获得 WCDMA牌照。由此，我国正式进入第三代移动通信时代。由全球最具实力的运营商中国移动来运营中国自有知识产权 3G 标准 TD-SCDMA，表明中国政府对 TD-SCDMA 的重视和厚望，而工业和信息化部在发放牌照的同时也明确表示，TD-SCDMA 发展在 3G 发展中具有重要的地位。

此外，在 TD 创新和发展过程中，政府还以多种形式支持企业解决融资难的问题。从 1998 年到 2005 年，科技部通过"863"计划、攻关计划共对大唐投入了 1.2 亿元。从 2003 年开始，大唐电信集团获得原信息产业部、国家发改委超过 2 亿元的专项资金支持。从 2004 年开始，大唐电信集团每年都从国家开发银行获得低息或免息贷款，包括 2007 年国家开发银行提供的 46 亿元 15 年免息贷款以及为大唐 TD 网络建设提供长期融资支持的 300 亿元贷款。2007 年，国有资本金注入。2009 年，国家社保基金的入股，这是社保基金首次对中央企业实业进行投资。

2008 年，大唐电信集团获得科技部批准建设"无线移动通信国家重点实验室"，是首批 36 家依托企业建设的国家重点实验室之一。2010 年，大唐电信集团向国家发改委申请的"新一代移动通信系统技术国家工程实验室"也正式获批。这为大唐电信集团持续实施正向创新奠定了组织基础。

2. 以产业联盟形式推动 TD-SCDMA 研发和产业化

2002 年初，大唐电信集团面对越来越严峻的 TD-SCDMA 发展环境，认为吸引更多有实力的公司参与，形成合力，是加速 TD-SCDMA 产业化的迫切需要。在原信息产业部和业界的关心支持下，2002 年 10 月 30 日，由大唐牵头，包括华立、中兴、华为、普天、CEC、联想、南方高科等 8 家企业组成的 TD-SCDMA 产业联盟终于成立了。TD产业联盟的创建，标志着 TD 产业化工作成为产业内联盟企业的集体奋斗，联盟通过制定统一的知识产权政策，共享技术信息和市场信息，协调解决产业发展的问题，成为连接政府和企业、企业和企业、企业和科研机构、制造商与运营商的重要桥梁和纽带，对 TD-SCDMA 的研发和产业化发挥着重要作用。

作为 TD-SCDMA 核心专利和关键技术的源头，大唐电信集团在知识产权许可方面竭尽所能。联盟成立之初，大唐电信集团就将自己历经多年苦心开发形成的全部核心专利向联盟成员实施免费许可。2003 年，大唐电信集团与联盟各成员又进行了近百次深入的技术交流，为了帮助联盟成员及早了解、掌握 TD-SCDMA 技术，缩短产品开发周期，加强各厂商在产品配套上的协同性，2003 年 11 月，与中兴、普天签署了深度技术合作协议，将接入网开发的关键技术（包括源代码）全部无私地转让给两公司，使他们在已有技术成果的基础上，可以快速地开展产业化工作。

产业联盟的成立，使得 TD-SCDMA 产业形成了整体配合、协同并进的局面，同时也深化了 TD 产业的国际合作，产业发展驶入快车道。经过短短三、四年的发展，TD 产业联盟就形成了以国内企业为主导，国外企业包括跨国公司广泛参与的多层次产业合作格局，建立了从系统到终端、从芯片到核心软件、从配套设备到测试仪表的完整民族移动通信产业链，而且产业链的每个环节都形成了多厂商供货的局面。在 TD-SCDMA 基站、终端、芯片、测试仪表、核心网等各个领域，大唐与北电、飞利浦、三星、西门子、意法半导体等跨国公司进行了包括合资、联合开发、技术许可等多种形式的合作。跨国公司的进入，进一步全方位地推动了 TD-SCDMA 产业的开发进程和国际化程度，也为将来 TD-SCDMA 技术和产品进入国际市场奠定了基础。2004 年 10 月 26 日，TD-SCDMA 产业联盟成员首次以整体形象参加了北京的国际通信设备展，全面展示了 TD-SCDMA 产业链的突破和进展，使外界感到震惊并对 TD-SCDMA 产业链产生了全新认识。

到 2010 年，以大唐电信集团为首、国内为主的 200 余家上下游厂商已加入到 TD 产业中，完整的 TD 产业链竞争力不断增强。TD 产业联盟成员达到 66 家，覆盖系统、终端、芯片、天线、仪器仪表、室内覆盖、业务、运营等产业链上的各个环节，国内厂家已经在系统设备和终端招标中占据大部分市场份额，并有超过 30 个手机厂商的近 300 款终端获得入网许可证，TD 产业链完全能够支持运营商大规模建网商用的需要。目前，TD 网络均完成 TD-HSDPA（3.5G）的升级，与全球提供的最新 3G 业务同步。

TD-SCDMA 产业联盟这一载体在推动产业发展和突破的进程中充分发挥了平台的支撑作用，成为了企业间专利技术与公共设施的共享平台，这种平台效应体现在：其一，联盟制定了知识产权高度共享的原则，并实现了核心技术的相互许可与转移，有效的解决了产业发展中所面临的知识产权、共有技术、共同测试环境等问题，大大降低了企业的进入门槛；其二，创造性的推动产业链上下游由传统的串行发展转变为并行开发模式，从而大大的缩短了产业化周期；其三，以工作组的方式实现了标准完善、一致性标准与代码开发、业务研究与规划、测试规范制定等环节的共同开发，有效的解决了互联互通问题。

3. 坚持标准主导权

大唐电信集团 TD-SCDMA 产业化国产中坚持"技术专利化、专利标准化、标准产业化、产业市场化"，其核心是自主知识产权主导的标准控制权力。"专利标准化"，即核心专利与国内外技术标准的紧密结合，使得技术随着标准的普及被更广泛的推广与应用，能够最有效的提升创新成果的价值。"标准产业化"，即标准的生命力取决于其产业化的程度，通过成立产业联盟、专利许可等方法实现技术标准的广泛产业化，使标准中知识产权价值真正的体现出来。通过 TD 这个标准，大唐在国际标准竞争中逐步积累了丰富经验，始终保持在移动通信国际标准竞争中的主导地位。从目前全球 4G 国际标准的竞争态势来看，未来进入 4G 国际标准竞争的将主要是 TD-LTE 和 FDD-LTE 两种技术制式。大唐电信集团凭借自身较强的自主创新实力，拥有了 TD-LTE 全部关键核心技术与知识产权。TD-LTE 下行数据速率将达到 100Mbps，上行数据速率达到 50Mbps，在获得性能提升的同时，可以保证 TD-SCDMA 及 TD-SCDMA 增强网络向 TD-LTE 网络的平滑演进。大唐作为全球 TDD 制式国际标准引领者的地位得到了国际众多厂商的认可，也带动国内企业加大科技创新投入，从而不断提升我国的技术标准和科技创新方面的综合竞争力。目前，由大唐电信集团主导提出的 TD-LTE-Advance 作为我国政府唯一推荐的后续技术已提交国际电联讨论，极有可能成为未来的主流 4G 国际标准之一。

4. 重视基础研究积累

大唐电信集团的前身是成立于 1957 年的邮电部邮电科学研究院。经过 50 多年的发展，企业自身在通信领域积累了一大批国内优秀的科技人员，积累了一批技术成果。1995 年，大唐电信集团在 GSM 数字蜂窝移动通信技术上取得重大突破，完成了移动交换机的科研样机。1997 年，大唐电信集团下属信威公司研制的 SCDMA 无线用户环路系统研制成功，其技术水平领先世界 2～3 年，标志着我国通信科研实现了从跟踪到创新的巨大转变。1998 年，一所、西安大唐公司等研制的 GSM900/1800 全套系统设备通过鉴定，标志着我国在移动通信领域的重大突破。

TD-SCDMA 中 SCDMA 是同步码分多址技术的英文缩写，TD 是时分的英文缩写，它包括智能天线、同步码分多址、软件无线电和同步无线接入协议这四种核心技术。其中同步无线接入协议方法和设置是徐广涵、李世鹤等人 1998 年申请的专利；智能天线、同步码分多址及软件无线电则是对原有技术的学习和创新。在 1998 年 1 月 "香山会议"后大唐 TD 开发团队经过艰苦的努力，1998 年 6 月 30 日，也就是 ITU 规定接受各国第三代 RRT 提案期限的最后一天，大唐电信集团代表中国政府向 ITU 提交了我国研究制定的第三代移动通信无线传输技术标准——TD-SCDMA 标准。大唐 TD 开发团队能在如此短时间内完成标准提交工作，没有很好的基础研究积累是不可能的。之后在长达 10 年的产业化过程中，各种技术难题的解决同样需要这些技术积累。

（三）主动融入全球化进程并利用这种进程所带来的市场机遇，实施国际市场导向下的渐进式自主创新，以华为和中兴为代表

深圳华为技术有限公司和中兴通讯股份有限公司创立 20 多年时间就成为全球主流

通信设备供应商，全球市场导向的自主研发是其突出特点。

1. 自主研发，高研发投入和优待研发人员

1989 年，华为推出了第一款华为品牌的用户小交换机 BH01，这是华为自主研发的起步。此后，华为陆续推出了 BH03 用户程控交换机、JK100-2000 局用模拟程控交换机。1993 年开发万门程控交换机 C&C08。1993 年 10 月推出第一台 C&C08 2000 门数字程控交换机。1994 年 8 月，C&C08 万门机开始在江苏邳州城进行试验，这是华为交换机第一次进城。华为在交换机领域自主研发的成功把华为推向了一条自主研发之路。与此同时，与华为同处深圳的中兴通讯也走向了自主研发之路。1989 年中兴研发出第一台具有自主产权的数字程控交换机 ZX-500，1991 年 12 月研制出容量为 500 门的数字端局交换机 ZX500A，1993 年自主研发 2 500 门局用交换机产品 ZXJ2000，1995 年自主研发 ZXJ10 型万门局用数字交换机。

在此基础上，华为和中兴采取高研发投入和优待研发人员的策略大力推进自主研发。从 1993 年起，华为坚持以每年超过销售收入 10% 的资金投入到研发之中。为了维持科研经费在一个比较高的水平，华为甚至把电器业务部门卖给了艾默生电器。2009 年尽管全球经济低迷，华为仍然坚持加大科研投入，研发费用达到了创纪录的 133 亿元人民币，同比增长 27.4%。

高薪、荣誉和事业平台是华为一开始就吸引员工的。初创之时的华为，员工薪水就高于同业平均水平。在早期，华为积极主动的推举核心骨干参加社会上的各种荣誉评选。如杨汉超获得了"全国电子工业系统劳动模范"称号，郑宝用获得第五届"中国青年科技奖"，这是中国科技界的最高奖项。李一男 1992 年到华为，7 天后就被提拔为高级工程师，几个月后升任万门机的项目经理，不到一年就成为华为交换机产品的总经理，1995 年，成为公司副总裁，1996 年主管研发，不足 25 岁就领导上千人的研发团队。华为比较独特的一点是实施全员持股。1990 年，华为员工不到 50 人，开始实行全员持股制度。到 1994 年底，华为员工超过 1 000 人，其中 800 多人拥有华为股权，员工持股份额根据"才能、责任、贡献、工作态度、风险系统"决定。

中兴同样坚持高研发投入和优待研发人员。中兴每年研发投入和销售收入之比也在 10% 左右。在物质激励上，中兴"一把手"侯为贵在一次内部谈到中兴对于员工的吸引力的时候说，"多数员工都是要找一个就业的机会，选择一个待遇好一点的企业，我们对员工的待遇一直比较重视，虽然不是全国最高的，但是一直是中上水平，公司一直努力给员工多一点回报。如果经济基础好，薪资不是第一因素，其他的一些因素可能更加重要。但是内地来的员工经济都比较差，待遇还是很重要的，我们应该看到这个现实，所以我们在员工待遇上一定要重视。"此外，中兴同样提供充分的事业平台，如丁明峰被提拔为公司副总裁的时候只有 28 岁。中兴作为上市公司，一直找机会

给员工股权激励。2006年公司股权激励方案出台。根据方案计划，中兴将采取授予新股的方式，向3 435名员工授予4 798万股A股股票，比例占总股本5%。

  2. 异地建研究所，构建全国和全球研发网络

  进行异地研发，在全国和世界各地设立自己的研究所，可以充分利用世界各地的科技资源和人才进行产品自主研发，这是跨国领先企业的普遍做法。华为和中兴都不约而同地走上了这条开放式创新的道路。1995年，华为成立中央研究院、北京研究所，拓宽产品线，从单一的交换机产品进入到了数据通信、光传输、可视电话系统、ATM会议电视系统、无限通信等领域，逐步实现由硬件生产向软件研发转变。同年，在上海成立研究所，开始从事GSM设备的研发。1993年，华为就在美国创建了自己的分公司——兰博公司（后改名为futurewei），成为华为在美国的研究开发中心和宣传中心。1999年，成立印度班加罗尔研发中心，于2001年和2003年分别通过CMM4和CMM5级认证，华为海外系统的研发整体实力有了质的飞跃。2000年，华为在美国硅谷和达拉斯建立了自己的研发中心，进一步提升自己的海外产品和技术研发能力。自此之后，为了吸纳国际高级人才，充分利用全球人才与技术资源平台，进一步提高研发水平和能力，华为在美国、印度、瑞典、俄罗斯等多个海外国家建立起全球性的研发体系。目前华为在全球一共设立了17个研究所和海外研发中心。

  1993年中兴决定研发万门局用数字程控交换机的时候，把研究所设在了南京。其一是因为南京环境比较稳定，研发人员能够静下心来进行研究工作；二是因为南京高校众多，人才济济，科研水平远远要高于深圳。南京研究所的成立拉开了中兴"异地研发"的序幕。1998年3月，中兴通讯在上海成立了第二研究所，主要从事GSM移动通信系统、终端设备的研制；6月，中兴在新泽西、圣地亚哥、硅谷设立了3家研发机构，分别从事软交换、CDMA1X高层协议的研究和世界信息领域最新技术的发展动态和跟踪引进；8月，中兴与美国德州仪器（IT）合作在深圳建立TI-ZTE DSP实验室；12月，中兴通讯北京研究所成立，致力于密集波分复用等光通信前沿领域的产品和技术的研发。2000年4月，西安研究所成立，致力于无线射频和智能天线等产品的研究，9月，中兴重庆研究所成立，致力于智能业务、网络管理等产品的研发。2000年，中兴还建立了韩国研究所，致力于CDMA产品的开发。随着中兴国际化的发展，公司也在世界各地诸如瑞典的斯德哥尔摩、美国的硅谷以及达拉斯、印度的班加罗尔等地建立自己的研发机构，成功实现了全球异步异地的研发网络。全国和全球研发网络给企业带来了全球协同研发优势。例如，在WCDMA领域，中兴从1998年就开始投入研发，总计投入了40亿元人民币的资金，4 000多名研发精英，在深圳、上海、重庆、南京、成都、西安以及斯德哥尔摩研究中心同步进行系统的研究和开发。WCDMA领域累计申请专利达到了1 100件，其中WCDMA技术领域的专利约700件，WCDMA标准

与产品的重要专利 76 件；在 3GPP LTE 标准方面获得了 2 个编辑席位。中兴通讯 WCDMA/HSPA 已成功应用于包括香港、巴西、罗马尼亚、爱沙尼亚、利比亚等全球近 30 个国家和地区，已经具有年供货 2.5 万台基站的生产能力，可以全面满足国内外的大规模商用建设需求。中兴通讯 WCDMA 核心网全球应用已经累计超过 1.2 亿线，技术稳定性和商用成熟度得到充分认可。

除了自建研究所之外，华为和中兴还通过合作方式利用全球技术资源。2003 年，华为启动了与 3COM 的合作，共同研发生产企业数据网络设备。2004 年，华为与西门子公司合作，成功开发出针对中国市场的 TD-SCDMA 移动通信技术。华为还与包括沃达丰、西班牙电信、意大利电信等在内的国际领先运营商合作成立了 20 多个联合创新中心，开展与客户的联合创新和共同创新。1998 年，中兴和美国德州仪器合作在深圳建立 TI-ZTE DSP 实验室。2002 年，中兴和世界第一代移动通信半导体供货商杰尔系统公司举行了签约仪式，宣布在深圳成立联合实验室，双方加强了光电子、微电子、以及数据传输等领域的合作；中兴与英特尔有限公司签署了备忘录，在未来 3G 通信、无线局域网等几个关键领域展示深层次合作。2006 年中兴与 FT 达成长期战略协议，在固网接入、业务、终端等领域进行了深度的合作。2008 年中兴和 Vodafone 签署系统设备全球合作框架协议，覆盖公司包括 GSM/UMTS/ 光传输等在内的全线系统设备产品。2009 年，中兴携手美国高通公司提升 WCDMA 系统容量和性能等等。

3. 全球市场导向的创新

华为和中兴从 20 世纪 90 年代中后期开始尝试海外销售，2003 年之后取得实质性突破，在 GSM、3G 移动通信、手机等领域依靠全球市场导向的创新取得国际化成就。1995 年，华为开始自主研发 GSM 移动通讯设备，一年之内就先后推出了移动交换机、基站控制器和基站的全套网络设备，1998 年 11 月在内蒙古安盛通过了技术鉴定，并开通。当时爱立信、诺基亚等跨国公司已经把中国所有大中城市 GSM 设备市场瓜分，并且 GSM 国际标准中基站控制器（BSC）与基站（BTS）之间的 Abis 接口没有开放（各厂家设备采用私有协议，因此 BSC 与基站必须购买同一厂家设备），加上跨国公司采取了降价销售的市场策略打压产品刚刚推出、技术有待完善的中国本土企业，使得华为等本土企业的 GSM 基站、基站控制器系统很难挤进跨国公司先入为主的国内市场。直到 2003 年华为的 GSM 基站系只在一些偏远的省份和农村地区边际网有少量的应用，一直没能够取得国内市场上的突破。GSM 产品在国内市场的初战告负并没有让拥有"成为世界级领先企业"战略愿景的华为公司放弃和退却，反倒以更大的研发力量（3 000 多名工程师，公司 1/3 的研发力量）投入到 GSM 系统的升级换代产品（GPRS、EDGE、WCDMA 等 2.5G、2.75G、3G 产品）。与此同时，华为积极推行国际化战略，加大了海外市场开拓力度。到 2003 年，华为形成了由 8 大地区总裁负责、代表处遍及全球 40 多个国家的国际市场组织体系。华为 GSM 产品逐渐在国外市场取得突破，获得了一系列的国外大订单，实现了无线产品"墙里开花墙外香"的局面。2005 年，华为 GSM 公司产品线从遍地开花的海外市场反抄中国本土市场，2008 年，华为公司终于取得了中国市场新增 GSM 设备的 1/3 份额。2008 年获得国家科技进步二等奖的华为分布式基站，是一个典型的全球市场导向的产品。华为发现欧洲移动营运商花在租用机房、设备用电、安装维护等方面的费用成为其最大的支出。基于欧洲客户的这种状况，华为研发出分布式无线基站解决方案，设备可以安装在过道、楼梯间和地下室等狭小的空间，大大降低了机房的建设与租用成本，并且易于安装。这种实用化的创新赢得了欧洲电信运营商的青睐，也为华为带来源源不断的订单。华为在俄罗斯、非洲等地获得了不少 GSM、GPRS 设备订单之后，始终未能从爱立信、诺基亚等跨国公司抢来 3G 合同。2003 年，经过不懈的努力，华为首次成功从爱立信和诺基亚等国际 3G 巨头手里面夺取了两个 WCDMA 的供货合同，独家承建阿联酋 Etisalat 和香港电信盈科 Sunday 的 WCDMA 3G 网络；华为重新成立了终端事业部，主要从事 3G 终端的研究开发。2004 年，华为又相继赢得了马拉西亚 TM、毛里求斯 Emtel、荷兰 Telrort 三大国际运营商的 WCDMA 供货合同，并且首次在 WCDMA 大本营——欧洲爱立信这个最强大的移动通信设备手里抢到了一个订单；2005 年，华为成为沃达丰全球供应链的优选通信设备供应商；华为在全球新增 3G（包括 WCDMA 和 CDMA2000 两种制式的产品）市场份额中排名第二，占 21.6%；海外的合同销售额（387 亿元）首次超过国内合同销售额（279 亿元），华为成为英国电信（BT）首选的 21 世纪网络供应商，为 BT21 世纪网络提供多业务网络接入（MSAN）部件和传输设备。

1995 年，中兴启动了 GSM 研发项目，1999 年 GSM 设备成功实现商用。然而，当时国内的 GSM 市场早已经被"七国八制"的跨国巨头所瓜分，中兴的 GSM 无用武之地。直到今日，中兴 GSM 在庞大的国内市场中的份额还是没有超过 10%。投入巨资研发的 GSM 技术并没有得到很快的回报，困难比中兴自己预期的要大得多。然而，中兴继续推动 GSM 研发的发展，同时也积极开拓海外市场，希望能够在全球市场找到 GSM 设备的突破口。随着中兴国际化战略的不断推进，GSM 项目在海外，尤其是发展中国家市场爆炸性启动之后，中兴 GSM 的命运就发生了根本性的转变。2003 年，中兴 GSM 设备陆续进入了亚太、中东、北非、南非、欧洲、拉美的 20 多个国家和地区。GSM 海外市场成功开拓，中兴并没有停留自己的脚步，反而投入研发力量，以推动公司在 GSM 领域始终保持着持续创新的能力。根据运营商的个性需求量身定做的 GSM WLL、GPRS 差异化网络解决方案，推出了诸如基站控制器 ZXG10 IBSC 和 8000 系列基站等一系列符合市场以及运营商需求的新产品和解决方案。2004 年至今，中兴 GSM 业务已经连续保持增长率在 100%，成为全球增长最快的 GSM 设备供应商。虽然起步较全球通信设备巨头晚，但是依靠着高增长率中兴成功跻身全球主流 GSM 设备供应商之列。2007 年，中兴全球 GSM 发货超过 34 万载频，同比增长 325%。2009 年全球新增市场份额增至 20%，成功晋级世界前三。手机业务方面，中兴在 GSM、CDMA、PHS 三大制式上进行研发，截至 2008 年 9 月底，中兴手机专利申请达 1 772 件、国际专利112 件，居国内厂商之首，中兴通讯 2G 手机和 3G 手机赢得了沃达丰、英国电信、中国移动、中国联通、和记黄埔、法国电信、西班牙电信等全球知名运营商的支持。中兴手机销量已经超过一亿部，位居全球第六。

4. 攻克核心技术，自主建立产业链

集成电路芯片是通信设备制造业的核心技术，占据产业链上游重要位置。华为和中兴都通过研发，建立了自主的集成电路芯片产业链。

华为 1991 年成立了集成电路设计中心；1993 年在攻克交换机技术的同时，成立了专门负责专用集成电路芯片设计的器件室。1993 年研制出第一块 ASIC 芯片，应用于最新产品 C&C08 系列交换机；1994 年，设计出 30 多种芯片，最复杂的能够容下 1 000多万只晶体管，每片可完成 3.2 个电话无阻塞通话。在华为此后的 C&C08 系列交换机、SDH 传输、接入网以及电源监控系统等产品中使用的都是自行设计的 ASIC 芯片。随着研发能力的不断的提升，华为已经能够做到产品和芯片同步发展。芯片自主设计能力的提升，对降低产品的整体成本，开发富有自己特色的产品，从而和市场上其他国际企业所生产的产品具有差异性十分的重要。2004 年，由于运作的需要，华为芯片研发中心改为华为控股的海思半导体有限公司，公司总部设在深圳，在北京、上海、硅谷和瑞典分别成立设计中心。在华为强大的研发能力支持下，海思已经先后开发出 100多款具有自主知识产权的芯片，申请专利数达到了 500 多项，覆盖的产品范围也由最初的集成电路扩展到无线网络、数字传媒等领域的芯片和解决方案。中兴同样有自己的半导体芯片设计公司。

除了集成电路设计之外，华为和中兴都积极发展另一项核心技术——软交换。NGN（Next Generation Network）意指下一代网络，它以软交换为核心，能够提供包括语音、数据、视频和多媒体业务的基于分组技术的综合开放的网络构架，代表了通信网络的发展方向。早在 1998 年，中兴就已经在美国成立了研究中心，聘用全球顶尖 NGN高手进行 NGN 的规划和研发，这使得中兴通讯成为国内首家从事软交换研发的厂商。2001 年，中兴建立了全球第一个基于软交换技术的 NGN 商用网。2002 年，中兴作为唯一国内厂商参与中国电信下一代网络实验工程，在五家厂商参与测试项目最多、最全，并且排名非常靠前。2004 年至 2005 年，中兴通讯全面参与了中国电信组织的一系列测试，包括软交换性能、功能测试，协议一致性和兼容性测试，大容量网关测试等等。中兴通讯在所有参测厂商中整体性能指标排名遥遥领先，并作为互通基准来验证其他厂家互通性。这些测试结果充分验证了中兴设备具备强大的处理能力、极高的稳定性并能提供各种完善的组网解决方案。2005 年，中兴正式推出基于软交换 NGN 技术的"固网 3G 整体解决方案"，并在同年独家承建了全球最大规模的中国电信 NGN 长途骨干网项目，成为全球节点数最多、用户规模最大的固定 NGN 网络。截至 2008 年底，中兴软交换技术已申请国家专利 220 项、国际专利 35 项；中兴已在中国、俄罗斯、印度、巴基斯坦、葡萄牙等全球 50 多个国家和地区部署超过 1.8 亿线容量的 NGN 系统。

5. 不断改进创新管理流程

为提高创新成效，华为和中兴都进行了创新流程管理方面的持续改进。1997 年，华为国际化的战略正在酝酿，华为深刻意识到企业研发管理的落后。经过多方的考察和讨论，最后决定对华为的研发部门进行 IPD（集成产品开发）变革。1999 年，华为正式开通 IPD 改革，在任正非强力的支持和大规模的资源投入双重保障之下，华为公司 IPD 管理变革项目经过准备、关注、发明、推行等阶段，到 2003 年底基本结束。为了配合华为的 IPD 改革，公司推行了"集成供应链"和"集成产品开发"变革项目，同时对人力资源系统、IT 系统、财务系统等进行了重新规划和变革。经过了 5 年的努力，华为公司形成了全新的矩阵式管理。变革取得一系列可喜的成果：新产品上市时间缩短；新产品投资决策失误率下降至 10%；产品的结构全面升级，1998 年华为只有基于 GSM 的智能移动网可以算是世界一流的产品，截止重组结束的 2003 年，华为的移动智能网、电信级 Internet 接入服务器、大容量光传输设备都已经成为了世界领先的产品，大容量 DWDM 光传输设备、NGN 设备、高端路由器、WCDMA 第三代移动通信系列产品全面进入了世界一流产品的行列。

IPD 变革之后，华为组织结构呈现出了新的特点：（1）中研部产品开发职能被分立，形成了六大产品线，每个产品线有自己的"集成产品组合管理团队"（IPMT，负责新产品投资决策）、营销管理部（负责对未来的市场需求进行研究，制定产品线战略）、预研部（负责关键前沿技术开发）、产品经理管理部（负责管理和培养产品经理）、系统工程师资源池（负责培养系统工程师）。在这个框架下面根据 IPMT 的决策组建 PDT（产品开发团队，每个产品均有一个 PDT），全公司有能力同时承担 100-200 个新产品项目的开发工作。（2）中央研究院不再对新产品开发负责，转变为一个具有技术研发职能的功能部门，负责核心网技术、信令技术、测试技术、芯片设计技术、制造技术等全系列基础技术的开发，并负责为各产品线提供人力和技术资源。（3）原生产部和用户服务中心合并形成供应链部，在新的全流程供应链流程下配合 IPD 工作。（4）原市场部被拆分为国内营销部和国际营销部，加强国际销售。

高质量的卓越管理是产品研发和技术创新的开路先锋，这是中兴成功的经验和体会。推动中兴跻身世界级技术型企业的同时，企业的质量管理和整体经营能力也达到了国际先进水平。然而，在早期，由于国有企业的体制使得中兴的发展一度受到很大的限制。ZX-60研制成功之后，中兴股东因为利益分配问题出现了矛盾。为此，中兴进行重组，提出了"国有控股，授权民营"的机制，这种模式使得中兴避免了大多数国有企业所遇到的政企不分、缺乏有效机制的问题，又可以在融资等外部环境向国有倾斜的年代，为企业带来诸多的便利，经营者也不必担心企业在成长之后与自己脱离关系。这使得中兴能够全身心的应付市场上的不确定性，为企业创新的发展铺垫了良好的基础。为了配合公司的产品创新和技术研发，1998年起，中兴开始进行管理变革，将整个公司划分为相对独立的事业部，并且引进矩阵式管理和团队管理，将复杂的管理化整为零，通过有效的评估和激励措施以及建立一个学习型的组织，保持了每一个细胞的活力和能力。同时，引进六西格玛，提升创新过程中的管理，以保证创新的质量和效率。2006年，为了紧跟公司国际化的战略，中兴又引进PRTM公司的PACE管理系统，总结出新产品开发模式HDPT在内部推广。

（四）基于自主品牌和快速响应市场需求的集成创新，以海尔集团和中国船舶为代表

世界著名消费市场研究机构欧洲透视（Euromonitor）发布的数据显示，海尔2009年和2010年在世界白色家电品牌中全球市场占有率分别为5.1%和6.1%，均居全球第一。这是中国白色家电首次成为全球第一品牌。同时，海尔冰箱、海尔洗衣机分别以10.4%与8.4%的全球市场占有率，在行业中均排名第一。2009年，中国船舶工业集团公司销售收入758.7亿元，完工吨位、承接新船订单和手持订单三项指标分别占全国总量的25.4%、12.1%和23.3%，为我国成为与韩国非常接近的第二造船大国贡献很大。中国船舶工业集团公司在散货船、油船和集装箱船三大主力船型上都形成了系列化产品，综合技术指标与国外先进水平不相上下。海尔集团和中国船舶工业集团公司都依靠创新取得了发展，全球市场导向的自主品牌和整体产品自主设计是其突出特点。

1. 坚持自主品牌

1984年，海尔集团的前身青岛电冰箱总厂做出了第一个重大决策——实施名牌战略，把产品目标、经营管理和市场营销战略定位在出名牌产品上。这一品牌定位，确立了海尔当时以至未来发展的战略指导思想，也是它后来者居上的成功基石。琴岛——利勃海尔电冰箱于1988年获得中国电冰箱生产史上第一枚国优金牌，一跃成为中国家电第一名。1998年，海尔提出十年规划，确定了进军世界500强的目标，把企业经营目标设定为创出中国的世界名牌，成为世界著名的跨国公司。从2005年年底2006年年初开始，海尔集团实施全球化品牌战略，海尔要在当地的国家创造自己的品牌。海尔品牌在世界范围的美誉度大幅提升。

中国船舶工业集团公司以产品性能赢得世界品牌称号。1987年10月，江南造船厂（中国船舶工业集团公司下属厂）首制64 000吨散货船"祥瑞"号正式交船。投入航行4个多月，"祥瑞"号的性能和经济技术指标达到世界先进水平，并经受住了11级强台风的考验，在国际航运界赢得声誉，被命名为"中国江南·巴拿马"型。这是中国造船工业第一次真正意义上的进入国际船舶市场，第一次被国际租船市场命名为国际著名品牌。"中国江南·巴拿马"型为中国和江南造船厂赢得世界声誉。"中国江南·巴拿马"型船创出国际品牌后，还被香港、美国、法国等国家和地区客商连续订购了数十艘同类型船舶，其中第3、4艘分别于1990年1月和1990年5月交船，其船东美国泛太平洋轮船公司为江南人坚持"质量第一"的精神所折服，将江南厂建造并已命名的两艘65 000吨远洋散装货轮的姐妹船，改名为"中国光荣"号和"中国自豪"号。并将续订的3艘7万吨新型"中国江南型"货轮又分别命名为"中国精神"号、"中国希望"号、"中国欢乐"号。中国船舶工业集团公司后来在三大主流船型上都有创出了世界品牌的船型。

2. 坚持自主设计

海尔集团设立了中央研究院和产品研究所两级体系，坚持自主设计。成立于1998年12月26日的海尔中央研究院，是海尔集团的核心技术机构，是海尔集团通过技术合作建成的综合性科研基地。研究院下设U-home研究中心、嵌入式软件研发中心、创新设计中心、工艺设计中心、模型设计中心、知识产权中心、用户体验中心、中长期技术研究中心和实验检测中心。在产品开发方面，海尔拥有冰箱研究所、冷柜研究所、空调研究所、洗衣机研究所、电子研究所、商用空调研究所、微波研究所、洗碗机研究所、热水器研究所、通信研究所。海尔多年来自主设计的代表性产品有：（1）在应用了"无级变频"技术的基础上，海尔冰箱还应用了独创的"数控模块"，实现了精准到0.1度的温度控制范围，同时通过"数控模块"，将"无级变频"技术的优势发挥到最大——海尔冰箱能够实现从零上10度到零下18摄氏度29档的自由变换，是目前唯一能够实现"全温区"的变频冰箱；（2）海尔电热水器于2002年3月推出了"防电墙"技术，很好的解决了环境带电的问题，它不仅可以在热水器内部零部件漏电的时候起到保护作用，在地线带电、水管带电等环境带电的情况下，也可以有效的分解电压，使得人体承受的电压仅在12伏绝对安全电压以下，实现了从产品安全到系统安全的跨越，该技术在2002年便获得了国家发明专利，2009年1月，海尔防电墙技术正式通过IEC（国际电工委员会）审议，海尔防电墙技术写入了国际标准;（3）海尔独创性地采用一个电机转化为两个动力输出，实现双向转动形成沸腾水流，由此吸收了波轮、搅拌和滚筒洗衣机各自的优点，发明了一种新型的洗衣机，省水省时各一半，洗净比提高了50%，磨损率降低了60%。这种洗衣机在2004年5月法国列宾国际发明博览会上，荣获了唯一发明金奖。

中国船舶工业集团同样坚持自主设计，保证自主性，增强国际竞争力。2007 年 5 月，中船上海江南长兴造船有限公司首次承建 29.7 万吨 VLCC，其总长 330 米，型宽 60 米，型深 29.7 米，由中船集团公司 708 所自主开发设计，经济性、环保性和安全性达到国际先进水平，入美国船级社 ABS 和中国船级社 CCS 双重船级。它是国内第一艘拥有自主知识产权的 VLCC，也是上海造船工业有史以来建造的最大吨位运输船舶。中国船舶工业集团研发设计了拥有自主知识产权的 29.7 万吨、30.8 万吨、32 万吨 VLCC，形成了 30 万吨级 VLCC 船型系列，标志着 708 所已成功掌握了 VLCC 船型核心设计技术，打破了世界上少数国家对 VLCC 设计技术的垄断。

3. 利用全球技术资源

海尔的研发都是以市场为导向，而不是以能力为导向，当企业自身能力满足不了的时候，就去外面找合作，整合外面的资源。海尔认为企业的成功并不在于拥有多少资源，而在于利用多少资源。海尔在青岛、北京、首尔、东京、米兰、洛杉矶设有综合研究中心；在首尔、大阪、洛杉矶、南卡、哥本哈根、阿姆斯特丹、慕尼黑、米兰设有设计中心；在亚洲的香港、台湾、新加坡、巴基斯坦，北美洲的纽约、蒙特利尔，南美洲的巴西、阿根廷，欧洲的伦敦、巴黎、法兰克福、米兰，大洋洲的悉尼、非洲的突尼斯、开普敦，中东的迪拜设有 16 个信息中心。海尔市场部部长说："海尔目前形成的 24 小时不落地的研发和网络资源支持，以最快的速度来满足当地用户的需求，有效地整合了全球的资源，提高了资源的利用率，提高了海尔集团核心竞争力，有力支撑了产品的全球市场。六开门冰箱就是意大利的研发中心研发的，先在意大利推出，后来推到了全世界。""无尾"电视的开发是一个典型例子，2010 年 1 月 8 日，在美国拉斯维加斯举办的第四十三届国际消费类电子产品展览会（CES 展）上，海尔推出了全球首台"无尾"电视，吸引了众人眼球。这台拥有轻薄时尚外观的 32 寸液晶电视采用了先进的 WiTricity 的无线电力传输技术，不用电源线、信号线、网线，省去了消费者家中众多电源连线带来的种种不便。它的诞生标志着全球彩电行业从此跨入"无尾时代"。海尔无尾电视采用了麻省理工学院发明的无线电力传输技术，能够在不借助电线的情况下利用"磁耦合共振"原理实现远距离高效无线供电，这也是无线电力传输技术首次成功应用于电视接收终端。海尔彩电是国内首家麻省理工学院产业联络计划（MIT/ILP）成员，该电视的诞生便得益于该计划的帮助。海尔相关负责人介绍说，"海尔无尾电视的诞生首先是自主经营体自己发现麻省理工有这项技术，之后才开展合作的。从确定要开发到拿到样机，只用了几个月的时间。自主经营体的运作机制大大提升了海尔产品开发的能力。在国内合作方面，海尔与航天、材料方面的科研专家经过不断的努力，克服了几十项技术难题，率先将宇航绝热层材料应用于冰箱的保温层，于 2004 年 9 月推出了全球首台使用宇航保温材料的冰箱——海尔"飞天王子"变频冰箱。海尔"飞天王子"变频冰箱的保温层厚度减少到了 4.8 厘米，比节能冰箱厚度减少52%；同时更省电，比普通冰箱的耗电量又下降了 51%。与日、韩同类技术相比，用料更好、更节能、成本更低。

中国船舶工业集团也在坚持自主权的条件下利用全球技术资源。这方面的典型事例有：（1）1984 年，江南造船厂与香港海洋技术顾问公司合作开发了 65000 吨级巴拿马型散货船，江南先后派出 70 余名工程技术人员参与联合设计，双方互相审核对方所设计的图纸资料，吸取、借鉴国外先进技术信息，加强技术经验交流，边设计，边充实，保证设计的正确完整。（2）2001 年 5 月，香港著名船舶设计师郑瑞祥与上海外高桥造船公司、上海船舶研究设计院联合开发、设计的世界上第一艘绿色环保型 17.5 万吨好望角型散货船正式投放市场。由于设计大胆创新，并融入了绿色环保理念和元素，使其成为国内第一艘取得美国船级社（ABS）"绿色入级符号"的船舶，也立刻成为国际航运界的热门船型。比利时、希腊、土耳其、美国、日本以及中国香港、台湾等地的航运公司纷纷前来下订单，多达 35 艘。（3）在船用主机方面，也是利用全球技术资源。随着社会分工的日益细致，目前国际通行的船用柴油机制造都是通过引进丹麦、芬兰等欧洲国家的专利进行研制生产的。这种引进专利的方式只提供图纸，而工艺方法和原理等全靠制造企业自己研究。而且专利设计基于的工艺是按照国际制造业中上水平提供的，沪东重机的制造设备不一定能满足需要。这就需要花费大量的人力、物力和财力进行试验、培训，以真正吸收设计的理念和思路。只有在掌握核心的思想后才能对制造技术有整体的把握，才有可能用较低的成本满足较高的要求。（4）高技术船舶 LNG 船也利用了国外技术资源。为了培育我国自主开发、设计、建造 LNG 船的能力，中船集团公司所属沪东中华造船（集团）有限公司从 1997 年起就启动了 LNG船的研究工作，对此类船舶的建造信息、规范规则、技术专利和市场前景进行了大量的调研和考察。经过几年的努力，在国家有关部委的支持和国外合作方——法国大西洋造船厂的帮助下，沪东中华造船（集团）有限公司通过引进、消化、吸收，掌握了大型薄膜型 LNG 船的关键建造技术，并成功开发了采用蒸汽透平推进系统的 14.7 万立方米薄膜型 LNG 船。2004 年 8 月，首艘 LNG 船建造合同签订，同年 11 月 15 日开工建造，2008 年 4 月 3 日交付。截至 2009 年 12 月 10 日，首批 5 艘 LNG 船已全部交付使用。

4. 全球市场导向的创新

海尔奉行"好的公司满足需求，伟大的公司创造需求"的理念，在技术创新领域要求技术开发要紧紧围绕市场、用户这个目标来开展，知识产权战略以创造新需求为导向，将知识产权制度有机融入到企业经营管理中，形成了三位一体的产品创新和开发模式，即：面向市场需求、采取针对式开发、及时进行成果保护。海尔有针对全球同步开发产品的 2×3 方式，即每个新产品开发同步开发三种款式（譬如欧洲、美国、中国市场），每个款式有 2 个团队竞争，这样，保证产品能够在全球市场同步上市。海尔也有很多针对当地市场需求开发的特色产品。例如，根据美国经销商迈克提出的意见，在原冷柜基础上进行了改进，将冷柜的下部设计成抽屉式，充分考虑人机工学，使身材矮小及不方便使劲弯腰的人，能轻易的存取深层的食物，"迈克冷柜"深受经销商欢迎。

中国船舶上海外高桥造船公司善于抓住全球市场需求的机会。例如，过去由于受法国敦克尔克港口设施的限制，好望角型散货船的最大吨位只能控制在 17.5 万吨之内。2003 年，该港口进行了技术改造，使停靠的船舶吨位增大到 17.7 万吨。获此信息后，外高桥造船公司快速反应，在集团公司的统一部署下，组织专业设计人员对拳头产品 17.5 万吨好望角型散货船进行局部优化，不但使其载重量提升至 17.7 万吨，而且满足国际船级社联合会以及海事国际公约、议定书有关新的规则和规范。经过半年多时间的精心设计，世界上吨位最大的好望角型散货船在上海问世，成为当今世界上能进入法国敦克尔克港口最大的散货船。该船型自 2004 年 11 月问世以来，已有比利时波士玛航运公司、希腊卡迪夫航运公司、日本邮船株式会社及这次签约的日本川崎汽船株式会社等世界知名航运公司先后与上海外高桥造船公司签订了造船合同，订单达到 9 艘，市场前景十分广阔。

5. 形成世界一流的制造能力和管理模式

在创新实践中，从 20 世纪 80 年代末的 OEC（overall every control and clear，日事日毕，日清日高）的精细化管理，到 90 年代末的 SBU（人人是直接对市场负责的老板）的市场链管理，一直到 2005 年的"人单合一"管理模式，海尔在制造模式上的转变从未停止过。海尔在成功引进 JIT 精益生产的基础上，推行"人单合一"。"人单合一双赢"模式是非常大的创新，传统企业的核算体系是以资本和资产为中心，追求利益最大化，海尔则将传统的财务报表变为自主经营体的三张表：损益表、日清表、人单酬表。这种核算体系是以员工为中心，将用户最大价值与员工的最大利益紧密结合在一起，大大提高了一线员工的活力和创新力，更好地适应了互联网时代营销碎片化和需求个性化的特点。"人单合一双赢"新商业模式，在企业内部催生出无数个大大小小的"自主经营体"，让整个组织结构由"正三角形"变为"倒三角形"：让消费者成为发号施令者，让一线员工成为 CEO，倒逼整个组织结构和流程的变革，让以前高高在上的管理者成为倒金字塔底部的资源提供者。端到端（从用户不满意到满意），同一目标和倒逼体系，是海尔自主经营体的三大要素。

中国船舶加快建立现代造船模式，数字造船、大型船厂工法研究、敏捷造船关键技术研究等科研项目的成果已经在骨干船厂推广应用，生产效率不断提高，散货船、油船和集装箱船三大主流船型生产周期明显缩短。上海外高桥造船公司 17.5 万吨散货船平均船坞周期 50 天，接近日韩同型船的建造水平。上海外高桥造船有限公司成功实施巨型总段移位造船新工法，总段重达 6 000 吨，运用该工法使 17.7 万吨散货船船坞建造周期缩短一周，达到日韩造船企业的先进水平。在主机制造方面，沪东重机"十一五"的战略定位就是重点加大科研投入，不断提升制造能力，调整工艺流程，以提高生产力；改进工艺技术，使原有设备发挥更大的效能；与高校联合开发新的制造技术，适应不断发展的需要。在每一道生产流程上都蕴藏着许多创新点。例如，白合金零件是船用低速柴油机中不可缺少的部件，原来生产这些零件需要酸洗、挂锡等预先处理，污染环境，并且工人的劳动强度大，生产成本高。2005 年沪东重机与高校联合进行柴油机零件白合金焊接技术研究取得成功，2006 年公司批准将该项技术应用于实际生产，组建生产线。该技术的应用，大大提高了生产效率和零部件质量，同时解决了酸洗液的环保处理问题。该技术在国内还没有应用，国际上也仅有几家大公司掌握这项先进技术。

（五）整机产品集成能力培育与核心部件技术突破并重的自主创新，以海信和奇瑞汽车为代表

海信以技术孵化产业，逐步向高端产业和产业高端延伸，已经形成了以数字多媒体技术、现代通信技术和智能信息系统技术为支撑，涵盖多媒体、家电、通信、IT 智能系统和现代家居与服务业的产业格局。2009 年，海信实现销售收入 560 亿元，比 2008 年增长了 80 亿元，在中国电子信息百强企业中名列前茅。奇瑞汽车股份有限公司 2009 年实现整车销售达 50 万辆，同比 2008 年增长 40%，连续 9 年蝉联中国自主品牌销量冠军。"国内市场导向的整机产品集成能力培育与核心部件技术突破并重"是其技术创新的主要特征。

1. 坚持整体产品自主设计

"自主创新"是奇瑞发展战略的核心，也是奇瑞实现超常规发展的动力之源。奇瑞已建成以汽车工程研究总院、中央研究院、规划设计院、试验技术中心为依托，与奇瑞协作的关键零部件企业和供应商协同，和国内大专院校、科研所等进行产学研联合开发体系，并拥有一支 6 000 余人的研发团队，掌握了一批整车开发和关键零部件的核心技术。奇瑞公司以建成国家工程试验室为目标，总投资 14 亿多元、现已投资 8 亿多元，建成占地近 30 万平方米，汽车零部件、节能环保、整车道路、动力总成、被动安全（碰撞）、材料、计量在内的七大试验室和一条整车操稳、NVH 调校试车跑道的亚洲最大的汽车试验技术中心，具有涵盖整车和零部件可靠性、操稳、NVH、安全、环境适应性、动力性、经济型、电子电器 /EMC、空调系统、耐候性、排放和材料等性能的

试验开发和验证能力，已经具备了 23 个专业模块的近 1 800 余类试验项目能力，具备了国内一流的研发设施条件。在研发经费投入上，奇瑞坚持"再难不省研发"，每年用于整车、发动机、变速器、关键零部件、新材料、制造技术及前沿技术研究开发的经费超过销售收入的 5%，有力保障了各类创新项目的顺利实施。国外汽车公司研发经费占销售收入的比例在 3%~4%，而国内的几家汽车合资企业的研发资金比例不到 1%。

以技术立企的海信同样重视主要产品的自主设计，而且还重视核心技术突破。海信平板电视今日取得的成就是建立在 20 世纪 70 年代黑白电视的自主研发和 80 年代引进的松下彩电生产线以及 90 年代引进的东芝的大屏幕彩电生产线过程中的消化吸收积累基础上的。海信通过自身研发队伍的努力以及产学研合作，实现了一个个关键技术的自主创新突破，以让海信从"CRT 第三军团"一跃而进入"平板第一品牌"行列，对海信具有重要意义的产品——平板电视为例。2002 年，海信就成立了"平板电视事业部"，每年投入销售收入的 5% 左右到产品研发中去，并将优势资源向平板技术倾斜。海信准确把握了平板电视快速普及、普通液晶电视向 LED 快速升级、3C 融合等重大机遇，通过加大自主创新力度、持续追求研发深度，成功推出了中国第一款具有自主知识产权的产业化数字音视频处理芯片——信芯、中国第一台 42 寸超薄 LED 液晶电视，实现了向高端产业和产业高端延伸。

2. 重视核心技术自主创新

海信以技术立企的一个具体体现就是重视核心部件自主创新，突出的例子有数字音视频处理芯片和液晶显示模组。

（1）数字音视频处理芯片。

1998 年，当国内同行还孜孜不倦于"彩电价格战"时，海信集团副总裁、技术中心主任夏晓东开始对集成电路设计给予了极大关注。他亲自出面，与美国一家集成电路设计公司洽谈，希望和他们一起进行有关电视芯片的合作开发。1999 年，周厚健和夏晓东把一批做电视电路开发的人召集到一起，开了一次研讨会，讨论的话题只有一个："我们现在涉足芯片可能性怎么样？"战嘉瑾和海信的技术同行们参加了那次会议，他们的回答是：只要企业能够投入，只要能给出时间，按照海信技术人员的素质，芯片是可以开发成功的。夏晓东先后两次派遣战嘉瑾与其他研发人员一起，去美国这家公司，协助该公司做一些芯片验证板及调试方面的工作。从美国回来后，战嘉瑾奉命开始着手储备有关芯片研发的技术理论和技术资料；2000 年，在海信集团技术中心的众多研究所中，已经设立了"专用集成电路设计所"，荣任海信技术中心数字所副所长不久的战嘉瑾成为该所的负责人和唯一一名员工。2001 年 6 月，战嘉瑾率领三名研发人员，奔赴上海，组建海信 ASIC 上海研发中心。从 2000 年至 2001 年，他们主要研究进行集成电路自主设计的可行性，以及产品开发的领域。当时项目组相继调研和探索了十多个产品项目，从电视遥控器芯片、空调遥控器芯片、通用8位微处理器，到数字电视解码芯片、全球定位GPS芯片等等。在研究了十多个芯片的方向和多方论证后，到2001年底，他们形成了一致意见：舍弃当时大多数企业都在做的微控制器方向，研发"数字视频处理芯片"。视频处理芯片是针对目前出现的新型显示器件（等离子显示屏、液晶显示屏、背投显示器等），将可能作为这些显示器件输入信号的各种数据信号（包括模拟PAL、NTSC制式的电视信号、数字电视信号、计算机图像信号）按照显示器件要求，采用大规模集成电路设计技术和方法，对其进行扫描格式转换和画质改善，使之能够适应上述新型显示设备需求。到2002年年底，他们完成了包括从算法到电路的全部液晶显示器电路的FPGA实现项目。以已经完成的液晶显示器FPGA实现项目为基础，这一次的研发开始突飞猛进。2003年最初两个月，他们已经完成数字视频处理芯片的调研、论证以及系统的定义；接下来的6个月，他们就完成了项目所需全部算法的研究和设计工作；从2003年10月到2004年1月，四个月的时间里，他们又完成了RTL电路的设计工作；到2004年5月，电路的设计验证工作完成；后来的2个月时间，他们完成了芯片的IP整合工作；2004年8月~9月，完成了芯片的后端设计工作。

2005年6月，海信高清晰高画质数字视频媒体处理芯片研发成功，通过信息产业部鉴定，其结构设计与关键算法设计等达到国际先进水平。这是中国音视频领域第一款具有自主知识产权的产业化芯片，打破了自中国生产彩电以来核心技术一直被国外垄断的历史，中国年产近7 500万台彩电自此有了中国"芯"。该芯片已应用近85万片，应用该芯片的电视市场反应良好。"信芯"的成功，彻底打破了国外芯片的垄断地位，直接导致了同类进口芯片价格大幅度下降，芯片价格从13美金降到了5美金，从此每块芯片的进口成本节约了非常可观的8美金。此项目研发成功后，国家、省、市各级政府给予高度赞誉和表彰。中共中央政治局五位常委祝贺批示。国务院总理温家宝在批示中说："祝贺海信集团数字视频芯片研制成功并批量上市。立足自主研发和技术创新，企业才有生命力；拥有自主知识产权和核心技术，企业才有竞争力。希望海信集团再接再厉，不断为我国电子信息产业做出新贡献。"

（2）液晶显示模组。

模组是将液晶显示器件、连接件、集成电路、PCB线路板、背光源、结构件装配在一起的显示组件，就是我们通常所说的液晶显示屏。海信进入模组加工，不仅仅局限于屏的组装，而是要做到除了液晶面板本身之外，其它与液晶模组相关的驱动电路、背光、结构件、电源等都进行自主设计，而背光、驱动、电源、结构件等占液晶电视模组成本超过40%。2006年底，海信低成本动态LED光源系统开发项目获得国家863计划支持，这也是中国彩电企业首次承担国家863计划在该领域的项目。2007年9月19日，海信在全国率先成功研制出彩电液晶模组，并建成了中国第一条液晶模组生产线，在信息产业园正式开工投产，随着首批"海信制造"的液晶显示屏从生产线上缓缓下线，中国液晶电视模组几乎全部依赖进口的现状将被彻底打破。经过三期建设和不断升级，目前产能已经达到 300 多万片。自投产以来，海信液晶模组生产线自主生产的从 15 寸到 55 寸的液晶显示屏已经批量应用到整机产品中，通过性能测试已经与合资品牌没有差别，这些产品在市场上也受到了消费者的普遍青睐。海信自主研发的"LED 背光液晶显示技术研发及产业化项目"，陆续解决了高色度与亮度均匀性发光单元及模块、超薄光学设计等多项技术难题，首款应用产品 TLM42T08GP 于 2008 年 8 月份批量上市，是全球最薄的直下式 LED 背光产品。目前，海信的 LED 背光电视已经推出 42 寸、47 寸和 55 寸系列产品。

奇瑞非常重视核心技术的突破，汽车发动机是首先取得突破的领域。从最初吸收福特的发动机技术，到与奥地利 AVL 公司联合开发，再到自主开发，奇瑞已经具备发动机的正向研发能力。2002 年以来，奇瑞公司与世界著名的奥地利 AVL 发动机公司合作，联合研发了从 0.8 升到 4.0 升的 18 款发动机，前 4 款以外方为主，其后以奇瑞人为主。AVL 是向宝马和保时捷提供发动机的全球发动机至尊，奇瑞与 AVL 联合开发的 18 种发动机，含有 VVTI（智能正时可变气门控制系统）和双 VVTI、柴油直喷、柴油共轨、涡轮增压各种发动机先进技术，全部达到欧 4 排放标准。通过联合开发，奇瑞的目标不仅是要得到新产品，更是为了掌握高性能发动机的设计方法和试验流程，掌握全部知识产权，形成自己的技术能力。刚开始的时候，奥地利 AVL 公司将双方的技术人员隔离，不打算让奇瑞的技术人员参与，但是奇瑞坚决反对，最终终于参与了整个开发的全过程。在联合开发的过程中，奇瑞的技术人员迅速掌握了从概念设计、详细设计、开发体系、计算机辅助设计（CAE）、试制、开发试验、整车试验等一整套开发流程、开发体系和方法论。同时，奇瑞还拥有了一批具备国际先进水平的试验设备，包括 17 台 AVL 发动机试验台架和 1 台动力总成试验台架，在此基础上逐渐形成了自己的开发数据库。在与 AVL 的合作中，奇瑞与对方形成了一种互利共赢、又以我为主的关系，奇瑞的研发人员全程参与新产品开发，而且自己完全拥有产品的知识产权，对方则以取得开发费来实现其商业性回报。通过与 AVL 的联合开发，奇瑞培养起一批优秀的设计师。从 2003 年到 2005 年，奇瑞的工程师参与了 18 款发动机的整个开发过程，从概念设计一直到各个分系统的设计。通过合作开发的方式，一方面缩短开发周期，加快产品上市时间，另一方面培训技术骨干，掌握了先进的开发技术和设计理念，迅速缩短与世界先进水平的差距。

3. 技术孵化产业

当海信拟介入一个新的产业领域时，首先在集团直属研发机构——技术中心成立相关技术的研发所，引进与选聘技术带头人，进行该领域的技术研发和人才储备，构建新产业进入的技术平台。待技术、人才充分成熟之后，选择适当的时机（如市场启动、技术成熟、人才和组织基础逐步完善）快速进入新的产业领域，使研究所裂变为一个新的公司，从而实现快速、安全地进入新产业。海信相关人员介绍说："预研项目的方向提交研发中心指挥机构以后，整个企业的专家队伍来进行评估，如果评估结果通过，就初步立项；战略规划发展部和集团董事做最后的拍板。专家队伍很早以前就在公司里有了，专家不是公司指定的，而是由科研精英形成的天然群体。项目的提出者并不能选择团队成员，而是由研发中心指定，可能会有不断的变化。预研的项目成功以后，公司就进行产业化运作，同时会给预研的人员一定的激励，核心成员也可能会晋升为较高级的管理者。"

这种孵化作用主要表现在三个方面：人才、产品、新公司。当集团拟进入的新产业确定以后，核心技术开发人才的选择与确定是孵化的第一步工作，因为他们将肩负着新技术导入及新组织筹建的重任，因此要求核心人才必须具备对特定技术领域较高的认知能力和较强的管理能力。以人才为核心，组建技术研究所是孵化的第二步工作，它将为新产业积累产品开发能力及产品技术，并对市场进行动态的研究和监控，培养市场创新的能力。最后，再根据该产业领域国际、国内市场发育的情况，选择恰当时机组建公司。技术中心孵化新产业的模式，实现了人才培养和产品开发同步，为海信进入这些产业降低了成本、减少了风险、赢得了宝贵的市场先机，并推动了海信产业的升级和结构优化。

借助技术孵化模式，海信迅速拓展了新产品、新产业，企业规模不断扩大而且有效规避了风险。海信自1993年以来所涉入的新产业：空调、商用空调、计算机、软件、防火墙、移动通信、光通信、信芯科技等公司都是用了这一模式。短短几年，空调研究所、计算机研究所、软件研究所、通信研究所、芯片研究所等纷纷"破壳"，成为海信进军空调器产业、计算机产业、软件产业、通信产业、集成电路产业的"先锋"。此外，在技术孵化产业模式理念的基础上，海信还以技术为依托，成功实施了多项兼并收购，为海信的快速壮大发挥了巨大的推动作用，包括淄博海信、贵阳海信、辽宁海信、北京海信（收购雪花）、海信科龙等诸多企业，都是基于技术优势和品牌影响开展的资本运营，使海信在较短的时间内，资产迅速膨胀，规模迅速扩大，企业实力不断增强。海信从1997年后开始积累平板电视、数字电视、芯片技术等，这些技术转化的产品成果，为海信赢得了高的市场占有率。2005年，海信以领先国外大公司20分的成绩中标北京数字奥运工程智能交通项目，承揽了这个项目的2/3，实现了民族企业有选择地在关键点上超越国外先进公司的目标。

奇瑞通过自建子公司的形式，在一些核心零部件领域孵化产业。例如，北京锐意泰克汽车电子有限公司是奇瑞汽车公司全资子公司，注册资金1 000万元。是一家主要从事汽车发动机电控系统（Engine Management System）研发和生产的高新技术企业。该公司是国内首家实现自主品牌 EMS 系统 OEM 供货厂商，目前该公司已实现 EMS 产品为奇瑞汽车批量供货，并已获得国内其他整车制造商的订单，已经完成从研发向批量生产的跨越。

4. 重视人才引进、使用和激励

海信在中国、欧洲、美国、南非等地设立了 7 大技术研发中心，通过多种形式实现了众多国际一流技术人才的加盟，共同进行行业高端技术的开发，形成了 24 小时不间断研发的技术全球化格局。此外，从国外当地市场聘请了众多经验丰富的营销专家，产品销售与当地环境实现了快速融合，营销网络随着人才资源的到位也日益成熟。一大批优秀人才的加盟极大增强了海信的核心竞争力。多媒体产业板块近年从日、韩等国家引进了多位技术开发、工艺制造等方面的专家，还引进了飞利浦研发团队，这些专家的引进，加速了平板电视产业和技术的升级换代，使得海信电视市场占有率稳居国内第一。同时，为了尽快缩小与国外技术的差距，提升经营管理的国际化水准，海信自 2003 年加大了对国际化人才的引进和储备力度。先后引进了包括集团副总裁王志浩博士、林澜博士，海信科龙公司副总裁周小天博士在内的诸多外籍高管和专家，他们的加盟给海信带来了国际化的新视野。正是这些来自不同背景、不同区域、不同文化的技术碰撞和管理融合成就了海信深厚宏远的自主创新之路，直接助力了海信自主品牌国际化战略的实施，从而有效提升了海信的国际化运作水平。为了激发企业的发展活力，1992 年，海信率先在研究所设立"人才特区"，优秀研发人员的薪酬水平可以达到普通员工 10 倍以上。目前从整体来看，研发人员平均收入仍然可以达到整个集团平均收入的 3 倍以上，优秀研发人员的薪酬水平，甚至最高可以达到集团副总裁的收入。

此外，海信还制定课题完成奖、效益提成奖以及海信科技创新奖等一系列奖励措施，其中科技创新奖每年评选一次，特等奖的奖金额高达 50 万元，最低奖励也有 4 万元。对研发人员的薪酬和奖励，都制定有明确、细致的考核及评选办法，如对研发课题确定难度系数，再由难度系数定薪酬基数，再依照进度考核计算报酬系数，从而较好地解决了不同类型研发活动的薪酬公平性问题。海信不但为技术人员制定了集团内最高的薪酬标准，形成了所谓的"工资特区"，而且还设立"产权特区"，即在母公司还是百分之百国有的情况下，对下属公司实行"一企一策"，推行投资主体多元化和管理层、技术骨干大比例持股，建立长期激励机制。通过这种激励模式，将人才的愿望与企业的命运紧密的捆绑在一起。同时，也达到了企业留住人才的目的。

奇瑞在引进人才方面非常重视。截止到 2010 年 9 月，奇瑞已经有 150 多名海外高层次人才加盟。汽车工程研究院有来自欧美日汽车强国的外籍专家 80 余人，有从国外学成归来的高级汽车技术人才以及国内外著名大学毕业的博士、硕士 240 余人，另有百余名工程师正在国外培训或参与联合开发。奇瑞在引进人才的过程中，特别注意给人才搭建事业平台，大胆任用技术专家从事管理工作，以技术人才为核心构建管理流程，将技术与管理结合起来。在人才的使用方面，奇瑞特别注重年轻人在实践中快速成长。徐有忠，1996 年毕业于东北大学机械设计及理论专业，2004 年获得浙江大学工学博士学位、高级工程师。2002 年赴安徽芜湖奇瑞汽车股份有限公司工作，先后担任奇瑞汽车工程研究院 CAE 部车身分析科主管、科长、部长助理、副部长等职务。2007 年，荣获"第六届安徽省十大杰出青年科技创新奖"；2010 年 4 月，被授予"全国劳动模范"光荣称号。他在完成博士论文后，面对众多优秀外资企业伸出的橄榄枝，选择了当时刚刚起步的奇瑞。在谈及这一选择时，徐有忠说，自己怀有做强民族汽车工业的雄心壮志，而奇瑞可以提供这样一个创业和发展的平台。从 2002 年入职奇瑞至今已有近 8 年，徐有忠谈及自己在奇瑞工作的最大感受是，奇瑞有尊重技术、尊重人才的管理体制，公司员工的平均年龄较低，工作氛围很好。因为之前在大学做过一些 CAE 的工作，徐有忠来到公司后，从最基层的技术岗位做起，参与一些简单的车身设计、了解制图过程等等。从 2003 年开始，徐有忠便进入技术管理岗位，先后担任 CAE 部车身分析科主管、科长、部长助理、副部长等职务。作为 CAE 部门的创始人之一，他全程参与了公司"旗云"轿车项目中车身改进的关键工作，包括当时从设计和分析改进方案，到与工艺人员交流、绘制手工件草图、试制样件、试装样车与跟踪试验，直至满足要求达到批量生产的整个过程。车身建模工作量非常大，而分析工作又很急迫，为了赢得项目进度和提升技术的能力，多年来，徐有忠牺牲大多数的节假日，经常加班到很晚，刻苦钻研技术。就是带着这样一种热情和执着，奇瑞的整车 CAE 工作由最初的两个人，发展到今天近百人的团队，成为奇瑞公司的核心技术部门之一。在奇瑞，徐有忠凭着精益求精的进取精神，带领 CAE 部的员工承担各项高难度工作，CAE 部努力向性能开发发展，2010 年更是完成了 G5 这款中高端整车 NVH 性能开发工作，而且在 B13 整车操控性能开发中也取得了可喜的成绩。这些工作不仅为公司节省了大量研发经费，也为国家培养一支汽车整车性能开发队伍奠定了基础。将 CAE 用于指导概念设计，以平台化的模式进行开发，这些最新的理念已经在奇瑞公司逐渐开花、结果，使得奇瑞在提升自主品牌的国际竞争力方面走出了至关重要的一步。随着在公司奋勇拼搏的时间慢慢变长，徐有忠的科研成果也越积越多。他参与了"十五"期间国家"863"计划 1 项和国家科技支撑计划 1 项、"十一五"期间"863"计划"轿车集成开发先进技术"安全子课题研究等等，发表学术论文 11 篇，其中有 2 篇论文获奖；参与编写的专利已授权 8 项、公开 4 项、受理中 7 项，主持及参与编制的技术标准 1 项。

（六）基于内部紧迫技术需求的低成本创新，以长庆油田和鞍钢为代表

长庆油田先后发现并开发了 36 个低渗透、特低渗透油气田，创造了著名的安塞、靖安、西峰模式和靖边、榆林、苏里格模式，成为中国低渗透油气田开发的典范。所辖的2亿吨级储量的安塞油田、3亿吨级储量的靖安油田，分别为我国开发最早、最大的低渗透油田，安塞油田经济有效的开发技术被誉为"安塞模式"，并在全国推广，西峰油田打造成为国内低渗透油田现代化管理的示范油田。苏里格气田作为我国第一个特大型低品位整装大气田，在2009年成功成为百亿立方米的大气田。2009年，长庆油田油气当量突破3 000万吨，一举成为我国第二大油气田。长庆油田创造了低渗透油气田的低成本、规模化开发方式。鞍钢在生产线自主创新方面表现突出。截止到2009年，鞍钢已经拥有薄板坯连铸连轧（ASP）炼钢、连铸、热轧全系统物流控制平衡技术；ASP中等厚度优质板坯生产技术；ASP控轧、控冷技术；具有自身特色的ASP三级计算机管理技术；自由程序轧制技术等一整套ASP专有技术等一大批核心技术。在此基础上，鞍钢已掌握了自主设计自主集成高效紧凑节能生态环保整套短流程钢铁生产线的技术。这两个企业创新的显著特征都是基于企业内部技术需求，解决企业发展过程中面临的技术难题，以降低开发和生产成本。

1. 以解决企业生产经营中的需要为创新的主要方向

长期以来，制约长庆油田发展有三大问题：一是可采储量增长速度缓慢始终是制约长庆油田规模发展的首要因素，鄂尔多斯盆地油藏主要与沉积岩性有关，一般不受构造控制，常规勘探方法不易识别，油层与水层、有效储层与非储层的岩性和电性差异小，有效油气层识别难度大。二是大油田建设、大油田管理需要追求规模经济开发效益，长庆油田面临诸多"拦路虎"，包括低渗透油气田单井产量低、伴随开发深入、储量品味越来越差、井越打越深、导致成本越来越高、油气田高度分散、点多井多、线长面广、自然条件恶劣，社会依托度低。三是成本领先难以实现。同样，鞍钢的生产线技术创新贴近自身的实际需求，优先解决制约企业工艺生产和产品创新的主要问题，实现低成本创新，包括早期的"点菜吃饭"方式引进日本先进技术，近年来着力于培育先进生产线的设计制造能力、高附加值产品的开发、解决铁矿石入炉品位低等问题。

2. 围绕企业生产需求的技术积累

长庆油田的技术积累体现在两个层面上：一个层面是各个时期典型油田开发模式的积累，另一个层面是特色技术的积累。典型油田开发模式的积累包括：

（1）"安塞模式"是低渗透革命性的转折，其油藏平均渗透率为0.49毫达西，加之油层致密坚硬，常规手段很难开采。1989年，安塞油田进入正式开发。面对特低渗透这道世界性开发难题，长庆采取压裂攻坚手段，经过技术团队的潜心攻关，以"三小一低"为代表的压裂技术在应用中取得成功。安塞油田实现经济有效开发，其以"三大技术系列"、"八项配套技术"以及油气集输的"单、短、简、小、串"特点为主要内容，实现从侏罗系油藏开发向三叠系油藏开发的转变，成为低渗透油田开发革命性的转折，被中石油集团公司树为"安塞模式"向全国推广。

（2）靖安模式。压裂技术的突破、相关工艺技术的推广以及中石油加快鄂尔多斯盆地油气勘探战略的部署，使得鄂尔多斯盆地开发形势豁然开朗，1994年，中国最大的整装低渗透油田靖安油田投入开发。通过开展"四项技术攻关、二项科技试验"，靖安油田从一开始就建立在高起点、新技术的基础上，很多技术含量高的技术在这里出现，比如提高单井产量的关键技术——提前注水技术。靖安油田成为技术含量高、经济效益好的低渗透油田高效开发的典型。

（3）西峰模式。2003年，储量近6亿吨的西峰油田投入开发，井网优化、攻图法计量等技术的应用和集中力量开发，大大加快了西峰的规模建设，信息化在这里也得到大规模的应用。

长庆特色技术的积累有很多，这里以抽油机井远程在线监测计量技术和超前注水技术来管窥：

（1）抽油机井远程在线监测计量技术。抽油机井远程在线监测计量技术，是依据抽油机井深井泵工作状态与油井产液量变化关系，利用定向井有杆泵抽油系统计量分析软件计算出泵功图，再通过泵功图识别技术判断油井工况，获得泵的有效冲程，进而得出油井产液量。并可通过网络、光缆等工具，将信息传送到控制中心，实现远程自动监测的目的。该技术自2000年步入现场试验以来，现已在长庆油田应用1万多口井，并成为长庆油田采油工艺特色技术之一。该项技术的应用，节约了地面建设投资成本，实现了油井计量的重大变革，为数字化油田建设搭建了良好的平台。抽油机井远程在线监测计量技术的基础是功图计量法。超低渗油藏研究中心注水管理室主任作为功图计量技术攻关的项目参与人，介绍了该技术的开发过程："功图是一个很成熟的东西，可以用来计算产量，但以前只是用来监测油井是否正常。核心的东西在软件上，现在采用无线的通讯方法；硬件上在国内比较成熟了。上世纪90年代末，先在软件上攻关，找到合理的参数，能准确计量产量。硬件上很快突破，但只能有线，把软件内嵌在硬件上，不方便。后来再在硬件上攻关。同时在这个基础上，上了一些别的系统，最后搭建了整个数字化平台。从单机版到网络版，软件升级等。"

（2）超前注水技术。长庆油田超低渗油藏研究中心注水室主任介绍了超前注水技术的发展过程，"当渗透率很低的时候，会有压敏效应和非达西效应，这个在理论上很清楚，以前侏罗系油藏渗透率很高，不需要采用这种方法；随着井打得越深，渗透率越低，就必须要注水。超前注水的发现来源于实践：相比同步注水、滞后注水，超前注水能够提高油井的单井产量。"对比研究表明，在安塞和靖安两大油田，超前注水比同步注水可以提高采收率3%～5%。在2000～2002年，长庆提出"启动压力梯度是影响单井产量的核心因素"的新理论，创新发展了以建立有效压力驱替系统为核心的超前注水为主体的开发配套技术；2003年开始由超低渗中心的前身"0.3毫达西类储层攻关项目组"在西峰油田的两个区块做先导性试验，尝试超前注水，采用不同的超前期，发现提高了单井产量；2004～2005年，超前注水更加成熟，在超低渗上也得到了不断的发展和应用。在西峰、靖安、南梁、安塞、姬塬等油田实施超前注水技术，共动用地质储量2.8亿多吨，建成产能462万吨。据统计，超前注水区对应油井852口，初期平均单井日产油比相邻区域非超前注水区油井初期产能高1.35吨，平均单井产量提高20%～30%。作为长庆一项创造性的低渗油藏开发配套技术，超前注水技术已在国内其它油田大面积推广。该项技术作为低渗透油藏提高单井产量新的核心技术，处于国内国际领先水平。此外，针对长庆油田水资源匮乏、水费昂贵、压裂液排放环保压力大等问题，长庆研制了可回收环保压裂液体系和回收处理设备，回收率可达80%以上，回收液循环使用次数最高可达11次。通过采用四小（小套管、小抽油机、小管杆、小抽油泵）钻采配套技术，长庆有效降低单井钻采成本10万元左右。这些特色技术都是在解决问题的过程中长期积累的结果。

鞍钢在生产线技术创新中也有针对问题的技术积累：一方面是长期的生产经验积累，对生产线的使用知识积累；另一方面是在不同的生产线中逐步积累经验，每次都在上次生产线改造的基础上进一步创新。典型例子如下：

（1）建成1 700mm中薄板坯连铸连轧（ASP）生产线。1999年6月28日，在消化1780机组工艺技术以后，鞍钢利用在热连轧方面开发的技术成果，依靠自己的力量开始对老半连轧机组进行改造，1 700mm生产线破土动工。2000年11月30日，精轧机组和全线热负荷试车一次成功。1 700mm生产线的建成，大大提升了鞍钢技术创新能力，也为在加入世贸后提高企业的核心竞争能力奠定了坚实的基础。该生产线高技术含量的计算机控制系统、液压AGC、液压串辊、液压弯辊板形控制系统及加热炉、精轧机组等重大技术装备实现了国产化，整体技术水平达到国际先进水平。2004年6月在上海举行的中国国际钢铁大会上，与会的专家认为，鞍钢1 700mm生产线探索了一条具有自身特点的短流程工艺路线，为国家重大技术装备国产化树立了典范，为以信息化技术推动传统工艺改造积累了经验，是鞍钢利用高新技术改造落后工艺的一个创举，对新老企业的建设和改造都具有借鉴意义，极具推广价值。2004年11月，济钢从鞍钢成套引进的1700（ASP）中薄板坯连轧生产线。济钢1 700mm连铸连轧工程全套引进鞍钢ASP生产工艺和技术，主体部分由鞍钢总承包，从工艺设计到设备制造，从软件开发到调试达产完全由鞍钢负责。整条生产线设计生产能力为250～300万吨，并在2005年12月底前投产。此举开国内冶金系统大规模技术输出先河，标志着鞍钢成为国内首家、世界为数不多具有技术输出能力的钢铁企业之一。

（2）1780毫米大型宽带钢冷轧生产线工艺装备技术国内自主集成与创新。鞍钢通过自主设计安装1700ASP中薄板坯连轧生产线，积累了从引进国外技术到消化吸收利用，再到自主创新的丰富实践经验，率先在国内同行业完全掌握了热轧生产线的全流程工艺设计技术，为继续在冷连轧技术上取得新突破创造了条件。冷连轧技术是国际钢铁行业公认的技术密集、难度极大的生产工艺，国际上仅有德国SMS、日本三菱、日立等少数的技术工程公司具备工程技术集成能力。自上世纪70年代武钢引进我国第一套冷连轧机后，我国先后建设了近10条冷连轧生产线，但全部采用国外技术集成的方式，在核心技术上没有自主知识产权。这也是中国钢铁企业在引进全套生产线时花费最多的地方。鞍钢决定依靠自己的技术力量，自主集成建设1 780mm大型宽带钢冷轧生产线。整个工程由鞍钢技术总负责，联合中国一重和中冶南方，通过自主研制、开发和集成建设，突破了冷轧成套设备制造和工艺生产控制两大核心技术。通过自主研发和创新，在国内首次实现了大型宽带钢冷轧生产线工艺、装备技术集成，并在集成的过程中成功地研发了一系列冷轧领域的核心技术。工艺、技术、装备及产品技术经济指标达到了国际先进水平。2006年"鞍钢1 780mm大型宽带钢冷轧生产线工艺装备技术国内自主集成与创新"项目荣获国家科技进步一等奖。

3. 利用外部技术资源

长庆油田在技术创新中，一方面利用国内大学和研究所的技术资源；另一方面利用国外公司的技术资源。超低渗研究中心压裂技术室工程师介绍，"超低渗油层比较厚，采用多缝压裂，可以提高单井产量。多缝压裂涉及三个技术：网状缝、定向设孔、射流压裂（多级水力射流射孔压裂）。这些是在与国外公司交流的基础上突破的。首先调研调查国外哪家公司有这技术，先前请他们来做，交流学习。采油院随后做技术攻关。最后形成了国产化的水力喷射技术，一遍一遍试，找出不达要求的问题或零件，然后去攻关这个方面这个零件的问题，最后终于达到国外水平。"

鞍钢在生产线创新中，第一步也是技术引进，在1 780mm热轧带钢生产线引进中利用了日本三菱的技术和关键设备。在生产线建设中，鞍钢的做法是"点菜吃饭"。凡是影响质量和技术水平的关键部件由国外引进，凡是国内能制造的设备全部由国内制造，但由日本三菱公司技术人员监制。工程图纸来自日本三菱公司，但计算机控制系统的编程由中方负责。结果整个机组进口比例不到15%，85%由国内制造，投资仅43亿元，建设工期30个月，比世界记录减少 6 个月。热连轧生产线刚投产，就恰好钢材市场价格一路上扬，给鞍钢带来了丰厚的利润。在引进中学习，在联合开发中锻炼，鞍钢逐渐掌握了热轧带钢生产的国际先进工艺和技术。鞍钢十分重视与社会上的相关机构合作，先后与中国钢研科技集团公司等国内外科研机构、知名学府和先进企业签署全面战略合作协议，共同开发国内急需的新产品、新技术、新工艺、新装备。本着优势互补的原则，与北京科技大学、东北大学、辽宁科技大学、上海大学、中国矿业大学、中国科学院金属研究所、中国铁道科学研究院、中国钢研科技集团公司、澳大利亚 FMG 公司及韩国 STX 集团公司等 20 余个著名高等院校、科研院所开展广泛的产学研合作。此外，鞍钢集团积极参与国际国内科技学术交流活动，先后举办了"2008年洁净钢生产技术国际研讨会"、"2009 年汽车钢生产技术国际研讨会"；连续三年参加"国际网络炼钢大赛"，并在 2007 年"第二届国际网络炼钢大赛"上取得国际冠军。与韩国 STX 集团、美钢联、台湾中钢建立了双边定期交流机制。2009 年，鞍钢累计邀请25 位国内外专家来公司讲学，参加大型国际、国内学术会议 36 个、发表科技论文 300余篇。鞍钢集团工程技术有限公司总经理助理介绍说，鞍钢设有国际交流处，负责开展国际学术交流，通过与国外大学交流，举办学术会议，鞍钢能够接触很多行业里的专家教授，也包括一些不是从事钢铁领域研究的教授，积累了人脉，扩展了合作渠道，使得过去看起来与钢铁行业毫不相关的技术，现在通过合作，在鞍钢找到了用途。鞍钢的这一举措有助于实现向技术"领跑者"转变。

4. 管理创新支撑

长庆油田创造了低渗透油田低成本规模化开发的管理模式，典型代表是"西峰模式"，按照"勘探开发一体化"采用"五优四化"模式展开大规模开发建设，提出经济有效、加快开发西峰油田的技术政策和创新管理标准。按照长庆油田技术发展处宋广寿副处长的介绍，"西峰的开发已渐渐形成了一个数字化管理的前身：提出了自动产量检测、人数控制等，还提出了伴生气的综合利用。整个西峰下来，比起安塞，费用和人员减少了，低渗透技术已经基本成型，2000 年，产量达到 500 万吨。"苏里格气田的开发模式让长庆的管理创新达到一个新的高度，形成了"5+1"开发体制，标准化设计、模块化建设和数字化生产管理平台。2005 年 8 月，长庆油田引导合作开发，通过招标优选确定与长庆局、辽河局、四川局、大港局、华北局 5 家未上市企业合作开发苏 6 等 7 个区块，形成"5＋1"合作开发体制。按照合同组成苏里格气田联合管理委员会（简称联管会），为合作项目最高管理机构，定期举行联席会议，商定苏里格气田开发中的重大事宜。联管会主席由长庆油田人员担任，副主席由合作方人员担任。5 家中标单位都有自己在技术方面的专长。辽河局在侧钻水平井、欠平衡钻井等钻井技术领域有较高的水平，大港在丛式井开发方面有丰富经验，四川局在低渗透油田开发和难动用储量开发方面有明显优势。通过"5＋1"合作开发，实现优势资源整合，充分调动建设队伍的积极性，打破地域限制和内部体制的桎梏。长庆油田让合作企业获得天然气资源，但必须单独承担风险和开发费用，并以优惠价将天然气出售给长庆油田。合作企业的利润取决于开发水平和产气量。长庆油田在规避所有风险和控制成本的同时，可以用市场价出售天然气，获取差价带来的利润。

低成本是苏里格气田实现经济有效开发的唯一选择，必须从投资的源头——设计环节抓起，因为设计决定了投资规模以及投产后运行成本投入的规模和方式。为此，长庆油田集中技术力量，积极开展先导性开发，通过创新－实践－再创新的方式，逐渐培育成熟苏里格气田开发的主体技术，创造性地提出标准化设计理念，并在苏里格气田建设中全面推广。标准化设计核心就是工艺流程通用、井站平面统一、工艺设备定型、安装预配模块组装、建设标准统一，最终形成一套标准、通用、系列相对稳定、适用于地面建设的指导性和操作性文件。标准化设计相关的规范性文件是对苏里格气田开发实践的提炼，体现苏里格开发的最新地面设计理念。标准化设计适应大规模建设的需要，对设计资源进行优化配置，将技术人员从设计环节的重复劳动中解放出来，集中精力进行技术攻关和设计方案优化，为优选地面集输工艺流程、优化站场布置和集输管网、走低成本开发之路奠定基础。标准化设计所依托的是技术创新。在低成本开发指导下，围绕"Ⅰ类井（日产2万方）＋Ⅱ类井（日产1万方）比例达到80%"的目标进行优化。标准化使设计图纸复用率达到95%以上，每座站节约投资60多万元，地面单井的平均投资由2002年开发初期500万元降低到150万元，每座井场占地面积由3亩变为1.8亩。

为了适应大规模、低成本、快速建产的需要，根据建设流程及工艺环节，长庆对不同功能模块进行分项批量预制，推行组件成模和现场拼装等施工方法。组件预制工厂化，通过标准化设计将工艺过程划分为模块，施工阶段再根据加工、焊接、在线检测、运输、组装要求，将模块分解为组件，进行工厂化分项预制；工序作业流水化，通过施工工艺合理组配流水资源，使工序衔接流向顺畅、操作简捷、高效、可靠；过程控制程序化，通过编制模块化施工技术手册，应用模块化预制工艺卡，统一工艺流程，统一工序检验标准；模块出厂成品化，通过组件装配成便于运输的最大模块出厂，转运方便，产品系列化，互换性强；现场安装插件化，实现模块现场以插件形式安装，现场作业量小，适应快速建站需要，便于维修；施工控制数字化，通过统一数据模型，整合项目管理系统，满足施工过程数据的可追溯性及标准规范要求。2008年，苏里格气田新建集气站安装施工工期由原来的45天降低到14天，总体有效工期由原来的111天降低到60天，处理厂建设周期由14个月降低到9个月。

苏里格气田资源丰富，但单井产量低，依据规划未来井数将超过1万口，生产管理最大的工作量是巡井和大面积的间歇生产井频繁开关。长庆油田成功研制了一套智能化生产管理控制系统，实现数据自动采集、方案自动生成、气井实时诊断、单井电子巡井、远程自动控制、资料安全共享，有利于精简机构、控制用工、降低操作成本，还能有效减少巡井和现场操作次数，减少安全风险。以辖井50口的一座集气站为例，采用普通模式管理，需安排4名员工，2台车每3天巡井一轮，年运行费用约50万元。

通过实施数字化管理，只需安排 2 名员工，1 台车每 15 天巡井一轮，每年每站至少节约运行费用 25 万元。按 200 亿立方米开发规划测算，每年预计可节约运行费用 5000 万元。2006 年，长庆油田开展了井至集气站井口数据采集无线传输系统的研发与试验，并成功推广应用。2007 年，通过对井口紧急截断阀的改进完善以及与井口数据自动采集、无线传输技术的集成，形成功能比较齐备的苏里格气田井口数据采集及远程开关井控制单元。在苏里格气田的任何一个站点，只要打开电脑，屏幕上立即出现了想要了解的生产信息，各种资料和数据都在全天候、不间断传输与应用，互联互通互操作，为管理决策、员工工作提供了方便。长庆油田研发出一套智能化生产管理控制系统，依靠指挥中心和集气站二级平台进行高度自动控制，对整个气田生产过程实行自动化、数字化管理，实现数据自动采集、方案自动生成、气井实时诊断、单井电子巡井、远程自动控制、资料安全共享。其中，通过单井太阳能数字化管理系统解决单井用电问题，在节约巨额电力设备投资的同时，大幅降低气田运营期间的电力支出，达到保护环境、建设和谐气田的目标。

鞍钢也十分重视管理创新对技术创新的支撑保障作用。鞍钢科研项目按照管理层次构建了集团公司级、二级公司级、厂（矿）级项目三级管理；项目层次分为：长远发展战略（基础、尖端、前沿、5 年以上）、中长期项目（目标清晰、行业领先、现实情况可实现、3 年）、解决当前技术难题（1-2 年）三个层面。集团公司按国家（政府）项目、公司科技重大项目、高科技项目、对外合作项目、直属单位项目等五大项目计划组织。二级公司级、厂（矿）项目实行了分级管理、集团备案。

同时，为加强创新与市场结合，密切与用户合作，鞍钢对重点用户提出并开展 EVI。EVI 活动具有以下特点：第一，成立了以集团公司牵头的、各相关部门主要领导为核心的工作领导小组；活动实施主体单位股份公司相应成立了实施活动小组；第二，按照产品重点用户，成立第一批"EVI"团队实施运作：汽车板团队、船板团队、耐候用钢团队、核电用钢团队。每个团队由产品研发人员、生产组织人员、产品销售人员组成；第三，各"EVI"团队每月召开活动分析会，公司按季度、半年度、年度召开"EVI"活动汇报；第四，各"EVI"团队制定了用户产品设计流程，并根据用户产品设计流程制定"EVI"团队产品研发实施计划；第五，建立战略合作关系开展新产品研发工作，与中国船级社签署了战略合作协议，与一汽集团合作在鞍钢技术中心建立汽车钢研发实验室，与 10 家重点用户签订了《产品研发技术合作协议》。

（七）基于技术并购的创新能力成长，以哈量集团为代表

哈尔滨量具刃具集团有限责任公司创建于 1952 年，是全国同行业中产品品种最多、规格最齐全、质量最好的工量具制造企业。2005 年，哈量集团并购德国 KELCH，通过对 KELCH 和哈量相结合的立体式改造，提升了企业技术创新能力。

1. 技术转移分步实施，合作开发世界先进水平产品

刀具预调仪用途广泛，在制造业中用于铣类刀具的坐标位置、切削刃的轴向跳动、切削刃的投影角度、刀尖圆弧以及刃口的情况，能够减少机床撞刀的危险，降低废品率，缩短辅助时间，便于管理刀具，提高机床的效能。随着我国经济的不断地发展，国内控镗铣加工设备的普及，对刀调仪数量和质量的需求在不断的增加和提高。然而我国刀具预调仪市场基本上被美国和德国工量具企业的先进刀调仪所占领，国产预调仪在技术上和市场上都没有取得很大的突破。为了摆脱我国刀具预调仪市场的困局，哈量集团很早就开始了刀具预调仪的技术研发工作，在技术方面实现了很大的突破，但是由于工艺上的瓶颈，刀具预调仪的研发一直没有太大起色，始终无法实现量产化。2005年，哈量集团并购德国KELCH。KELCH是一家专门从事高端数控工具系统刀柄以及刀具预调仪生产的企业，KELCH公司拥有21项专利权利、"KELCH"商标的独家使用权以及SK、HSK、刀调仪等世界一流产品的全系列设计图，并且拥有完善的刀具预调仪研发、生产和销售网络。并购KELCH提升了哈量在刀具预调仪领域的整体实力。KELCH原有的刀具预调仪分为低中高三档产品，哈量实施针对性的分步技术转移策略：（1）低端产品全部技术和生产设备的转移到中国，生产的产品已经成功返销德国市场；（2）中档产品先实现技术转移；（3）高端产品逐步实现联合开发。为了促进创新能力的提升，加强双方的交流，哈量集团每年会派遣一些工程师前往德国学习交流，哈量量仪研究所副所长刘江省就曾经在德国学习十个月，参加了多个软件项目，回国后带动了集团软件的研发。2007年双方合作开发了达到世界先进水平的SECA系列刀具预调仪；2008年成功的研发出了全球唯一具有机械手的KALMAT-A/MR型刀具预调仪，在中国第五届数控机床展上成功展出。随着自身技术水平的不断提高，哈量把研发的重点转向了刀调仪软件系统，先后推出了EASY-Webset普通模式和Tech-In模式的软件。通过产业互动，优势互补，哈量集团成功的借助KELCH进入了刀具预调仪市场。通过技术不断的创新，研制出一系列代表世界先进水平的刀具预调仪，推动哈量集团跻身为世界刀具预调仪知名研发生产厂商。

2. 通过面对面交流实现工艺技术转移

德国的HSK锥柄、美国的KM锥柄、SANDVIK公司的CAPTO锥柄相继被发明和采用。德国的HSK锥柄最早申请ISO标准，加之优良的高速精度的使用性能，已经成为了高速数控机床首选的工具系统。由于数控工具系统几何精度高，形状复杂，要求平衡型好，加工难度大，国内不能够进行高效稳定的大批量生产，国内市场处于被国外产品垄断的地位，严重的阻碍了我国高速数控机床的发展。哈量集团1987年开始研发数控工具系统和刀具，经过多年的研发，投入了大量的科研力量和资金，始终无法突破数控工具系统的核心技术。哈量并购德国KELCH，把KELCH的技术引进哈量，

进行了大规模的消化吸收和技术改造工作。直到 2008 年，已经实现了 HSK 工具系统技术的产品化，但是由于生产人员的操作水平有限，产品的总体质量仍然上不去。针对这种情况，哈量采取两种解决方式积极地应对解决：首先，派遣员工去德国学习工艺流程，2008 年初派遣了 2 批 7 人次的员工去 KELCH 学习了一个半月，掌握了 HSK 系统工具生产的关键工艺；其次邀请 KELCH 派专家过来予以指导，2007、2008 年间开始每两个月 KELCH 派两名专家来进行产品的验收，并且对关键工序提出建议。经过几年的努力，哈量解决了数控工具系统的国产化问题，研制开发了以镗铣类工具系统、车削类工具系统、可转位铣削工具、孔加工刀具、HSK 工具系统为代表的五大类产品，均达到了国际领先水平，打破了国外生产制造商再数控工具系统行业的垄断地位，为国内企业高速切削技术的普及提供了物质基础。

3. 国际销售渠道整合

并购 KELCH 之前，哈量集团产品 90% 在国内销售。并购之后，借助原 KELCH 的影响力和销售渠道，哈量迅速打开了自主品牌产品进入欧洲市场的渠道，拓展了哈量产品的国际市场。

第三章

我国重点工业行业技术创新状况

课题组在实地调研典型案例企业的同时，对汽车、机械、石油天然气、纺织、有色金属、电子信息、船舶、钢铁八大重点行业展开了行业技术创新能力研究，并分别撰写了行业报告。根据这些行业报告，概要总结了八个重点行业的技术创新状况。

一、汽车行业

（一）行业基本情况

2000 年以来中国迎来了汽车工业发展的黄金时期。2009 年，由于政策刺激和宏观经济好转，中国汽车市场呈现高速增长势头，从 3 月起每月产销均超过百万辆，全年产销超过 1 300 万辆，分别达到 1 379.10 万辆和 1 364.48 万辆，同比增长 48.30% 和 46.15%，一跃成为世界第一汽车制造大国和消费大国，其中自主品牌汽车市场份额迅速发展壮大，还批量出口海外。在美国《财富》杂志公布的 2009 年全球企业 500 强排行榜中，中国汽车企业共有三家上榜，分别是上汽（359）、一汽（385）、长安集团（428），表明中国汽车产业的整体竞争力和国际地位显著提升。但跟丰田、通用汽车等居 500 强前 20 名相比，还有很大的差距，销售收入还不到他们的 1/5。目前中国汽车产品结构已由过去（2000 年以前）以商用车为主，转变到以乘用车为主，尤以轿车占比最大，私人购车已成为汽车消费主流。在 2009 年的总销量中，乘用车销售 1 033.13 万辆（其中轿车销售 747.31 万辆），商用车销售 331.35 万辆，分别占总销量比例为 75.7%（54.8%）和 24.3%。目前，中国国产汽车进入国际市场已是大势所趋，汽车零部件出口也取得了长足发展，但从总体上看，出口以低端市场为主的格局还未根本改变。2008 年中国汽车及零部件出口实现贸易总额 497.21 亿美元，同比增长 21.6%；进口实现贸易总额 314.29 亿美元，同比增长 20.96%；实现贸易顺差 182.92 亿美元，同比增长 22.64%。2009 年 1 月 14 日，国务院通过汽车产业调整振兴规划，必将推动我国汽车产业的持续健康发展。

近年来，中国汽车产业结构也不断优化，并取得了初步成效。从资本结构看，国内汽车产业已经从以国有企业为主变成了国有企业、合资企业和民营企业共存的状况；同时，中国的汽车企业已经开始股份化改革，融资渠道逐步完善。但是在这些不同资本结构的企业中，合资企业目前在乘用车领域占主要地位，他们掌握了最核心的技术，并且占据了高端乘用车市场；国有和中国民营企业目前的优势在中低端产品市场，面临着中外合资企业激烈的市场竞争压力。从产业组织结构看，在国家相关政策的引导下，国内企业之间的联合重组进一步向纵深发展。联合与重组已打破行业、地域、企业经济类型等方面的限制，国内企业围绕提升综合实力正在进行各种探索和尝试，以实现优势资源的有效利用，在市场竞争中求得生存和发展。2009年汽车产销量在10万辆以上的有16家企业，其中上汽集团、一汽集团、东风汽车、长安集团和北汽集团的汽车产销量已经跨上百万辆的台阶，前10家企业集团的市场集中率为87%。从产品结构看，中国的汽车产业目前已经形成以乘用车为主，商用车为辅，各类汽车品种齐全的格局。汽车已成为民众重要的交通工具。根据中国汽车协会统计，2008年汽车销售中，乘用车已经占年销量的72%，其中轿车占53.8%。从技术结构要素看，中国已经基本掌握了整车及零部件技术，前期"市场换技术"政策取得明显成效。但是，目前"市场换技术"的边际效用已经很低，未来中国企业拥有核心技术主要应通过自主研发与创新获得。目前，中国汽车产业的结构调整仍在继续，国有企业与民营企业均在加大结构调整的步伐，而中外合资企业的外方股东也在加大对中国市场的重视程度。

近年来，中国用于汽车产业的研发投入逐年稳步增长，从1998年的38.2亿元迅速跃升至2007年的308.8亿元，保持了年均26.13%的增长速度；自身装备水平稳步提高，固定资产投资由2001年的114.2亿元上升至2007年的306.2亿元，年均增长21.67%。中国汽车产业研发经费的投入量和其占销售收入的投入比例自2003年以来都出现连续较大幅度增长，2007年研发经费投入308.8亿元，占销售收入的投入比例达到1.8%。中国汽车研发人才队伍逐步壮大，2007年中国汽车产业直接从事研发的人员91 282人，占汽车产业从业人员的4.92%。

在这一背景下，汽车产业技术水平不断提升，全员劳动生产率（增加值）从1990年的7 840元/人年上升至2007年的209 437元/人年，增长了20余倍；新产品产值从2001年的1 436亿元上升至2007年的5 507.4亿元，在工业总产值中所占比重稳定在35%左右。尽管中国汽车工业在研发经费投入力度上逐年加大，比重增加，但是通过与国外各大汽车公司的研究和开发费用投入比较可以看出，中国汽车企业研发经费投入规模和比重都过小。例如，汽车产业发达国家的研发经费投入规模动辄几十亿美元，投入相对较少的日产公司 2005 年的研发投入也相当于中国汽车产业全行业一年的研发经费投入；从投入比重来看，汽车产业发达国家的研发经费投入占汽车销售收入的比重一般在 4.2% 左右，中国 2007 年研发经费投入比重只有 1.8%。从研发人员的角度看，国外大汽车公司的研发人员一般占全部从业人员的 10% 左右，中国 2007 年研发人员占全部从业人员的比重为 4.92%，不到发达国家的一半。与世界汽车强国研发投入的差距，导致中国汽车产业技术研发还不能满足未来技术高速发展的需要，难以支撑自主创新，研发集中在通用零部件生产和成车组装等制造环节，产品的核心零部件以及整体研发技术还处于相对落后的地位，而核心零部件以及整体研发技术恰恰是汽车产业技术竞争力强弱的体现。

（二）近年来取得的主要技术突破

汽车由动力系统（包括发动机、变速器）、底盘系统、车身系统（含车身附件）和电器系统四大部分组成。汽车产品技术是汽车技术的核心部分，主要包括整车技术、发动机技术、电子技术、新材料技术和新能源技术等。

1. 整车技术的模块化技术方面取得进步

近几年，国内汽车企业和科研院所正朝模块化方向研究，例如，由湖南大学钟志华院士领衔的课题组研究提出了一种轿车模块化设计制造技术方案，并具体应用到菱形汽车的设计制造中。通过将轿车的结构按照不同功能分成若干不同模块，各模块既相对独立，又相互匹配，通过优化相应的结构模块实现轿车性能的优化，便于汽车改型与功能升级，使同系列多品种新产品的研发周期更短、成本更低、品质更高。国内汽车（合资）企业在模块化技术方面也在向前迈进。例如，神龙汽车有限公司的东风－雪铁龙和东风－标致系列轿车在产品设计和工艺设计时已采用了模块化的设计思想。在总装配技术上采用模块化的方法，分为仪表总成模块（由仪表板及仪表系统、空调系统、通风系统、转向柱等组成）、动力总成模块（由发动机、变速器、传动器等组成）、底盘模块（包括车轴、转向节及悬架、消声排气系统等）、车门总成模块。还有一些模块在供应商处装配好后直接供货，如座椅总成、车轮总成、车门护板总成等。

2. 混流装配模式应用取得进展

进入 21 世纪以来，我国汽车工业飞速发展，为适应客户个性化的需求，各种新车型层出不穷，很多企业由过去生产单一车型发展到生产数个车型的几十个分系列产品。在一定时间内，在一条装配线上装配多种不同型号和系列的产品，即所谓混流装配模式在国外汽车制造企业得到较多的采用。近几年，随着生产车型数量的增加，国内的汽车制造企业也开始采用混流装配模式，研究结合大规模定制生产模式的混流装配线优化调度问题及技术。

3. 自动导引小车 AGV 技术取得突破

自动导引小车（Automated Guided Vehicle）是指具有电磁或光学等自动导引装置，能够沿规定的导引路径行驶的运输小车。它可根据实际需要配备不同的移载机构，完成相应的操作任务。AGV 从它诞生之日起就被广泛地应用到了汽车装配和物流作业中。随着汽车个性化需求的增加，汽车生产进入个性产品规模定制生产时代，而 AGV 和 AGVS 输送系统就是实现这种生产方式的理想的输送方式。我国的沈阳新松机器人自动化股份有限公司开发的 AGV 及其控制系统采用激光导航技术，保证了 AGV 快速运行、精确定位，实现了工作区域内全方位自由行走、自动安全避让等功能。从 1992 年开始，已大规模应用于汽车装配柔性生产系统，实现了发动机、后桥、燃油箱等部件的动态自动化装配，如一汽小红旗总装生产线发动机和后桥的 AGV 装配系统，金杯客车制造公司发动机、后桥、燃油箱的 AGV 装配系统。

4. 绿色制造技术方面取得进展

上海交通大学开展了汽车可回收性绿色设计技术的研究，并与福特公司合作，研究中国轿车的回收工程问题；与中国物资再生利用华东分公司合作，撰写了《探讨中国汽车销售、维修、二手车交易及回收利用一条龙管理模式的可行性报告》；与德国柏林工业大学 IWF 研究所建立了合作关系，在废弃工业品回收方面展开了研究工作。

5. 传统汽油车节能技术取得部分突破

高效汽油机技术也一直是欧、美、日各国政府和汽车公司降低油耗的重要手段。与国外努力开发高效汽油机技术的情况相反，长期以来，国内对实用的高效节能汽油机技术的研发一直不够重视，直到近年来研发力度和投入水平才有所提高。燃油直喷技术（GDI）方面，我国取得一些进展。国家"863"计划"汽车开发先进技术"重点支持了几个大公司的缸内直喷技术研发：奇瑞的轿车直喷汽油机开发、一汽的轿车直喷汽油机研究开发、吉利的轿车直喷汽油机技术开发等三项。这三家企业到目前为止都取得了一定成果。在 2006 北京国际车展上，奇瑞展出了 5 款均采用了 GDI 技术的 ACTECO 系列发动机。2007 年我国自主研发的汽油直喷发动机 JB8 在长春一汽技术中心正式点火启动运转。2008 北京车展上，长城展示了 1.5L 的 GW4G15-GDI 增压直喷汽油机、吉利展出了缸内直喷汽油机。可变气门正时技术（VVT）。我国自主研发的 VVT 技术也取得较快发展。2006 年 8 月，吉利研发的 VVT 发动机 JL4G18 正式量产。2008 年 5 月，长城全铝 VVT 发动机 GW4G15、GW4G13 历经两年时间在长城发动机新厂正式下线。汽油机增压技术可使发动机的功率及扭矩可增加 20%～30%，同时提高燃油效率 5%～7%，因此涡轮增压技术得到较广泛的应用。近年来华晨在汽油机增压研发方面取得了很大进展。2008 北京车展上，华晨、江淮等推出了自主研发的涡轮增压发动机，虽然与德、英的"T"发动机相比还有一定的差距。

6. 新能源汽车技术取得明显进展

在"863"计划和"十五"国家科技专项等国家项目的支持下，中国节能减排和新能源汽车研发取得了阶段性的研究成果，培养了一支能力较强的研发队伍，人才储备体系正在日趋完善。近年来，随着全球汽车产业重心开始向中国转移，中国节能减排和新能源汽车的产业化进程明显加快。据不完全统计，目前从事混合动力客车研制和生产的厂家就有30多家。特别是随着中国节能减排和新能源汽车的制造体系逐步建立，自主创新能力得到较大提升，国内许多企业已开始涉足与节能减排和新能源汽车相关的电池、发动机等关键零部件的研制和生产，技术水平与国际先进水平的差距正在缩小。我国在纯电动汽车方面也开展了不少研究，取得了一批成果。天津清源电动车辆股份有限公司与天汽集团等单位联合研发的纯电动轿车示范运行累计行程超过20万千米，其中，搭载锂离子动力蓄电池的纯电动轿车，于2006年在国内顺利通过正面碰撞试验。同时，天津清源"幸福使者"纯电动轿车整车产品实现生产、组装，已累计出口美国1200多辆。2007年7月，万向与浙江电力联合研发出的搭载 $2 \times 84 \times 100Ah$ 锂电池（带BMS），最高车速85km/h，0～50km/h加速时间20s，最大爬坡度大于25%，百千米能耗35kWh，续驶里程大于250km的电力流动服务车，已投入使用。清华大学与清能华通共同研发的"Micro 哈里"采用了自主研发的新型四轮智能驱动技术和高性能锂离子动力蓄电池，最高车速65km/h，0～30km/h加速时间4.5s，百千米能耗5kWh，续驶里程大于120km。国内进行混合动力电动汽车研发的主要企业有一汽、上海大众、东风、长安、奇瑞、比亚迪、广汽等。2006年以来，我国在BSG（Beltdrive Start Generator，皮带传动启动机和发电机系统）、ISG（Integrated Started Generator，集成的启动机和发电机系统）轻混混合动力乘用车技术方面不断深化、成熟，有望很快实现产业化。2007年11月，10辆奇瑞BSG混合动力轿车小批量投放出租车市场，计划单车运行10万公里以上，奇瑞ISG中度混合动力轿车已完成功能样车的研制并已投入批量生产，与同排量车相比，其二氧化碳的排放量减少12%左右。长安汽车公司采用同轴ISG轻度混合方案，成功开发了第二轮功能样车和第三轮性能样车。2007年12月，由长安汽车集团自主研发的首款量产混合动力轿车杰勋HEV正式下线。我国混合动力客车开发进程快于混合动力轿车，2005～2007年，陆续有一批混合动力客车产品定型生产，并投入示范运营。科技部正准备在部分城市规划推广新能源混合动力车。一汽从2005年开始生产混合动力电动公共汽车，实际工况运营统计节油22%。东风混合动力公交车在武汉市在线运营已达50台，在武汉公交实际工况运营统计节油15%左右。广汽客车在业内首创研发二级踏步混合动力公交车，针对广州城市公交的特色而采用的LPG气电混合动力，据统计节能效果超过25%，在纯电动工作状态下可达到零排放。

"十五"期间，在"863"电动汽车重大专项以及各地方政府的支持下，我国车用燃料电池技术取得实质性进展，成功开发出轿车和客车用燃料电池系统，在电催化剂、复合膜等关键材料，双极板、MEA、增湿器等关键部件以及系统集成方面，拥有了自主知识产权的技术体系，核心部件性能已接近国际先进水平。涌现出清华大学、同济大学、中科院大连化学物理研究所、上海神力科技公司、新源动力、武汉理工大学等从事车用燃料电池研发的科研院所和企业，培育了一批专业人才。

7. 汽车电子技术

现代化汽车的电子装置分为5类系统：发动机电子控制系统、传动和行驶电子控制系统、安全报警及检测系统、信息显示系统和舒适娱乐系统。我国汽车电子技术整体上落后，受制于人。只在电子娱乐设备和导航设备方面有突破，目前国内有较好的开发基础，今后关键是要进一步形成经济规模来降低成本，以提高在全球市场的竞争力。中国已经成为汽车音响的"世界工厂"，车载自主导航系统市场快速发展。

8. 车用材料技术

总体上看，目前我国汽车材料体系已初步形成，技术含量高的新产品发展开始加速。近年来，国内在汽车用高强度钢的开发与应用方面取得了较大进展。国内各大钢铁公司纷纷将汽车用钢，尤其高强度钢作为优先发展方向，并投入了较大的资金和力量，发展汽车工业所需的新产品。以宝钢为例，2004年已形成商业化供货能力的高强度钢品种，此后又相继开发出 BR330/580DP 热轧制双相钢、590MPa 热镀锌 TRIP 钢、550MPa 轮辐钢等，对高强度钢的热冲压成形工艺进行了初步研究。目前正在开发热轧 TRIP700、DP800 和 CP900 防弹板，以及高焊性 DP780、980/1180 超强钢，它们基本上覆盖了国外当前生产的主要品种。国内其他钢铁公司也相继开发出各自的高强度钢产品，国产高强度钢产品系列已初步形成。轿车钢板国产化率也有较大幅度的提高，前几年仅为30%～50%的水平，而现在一般可达到80%以上。

国家"863"、"973"计划安排了有关耐热、变形、高强高韧等镁合金新材料、新工艺研究项目；原国家计委将镁合金产业化列为高新技术产业化示范项目。其中"镁合金开发应用及产业化"项目对推动镁合金在汽车上的应用起到了重要作用。该项目已取得了显著的阶段性成果，突破了一批前沿核心技术和产业化关键技术，初步形成了从高品位镁合金生产、镁合金关键工艺与设备、汽车镁合金零件开发、生产到产业化环境与示范基地建设的一条完整产业链，在一汽、东风、长安等汽车企业建立了压铸镁合金生产线，开始批量生产镁合金铸件。

（三）与国外先进水平相比面临的技术差距

1. 整车测试技术

与汽车工业发达国家相比，我国在整车测试前瞻性技术方面还有着相当的差距，检测设备在品种上还有空白，技术水平还不够高。同时，基础理论研究跟不上，许多技术问题亟待解决。

（1）测试仪器。如在汽车性能道路试验方面，速率陀螺用于测量汽车的横摆角速度，加速度计一般用来测量汽车的侧向加速度。国外已将光纤陀螺用于汽车直进性测试系统，同时提出了一种采用三个高精度光纤陀螺和二个加速度计组成综合测试系统的方案。而我国汽车道路试验目前仍采用老式的机械转子陀螺，体积重量大，与国外的先进技术水平有较大差距。

（2）测试标准。我国在整车测试技术标准方面也与国外有很大差距，如汽车操纵稳定性标准差距表现为：国际上采用标准试验半径 100m 的试验路径，而我国的试验路径半径远远小于国际标准，一般取 15m 或 20m。大半径的试验路径在处理后续数据时可以减小相对误差，能更好地反映车辆的实际性能。

（3）测试体系。在测试体系方面，以整车被动安全性测试 NCAP 为例：欧洲、美国等都形成了自己独有的 NCAP 测试体系，并在不断地改进和完善过程中；而我国的 NCAP 测试是近些年才开始的，体系还欠成熟。

2. 整车试制与装配技术

我国专门从事整车试制的公司比较少，试制设备比较简陋，车身局部、内外饰件和零部件的试制相对简单；而国外整车试制公司经验丰富，试制设备与技术先进，我国整车试制中的一些关键技术、先进技术制造水平和工艺装备与国外差距很大，整车试制周期也普遍长于国外先进国家。我国汽车制造业技术发展较晚，整车装配工艺、装备制造水平低，许多关键装备需要进口，从而严重制约了我国整车装配水平。

3. 焊接机器人技术主要由欧洲、日本控制

汽车车身焊接机器人是集机械、电子、控制、计算机、传感器、人工智能等多学科先进技术于一体的重要的车身制造自动化装备。工业机器人 50%以上用在汽车领域。汽车是焊接机器人的最大用户。目前，国际上的工业机器人公司主要分为日系和欧系。日系中主要有安川、OTC、松下、FANUC、不二越、川崎等公司的产品。欧系中主要有德国的 KUKA、CLOOS、瑞典的 ABB、意大利的 COMAU 及奥地利的 IGM 公司。工业机器人已成为柔性制造系统（FMS）、工厂自动化（FA）、计算机集成制造系统（CIMS）的自动工具。高效、高速、智能化焊接是现代焊接技术的发展方向，也是实现现代化焊接的必由之路。焊接机器人则在提高焊接质量、降低焊接成本、实现焊接自动化方面扮演着重要角色，是焊接设备柔性化的最佳选择。

4. 传统汽油车节能技术

汽油机增压技术可使发动机的功率及扭矩增加 20%～30%，同时提高燃油效率5%～7%，因此涡轮增压技术得到较广泛的应用。涡轮增压器已经成为提高动力性能的

主流方向。目前国产汽油机增压器配套生产尚属空白，国产高档轿车中采用这一技术的几乎都是合资品牌，且比例非常小。

5. 汽车电子技术

我国汽车电子技术整体上落后，受制于人，尤其在以下附加值高的核心电子部件方面：一是基础元器件及传感器。目前，国内汽车电子使用的微处理器（MCU）基本为8位和16位微处理器，32位的微处理器在国内汽车电子领域的应用很少。并且，国内 MCU 市场基本被飞思卡尔、英飞凌、意法半导体、瑞萨半导体等国外企业所垄断。对于车用传感器，合资企业产品占据90%以上的市场份额，国内企业针对车用传感器的研究在近几年才起步，其产品与合资企业产品存在较大的技术差距。二是发动机管理系统（EMS）。国外跨国企业的 EMS 产品占据了中国绝大部分市场份额，并且其产品中的已固化系统控制软件核心芯片直接从国外进口，对中国公司严密封锁其核心技术。国内从20世纪90年代末开始 EMS 研究，取得了一定的进展，但是在应用中仍存在可靠性差，工作状态不稳定，控制精度不高等问题。三是自动变速控制单元（TCU）。自动变速器的核心主要分成两个部分，第一部分是液压传动的机械结构，这一部分涉及十分复杂的液压阀体设计和加工；第二部分是电子自动变速控制单元（TCU），TCU 技术也是跨国公司对中国进行技术封锁的要素之一。国内对自动变速技术的研究开展的比较晚。目前，开展这方面研究工作的国内高校与国外研究水平还存在着相当大的差距。四是防抱死制动系统（ABS）。在国外 ABS 已被普遍使用，在国内也已逐步成为汽车标准装备，但是技术一直掌握在跨国公司手中。目前，国内 ABS 的研究已取得了一定成效，而且有若干家国内企业已实现了产业化，但目前受到博世、德尔福等外资企业的市场竞争压力，使本土企业的生存和发展受到严重挑战。

6. 车用材料技术

同国外相比，我国汽车工业整体技术水平还比较落后，汽车材料领域存在较大差距。主要表现在：材料行业缺乏本专业的汽车材料发展规划与技术发展路线，从而无法确定近期、中期和长期技术发展目标与技术途径，使汽车材料技术研发处于一种无序状态；自主创新能力差，产品大多仿照国外，缺乏原创性成果和具有自主知识产权的品牌与产品；缺少有效的科技创新体制，研发工作主要集中在大学与科研机构，产学研结合不够紧密，成果难以产业化。另一方面，企业自主创新能力不足，产品结构相对不合理，技术含量低，不能满足市场对高端产品的需求；在材料技术研究中，往往只重视材料开发本身，而相关的设计技术、制造技术、材料与零部件试验技术、回收与再生技术、零部件维修技术等，并未进行深入研究。

我国汽车用高强度钢在汽车上的用量不仅偏少，而且加工技术水平不高，国外的冲压、拉伸等成形工艺中的回弹、强硬化、组织弥散化技术已经十分成熟，其研发的高强度钢强度最高可达 1000MPa 以上。但国内在工艺方面还存在许多问题，如冲压回弹问题，一直是困扰国内高强度钢生产企业的一大难题，而且开发的高强度钢强度明显低于国外同类产品，现有的加工设备也十分落后，生产效率低。现在世界上采用的一些先进的成型工艺，如电火花加工等，国内用的还比较少。高强度钢生产工艺与装备等技术与国外相比，自主研发能力不足，新产品的开发与生产主要依赖引进技术与装备；品种少，没有形成完整的产品系列，不能完全满足国内汽车生产工业的需求，以至目前有部分汽车薄板需要从国外进口；大部分企业钢材产品表面质量差，尺寸误差大，力学性能、工艺性能（成形性能、焊接性能）不稳定，分散大。

从总体上看，我国汽车镁合金的开发与应用尚处于起步阶段，与国外相比，存在较大差距。我国铝合金研究开发与国际先进水平的主要差距表现在：原创性的研究成果少，没有完全建立结合我国资源特点具有独立自主知识产权的铝合金系列，目前主要的合金牌号基本上都是仿造国外产品；镁锭中的夹杂物和有害元素含量高，缺少统一的检测标准，尚不能较好满足高性能压铸件、板材和型材生产的要求；热处理和加工工艺研究不够深入，严重影响镁合金材料的品种发展，板材与型材缺乏；材料生产成本过高，缺乏国际竞争力；关键设备不配套，重复建设问题突出；基础研究薄弱，研发力量不够。

二、电子信息行业

（一）行业基本情况

2009 年，电子信息产业实现销售收入约 6.5 万亿元，是 1978 年的 4 470 倍；31 年来，年均增长 31.1%。特别是进入"十一五"后，我国电子信息产业在多种因素作用下，进入一段持续的超高速发展期，最高年均增速达 44.8%。尤其是软件产业规模迅速壮大，软件技术服务增势突出。2009 年，我国软件与服务业营业收入达到 9513 亿元，在全球软件产业中的份额由 2000 年的 1.3% 提升至 9% 左右。软件出口能力快速提升。2009 年我国软件出口额达 185 亿美元，是 2000 年的 39.3 倍，年均增长 50.3%。软件出口外包服务企业数量已达上千家，其中 300 多家企业通过了 CMM 和 CMMI 评估。

（二）近年来取得的主要技术突破

最近 10 年，我国信息技术自主创新能力显著增强，在计算机、软件、通信、电子元器件等领域突破了部分核心技术，并相继开发出一批具有自主知识产权和较强市场竞争力的主导产品，产业创新成果突出。在集成电路、软件等核心技术取得重大突破，自主研发的龙芯、北大众志等系列 CPU 为解决长期困扰我国的信息核心技术"空芯"化问题提供了基础和保障，中文 Linux 操作系统在国内信息化工程建设中得到初步应用；第三代移动通信系统开发取得较大进展，由我国自主提出标准的 TD-SCDMA

系统研发与产业化取得重大突破，产业链不断完善；以联想深腾 6800 系列、曙光 4000 系列、神威系列、银河系列、浪潮系列等国产高性能计算机和服务器开发成功且得到应用。

1. 高性能计算机

2008 年，百万亿次超级计算机"曙光 5000A"研制成功。系统峰值运算速度可达到每秒 230 万亿次浮点运算，LINPACK 运算速度超过每秒 160 万亿次浮点运算，成为中国速度最快的商用高性能计算机，位列当年全球超级计算机 TOP500 第十名。标志着我国成为继美国之后第二个能制造和应用超百万亿次商用高性能计算机的国家，也表明我国生产、应用、维护高性能计算机的能力达到世界先进水平。

2. 以"龙芯"为代表的处理器芯片自主研发能力快速提升

2002 年，中国第一颗高性能通用式处理器芯片——"龙芯 1 号"研制成功，标志着中国拥有了真正自主知识产权的处理器产品。2005 年 4 月，龙芯 2 号处理器正式面世，最高频率可达到 500MHz，功耗 3 至 5 瓦，远远低于国外同类芯片。"龙芯 2 号"的实测性能是"龙芯 1 号"的 10 到 15 倍，完全可以媲美 IntelPentium3，甚至超过 1.3GHz 的威盛处理器的 2 倍至 3 倍。2009 年，龙芯 3A、龙芯 2F3、龙芯 2 号抗辐照 SOC 流片成功；龙芯 2G 和龙芯 3A＋完成流片。在全面掌握 65nm 工艺的产品设计技术后龙芯开始 32nm 工艺的设计。龙芯 3 号在服务器、高性能计算机等领域的市场推广和应用研发快速发展。

3. 中文 Linux 操作系统

北京中科红旗的 Linux 桌面和服务器及嵌入式系列产品、上海中标软件的普华 Linux 系列服务器和 Linux 桌面产品等在性能、质量、稳定性和可靠性等方面有所提高，并且在企业软件正版化、行业信息化等方面得到应用。

4. 自主知识产权的 3G 移动通信技术标准 TD-SCDMA 产业化成功

TD-SCDMA 技术是我国通信领域自主创新的典范。TD-SCDMA 作为中国提出的第三代移动通信标准，是第一个由中国提出的、以我国知识产权为主的、被国际上广泛接受和认可的无线通信国际标准。中国移动于 2008 年 4 月 1 日起，正式启动 TD-SCDMA 的社会化业务测试和试商用。北京奥运会后，中国移动又获得在全国范围内 TD 试商用的许可。2009 年初，国家正式发放 3G 牌照。至此，TD-SCDMA 技术作为我国通信领域自主创新的典范，正式步入商用阶段。近年来，我国政府相关部门发挥主导作用，大力推动 TD-SCDMA 创新与发展，经过产业界不懈努力，TD-SCDMA 研究开发和产业化工作取得突破性进展。通过多次技术试验，充分验证了 TD-SCDMA 技术的功能、性能、关键技术和组网能力；建立了包括系统设备、终端、核心芯片、专用仪表和关键软件在内比较完整的产业链；形成了以 48 家产业联盟成员为基础，超过万人的专业技术队伍；运营企业、制造企业、科研院所和高等院校广泛参与，构建了"以企业为主体、产学研用相结合"的 TD-SCDMA 自主创新体系。TD-LTE 作为TD-SCDMA 技术的后向演进和增强，中国企业重点主导该标准，并确保 TD-LTE 标准与 LTE FDD 同步。在 LTE-Advanced 标准制订中，中国企业也针对其需求、技术框架和关键技术点全面推进，并于 2009 年 10 月，在 ITU-R WP5D 德累斯顿会议上，我国单独提交了 TD-LTE-Advanced 技术方案，明确显示了我国产业政策，确保了TD-SCDMA 技术的延续性，巩固 TD 标准化成果。此外，中国政府和运营企业大力支持和宣传 TD-LTE，与海外运营商进行沟通合作，TD-LTE 已得到了业界主流运营商、设备厂商的支持，积极推动它成为国际主流 4G 标准。支持 TD-LTE 的运营商也将共同制定设备规范、共同制定终端需求，一起推动 TD-LTE 产业的不断成熟，为这一产业链走向成熟和全球拓展奠定更坚实的基础。

5. 集成电路核心装备研发与产业化取得重大突破

集成电路生产线中的两项关键设备—100nm 高密度等离子体刻蚀机和大角度离子注入机已经进入大生产线正常运行，主要技术指标达到国外同类机型的先进水平。2008 年初，65nm 高密度等离子体刻蚀机也进入了 12 英寸超大规模集成电路生产线。基于两种设备良好的本土化加工制造基础，可以和国外同类新设备进行竞争。仅 2007 年一年内，两种设备就销售了 8 台。这标志着我国集成电路制造核心装备开始向产业化迈进。无铅波峰焊机和无铅回流焊机技术水平已经达到国际先进水平，并和进口的表面贴装生产线设备配套，有力地推动了我国电子整机的无铅化进程。

6. 光伏产业在整个产业链取得全面突破

在多晶硅生产方面，长期以来国外主要多晶硅企业一直对我国技术封锁，我国骨干多晶硅企业近几年通过自主研发、系统集成创新、引进国外先进技术等方式，加上生产实践积累，目前已基本掌握了改良西门子法千吨级规模化生产关键技术。目前先进的企业已经达到生产每千克多晶硅综合耗电 120kWh/kg 的世界先进水平，生产成本达到 30 美元 / 千克，产能已达到 2 万吨以上。在太阳能电池方面，我国已掌握高性能晶体硅太阳能电池的成套生产技术，在商业化太阳能电池生产技术上取得多项突破，光电转化效率已从 20 世纪 80 年代 11%～13% 提高到 16%～19%，达到国际先进水平。无锡尚德公司的 pluto 电池采用与澳大利亚南威尔士大学合作开发的 PERL 技术，通过精细的表面织构和更窄的金属引线提高电池转效率。采用该技术的单晶硅和多晶硅电池分别达到 19% 和 17%，属于国际领先水平。硅基薄膜电池方面，我国新奥光伏、江西赛维 BEST 等企业可以将电池做到 5.7 平方米，电池转换效率在 7% 以上。在光伏设备方面，我国单晶硅生产设备已经占据国内 90% 以上的市场份额，北京京运通、七星华创等生产的铸锭炉已经与国际光伏设备企业相竞争，硅晶切片机也开始在国内市场使用。我国已经具备从材料制取、加工到太阳能电池芯片制造设备的整条生产线供给的能力。2008 年，我国太阳能电池片制造设备销售额达 17.66 亿元。我国太阳能电池片生产厂已经大量使用国产的太阳能电池片生产设备。

7. 光纤光缆产业在整个产业链取得全面突破

国产光纤的技术指标已经全面达到国际先进水平，同时，建立了几个百万公里以上规模的光纤预制棒生产基地，预制棒技术实现群体突破。浙江富通集团的全合成光纤预制棒技术被列入 2003 年信息产业六项重大技术发明。该技术的研制成功和顺利投产，使中国第一次掌握该领域的核心技术，打破了光纤预制棒生产的产业瓶颈和国外技术垄断。长飞光纤光缆公司开发成功的 PCVD+OVD 工艺，富通集团开发的全合成工艺光棒制造和设备制造技术，都取得了可喜的成果。

8. 集成电路设计水平步入世界先进行列

除了以"龙芯"等为代表的国产 CPU 之外，中国华大和大唐微电子等开发的第二代身份证卡芯片、中星微电子的"星光"系列音视频解码芯片（2005 年国家科技进步一等奖）、展讯通信的 GSM/GPRS 基带处理芯片（2006 年度国家科学技术进步奖一等奖）、TD-SCDMA 手机核心芯片、杭州国芯的卫星 / 有线数字电视信道接收芯片 GX1101（2005 年信息产业"重大技术发明奖"）和卫星数字电视接收一体化 SOC 单芯片（2008 年信息产业"重大技术发明奖"）等大量国内具有自主知识产权的产品研制成功并投向市场，标志着国内集成电路设计业的设计水平已经开始步入世界先进行列。

9. 通信业技术突破群集

除了 TD-SCDMA 这一重要突破之外，我国通信业技术突破出现群集现象。在光通信领域，基于对核心集成技术的掌握，中国的光通信设备制造业已经能够更加灵活地按照客户需求提供全面的通信网络解决方案，在光通信高速系统集成方面已处于国际领先地位。目前我国已经发展成为光通信领域国际标准制定的重要参加国家之一，同时主导和引领部分技术方向的趋势正在加强。在固定通信领域：标准先行解决了 IPTV 的互联互通；交换机获得突破，新增容量全部国产化；主导未来基于分组网络（FPBN）、资源接纳、软交换等多个国际标准。在互联网领域：CNGI 教育网是目前世界上规模最大的纯 IPv6 大型互联网，取得了多项重大创新，总体上达到世界领先水平；网络核心技术取得突破进展，FPBN 在国际上站稳脚跟；新型音视频编码提出了 DRA 和 AVS 两项先进的专利技术。2009 年 3 月，DRA 正式成为蓝光光盘国际标准，2009 年 7 月，AVS 被正式确定为 ITU-T 的 IPTV 国际音视频标准之一，打破国际垄断，避免再次落入专利陷阱。在网络信息安全领域，我国在可信网络、网络可管控机制等安全技术领域一直保持与国际前沿科研项目类似或者领先的进展水平。

（三）信息产业科技发展趋势

高性能仍然主宰着计算机的发展方向。计算机技术继续朝着更高性能的方向发展，普遍计算、移动计算成为产业发展的重要方向。计算机、通信、消费类电子与信息内容产品的4C融合日趋明显，信息终端呈现人性化、智能化、小型化、一体化的发展趋势；中央处理单元（CPU）的研制及网络计算机的研制越来越受到重视。计算机网络将沿着开放、集成、高性能和智能化的基本方向发展。

网络与通信技术处在转型提升的关键时期。基于分组的、开放、融合和具备普遍移动性的下一代网成为发展方向，软交换、智能光通信、宽带移动通信与无线接入等则是目前看到的关键技术；传统的人与人通信方式也逐渐向人与人、人与物和物与物通信方式扩展；融合使网络与通信出现深刻的变化，固定与移动融合，传统电信网、互联网和广播电视网融合，将逐步形成下一代的综合信息网络；而信息网络又与RFID、传感器网络相融合而形成虚拟与现实紧密沟通并融为一体、含义更为广泛的网络。

软件技术和产业呈现网络化、一体化、服务化、高融合、高可信的发展趋势。基于网络软件中间件迅速发展，形成各种分布计算环境；各种新技术、新产品、新模式以及新业态不断涌现，例如云计算、Saas、物联网等等；技术和市场创新能力成为软件企业在竞争中脱颖而出和立于不败之地的关键。

集成电路技术将按照器件特征尺寸缩小、硅片尺寸增加、芯片集成度提高和设计技术优化的途径继续发展。今后，IC是纳米制造技术和系统芯片（SOC）的时代，未来一个时期内仍将以硅基IC为主体，同时又有各种新材料、新器件、新工艺在研究开发中。

音视频技术领域的发展方向是数字化、高集成化、多功能化。音视频产品向高技术含量、高清晰度、数字化、多媒体化发展。主要技术内容包括：压缩码率更高、算法更先进的音、视频数字信号压缩编码、解码技术；传输效率更高、传输质量更优的数字信号调制、解调技术；发展存储容量更大的存储媒体；发展新型显示器件；发展新型电声器件和数字音频技术等。

各类信息技术加快了相互融合与渗透的步伐，并与生物、传感、新材料等技术相融合；信息产品日益集成化、多功能化，信息技术与其他各行业技术的结合更加紧密，用户对信息技术服务的需求越来越强烈。

三、石油天然气行业

（一）行业基本情况

目前，我国已建成25个油气生产基地，原油产量稳中有升，2009年产量达1.89

亿吨；天然气产量快速增长，近 10 年年均增幅达 14%，2009 年产量 852 亿立方米。全国油气（当量）产量 2.57 亿吨，位居世界油气生产大国前列。我国输油管道总长度约 1.9 万公里，主要由油气田周边管道及长输管道组成，管输比例达到 70% 以上。东北、华北、华东和中南地区已初步形成了东部输油管网，西北各油田内部管网相对完善，外输管道初具规模。我国海上进口原油登陆输送已基本实现管道化。截止到 2008 年底，全国天然气长输管道总长度约 3.5 万公里，初步形成以西气东输、西气东输二线和陕京线系统等管道为骨干，以兰银、淮武、冀宁为联络线的国家级天然气骨干管网。截止 2009 年底，我国炼油生产能力达到 4.77 亿吨，仅次于美国，位居世界第二；乙烯生产能力达到 1248 万吨，位居世界前列。

我国是目前世界上唯一一个石油对外依存度突破 50%，并还在快速上升、石油年进口量超过 2 亿吨的国家。石油对外依存度突破 50% 意味着：我国的基本国情发生变化，从偏石油生产型国家转变为偏石油消费型国家；我国经济和石油市场与世界经济和世界石油市场的关系越来越密切；为保证国内石油供应，要把海外作为重要着力点。截止 2009 年底，我国企业已在全球 31 个国家参与油气勘探开发合作，累计投资额超过 600 亿美元。海外油气产量保持稳定增长，油气作业产量超过 1 亿吨。

（二）近年来取得的主要技术突破

1. 油气勘探开发技术

我国石油勘探技术整体达到国际先进水平，陆地石油开发技术和工程技术接近世界先进水平：形成了世界领先的陆相生油及油气成藏、复式油气聚集带、板块构造及前陆盆地、复杂岩性油气藏勘探等四大特色勘探理论；形成了面积注水、三次采油、复杂岩性油气藏储层改造与开采三大主体开发技术，攻克了高含水、高含硫、高压、超稠油、超深层、超低渗六项世界级难题；水平井分段压裂技术、整体压裂、分层压裂技术接近国际先进水平；钻井技术已具备不同地区复杂井的施工能力；具有自主知识产权的 12000 米大型成套钻机及其配套装备的研制成功，使中国的钻机装备设计和制造水平居于世界领先地位；以长庆油田为代表的陆上油田大规模、低成本、高速上产、数字化开发和管理达到接近世界先进水平

2. 炼化技术以引进和合作开发为主

20 世纪 80～90 年代，在引进美国 UOP 公司加氢裂化技术的基础上，开发了具有自主知识产权的加氢裂化技术及成套工艺。为推进大型裂解炉及成套技术的开发，中石化与美国 Lummus 公司合作，通过优势互补，合作开发了 SL-Ⅰ 和 SL-Ⅱ 型乙烯裂解炉，2009 年建设的天津和茂名百万吨乙烯均采用 SL-Ⅰ 型裂解炉，同时武汉 80 万吨/年乙烯也采用此型号裂解炉。

（三）未来 5~10 年内要发展的关键技术

1. 油气勘探技术

岩性地层、碳酸盐岩、火山岩、海域、前陆、成熟探区等领域成藏规律和地质评价等关键技术取得重大进展与突破；进一步发展和完善石油地质新理论；形成一批先进有效的集成配套技术。需要攻克的关键技术包括以下七个方面：岩性地层油气藏勘探领域：岩性地层圈闭识别、油气检测与目标评价技术；前陆冲断带油气勘探领域：复杂构造解释与建模、有利储层地质评价、油气藏综合评价、复杂构造地震叠前成像及复杂地层钻井、储层预测、测井评价等相关配套技术系列；海相碳酸盐岩油气勘探领域：海相碳酸盐岩礁滩体及缝洞型储层预测技术；大中型气田勘探领域：油源精细对比、成藏年代分析和油气构造物理模拟实验技术，大中型天然气田优质储层形成条件与分布预测、烃类检测、天然气复杂储层综合解释等配套应用技术系列，煤成气地质理论（丰富和发展并形成相对完整的系统）；海域大油气田勘探领域：海域盆地油气地质综合评价及有利区带优选技术；成熟探区油气勘探领域：基岩内幕油气藏预测与评价，成熟探区有利区带、目标评价优选与配套；油气勘探新领域、新理论、新方法、新技术：成烃、成储和成藏综合石油地质分析，精细油气源分析对比与生排烃及成藏模拟，油气资源预测与评价，稠油生物气化开发，油气遥感物化探等技术。

2. 油气开发技术

水驱、聚驱技术达到并保持国际领先水平，超低渗透油藏技术达到国际先进水平，复杂气藏开发接近国际先进水平，非常规油气、海上油气开发逐步发展。配套完善七项关键技术：水驱提高采收率；低 / 特低渗透油藏有效开发；三次采油提高采收率；稠油、超稠油油藏开发；复杂天然气藏开发；海上油气开发；煤层气、油页岩等新能源开发。

3. 油气工程技术

建立起国内国外一体化、陆上海上一体化、专业综合一体化、工程技术与勘探开发协作一体化的工程技术服务完整体系，核心技术自主研发和关键装备国产化率均达到 80% 以上。关键技术包括在物探技术、钻井技术、测录井技术、井下作业技术四个方面。

4. 油气管道技术

在易凝高粘含蜡原油管输工艺方面保持世界领先水平；具备保证大型油气管网安全、经济、优化运行的能力；新建干线管道实现高水平的设计、施工和运营管理，达到世界先进水平。关键技术包括多品种顺序输送工艺及配套、成品油管道优化运行、油气管道泄漏检测、管道自动焊接和超声波检测等集成技术、管道生产信息系统、地理信息系统、管道安全评价与风险管理、管道快速抢维修、管道节能与环保等。

5. 炼油化工技术

自主研发与引进国外先进技术相结合，实现炼化技术的二次创新和开发。重点开发清洁油品生产、劣质重油加工、乙烯原料多元化和大型乙烯成套技术，有效支撑炼化业务布局战略性调整，满足炼化业务发展需求，实现发展方式和结构调整的战略转变。关键技术包括悬浮床渣油加氢裂化技术、超低硫柴油生产技术、大型乙烯成套技术和大型裂解炉技术、乙烯原料多元化技术。

四、有色金属

（一）行业基本情况

"十一五"期间我国有色金属产业迅速发展，生产和消费规模不断扩大，成为全球第一的有色金属生产和消费大国。从 2002 年开始，中国已经超过美国成为世界有色金属第一生产大国，并一直保持。2009 年我国十种常用有色金属产量达到 2 604.9 万吨。其中，精炼铜 410.9 万吨，原铝（电解铝）1 284.6 万吨，铅 370.8 万吨，锌 435.67 万吨。受电力、家用电器、建筑、汽车等行业快速发展的拉动，铜铝材的需求日益增加，2009 年铜材产量 888.4 万吨，铝材产量 1 650.4 万吨。

我国常规有色金属产品，基本满足国民经济发展的需要，但是对于现代高技术产业或国防军工所需的高、精、尖部分产品，目前在技术上尚未完全过关，仍需进口。2008 年，有色金属进出口贸易总额为 873.65 亿美元，其中出口额 260.14 亿美元，进口额 613.51 亿美元，贸易逆差高达 353.37 亿美元。进口产品中，除铝土矿、氧化铝、铜精矿等原料外，高端产品和高性能材料占较大比重。

我国与当今高新技术发展紧密相关的有色金属资源丰富，如稀土、钛、镁、钨、钼、镓、铟、锗、铋等，但是这些宝贵优势资源我们绝大部分只能加工成初级矿产品或初级冶炼产品，除少量国内应用外，大部分出口，资源优势未能转化为高新技术产品，更未变成经济优势。

（二）近年来取得的主要技术突破

我国取得了高效地下采矿、系列大型浮选机、选矿拜耳法、系列大型预焙铝电解槽、铝电解重大节能技术、富氧熔池熔炼、闪速熔炼、底吹炼铅、顶吹炼铜、铝加工热连轧与冷连轧、高铁用铝型材、精密铜管、8～12 英寸大直径硅单晶等一大批重大科技成就，极大地提高了有色金属工业科学技术水平，增强了有色金属工业的国际竞争力。主流金属品种的采、选、冶主要工艺技术达到或接近国际先进水平，具有我国自主知识产权的技术装备已陆续出口。部分领域的具体进展如下：

1. 有色金属矿产勘查采选技术进步明显

云南会泽铅锌矿区深部及外围隐伏矿定位预测及增储研究取得重大突破；长沙矿

山研究院成功开发出"区域整体框架结构两步骤联合回采方法";北京矿冶研究总院等单位的复杂高硫铅锌矿石中有价元素的高效整体综合利用新技术取得显著突破;湖南有色金属研究院等单位的复杂铜铅锌选矿高效分离技术及工业应用取得新突破。

2. 一批铝冶炼节能技术取得重大突破并用于生产

氧化铝技术:成功研发了选矿拜耳法、强化烧结法等氧化铝生产技术,以及一系列高效、低耗清洁生产技术,有效利用国内低品位铝土矿资源。我国氧化铝工艺技术达到了世界先进水平。

电解铝技术:中铝完成"新型结构电解槽工业试验研究",为世界上首次开发成功的 160kA 级新型水平阴极结构的导流电解槽;浙江华东铝业公司和东北大学共同完成"新型阴极结构铝电解槽系列生产工艺系统重大节电示范工程",在国内外首次实现了94 台 200KA 新型阴极结构高效节能铝电解槽系列化生产,节能效果明显;中南大学和郑州龙祥铝业有限公司完成的"预焙铝电解槽电流强化与高效节能综合技术的开发及应用"项目,在不改变原有铝电解槽结构的条件下,实现了高效、节能、减排、增产。

3. 一批重大铜铅锌冶炼技术取得重大创新

铜冶炼技术:山东阳谷祥光铜业有限公司"双闪"即闪速熔炼加闪速吹炼炼铜技术顺利运行,是当今世界上最环保、节能、高效的铜冶炼技术;氧气底吹炼铜技术成功实现工业规模应用,中国有色工程设计研究总院等单位开发的氧气底吹炼铜技术取得关键突破,打破了国外铜冶炼技术垄断格局,为我国铜冶炼提供了先进的具有自主知识产权的规模化成套工艺技术和设备。

铅冶炼技术:闪速炼铅技术取得新突破。北京矿冶总院研究开发的年产 10 万吨铅闪速炉在河南省灵宝市华宝集团公司成功投产,该工艺技术与装备的研制成功为我国铅冶炼技术跨越式发展提供了有力支撑;液态高铅渣侧吹炉直接还原炼铅技术开发成功。中国恩菲公司发明熔融铅氧化渣侧吹还原技术;液态高铅渣底吹炉直接还原炼铅技术开发成功。豫光金铅公司研发了液态高铅渣底吹炉直接还原炼铅技术,实现了炼铅的连续化,指标优于国内先进水平。

4. 一批稀有金属冶炼及材料加工等技术开发成功并实现产业化

近年来,稀有金属冶炼和材料加工制备技术取得较大进展,成功开发了海绵钛生产用 12 吨还原蒸馏联合炉、钨钼清洁高效冶金关键技术、稀土功能材料用高品质金属及合金快冷厚带产业化技术及装备、锂离子电池高性能钴酸锂及其产业化技术等,为稀有金属冶炼及材料加工产业升级提供了应有的技术支撑。

微波冶金技术取得重大突破,成果已实现了产业化应用,先后向西班牙国家碳材料研究所、中核集团 272 厂等国内外单位提供高水平的反应器、生产线及相关技术25 项。

（三）与国外先进水平相比面临的技术差距

与发达国家相比，我国有色金属工业整体技术水平还有较大差距，还不是有色金属工业强国。当前我国有色金属工业自主开发的新材料不多，在新合金开发方面基本是跟踪国外产品，自主开发几乎还是空白；技术含量高，附加价值大的航空航天等高新技术材料通过国际认证的很少，主要依靠进口；各种有色金属新材料的产业化至少比国外落后 5~10 年。有色金属生产技术装备与国外先进水平差距明显，在多数领域中不断重复引进国外先进的技术装备。例如，最近 20 多年来，我国铜冶炼已经先后多次引进了闪速熔炼技术、诺兰达富氧熔炼技术、艾萨富氧熔炼技术等。我国先进的铜、铝高精板带生产技术装备主要还在依赖引进。我国资源开发利用流程各工序均有较大的金属损失，即金属回收率比国际先进水平仍有一定差距，有色金属产品单位平均能耗与国际先进水平相比仍存在一定差距。下一步我国要重点突破低品位复杂难处理资源高效提取利用技术、铝冶炼节能技术、铜铅锌短流程节能冶金技术、有色金属高性能先进材料制备技术、资源循环利用及清洁生产技术等。使重大装备研制迈上新台阶。

五、装备制造业

（一）行业基本情况

按照国民经济行业分类，装备制造业产品范围包括机械、电子和兵器工业中的投资类制成品，分属于金属制品业、通用装备制造业、专用设备制造业、交通运输设备制造业、电器装备及器材制造业、电子及通信设备制造业、仪器仪表及文化办公用装备制造业 7 个大类 185 个小类。按装备功能和重要性，装备制造业可以分为三大类：基础机械、机械和电子基础件、成套技术装备。"十一五"期间，装备工业发展是我们改革开放以来，发展最好、最快的时期。汽车产销量屡获突破，已成为世界汽车生产和消费大国，以工程机械为主的多个产品世界销量第一，装备制造自主创新研发水平大幅提高，本土品牌产品竞争力不断增强。5 年来机械工业增加值年均增长 26.2%。

但是，我国装备制造业与国际先进水平的差距还很大。光纤制造装备、集成电路芯片制造装备、石油化工装备的进口依赖程度最高，轿车工业装备、数控机床、纺织机械、胶印设备的市场也有一半以上被进口产品占领。我国装备工业产品出口的质量不高，装备工业自主品牌出口所占的比例还不到 10%，绝大部分出口是使用外方品牌的加工贸易或以贴牌生产为主的订单贸易。我国装备制造业产品的科技含量低，出口效益不高，在国际分工中处于产业链的低端。我国装备制造企业技术研发投入占销售收入的比重不到 1%。下面着重介绍机床、农用机械、重型机械、工程机械和轴承几个子行业的技术创新状况。

（二）机床

1.基本情况

最近 10 年，我国机床行业发展迅速，已成为机床生产大国，低端产品在国内市场占据主导地位，高端产品取得局部突破。我国机床行业已经连续 4 年在规模和产值上成为世界第三大机床生产国，2009 年全行业完成工业总产值 4 014.2 亿元。国产机床国内市场占有率 2008 年提高到 61%。高端的五轴加工机床国产量近年加大。目前，我国大部分高档数控机床依赖进口的局面仍未打破，我国国产数控机床大都是附加值较低的简单经济型数控机床，占比近 70%，而进口的却是具有高附加值的高中档数控机床，国外公司大约占领我国高档机床 85% 市场。我国已经成为世界机床第一大消费国和进口国。从"制造大国"向"制造强国"转变的过程中，国民经济重点行业核心制造领域对数控机床产品的需求向大、重、高精发展。但是，在需求结构升级过程中，国产机床市场占有率下降。

2.近年来取得的主要技术突破

机床整机产品取得多方面进展：国产的高速加工中心、五轴加工机床、五轴车铣中心、超精车床、超精曲面加工机床、大重型数控机床在航空航天、汽车、发电设备、船舶制造等产业获得应用；并联结构的虚拟轴机床研制取得突破：不仅研制出并联结构的虚拟轴机床，同时还实现了结合不同用途、巧妙地运用串联—并联结构、运用虚拟轴原理达到简化编程、扩大加工空间的目的；快速成型技术进入世界先进行列：按分层实体制造（LOM）、熔融沉积成形（FDM）、紫外激光固化（SLA）。激光选区烧结（SLS）等不同原理的产品投放市场，并向新加坡出口了技术；纳米加工及亚微米加工技术及设备是当代超高精度技术前沿，北京机床研究所已夺得若干制高点，投入市场的几种产品已达到世界领先水平。

3.与国外先进水平相比面临的技术差距

五轴（及以上）联动数控机床：万能自动镗铣头在精度、性能（特别是高速、重载性能）与国际先进水平还有差距；我国企业自主开发的自动换头技术刚刚起步；高速机床：大部分以引进技术为主，基本上是调整加工中心，自主开发的最先进产品相当于国际上 20 世纪 90 年代后期水平；数控机床技术：与世界先进水平的差距表现在精度、基础材料、高动静刚度主机、关键配套件（电主轴、高速滚珠丝杠副、直线电机、高速高精全数字式数控系统、高精度高频响的位置检测系统）等方面。

（三）农业机械

1.基本情况

农业机械包括运输机械、收获机械、耕整机械、灌溉设备和种植机械等。2009年，我国农业机械行业共完成销售收入 2 220.02 亿元，比 2008 年同期增长 23.99%。在我国农业机械销售收入中，运输机械和收获机械是占比例最大的，其中运输机械占到了41%，收获机械占到了23%。运输机械主要是拖拉机、三轮车等，收获机械主要是小麦收割机、玉米收获机等。2008年，全球农业机械的贸易额达到380亿欧元，最大的农机具和拖拉机出口国依次为德国、美国、意大利和法国，中国排在第五位。

2. 近年来取得的主要技术突破

农业装备数字化设计技术：突破了农业机械虚拟装配、虚拟样机及虚拟人机工程学设计技术与评价方法；建立了大功率轮式拖拉机、联合收割机和大型喷灌机等典型部件的虚拟设计模型库，初步实现了虚拟装配和虚拟现实可视化动态性能仿真等技术；开发了典型农业装备的数字化协同设计集成平台、虚拟样机仿真系统和机电多系统协同仿真环境的构建技术。农业装备可靠性技术：在负载换挡传动系试验台关键技术、室内整机强化试验台关键技术、拖拉机联合收割机典型结构部件可靠性和载荷谱技术、农业装备虚拟仪器测控技术研究方面取得重要进展。节能型小型拖拉机研究与开发：采用内置式单排末端传动为基础的8+4档华东齿轮换挡纵置变速箱，开发完成了具有中置、前置动力输出及前置提升功能的直联式18.4KW基本型小拖拉机。耕整种植机械技术：完成了联合耕耘机的样机设计，确立了关键部件的生产工艺，攻克了耕耘铲弹性臂的制造技术；完成了多功能联合整地机的设计。收获机械技术：研制开发了多功能谷物联合收割机、系列玉米联合收割机，并延伸开展甘蔗、亚麻、花生和中药材等经济作物收获机械的研发工作。棉花加工机械技术：开展了异性纤维在线监测及剔除技术装备、棉花加工质量在线监测控系统、棉籽全程脱酚技术装备的研究与开发。

3. 农机技术的努力方向

我国对农机产品的需求重点正在发生变化。主要表现在：一是由过去偏重于提高农作物产量的增产技术装备向更注重提高效益的增效增收技术装备转变；二是由某环节单项技术装备向全过程成套技术装备转变；三是由产中生产机具向产后处理、加工机具转变；四是由已有机型向克服"瓶颈"制约的关键技术装备、现在还是空白、急需填补的机具转变；五是由小型机具向大中型机具转变；六是由单一的粮棉作物生产机具向经济作物生产机具转变；七是由传统手工操作型机具向智能操作型机具转变；八是由单一功能型机具向多功能高性能型机具转变。

从技术攻关的角度来说，我国农业机械的努力方向是智能化和自动化，融合微电子技术，实现机电一体化。机电一体化技术在国外农业机械上的应用已相当普及，该技术已成为高性能，高科技农机产品中不可或缺的重要核心部位，国外厂商甚至把军用设备上的自动控制、信息处理、全球定位系统和激光、遥感等现代尖端技术和手段，装备应用于农业机械上，一次地面平整作业即可成形且能达到寸水不露泥的精度；通过优化设计驾驶室、驾驶座、方向动力控制、空调装置等减轻机手的劳动强度，加大操作的舒适性，实现农机系统内按钮操作。

（四）重型机械

1. 基本情况

重型机械制造业是主要为矿山开采、能源开发、原材料生产等基础工业和国防工业提供重大技术装备和大型铸锻件的基础工业。2010年1~6月，我国重机行业工业总产值为3 317.63亿元，同比上升了21.55%；工业销售产值为3 198.35亿元，同比增长了22.51%。我国重机行业进出口近年总额不断增长，2006年开始出现顺差，标志我国重型机械已走出国门。

2. 近年来取得的主要技术突破

研制完成的重要技术装备有：宝钢二期成套设备（高炉、焦炉、烧结机、1900板坯连铸机、2050热连轧板机2030冷连轧板机、制氧机等），宝钢三期成套设备（1450板坯连铸机、1580热连轧板机、1400、1550冷连轧板机等）；平朔煤矿2 000万吨级露天开采成套设备；秦皇岛三期、四期的港日煤炭输送成套设备；三峡工程用的世界上最大的1200吨桥吊；石油裂解用的1000吨级加氢反应器；30万千瓦、60万千瓦火力发电机组和秦山核电站需用的大型铸锻件。以一重、二重为代表的重型机械企业有能力提供年产600万吨级钢铁联合企业用常规流程的成套设备（包括4 350功立方米高炉、6米焦炉、450平方米烧结机、方坯、圆坯、板坯连铸机大型热连轧板机、冷连轧板机、无缝钢管热连轧机、高速线材轧机、大型中厚板轧机及大型螺旋焊管机组等成套设备），提供年产2 000万吨级露天矿、年产60~70吨级以下金属矿、年产500万吨级井下煤矿、年处理如300万吨级选煤厂、单系列年处理能力300万吨级选矿厂、日产4 000~8 000吨级熟料干法工艺水泥广成套装备能装备；15~30万辆轿车零件锻造生产线和冲压生产线、50 000立方米刨花板生产线成套设备、30 000立方米中密度纤维板生产线成套设备等。我国超重型机床已达到当代国际先进水平，例如国内已生产了近10台16米数控单柱立车，国外生产甚少。

3. 与国外先进水平相比面临的技术差距

我国重型机床企业面临的国际竞争对手主要来自德国、意大利及西班牙。我国进口的重型机床产品中，绝大部分是中、高档数控型产品，其中德国和意大利的产品较多，代表着世界先进水平。国内产品与国外产品在结构上的差别并不大，差距主要表现在核心传动部件的运行速度、精度与可靠性，以及整个机床的制造工艺水平与质量。典型表现如下：冶金成套设备与国际先进水平仍存在差距，主要表现在大型成套热、冷连轧机的自动控制和检测关键技术，国产大型成套热、冷连轧机的全线多级计算机控制及各种生产工艺数学模型等方面的技术，还未完全跟上世界先进技术快速发展的步伐，部分还需依赖外国技术；矿山机械主要表现在可靠性差、控制技术不足、设备性能落后，总体上落后先进国家 5～10 年；起重运输机械表现出整机和配套件（如减速器）产品开发能力差；大型锻件产品的技术水平与国外先进水平相比在能耗指标、钢种开发等方面存在差距。

（五）轴承

1. 基本情况

我国轴承年产量 20 亿套，居世界第 3 位；产值 200 亿元，排世界第 4 位；年出口 10 亿套，创汇 5 亿美元。中国已跻身于世界轴承生产大国行列。

2. 近年来取得的主要技术突破

近年取得突破的一些重点产品有：航空航天轴承、高速铁路客车轴承、新型轿车轴承、精密数控机床主轴轴承、自动化办公机械用轴承。在制造技术方面的进步体现在：滚动轴承套圈制造技术：相继引进了 16 条高速镦锻机生产线，这代表国际上轴承套圈锻造的主要工艺；磨超生产工艺有了较大的改进，高速磨削也已开始应用；钢球的制造工艺过程、方法与国外先进企业相近；计算机辅助模具设计被广泛应用，模具设计工时减少，模具结构更加合理。

3. 与国外先进水平相比面临的技术差距

与工业发达国家相比，我国轴承制造业的整体水平还存在着相当大的差距，为主机配套和维修的一些高技术含量的轴承主要依靠进口，而出口轴承则主要是低档通用轴承。轴承企业规模超级化、集团化是国际发展趋势。当前世界轴承市场 80% 左右的份额被十大跨国轴承集团公司瓜分。瑞典的 SKF 集团公司，日本 NSK、KOYO、NTN、NACHI、NMB 集团公司，德国的 FAG、INA 集团公司，美国的 TIMKEN、TORRINGON 集团公司是当今世界轴承工业中实力最强、水平最高、影响力最大的十大轴承集团公司，而且都是跨国集团公司。我国轴承制造业与工业发达国家的技术差距集中体现在制造技术方面。长期以来，美国、日本、瑞典、德国等轴承强国一直在不遗余力地开发先进的轴承制造技术，以满足主机的使用要求。具体表现如下：仿真技术：将某应用工况下轴承的载荷方向、大小、润滑方式，旋转速度及环境参数，以及轴承主参数等同时输入计算机，通过演算，了解轴承可能达到的寿命，从而评价轴承设计是否合理。国外先进轴承工业公司 SKF、NTN 在轴承仿真试验技术的研究上已经达到先进水平。国内在开展模拟试验方面还不广泛。润滑技术：国外先进工业国家在技术和生产上已完全过关，已形成系列品种和批量生产能力，当前主要趋势是研究提高一些特殊情况下润滑脂的性能。我国当前轴承润滑的研究要重点解决：提高现有密封轴承润滑脂在常温环境下的使用寿命；提高低噪声轴承润滑脂振动性能。密封技术：我国现行的密封圈设计结构不合理，内圈不带密封槽，制造精度不高。降噪技术：我国轴承行业在降低轴承噪声方面做了许多工作，使轴承降噪水平有了很大提高，但与国外相比，仍有一定的差距，突出的是"异音"问题，即轴承运转中出现一种不规则的突发声，甚至尖叫声。

（六）工程机械

1. 基本情况

近年来，我国工程机械行业工业总产值保持稳定高速增长。2006 年以来，全行业销售收入年增长率在 30% 以上。2010 年 1～10 月，全行业完成销售产值 12 358.71 亿元，同比增长 34.29%。

2. 近年来取得的主要技术突破

最近三年来，我国工程机械行业研制出一大批关键施工机械，技术接近国外同类产品水平，成功地应用到我国各项重点建设工程中，例如鸟巢、水立方、上海世博园、秦岭隧道、城市地铁等。典型关键施工机械有：盾构机（全断面隧道掘进机）：地铁土压平衡盾构机，对刀盘驱动、遥控拼装机、螺旋机、电气监控、推进系统、盾尾密封、中心回转接头等 7 大关键技术进行了创新研发，达到同类设备的国际先进水平；复合盾构机（既可用于泥水平衡，也可用于硬岩掘进）；泥水平衡式盾构机。SD42-3 履带式推土机：功率达到 420 马力，采用模块化结构、单手柄控制的电控变速转向系统、K 型悬挂浮动式行走系统、GPS 推土机智能服务系统、集中测压、集中润滑、履带自动涨紧、自动燃油加注系统等多项先进技术，整机达到国际先进水平。CLG899 型 10 吨轮式装载机：我国具有自主知识产权的最大轮式装载机，该设备额定斗容 6.4 立方米，额定功率 391 千瓦，最大装载量可达到 11~12 吨，成功填补了中国在 10 吨以上大型轮式装载机的空白，打破了国内大型轮式装载机长期被国外企业所垄断的局面。QAY300 全地面起重机：采取核心技术自主攻关研发的产品，整机达到国际先进水平，打破了欧美对此类产品的多年垄断。快速集成柔性施工装备：采用柔性钢绞线或刚性立柱承重、提升器集群、计算机控制、液压整体同步提升新原理，结合现代化施工方法，将成千上万吨的大型构件在地面拼装后，整体地提升到预定高度安装就位。重型起吊与运架成套桥梁施工装备：开发成功具有自主知识产权的重型起吊与运架成套桥梁施工装备，包括 900 吨提梁机、900 吨运梁车和 900 吨架桥机，整机达到国际先进水平，使我国成为继意大利、德国之后第三个掌握该技术的国家。

3. 与国外先进水平相比面临的技术差距

从整体上看，工程机械行业技术的高端部分仍为国外所主导，国内技术状况与国外相比仍有一定差距，并且依赖技术引进。在国内工程机械行业中，技术被外资所把持的局面普遍存在。挖掘机：目前国内的挖掘机械 90% 以上的市场已被外资和进口产品垄断。外资企业有韩国斗山大宇、现代，日本小松、日立、加藤、住友建机，其中斗山大宇的专业生产挖掘机，现在已经连续多年占据国内市场销量第一。同时这些外资企业已将产品扩大延伸至装载机、压路机、推土机、平地机、摊铺机等铲土运输机械、工程起重机械、机动工业车辆、压实及路面机械等其它工程机械行业。电梯和扶梯：国内的电梯和扶梯行业80%以上的市场已被外资和进口产品垄断。叉车行业：外资企业已牢牢占据了叉车高端市场。外资企业主要是林德、安徽TCM叉车有限公司、大宇重工业烟台有限公司、上海海斯特叉车制造有限公司、西恩迪工程设备（山东）有限公司、德士达叉车制造有限公司、常州得力叉车有限公司和衡阳大扬叉车制造有限公司。压实与路面机械：高技术含量、高附加值的大吨位、液压振动压路机则基本上被外资企业如无锡英格索兰、天津戴那帕克等公司垄断。混凝土及混凝土制品机械：外资企业上海普茨迈斯特、上海施维英等企业在高施工要求、高标准、高技术含量方面占有绝对的竞争优势。

除了整机产品之外，配套件行业的整体技术水平与世界先进水平相比差距很大：挖掘机配套件如主要液压件、缸、泵、阀、减速机、马达总成等，被国外品牌配套件所占领；四轮一带（驱动轮、引导轮、支重轮、托链轮及履带总成）绝大部分也被国外品牌所占领，国内品牌在这方面也需加强；液压件还不成熟，没有生产高水平的变量液压元件的企业。

六、船舶行业

（一）行业基本情况

2000年以来实现快速追赶，以出口为主，在世界市场份额中进入中韩日组成的全球第一阵营。2009年造船产量突破4 000万吨，9年来年均增长率高达32%。在建造的全部船舶中，出口船舶比例达70.2%。2009年我国造船完工量、新接订单量、手持订单量分别占世界市场份额的34.8%、61.6%、38.5%，已经与全球第一的韩国非常接近。

（二）近年来取得的主要技术突破

我国全面掌握了三大主流船型的系统化设计技术，形成了一批标准化、系列化船型，并在一些高度复杂的船舶和海洋工程方面也取得了重大的突破。开发了17.5万吨绿色环保好望角型散货船、30万吨超大型油船（VLCC），自主知识产权的集装箱船已形成系列。已基本掌握液化石油气（LPG）船、液化天然气（LNG）船的设计和超大型浮式生产储油装置（FPSO）的关键技术，具备自主设计大型自升式钻井平台和半潜式海洋平台的能力。部分具体进展包括：

1. 主流船型优化设计开发与建造

集装箱船系列优化研究工作取得了良好的成绩，已经形成了1700TEU、3500TEU、4200TEU、5100TEU、5688TEU、6800TEU等一系列具有自主知识产权和国际竞争力的优良船型，极大提升了我国集装箱船自主开发设计水平。2008年，我国船舶工业积极适应国际规范公约的变化，不断开发出符合要求的新船型。大连船舶重工集团有限公司自主研发的世界首艘满足共同结构规范（CSR）要求的 32 万吨超大型油船（VLCC），已经承接了造船订单。上海外高桥造船有限公司建造的绿色环保型 31.8 万载重吨超大型油船（VLCC）首制船，应用了永久检查通道、燃油舱双壳保护、泵舱双层底、低硫燃油舱设置等新的技术规范，达到了绿色环保要求。超大型矿砂船船型开发项目已形成超大型矿砂船自主开发设计能力，上海船舶研究设计院、中国船舶及海洋工程设计研究院、渤海船舶重工有限责任公司、中船重工船舶设计研究中心分别承担 23 万吨级、30 万吨级、36 万吨级、50 万吨级 4 型船的船型开发工作。

2. 高新技术船舶研发与建造

2008 年，我国高新技术船舶研发建造得到新的发展。沪东中华造船（集团）有限公司承接的国内最大的 14.7 万立方米液化天然气（LNG）船研制任务，攻克了一系列关键建造技术，成功交付了两艘船，在世界最高难度的船舶建造领域取得了"零"的突破。由我国自主研制的采用综合全电力推进系统的火车滚装渡船已成功投入运营。该船是世界上第一次采用第三代电力推进系统的客货滚装渡船。扬帆集团东海岸公司5000 车位汽车滚装船首制船开始建造，该船具有船型小、车辆装载量大、航速快等优点，在国际同类船型中处于领先地位。我国自主设计建造的自航绞吸式挖泥船"天鲸"号顺利下水，该船挖掘效率 4 500 立方米 / 小时，疏浚能力居亚洲第一；上海振华重工（集团）股份有限公司建造的 27 立方米抓斗挖泥船"新海蚨"建成交付，这是目前我国自行设计、建造的最先进的抓斗式挖泥船。

3. 海洋工程装备研发与建造

2007 年 4 月 30 日，我国首次研制的吨位最大、造价最高、技术最新的 30 万吨超大型海上浮式生产储油船（FPSO）建造完工交付，使我国具备超大型 FPSO 的自主设计开发及建造的能力。自主设计建造的 3 000 米水深新型多功能半潜式钻井平台建造合同签署，使我国在深海钻井平台技术领域取得了重大突破。400 英尺水深自升式钻井平台关键技术研究已取得 100 多项研究成果，已申报国家专利 18 项，基本掌握了大型自升式钻井平台的关键技术。由大连船舶重工建造交付的 400 英尺自升式钻井平台 "海洋石油 941" 号一次定位最多能钻 44 口井，可在 122 米水深钻井作业。中船重工船舶设计研究中心有限公司为主承担国家 863 计划海洋技术领域 "南海深水油气勘探开发关键技术与装备" 重大项目 "新型深水 SPAR 平台、TLP 平台概念设计与关键技术"。

4. 重点船用设备研制与建造

2007 年，7 万千瓦大功率船用柴油机国产化研制项目顺利验收；新型中速柴油机国产化研制取得重大进展，掌握了 L21/31、L27/38 和 DK-28 两型中速柴油机关键技术，2007年均完成了首台机的整机装配和调试；船用大功率低速柴油机智能化系统国产化研究取得重大进展，已攻克其关键制造技术，消化并掌握其设计技术、试验检测技术，并研制出国产化率 50% 的系统样件。2008 年，我国自主研发的 8K90MC、8K98MC 等柴油机成功交付，标志我国具备了制造系列大缸径低速主机的技术能力。我国自主开发的 Φ117mm 链径锚绞机已成功应用于 30.8 万吨 VLCC 船，并取得多项专利技术，自主开发的海洋平台起重机已占国内海洋平台起重机和 FPSO 船用起重机市场份额的 90%。我国首根 8K90MC-C 曲轴重 200 吨、长 15.6 米，是世界上单根最大的曲轴，已经达到世界先进水平。武汉重型铸锻有限责任公司交付了国内首件自主研制生产的中速柴油机曲轴 6PC2-6 曲轴，该产品的研制成功，打破了长期以来我国大型中速柴油机曲轴依赖国外进口的局面。

5. 船舶制造技术

2007 年，船舶制造企业加快建立现代造船模式，数字造船、大型船厂工法研究、敏捷造船关键技术研究等科研项目的成果已经在骨干船厂推广应用，生产效率不断提高。散货船、油船和集装箱船三大主流船型生产周期明显缩短。上海外高桥造船公司 17.5 万吨散货船平均船坞周期 50 天；上海船厂 3500TEU 集装箱船船台周期 49 天；大连船舶重工 30 万吨超大型原油船水下周期缩短至 56 天，10.5 万吨成品油船船台周期缩短至 75 天，4250TEU 集装箱船总建造周期 314 天，接近日韩同型船的建造水平。

（三）与国外先进水平相比面临的技术差距

1. 高端船舶产品接单能力弱，影响行业竞争

由于技术能力的限制，我国造船企业目前所接的订单以中低端船舶产品为主，而 LNG、VLCC 和大型集装箱船等高附加值、高技术含量的船舶订单多数被韩国和日本船企接获。目前中低端船型已经面临市场饱和的情况，市场竞争激烈，具有较大的风险。

2. 国际海事规则壁垒，影响行业竞争

日本、韩国以及欧洲主要造船国家在战略层面高度重视，将国际海事规则视为强化其产业竞争力的手段和途径。日本、韩国以及欧洲制定了一系列技术研发计划，涵盖高效发动机、燃料电池、新能源推进等技术以实现节能、环保、安全的目标，并且巩固核心优势，掌握未来竞争中的主动权。反观我国企业，面对国际海事规则更多的是被动应对，这就使我国船企在未来竞争处于不利的地位。

3. 未来 5 年内要发展的技术

重点加强支撑产品开发的软件研发、加强船舶共性技术研究、加强船舶节能减排基础共性技术研究，促进我国低碳船型的发展，加强海洋工程准备制造基础共性技术研究，提升可持续发展能力，积极跟踪国际新标准新规范等。

七、纺织行业

(一)行业基本情况

2009年,我国纺织行业实现纱产量2 393万吨,化学纤维产量2 730万吨,我国化纤、纱、布、呢绒、丝织品、服装等产量均居世界第一位,继续保持世界最大的纺织品服装生产国的地位。在世界主要纺织品市场美国和日本,我国产品的份额分别上升5.1%和1.77%。而且,出口产品附加值逐步提高,2001~2008年出口价格累计增长36.11%,年均增长3.93%。产品结构调整有显著变化,服装、家用、产业用三大类终端产品纤维消费量的比重由2000年的68:19:13转变为2008年的51:32:17。

(二)近年来取得的主要技术突破

纺织行业1/3左右的重点企业技术装备总体上达到国际先进水平。高性能纤维产业化技术有较大突破,新型纺纱技术推动了高支高档面料的发展,一批印染新工艺技术在行业内推广应用,10项新型纺机关键成套装备的研发及产业化任务进展顺利。

1. 部分领域达到国际先进水平

化纤:聚酯工艺(三、四、五釜)流程、熔体直接纺涤纶长丝和短纤、CPL—切片—纺丝、PA66盐—聚合—纺丝(直接纺)等工艺技术处于国际先进水平。碳纤维、芳纶、聚苯硫醚等高新技术纤维开发和产业化取得很大发展。纺织:自主研发嵌入复合式纺纱等创新技术;精梳毛纺和半精梳毛纺均达到世界先进水平;苎麻生物化学联合脱胶、精细化麻类纤维加工、湿纺亚麻粗支纱项目、大麻脱胶、300公支纯苎麻织物等一系列自主创新的新工艺、新产品、新技术得到推广和应用。茧丝绸:蚕桑科技处于国际领先水平,丝绸产量和出口均居世界首位。染整:染整清洁生产技术、差别化新型纺织材料的染整加工技术、新型染料和纺织化学品应用、高效的节能降耗设备等多个领域内取得了突破性进展。纺织机械:大容量、高效率、低投入的成套聚酯、涤纶装置,涤纶短纤、粘胶短纤、氨纶成套设备及工程化的国产化应用等领域居世界先进行列;高速剑杆织机、电脑横机、高速经编机等产品实现了产业化,非织造布机械在技术应用和新产品开发上取得了积极成果。

2. 高效短流程嵌入式复合纺纱技术

"高效短流程嵌入式复合纺纱技术及其产业化"项目,提出了"嵌入式系统定位"纺纱理论,实现了毛纺、棉纺的超高支纺纱,突破了产品档次和品质的高限。该项目是一项重大原创技术,填补了国内空白,达到国际领先水平。该项目获2009年国家科学技术进步一等奖。

3. 凝胶纺高强高模聚乙烯纤维及其连续无纬布的制备技术

"凝胶纺高强高模聚乙烯纤维及其连续无纬布的制备技术、产业化及应用开发"项目，形成了具有自主知识产权的 HSHMPE 纤维及其连续无纬布的系统集成技术和成套生产线。该项目打破了欧美国家对我国长期的技术和产品封锁，该项目 2009 年获国家科学技术进步二等奖。

4. 复合型导电纤维系列产品研制与应用开发

"复合型导电纤维系列产品研制与应用开发"项目，系统研究了复合导电纤维的导电机理及纤维成形条件，形成了导电纤维复合纺丝设备与生产线设计、导电母粒制备与导电纤维生产、导电功能面料及产品设计与加工、产品性能评价等成套产业化集成技术，打破了国外的技术封锁和产品的技术垄断。该项目 2009 年获国家科学技术进步二等奖。

（三）未来我国纺织工业技术研发的重点

1. 高技术纤维材料产业化与应用研发关键技术

重点包括高性能纤维材料产业化与应用关键技术、涤纶纤维高仿真加工技术、新型聚酯及纤维产业化和应用技术、新型多功能复合纤维产业化关键技术、生物质纤维材料产业化及应用研发新技术、纳米纤维材料及纳米复合纺织材料研发与产业化、新型绿色纤维素纤维产业化新技术等。

2. 纺织产品高档化、精细化加工产业升级关键技术

重点包括高品质纱线制备加工技术、毛纺织加工关键技术、麻类纤维精细化、短流程纺织加工技术、丝绸加工关键技术、高品质面料设计及加工技术、高档针织面料编织及染整加工技术、针织物低温、连续前处理及染色加工技术、环保及可回收使用浆料研究开发、纺织品图像智能分析技术的研究等。

3. 高性能产业用纺织品加工关键技术

重点包括纺织复合材料研发和产业化应用关键技术、特殊装饰用纺织品生产的关键技术、土木建筑用纺织品产业化及应用关键技术、医疗及生物医学工程用纺织品、过滤材料加工及其应用关键技术、安全防护用纺织品生产的关键技术等。

4. 印染高新技术及清洁生产关键技术

重点包括新型纤维及多组分纤维面料染整关键技术、高效短流程、节能、少水染整技术、生物酶制剂及高效生态型化学品、染整过程数字化与智能化技术及其系统集成、印染加工过程废弃物污染控制与资源化、纺织品特殊功能整理技术等。

5. 新型纺织机械

重点包括聚苯硫醚（PPS）的复合长丝和短纤维、芳纶、聚酰亚胺纤维等高性能化纤成套装备，万吨级溶剂法纤维素纤维工业化生产设备，异性纤维分检机，高速毛巾、双层、特种宽重机电一体化剑杆织机系列，嵌花型电脑横机，多轴向经编机，皮芯型双组份纺粘热风无纺布、加工特种材料的针刺机、多功能涂层复合生产线等非织造布

成套生产线，高质高效连续式及环保节能型间歇式染色成套设备，纺织检测仪器，以及关键配套功能件等。

八、钢铁行业

（一）行业基本情况

2009 年，中国粗钢产量达 56 800 万吨，是排在后面四位的日本、俄罗斯、美国和印度粗钢产量之和的 2.2 倍，进一步确立了中国世界钢铁大国的地位。从国际市场占有率来看，中国钢铁工业的国际市场占有率表现出增长态势，尤其是进入 2004 年以来，增长态势更加明显，2008 年达到新高 12.09%。2009 年，受全球金融危机的影响，世界各国钢铁生产差异较大。中国经济的率先恢复拉动钢产量明显增长，而欧盟、美国、日本等恢复缓慢，各大钢厂的产量出现大幅下滑。在 2009 年世界前 20 大钢厂排名中，9 家中国钢厂入围，其中 5 家进入前 10，而 2008 年进入前 20 的仅 7 家。

（二）近年来取得的主要技术突破

通过"十一五"期间的科技攻关，我国钢铁企业在新产品新材料方面取得了巨大突破，为我国国民经济的快速发展做出了突出贡献。目前，普通钢材产品基本实现自给自足，并占领了一定的国际市场份额，高技术含量、高质量要求的优特钢材也在某些方面取得突破，部分产品达到了国际先进水平，部分取代了以前依赖进口的产品，为国家重点工程、重点项目供应高端钢材比例持续增加。经过五年的发展，钢铁工业科技水平和自主创新能力显著提高，在工艺技术与装备、新产品开发和节能减排等领域涌现出一批具有自主知识产权的高水平成果。

在关键工艺技术与装备领域，近几年钢铁行业大力推广应用高效低成本冶炼技术、新一代控轧控冷技术、性能预测与控制及一贯制生产管理技术等关键工艺技术，实现了钢铁工业资源与能源的节约、生产效率提高和成本降低；真空精炼装备技术、大方坯连铸装备技术、冷轧机组以及取向硅钢工程自主集成建设等装备技术的国产化，代表着我国钢铁工业已具备主要工序核心装备与关键工艺的自主集成能力。

产品领域，经过近几年的发展，我国钢铁工业研制和生产出一大批钢铁精品，包括百米高速轨及重轨、管线钢、电工钢、不锈钢、汽车用钢、油套管等品种，实物质量达到国际先进水平，为国家重大工程建设和重点下游用户行业的发展起到重要支撑作用。铁道用重载钢轨及百米长钢轨的生产为我国铁路建设提供了保证；高等级管线钢 X80 在西气东输二线工程上大量应用，支撑了我国能源建设，在此基础上，X100、X120 已研制成功并进行试生产。电工钢的产品质量和技术有了新的突破和进步，高等级牌号无取向硅钢 35W250 和高牌号取向硅钢 HiB 钢已批量生产，并通过三峡工程建设委员会专家评审，打破国外长期技术封锁。T4003 不锈钢研制成功并首次应用于铁道货车车辆，大大提高车辆寿命。800MPa级别冷轧和镀锌汽车板已实现批量供货，1 200MPa、1 500MPa级已批量试生产，改写了知名车型用钢板全部依赖进口的历史，为汽车的轻量化奠定了材料基础。

节能减排领域，钢铁行业把系统节能作为指导方针，在钢铁生产企业大力推广建设能源管理和控制中心，使行业的节能工作着眼点从注重单体设备、工序的节能转向企业整体的节能，实现资源、能源使用效率最大化，污染物排放最小化，从而推动钢铁工业节能减排工作进入新的发展阶段。

（三）未来我国钢铁工业关键技术研发的重点

在品种方面，重点大中型钢铁企业60%以上产品实物质量达到国际先进水平，百万千瓦火电及核电用特厚钢板和高压锅炉管、25万千伏安以上变压器用高磁感低铁损取向硅钢等产品生产实现自主化，关键钢材品种自给率达到90%以上，400MPa及以上热轧带肋钢筋使用比例达到60%以上；在技术装备上，通过引进消化吸收和创新，提高技术装备水平，一般装备基本实现本地化、自主化，大型装备本地化率92%以上；力争在关键工艺技术、节能减排技术，以及高端产品研发、生产和应用技术等方面取得新突破。

第四章

推进我国工业企业技术创新
需要关注的问题及对策

经过数十年的努力，我国工业整体上已经从大规模引进国外先进技术进行模仿创新转入到依靠自主创新突破核心技术、关键技术的新阶段。在这一时期，国外先进技术的引进难度将逐渐增大，因为国外企业已经普遍感受到了我国企业技术能力快速增强所带来的潜在威胁，对一些核心技术、关键技术的引进限制更加严格。但2008年底国际金融危机的爆发、我国经济近年来持续稳定的增长，为我国重点企业开启了技术跨越的机会窗口，技术并购、合作开发、获取全球创新资源的可能性增加。如果国家政策得当，企业通过一个时期的艰苦努力，完全有可能在多个工业领域实现技术超越，涌现出一批掌握国际先进技术、具有全球创新能力和竞争力的国际企业。基于以上判断，课题组认为，当前提升我国工业企业技术创新能力需要重点关注以下几个方面的问题，并给出了对策建议。

一、如何进一步发挥企业创新主体的作用

国家"十一五"规划和中长期科技发展规划要求建立以企业为主体、市场为导向、产学研相结合的国家技术创新体系，并作为推进中国特色国家技术创新体系建设的突破口。2006年以来，这项工作取得了很大进展，无论是企业创新投入、创新资源集聚、开展创新活动程度，还是创新产出都有了显著提高。根据第二次全国科学研究与试验发展（R&D）资源清查公报的数据来看，截止到2009年，无论是工业企业R&D经费投入、工业企业R&D人员全时当量、新产品产值和销售收入、专利申请等都比2000年有了大幅提高。但从横向上看，与欧美等创新型国家相比，我国无论是在科技体制方面、创新环境方面还是企业创新能力方面都还有较大差距，主要表现在：

1. 科技体制改革尚未到位，市场导向的技术创新体制还没有完全形成

改革开放以来，我国逐渐改革和调整计划经济时期形成的政府主导、计划推动的创

新体制，逐步发挥市场的导向作用和企业的主体作用。经过30多年的努力取得了很大进展，但还没有完全到位，还存在一些问题。有人将其概括为"四重四轻"：一是重政府支持、轻市场配置。政府、市场与企业在推动创新中的角色定位不清，公共财政支持与市场配置资源的边界不清，科技管理条块分割现象依然严重，科技资源配置仍较多沿用计划经济时期的习惯做法，许多重大科技计划成为政府分配资源的计划。二是重微观管理，轻战略规划。一些科技发展规划流于形式，科技管理部门的工作重点仍然是具体项目的管理，管得过宽过细过死，影响了各类创新主体的积极性，而对于基础性、前瞻性的重大科技问题则缺乏战略性部署。三是重单项改革，轻整体设计。以往的改革偏重微观改革，单项突破，缺乏整体设计和配套改革，使得改革难以取得实质性突破。四是重项目投入，轻能力建设。现有的政府科技资源大部分用于具体科技攻关项目，而事关长远发展的科技基础设施、能力建设和创新环境建设等则投入不足。尤其是近年来，随着载人航天工程、探月工程、大飞机等国家重点项目相继取得重大进展，这种政府主导、计划推动的方式还得到某种程度的强化。但是从国外成功经验来看，在市场经济下，绝大多数创新项目仍然应该实行市场导向、企业主导，由企业按照市场规律自主决策、自主完成。政府的角色主要是营造创新环境，比如：建立公平竞争的市场环境，布局适度竞争的产业格局，制定激励企业创新的政策体系，加强创新体系建设，完善研发基础条件和公共平台，加强创新人才培养等。然而，从调研的情况来看，这方面政府做得还很不够，缺位现象比较严重。

当然，我国是发展中国家，仍然处于技术赶超的阶段，一些事关国家长远发展和战略安全的重点项目还必须发挥举国体制的优势作用，通过计划立项的方式前瞻性的设立一些重大科技攻关项目，由政府组织各方面的科技资源集中攻关突破。这种计划推动的方式在相当长时期内仍然有必要，但要严格限制在一定的领域和范围，最好只在国家层面的一些基础性、战略性、关乎国家重大安全的领域采取这种方式，其余的绝大多数科技项目都应该由市场来配置创新资源，由企业自主决策、自主实施，政府不能越俎代庖。

2. 国家支持的应用型科技项目没有充分反映市场和企业的需求

根据第二次全国科学研究与试验发展（R&D）资源清查公报，2009年企业自选项目的经费占其经费来源的80.0%，国家科技项目仅占6.0%，地方科技项目仅占7.8%。这表明企业获得政府科技项目经费支持的比例还很低，企业在国家重大科技项目的决策过程中的话语权很弱。许多企业反映，从科研项目最初的指南发布到后期的评审，都是专家和政府在主导，没有发挥企业了解市场、了解行业发展趋势的优势，没有反映企业的创新需求。许多科技项目偏重高、精、尖、奇，与产业的发展阶段、市场的紧迫需求相脱节，相关政策对那些制约企业发展的"卡脖子"技术、关键技术、共性技术、竞争前技术，特别是针对现有企业整体性转型升级的技术改造，没有引起足够的关注和重视，支持不够。

3. 国家层面缺少对企业技术创新工作的统筹规划和综合协调

最近几年，政府相关部门都很重视企业创新工作，纷纷推出本部门的政策措施，促进企业技术创新。据不完全统计，截至 2009 年，国务院出台了 60 条配套政策，有关部门已制定了 70 多条实施细则。这些政策措施不同程度的推动了企业的创新。但在调研中，不少企业也反映，许多政策设置条件过多，操作复杂，政策之间缺少统一规划和协调，难以形成合力。一些好的政策措施由于缺乏牵头部门的检查、推动，难以落实到位，企业没有享受到实惠。事实上，从世界范围来看，不少科技强国在鼓励本国技术创新活动中，往往几项明确、稳定、有力的政策，如政府采购政策、税收鼓励政策等，就能有效支撑起一个产业的崛起。许多企业认为，创新政策不在多，不在全，关键是能够切实执行，能够解决企业创新面临的实际问题。

4. 企业自身创新能力还比较弱

数据表明，当前我国大多数企业的创新基础还比较薄弱，基础研究能力还不强，创新产出的数量和质量都还有待提高，这在一定程度上制约了企业创新主体作用的发挥。2009 年，工业企业 R&D 经费投入强度仅为 0.70%，比 2000 年只提高了 0.12 个百分点。其中，大中型企业的 R&D 经费投入强度也只有 0.96%，仅比 2000 年提高 0.25 个百分点。而根据经济合作与发展组织（OECD）《奥斯陆手册》中的标准，企业 R&D 投入强度达到 1% 至 4% 时，其创新能力才能达到中等水平。2009 年，全国开展 R&D 活动的工业企业 36 387 个，仅占规模以上工业企业的 8.5%；新产品销售收入占主营业务收入的比重仅为 12.1%，比 2000 年提高 1 个百分点；大中型工业企业中有发明专利授权的企业为 1 893 家，仅占 4.7%；大中型工业企业共有授权发明专利 14 277 件，约每三家企业有一件。这表明我国企业技术创新能力还比较弱，既不能很好地把握市场需求、也没有很强的基础研究形成持续的技术供给能力，不能主导技术创新过程；也没有能力引领国家创新方向。

为此，在"十二五"期间，要进一步深化国家科技体制改革，将以财政拨款资助、行政审批论证、周期化投入为特征的政府驱动型科研体制，转化为以企业预算投资、市场需求为依据、产出成效评价为特征的企业驱动型创新体制；研究并合理界定政府直接配置创新资源的领域和范围，充分发挥市场和企业配置创新资源的主体作用；改进政府支持企业创新的方式，由主要利用各类科技项目和资金直接支持，转变为更多利用税收优惠、金融扶持等政策间接支持；改进科研机构、高等院校的应用型科研项目管理制度，将科研成果的市场转化指标纳入考核范围，鼓励科研人员关注科研的市场效益；大力加强鼓励企业创新的环境建设，包括政策环境、市场环境、科研基础条件和平台、公共服务体系、知识产权保护、创新文化和氛围等。同时，在国家科技发展规划和各类科技项目立项、管理、评价中进一步发挥企业和企业家的作用。在国家科技、产业发展规划制定以及重大科技项目立项、评价、验收过程中，增加企业家和企业代表的比例，充分听取企业特别是行业骨干企业的意见；委托有实力的企业从事有产业前景和市场潜力的基础研究，政府对这些企业承担的基础研究项目视同科研院所的项目；组织行业龙头企业参加各类科技专项、国家重大专项、产业创新联盟、技术标准联盟等重要创新活动，让参与者分享创新成果；将更多的应用型科技创新资源投向企业，由优势企业牵头，组织科研机构、高等院校参与，切实提高科技成果转化率。

二、如何抓住国内巨大的市场需求促进企业创新

日本、韩国的经验表明，如果将本国市场机会与产业升级紧密结合，完全有可能实现本国技术能力的历史性跃升。随着中国经济的高速发展，国内巨大的市场需求对技术创新的推动作用日渐明显，我们应当抓住这一历史性机遇，认真研究如何将产业发展、市场开放与企业创新有效协同，在 WTO 规则下设计一套全新的政策措施和工作机制，将巨大的市场资源转化为企业创新的战略优势。然而，现有的政策大都是创新供给促进政策，支持技术供应，而刺激新技术、新产品进入市场的政策措施却很少，即使有也往往落实不到位。比如政府采购政策，许多企业和政府都不愿为创新承担风险，宁愿花高价购买外国技术和产品，甚至使用国外不成熟的技术，也不愿意使用国内企业开发的技术和产品，使国内创新产品和技术缺乏市场出口。为此，要更加重视市场需求在促进创新中的重要作用，加快完善创新需求鼓励政策。

1. 如何进一步完善政策措施和工作机制，充分利用国家重大工程建设机会提升相关产业和企业的自主创新能力

近年来，我国在三峡电站、高速铁路、高压输变电设备等领域成功运用这一策略，即政府战略统筹与企业市场运作有机结合，通过释放巨大的市场需求，逼迫跨国公司转让核心技术、关键技术，再通过国内企业的艰苦学习、吸收而后实现技术赶超，从而达到跨国公司获得市场机会、我国企业获得先进技术的双赢结局。其中的关键在于，必须建立一套国家战略统筹和企业市场化运作有效配合的工作机制，使得外方只能在不投标（这样就失去了中国市场）和参与投标同时合作、转让技术（可获得市场份额但失去了技术垄断）中做出选择。实践表明，这种做法是成功的。当前，我国在核电、电子、电器、工程机械、仪器仪表等重点领域，都已形成了相当的技术基础。如果利用国家重大工程这一千载难逢的市场机会，真正建立多部门联合工作机制，形成国家战略统筹与企业市场运作有机协调和配

合，完全有可能使国家重大工程成为提升企业自主创新能力的催化剂，实现核心技术突破和技术赶超。

2. 如何加快制定政府采购激励自主创新的制度，促进企业创新

政府采购对市场有着较大的示范和推动作用，政府青睐自主品牌，有助于引导其他消费者的采购倾向。但目前，我国政府采购政策的主要目标仍然是降低成本和防止腐败，支持企业技术创新的功能没有有效发挥。更为严重的是，国内一些单位在采购中偏爱国外品牌，在招标过程中有意设置对国内产品的排他性条款。去年底曝光的宁夏财政厅花费 1 882.2 万元采购 71 辆公务车，自主品牌轿车仅有 1 辆。其实早在 2009 年 6 月份，中央国家机关政府采购中心在"关于 2009～2010 年度中央国家机关汽车协议供货有关问题的通知"中明确指出，各单位新配备、更新汽车"自主品牌汽车比例应达到 50%"。然而现实中，尽管自主品牌的车型大批进入政府采购目录，但实际订单并没有随之大增。以奇瑞为例，2009 年奇瑞汽车在政府采购市场销售 3 400 余辆，仅占 2009 年政府采购总量的 2.3%左右。在政府采购应加大对自主品牌支持呼声很高的 2009 年，也只比 2008 年增长 0.4%。2010 年所有自主品牌的汽车采购量也不足政府采购总量的 30%。现有的《国家自主创新产品认定管理办法》、《自主创新产品政府采购预算管理办法》、《自主创新产品政府首购、首订管理办法》等政策措施存在操作复杂、限制过多、偏重于创新结果、采购风险分担模糊等弊端，亟需改进完善。我国政府已经承诺最迟于 2020 年开放国内政府采购市场。目前正在就加入世贸组织的《政府采购协议》进行谈判。为此，在保护期结束之前，我国必须尽快转变政府采购职能，由保护型采购转向激励型采购，建立起充满竞争活力的技术采购和自主创新产品采购并重的制度，促进企业自主创新。

3. 如何利用标准促进自主创新产品的市场化应用

标准作为社会发展和科技进步的重要技术支撑，作为将创新成果迅速转化为生产力的重要载体，直接影响着企业自主创新产品的应用。我国标准化工作经历了几十年特别是改革开放后 20 多年的发展，初步形成了一套以国家标准为主体，行业标准、地方标准和企业标准相互协调配套的标准体系，为促进国民经济和社会发展发挥了积极作用。然而，在此次调研中，许多企业，尤其是钢铁、装备、电子信息等行业的企业反映，由于目前许多国家标准、行业标准更新慢、要求低，在一定程度上制约了自主创新产品的市场化应用，制约了企业的技术创新，不利于我国工业的整体升级换代和创新能力提升。比如鞍钢近年来开发的用于桥梁工程建设的新产品，其能耗、承重、自重、腐蚀性等性能指标都优于传统产品，但由于国家标准和行业标准没有及时更新升级，使得设计单位在工程设计时不愿意提高设计标准，以免承担风险使得这些创新产品根本没有市场应用的机会。

三、如何促进企业开展产学研、产业链、产业间合作创新，解决产业共性技术、竞争前技术研发主体缺失的问题

21 世纪以来，随着全球资源流动速度加快和网络信息技术的广泛应用，开放式创新越来越成为企业创新的重要方式，尤其是跨国公司，比如微软、苹果、IBM 等纷纷建立了 24 小时全天候的全球创新体系。近年来，国家相关部门除了进一步完善产学研合作创新的政策措施以外，加强了产业内、产业间的合作创新，以促进行业共性技术、竞争前技术的研发。但从调研的情况看，还存在一些障碍和问题。

1. 产学研合作还不够紧密

从产学研的 R&D 经费来源看，2009 年研究机构的 R&D 经费中，政府资金占 85.3%，企业资金仅占 3.0%；高等院校的 R&D 经费中，政府资金占 56.0%，企业资金占 36.7%。这表明科研机构、高等院校目前仍然主要依靠各级政府提供资金支持，企业资金所占比例很小。因此，科研机构、高等院校更加重视争取政府资金，与企业合作重视不够。

从产学研的合作研发项目比例来看，2009 年企业独立完成的项目占 69.4%，与国内高校合作项目仅占 10.3%，与国内独立研究机构合作项目仅占 5.6%，与境内其他企业合作项目仅占 4.5%。研究机构独立完成的项目占 77.0%，与国内独立研究机构合作项目仅占 10.9%，与国内高校合作项目仅占 3.5%。高等院校独立完成的项目占 77.3%，与国内企业合作项目仅占 9.6%，与国内独立研究机构合作项目仅占 5.4%。这表明企业、高等院校和科研机构的研发活动还是以自我实施为主，产学研合作的规模还很小。

从科研机构、高等院校对企业项目的管理和评价来看，当前，许多科研院所、高等院校在职称评定、成果评价、福利待遇等方面只认可政府资助的纵向项目，而不认可与企业合作的横向项目。创新成果的评价仍然以专利、论文为主，没有专门的管理评价制度，没有延伸到创新成果的产业化和市场价值实现。因此，许多企业反映，高校、科研院所在与企业合作过程中，普遍具有短期性、功利性的特点，将项目结束的节点止步于技术突破或样机研发成功，对于后续技术的持续研发、成果产业化和市场化等兴趣不高。

从国家政策措施来看，目前关于产学研合作中责、权、利的界定，风险分担机制，知识产权、成果转化收益等合作成果的分享等缺乏明确可操作的规定，亟需出台产学研合作创新的实施细则，为产学研各方合作提供制度保证和操作规范。此外，在税收政策方面也缺乏对产学研联合开发的支持。因为税收政策对科研院所与一个或数个企业组成的开发与应用联合组织或企业予以综合性的支持，可以在一定范围内实现科技开发与成果转化的有机衔接。

2. 产业链、产业间合作创新的规模还不大

当前，我国企业正从模仿创新转向自主研发，产业链上下游、产业间协同创新已经成为制约我国工业整体技术突破的主要问题。比如汽车产业，汽车的可靠性、耐久性以及安全、排放、节能等方面的技术突破与钢铁、电子、冶金、化工、装备制造、新材料等产业的技术水平密切相关。但目前我国相关工业能够为汽车生产提供的技术支持却十分有限。国内汽车企业所需的汽车电子部件、汽车生产线所使用的关键装备几乎全部来自国外。此外，对于一些需要长期投入、长期积累的核心技术，单靠一个企业短期内难以完成，必须依靠同行间团结合作共同攻克。产业技术联盟的建立适应了现阶段我国重点工业技术创新的状况，也是欧美、日本、韩国等国家的成功经验。通过这几年的努力，我国已经建立了一大批产业技术创新联盟，尤其是56个试点联盟布局在所有战略性新兴产业和多数重点振兴产业，突破了一批重大产业技术，一些成果已产业化应用。但与我国产业创新和企业技术创新的迫切需求相比，无论是数量还是运作质量，都还有较大差距。比如，目前国家还没有一个系统完整的产业技术联盟管理办法，对产业技术联盟的设立、运行、管理以及风险分担、利益分配等方面进行规范；再如，一些联盟存在政府拉郎配的现象，并不是真正有共同创新需求和创新意愿的企业自主组建；还如，一些联盟成立的目的就是获得财政资金补助，而没有真正开展合作创新，联盟"名存实亡"；此外，目前我国许多产业技术联盟的层次还比较低，大多局限于科技成果产业化、市场培育开发等创新链后端，原始研发、技术标准等创新链前端的高层次产业联盟还较少。

为此，一方面政府应该将支持应用型科技项目的资源更多的投向企业和产学研合作创新。由行业内的龙头企业牵头，组织相关企业、科研机构和高等院校，组成企业主导的产学研联盟，合作开展技术攻关，权益风险共担，增强高等院校、科研机构与企业合作创新的积极性。同时，推动高等院校、科技机构制定与企业合作创新项目的管理评价制度，做到与政府资助项目一视同仁。加快制定产学研合作创新的实施细则，扫清产学研合作创新的体制机制障碍。

另一方面，在政府支持建立重点产业技术创新联盟的基础上，积极鼓励企业在市场机制作用下探索合作创新的有效形式。比如，有的通过行业的龙头企业发挥"链主"作用，自主整合上下游资源，形成产业链创新模式，例如华为、中兴、奇瑞、海信等；有的企业以自愿方式通过市场纽带相连接形成产业链联盟，例如光缆/光纤/玻璃棒产业链、太阳能光伏电池/组件/切片/多晶硅产业链等；还有的是以用户为主导，通过订单连接上下游企业形成创新链等等。政府有关部门应该认真总结和推广这些鲜活的经验。

此外，要以贯彻实施国家产业振兴规划和产业结构调整为契机，布局适度竞争的产业格局。适度竞争是行业技术进步的催化剂。发电设备行业、轨道交通行业、通讯

设备行业之所以近年来技术进步显著，很大原因在于行业内存在几家实力相当的企业，他们之间的良性竞争快速推动了行业技术进步。与之形成鲜明对比的是，彩电、钢铁、水泥等行业则由于产能严重过剩，企业不得不投入大量精力解决短期的市场问题和生存问题，根本无暇顾及长远的技术创新工作；由于过度竞争，使得行业整体的盈利水平大幅下降，许多企业没有积累用于需要长期投入的技术创新项目。要充分利用国家实施重点产业振兴规划和产业结构调整的有利时机，做好重点行业的产业布局，形成适度竞争的局面。对于垄断行业，要切实引入竞争，打破垄断，培育多个市场主体，降低企业获取垄断利润的可能性，迫使企业通过创新赢得发展；对于产能过剩的行业，一方面政府要使用行政手段淘汰低端落后产能，另一方面要积极鼓励行业内的兼并重组，尤其要打破区域限制、所有制限制，通过市场机制实现优胜劣汰，提高产业集中度。

四、如何加强企业科技人才队伍建设

在全球化竞争时代，人才已经成为国与国之间、企业与企业之间竞争的重要战略资源。发达国家、跨国公司无一不把对人才的吸引和使用作为首要战略任务。从我国企业来看，虽然近年来在吸引、使用和激励人才方面进行了许多有益探索，但还存在许多问题。虽然这次调研的都是行业领先企业，但他们也普遍反映，目前企业的人才工作面临许多体制机制障碍，现有制度难以有效集聚一流人才。尤其是在全球化竞争和技术创新周期逐渐缩短的电子信息、移动通信等行业的国有大中型企业表现更加突出，在与跨国公司的人才竞争中处于劣势。调研显示，当前企业"两高"人才（即：高层次科技领军人才和高技能人才）的缺失已经严重制约了企业创新能力提升和发展后劲。

1. 高层次科技领军人才缺乏

长期以来，企业高层次科技人才比重低是我国科技队伍结构的一个重要问题。据统计，我国每年培养的大量工科博士只有20%左右进入企业；其中外企约占12%，国企占5%~6%，私营企业只占2%左右。在发达国家，情况恰恰相反，大部分工科博士都在企业从事研发工作。在装备制造业，我国研发人员占从业人员的比例为1.26%，而美国为6.02%，日本为4.95%。由于历史的原因，我国企业科技人员在职业声誉、社会福利、发展空间等方面都比不上在政府、高校和科研机构。许多企业、尤其是国有骨干企业，已经进入了到自主研发和技术创造的阶段，急需高层次的科技领军人才，尤其是具有全球视野的海外人才。在电子信息、汽车、移动通信等全球竞争的行业，人才竞争全球化已经十分明显。由于国有企业体制机制的限制，使得企业无法按照全球通行的激励方式来吸引这些高层次人才，而且企业自身还成为了"培训学校"，许多人员在企业锻炼数年后被跨国公司挖走，企业创新人才面临青黄不接的严重问题。

2. 企业科技人才激励没有取得实质性突破

这次调研的国有企业普遍反映，由于受现有政策的限制，企业无法按照全球通行的激励方式来吸引这些高层次人才，比如提供有竞争力的薪酬待遇、股权、期权等。2006 年财政部、国家发展改革委、科技部和原劳动保障部制定的《关于企业实行自主创新激励分配制度的若干意见》（财企〔2006〕383 号），对企业科研人员的激励分配、创新成果利益分享等做出了具体规定。但由于各种原因，这一政策措施并没有真正落实到位。

3. 科研项目管理中"见物不见人"，没有充分体现人才的价值

据了解，现有的国家各类科研管理项目中对人员费用的支出进行了严格限制。比如，2006 年财政部、科技部制定的《国家科技支撑计划专项经费管理办法》（财教〔2006〕160 号）对课题经费开支范围的规定，虽然其中包含劳务费和专家咨询费，但对这两项费用的应用条件进行了严格的限制，如劳务费是指在课题研究开发过程中支付给课题组成员中没有工资性收入的相关人员（如在校研究生）和课题组临时聘用人员等的劳务性费用；专家咨询费是指在课题研究开发过程中支付给临时聘请的咨询专家的费用，专家咨询费不得支付给参与支撑计划及其项目、课题管理相关的工作人员。除了科研项目中不得用于企业科研人员的工资性支出，而且企业奖励科技人员的支出也必须纳入工资总额，不得突破相关部门规定的工资总额。企业对这些政策限制反映强烈，因为科研人员才是实现技术突破、取得创新成果的关键资源。只有充分认可科技人员的价值，调动科技人员的积极性，科技项目才有可能取得成功。

4. 高技能人才的培养没有引起足够重视

技术工人是生产技术过程与生产制造过程的双重参与者。我国要从世界制造大国转型为世界创造强国，不仅需要大批高科技人才，而且需要大批的高技能人才。当前企业中劳动者素质偏低和技能型人才短缺问题十分突出，尤其是高级技工短缺已经阻碍了企业创新能力提升。目前，我国高技能人才在技能劳动者中占 24.4%，而在发达国家，高级工、中级工、初级工的比例约为 35%、50%、15%。北车、哈电等装备制造企业，在企业引进、消化、吸收和再创新中，都普遍面临高技能人才短缺的问题。为此，他们把高技能人才提高到与研发人员同等重要的地位，大幅增加投入，将高技能人才的培训作为引进、消化、吸收再创新的关键环节，实行同步引进、同步培养。北车集团所属的唐客、长春轨道公司在引进高速动车的过程中培养了大批具有国际资质的高级焊工，确保了关键环节的生产质量。他们在企业内部建立了完善的高技能人才福利待遇和晋升制度，使高技能人才与企业管理人才、研发人才并列为三大队伍之一，培育了中国第一代高铁动车组生产员工。此外，从目前政策来看，除财税〔2008〕1 号文规定软件生产企业和集成电路设计企业的职工培训费用可据实扣除外，其他高新技术

企业发生的职工教育经费支出，与普通企业一样，按不超过工资薪金总额 2.5%的部分税前扣除。这一比例，也许对一般性企业可能已经够用，但对技术要求高、知识更新快的科技产业而言，已远远不能满足其用于科技人才培养和员工培训方面的需要。

2010 年，国家公布了《国家中长期人才发展规划纲要（2010-2020）》（以下简称《人才规划》），对未来十年我国人才工作做了全面规划和部署，其中对创新型科技人才工作进行了专门部署，提出要"加大海外高层次创新创业人才引进力度"，"推动科技人才向企业集聚"，这为打破我国企业、尤其是国有企业人才工作的体制机制障碍带来了希望。为此，要打破国有企业体制机制障碍，切实执行《关于企业实行自主创新激励分配制度的若干意见》中的相关政策措施，探索建立与国际接轨的创新人才激励方式。改变目前"政府科研项目经费不能用于科技人员支出"的不合理状况，允许在科研项目经费中划定一定比例作为研发人才的费用和奖励支出，允许企业提取创新奖励专项资金，在工资总额中单列，用于企业创新人才的奖励。加大财政支持力度，提高企业用于职工培训在工资总额中的比例，引导企业和社会重视高技能人才的培养和培训，鼓励企业将农民工升级转型为新一代产业工人队伍。

五、如何支持优势企业"走出去"，加快技术创新的国际化进程

根据商务部统计，"十一五"期间，我国对外直接投资累计达到了 2200 亿美元，年均增长 29.8%，是"十一五"时期的 7.3 倍，非金融类的跨国并购投资额年均增长约 21%，企业对外投资非常活跃，能源、资源、电子通讯、汽车、制造众多领域有突出的表现。这充分说明，一方面我国吸引外国 R&D 投资的能力在增强，具备了较强的吸引 R&D 投资的竞争力；另一方面我国企业的技术创新能力和实力在快速增强。这次调研的华为、中兴、海信、海尔等企业都在海外建立了许多研发机构，实现了技术创新的国际化、全球化。然而与企业积极"走出去"形成鲜明对比的是，国家相关政策措施的滞后和公共服务的缺失。

1. 对"走出去"的重要意义认识还不够

2009 年初胡锦涛总书记在省部级领导班子成员深入贯彻落实科学发展观的省部级领导班子培训班讲话中强调，相比较"引进来"而言，"走出去"仍然是一条短腿，所以必须要加快实施"走出去"战略，构建政策促进服务保障和风险控制体系。

2. 国家支持企业"走出去"的制度设计和政策措施还不完善

当前我国更多的政策是关于如何促进企业引进、消化、吸收国外先进技术，而对于促进优势企业通过走出去实施技术并购、建立海外研发机构、获取创新资源、实现全球创新方面，却没有一套系统全面的政策措施，还没有制定规范的境外投资法律法规，仅在 2005 年，商务部、科技部出台了《关于鼓励科技型企业"走出去"的若干意

见》，对科学型企业和高科技项目进行了严格限定。这一政策措施显然已经不符合当前我国企业走出去的大趋势。此外，许多企业反映，"走出去"的审批程序复杂；外汇管理和银行信贷限制严格；财政、税收、金融、外汇等政策支持措施还不到位；对国有企业人员出国出境管理过严，这些都在一定程度上限制了企业的"走出去"。

3. 促进企业"走出去"的公共服务网络、中介组织欠缺

当前，促进企业走出去的相关服务业还不发达，中介组织亟待培育，行业商协会的服务和协调管理能力有待提高，专门提供国内国外商情信息的官方的或者半官方的机构，以及熟悉投资国法律法规和文化的中介服务机构缺乏。

为此，国家应该将促进企业"走出去"上升到与"引进来"同等重要的战略位置，从国家层面制定促进企业"走出去"战略，加快制定相关法律法规，完善支持政策，鼓励具备条件的企业开展跨国经营，获取全球技术资源。同时，建立外交、经济、商务、法律、文化、外宣等多部门有效协作的联动机制，为我国企业"走出去"营造良好的外部环境。此外，加快建设帮助企业"走出去"的公共服务网络和中介服务机构。

案例篇

第五章

华为技术有限公司
技术创新调研报告

一、华为公司概况

深圳华为技术有限公司（简称华为）是全球领先的电信解决方案供应商。1988 年，华为创立于深圳南油新村乱草堆中的一个居民楼里。二十多年来，华为一直高速发展，2009 年华为全球销售收入 1 491 亿元人民币（约合 218 亿美元），同比增长 19%，净利润 183 亿人元民币，净利润率 12.2%。根据收入规模，华为已经成功跻身全球第二大设备商。2010 年，华为销售收入达 1 852 亿元（人民币），同比增长 24.2%，进一步稳固了全球第二大综合通信设备提供商的位置。根据美国《财富》杂志公布的数据，华为 2009 年成为继联想集团之后，成功闯入世界 500 强的第二家中国民营科技企业，也是 500 强中唯一一家没有上市的公司，排名第 397 位。2011 年财富世界 500 强排名中，华为营业收入 273.557 亿美元，华为排名上升至 351 位。

华为的业务涵盖了移动、宽带、IP、光网络、电信增值业务和终端等领域，致力于提供全 IP 融合解决方案，使最终用户在任何时间、任何地点都可以通过任何终端享受一致的通信体验。目前，华为的产品和解决方案已经应用于全球 100 多个国家，服务全球运营商 50 强中的 45 家及全球 1/3 的人口。

二、华为公司技术创新和管理变革历程

（一）技术创新历程

第一阶段：1988–1994 年

华为发展初期，主要涉足固话通信领域，主要的产品是交换机产品和交换机电源。这也决定了早期的技术创新基本上都围绕着交换机进行，主要的技术创新都依附于新产品的研发。1989 年，通过组装推出自己的第一款产品 BH01，没有一项真正属于华为自己的技术，却在市场上取得了成功，一经推出产品就断货，这坚定了任正非等领导

层决定自主研发的决心。1990 年，开发出来了自己的第二款产品 BH03 用户交换机，在电路板的设计以及话务台软件上取得技术突破，拥有了自己的交换机技术。BH03 延续了 BH01 的良好的销售态势，一经推出就供不应求。1991 年，研发了 HJDB48 型用户程控交换机，在集成电路技术上取得重大突破，该产品使用的全部是华为自己的技术，是华为真正意义上第一款独立研发的产品。同期开始研发局用农话模拟交换机，在次年推出 JK1000，然而生不逢时，很快被数字程控交换机挤出市场，这是华为发展史上经历的一次十分严重的失败。1994 年，华为突破数字程控交换机的核心技术——芯片技术，成功研发 ASIC 芯片，在此基础上推出了 C&C08 数字程控交换机，为华为今后的发展奠定了基础。

第二阶段：1995-2002 年

1995 年，华为提出了"大公司战略"，先后成立了中央研究部和北京、上海研发中心，开始拓展自己的业务领域，从固话通信领域扩张到了传输、移动、数据等相关的领域。在公司的大力支持下，科研人员和营销人员力争进取，华为的扩张战略快速的获得了技术突破和市场的成功。1996 年，华为研制推出 PDH/SDH 光传输产品；1997 年研制出包括移动交换机、基站控制器和基站的全套 GSM 网络设备，于 1997 年 11 月在北京第二届国际无线通信设备展上展出，于 1998 年 11 月在内蒙安胜安装开通并通过邮电部技术鉴定，获得了入网许可证。与此同时，华为原有主导业务交换机、接入网销售量首次超过上海贝尔，成为国内最大的供应商。1999 年，成立班加罗尔研发中心，于 2001 年和 2003 年分别通过了 CNM4 和 CNM5 级认证，华为海外研发系统的整体实力有了质的飞跃。2001 年，互联网泡沫破灭，华为的冬天也在任正非的预言下如期而至，华为的研发脚步有所放缓。但凭借着之前的研发成果和成功的营销策略，华为的销售收入仍然有很大的发展。2003 年，华为 IPD 管理变革基本结束，创造了全新的组织结构、管理流程、人才考评和激励等企业制度，推动华为自主研发进一步的发展。

第三阶段：2003 年至今

2003 年后，华为重点研发力量转向了第三代移动通信，移动智能网、电信级 Internet 接入服务器等大量第三代移动通信系列产品全面进入世界一流产品的行列。同期也启动了与 3COM 公司的合作，共同研发生产企业数据网络设备。2004 年，华为与西门子公司合作，成功开发出针对中国市场的 TD-SCDMA 移动通信技术。并且获得了 Frost & Sullivan 颁发的"亚太区 2004 年度最有前途企业"和"亚太区 2004 年度宽带设备供应商"两个奖项。在技术和荣誉的推动下，华为获得了中国电信的大合同，同时还获得了 29 家银行的贷款，推动华为全球发展的规划。2006 年华为更改了企业标志，并且在香港 ITU 展上，推出了基于 ALL IP 网络的 FMC 解决方案；与摩托罗拉合作成立研究中心，为用户提供更为强大、全面的 UMTS 产品解决方案和高速分组接入方案

（HSDPA）。技术的进步与领先为华为赢得了来自日本、美国的合同。2007年，华为开始加快在以太网领域的发展脚步，引进前英国电信高管 MICK REEVE 主管实施 PBT 以太网技术。2009年，华为和爱立信在欧洲共同建设世界上首个商用 LTE 网络。

（二）管理变革历程

1. 人力资源管理变革

1995年，为了应对新的发展环境，华为提出了"大公司战略"。在这一战略决策的指导下，华为开始对原有管理体制进行改革，以促进企业的管理水平跟上发展的步伐。任正非等主要领导人根据公司知识分子多、科研人员多的特点，决定从人数较少、阻力也较小的人力资源部门开始推进企业的管理变革，以减少改革造成的波动。1996年，张建国临危受命，从市场部门调任人力资源部门，主导华为人力资源部门的管理变革。随之开始聘请 HAYGROUP 为公司做薪酬体系咨询。HAYGROUP 公司经过两年的调查与分析，帮助华为建立了职位体系、薪酬体系、任职资格体系、绩效管理体系及员工素质模型。从1998年开始，HAYGROUP 每年都会对华为的人力资源管理制度的改进进行审计，找出问题，并提出相应的对策。

华为还充分利用外部资源来推进企业的人力资源管理的变革。1997年，原国家劳动部批准了一个职业化技能培训考核试点计划，张建国借助这次机会将英国的主要针对白领的职业化技能资格认证制度引入华为，用以激励员工学习和发展。制度的引进取得了十分明显的效果，迅速推广到了开发、生产和销售等各个部门。除此之外，华为还在公司内部展开优秀素质推展活动，将先进典型所具备的特征和优点推广到广大的员工身上，达到迅速克隆优秀者的效果。活动开展的很成功，很多平时业绩不是很好的员工，吸取了优秀员工的长处以后，业务能力迅速提高。①

2005年，华为再次和 HAYGROUP 合作，进行领导力培养、开发和领导力素质模型的建立，为华为公司面向全球发展培养领导者。与此同时，华为还引进外籍专家促进人力资源管理变革，聘请了德国应用技术研究院做顾问，对华为的生产进行质量体系优化。华为推动流程的优化，促进管理的变革，达到了一个高效的流程化运作，保证了端到端的交付。经过几年的努力，华为的人力资源制度终于确立起来并且在实践的过程中不断地得以完善，为华为世界化的进程奠定了人才基础。

2. 研发管理变革

在华为推行研发管理变革之前，制造和研发部门都在制造部下面，两者不分家，给华为的发展带来很大的不便，也给华为的管理造成了混乱。1993年，为了研发 C&C0808 系列数字程控交换机，把数字机项目从制造部独立出来，成立了数字管理部

---

① 《华为真相》程东升、刘丽丽著，当代中国出版社，2003年12月版，第146页。

门，推行了很多先进的管理方法，采取分层式管理，推进了产品的研发。这次调整也成了华为进行管理变革的一个导火索。在"大公司战略"的推动下，1995年公司成立中央研究部，统一管理华为的科研，并且在部门内部采取矩阵式管理，协调每个研发小组的研发活动。1997年，在国际化战略酝酿的过程中，华为深刻的意识到企业研发管理的落后，经过多方的考察和讨论，最后决定对华为的研发部门进行IPD改革。1999年，IPD改革开始进行，至2003年基本完成。为国际化发展奠定了研发基础。经过十多年的发展，华为不仅在技术创新上面，同时在创新管理以及运营效率方面都实现了整体提升。

三、华为公司创新能力积累关键事件

华为依托自主研发而发展，华为的发展史是一部产品研发和技术创新的历史。

（一）里程碑式产品

产品是技术研发的起点，也是技术研发的终点。华为从一个名不见经传的民营企业，发展成为世界第二大的通信设备供应厂商，逐渐成为了世界卓越级的企业，自然会有很多具有重要历史意义的产品。

1. 交换机产品

（1）BH系列。BH系列用户交换机就是华为从代理交换机向自主研发转变的开端。1989年，华为以自己品牌的名义推出了第一款24口的用户交换机BH01。当时国家邮电部门下属的几家国营单位已经研发出了34口和48口的单位用户小型交换机，华为从这些国营单位购买零散件，进行组装，写说明书，通过华为的代理商在全国范围内销售，成为华为的首款产品BH01。得益于当时国内交换机供不应求的状况，加之华为本身具有服务良好、价格低廉的优势，BH01用户小型交换机在市场上取得成功。华为所需的零散件在市场上也销售一空，到了无货可发的地步。为了摆脱这种局面，华为必须在最短的时间内实现产品的自主研发，实现自己控制生产、控制产品，方能继续发展。1990年，华为进行自主知识产权的电路设计和软件开发，这就是后来的BH03产品。BH03在外观和功能上和BH01差不多，但是每块电路板的设计和话务台软件都是华为自己做的。经过将近一年的研发和测试，1991年BH03研发成功，开始上市销售。

（2）HJDB系列。BH系列小型用户交换机给华为的发展带来了短暂的动力。随后，经过市场研究，华为总裁决定开发新产品——HJDB-48小型模拟空分时用户交换机，可以携带48个用户。为了实现HJDB-48研发的成功，华为从华中科技大学引进技术型人才郭平担任项目经理，同时引进清华大学郑宝用担任HJDB-48研发主力，这两位在HJDB-48小型模拟空分时用户交换机的研发乃至华为今后研发能力全面发展的

过程中都立下了汗马功劳。1991 年华为成功推出了 HJDB-48 模拟空分时用户交换机，并且迅速在市场上取得突破。同年，华为采用了广电电路和高集成器件，开发出了 HJD-04 500 门的用户机。根据我国市场需求的特点，华为利用自己的技术优势，开发了带 100 门、200 门、400 门、500 门等系列化的用户交换机，填补了市场空白。正是 HJDB 系列的用户交换机，在 1992 年为华为带来产值超过 1 亿元以及总利税超过 1 000 万元的销售业绩，使得华为真正在通信设备供应商行列站稳了脚跟。

（3）JK1000 农话局用模拟程控交换机。在这时候，华为选择了局用交换机作为自己下一步的发展目标，由于华为在之前仅开发过模拟空分时用户机，所以在开发局用交换机产品的时候，他们决定先开发模拟空分局用交换机，这就是后来的 JK1000。在技术上投入了巨额的开发费用和全部的开发力量后，JK1000 于 1993 年底研发成功，同年 5 月获得了当时国家邮电部门的入网证书。JK1000 产品研发的成功以及"莫贝克"公司的成立让华为人憧憬着有一个丰收的年景，然而由于技术、市场需求以及面临的竞争多方面的原因，华为的 JK1000 空分交换机一经面世就面临没有市场的尴尬的局面，JK1000 还没来得及改进和稳定就被市场无情的淘汰了。这是华为在自主研发的过程中经受的第一次打击，庆幸的是华为并没有被失败所击倒。而是从这次失败中汲取经验，在市场服务和营销战略上进行了很大的调整，对自己的竞争对手也有了一个更加清晰的认识。

（4）C&C08 系列。1993 年，华为陷入了资金困境，很多的员工都认为华为会因 JK1000 的失败而走到尽头。在国际巨头云集的电信市场上，技术稍有落后，就会遭遇清盘的危险。JK1000 失败后，华为犹如乌云压顶，被迫孤注一掷的将宝压在 C&C08 数字程控交换机上。[①] 在 C&C08 交换机总设计师和负责人的带领下，1993 年 10 月第一台 C&C08 2000 门数字程控交换机在浙江义乌研发成功。虽然 C&C08 2000 门交换机非常的不稳定，但是在浙江义乌电信局的支持下，华为对 C&C08 2000 门交换机不断的进行优化和改进，使之满足我国通信网络的各种要求，同年底开始推向市场。在华为人不断的对 C&C08 2000 门交换机进行改进和优化的同时，C&C08 万门数字程控交换机的方案设计也逐渐提上了公司议程。华为在研发 C&C08 万门机的过程中遇到许多的技术难题，这时候华为一位高级工程师提出了采用准 SDH 技术（当时业界比较先进的光纤传输技术，后来广泛应用于通信传输网络）；同时引进国外先进技术设备，终于在 1994 年中的时候，C&C08 万门机研发成功。1994 年 8 月，C&C08 万门机开始在江苏邳州城进行试验，这也是华为交换机第一次进城，安装在县级的电信机房中。同 C&C08 2000 门交换机经历一样，C&C08 万门机一开始试验使用的时候也面临着许多

---

① 《华为研发》，张利华著，机械工业出版社，2010 年 4 月第一版，第 26 页。

的问题，但是华为人依旧凭着自己的执着和拼劲克服了一个个困难。C&C 有三个含义：一是 Country & City，表达了华为从农村走向城市的渴望；二是 Computer & Communication，表达了数字交换机就是计算机和通信的组合；三是 China & Communication。C&C08 是华为今后发展的技术基石，华为后来所有的产品都是以 C&C08 这个平台为基础发展起来的；C&C08 是华为的"黄埔军校"，为华为培养了一大批领导人才；C&C08 使华为从农村到城市、从国内到国外，在弯道处完成了对竞争对手的超越。

2. 传输、数据通信和移动通信

交换机生产和研发一直是华为发展的主线。为了拓展业务，增强企业的抗风险能力，华为开始进入无线通信领域。无线移动通信产品技术复杂，制式繁多，研发投入大，政策和市场的风险大。华为研发的第一个无线传输工具是 CT2 无绳电话系统。1994 年初开始研发，同年 8 月和广州电信局签订了 CT2 公众网络协议，然而随着 GSM 移动通信网络快速的发展，1995 年广州电信局在原邮电部的部署下决定大规模建设 GSM 移动电话网，华为的 CT2 无线电话系统还处在实验室调试阶段就遭到了无情的淘汰，将近两年的研发投入付诸东流。

随后，华为无线产品开发项目组立项开发了广泛应用于企业内部无线通信的 DECT 集群系统。及至 1997 年，当华为研发团队历尽艰难终于推出全套的 DECT 基站、手机系统时，没想到中国无线电管理委员会新颁发的 DECT 系统中国工作频段与华为欧洲标准开发的工作频段并不重合，华为因此未能够获得原邮电部的市场准入，几经周折，华为 DECT 产品线 1999 年最终宣告失败，浪费了上千万的研发费用。

华为领导层和科研人员并没有被一次次的失利所吓倒，1995 年开始自主研发 GSM 移动通讯设备，短短的一年内就先后推出了移动交换机、基站控制器和基站的全套网络设备，并且在 1998 年 11 月在内蒙古安声开通并通过了技术鉴定。然而由于来自跨国巨头的压迫和竞争，华为 GSM 基站、基站控制器系统很难挤进跨国公司先入为主的国内市场，直到 2003 年华为的 GSM 基站系统只在一些偏远的省份和农村地区边际网有少量的应用，一直没能够取得国内市场上的突破。

GSM 产品在国内市场的失利并没有使华为公司放弃和退却，华为迎难而上，以更大的研发力量（3000 名工程师，1/3 的研发力量）投入到了 GSM 系统的升级换代产品——GPRS、EDGE、WCDMA 等 2.5G、2.75G、3G 产品，并且为此制订了相应的国际化战略，加大了全球海外市场开拓力度。到 2003 年，华为形成了由 8 大地区总裁负责、代表处遍及全球 40 多个国家的国际市场组织体系。虽然华为海外市场合同额逐年增加，在俄罗斯、非洲等地获得了不少 GSM、GPRS 设备订单，但是始终未能从爱立信、诺基亚等跨国公司抢来 3G 合同。并且世界范围内 3G 市场的启动因 IT 网络泡沫破灭而比预期一再延迟，中国 3G 牌照的发放更是由于 TD-SCDMA 标准之争等原因而一拖再拖。华为每年十几亿元的 3G 研发投资都得不到及时的回报。

另外，华为采取"压强原则"①集中开发 GSM 系统及其更新换代产品，结果错失了CDMA、PHS、手机终端市场大发展的增长机会。接下来的几年，华为陷入了增长停滞，甚至在 2002 年出现了建立以来的首次负增长，华为公司的技术创新陷入了低谷，大批的优秀科研人员离职，公司元气大伤，士气也下降到了冰点。②

2003 年，经过坚持不懈的努力，华为首次成功的从爱立信和诺基亚等国际 3G 巨头手里夺取了两个 WCDMA 的供货合同，独家承建阿联酋 Etisalat 和香港电信盈科 Sunday 的 WCDMA 3G 网络；华为重新成立了终端事业部，主要从事 3G 终端的研究开发。2004 年，华为又相继赢得了马来西亚 TM、毛里求斯 Emtel、荷兰 Telrort 三大国际运营商的 WCDMA 供货合同，并且首次在 WCDMA 大本营——欧洲爱立信这个最强大的移动通信设备公司手里抢到了一个订单；华为与西门子全球公司成立合资企业鼎桥，合作开发 TD-SCDMA 移动通信技术。2005 年，华为成为沃达丰全球供应链的优选通信设备供应商；华为在全球新增 3G（包括 WCDMA 和 CDMA2000 两种制式的产品）市场份额中排名第二，占 21.6%；海外的合同销售额（387 亿元）首次超过国内合同销售额（279 亿元），华为成为英国电信（BT）首选的 21 世纪网络供应商，为 BT 21 世纪网络提供多业务网络接入（MSAN）部件和传输设备。

3. FMC 网络解决方案/LTE

FMC 即 Fixed Mobile Convergence，指固定网络和移动网络的融合，基于固定和无线相结合的方式提供通信业务。LTE，即 Long Term Evolution，是 3G 项目的演进，是 3G 和 4G 技术之间的一个过渡，于 2004 年在多伦多举行的 3GPP 会议中提出。LTE 在无线频谱利用率、传输时延等方面与 UMB 及 WiMax 匹敌；在无缝覆盖、漫游多制式互操作、安全性等方面与 GSM/WCDMA 网络媲美，成为了 3G 时代的新贵。3GPP 成立 LTE 研究项目之初，作为 LTE 研究项目的发起单位之一，2006 年华为在 RAN 的网络架构和关键算法上累计提交了超过 250 篇大会文稿，占大会总文稿的 7%，在 3GPP SA2、SA5、RAN2、CT1、SWGC 等方面承担起了 3GPP 标准发展任务，在 LTE 标准制定中发挥了重要的作用。

OFDM 是物理信道结构及物理过程设计的基础，是 LTE 的技术，华为在这一领域进行了大量的研究。华为还推动了 3GPP 采用特别适合 OFDM 系统的延时分集方法——CSD。在 MIMO 方面，华为提出的 NOU-unitarypre-coding 方案降低了空间复用数据流

---

① 《华为的世界》，吴建国、冀勇庆著，中信出版社 2006 年 11 月版，第 148 页。
② 《走出华为》，汤圣平著，中国社会科学出版社 2004 年 3 月版，第 210 页。

之间的干扰，使其得到了改善。除此之外，华为还提出了频率复用方案解决未来 LTE 商用网络中的邻区干扰问题。在 SON 研究方面，华为积极参与标准制定，构建出 SON 总体构架，会在商用机中支持 SON 标准，逐步实现其特性。

作为 WCDMA/HSPA 的端到端供应商，华为 2005 年就开始研究基于 OFDM 技术的未来无线技术，于 2006 年 6 月完成，为未来商用机开发奠定了基础。2007 年华为商用 LTE 原型机完成，并且进行了相关的测试，为后续快速推出商用系统提供了可能。2009 年华为推出了第一个商用系统，该版本系统可以支持 FDD 多频道，后续版本系统陆续提供更多的产品形态。

（二）核心技术突破/零部件创新突破

核心技术代表了企业最先进的技术，也决定了一个企业在国内乃至国际所处位置。华为世界第二大通信设备供应厂商的地位昭示了华为在核心业务方面所取得的显著成就。

1. 集成电路

华为在自主研发上，不仅仅局限于技术的先进性和产品研发的广度，同样十分重视自主研发的深度，以及对产品价值链条的控制能力。

自主研发起步阶段，受限于自身力量的薄弱，不得不借助其他企业的芯片来发展产品，这在很大的程度上限制了自主研发能力的提升；由于芯片的高成本，也大大降低了企业自主研发的经济效益。随着华为不断的发展壮大，越来越不能满足于使用他人的芯片，在技术上受制于人。为了加快芯片技术的突破，1991 年成立了集成电路设计中心；1993 年在攻克交换机技术的同时，总工郑宝用提议成立专门负责专业集成电路芯片设计的器件室；1995 年成立中研部，专门负责芯片的设计。在研发机构成立的基础上，华为投入了大量的研发人员和研发经费，一起推动芯片研发能力的提升。1993 年研制出了第一块芯片——ASIC 芯片，应用于最新产品 C&C08 系列交换机；1994 年，设计出 30 多种芯片，最复杂的能够容下 1000 多万只晶体管，每片可完成 3.2 个电话无阻塞通话。[①]在华为此后的 C&C08 系列交换机、SDH 传输、接入网以及电源监控系统等产品中使用的都是自行设计的 ASIC 芯片。随着研发能力的不断提升，华为已经能够做到产品和芯片同步发展。芯片自主设计能力的提升，对降低产品的整体成本，开发富有自己特色的产品都具有十分重要的意义。

2004 年，由于运作的需要，华为芯片研发中心改为华为控股的海思半导体有限公司，公司总部设在深圳，在北京、上海、硅谷和瑞典分别设有设计中心。在华为强大的研发能力的支持下，海思先后开发出 100 多款具有自主知识产权的芯片，申请专利

---

① 《华为研发》，张利华著，机械工业出版社，2010 年 4 月第一版，第 150 页。

达 500 多项，覆盖的产品范围也由最初的集成电路扩展到无线网络、数字传媒等领域的芯片和解决方案。正是靠着在技术研发和价值链上做的更深一层，华为才能够推动集成电路设计的发展，把核心技术掌握在自己的手里，拥有自己的"芯"脏，在拥有成本优势的同时获得盈利能力，并在激烈的通信设备市场中占据着有利的地位。

2. IP 软交换

在集成电路自主设计之外，华为在 IP 软件交换技术上也取得了不错的成绩。软交换是网络演进以及下一代分组网络的核心设备之一，独立于传送网络，主要完成呼叫控制、资源分配、协议处理、路由、计费等功能。全球软交换市场已经进入了成熟的阶段。

华为进入 IP 软交换领域早，投入研发力量大。在软交换领域的创新能力突出，先后推出了"第一套软交换技术"和"第二套软交换技术"，不仅在全球率先发布和商用基于 ATCT 的新一代软交换，同时推出了 ALL IP 可视化运作、端到端的业务质量检测等系列化辅助运营解决方案。到 2009 年底，华为移动软交换产品服务于全球 100 多个国家的 160 个运营商，固定软交换已经成功的在 90 多个国家和地区部署了 1660 多套。在 IP 软交换领域，连续 5 年市场占有份额全球第一，真正的成为了行业的霸主。

（三）公司战略转型

1. 国际化战略

2000 年前后，华为和中兴两大民族企业成功打破跨国企业对国内通信设备市场的垄断，占领了国内大量市场，双双成为了国内通讯设备制造业的巨无霸，企业的技术亦达到了世界领先的水平。为了进一步发展，华为适时进行战略转型，把更多的眼光投向国际市场。其实早在 1996 年华为的国际化就已经启动了，当时华为总裁任正非就看到华为的将来不会是仅仅依靠区域生产的电信设备商，所有的电信设备都必须是国际标准化的。所以华为积极参加每一次国际通讯展览会，在国际大舞台上为华为产品造势。经过充分的准备之后，2000 年华为开始国际化战略，不断的向国际市场派遣一流的技术人才和营销人才。经过多年的努力，华为逐渐赢得了国外运营商的信任。2000 年，华为在泰国成功拷贝国内的经验；同年，华为通过英国电信认证，进入其有资格的供应商名单中；同年，华为在 Basingstoke 设立了欧洲总办事处，12 月 8 日，华为北美子公司 FutureWei 成立，并且产品成功进入美国市场；同年在国内与汇丰等银行签署贷款协议，利用这些资金加快开拓国际市场的步伐。2005 年，华为为举行 ITU 组织的 WSIS 第二阶段会议的城市突尼斯市和 Hammamet 提供服务。2007 年华为经历艰难险阻，参股 3COM。

随着海外市场的成功，华为继续保持高速发展，每年销售收入都创造历史新高，并借此一举登上全球通信设备第二的宝座。海外市场销售收入占据的比重从最初的4.5%上升到如今的75%。华为真正成为了一家全球范围内通讯设备行业的领先者。

2. 主导业务转型

自 1988 年成立以来，华为从代理通信设备产品开始，走上了通信设备行业之路。1989 年，华为开始了自己的研发之路，从推出 BH01 小型用户交换机起，先后推出了 HIDB 系列、JK1000 系列以及 C&C08 系列交换机；1996 年推出综合业务接入网和光网络 SDH 设备；1998 年研发成功产品数字微蜂窝服务器控制交换机；1999 年，成为 CAMEL PlaseII 智能网络的主要供应商。华为交换机、接入网、传输技术以及智能网络的研发成功是华为发展的基本前提，此时华为的主营业务主要是固定业务。

随着全球通信技术的发展，移动通信技术开始兴起，华为领导层敏锐的察觉到了时代的变化，积极推动华为移动通信技术的研发。1997 年，华为推出了 GSM 设备；2001 年，GBPS SDH 系统开始在德国投入商用；2002 年，华为开始为中国移动部署世界上第一个移动模式 WLAN；2004 年，与西门子成立合资企业，开发针对中国市场的 TD-SCDMA 移动通信技术；2006 年，在香港 ITU 展上，推出了基于 ALL IP 网络的 FMC 解决方案……华为移动通信技术研发的一次次的成功不仅仅证实了华为领导人的远见，同时也推动了华为主导业务从固定向移动的转变。随着移动通信设备的不断的完善，移动通信技术成了华为的主导业务，产品和解决方案主要涵盖：移动（HSDPA/WCDMA/EDGE/GPRS/GSM，CDMA2000 1X EVDO/CDMA2000 1X，TD-SCDMA 和 WiMAX）、核心网（IMS，Mobile Softswitch，NGN）、网络（FTTX，xDSL，光网络，路由器和 LAN Switch）、电信增值业务（IN，mobile data service，Boss）和终端（UMTS/CDMA）等领域。

3. GSM：墙里开花墙外香

GSM 是迄今为止全球最成功的移动通信技术，于 1991 年在德国开始进入商用领域，1994 年 GSM 开始进入中国，2000 年 GSM 网络覆盖到中国的每一个角落。

华为凭借系列交换机产品成为了国内最大的通信设备供应商，在中国移动通信走向市场留了下了浓重的一笔。[①]1995 年，华为进军移动通信领域，开始自主研发 GSM 移动通信系统设备；1998 年，华为 GSM 系统设备在内蒙安盛开通并且通过技术鉴定。当时爱立信、诺基亚等跨国公司已经把中国所有大中城市 GSM 设备市场瓜分，并且 GSM 国际标准中基站控制器（BSC）与基站（BTS）之间的 Abis 接口没有开放（各厂家设备采用私有协议，因此 BSC 与基站必须购买同一厂家设备），加上跨国公司采取了降价销售的市场策略打压产品刚刚推出、技术有待完善的中国本土企业，使得华为等本土企业的 GSM 基站、

---

① 通信产业报，2007 年 6 月 25 日，第 043 版。

基站控制器系统很难挤进跨国公司先入为主的国内市场。直到 2003 年，华为的 GSM 基站系统除了在国内一些偏远地区省份、农村地区边际网有少量应用外，一直没有取得国内市场大的突破。

GSM 产品在国内市场的初战告负并没有让拥有"成为世界级领先企业"战略愿景的华为放弃和退却，反倒以更大的研发力量投入到 GSM 系统的升级换代产品（GPRS、EDGE、WCDMA 等 2.5G、2.75G、3G 产品）。与此同时，华为积极推行国际化战略，加大了海外市场开拓力度。到 2003 年，华为形成了由 8 大地区总裁负责、代表处遍及全球 40 多个国家的国际市场组织体系。华为 GSM 产品逐渐在国外市场取得突破，获得了一系列的国外大订单，实现了无线产品"墙里开花墙外香"的局面。2005 年，华为 GSM 产品线从遍地开花的海外市场反抄中国本土市场，2008 年，华为终于取得了中国市场新增 GSM 设备的 1/3 份额。

四、华为公司支持创新的内部机制

华为的成功归根结底是能够吸引人才、凝聚人才、用好人才。然而初创时期的华为是一家并不起眼的企业，但是华为通过各种方式吸引人才，并凭借优越的用人机制将员工的潜能发挥出来，创造了一个个令世人瞩目的高科技产品。

（一）优待科研人员

1. 高薪

薪水的高低，是一个人衡量自我价值的最基本的要素。初创之时的华为，薪水就远远高于业界的平均水平。[①]华为领导人掌握了知识经济一个最根本的东西——价值分享。早期的华为，能够为面试的员工提供往返的机票；为了解决初到员工的生活窘迫的难题，员工可以提前领一个月的工资；在企业研发的最苦难时期，无论资金多么紧缺，都不曾扣押员工的工资。正是高薪和薪水的稳定，让企业的员工在研发的路上没有后顾之忧，让企业员工有一种被信任的感觉，才让华为早期的员工为了企业的研发竭尽所能。华为的高薪，彻底拴住了研发人员的心。

2. 荣誉

华为从来不吝啬给员工各种荣誉，这些荣誉除了公司内部的各种奖励，更加重要的是来自社会上的各种荣誉和认可。如"全国电子工业系统劳动模范"称号、中国科技界的最高奖项"中国青年科技奖"等这些荣誉给了华为的科研人员极大的鼓舞。华为让这些年轻的员工们圆了许许多多的知识分子的荣誉梦，让员工们感动不已，带着饱满的心情全身心的投入到科技研发工作。

---

① 《华为研发》，张利华著，机械工业出版社，2010 年 4 月第一版，第 75 页。

3. 提拔人才

在华为领导人看来，机会、人才、技术和产品是公司成长的主动力。而在这之中，人才位于核心的地位，这有别于我国传统市场看待人才的观念。华为尊重知识、尊重人才，同时讲究平等，讲究按劳取酬。根据实践谁能够更好的发挥才能谁就能提升；所有人的学历从进入的第一天起就自动消除了，大家都是集体中的一员，谁能干谁就被提升。华为不拘一格提拔人才，极大吸引了人才的加入，也提高了华为科研员工的研发积极性，为华为产品和技术研发成功提供了支持。

（二）全员持股

随着业务的快速发展，华为提出追求"一流人才、一流产品、一流服务"的目标。上世纪九十年代初，华为提出了"将知识转化为股份，建立利益共同体"的价值分配制度。一方面要求员工承受压力、承担责任、创造价值，另一方面推行"效益优先、兼顾公平的原则，让优秀分子先富裕起来"的激励制度。1990年，华为员工不到50人，开始实行全员持股制度。到1994年底，华为员工超过1 000人，其中800多人拥有华为股权，员工持股份额根据"才能、责任、贡献、工作态度、风险系统"决定。但是，1994年之前，华为的员工的高薪只能拿到一半的现金，另一半是打白条。任正非对大家说："我们现在就像红军长征，爬雪山过草地，拿了老百姓的粮食没给钱，只有留下一张白条，等革命胜利后再偿还。"华为让后续者分享创业利益的制度创新为华为进行高风险技术创新提供了强有力的支撑。

（三）组织结构创新

华为在成立之后的相当长的一段时期内，研发和制造的结构区分并不是很清晰。1992年，华为研发全部挂在制造部下面，组织结构如图5-1所示。1993年，华为开始研制C&C08数字程控交换机，数字机项目组也是挂在制造部之下进行管理，但由于数字程控交换机的技术复杂度远远高于之前华为开发的模拟程控交换机，所需的研发工程师人数大大增加，项目管理的各种问题接踵而至。华为在这时对研发组织结构进行了变革，将数字机项目从公司制造部独立出来，成立与制造部平行的数字机管理部门，如图5-2所示。在数字机组内部，采用类似于C&C08数字程控交换机技术结构的分层式管理控制模式，设立多个总体组和项目组。总体组主要负责技术方向规划，项目组的项目经理对具体项目进展负责，主要对人进行管理。这种强调总体技术规划的分层式研发组织结构，结合目标管理激励制度，整体提升了华为公司产品开发的工作效率。

1993年，除研发组织结构创新之外，为了解决融资和销售渠道的问题，华为创造了一种"与客户利益均沾，共担风险"的组织模式，与17家省市级的邮电局合资成立了莫贝克电源有限公司。莫贝克公司的创立不仅解决了华为的资金困难，而且有助于市场开发和产品销售，对华为公司技术创新的成功起到了非常关键的作用。

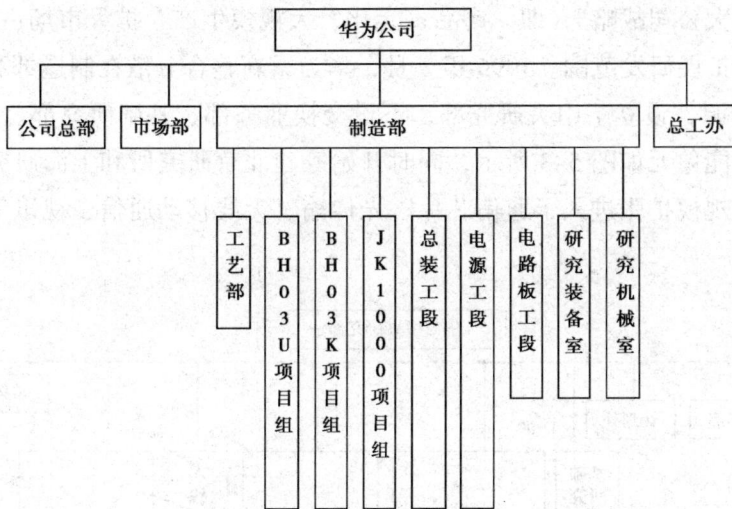

图 5-1　华为 1992 年组织结构图[①]

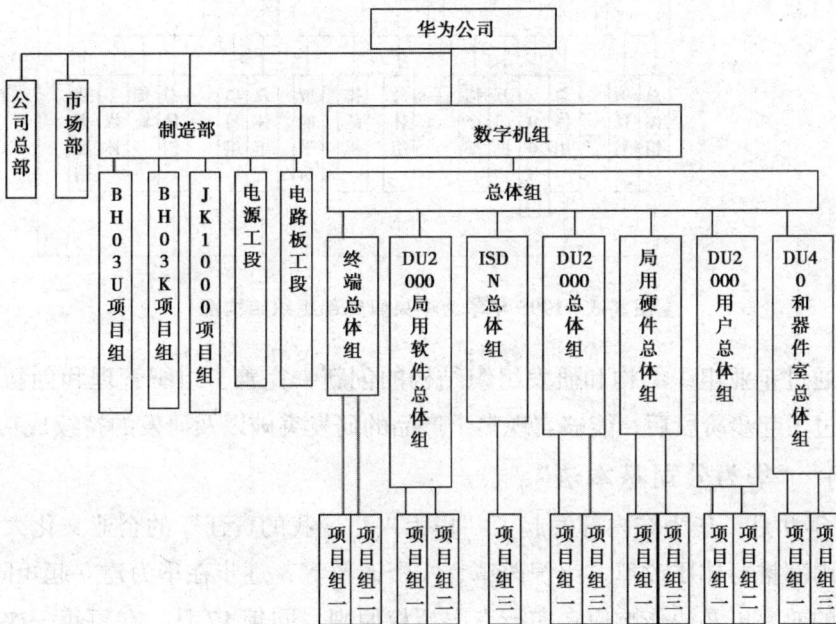

图 5-2　华为 1993 数字机研发项目组改革后的组织结构图[②]

华为很早就深刻地认识到高技术产业规模经济和范围经济的重要特征，企业组织结构调整之时，也对研发机构内部进行了一系列的调整。1994 年，C&C08 刚刚研制推出，任正非就提出了建立"大市场、大系统、大结构"高科技企业的战略构想。1995 年初，

① 《华为研发》，张利华著，机械工业出版社，2010 年 4 月第一版，第 119 页。
② 同上，第 120 页。

华为提出了"大公司战略",即"产品多元化、大规模生产、扩大市场占有",加速扩充研发资源,扩展研发范围。1995 年 3 月,华为重新整合分散在制造部和数字机组等部门的研发资源,设立了中央研究部,下设交换业务部、基础研究部、无线业务部、新业务部等功能单元如图 5-3 所示,同时开始筹建北京研究所和上海研究所。华为从程控交换机大规模扩张进入了通信芯片、光传输、无线移动通信、视讯等相关领域的产品开发。

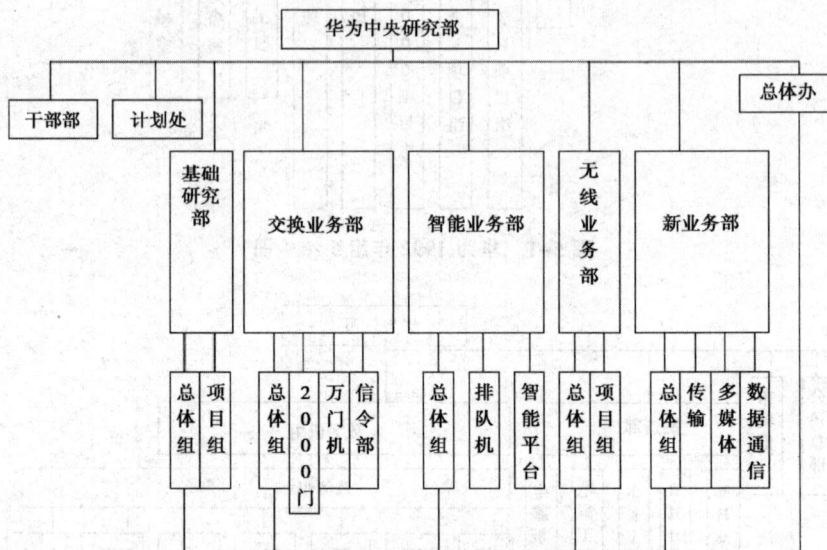

图 5-3　1995 年华为中央研究部组织结构图[①]

华为通过企业组织结构和研发组织结构的创新,完善了组织管理和创新管理,使华为在经过了起步阶段后,能够实现多个产品的研发突破以及研发的持续成功。

(四)"华为公司基本法"

1995 年 9 月,华为在内部发起了"华为兴亡,我的责任"的企业文化大讨论,开始在企业内部推行体质改革、组织改革、工资改革等,逐步在华为建立起矩阵式管理,提高工作的效率以及协作响应;实行有限授权原则。同年 12 月,在每年一次的市场部主管整训活动中,任正非要求市场部所有正职干部都提交两份报告:一份是 1995 年的工作述职,另一份是辞职报告。华为最后根据个人实际表现、发展潜力及公司发展需要,30%的干部被调整下来。集体辞职开了华为"干部能上能下"的先河,这件事对华为员工的思想观念冲击很大,任正非给予了高度评价,同时提出起草"华为公司基本法",用以指导华为的二次创业。"华为公司基本法"是华为公司在宏观上引导企业长

---

① 《华为研发》,张利华著,机械工业出版社,2010 年 4 月第一版,第 123 页。

期发展的纲领性文件，是华为全体员工心里的契约。通过"华为公司基本法"，提升每一位华为人的胸怀和境界，提升对大事业和目标上的追求。1998年3月，八易其稿的"华为公司基本法"正式颁布，对华为公司的经营宗旨、基本经营政策、基本组织政策、基本人力资源政策、基本控制政策以及接班人政策等各个层次的企业制度都进行了系统的规定。"华为公司基本法"总结了华为对于未来发展的思考，也为华为未来的发展指明了道路。

（五）IPD管理变革

在推进国际化的进程中，华为深刻的意识到华为落后西方跨国企业的不是科学技术，而是公司管理。经过多年的飞速发展之后，华为的管理已经明显跟不上企业的脚步，管理的落后导致了公司研发效率下降。没有管理，人才、技术、资金形不成合力，公司的发展也没有了方向。认识到问题的严重性后，华为寄希望于世界级的管理咨询公司，一段时间的调整之后，企业的管理效率仍然没有太大的改观。华为认识到技术、资金可以引进，但是管理一定要依靠自己才能够抓起来，经过一系列的讨论，华为最终决定采用IBM所推荐的IPD体制对华为现有的研发和市场体系进行重组。1999年，华为正式开始IPD改革，在任正非强力的支持和大规模的资源投入双重保障之下，华为公司IPD管理变革项目经过准备、关注、发明、推行等阶段，到2003年底IPD改革基本结束。为了配合华为的IPD改革，公司推行了"集成供应链"和"集成产品开发"变革项目，同时对人力资源系统、IT系统、财务系统等进行了重新规划和变革。经过了5年的变革，华为公司形成了全新的矩阵式管理如图5-4所示。

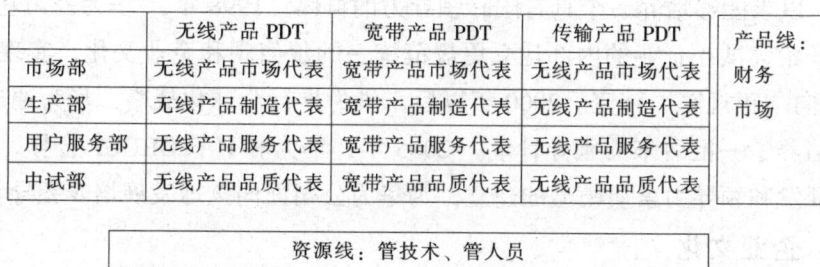

	无线产品PDT	宽带产品PDT	传输产品PDT	产品线：财务 市场
市场部	无线产品市场代表	宽带产品市场代表	无线产品市场代表	
生产部	无线产品制造代表	宽带产品制造代表	无线产品制造代表	
用户服务部	无线产品服务代表	宽带产品服务代表	无线产品服务代表	
中试部	无线产品品质代表	宽带产品品质代表	无线产品品质代表	

资源线：管技术、管人员

图5-4　华为新矩阵架构

IPD改革之后，华为组织结构呈现出了新的特点：

（1）中研部产品开发职能被分离，形成了六大产品线，每个产品线有自己的"集成产品组合管理团队"（IPMT，负责新产品投资决策）、营销管理部（负责对未来的市场需求进行研究，制定产品线战略）、预研部（负责关键前沿技术开发）、产品经理管理部（负责管理和培养产品经理）、系统工程师资源池（负责培养系统工程师）。在这个框架下面根据IPMT的决策组建PDT（产品开发团队，每个产品均有一个PDT），全公司有能力同时承担 100～200 个新产品项目的开发工作。

（2）中央研究院不再对新产品开发负责，转变为一个具有技术研发职能的功能部门，负责核心网技术、信令技术、测试技术、芯片设计技术、制造技术等全系列基础技术的开发，并负责为各产品线提供人力和技术资源。

（3）原生产部和用户服务中心合并形成供应链部，在新的全流程供应链流程下配合 IPD 工作。

（4）原市场部被拆分为国内营销部和国际营销部，加强国际销售力度。IPD 体制结构采用跨部门团队，不仅仅具备了事业部体制同等效率的产品责任机制，能够对产品开发实行端到端的管理，同时由于实施了产品的重组，解决了事业部体制解决不了的资源共享问题，再加上系统工程师制度可以使异步开发模式在资源共享的基础上顺利的进行，降低了产品的成本和风险。

华为 IPD 体制改革加快了新产品的开发速度，而且提高了产品的质量和稳定性，为华为更大规模的技术创新提供了强大的组织平台，华为此后在国际化道路上的成功，离不开 IPD 体制的改革。

（六）领导力开发与发展

"企业的成败要看内在水平"，华为想要成为世界级的企业，决定了华为需要的不仅仅是具备技术、制度、资本的国际化，更关键的是具备国际化的领导人才。[①]1995 年，华为著名的"市场部集体辞职"事件，就是为了在核心业务层寻求更高水平的新鲜血液，逐步培养适合华为未来发展的高层管理人才。1997 年华为开始在内部推行职业化管理，以求能够培养一个具有国际领导力的群体。1998 年，"华为公司基本法"起草，华为开始尝试在企业的内部建立更规范统一的价值观和企业文化，实现华为人由"游击队"向"正规军"转变。2000 年以后，华为推行全球化战略，华为通过"杂交"的手段，培养了一批后来的领导骨干。2005 年，华为和 HAYGROUP 合作，进行领导力培养、开发和领导力素质模型的建立，为华为公司面向全球发展培养领导者。

（七）企业文化

华为第一次创业的成功靠的是单纯的企业家行为，所以创始人的个人性格、人生经验、价值理念和行事风格深深的影响着企业的文化氛围。华为领导人任正非个人的风格构成了华为最本源的文化基因，军人出身的任正非喜欢用毛泽东的军事思想来指导华为的管理，他具有浓厚的军事色彩并且极具斗争性的个人色彩深深地影响着华为。任正非自己曾经给土狼时代的华为精神做了一个概括："狼有三大特性，敏锐的嗅觉，不屈不饶的进攻精神以及群体奋斗的意识。企业要扩张，就必须具备狼的三个特性。"

---

① 吴建国、冀勇庆著《华为的世界》，中信出版社，2006 年 11 月版，第 224 页。

这就是任正非带给华为的"狼性精神"，这种狼性使得华为走过了传奇的创业期，也深深的烙进了华为人的骨子里面。任正非个人却并不喜欢给华为贴上这样一个标签，也不想把华为的企业文化简单的归结为"狼性文化"，任正非很想对华为文化过去的胜利以及未来的发展做一个阶段性的总结，在这种环境下，"华为公司基本法"诞生了。

1998年，"华为公司基本法"正式出台。华为公司的宗旨、核心价值观、基本目标等文化构成通过基本法的形式得到了明确化。这是华为全员全面讨论的结果，所以具有广泛的代表性，同时也能够得到员工的认同，形成强大的凝聚力。"华为公司基本法"体现了华为以人为本的文化、鼓励创新的文化、开放的文化、合作的文化以及关心的文化，它的理念渗入每一个华为人的心中。"华为公司基本法"就像是一个"场"，具有强大的感召力，通过员工的培训、企业内部的宣传以及各种制度的巩固，无论公司怎么变化，人员怎么流动，华为都能够保持其文化特色。

一步步的改革中，华为的文化也从原来的"狼性"转化为对"和谐"的追求。作为跨国企业的华为，正在慢慢的摆脱这种"狼性"，成为走向依靠成熟体制和管理的国际化大企业。2006年，华为更换了新的标志，华为指出"新企业标志表明华为将继续聚焦客户、持续创新、稳健成长、并致力于构建和谐商业环境"。曾经靠嗜血的狼性文化让业界同行感到恐惧的华为，现在已经致力于构建和谐的商业环境，这是华为文化真正成熟的标志。

五、华为公司创新能力评估

（一）产品整机/整体工艺技术层面

华为成立二十多年来，通过一代代华为科研人员的努力，华为的创新能力从无到有，从弱到强一步步走来，逐渐的走在行业的前面，引领着行业的发展。

1. 交换机产品（见图5-5）

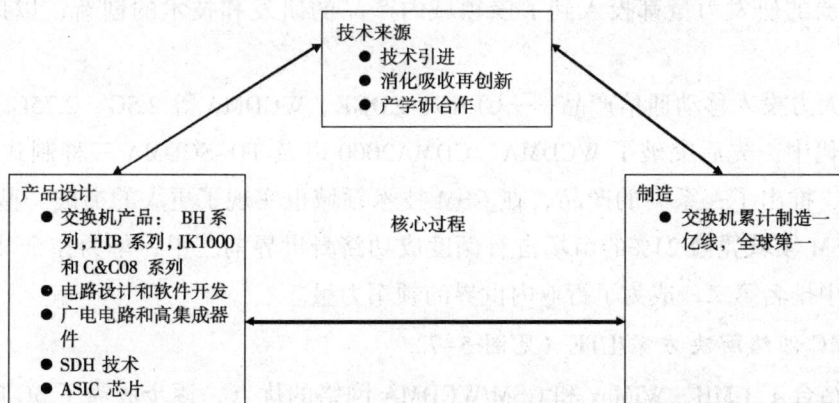

图5-5　交换机产品创新能力评估图

华为研发人员从模仿组装起步，在吸收消化他人技术的同时，不断的对产品原有的技术进行拓展，提出新的设计理念和工艺制造理念，在再创新的过程中实现产品的升级，提升产品的性能。BH03 用户小型交换机的设计过程中，华为根据自己的理解设计了电路板和话台服务软件；为了提升 HJDB 模拟空分时交换机的性能，华为在工艺设计上采用了广电电路和高集成器件；C&C08 的设计过程中，华为在行业范围内首次采用了 SDH 技术，开创了该技术在行业领域内的应用。同时为了把握自己的核心，华为也研发出了自己的 ASIC 芯片。

产品研发和技术创新能力的提升为华为的发展提供了保障。在系列交换机产品研制成功的几年时间里面，华为迅速壮大。截至 2003 年，华为已经累计销售一亿线，成为了全球销量最大的交换机机型。

2. 数据传输、数据通信和移动通信（见图 5-6）

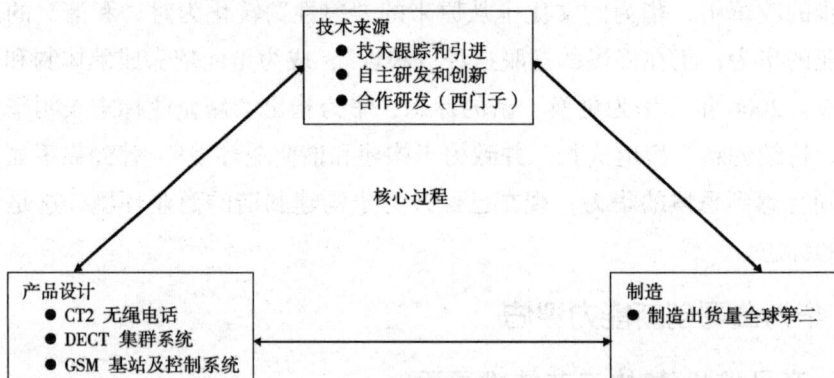

图 5-6　数据传输、数据通信和移动通信产品创新能力评估图

随着移动通讯技术的不断进步，数据传输、数据通信和移动通信产品是继交换机产品之后通信设备行业发展的主导方向。华为研发人员很好的把握住了这个方向，把主要的研发力量都投入到了该领域内产品的研发和技术的创新，以期实现重点突破。

华为大力投入移动通信产品——GPRS、EDGE、WCDMA 等 2.5G、2.75G、3G——的升级换代中。先后突破了 WCDMA、CDMA2000 以及 TD-SCDMA 三种制式的 3G 技术的瓶颈，推出了一系列的产品，在 GSM 技术领域也实现了更大的突破。截止目前，华为在 GSM 领域凭借 21% 的市场占有额度成功跻身世界前三甲；华为在全球新增 3G 市场份额中排名第二，成为了行业内世界的领军力量。

3. FMC 网络解决方案/LTE（见图 5-7）

LTE 结合了 UMB、WiMax 和 GSM/WCDMA 网络的优点，逐步成为了 3G 时代的新贵。3GPP 成立 LTE 研究项目之初，作为该研究项目发起单位之一的华为，在 3GPP

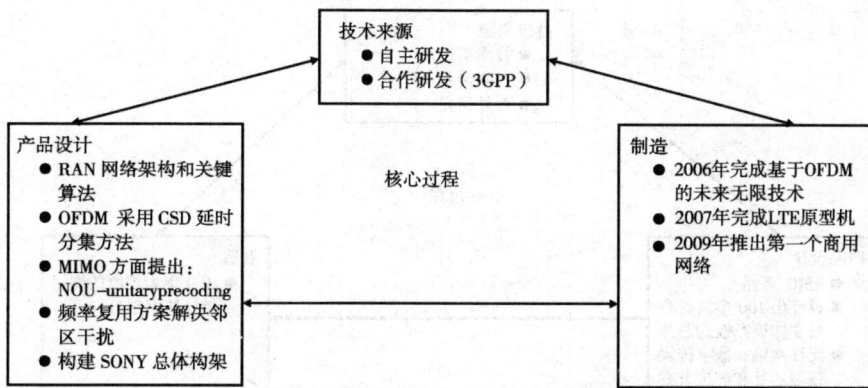

图 5-7   FMC 网络解决方案/LTE 创新能力评估图

SA2、SA5、RAN2、CT1、SWGC 等方面承担起了 3GPP 标准发展任务，在 LTE 标准制定中发挥了重要的作用。2006 年，华为在 RAN 的网络架构和关键算法上累计提交了超过 250 篇大会文稿，占大会总文稿的 7%。华为先后在 OFDM 技术领域、MIMO 方面、邻区干扰问题以及 SONY 总体架构方面实现了核心的突破，实现了 LTE 系统的特性。

在强大的研发实力支撑下，华为 LTE 一直走在世界的前列。2006 年完成基于 OFDM 技术的未来无线技术；2007 年完成了 LTE 原型机，为快速推进商用提供了可能；2009 年推出了全球第一个商用系统，并且在接下来的时间里面不断的改进，提供更多的产品形态。

（二）核心技术层面

企业的核心技术是整机产品和整体工艺水平的支撑，所有整机产品和整体工艺的研发和创新都是建立在核心技术突破的基础上的。在企业发展最初的阶段，华为的技术基本上都是在引进消化再吸收的基础上取得的，原有技术的基础上进行适当的工艺创新就形成了自己的技术。随着华为研发能力不断提升，这种状况从根本上得到了转变，华为越来越注重原始技术尤其是核心技术的发明和掌握，发明专利在华为申请的专利中所占据的比重也越来越重。2009 年华为申请的专利数跃居世界第一。

1. 集成电路（见图 5-8）

芯片是通讯设备行业的"芯"脏，华为在产品研发和技术创新的过程中，把集成电路的设计置于重中之重。1991 年就成立了集成电路设计中心，经过器件室、芯片研发中心最终成立了海思半导体有限公司。1993 年成功的研制出 ASIC 芯片，随后设计出 100 多款具有自主知识产权的芯片，申请的专利达到了 500 多项。产品领域逐渐涉及无线网络、固定网络、数字媒体等领域的芯片和解决方案，成功的应用于 100 多个国家和地区。多年的技术积累使得华为海思掌握了国际一流的 IC 设计和验证技术，拥有先进的 EDA 设计平台、开发流程和规范，成为了世界先进的芯片设计企业。

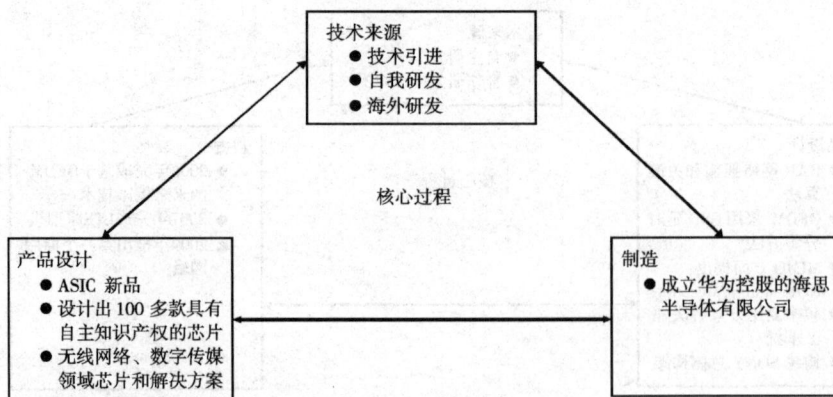

图 5-8　集成电路创新能力评估图

2. IP 软交换（见图 5-9）

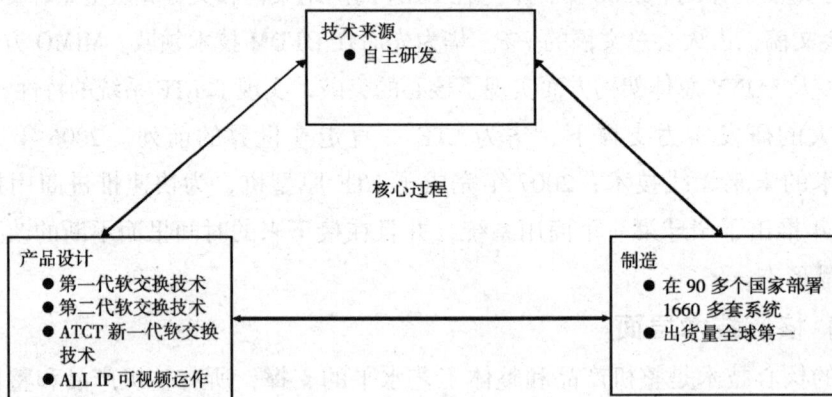

图 5-9　IP 软交换创新能力评估图

　　在软交换领域，华为先后推出了"第一套软交换技术"和"第二套软交换技术"，在全球范围内率先发布和商用基于 ATCT 的新一代软交换。推出 ALL IP 可视化运作技术，提出端到端的业务质量检测等系列化辅助运营解决方案。随着全球软交换市场进入到成熟阶段，2009 年，华为软交换产品已经服务于全球 100 多个国家的160 个运营商，固定软交换已经成功的在 90 多个国家和地区部署了 1 660 多套设备。在 IP 软交换领域，连续 5 年市场占有份额全球第一。

（三）产业链创新的主导能力层面

　　产业链创新的主导能力，是一个企业创新能力的延伸，是一个企业行业地位的体现。企业通过主导产业链的创新，可以形成范围经济，降低企业总体的生产成本；可以实现多个主导业务方向，降低企业运营的风险；亦可以延伸企业控制力，在更大范围内实现资源的配置，提升企业的影响力。

1. 打造 3G 完整产业链

在现在通信急速发展的时代，运营商和设备制造商越来越清醒的意识到，通信产业兴旺需要建立一条完整的产业链，不仅需要设备商和运营商，也需要内容集成商、软件开发供应商、门户网站、终端制造商等共同的合作，形成价值链供应模式，才能够保证移动数据业务的良好发展。一些先知先觉的设备商也开始主动和自发的通过自身力量整合上下游资源，协助和配合运营商建立和整合价值链条，从而推进整个产业的发展过程。华为秉承多年来以客户需求为导向的理念，提出了高而不贵的理念打造3G 产业价值链。通过自身的努力，不断推进产品的自主研发。同时还与运营商密切合作，完善 3G 价值产业链。为此，华为主动打通上下游资源，先后联合微软、IBM、NEC 等公司在深圳和上海分别成立了研究机构，以期在 3G 技术上取得更大的突破，为用户提供更加丰富的 3G 业务。

在完善产业链上，最重要的一环依旧是终端产品。作为 3G 主流厂商和 3G 标准化的积极推动者，华为先后与几家电子巨头共同缔造了 CPRI 联盟，致力于推动促成一个竞争的移动网络基础部件产品市场。在终端上实现了重大的突破，实现了 WCDMA 手机的低成本批量化生产，突破了核心技术方案，还实现了 WCDMA 和 GSM 系统的切换。为了实现 3G 市场的全面突破，华为提出了自己的路线图：三大标准一个不落。依靠自身强大的研发实力，目前华为已经拥有了 WCDMA、CDMA2000 以及 TD 三种标准的全套移动通信解决方案。

技术的突破、产品的研发以及产业链的完善推动了华为 3G 业务在市场上的成功。目前，华为已经成为了全球最大的 3G 上网卡供应商，占据全球 55% 以上的市场份额；华为的 3G 终端销售量也节节攀升，仅次于中兴位居国产手机第二，全球突破5000 万部。这些成功标志着华为已经成为了世界上少数能够提供 3G 商用设备和网络建设经验的厂商之一，国产的 3G 已经成为了国际主流品牌。

2. 推动中国通讯技术产业创新能力的发展

自从 1998 年华为引进 IBM 的 IPD 管理模式开始，华为逐步实现了技术的起飞，除了原有的交换机、GSM、数据通信和移动通信等产品以外，首当其冲的就是 3G 技术的发展。为了推动技术的发展，华为先后投入了几十个亿的巨额研发资金，实现了 3G 技术系统性的突破，能够为运营商提供全套的 3G 商用系统，并且随着研发的不断深入，还取得了一系列的前沿技术成果。华为的技术起飞和国际的扩张带动了深圳乃至全国通讯行业产业链的不断攀升。

华为是全球产品覆盖范围最广的通信设备制造厂商之一，为运营商和客户提供端到端的服务，在多个领域内形成了自己完善的产业链，除了 3G 产业链之外，还成立了NGN 联盟以促进终端产业链的发展等等，这些产业链的不断完善需要很多相关的产业和企业的发展与之配合，先后带动了我国在芯片设计、材料制造等产业技术能力的不断提升。

六、华为公司创新能力成长模式

（一）成长模式的内涵

在产品研发和技术创新的过程中，华为始终秉承自主研发的理念，积极推动创新能力的不断提升，经过多年的努力，华为形成了**全球市场导向的渐近性自主创新的创新能力成长模式**。

企业的每一次成长和跨越都是建立在自身能力不断提高的基础上的，只有在自身能力提高的基础上，在市场上企业才有话语权，在未来的发展中才能够掌握主动权。华为人能够深刻的感受到这一点，在初始研发交换机的时候，靠的是他人的技术，华为的发展屡屡受到限制，深刻的吸取这一教训之后，华为开始积极的推行自主研发，而且在尔后的二十年间，无论环境多么艰难，始终把产品研发和技术创新放在最重要的位置，这是华为能够走到今天最本质的原因。

外部力量是企业发展的有利补充，充分利用外部的资源和环境，能够很好的促进企业技术的发展。华为在坚持自主研发为根本的基础上，也积极与同行业的企业进行技术的联合开发，进行优势的互补，实现技术创新的突破，最终实现双赢。除此之外，华为还积极参加相关会议，在会议的平台上和企业进行合作，并且推动行业标准的制定。

创新的理念需要实际的行动和策略予以支撑。为了促进自主研发能够取得不断的成功，华为以客户的需求为导向，努力推进创新的流程化和规范化，提高产品研发和技术创新的效率，降低成本，把先进的创新理念切实转化为有经济效益的先进技术和产品。为了应对企业的国际化道路，华为还进行了开放式的创新，在全球范围内设立研究机构，紧跟客户和时代发展的需求，推动创新能力的提升。

（二）成长模式的主要做法

1. 持之以恒的研发高投入

作为一个高科技企业，华为成立之初就将使命锁在了通信核心网络技术的研究和开发上，明确技术创新是决定企业生死存亡的生命线。拥有自主知识产权和核心技术的产品，是华为技术创新的一个目标。持之以恒、周而复始的技术研发高投入为华为取得技术优势和产品核心竞争力奠定了坚实的基础。

从1993年起，华为坚持以每年超过销售收入10%的资金投入到技术研发之中，即使是在被华为总裁任正非称为"华为冬天"的2001年，公司投入科研的资金也高达30.5亿元人民币，占销售收入的11.7%。为了维持公司科研经费在一个比较高的水平，华为甚至把电器业务部门卖给了艾默生电器。2009年尽管全球经济低迷，华为仍然坚持加大科研投入，研发费用达到了创纪录的133亿元人民币，同比增长27.4%。充足的经费带来了丰厚的回报，2008年华为成为全球第一大国家专利申请公司，专利数达到了1 737件，累计达到了35 773件，标志着华为创新能力已经达到了世界一流水平。

2. 规范研发流程

在早期的自主研发过程中，受困于企业的实力，华为的研发基本上属于"游击战争"，没有一个统一明确的指导方针和管理办法。1996年，随着交换机的成功，华为不断的发展壮大，原有的创新管理体制已经跟不上企业的发展步伐，在和国际巨头竞争的过程中，华为也感觉愈发的吃力。为了规范创新的流程，推动创新的科学管理，提高创新的效益，华为花费重金引进、推行IBM的IPD集成管理模式。IPD从技术驱动转向了市场驱动，彻底改变了华为的技术管理和项目管理模式。IPD技术管理规范了华为的技术创新流程，保证了"以客户需求为先导"的技术创新，让华为的技术创新做到了在准确理解市场之后，准确的将可续的需求传递，准确的进行创新取舍评判，在过程中保证了人力、物力的全面支持。

3. 以全球客户需求为导向

技术驱动在通信大发展时期一度盛行，企业往往是先行研发产品，然后再去向客户进行推销，华为的早期也习惯于这种方式。但是技术驱动模式在通信市场日益成熟，市场竞争日益加剧之后，常常显现出技术与市场脱节的短板。例如华为在JK1000以及GSM业务的时候，就是没有考虑客户的需求导致最后的失利。虽然GSM最后在海外市场上获得了很大的成功，可是这还是给华为的领导人们上了很生动的一课。汲取惨痛的教训，华为将研发的核心从追求技术的先进转向聚焦于如何满足运营商客户的需求。如获得2008年国家科技进步二等奖的华为分布式基站就是在仔细分析了客户需求的基础上研发成功的。

随着华为国际化战略的不断推进，海外市场销售收入所占的比重逐渐加大，超过了国内市场，华为由一个国内通信设备制造商逐渐发展成为了世界级的通信设备制造商，华为的产品研发和技术创新逐步面向全球客户。为了扩大海外市场份额，华为以全球客户为先导，在国外设立一系列的研发机构，聘请国外科研人员根据不同地区的客户需求进行产品研发和技术创新。例如华为发现欧洲移动营运商花在租用机房、设备用电、安装维护等方面的费用成为其最大的支出。基于欧洲客户的这种需求，华为研发团队积极创新，开发出了分布式无线基站解决方案，设备可以安装在过道、楼梯间和地下室等狭小的空间，大大降低了机房的建设与租用成本，并且易于安装。这种实用化的创新赢得了欧洲电信运营商的青睐，也为华为带来源源不断的订单。

4. 开放式创新

华为有一定的创新积累之后，积极开展了与其他企业和国际标准化组织之间的合作创新。华为先后加入了 83 个国际组织，如 ITU、3GPP、3GPP2、OMA、ETSI 和 IETF 等。在光纤传输、接入网络、下一代网络、IP QoS 和安全领域，华为已经提交了 800 多篇提案。在过去的 4 年里，华为也成为 3GPP 和 3GPP2 的积极参与者，并在核心网络、业务应用和无线接入领域提出了 1500 多项提案。同时华为还担任 ITU-T SG11 组副主席、3GPP SA5 主席、RAN2/CT3 副主席、3GPP2 TSG-C WG2/WG3 副主席、TSG-A WG2 副主席、ITU-R WP8F 技术组主席、OMA GS/DM/MCC/POC 副主席、IEEE CaG Board 成员等职位，提升了自己在行业内的领导能力。

为了吸纳国际高级人才，充分利用全球人才与技术资源平台，进一步提高研发水平和能力，华为在美国、印度、瑞典、俄罗斯等多个海外国家建立了全球性的研发体系。目前华为在全球设立了 17 个研究所和海外研发中心。此外，华为还与包括沃达丰、西班牙电信、意大利电信等在内的国际领先运营商合作成立了 20 多个联合创新中心，开展与客户的联合创新和共同创新。这种开放式创新使得华为始终站在通信技术发展的最前沿，不断及时吸收借鉴全球通信创新成果，并在此基础上进行集成创新。

七、华为公司技术创新经验启示

（一）开放式创新是提升创新能力的有效方式

通过开放式创新，企业能够实现创新资源在全球范围内的配置。通过企业之间的联合，企业可以实现双方的优势互补，提高研发的效率，实现双方的供应，降低成本，实现经济效益的提升。通过与客户之间的联合，企业可以更加清晰的了解客户的需求，更加有利于实际问题的解决，有利于明确研发的方向，实现共同发展。企业还可以吸收国际范围内的高级人才，充分利用全球人才与技术资源平台，进一步提高研发水平和能力。自主研发是企业提升创新能力的根本，但是企业不能因此忽略能够借助的外界力量。开放式的创新能够有效的提升企业的创新能力，也是企业创新能力的一种直接的体现。

（二）完善管理体制，推动企业持续创新的能力

一次产品创新，或者是一时的产品创新并不是什么难事，对于企业来说最困难的就是掌握产品研发和技术创新的规律，从而具备高效持久的创新能力，以期保证企业持续的盈利能力。为了保证企业持续的高效的研发能力，需要建立一套先进的、规范的研发管理体系。

（三）国际化是企业发展的必由之路

经济全球化是当今世界发展的趋势，所谓"顺势者昌，逆势者亡"，企业只有紧随时代的脚步，加快国际化的进程，在全球的范围内接受来自世界巨头竞争的洗礼，实现研发资源配置，才能够获得持久的成功。企业的国际化给企业带来更多发展机会的同时，也带来了更加复杂的市场环境和更多的挑战，企业只有充分适应了市场环境，战胜了这些困难，才能够去享受国际化给企业所带来的有利条件。这给企业带来压力的同时，也为企业的发展提供了动力，促使企业不断完善管理体制和推进研发能力，提升企业的整体竞争能力，在国际化的过程中促进企业的发展。

（四）指向产业链的核心技术突破是龙头企业的努力方向

企业只有在产业链的核心技术上取得突破，成为产业链上最核心的一环，才能够利用自己的核心优势带动企业其他业务的发展，以及产业链上其他企业的发展，形成整体经济的规模经济，提升企业的竞争能力和经济效益。

（五）高素质人才是创新成功的根本

华为自主研发伊始，就认识到了人才的重要性，为了吸引人才的加盟，华为采取了很多措施，付出了很多的努力：为面试生提供往返的机票；为新员工提供住房，解决研发的后顾之忧；重视研发能力，破格提拔科研人才；给予荣誉和物质双重肯定，满足科研人员价值需求……通过这些有效的措施，华为汇聚了一大批高素质的人才，为华为产品研发和创新的成功打下了坚实的基础。这些员工带着饱满的热情投入研发工作，攻克了交换机、移动通信、3G和软交换等一个个难题，使得华为站在了行业技术的前列。

华为的经验启示我们：高科技企业要把吸引人才和留住人才放在关键的位置上，采取各种切实有效的措施留住人才，是产品研发和技术创新的根本，也是企业发展的根本。

（六）企业家的远见是创新成功的前提

企业家是企业的舵手，指引着企业发展的方向，企业家的性格会深深的烙进企业的骨子里面。企业家的远见是企业发展的前提，是企业创新取得成功的前提，如柳传志之于联想，张瑞敏之于海尔，侯为贵之于中兴莫不如是。华为之所以能够走到今天，令世人瞩目，这和任正非等创业领导团队的远见卓识是分不开的。正是靠着任正非的"狼性眼光"，华为才能够每次都捕捉到通信设备行业发展的方向，为创新的成功指明了方向。

一个成功的企业离不开一个优秀的企业家，要想企业能够取得成功，企业家就必须要通过各种方法提升自己的能力和思维，拓宽自己的眼界，能够清晰洞察行业的发展方向，这是企业创新成功和发展的前提。

（七）以世界一流标准进行创新和管理制度才能够实现国际化的成功

企业的创新标准和管理制度决定了企业创新的高度和发展的高度。早期的华为在研发基本上采取"游击式研发"；管理上也很混乱，没有一套明确的管理制度。在华为国际化战略实施的过程中，落后的制度羁绊住了华为发展的脚步，在与国外企业竞争中处于明显的劣势，为此华为进行了研发管理的变革和组织结构的变革，建立起了世界一流的创新和管理制度。今天，华为已经成功的登上了世界第二大通信设备制造商的宝座，成为了名副其实的国际化企业。所以说，企业要想真正的走出国界，实现国际化经营，就必须要有与之相适应的符合国际标准和要求的研发标准和管理制度。

第六章

中兴通讯股份有限公司
技术创新调研报告

一、中兴概况

中兴通讯股份有限公司（以下简称"中兴"）成立于 1995 年，并于 1997 年在深圳证券交易所 A 股上市。2004 年，中兴作为中国内地首家 A 股上市公司成功在香港上市。2008 年，根据香港会计准则，中兴主营业务收入 442.9 亿元，其中，国际收入达 60.6%。同时，凭借优异的全球业绩，中兴 2007 年跻身美国《商业周刊》"中国十大重要海外上市公司"，成为唯一上榜的中国通信设备企业。中兴已成为中国电信市场最主要的设备提供商之一，并为全球 140 多个国家的 500 多家运营商提供优质的、高性价比的产品与服务，已相继与和记电讯、法国电信、英国电信、沃达丰、西班牙电信、加拿大 Telus 等全球顶级运营商及跨国运营商建立了长期合作关系，并持续突破发达国家的高端市场。中兴是我国重点高新技术企业、技术创新试点企业和国家 863 高技术成果转化基地，承担了近 30 项国家"863"重大课题，是通信设备领域承担国家 863 课题最多的企业之一，每年投入的科研经费占销售收入的 10%左右，并在美国、印度、瑞典及国内设立了 16 个研究中心。依据国际经济形势和行业技术发展的情况，2002 年中兴确立了三大核心战略：手机、国际化和 3G。确保在研发生产原有产品，稳固发展国内市场的同时，将更多的精力放到更加广阔的国际市场，将更多的研发力量投入到新一代的通信技术上。截至 2009 年底，中兴集团全球实现营业收入 602 亿元人民币，其中国际市场，298 亿元人民币，占 49.56%，净利润 24.58 亿元；员工总数 70 345 人，研发人员 23 544 人，占 33.5%。中兴产品遍及全球的每一个角落，被全球 100 多个国家的运营商所采用，大大地提升了中兴品牌知名度和影响力，使中兴公司真正成为了世界级的企业。

二、中兴技术创新和管理变革历程

(一) 技术创新历程

1. 1985 年至 1995 年

创立伊始,中兴仅仅是作为"航天系统 691 厂"对外交往的一个窗口,并没有自己的产品和主营业务。为了公司的运营和员工的升级,中兴依据深圳特区的市场环境和潮流,开展起来料加工业务。来料加工业务让中兴领导人明显感觉到了没有自己产品和市场的被动。1986 年中兴提出"开发自己产品和市场"的理念,随即在深圳成立研究所,着力研发 68 门用户程控交换机,标志着中兴真正地走上了自主研发的道路。受困于自身研发力量薄弱,中兴联合陕西邮电器材厂共同研发,1987 年中兴成功推出 ZX-60 型小容量程控空分用户交换机,并且依靠中兴的销售网络迅速地打开市场。ZX-60 取得的成功更加坚定了中兴领导人"开发自己产品和市场"的决心。同年,中兴开始筹备研制数字程控用户交换机,由于自身研发力量不足,为了加速数字程控交换机的研发过程,1988 年中兴和北京邮电学院(北京邮电大学)程控交换系进行技术合作,增强了技术开发力量。在全体董事和员工的支持下,1989 年中兴研发出第一台具有自主产权的国际化数字程控交换机 ZX-500,顺利通过邮电部的测试。

ZX-60 和 ZX-500 成功研发进一步坚定了中兴人"一定要大搞开发"的理念。1990 年 9 月,中兴成立了以开发数字局用交换机为目的的研制筹备小组,中兴试图与原邮电部十所共同开发容量为 2500 门的农话局用交换机,但是遭到了拒绝。这并没有让中兴人退却,中兴依靠自己的研发力量进行独自开发,于 1991 年 12 月研制出容量为 500 门的数字端局交换机 ZX500A。ZX500A 恰好契合中国农话 C5 端局的数字化改造,迅速形成规模产量和销售,中兴的销售和利润呈现井喷式增长。中兴借东风之势继续开发 2500 门局用交换机产品 ZXJ2000。在 ZXJ2000 研发过程中,因为股东之间的矛盾爆发一度终止了产品的研发。随着成功重组、"国有民营"体制的提出,中兴得以继续开发 ZXJ2000 局用程控交换机,经过全体中兴研发人员的共同努力,1993 年 3 月 ZXJ2000 研制成功并且开通试验,获得原邮电部首张入网许可证。同年,中兴成立了南京研究所,开始全身心投入到万门局用数字程控交换机和接入网产品研发工作之中。

1994 年,中兴研制开发的 2500 门数字用户 / 专网程控交换机(ZXJ2000A)获得原邮电部入网许可证,中兴的交换机产品市场从原来单一的农话市场拓展到大中型事业单位、铁道、电力、军队等专用通信网市场。同年,中兴成立了上海研究所,开始着手无线和接入网产品的开发工作。南京研究所和上海研究所相继建立,快速推出了 ZXJ10 型万门局用数字交换机产品和 ZXA10 型接入网等新产品,各项性能指标已经达到了 20 世纪 90 年代国际水平。

1995 年，巨龙、大唐、中兴、华为、金鹏突破了国外厂商的重围，分别研发成功了自己的交换机产品，他们被称为国产交换机领域的"五朵金花"。① 截至 1995 年底，中兴有 900 多名员工，其中技术管理人员占 2/3 强。拥有年产 100 万规模的数字程控交换机生产线和生产基地，生产中兴自主研发的交换机产品和接入网产品；在南京和上海设有两个研究所，科研水平初具规模，技术创新和产品的研发取得了巨大的成就。

2. 1996 年至 2004 年

1996 年在中兴的发展历史上是具有转折意义的一年，中兴提出了"三大转变"的战略构想：产品领域结构突破单一的交换设备，向交换、传输、接入、视讯、电源等多元产品领域扩展；目标市场由农话向本地网、市话网扩展；由国内向国际市场扩展。"三大转变"战略的提出标志着中兴开始进入了多元化扩张为核心的发展阶段，开始迈向了更高的目标。1996 年 11 月，中兴 ZXJ10 数字局用程控交换机第一个市话局在湖南岳阳开通，成为了中兴从农化市场向市话市场转变的一个标志。以此为基础，中兴开发出系列新产品：网管系统 ZXNETMAN、智能排队系统、114 系统、分布式 160 系统。② 与此同时，根据市场的需求以及国家信息产业部门政策的调整，中兴对自己的产品业务、研发方向进行了调整，主要分为四类：接入网产品、会议电视产品、光传输系列产品、智能电源系统。

1997 年，为了缓解资金紧张的问题，中兴在 H 股上市，把主要的募集资金都用于程控交换机生产线的改造以及 CDMA 项目上。经过一年多的比较试验，中兴成功的推出了交换机 V5 接口和接入网设备（ZXWLL、ZXFTL）。1998 年，为了更加准确地了解行业技术的新进展，中兴开始在全球范围内设立独立的研究机构；3 月，在上海成立了第二研究所，主要从事 GSM 移动通信系统、终端设备的研制；6 月，在新泽西、圣地亚哥、硅谷设立了 3 家研发机构，分别从事软交换、CDMA1X 高层协议的研究和世界信息领域最新技术的发展动态和跟踪引进；8 月，与美国德州仪器（IT）合作在深圳建立了 TI-ZTE DSP 实验室；12 月，北京研究所成立，致力于密集波分复用等光通信前沿领域的产品和技术的研发。

1999 年中兴提出新的发展战略：继续完善并提升原有产品技术，不断地开发新的产品领域；中兴交换机技术将向宽窄带结合、语音数据结合的综合业务交换的方向发展，将 ATM、IP 技术引入现有的交换产品中，以处理因特网、局域网业务和宽带业务；向移动通信、数据通信、多媒体通信及其他信息产业类产品全面发展，为客户提供一

---

① 尹生、米周著《中兴通讯》，当代中国出版社 2005 年 3 月第一版，第 267 页。
② 钟欣雯著《中兴产品迈入多元化的新时代》，世界电信 1996 年第 6 期第 55 页。

体化解决方案。① 这一年，中兴通讯与广州新太数据通信有限公司合作推出了 IP 电话网关、接入服务器、路由器、接入交换机和复用器、骨干交换机等宽带产品；移动通信领域，中兴通讯的 ZXG GSM900/1800 数字移动通信系统全面通过了信息产业部组织的测试，还推出了 GSM900/1800 数字移动通信网络设计系统"规划大师 PLANMATER"和中兴双频中文手机；8 月，中兴在南京研究所成功研制出了当时世界上最大的单板容量大 64K × 64K 交换网板，取得了我国电路交换技术的一项重大突破。

2000 年，中兴总部迁入了深圳市高新技术产业园，研发条件和工作环境都得到了很好的改善，技术创新和产品研发进入到了一个新的阶段。4 月，西安研究所成立，致力于无线射频和智能天线等产品的研究。9 月，重庆研究所成立，致力于智能业务、网络管理等产品的研发。2000 年，建立了韩国研究所，致力于 CDMA 产品的开发。10 月，成功研制世界首部机卡分离的 CDMA 手机 ZTE802；12 月，中兴 ZXC10 CDMA 全套移动通信系统在国内率先获得原信息产业部颁发的入网证。

2001 年 1 月，中兴率先打通 CDMA 2000 1X 语音电话，为基于窄带 CDMA 向第三代移动通信系统过渡铺平了道路。4 月，中兴被接纳为 3GPP2 独立成员，是国内首家获得此殊荣的通信设备企业。5 月，中兴研制的 ZX2301 四路模拟线接口芯片验证测试成功，成为了我国第一个国内设计、国内生产的大规模通信专用模拟芯片。11 月，中兴软交换系统在中国网通宽带电话试验网项目招标中胜出，筹建全球第一个利用软交换技术构建完整话音网络的项目。

2002 年 1 月，中兴成功通过了原信息产业部门组织的 MTNet 第一阶段 WCDMA 的全部系统测试，中兴的 WCDMA 产品开始全面进入商用化阶段。5 月，中兴和世界第一大通信应用半导体供货商杰尔系统公司在深圳成立了联合实验室，加强了在光电子、微电子以及数据传输等技术领域的研究开发。7 月，中兴的 ZXF118 固定电话网短消息中心获得了原信息产业部颁发的国内第一张固定电话网短消息中心入网试用证。10 月，中兴在北京推出了国内第一台符合 802.3ae 标准的 10G 以太网高端路由交换机，标志着中兴在高端数据通讯产品的研发和综合解决方案提供能力方面获得了业内领先的地位。

2003 年，中兴上海研发中心正式启动，可容纳 5 000 名研究人员，标志着中兴研发能力的进一步提升。2004 年 5 月，中兴在北京召开发布会，推出了 GOTa 数字集群通信系统，这是国际范围内首次由中国企业发布的具有自主知识产权的数字集群通信产品，也是世界上首次基于 CDMA 技术的真正的数字集群通信系统，拥有 10 项专利；12 月，在日内瓦 ITU–T SG15 全会上，由中兴承担的第一个国际标准 ITU–T G.Raman（G.665）获得通过，并在全球正式发布。

---

① 《中兴面向网络通信进行二次突破》，世界电信 1998 年第 8 期，第 55 页。

截至 2004 年底，中兴员工人数达到了 25 000 多人，其中科研人员 8 000 多人，占总人数的 32.5%。在稳固国内市场的前提下，也逐渐地完成了对国际市场的拓展，在技术研发和产品创新等方面，逐步缩小了和跨国大企业之间的差距。在交换机、CDMA、GSM、手机终端等领域均达到了世界先进水平。

3. 2005 年至今

2005 年初，中兴提出了公司新的使命与愿景：中兴通讯，业界领先，为全球客户提供满意的个性化通讯产品及服务；重视员工回报，确保员工的个人发展和收益与公司发展同步增长；为股东实现最佳回报，积极回馈社会；2008 年进入通讯行业世界前列，成为世界级企业；2015 年成为世界级卓越企业。中兴逐渐把自己的主导研发方向从原来的 PHS、CDMA 两个领域转移到 3G 产品的研发，在 WCDMA、CDMA2000、TD-SCDMA 上面投入了大量的研发力量，为即将到来的 3G 规模建设打下了基础；在固网产品方面及时地研发推出 NGN、IPTV 等业务产品。

2006 年，为了加大 MTO 市场开拓，大规模地派遣国内技术人员支援国外技术的研发。这一年中兴的 ZXA10 MSAN 综合业务接入网系统研发成功，在 Wimax、ZXPOS、PCS、TD-SCDMA 等方面都取得了核心技术的突破。2007 年，中兴 IMS 研发取得成功，成为了中国 IMS 第一品牌；光传输方面，中兴通讯长途波分设备 ZXWM M900 获得国家科学进步奖，光网络 IP OVER WDM 解决方案获得"2007 中国光通信解决方案优秀典范奖"；IP 网络方面，中兴通讯的高端路由器顺利通过 EANTC 的 MPLS 互通性的全部测试项目，以太网也顺利通过 MEF 的全面测试；无线产品领域，中兴通讯 GSM 全新系列无线产品基站控制器 ZXG IBSC 和 8000 系列基站研制成功并且在多个国家投入商用，WiMAX 领域专利达到了 300 多项，是全球行业的领先者；中兴 GPON 技术也获得了世界宽带论坛的 INFOVISION 创新奖。

2008 年，凭着技术研发能力的提升以及国际市场的成功，中兴成功地入选"全球 IT 百强企业"。有线产品领域，申请的国家专利达到了 220 项，国际专利 35 项；中兴通讯承载网技术获得了 WAITTA 技术类大奖。GSM、CDMA2000、Wimax、ZXPOS、PCS 等领域都取得了技术的重大突破。2009 年，中兴通讯在五大主导业务领域始终保持着强大的持续创新能力，首次实现了全球首个基于 SDRAM 技术的 HSPA+ 网络的正式商用，发布了全球首台对称 10G EPON 设备样机，中兴的 PIN 方案也荣获三项大奖。

2009 年，中兴的科研人员 23 000 人，占员工总人数的 33%，中兴科研投入占到了销售额的 10%。截至 2009 年底，中兴在全球范围内申请的专利达到了 2.5 万件，中兴的主营业务由原来的交换机业务逐渐发展为无线产品、核心网产品、承载/接入产品、业务产品及配套、终端产品五大主导业务（见图 6-1），成为了通信设备行业世界级的企业。

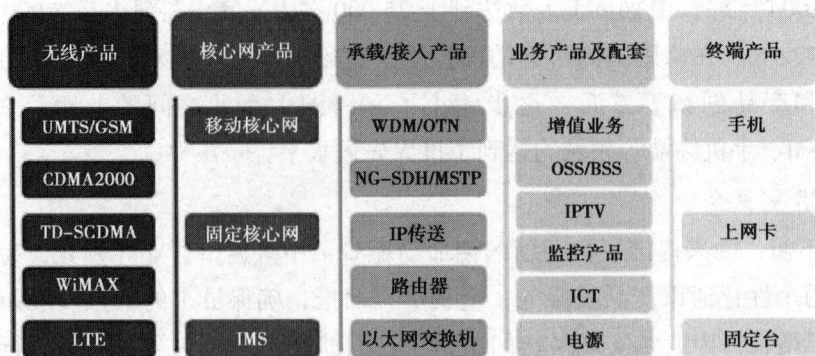

图6-1 中兴五大产品领域

（二）管理变革历程

1. 人力资源管理变革

1996年至1998年，中兴在发展的过程中逐步形成了早期的组织形态——管理集权制。这种组织形态使得中兴能够快速反映市场的需要，使得公司的发展战略始终保持着一定的灵活性。

1997、1998年，是中兴发展最快的两年，发展速度远超过了管理层的预期，中兴销售收入和研发人数呈几何倍数增长。就在销售额急速上升的同时，公司内部的员工逐渐地滋生出了骄傲的情绪。虽然管理层在市场最繁荣的时候依旧能够保持着清醒的认识，但是1999年中兴发展还是经历了滑铁卢。中兴的领导人清醒地认识到由于企业规模的增长和部门的增加，协调的难度同步放大，导致了市场的反应速度和执行效率下降，管理费用膨胀，服务无法跟上公司发展的脚步，管理干部的能力依然不能够适应市场发展的需求。[1]

1998年底，中兴开始进行组织结构的大调整，由原有的集权管理改变为准事业部制，陆续将整个公司划分为相对独立的事业部门。[2] 2002年，中兴为了适应客户需求的变化，对自己的组织结构又进行了一次比较大的调整和优化。但这次组织结构的调整也带来了很多的问题，无法明确各事业部之间的"责权利"。为了解决公司内部事业部之间的"责权利"问题，中兴1999年提出了"合同有效值"[3]的概念，作为对公司内部各事业部考核的依据，由原来的以市场占有率、销售额为核心逐步向以利润为核心的考核体系过渡。通过层层分解落实指标，把发展的压力传递给每一位员工，让所有

---

[1] 尹生、米周著《中兴通讯》，2005年3月第1版，第134页。

[2] 准事业部体制不同于事业部体制，中兴的准事业部不拥有完整的自主经营权。

[3] 事业部毛利润减去一些能够分解的管理费用和其他费用（没有分摊公司总部研发部的研发费用和公司管理费）。

的员工都能够感受到市场化运作中的风险和压力，激发了员工的主动性，增强了团队意识，提高了公司整体的凝聚力和经营管理水平。

"准事业部制＋合同有效值"在激活公司的同时，也带来了新的问题：事业部的考核更加的侧重短期绩效，导致了短期利益和长期利益的失衡。为了避免短期绩效考核的弊端，中兴推出了"市场投资"①的概念。2002 年，中兴成立了 5 人经营委员会，从整体层面对一些重大经营活动进行协调和推动落实。2004 年是中兴的"协同发展年"，中兴组建了一个规划发展部，以加强中央企划和协调能力。同时为了解决企业新人多所带来的问题，中兴向全球通信设备行业巨头 AT&T 学习，引进了矩阵式的管理。

2. 研发管理变革

中兴从走上自主研发之路开始就很注重研发效率的提升，进行过多次管理变革。1993 年，中兴就已经开始了自己的信息化建设，实现了 MIS 系统、会计电算化、库房管理系统等一些小型的应用。虽然在建立伊始提升了企业研发的效率，但是由于各个业务部门各自为政，这些割据的小系统带来了系列的问题，随着 1997、1998 年中兴的快速发展，研发管理的问题日益突出。经过调查研究，中兴选定了 ORACLE 产品和汉德顾问服务，在内部开始实行 ERP 项目管理。至 2001 年，先后完成了各个相关单位的全面上线工作，ERP 系统在中兴进入全面应用阶段。

随着时代的发展和公司规模的不断壮大，中兴意识到了单纯的 ERP 已经不能够满足中兴快速发展的需求，2002 年中兴根据形势发展的需要，实施了电子商务战略，建立了 IT 部门，实现了 IT 的统一管理，建立统一的 IT 管理体系，统一规范建设系统。

2006 年，为了紧跟公司国际化的战略，中兴开始逐步的放弃推行了多年的 6σ 标准，引进了 PRTM 公司的 PACE 管理系统，总结出新的产品开发模式 HDPT，目前该管理系统正逐步在中兴内部推广开来。中兴能为了能够提高技术创新和产品研发的效率，减低风险，2001 年开始引进 CMM 概念（软件能力成熟度模型），逐步在企业内部推广开来，取得了很好的效果。

三、中兴创新能力积累关键事件

（一）里程碑式产品

中兴经历了二十五年的发展，和华为一起成为我国通信设备制造行业的领军企业，并且在激烈的世界竞争中占有一席之地，必然有很多具有重要历史意义的产品。

---

① 在结算的基础上，由总公司对事业部进行投资，然后将投资费用在未来 2-3 年内分摊，投资额从其未来的市场收益中收回。

1. 交换机产品：ZX-60/ZX-500（A）/ZX-2000（A）/ZXJ10

1986 年，中兴深圳研究员成立，组建 8 人研发小组，开始研制开发 68 门模拟空分用户交换机。刚进入行业的时候中兴对交换机技术是外行，但是在做贸易的过程中与陕西邮电管理局及其下属的陕西邮电器材厂有过接触，陕西邮电器材厂主要业务就是生产纵横制电话交换机，且在 1986 年研制出了程控交换机的试验样机。经过一定的了解和交涉，中兴决定与陕西邮电器材厂合作研发交换机。在仿制香港怡富公司的 ESX-60 型程控用户交换机的基础上，研发小组根据国内元器件供应和技术条件进行了重新设计。1987 年 7 月，ZX-60 型小容量程控空分用户交换机在深圳研究所研发成功，通过技术鉴定并取得原邮电部的入网许可证。ZX-60 是中兴拥有的第一个自己开发的产品，也是中兴进入通信产品领域的初步尝试。借助于当时繁荣的通信设备市场，ZX-60 一经上市，就供不应求。凭借着 ZX-60 的上市，中兴开拓了自己的市场，获取了市场竞争的主动权，赢得了丰厚的利润。ZX-60 的成功激发了中兴研发人员的信心，ZX-60 市场上的巨大成功更加坚定了中兴领导人进行交换机研发的信心。

1987 年，中兴开始筹备研制数字程控交换机，由于当时国内通信设备制造业环境十分的复杂：一方面全国的数字程控用户交换机市场已经被国外厂商垄断；另一方面国家政策又积极支持国产数字程控交换机的开发。为了弥补自身研发力量不足的问题，中兴还与北京邮电学院（今北京邮电大学）程控交换系合作。1989 年 11 月，中兴成功的开发出了具有自主支持产权国产化第一台数字程控交换机 ZX-500，并且通过邮电部的全部测试，被认定为具有自主知识产权的国产化第一台数字程控交换机。随着研发的不断深入，中兴在 1991 年成功研制出了适合中国农话 C5 端局数字化改造的数字程控交换机 ZX500A，获得原邮电部颁发的入网许可证。随着 ZX-500 和 ZX-500A 的成功开发，1992 年中兴销售额超过一亿，利税由 1989 年的 81.5 万猛增至 6 000 万元，在激烈的市场竞争中站稳了脚跟。

乘着 ZX-500（A）的东风，1993 年中兴独立研制成功局用数字程控交换机 ZXJ2000，并于同年 11 月通过技术部门的鉴定，获得入网许可证。通过 ZXJ2000 局用数字程控交换机，中兴将自己的市场由原来的农话市场拓展到了大、中型企事业单位以及铁道、电力、军队等专用通信网市场。1993 年，ZXJ2000 局用数字程控交换机装机量占全国农话年新增量容量 18%（包括进口机型），居国内厂家同类产品首位，1994 年这一比例为 13.5%。

1995 年，中兴南京研究所成功开发大容量局用数字程控交换机 ZXJ10 并开通了试验局，ZXJ10 各项性能指标都已经达到了 1990 年的国际先进水平。随着 ZXJ10 在各地的开通，中兴的销售收入也快速的增加。到 1997 年，中兴销售收入达到了 6.31 亿元，实现利税 1.13 亿元。

2. 数据传输、数据通信、移动通信（系统和终端、GSM、3G）

（1）光网络产品。

中兴是我国最早致力于光网络产品开发和生产的厂商之一，从20世纪90年代初起就开始致力于光网络每个技术领域的研究，目前已经在全球建立了五个研发机构，致力于为客户提供WDM/ROADM/OTN、MSTP、PTN、NMS等业务传送解决方案，充分满足网络骨干层、核心层、边缘层等多个层面的建网需求。除此之外，中兴还积极参与国际、国内的标准及专利研究工作，截至目前，已经向ITU-T SG17、SG15、SG13、SG4，以及NGN FG等研究组提交了近两百项光网络技术国际标准提案，并获得了七个ITU Editor席位，国内标准提案1032条，申请950项专利，其中国际专利108项。

成熟的设备和客户化的服务，使得中兴的光网络产品在全球获得广泛应用，中兴的光网络产品已广泛进入欧洲、亚太、拉美、非洲及中东等区域的90多个国家和地区的市场，被250多家运营商采用。此外，中兴微波分产品在国内市场占有率连续多年保持第一。

中兴通过多年来卓越的表现，建立起了自己的品牌，获得了通信设备业业界的广泛认可。2006年至2008年，中兴蝉联"年度中国光通信最具综合竞争力企业10强"榜首及"年度光通信杰出企业"等多项荣誉；2007年12月，中兴通讯长途波分设备ZXWM M900获得国家科学进步奖；同时，中兴"支持通道共享环保护的保护倒换协议"获第十届中国专利奖优秀奖；光网络IP OVER WDM解决方案获得"2007中国光通信解决方案优秀典范奖"；2008年1月中兴通讯的"承载网"解决方案获得澳大利亚第十七届WAITTA技术类大奖。

（2）GSM产品。

中兴二十五年的研发史，研制出了数以万计的产品和技术。其中，最曲折的恐怕就是GSM产品。1995年中兴启动了GSM研发项目，开始倾注大量的科研力量、投资经费以推动GSM领域的研发，虽然技术的实现远比想象中的要困难很多，但是依靠研发人员的努力，1999年GSM设备还是成功地实现了商用。然而不幸的是，当时国内的GSM市场早已经被"七国八制"的跨国巨头所瓜分，中兴的GSM市场毫无用武之地。甚至到今日，中兴GSM在庞大的国内市场中的份额还是没有超过10%。

但随着中兴国际化战略的不断推进，GSM项目在海外、尤其是发展中国家市场爆炸性启动之后，中兴GSM的命运就发生了根本性的转变。2003年，中兴GSM设备陆续进入了亚太、中东、北非、南非、欧洲、拉美的20多个国家和地区。中兴并没有停止自己的脚步，反而投入研发力量，以推动公司在GSM领域始终保持着持续创新的能力。根据运营商的个性需求量身定做的GSM WLL、GPRS差异化网络解决方案，推出了诸如基站控制器ZXG10 IBSC和8000系列基站等一系列符合市场以及运营商需求的新产品和解决方案。2004年至今，中兴GSM业务已经连续保持增长率在100%，成为全球增长最快的GSM设备供应商。虽然起步相比全球通信设备巨头较晚，但是依靠着高增长率中兴成功跻身全球主流GSM设备供应商之列。2007年，中兴全球GSM发货超过34万载频，同比增长325%，2009年全球新增市场份额增至20%，成功晋级世界前三。

（3）3G产品。

随着3G核心技术的突破，3G在全球范围内如火如荼的展开。中兴作为崛起的"中国力量"的代表在3G领域完成了从技术跟随到逐步领先，从业务创新到标准制定的多次跨越。3G有三种标准，每一种都有其特有的优点。由于政策的不确定性，很多通信设备制造企业在三种标准之间举棋不定。中兴的研发理念逐渐发挥出作用，采取一贯的"森林原理"，脚踏三只船：WCDMA、CDMA2000、TD-SCDMA，分别进行"低成本尝试"以期在未来能够分到更多的3G蛋糕。三种制式产品在统一的3G全IP硬件平台进行研发，最大程度地实现不同制式的技术共享，最大限度地利用研发、生产和市场资源，减低成本，提高竞争力。

中兴并没有被3G这块未来通信行业的大蛋糕所冲昏头脑，在3G技术研发上表现出了有节制的态度。在WCDMA领域上坚持有节奏的投入，和大唐一起起草国际标准；同时依靠CDMA95标准大规模的商用向CDMA2000平稳地过渡，走出了一条慢热型的道路。在WCDMA领域，中兴从1998年就开始投入研发，总计投入了40亿元人民币的资金，4000多名研发精英，在深圳、上海、重庆、南京、成都、西安以及斯德哥尔摩研究中心同步进行系统的研究和开发。经过数十年的技术积累，中兴WCDMA已经形成了辐射全球的研发体系。迄今为止，中兴在基带芯片设计、无线系统、无线资源管理算法、2G/3G的兼容、PHS与CDMA两网协调共存、射频、数字中频、工艺结构等关键技术已经取得了群体性的突破；WCDMA领域累计申请专利达到了1100件，其中WCDMA技术领域的专利约700件，WCDMA标准与产品的重要专利76件；在3GPP LTE标准方面获得了2个编辑席位。目前，中兴通讯WCDMA/HSPA已成功应用于包括中国香港、巴西、罗马尼亚、爱沙尼亚、利比亚等全球近30个国家和地区，已经具有年供货2.5万台基站的生产能力，可以全面满足国内外的大规模商用建设需求。中兴通讯WCDMA核心网全球应用已经累计超过1.2亿线，技术稳定性和商用成熟度得到充分认可。

在TD-SCDMA领域，中兴2001年开始启动TD项目，在TD-SCDMA项目上总投入超过了25亿元人民币，研发人员超过3200人，在TD-SCDMA技术演进和标准制定方面，一直持续投入了大量的中坚力量。在大量人力物力的支撑下，中兴在TD-SCDMA技术领域的标准研究中取得了重大突破，快速把握了最优的级数思路和解决方案，提出了系列解决方案：BBU+RRU、MBMS、HSDPA+HSUPA、HSPA+、LTE；并且申请了 TD-SCDMA 技术专利千余项，涵盖了几乎所有的核心领域。与此同时，中兴不但是 TD 联盟的发起者，也是 TD 标准指定的主要参与公司，为 TD 自主创新积累做出了突出的贡献。目前，中兴拥有的产品线最全，提供端到端的 TD 解决方案，可以提供一站式采购，利于灵活建网、系统兼容和 TD 持续演进。

（4）终端产品：手机。

中兴 1998 年开始涉足手机终端领域，从事手机终端的研发和生产。1999 年中兴推出了第一款自己的手机 ZTE189 全中文双频手机，标志着中兴终端业务的开始。2002 年，国内手机市场出现了井喷，依靠良好的市场行情，终端业务一跃成为中兴三大战略业务之一，并于同年 2 月成立了独立的手机事业部门。鉴于在市场销售方面的薄弱，中兴采取了和运营商捆绑销售的形式，取得了巨大的成功。至 2004 年，中兴 CDMA 手机占有率 11.5%，稳居国产手机生产商第一。

经历十多年的磨砺，中兴手机终端领域的研究生产达到了世界先进水平。截止到 2008 年 9 月底，中兴手机专利申请达 1 772 件、国际专利 112 件，居国内厂商之首。凭借强大的定制能力，中兴通讯 2G 手机和 3G 手机赢得了沃达丰、英国电信、中国移动、中国联通、和记黄埔、法国电信、西班牙电信等全球知名运营商的支持。

2008 年第三季度，中兴手机销量超过 1000 万部，与去年同比增长达 86%，其中海外销量约占整体销量的 94%，呈现良好的发展态势。在国内市场，中兴通讯把握 TD-SCDMA 市场先机，以功能齐全强大的手机 U980 和数据卡 MU318，成为中国移动首批 TD 终端集采中标金额最大的赢家。TD 终端二次招标结果中兴通讯以 61 000 部手机中标，超过 TD 手机招标整体 30%，占据最大市场份额。

（二）核心技术突破

NGN（Next Generation Network）意指下一代网络，它以软交换为核心，能够提供包括语音、数据、视频和多媒体业务的机遇分组技术的综合开放的网络构架，代表了通信网络的发展方向。早在 1998 年，中兴就已经在美国成立了研究中心，聘用全球顶尖 NGN 高手进行 NGN 的规划和研发，这使得中兴通讯成为国内首家从事软交换研发的厂商。中兴在进行技术研发的同时，还进行了 NGN 的市场推广。2001 年，中兴建立了全球第一个基于软交换技术的 NGN 商用网。2002 年，中兴作为唯一国内厂商参与中国电信下一代网络实验工程，在五家厂商参与测试项目最多、最全，并且排名靠前。2004 年至 2005 年，中兴通讯全面参与了中国电信组织的一系列测试，包括软交换性能、功能测试、协议一致性和兼容性测试，大容量网关测试等等。2005 年，中兴正式推出基于软交换 NGN 技术的"固网 3G 整体解决方案"，并在同年独家承建了全球最大规模的中国电信 NGN 长途骨干网项目，成为全球节点数最多、用户规模最大的固定 NGN 网络。2006

年 11 月该网络获得终验，此项目使得中兴再次成为业界瞩目的焦点，并成为全球在下一代网络技术应用方面的"标杆"。2006 年度中兴 NGN 产品在全球各国不断取得瞩目成绩，不仅相继承建蒙古、中国电信（上海）、俄罗斯 MTT 国际关口局等高端网络项目，NGN 产品还获得了印度尼西亚、俄罗斯等国的入网许可证。"固网 3G"不仅助力电信运营商的 NGN 全面演进，还用自主创新精神有力推动了中国通信企业走向世界的国际化进程。2007 年，中兴在全球范围更加广泛地加强了与国际运营商在 NGN 领域的合作。印度 VSNL、Aircel、中国香港 PCCW、菲律宾 Globe、越南 EVNT、巴西 VIVO、俄罗斯 MGTS 都相继采用中兴 NGN 技术建设其下一代网络。截至 2008 年底，中兴软交换技术已申请国家专利 220 项、国际专利 35 项；中兴已在中国、俄罗斯、印度、巴基斯坦、葡萄牙、哥伦比亚、匈牙利、蒙古等全球 50 多个国家和地区部署超过 1.8 亿线容量的 NGN 系统。在国内市场，中兴更是占有中国电信软交换市场 60% 的最大份额。

（三）重点业务发展

1. 小灵通

1997 年，UT 斯达康在浙江余杭开出了第一个小灵通试验局，由于先天的技术风险，几乎没有人看好它的未来；然而由于小灵通方便使用、资费便宜、信号好的优点，所以深受客户的喜爱。1999 年，中兴大规模的启动了小灵通项目。然而在实施的过程中，中兴内部科研人员反对的声音"非常"的强烈，最大的理由就是"小灵通技术含量太低了，是一种面临淘汰的技术"。出人意料的是以高科技公司为主、而且经历了 2000 年泡沫破裂的纳斯达克股市却对这种技术非常落后的产品表示了很高的认可。小灵通主要设备包括交换机和基站，交换机是中兴的技术强点，在基站方面，中兴决定使用 OEM 京瓷的基站，通过引进消化吸收再创新，于 2004 年成功的实现了基站的自主研发。

2001 年中兴在北海和西宁正式启动市场。与政策上的反复不同，在市场上，小灵通受到了广泛的欢迎，到 2004 年底，用户达到了 5 700 万，远超同时大规模应用、且技术含量远远优于它的联通 CDMA。小灵通的成功为中兴赢得了巨额的利润，2001 年，小灵通为中兴获得 23.96 亿元的收入，占当年总销售额的 17.11%；2002 年，小灵通设备和手机的销售额近 40 亿元，占总额的 24%；2003 年，小灵通为中兴贡献了 80 亿元的销售额，占全年收入的 1/3。

2. CDMA

中兴的 CDMA 研发项目与 GSM 研发项目同步启动，两者最后都获得了比较完满的结局，成为中兴的主导业务，成功的跻身世界前列。而两者在发展的过程之中却经历了天壤之别，GSM 百转千回，最后柳暗花明；CDMA 虽然历经千万般艰难，却有惊无险。1995 年中兴启动了 CDMA 项目，主要研发 CDMA-BSS 和核心网 CDMA-MSS。由于市场的不确定性，中兴在 CDMA 研发上一直处于观望和尝试性投入阶段，在此过程中，中兴也成功通过上市融资促进 CDMA 项目的研发。2000 年是中兴 CDMA 项目的转折点。这一年，中国联通正式上市，并且成功兼并长城电气公司，其旗下运营的 CDMA 网络正式划归中国联通。这意味着此后 CDMA 在中国将获得强有力的资金和运营支撑，从而必定会带动 CDMA 产业进入实质性的启动阶段。当时 CDMA 在全球范围内的商用的程度并不是很高，无论是从技术领域还是从市场份额来看，全球的通信设备制造厂商基本上处于同一起点。这对中兴来说就是一个巨大的优势，因为中兴更加贴近客户需求，同时拥有较低的研发成本。中兴从 CDMA IS95 标准入手。经过惨烈的价格博弈，中兴获得了 7% 的订单，也由此成为了中国联通永久的合作伙伴，借助中国联通这棵"大树"，全力打造中国 CDMA 第一品牌。2004 年中兴通讯自主研发成功了世界上第一个基于 CDMA 技术的"GoTa 数字集群系统"，拥有 300 多项专利，覆盖了系统和终端，并首开中国供应商向国际知名供应商 IPR 授权的先河。随着技术研发的不断深入，中兴逐渐确立了自己在 EV-DO Rev.B 领域的技术优势，为顾客提供各种解决方案。凭借着先进的技术和优质的服务，中兴在 CDMA 市场上的发展也势如破竹。截至 2008 年底，中兴 CDMA 产品已经成功地进入了 70 多个国家的 120 多个运营商网络，在全球有 1.7 亿线的成熟商业应用；同时在 60 多个国家部署了 70 多个 EV-Do 网络；中兴的 CDMA 已经占领了世界合同销售量的 50%。根据 Frost&Sullivan 发布的研究报告《全球 CDMA 市场和供应商竞争力分析》显示，中兴通讯全球设备商 CDMA 综合竞争力排名紧随阿尔卡特－朗讯之后稳居全球第二。2010 年上半年，中兴 CDMA 产品占领了国内 43.2% 的市场份额，Frost&Sullivan 发布的上述研究报告认为中兴已经成功超越了老对手阿尔卡特－朗讯，登上了榜首的位置，成为全球第一大 CDMA 设备供应商。

更为长远的是，中兴依托 CDMA 的势能，稳健地实现了向 3G 技术的过渡；同时 CDMA 技术也衍生出了中兴一个崭新的业务——手机。综合来看，CDMA 是中兴发展过程中的一大转机，在中兴的发展历程中起着极为重要的意义。

（四）战略转型

1. 国际化战略

国际化是每一个企业发展的必由之路，只有走出国门，走向世界，才能够在全球的范围内进行资源的配置，取得全面的竞争优势。基于这点，中兴从 1995 年就开始实施"走出去"战略。

在国际化的过程中，中兴延续了之前在国内市场的做法，走"农村包围城市"的路线，选取了跨国巨头垄断程度相对弱一些的第三世界国家作为突破口。南亚、非洲一些国家成为了中兴通讯国际市场发端的"福地"。从 1999 年起，在巴基斯坦、孟加拉等国，中兴每年都能够收获几千万、上亿美元的订单。1995 年至 1997 年，是中兴的海外探索期。在此阶段，中兴确立了进军国际市场的大战略并有少量的产品在海外市场取得突破；与此同时，还在个别国家建立"据点"，初步了解国际市场的一些运行规则。1995 年，中兴通讯首次参加了日内瓦 ITU 世界电信展，代表中国通信企业正式走向世界。

1998 年至 2001 年，是中兴的规模突破期。中兴开始进行大规模海外电信工程承包并将多元化的通信产品输出到国际市场。此阶段，中兴陆续进入南亚、非洲等多个国家，海外市场实现了由"点"到"面"的突破。1998 年，中兴先后中标孟加拉、巴基斯坦交换总承包项目。其中，巴基斯坦交换总承包项目金额为 9700 万美元，是当时中国通信设备企业在海外获得的最大一个"交钥匙"工程项目，令世界瞩目。

2002 年至 2004 年，是国际化全面推进期。中兴在海外市场实现了市场、人才、资本三个方面全方位推进。不仅仅巩固了在亚非多个发展中国家的市场基础，在其中一些国家还具备了较高的品牌影响力，成为了所在国主流的设备厂商。令人可喜的是，中兴先后进入了印度、俄罗斯、巴西等市场潜力巨大、人口众多的国家，标志着中兴国际化的深入。2004 年管理层变革后，新一届管理层更加明确国际市场是今后整个公司发展的两大重点方向之一。2004 年 12 月，中兴努力已久的"资本国际化"终于取得了历史性成果，成功在香港联交所挂牌上市。在此背景下，如何使国际市场向更高层次迈进，确保未来国际市场可持续发展，逐步成为摆在中兴决策层面前的首要任务。

2005 年开始，是中兴国际化进程的高端突破期。中兴借助"本地化"以及"MTO战略"的有效实施，与全球跨国运营商开展全面、深入的合作，实现了对西欧、北美等发达市场的全面突破。为了加快市场的突破，中兴一方面对营销结构进行重组，将国内营销骨干抽调海外市场以加强海外市场开拓；另一方面，大力推行海外本地化队伍建设。目前，公司本地化率已超过 65%。同时，在印度和法国，还任用当地人进入管理层。近两年来，中兴已开始实现从新兴市场、地方运营商市场向发达国家、跨国运营商市场的跨越。2006 年，中兴突破北美市场向加拿大输出 3G 终端设备；2007 年中兴和很多西方主流运营商建立了合作关系，如与 Vodafone，Telefonica 在低成本手机领域的合作，与美国 Sprint Nextel 在 Wimax 方面的合作；2008 年，中兴通讯与Vodafone 签署系统设备全球合作框架协议，产品覆盖公司包括 GSM/UMTS/ 光传输等在内的全线系统设备；截至 2009 年，中兴产品已经成功销往全球一百多个国家和地区，全年实现销售收入 602 亿元，其中国际市场实现收入 300 亿元，占集团总体收入的 50%。

2. 主导业务转型

中兴为了紧跟市场的脚步，减小企业发展中的动荡和大起大落，进行了 7 次主要的变革，确立了不同的主导业务发展方向。第一次主导业务的转变发生在 1986 年。当时国家大力支持通信业的发展，实施"以市场换技术"的策略，中国的通信行业进入了一个高速成长时期。中兴由电子产品来料加工转为生产当时国内急需的数字程控交换机。随着 ZX-60、ZX-500 等数字程控交换机的成功研发，数字程控交换机产品成为主导产品，中兴走上了电信系统设备制造商的道路。第二次转型发生在 20 世纪 90 年代中期。1993 年，中兴成功研发 2500 门局用机，便将目光转向了万门机的研制。1995 年，万门机成功研制并且通过了原邮电部专家评审。以万门机推出为标志，中兴由一家生产中小容量的交换机厂商，转变为一家生产万门以上大容量交换机的主流电信设备制造商。第三次转型发生在 1996 年。中兴提出了三大转变：产品突破单一的设备交换，向多元产品领域发展；目标市场由农话网向本地网、市话网扩展；由国内市场向国际市场扩展。随着中兴多元化战略的实施，中兴主导业务由原来单一的交换机发展到传输、接入、视讯、电源等 5 个相关的领域。第四次转型源于 1997 年的上市。为了解决资金问题，深圳市推荐中兴在国内成功上市，为中兴在 3G、数据和光通信等领域的研制提供了有利的基础，成功推动了中兴在 CDMA、GSM、PHS、3G 等领域的发展，扩大了中兴的主导业务。2000 年，中兴进行了第五次转型。在国内传统固定电话网络设备需求减缓的情况下。中兴正式确定了移动通信、数据通信光通信三大领域，主导业务经历了一次比较大的整合。其中 CDMA 和 PHS 准确地把握了固定运营商对移动业务的需求，获得了飞速的发展，给中兴提供了一件过冬的"棉袄"。2002 年，中兴进行了第六次转型。2001 年间全球电信行业经历互联网泡沫破裂以后，急剧萎缩；加之国内电信分拆的影响，中国运营商投资规模缩小，民族通信设备厂商的发展前景十分不稳定也不明朗。面对这种情况，中兴以变应变，2002 正式提出新的三大核心战略领域：手机、国际化、3G。在固定网络产品进入饱和期，移动网络产品也处于成长后期的情况下，手机终端、3G 的发展以及国际市场的拓展给中兴的发展带来新的活力。2005 年，中兴进行了第七次战略转型，目标旨在成为全球性的综合电信设备制造商，中兴的主导业务也朝更加全面化的方向发展。在新的战略的指导下，中兴正一步步向世界级卓越企业迈进。

四、中兴支持创新的内部机制

（一）优待研发人员

中兴的很多高层都是研发人员出身，他们力图实施一种以人为本的管理，其核心通过感情、待遇和事业留住人才。工资收入是一个人价值最直接的体现。2001 年之后，中兴员工实际收入已经超过了对手，并且薪水增长速度也加快；2003 年，高校招聘的过程中中兴硕士毕业生最低工资标准比对手高出 20%。职位晋升方面，虽然中兴的职位提升要求保持职位的连续性，但是在公司有三条可供员工选择的"跑道"：管理、技术和业务。员工只要在任何一个体系爬到最高的级别，就能够享受副总裁的待遇。

相比较于物质激励和事业发展来说，中兴在股权激励这条路上走得比较曲折。公司成功上市之后，1999 年中兴就开始在内部搞股票期权试点，由于国家政策的原因最后不了了之。随着改革开放的不断深入，我国市场经济的不断完善，国家相关政策也进行了适时的调整，中兴重新推行股票期权激励。2006 年公司股权激励方案出台。根据方案计划，中兴将采取授予新股的方式，向 3 435 名员工授予 4 798 万股 A 股股票，比例占总股本 5%。

（二）异地研发

1993 年中兴决定研发万门局用数字程控交换机的时候，把研究所设在了南京。其一是因为南京环境比较稳定，研发人员能够静下心来进行研究工作；二是因为南京高校众多，人才济济，科研水平较高。南京研究所的成立拉开了中兴"异地研发"的序幕。紧跟中兴技术发展的脚步，中兴先后在上海、北京、西安、成都、武汉等全国大中城市设立了研发机构；随着中兴国际化的发展，也在世界各地诸如瑞典的斯德哥尔摩、美国的硅谷以及达拉斯、印度的班加罗尔等地建立了自己的研发机构。通过跨地区和跨国文化的合作，成功的实现了全球异步异地的研发战略。

异地研发还推动中兴实现了市场的突破，研究所建在哪里，中兴的市场营销网路就突破到了哪里。通信行业是一个变化非常之快的一个行业，稍有不慎就容易被对手抛在后面。中兴在许多发达国家也建立研究所，除了开拓市场和产品研发之外，就是为了能够了解全球通信行业以及通讯设备发展的最新动态，以达到跟踪市场的目的。

（三）合作研发

中兴是以技术立企的企业，然而在初创之时，基础设施落后，资金十分的匮乏，研发力量也十分的薄弱，为此中兴就走上了一条合作研发之路，与企业和高校共同进行技术研发，借助对方的力量，提升了研发的整体实力，缩短了创新的周期，加快了创新的效率，降低了企业创新失败的风险。

1986 年，中兴和陕西邮电器材厂合作，研制出了公司第一款产品 ZX-60。1988 年，与北京邮电学院程控交换系合作，扩充了研究队伍，增强了技术开发力量，研制成功 ZX-500 型数字程控交换机产品。两次合作研发都取得了成功，让中兴领略了合作研发的魅力，合作研发也因此成为了中兴后来产品研发和技术创新中常用的一种手段。1998 年，中兴和美国德州仪器合作在深圳建立 TI-ZTE DSP 实验室。2002 年，中兴和通信半导体供货商杰尔系统公司举行了签约仪式，宣布在深圳成立联合实验室，双方加强了光电子、微电子、以及数据传输等领域的合作；与英特尔有限公司签署了备忘录，在未来 3G 通信、无线局域网等几个关键领域展示深层次合作。2006 年与 FT 达成长期战略协议，在固网接入、业务、终端等领域进行了深度的合作。2008 年和 Vodafone 签署系统设备全球合作框架协议，覆盖包括 GSM/UMTS/ 光传输等在内的全线系统设备产品。2009 年，携手美国高通公司提升 WCDMA 系统容量和性能等等。除此之外，中兴还加入了一些国际化的通信组织 3GPP、ITU 等，和国际通信设备行业巨头一起完善行业标准，推动世界通信设备制造业的发展。

（四）组织结构创新

企业在创业初期和发展的初级阶段，需要有一种集权式的组织结构以更好的发挥领导者的能力，实现企业的统筹规划、协同整合；同时又需要部分兼顾各职能领域的具体特点，直线职能型组织结构是中国企业乃至世界许多企业在发展初期普遍采用的一种组织结构。经过几年的发展，中兴在内部也逐渐形成了典型的直线型职能结构（见图 6-2）。

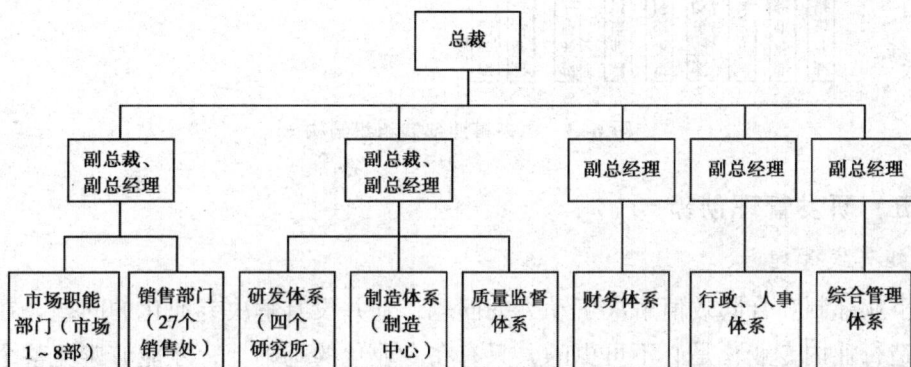

图 6-2　中兴直线职能制组织结构图

经过十几年的飞速发展，1998 年中兴销售收入已经达到了 41 亿元人民币，规模和研发队伍不断扩大。直线职能制组织结构的弊端开始显现，管理工作简单粗放，成员之间和组织之间横向联系差，管理的效率降低。高层领导人忙于"救火"，难以对公司战略管理投入更多的精力，责权利不能够统一的问题也愈加的严重。随着规模的扩大，大平台上的部门越设越多，很多人进了"岛心"，感受不到竞争压力，不同程度地滋生了追求稳定、安逸、"大锅饭"的情绪现象。

1998 年中兴管理层召开会议决定转变公司管理组织结构，由原来的直线职能制向事业部制转变。同年 12 月进行了大的调整，实行集权和分权管理相结合的模式，向集团化过渡（见图 6-3）。

组织结构转变之后，事业部下放了决策权力，使得企业内部管理的积极性和灵活性很大幅度地提升。公司在管理上化整为零、上下分工，具体产品的市场和客户的管理任务由事业部承担，总部从中脱离出来，集中精力于战略规划和协调管理。组织管理结构的创新标志着中兴集团化迈出了第一步，为以后中兴国际化战略的开展和成为世界级的卓越企业奠定了管理的基础。

董事会
总裁　　　经营委
高级副　　高级副　　高级副　　高级副　　高级副
香港公司、合资公司　　质企中心　　市场中心　　技术中心　　总裁办　　人事中心　　财务中心
副总裁 网络事业部　副总裁 本部事业部　副总裁 CDMA事业部　副总裁 移动事业部　副总裁 手机事业部　副总裁 通讯事业部　副总裁 第一营业部　副总裁 第二营业部　副总裁 第三营业部

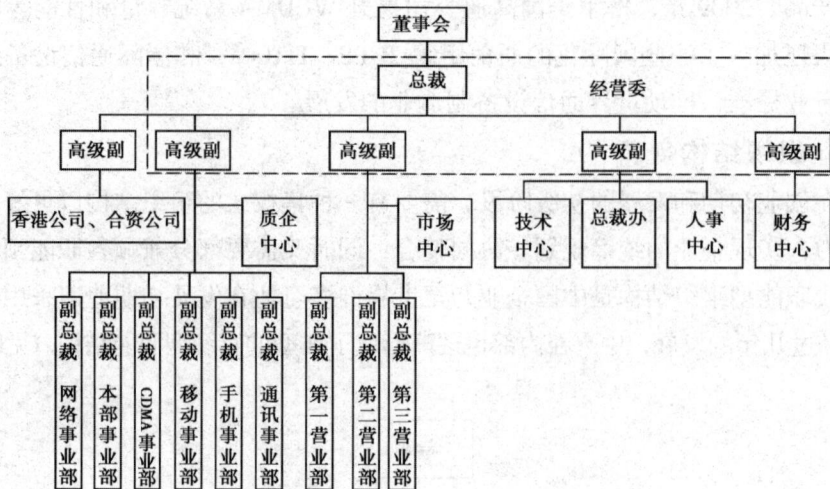

图 6-3　中兴事业部制组织结构

（五）研发管理创新

1. 矩阵式管理

准事业部制和合同效值解决了动力的问题，却并没有解决专业化的问题。在通信设备制造行业内专业化是必不可少的，只有在专业化的基础上，才能够避免整个系统的非人格化，使得局部的变化不会影响到整个企业的绩效。随着研发成功和市场的开拓，中兴的规模迅速的膨胀起来，员工人数由 1997 年的 2 600 多人迅猛增加到 1998 年的 7 000 人。大批刚毕业的学生迅速充实到研发和市场一线。年轻人干劲足，却缺乏经验和专业性，所以给企业带来活力的同时也带来了很多的问题。产品的质量和企业的经济效益并没有随着规模的扩大而同步地提升，导致公司盈利能力减弱。经过多方论证和考察，中兴决定在研发系统推行矩阵式管理。之所以选择矩阵式管理主要是因为以产品管理为主线的矩阵管理所具有的灵活性正好可以弥补准事业部制存在的资源难以共享、协调难度大的弊端。中兴领导层在 1998 年元月的一次产品研制工作会议上明确了要对研发模式和研发体制进行改革，成立严格独立的产品设计策划、测试和开发部门，即系统部、测试部、开发部；此外还引进产品经理的项目牵头人角色，规定由其掌握研发资金，同时决定在研发管理中引入市场方案，即系统部和开发部能否从公司拿到钱，关键看要看能否拿到订单，以此来缩短商用化的时间。

经过一段时间的推行，矩阵式管理在中兴研发部门得到了全面推行。矩阵式管理效果显著。促进了中兴团队管理的形成，团队管理开始在中兴流行起来，甚至到了言必称"团队"。中兴高级副总裁将产品经营团队的好处总结为：通过团队模式把蛋糕做大，以市场的持续增长，产品成本的持续降低、合同有效值的持续提高来解决激励问题。

2. 六西格玛

2001 年是中兴的"质量年"。春节期间，中兴发生了一起严重的质量事故：连续十几天，不断出现严重的网络质量问题，造成用户的过激行为。中兴高层对此痛心疾首，开始在公司内部开展一场质量改进运动。同年 10 月，中兴领导人在公司策略研讨会上提出："要求各系统要进一步优化流程，系统学习 GE 公司六西格玛管理理念和方法，加大企业文化宣贯力度，加强财务控制、进一步落实经济责任制。" 在推行六西格玛管理方法时，中兴将 GE 作为标杆企业来学习。2001 年中兴花费 170 万元人民币从研发、市场、综合管理、物流等部门选取了 27 名业务骨干进行培训。一期培训结束后，中兴选择了采购和生产制造中心——康讯公司作为六西格玛项目的试点机构。并要求：如果经过培训考试，半年内不能取得"绿带"资格证书，此领导的岗位就要让出，由公司进行竞聘。考试包括理论性考试及与本职工作相关的项目实践考核（从立项到执行都需要评审），然后管理干部再给下属灌输思想，逐层推进，并制定了一套机制实施。

为了确保六西格玛管理制度的成功推行，中兴还成立了的六西格玛战略委员会和办公室，将实施六西格玛管理作为公司长期的战略任务。在推行六西格玛管理变革之时，高层给予了极大的支持，这对六西格玛的最终成功起了决定性的作用。2002 年，六西格玛作为公司长期发展战略全面实施。六西格玛的实施提高了中兴产品和服务的质量，提升了中兴的品牌知名度，加快了产品和技术的研发，为中兴带来了巨大的经济收益。

(六) 企业文化

创业期的中兴，是中兴企业文化奠基的时期。这期间中兴的文化形成主要受到五方面的影响：避免低效率运作，形成一种健康文化；掌握以市场为导向的研发路线，最大程度降低风险；奠定了重视人才、尊重人才的基调；形成了团队精神和民族氛围；中兴领导人的产业梦想和他们的个性魅力被中兴的创业者接受为主流文化。

1993 年，在思考和总结中兴八年间的发展历程、员工的精神状态和工作作风后考虑到企业长远发展的需要，中兴领导人第一次尝试对过去那些帮助中兴成功或使中兴遭受挫折的因素进行总结，并概括了四句话：互相尊重，忠于中兴事业；精诚服务，凝聚顾客身上；拼搏创新，集成中兴名牌；科学管理，提高企业效益。形成了中兴企业文化的精髓。1996 年《中兴报》（现改为《中兴通讯报》）创刊，为中兴企业文化建设开辟了一个至关重要的管道，中兴企业文化建设进入了新的阶段；1997 年《中兴企业文化细则》几经修改后正式定稿出版；1999 年，为了更好地贯彻企业文化，增加了《员工行为规范》；2002 年，细则中增加"5 条高压线"的内容，也就是中兴企业文化和价值观不能容忍的行为底线，一旦触及，一律开除。至此，中兴企业文化基本确立下来。

中兴的文化是一种"温情文化"，它具有广泛的包容性，允许言论自由，允许"子文化"的存在；中兴的文化是一种"诚信文化"，以诚信为立身之本，为中兴人行动的第一准则；中兴的文化是一种"顾客文化"，顾客至上，始终如一地为顾客的需求和成功而努力；中兴的文化是一种"团队文化"，协作开发，共同进步；中兴的文化是一种"学习文化"，在中兴，不选择学习就意味着在选择落后。

五、中兴技术创新能力评估

（一）产品整机/整体工艺技术

中兴从原始的用户交换机到数据移动通信，从 GSM 到 3G 业务、LTE 和移动软交换，中兴始终都站在技术的最前沿。

1.交换机产品（见图 6-4）

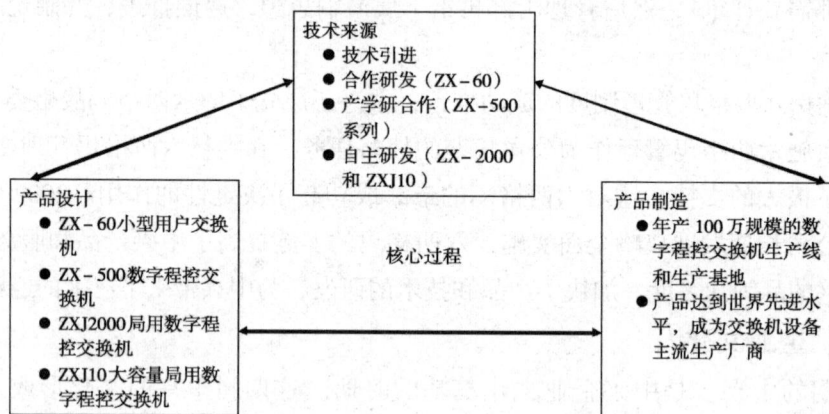

技术来源
● 技术引进
● 合作研发（ZX-60）
● 产学研合作（ZX-500 系列）
● 自主研发（ZX-2000 和 ZXJ10）

产品设计
● ZX-60小型用户交换机
● ZX-500数字程控交换机
● ZXJ2000局用数字程控交换机
● ZXJ10大容量局用数字程控交换机

核心过程

产品制造
● 年产 100 万规模的数字程控交换机生产线和生产基地
● 产品达到世界先进水平，成为交换机设备主流生产厂商

图 6-4　交换机产品创新能力评估图

作为航天系统 691 厂的对外窗口企业，中兴的成立就是为了母公司寻求新的发展机会，经过周密地市场调查，最终决定进入了如火如荼的通信设备制造行业，进行自主研发，以获取企业在市场上的主动权。技术空白、科研人才匮乏、资金短缺和设施的简陋等一系列的问题并没有挡住中兴自主研发的脚步。清晰认识到自身的研发实力之后，中兴通过技术引进和联合研发来应对自身短板，推动交换机技术的研发工作。中兴联合陕西邮电器材厂合作，根据国内元器件供应和技术条件重新设计，研制出了 ZX-60 型小容量程控空分用户交换；中兴联合北京邮电学院研制出了具有自主支持产权国产化第一台数字程控交换机 ZX-500，成功地打破了跨国巨头的技术垄断。两次成功的研发锻炼了科研人员，提升了科研人员的能力。在此之后，中兴开始进行产品研发和技术创新，先后研制了 2500 门局用数字程控交换机 ZXJ2000 和大容量局用数字程控交换机 ZXJ10。经过多年的研发工作，1995 年中兴的交换机技术已经达到了发达国

家 1990 年的水平，建立起了年产 100 万规模的数字程控交换机生产线和生产基地。时至今天，中兴的交换机技术已经达到了世界领先的水平，成为了交换机设备主流的生产厂商。

2. 光网络产品（见图 6-5）

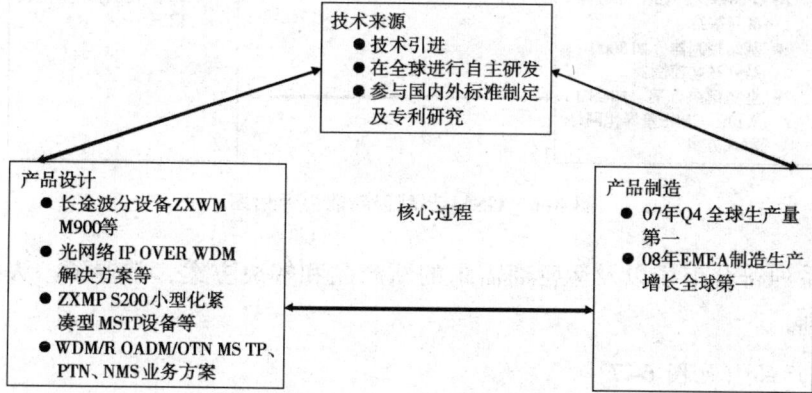

```
                    ┌─────────────────────┐
                    │ 技术来源            │
                    │ ● 技术引进          │
                    │ ● 在全球进行自主研发 │
                    │ ● 参与国内外标准制定 │
                    │   及专利研究        │
                    └─────────────────────┘
     ┌──────────────────────┐         ┌──────────────────────┐
     │ 产品设计             │         │ 产品制造             │
     │ ● 长途波分设备ZXWM   │  核心过程 │ ● 07年Q4全球生产量   │
     │   M900等             │◄──────► │   第一               │
     │ ● 光网络IP OVER WDM  │         │ ● 08年EMEA制造生产   │
     │   解决方案等         │         │   增长全球第一       │
     │ ● ZXMP S200小型化紧   │         │                      │
     │   凑型MSTP设备等     │         │                      │
     │ ● WDM/R OADM/OTN MS TP、│       │                      │
     │   PTN、NMS业务方案   │         │                      │
     └──────────────────────┘         └──────────────────────┘
```

图 6-5　光网络产品创新能力评估图

中兴在发展的过程中需要不断拓展自己的技术和产品领域，以形成多个增长点维持企业的持续运营。20 世纪 90 年代初在交换机研发的同时，中兴就进入了当时尚未进入商用阶段的光网络领域，投入了大量的资金和人才进行技术的研发。中兴先后在全球范围内建立了五个研究机构同步研发光网络技术，同时还积极地参与国内外标准制定和技术的研发工作。经过不懈的努力，中兴在光网络领域取得了辉煌的战果，先后推出了 WDM/ROADM/OTN、MSTP、PTN、NMS 等业务传送解决方案和一系列的商用设备，如长途波分设备 ZXWM M900、中兴 ZXMP S200 小型化紧凑型 MSTP 设备等；同时还成为了行业内标准制定的主导者。中兴的多项光网络技术和解决方案获得了世界级的大奖，得到了业界的肯定；同时也成功地开拓出了市场，在世界范围内广泛被使用，多个产品市场占有率稳居世界前列。

3. GSM 产品（见图 6-6）

随着移动通讯技术的不断进步，数据传输、数据通信和移动通信产品是继交换机产品之后通信设备行业发展的主导方向。跟随行业发展的主流方向，中兴在很早就进入了第二代移动通信 GSM 领域，进行产品的研发技术的创新。经过很多的挫折，中兴最终突破了 GSM 的核心技术，研制出一系列的商用基站和基站控制系统，随着国际市场的开拓逐渐发展成为了中兴的主流业务，在世界范围内销售呈现燎原之势。此后，中兴加大力度进行研究，根据运营商的个性需求量身定做的 GSM WLL、GPRS 差异化网络解决方案，推出了诸如基站控制器 ZXG10 IBSC 和 8000 系列

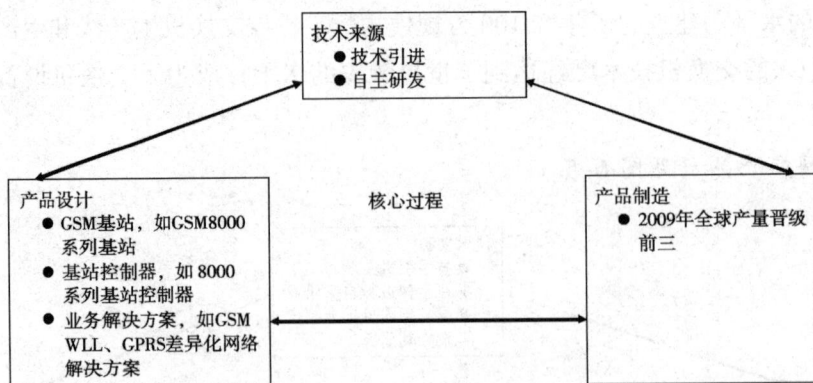

图 6-6　GSM 产品创新能力评估图

基站等一系列符合市场以及运营商需求的新产品和解决方案，掌握了一大批 GSM 核心技术专利。

4. 3G 产品（见图 6-7）

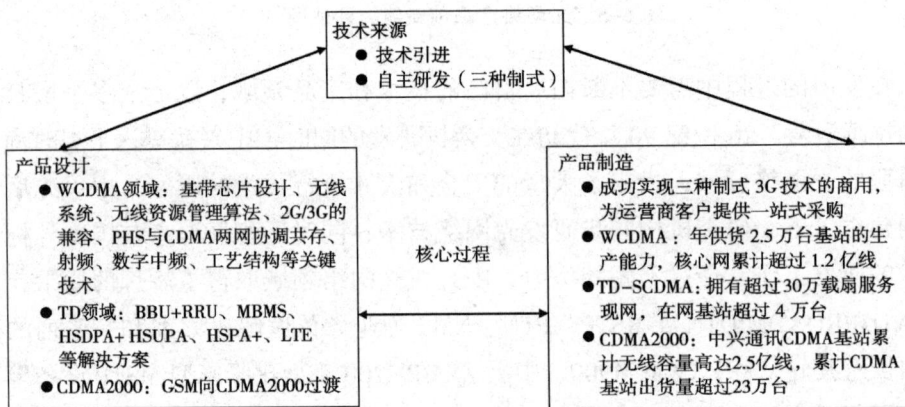

图 6-7　3G 产品创新能力评估图

3G 是整个通信技术发展的主导方向，也是通信设备行业发展的主导方向。中兴管理层把握住了行业发展方向，在 GSM、手机等主营业务正值繁荣之时，就投入了巨额的资金进行 3G 技术和产品的研发，先后投入了近 100 亿元的研发资金、10 000 人的研发队伍，以期能够在激烈的市场竞争中拔得头筹。截止目前，中兴已占据国内 3G 市场综合份额第一的位置。凭借已有的研发、产品及市场积累，中兴在 3 大制式上全面维持和提升领先优势。据赛迪咨询报告最近发布的数据称，在中国 3G 终端市场中，中兴 TD-SCDMA 制式终端 2008 年销售额超过 3 亿元，在中国移动的两次招标中均获得 25% 以上份额，TD 网卡则已经占据 80% 以上的市场份额，牢牢占据中国 TD-SCDMA 终端产品的第一品牌的位置。中兴 CDMA2000EVDO、WCDMA 制式终端是中国第一个进入欧美发达国家市场，并进行大规模销售的终端品牌。中兴在 3G 终端方面的研发专利已经超过 1 000 项，位居首位。全球 TOP 5 跨国运营商供应商名单中全部留下了"中兴通讯"的名字。随着中国 3G 的全面铺开，中兴全系列全品类 3G 终端集团军已经整装待发，将成为中国 3G 市场的领先者。

5. 终端产品：手机（见图 6-8）

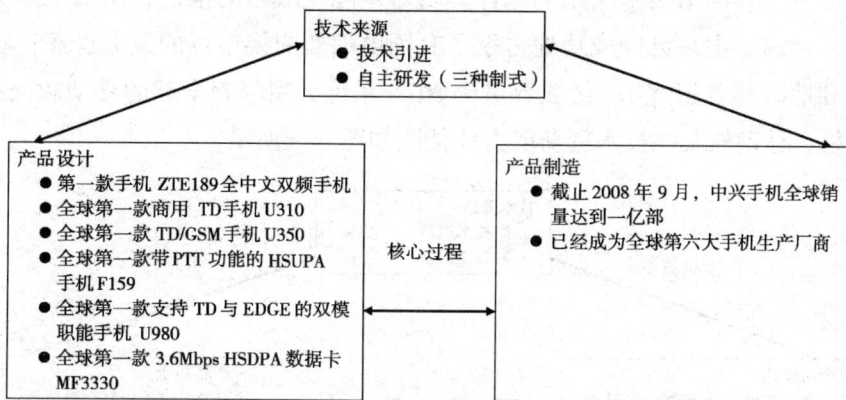

图 6-8　终端产品创新能力评估图

中兴 1998 年开始涉足手机终端领域，从事手机终端的研发和生产，一贯坚持自主研发的路线，经过十多年的发展，已经成为了我国通信设备行业达到民族品牌的一支强大的力量，成功地研发出了 GSM、CDMA、PHS、固定台以及 3G 系列手机产品。随着终端技术研究的不断突破，产品研发周期不断缩短，中兴手机产品型号日益丰富，年生产规模呈现几何式的增长。时至今日，中兴的终端产品已经形成了制式、全门类丰富、产量大、专利众多、返修率低的特点。随着中兴国际市场的开拓，越来越多的终端产品走向世界。经过多年的发展，2008 年中兴手机全球销售量达到了创纪录的一亿部，从出货量来看，已经成为了无可争议的国内第一大、全球第六大手机生产厂商。

（二）核心技术层面

通信设备行业是一个纷繁复杂的行业，产品的种类和制式千差万别，只有掌握了核心技术才能够稳定自己在行业内的领导地位。今天的中兴已经发展成为了全球主流的通信设备供应商，靠的就是自己手中所掌握的一项项核心的专利技术，其中移动软交换技术最为典型。

移动软交换技术是下一代（NGN）网络技术的核心。凭着资深敏锐的直觉，中兴早在 1998 年就启动了 NGN 的规划和研发，是国内首家进行 NGN 研发的通信设备制造企业，重点在于突破 NGN 的核心技术——移动软交换。为了推动技术的创新，中兴投入了巨额的研发资金和雄厚的研发力量，在全球进行同步的技术研发。技术研发的同时，也积极地进行市场的推广，为技术的产业化和商用打好基础。2001 年，中兴实现了技术的全面突破，建立了"全球第一个基于软交换技术的 NGN 商用网"，还积极参与了中国电信下一代网络实验工程。在随后的时间里，中兴根据实际遇到的问题进行了技术的改进，在 2005 年通过了相关部门的测试并开始商用。当年承建了全球最大规模的中国电信 NGN 长途骨干网项目。中兴基于移动软交换技术的 NGN 网络逐渐发展成为了全球下一代网络技术应用的标杆。随着国际化战略的推进，NGN 在全球也迅速推广开来。目前，中兴已经成功地占据了我国电信软交换市场的最大份额；在世界 50 多个国家和地区部署超过 1.8 亿线容量的 NGN 系统，引领着全球的移动软交换技术和下一代网络。移动软交换技术创新能力评估图如图 6-9 所示。

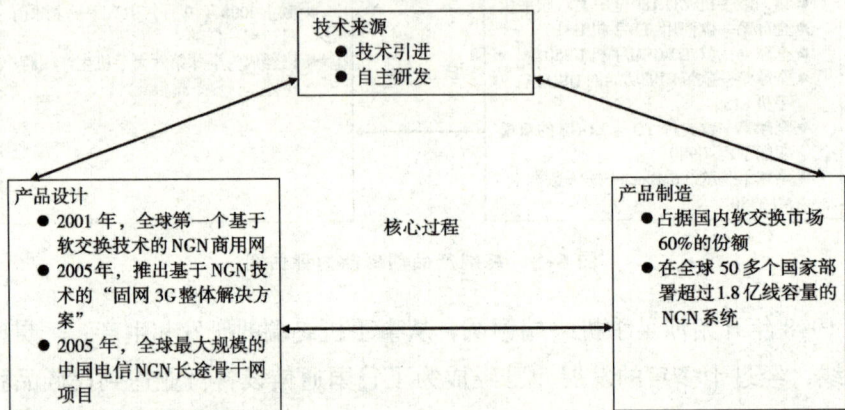

图 6-9　移动软交换技术创新能力评估图

（三）产业链创新的主导能力层面

产业链创新的主导能力，是一个企业创新能力的延伸，是一个企业行业地位的体现。企业通过主导产业链的创新，可以形成范围经济，降低企业总体的生产成本；可以实现多个主导业务方向，降低企业运营的风险；亦可以延伸企业控制力，在更大的一个范围内实现资源的配置，提升企业的影响力。中兴是世界通信设备制造行业的知名企业。经历了二十多年的发展，中兴从一个名不见经传的企业，发展成为了今天行业的巨头，在进行自主研发的同时，不断地提高产业链创新的主导能力。

中兴产品覆盖无线产品、网络产品、手机终端以及数据库四大类产品，经过二十多年的发展，中兴已经成为了全球领先的综合性通信设备制造业上市公司和全球通信解决方案提供商之一。通过科研人员的不断努力，中兴形成了拥有从路由器、交换机到网络产品甚至到手机终端的完备的 3G 产业链条，使得公司可以提供从系统到终端的全套解决方案，业务综合竞争优势明显。在 3G 技术里面，中兴成功的实现了 WCDMA，CDMA2000 和 TD 三种制式的 3G 技术的同步研发，能够为企业提供系统的一站式购买，满足运营商客户的任何需求。

随着我国 3G 建设的推进，各大运营商重点将加大 3G 项目投资、数据及光通信设施投资、定制化手机、数据卡、家用终端等投资与采购，中兴凭借着自身的产业链优势赢得了先机，占据了 CDMA 市场份额的 35%，TD 份额的 50%，这些都显示了中兴 3G 产业链强大的竞争能力。通过技术和市场战略的融合，中兴的 3G 产品成功地拓展到了海外市场，尤其是海外新兴市场，3G 业务逐渐成为了中兴海外业务的支柱。

六、中兴创新能力成长模式

（一）成长模式的内涵

通信设备制造行企业是确定和最具有全球化特征的行业之一。在创新能力培养的过程中，中兴始终秉承着"把市场的不确定性变为确定性"的研发理念，积极推动创新的规范化、程序化。经过多年的积累和努力，形成了**全球市场导向的渐近性自主创新模式**，其特征为"以自主研发为根本、联合研发为补充、森林原理和低成本尝试原则为支撑、全球客户需求为导向"。工业企业要想在全球市场上有立足之地，就必须要掌握核心的技术，这样企业在市场中才有话语权，在未来的发展中才能够掌握主动权，实现企业的成长和跨越。中兴领导人和科研人员从进行交换机研发的第一天起就始终秉承着这一观点，无论环境多么的艰难，中兴都没有放弃对核心技术的追求和掌控，始终把自主研发放在技术创新最重要的位置，这是中兴能够创新能力成长最本质的原因。

通信设备行业本身就是一个非常特殊的行业，技术的复杂性以及制式的多样化需要企业之间进行合作，共同攻克技术难题，制定行业内的统一标准，推进共同进步。中兴在坚持自主研发为根本的前提下，主动寻求外部的合作，实现优势互补，推动合作双方的共赢；与此同时，还积极地参与行业内标准的制定，占据发展的先机。

创新的理念需要实际的行动和策略予以支撑，通信设备行业产品纷繁复杂，很少能有通信设备制造厂商拥有中兴这么完整的生产线，几乎囊括了所有的产品和制式。针对通信设备行业的特点，中兴采取了"森林原理"和"低成本尝试"原则，每个领域都有所涉及，储备技术基础。一旦市场明了，就加大投资力度，取得发展的先机。"森林原理"和"低成本尝试"的研发策略，使得中兴到目前为止，拥有全世界最完善的通信设备产品，能够为运营商客户提供一站式服务，在每一个领域内都取得了很好的成绩。

运营商客户自身情况的不同，对通信设备的需求也不同。中兴以客户的需求为导向，努力推进创新的流程化和规范化，提高产品研发和技术创新的效率，降低成本，把先进的创新理念切实地转化为有经济效益的先进技术和产品。为了应对企业的国际化道路，中兴还进行了开放式的创新，在全球的范围内设立研究机构，紧跟客户和时代发展的需求，推动创新能力的提升。

（二）成长模式的主要做法

1. 管理变革为创新发展打下基础

ZX-60 研制成功之后，中兴股东因为利益分配问题出现了矛盾，导致了研发受阻。在这个情况下，中兴进行重组，建立了"国有控股，授权民营"的机制。这种模式使得中兴一开始就避免了大多数国有企业所遇到的政企不分、缺乏有效机制的问题，又可以在融资等外部环境向企业倾斜，为企业带来诸多的便利，经营者也不必会担心企业在成长之后与自己脱离关系。这使得中兴能够全身心地应付市场上的不确定性，为企业创新的发展铺垫良好的基础。

1998 年起，中兴开始进行管理变革，将整个公司划分为相对独立的事业部，并且引进矩阵式管理和团队管理，将复杂的管理化整为零；同时，通过有效的评估和激励措施以及建立学习型组织，保持了每一个细胞的活力和能力。通过管理变革，使中兴能够把握市场的风吹草动，做到及时响应，消除市场不确定性。一系列的管理制度变革提升了研发人员的积极性和创造性，使中兴的创新能力得到提升。

2. 低成本尝试

中兴的"低成本尝试"有五层意思：第一层是指对于各种可能出现的、已经形成一定热点的技术或产品，不管其市场前景最终如何，在没有足够的证据否定之前，不放弃任何一次尝试的机会；第二层是指在产品或技术没有足够把握可以做出来之前，只作尝试性的研究；第三层是指产品或技术虽然可以做出来，但尚不能发现一个明确的、有足够容量的市场之前，只停留在产品和技术的实验室研究上，不做市场的投入；第四层是在市场出现明显的征兆、但尚未启动之前，根据市场成熟度，进行大规模投入，以求突破，同时掌握投入的节奏；第五层是指对于比较大的项目或不明确的项目，通过借助外力，比如合作研究，采用别人已有的成果，以便少走弯路，将风险分散化。在"低成本尝试"原则的指导下，中兴几乎涉足了通信设备行业的每一个领域，从事产品的研发和技术创新。中兴的创新能力在每一次尝试中得到了提升，依靠着自身完善的研发网络核和技术网络，实现了研发资源的有效利用。

3. 森林原理

"森林原理"在通信设备行业的确是一种有效的策略，这是因为：各种标准主导着通信行业的演进，而在每一个标准的背后，所需要的投入都是巨大的，这就增加了厂商创新时选择标准的风险。一个标准的选择往往决定着一家企业的兴衰。恰恰是在这样的前提下，通信行业在进入数字时代后变化越来越快，标准也不断推陈出新。在这样的环境下面，在大多数领域都处于跟随地位的国内通信设备厂商，为了避免和尽量减少风险，最好的策略似乎就是全面跟踪。正是依靠着"森林原理"，中兴的产品研发和技术创新百花竞艳。在这个过程之中，备受鼓舞的研发人员热血沸腾，全身心地投入到相关研发中，推动了中兴创新能力成长。2009年，中兴成为了我国申请专利最多的一个公司。

4. 联合研发

外部力量是企业发展有利补充，充分利用外部的资源和环境，能够很好地促进企业技术的发展。在产品研发和技术创新的过程中，除了全力进行自主研发之外，中兴还积极与同行业的企业联合进行技术的研发和标准制定，以充分利用优势互补，实现双赢。在最开始涉足交换机领域的时候，由于技术的空白，中兴就选择了和陕西邮电器材厂合作，研制小型用户程控交换机并且取得成功，这就是中兴联合研发的起点，也为后来中兴的研发之路提供了一条很好的思路。在研制数字程控交换机的时候，中兴同样也借助了北京邮电学院的技术，最后并且取得了成功。随着中兴不断地发展壮大，中兴施展的舞台也越来越大，中兴并没有抛弃这条理念，反而把联合研发的思路带向了国际，先后在国外设立了研究所，吸引国际高科技人才；与通信设备行业著名企业建立合资公司，利用互补优势，共同进行相关技术的开发；积极参加各类国际会议，把中兴的技术和理念融入到标准的制定过程中，以期能够引领行业发展的方向。

5. 与客户结盟

通信设备行业相当一部分不确定性来自于客户需求的不断的变化，因此与客户结成战略同盟，共同进行新技术的研发就成为了消除不确定性的一个重要的策略。为此，中兴采取了很多有效的措施。如与中国联通合作，共同建设 CDMA 网络，根据联通建网的实际需求进行相关的研发，取得了成功，逐渐发展成为了联通的终生合作伙伴；同时还在各地建立研究所，进行异地研发工作，把每一个地域的市场需求的特点融入到自己创新能力的设计之中，产品的销售形势走好，必定能够带动企业创新能力的进一步提升。中兴以全球客户的需求为先导，具体问题具体分析，在全球的范围内为运营商客户解决实际发展中遇到的问题，奠定了自己在全球客户中的地位，赢得了一大批忠实的客户，提高了市场占有率，稳固了世界级企业的地位。

七、中兴技术创新经验启示

（一）稳健扩张

与很多人对中兴"高科技公司应该高风险高回报"的预期不同，中兴一直奉行稳健扩张的政策，每年都会拿出 10% 的销售收入用于技术研发，即使在金融危机席卷全球的时候，依旧坚持这个投入比例。作为一家在深圳和香港两地上市的企业，中兴严格遵守两地监管，注重给股东带来长期的良性的回报。在国内企业一度"并购"成风之时，中兴也不为所动，从不会去盲目跟风并购。依靠着骨子里的稳健，中兴才健康平稳地发展到了今天，成为了名副其实的世界企业。

（二）根据市场环境的变化，适时进行战略调整

时代是在不断发展的，老牌企业必须根据自身所处的环境对自己的发展战略做出不断的调整，才能够紧跟时代的步伐以获取更大的发展。中兴在发展的过程中积极推进国际化的发展，不断调整主导业务，在发展过程中逐步从设备提供商转变为服务提供商，更多地为运营商客户提供技术含量更高、利润空间更大的解决方案。

（三）完善管理制度

管理制度是企业发展的基石，是企业核心竞争力最本质的一种体现。企业管理制度先进与否，直接决定了一个企业发展的高度。改革开放三十年，中国企业整体的管理水平有了很大的提高，但是差距还是明显的。中兴在培养创新能力的同时，也注重管理制度的完善，为企业的发展打下了坚实的基础。

（四）建立适合技术创新的管理机制

我国国有企业技术创新能力不足的原因是多方面的，有宏观的原因，也有微观的；有外部原因，也有自身的内部因素，但是最深层次的原因是企业没有能够成为技术创新的主体。国有企业需要在产权明晰、责权明确、政企分开等方面继续努力。深化国有企业的改革，建立以企业为主体的技术创新机制，构筑产权清晰、权责明确、政企分开、管理科学的现代企业制度，建立适应社会主义市场经济的政府管理体制、投融资机制、人才机制，使企业真正成为自主经营、自负盈亏、自我发展、自我约束的法人实体和市场竞争主体，是加快国有企业技术进步、提高技术创新能力的根本保证。

（五）坚持自主研发高投入

企业的每一次成长和跨越都是建立在自身能力不断提高的基础上的，只有在自身能力提高的基础上，在市场内企业才有话语权，在未来的发展中才能够掌握主动权。所以企业在发展的过程中，要坚持自主研发，始终把产品研发和技术创新放在首位。高投入是企业自主创新能力提升的基础，跨国巨头之所以能够取得技术上的领先就是源于其巨额的研发投入。民族企业要想真正掌握核心的发展技术，引领行业技术的发展方向，就必须要加大相关的科研投入，解决自主研发的物质基础。

（六）重视和优待研发人员

智力资源是社会最重要的资源，是否能够汇聚人才是企业能否成功的关键，尤其对于高科技企业来说，能否吸引乃至留住高素质的人才是企业产品研发和技术创新的

根本。中兴开始进行自主研发，就深刻地意识到人才的重要性，为了吸引人才，留住人才，中兴采取了很多的措施，付出了很多的努力。在物质上，给予研发人员优厚的待遇；在精神上面，给予员工一系列的荣誉；在事业上，三条路线同时提拔人才……通过这些有效的措施，中兴成功地汇聚了一批英才，这些员工带着饱满的热情投入到研发工作中，攻克了一系列的技术难题，使得中兴站在了行业技术的前列。

（七）抓住核心技术进步的同时，把握多个技术领域的创新机会

当今世界不确定性是最大的确定性，技术的发展日新月异，消费者的需求也逐渐呈现多样化的趋势。中兴的经验告诉我们，高新技术企业在发展的过程中，首先要牢牢抓住行业内的核心技术，这样才能够掌握市场的主动权，获取比较高的经济效益，同时也要紧跟时代的脚步，在相关领域进行产品的研发和技术创新，把握多个技术领域的创新机会，以此来不断拓展自身的产品，延伸企业的产业链条，扩展自身的主导业务方向，减少企业的运营风险，提升企业的总体竞争力。

第七章

大唐电信科技产业集团
技术创新调研报告

一、大唐电信集团概况

大唐电信科技产业集团（即电信科学技术研究院，简称大唐电信集团）是一家专门从事电子信息系统装备开发、生产和销售的大型高科技企业，拥有下属单位 17 家，包括 3 个上市公司和 8 个研究所。同时，还拥有 2 个国家重点实验室、3 个国家级工程研究中心、3 个国家和部级质量监督检验中心和 2 个质量检验检测中心。大唐电信集团是首批国家创新型企业，科研实力雄厚，是第三代国际移动通信 TD-SCDMA 国际标准提出者、核心专利拥有者，大唐电信集团组织机构见图 7-1。

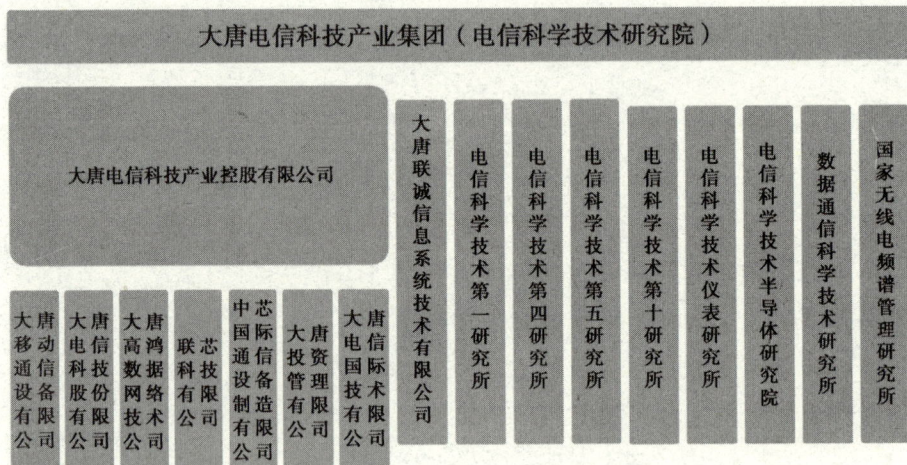

图 7-1 的内容结构如下：

大唐电信科技产业集团（电信科学技术研究院）

- 大唐电信科技产业控股有限公司
  - 大唐移动通信设备有限公司
  - 大唐电信科技股份有限公司
  - 大唐高鸿数据网络技术公司
  - 联芯科技有限公司
  - 中国通信信息设备制造有限公司
  - 大唐投资管理有限公司
  - 唐信国电技术有限公司
- 大唐联诚信息系统技术有限公司
- 电信科学技术第一研究所
- 电信科学技术第四研究所
- 电信科学技术第五研究所
- 电信科学技术第十研究所
- 电信科学技术仪表研究所
- 电信科学技术半导体研究院
- 数据通信科学技术研究所
- 国家无线电频谱管理研究所

图 7-1　大唐电信集团组织机构图

大唐电信集团控股了三家上市公司：大唐电信（股票代码：600198）从事微电子、软件、通信接入、通信终端、通信应用与服务等领域的产品开发与销售；大唐高鸿

（股票代码：000851）主要从事数据通信领域产品、业务和整体解决方案的提供和行业信息化客户信息系统解决方案的提供；中芯国际（纽交所代码：SMI，港交所代码：981）是内地规模最大、技术最先进的集成电路代工企业。非上市子公司中，大唐移动从事基于 TD-SCDMA 的技术开发和产品产业化，联芯科技专注于集成电路，大唐投资和大唐国际分别从事投资和国际业务，这些公司均在大唐电信科技产业控股公司这个平台下。2008 年成立的大唐联诚针对党政军的业务。大唐电信集团全面建立现代企业制度，面向产业与市场工作设置健全的组织机构和职能；在全国绝大部分省市都设有分支机构、办事处，形成了合理地域分布。大唐电信集团总资产突破 500 亿元。拥有员工 13 464 人，拥有工程院院士等国家级科技人才 36 人，科技人员占比 57%，科技人员本科以上学历占 93%。人才类别构成：专业技术人员 57%，经营管理人员 12%，其他技能人员 31%；人才学历构成：研究生 48%，大学本科 45%，本科以下 7%。2009 年，大唐电信集团获得全国社保基金入股，并在 TD 市场中占据 1/3 份额，TD-LTE 纳入国际 4G 候选电信方案。

大唐电信集团根据自身业务种类，对所涉及的通信系统设备产业链、集成电路产业链、手机终端产业链、增值业务产业链、军事通信产业链进行科学系统的分析（见图 7-2），将其中的高端环节和关键环节视为打造完整产业链所必须控制的核心层和紧密层，以便为下一步的资源调配做好准备。

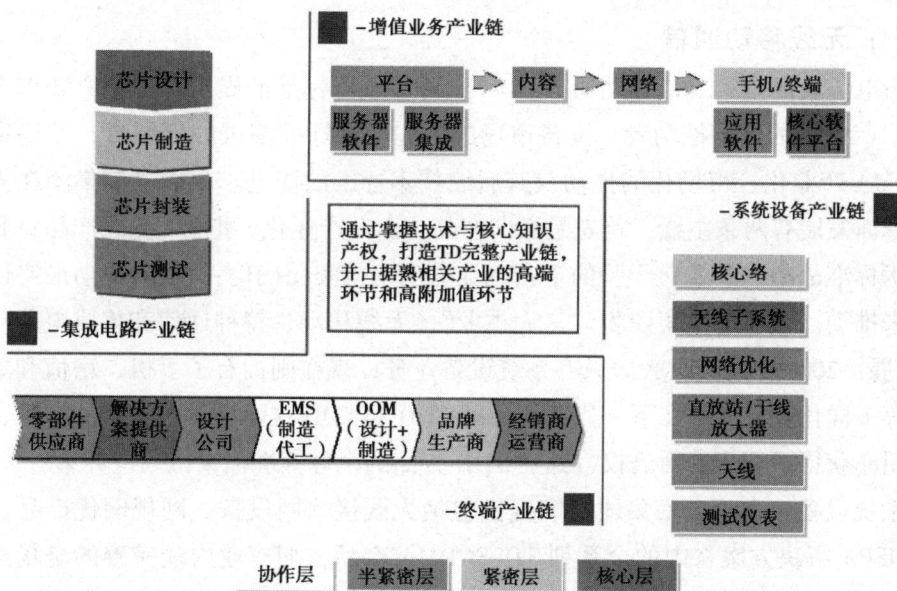

图 7-2　大唐电信集团占据产业链高端和关键环节

截止 2009 年底，大唐电信集团已累计拥有国内专利申请超过 7 000 件，平均年增长率约 40%，其中 90% 以上均是重要发明专利，近半数专利围绕 TD-SCDMA、TD-LTE 及后续演进技术与标准申请，有效稳固了我国在 TD-SCDMA 第三代移动通信技术领域里的核心地位，并有部分核心专利荣获信息产业重大技术发明以及国家发明专利金奖，与此同时，大唐电信集团的专利成果转化率也已达到 85%。2009 年，大唐电信集团的专利申请量在中央企业乃至全国范围名列前茅。

大唐电信是首批国家"创新型企业"，获评"中国优秀创新型企业"、中央企业任期考核科技创新特别奖，荣获国家科技进步奖、国家发明专利金奖和部委、省市奖励 200 余项。无线通信及集成电路领域科技创新的领军企业，拥有 TD 及 TD-LTE 核心专利。近两年来专利保持 38% 的增长速度，拥有超过 5000 多项，其中，发明专利占专利总量的 97.5%，在中央企业 2008 年专利排名中位列第三。

二、大唐电信集团创新与变革历程

在 TD-SCDMA 从 3G 国际标准到实现产业市场化的发展过程中，作为标准提出者、核心专利拥有者和产业化推动者，大唐电信集团成功探索出一套以核心技术为基础、以产业转化为主线、以协同升级为导向，具备系统整合技术创新优势、资源要素优势以及制度协同优势的自主创新技术产业化发展之路，在极大提升企业自身核心竞争力的同时，实现了我国通信业的历史性突破，为我国掌握移动通信产业国际话语权奠定了坚实基础。

（一）无线移动通信

大唐电信集团是第三代移动通信 TD-SCDMA 国际标准的提出者、核心知识产权的拥有者、产业化的重要推动者，设备市场的领先者和标准演进的引领者，始终致力于 TD-SCDMA 产业化、市场化的推动及其后续技术标准的演进。大唐电信集团在无线移动通讯方面发展有两条主线：首先是面向产品、面向产业化、把 TD 变成产品；其次是推动技术标准战略。产业化经验的丰富也让大唐电信集团确信：TD 的成功最终还是要靠市场来推动。大唐电信集团将"三大主业"（无线移动、特种通信和集成电路）围绕 TD 来发展：2006 年之前，大唐只有系统设备业务；现在则拥有了手机、增值和集成电路业务等多样化业务。而在下一代通信标准 TDD 和 FDD 这两个最有希望的标准，大唐电信集团亦获得了相当的话语权，其在 TDD 方面的全球标准提案位列世界第一。

1. 系统设备。大唐电信集团能够提供包括无线接入网设备、网规网优产品、领先的 TD-HSPA 解决方案在内的全系列 TD-SCDMA 产品，拥有业内最完善的全场景应用解决方案，是目前业内唯一能够提供全套的、端到端的 TD-SCDMA 业务解决方案的厂商。在中国移动 TD-SCDMA 网络系统设备招标中，大唐电信集团为广东、山东、江苏及浙江等国内重要省份提供网络设备供货与建设服务，并积极配合中国移动共同完成密集城区、大型体育场馆、磁悬浮、跨海大桥等复杂场景覆盖，建设 TD-SCDMA 精品网络。大唐电信集团所提供的系统设备产品均采用先进的工程技术进行产品设计，助力运营商快速有效的建设 TD-SCDMA 绿色网络。

2. 终端芯片与解决方案。大唐电信集团自主开发出了系列化的终端芯片、终端解决方案、无线模块、专业测试终端等产品，依托 DTivyTM 终端解决方案为核心产品线，为终端厂商及手机设计公司提供领先的 TD-SCDMA 终端芯片与整体解决方案，为数据卡、电子书、视频监控、无线座机等终端制造商提供 TD-SCDMA 无线模块，为网络设备供应商、网络工程服务商和运营商提供 TD-SCDMA 专业测试工具。大唐电信集团在业界率先发布 TD-HSUPA 终端解决方案和 TD Ophone 智能手机解决方案，率先推出 CMMB+MBMS 手机电视终端解决方案，秉承以技术培育市场的理念，取得了优异的市场成绩。

3. 大唐电信集团把握移动通信用户消费趋势，致力于满足用户与客户需求，通过开放相应的 3G 增值业务平台，加强多方合作、共同开发 TD-SCDMA 增值业务和应用。

大唐电信集团持续加强对 TD-SCDMA 及其后续技术标准研发的投入，形成了 TD-SCDMA 技术标准的清晰技术演进路线。大唐电信集团拥有 TD-LTE 核心技术专利与知识产权，在 TDD 制式领域，全球标准提案数量及通过率均世界第一，其主导的 TD-LTE-Advanced 已被国际电联接纳为 4G 标准候选技术。

（二）集成电路设计与制造

大唐电信集团具有国际一流的集成电路设计环境和测试环境，目前具备了数字/模拟混合集成电路设计、智能微处理器设计、全定制/半定制设计能力，设计规模超过 1 000 万门级以上，设计工艺水平达到了 65nm 深亚微米。大唐电信集团是国内唯一一家能够从芯片级、模块级、卡片级向客户提供全方位产品及解决方案的企业，可以在每个环节输出产品，为客户提供一体化的服务，满足客户需求（见图 7-3）。

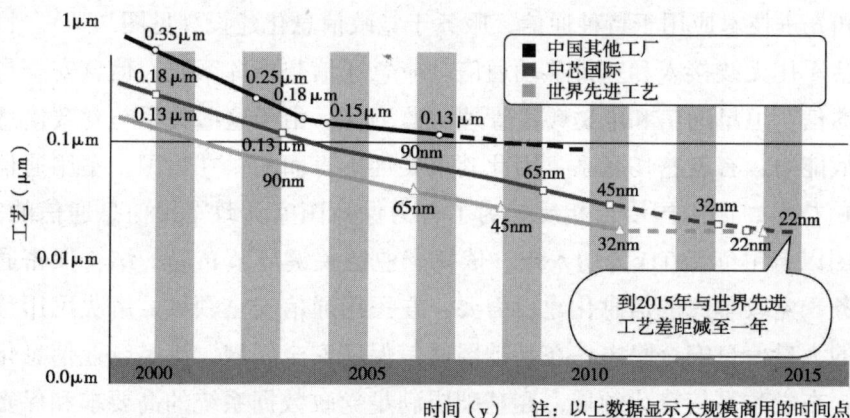

图 7-3　中芯国际集成电路生产技术能力

1. 集成电路代工。为促进移动通信产业与集成电路产业，以及芯片设计与制造的互动，发挥产业协同优势，大唐电信集团于 2008 年投资世界领先的、中国大陆地区规模最大、技术最先进的集成电路芯片代工企业中芯国际集成电路制造有限公司（简称"中芯国际"），并成为其第一大股东。中芯国际能够向全球客户提供 0.35 微米到 45 纳米芯片代工与技术服务。

2. SoC 芯片产品。大唐电信集团能够提供业内领先的 SoC 专用大规模集成电路芯片及解决方案，生产的 TD-SCDMA 终端芯片广泛应用于 TD-SCDMA 数据卡、TD-SCDMA 上网本内置通信模块、TD-SCDMA 测试终端内置模块等，而 GSM/GPRS 终端芯片已广泛用于工业无线模块的应用。无线接入终端芯片为中国第一个量产过百万片的 SoC 芯片。

3. 电信智能卡产品。大唐电信集团可提供适合各种网络的智能卡和整体解决方案，是我国 GSM SIM 卡、CDMA UIM 卡、TD-SCDMA / WCDMA / CDMA2000 USIM 智能卡的主流供应商，市场份额第一，并可提供支持物联网 M2M 应用的特种 SIM 卡，以及支持移动支付应用的 RF-SIM 卡产品。大唐电信集团是中国移动、中国联通、中国电信、Vodafone（土耳其）供货商，并已进入印尼、巴基斯坦等国际市场。

4. 电子证卡产品。大唐电信集团是中国第二代居民身份证芯片设计与模块供应的主要厂家，能够提供社保卡、各类安全芯片等行业身份识别类证卡芯片及配套安全模块，可针对身份识别的各个领域形成完整的安全芯片解决方案。针对国内银行 IC 卡迁移趋势，大唐电信集团开发了基于自主知识产权高安全芯片的各种银行 IC 卡产品，包括符合 PBOC2.0 规范的借记 / 贷记 IC 卡、电子现金 IC 卡、电子钱包 IC 卡、双界面 IC 卡等产品，并成功通过中国银行卡检测中心的检测。

（三）特种通信

依托雄厚的技术基础和自主创新能力，大唐电信集团大力推进具有自主知识产权的传统技术和先进技术应用于特种通信，服务于党政信息化建设（见图 7-4）。特种通信的范畴包括军用无线接入和宽带移动通信、应急通信与指挥系统、信息安全与保密通信、特殊通信、卫星通信和电磁频谱管理与监测等。由于这些关系与党政信息化建设和军队作战能力，有着密切联系，因此其重要性不言而喻；在美国，军用通信技术强于民用通信技术，而中国恰恰相反。为了有力保障国家党政军民信息通信的安全，大唐电信集团以自主创新 TD 为切入点，依托产业链关键环节布局，结合保密通信技术，全面服务于党政军民的信息化建设需要：在民用通信安全领域，解决民用移动通信系统存在的大量信息安全隐患；在基础层通信保密安全领域，满足行业信息化建设的特殊需要；在党政军信息化领域，在基础层满足党政数据系统的高要求和保密性要求，实现从窄带通信到高速宽带数据链的升级。

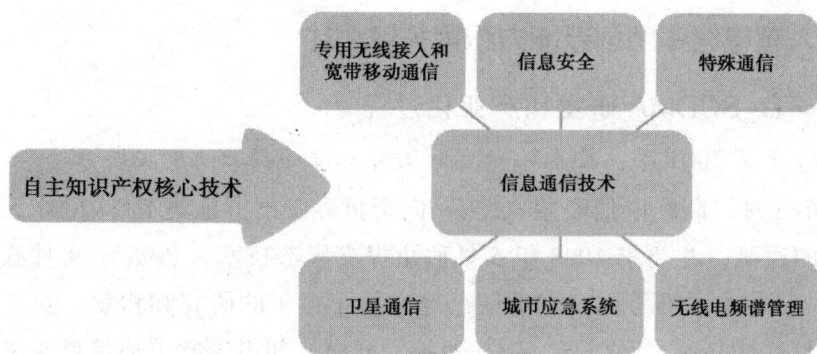

图 7-4 大唐电信集团特种通信业务示意图

（四）新兴产业

面向物联网应用，大唐电信集团提供从感知层芯片和模块、网络层无线移动通信端到端解决方案及应用层行业应用软件平台等有竞争力的产品和解决方案，如图 7-5 所示。其中，面向煤炭和水利行业应用的整体解决方案已实现规模商用。

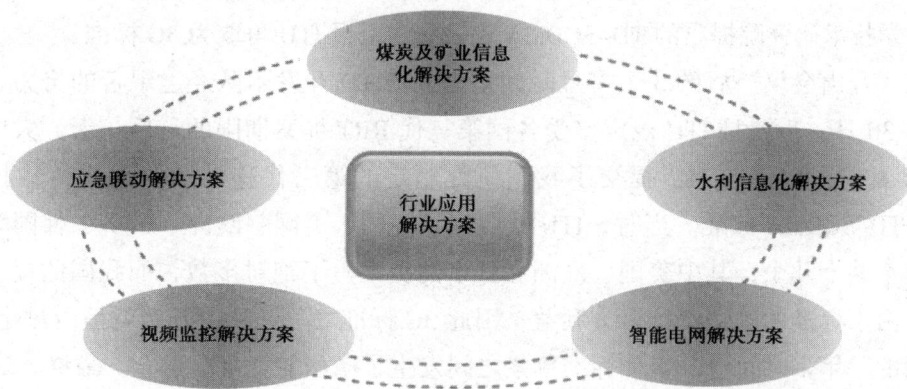

图 7-5 行业应用解决方案

三网融合正在带来新的产业发展机遇，交叉部分成长最快，创新最多，常见的应用有：手机电视、拨号上网、移动互联网、VOIP、IPTV 和互联网流媒体。大唐电信集团发挥在标准和产业链布局以及在 TD 网络、芯片设计和制造、终端应用、信息安全等领域的优势，开展广泛合作，全面参与三网融合产业的发展，目前的产品有 TD 融合一体机、TD 电子书以及 TD 手机等等。大唐电信也在发挥移动通信网关键环节优势，促进移动网与传感网加快结合，实现互联与感知：在应用层，提供煤炭及矿业信息化解决方案、水利行业信息化解决方案、应急联动解决方案和视频监控解决方案；在网络层，提供 TD 系统设备、TD 基带芯片、TD M2M 无线模块和 TD 无线网关等；在感知层提供 RFID 芯片、安全加密芯片和 M2M SIM 卡芯片等。

三、大唐电信集团创新能力积累关键事件

(一) TD-SCDMA 研发和产业化过程

1. 1998 年至 2001 年：技术的研发和国际标准的提出

1997 年 4 月，国际电信联盟 (ITU) 向全世界发出了征集 IMT-2000 无线传输技术 (RTT) 的通函，并要求 1998 年 6 月截止提交候选技术，1998 年 9 月截止评估报告。此时，日本和欧洲等国家和地区已经进行了多年的研究和积累，对于早就涉足 3G 的爱立信、诺基亚、西门子、摩托罗拉、北电、朗讯等欧美通信巨头来说，角逐 3G 市场志在必得。而中国的研究基本为零，对中国大多数厂商和相关部门来说，这仍将习惯性地被认作是一次缺席的赛事。而中国又不愿错过拥有自主知识产权国际标准的绝佳机会。在这样的背景下，1997 年 7 月原邮电部成立了由国内运营企业、政府和研究机构的专家构成的 3G 无线传输技术评估协调组，并在 ITU 注册。1998 年 1 月，在国家"863"通信技术主题组与原邮电部第三代移动通信评估协调组 (ChEG) 联合召开的"香山会议"上，原邮电部科技委决定支持大唐电信集团的前身电信科学技术研究院提出的 TD-SCDMA 代表我国上报 ITU 争取为 3G 标准。

在"香山会议"后的 3 个多月时间里，大唐 TD 开发团队经过艰苦的努力，1998 年 6 月 30 日，也就是 ITU 规定接受各国第三代 RRT 提案期限的最后一天，大唐电信集团代表中国政府向 ITU 提交了我国研究制定的第三代移动通信无线传输技术标准——TD-SCDMA 标准。当时，ITU 共收到了中国、美国、欧洲、日本、韩国等国提交的提案共十几个，其中美国、欧洲和日本的提案占了绝对多数，而我国的提案仅有一个。由于标准的确立牵扯多方利益，因此 3G 标准之争，从一开始就呈白热化程度。在随后的一年多时间里，多种标准草案之间发生了激烈的竞争、融合。最终，2000 年 5 月 5 日，在土耳其召开的 ITU 2000 年世界无线大会上，由中国提出的第三代移动通信标准 TD-SCDMA 被批准为 ITU 的正式标准，与欧日提出的 WCDMA 和美国提出的 CDMA2000 同列三大标准之一。至此，中国真正拥有了第一个国际电信标准。

2001 年 3 月 16 日，在美国加州召开的 3GPP TSG RAN 第 11 次全会上，3GPP 正式接纳了由中国提出的 TD-SCDMA 第三代移动通信标准全部技术方案，并包含在 3GPP 版本 4 (Release 4) 中，这标志着 TD-SCDMA 被全球电信运营商和设备制造商所接受，从而成为全球 3G 移动通信网络建设的选择方案之一。

2. 2001 年至 2005 年：样机研发和系统完善阶段

2001-2005 年是 TD-SCDMA 样机研发和系统完善阶段，其中 2001-2004 年为系统研究阶段，主要以技术产品研发为主。在这期间，政府对 TD 的支持态度逐渐明朗，不仅给 TD 分配了频段，还组织了 Mtnet 测试。此外，在这五年间，大唐电信集团也逐步

完成了内部资源整合和组织结构调整，成立了大唐移动公司，专门负责 TD-SCDMA 的产品技术研发和准备化工作。同时，以大唐为首的 TD 产业联盟的成立也让艰难成长的 TD-SCDMA 标准的研发和产业化看到了希望的曙光。

（1）历尽艰辛，大唐 TD 研发历程。

作为一种新兴技术，TD-SCDMA 的技术发展和市场前景均不明确，同时作为系统性创新技术，TD-SCDMA 技术研发还具有周期长、投入大、风险高的特点，而民营和私营企业、商业化院所或民营研究机构由于其本身对盈利性的绝对追求，即使有雄厚的资金实力和一定的科研开发条件，但是却根本不愿在没有看到明确的盈利前景时就投入大量资源从事如 TD-SCDMA 这样的自主技术的研发。大唐电信集团作为国有科研院所转制而来的"国家队"企业，在市场经济快速发展的时期，毅然凭借其在无线移动通信技术研发方面较为完善的科学家团队，面对国内外种种质疑，在艰难条件下开始了 TD-SCDMA 技术和标准的持续研发。大唐电信集团的这种决定和诉求，很大程度上体现出了我国科技工作者一直秉承的一种奉献精神，特别是从国家利益出发，追求我国在高科技领域内先进技术研究方面争取历史性的突破，也最终通过众多科研和管理工作者的努力，使得中国能够在全球第三代移动通信标准制订中掌握话语权。2001 年到 2004 年，在大唐电信集团及相关单位的共同努力下，TD-SCDMA 设备开发工作取得了突破性进展；2002 年 2 月 3 日，完成首次 TD-SCDMA 室外覆盖现场演示，话音清晰，图象传输稳定；2002 年 3 月 8 日，大唐移动通信设备有限公司正式挂牌成立，标志着 TD-SCDMA 产业化进入加速阶段；2003 年 TD-SCDMA 产品样机开发和标准制定项目通过信息产业部的验收；2004 年 3 月，大唐移动研制成功世界第一款基于 LCR 设计，符合 3G 标准的 TD-SCDMA 测试终端 DTM8001，这款手机被昵称为"小麻雀"；2004 年 7 月 8 日晚 10 点，大唐移动与展讯公司合作的 TD-SCDMA 终端芯片成功地与基站打通了物理层环回电话，语音质量良好，这标志着世界第一款 TD-SCDMA 终端专用芯片已经取得成功。

在 TD-SCDMA 的持续创新过程中，大唐电信集团作为龙头企业，不仅充分借助市场手段调配资源，同时，也积极发挥自身的制度优势，集中力量办大事，确保优势资源集中到 TD-SCDMA 的研发上来，从而取得了自主创新的途径和持续的创新优势。例如在 TD-SCDMA 研发的过程中，大唐电信集团就集中其在移动通信领域优良的资产、技术和人员进行了重组，成立了大唐移动公司，专门从事 TD-SCDMA 技术的持续研发及产业化工作，从而大大加快了 TD-SCDMA 的研发进程。

（2）同心协力，TD 产业联盟成立。

尽管前期在 TD-SCDMA 技术研发上成绩卓著，但 2002 年初，大唐电信集团还是不得不面对越来越严峻的 TD-SCDMA 发展环境：由于支撑 TD-SCDMA 产业的产业群体力量薄弱，与其他两大国际 3G 标准相比，TD-SCDMA 的影响力极其微弱，产业化环境较差。而 TD-SCDMA 的研发和产业化仅由大唐电信集团一家企业承担，无论技术、资金还是人力等，都难以为继。到 2002 年底，TD-SCDMA 在技术成熟和研究开发等方面进展缓慢，制约后续发展的问题逐步暴露：一方面，TD-SCDMA 由于起步较晚，产业很不成熟，产业化进度远远落后另外两个标准；另一方面，在当时的环境下，国内通信设备制造企业虽然具备了一定的技术开发和产业化基础，但普遍实力弱小，核心技术缺乏，研发投入十分有限，技术方向上主要采取跟随国外的发展战略，既缺乏自主创新的经验，又对此类系统自主创新成果的产业化信心不足，产业化面临十分严峻的形势。因此，吸引更多有实力的公司参与，形成合力，是加速 TD-SCDMA 产业化的迫切需要。2002 年 1 月，国家计委拿出 7 亿元发起成立 TD 产业联盟。国家投资一方面减少了大唐独立进行 TD 研发和产业化的风险，另一方面也给了设备商信心。2002 年 10 月，原信息产业部给 TD-SCDMA 划拨了 155MHz 非对称频率，这一举措向产业界发出了政府对 TD-SCDMA 给予实质性支持的明确信号。在原信息产业部内外和业界的关心支持下，2002 年 10 月 30 日，由大唐电信集团牵头，包括大唐、华立、中兴、华为、普天、CEC、联想、南方高科等 8 家企业组成的TD-SCDMA 产业联盟终于成立了。TD 产业联盟的创建，标志着 TD 产业化工作变大唐孤军奋战的局面为联盟企业集体奋斗的开始，联盟通过制定统一的知识产权政策，共享技术信息和市场信息，协调解决产业发展的问题，成为连接政府和企业、企业和企业、企业和科研机构、制造商与运营商的重要桥梁和纽带，对 TD-SCDMA 的研发和产业化发挥着重要作用。

作为 TD-SCDMA 核心专利和关键技术的源头，大唐电信集团在知识产权许可方面竭尽所能。联盟成立之初，就将自己历经多年苦心开发形成的全部核心专利向联盟成员实施免费许可。2003 年，大唐电信集团与联盟各成员又进行了近百次深入的技术交流，为了帮助联盟成员及早了解、掌握 TD-SCDMA 技术，缩短产品开发周期，加强各厂商在产品配套上的协同性，2003 年 11 月，大唐与中兴、普天签署了深度技术合作协议，将接入网开发的关键技术（包括源代码）全部无私地转让给两公司，使他们在已有技术成果的基础上，可以快速地展开产业化工作。在大唐电信集团的全力推动下，经过短短三、四年的发展，TD 产业联盟就形成了以中国企业为主导，国外企业包括跨国公司广泛参与的多层次产业合作格局，建立了从系统到终端、从芯片到核心软件、从配套设备到测试仪表的完整民族移动通信产业链，而且产业链的每个环节都形成了多厂商供货的局面。在 TD-SCDMA 基站、终端、芯片、测试仪表、核心网等各个领域，大唐与北电、飞利浦、三星、西门子、意法半导体等跨国公司进行了包括合资、联合开发、技术许可等多种形式的合作。跨国公司的进入，进一步全方位地推动了 TD-SCDMA 产业的开发进程和国际化程度，也为将来TD-SCDMA 技术和产品进入国际市场奠定了基础。2004年10月26日，TD-SCDMA产业联盟成员首次以整体形象参加北京的国际通信设备展，全面展示了TD-SCDMA产业链的突破和进展，使外界感到震惊并对TD-SCDMA产业链产生了全新认识。

（3）层层闯关，完成前期各项测试。

从2002年到2004年，为了促进TD-SCDMA系统的扎实稳健发展，原信息产业部开展了"TD-SCDMA研究开发和产业化项目"技术试验。2001年至2003年9月，大唐电信集团参与了原信产部组织的MTNet第一阶段测试，即室内测试。这一阶段的测试对TD-SCDMA的空中接口技术进行了验证。2004年4月开始的MTNet测试第二阶段为外场测试，它对TD-SCDMA的基本组网技术进行了验证。在这场事关政府决心、运营商信心的测试中，大唐移动提供的TD-SCDMA手机和无线上网卡设备在测试中表现不凡，获得了3G专家组积极正面的评价，TD-SCDMA基本业务功能已经具备，终端瓶颈正在被不断打破。MTNet第一阶段与第二阶段的测试结果表明，大唐电信集团已经基本具备TD-SCDMA商用设备的提供能力。

2005年3月开始的产业化专项测试对TD的产业化程度进行了测试，六大基础运营商均有参与。2005年6月30日，大唐移动顺利完成TD-SCDMA专项测试的最后一个测试专项。为期三个月的专项测试验证了TD-SCDMA优越的网络性能与多厂家产品（包括系统、终端、芯片）的互操作性。专项测试的顺利通过，预示着大唐移动TD-SCDMA设备向商用更进一步，也为下一步预商用网打下了良好的基础。

通过这一阶段的各种技术验证，TD-SCDMA的技术性能也得以不断完善。2005年9月，原信产部电信研究院通信标准所公布的TD测试结果中称，TD具备大规模同频组网能力。

3. 2006年至2008年：测试及预商用阶段

2006到2008年，TD-SCDMA经历了多项测试，并终于在2008年奥运期间开始了预商用。这一阶段的努力为TD-SCDMA的正式商用打下了坚实的基础。

（1）TD-SCDMA网络实验阶段（2006年）。

2005年7月产业化专项测试结束后，TD一度陷入了停滞等待状态。2005年九月上旬，中国科技界三位德高望重的院士就TD的发展向中央领导建言，并很快得到胡锦涛总书记的批复："此事重大，关系到我国移动通信的发展方向。"这个批示在国家战略层面，把一段时间以来在操作层面似是而非的争论统一了起来。就TD-SCDMA发展历程和环境而言，这是一次具有里程碑意义的重大转折点。从此，TD的发展更体现了国家的意志和决心：2006年1月20日，原信息产业部正式将TD-SCDMA定为我国通信行业标准，这意味着中国政府对TD的大规模商用能力正式表示首肯，也是对之前"TD产业化专项技术试验专家组"做出的"TD可以独立组网"结论的官方认可，同时也表明国家开始全力进行 TD-SCDMA 发放牌照前最后阶段的准备工作。当时，TD 的发展出现了两个重大的转变。一是，由制造商单方面推动 TD 发展，变为制造商结合运营商一道推动 TD 发展。二是，发展 TD-SCDMA 不仅是企业行为，而且上升为国家意志，TD 力量开始真正凝聚起来了。

由于中国 3G 牌照的发放很大程度上取决于 TD 的商用成熟度，因此 TD 的每次试验总是引人关注。2006 年 TD 的关键词是"验证"，规模应用试验的推进和友好用户的试用，使其网络与产品的可商用性得到了严格的验证。2006 年 2 月，TD-SCDMA 规模网络应用试验在我国政府的大力支持和运营企业的积极推动下全面启动。试验由国家三部委（发改委、原信产部、科技部）统一领导组织，中国电信、中国网通、中国移动三大运营商参与主导。试验采用了"3+2"模式，即在北京和上海进行小规模的功能网络测试，与此同时，在青岛、保定、厦门三地发展大规模友好用户，发放号码和手机，进行较大规模网络测试。大唐移动自测试开始就全力以赴参加了规模测试网，并承建了青岛、保定及北京试验网，大唐移动的产品参与了组网和测试，并根据测试要求完成了各阶段所有测试项目，取得了优秀的测试结果。这些测试的顺利通过，预示着大唐移动 TD-SCDMA 设备向商用更进一步，也为下一步预商用网打下了良好的基础。

2006 年 12 月 21 日，原信息产业部电子信息产品管理司组织专家组对大唐移动通信设备有限公司承担的国家移动通信产品开发与产业化专项资金项目《TD-SCDMA 第三代移动通信标准与产品开发项目》进行了验收。结论是，"有效地促进了 TD-SCDMA 系统和终端产品的成熟，为 TD-SCDMA 大规模商用奠定了良好的基础，一致同意该项目通过验收"。从原信产部对 TD-SCDMA 友好用户放号第一阶段的总结和对大唐移动承担的 TD-SCDMA 项目的验收结果来看，两方面的结论都类似，即"TD-SCDMA 的关键技术都已在设备中实现并得到验证"，"为 TD-SCDMA 大规模商用奠定了良好的基础"。虽然这还不是对整个 TD-SCDMA 规模测试的结论，但这一阶段性的结论显然是主管部门对 TD-SCDMA 的肯定。

（2）TD-SCDMA 规模网络应用测试阶段（2007 年）。

2007 年 3 月，TD-SCDMA 启动扩大规模网络试验，在包含所有奥运城市——北京、上海、保定、青岛、厦门、天津、沈阳、秦皇岛、广州、深圳十城市部署 TD-SCDMA 试验网络，并在韩国首尔建立首个海外试验网，为正式商用进行积极准备。其中保定由中国电信负责，青岛由中国网通负责，其余 8 个国内城市皆由中国移动负责。大唐电信集团作为标准的提出者和主要推动者，是 TD-SCDMA 产业链中毫无争议的核心企业。在 2007 年 4 月的 TD-SCDMA 首期设备招标上，国内厂商处于绝对领先地位，包括大唐移动在内的多家国内厂商获得了 90% 的市场份额，其中大唐移动以及合作伙伴烽火移动、上海贝尔阿尔卡特（ASB）、广州新邮通以其完善的产业链优势共获得中国移动招标项目的36.68%市场份额，中标上海和广州两大重点城市的网络设备供应，这是集团成立以来最大的一笔商业合同。2007年7月，大唐移动与ASB联合体成功中标中国网通青岛TD-SCDMA扩大规模网络技术应用试验网项目，获得了50%的份额。2007年12月中旬，中国移动集团网站发出正式启动TD-SCDMA终端采购招标的消息；2008年2月，中国移动第一批的招标结果显示，1.5万部上网卡业务全部被中兴和大唐移动获得。2008年初TD-SCDMA扩大规模试验网全部完成，这为TD-SCDMA投入最终的大规模商业建设与运营做好了最后的准备。

在靠近商用的同时，TD-SCDMA也迈开了国际化步伐。2007年2月6日，大唐移动与SK电讯共同成立TD-SCDMA联合业务开发中心，TD赢得重要的国际化推动力量。2007年11月23日，大唐移动携手香港无线科技商会（WTIA）、香港无线发展中心（HKWDC）于香港成立了首个"香港数码港TD-SCDMA业务应用发展中心"，推动香港无线通信业界与TD-SCDMA产业发展接轨。2006年11月底，阿尔卡特在其与大唐电信集团签署的谅解备忘录中也高调表示，阿尔卡特将利用其业务遍及全球130多个国家的优势，支持大唐电信集团在境外市场拓展TD-SCDMA。

（3）TD-SCDMA预商用，服务北京奥运（2008年）。

2008年也是TD-SCDMA预商用的最关键时刻：2000年中国政府在申办北京奥运会时就已经承诺"若北京获得2008年奥运会举办权，将第三代移动通信（3G）等系列新设施、新服务提供给2008年奥运会"。因此第29届奥运会在北京的召开不仅考验着中国的综合实力，也考验着中国首个自主创新的自主知识产权通信标准TD-SCDMA的实力。2008年4月1日，TD-SCDMA正式开始社会化测试和预商用，第一期网络覆盖北京、上海、天津、沈阳、秦皇岛、沈阳、深圳、广州、厦门、青岛、保定等城市，到奥运开始前，中移动负责建设的除青岛、保定外8城一共投资约150亿元，建设了约16 000个基站，已达到当地GSM覆盖的同等水准。8月8日，北京奥运会开幕式期间，我国政府实现了向奥运会和残奥会提供移动通信3G服务的庄严承诺，为奥运官员和工作人员、奥运志愿者及海内外游客提供了优质的服务。鸟巢及周边地区共有25万左右用户在中国移动网上通话，国际漫游用户达到22 829人，通话峰值超过每小时11万次，超过上届奥运1.9倍，仅在北京就有近7 000用户使用TD网络，视频通话达800多次。在这样的考验面前，中国移动网络接通率达到100%，掉话率仅为0.27%，均达到国际先进水平。而在青岛，基于TD-SCDMA的"无线视频同传"也是首次在奥运会中使用，通过奥帆委技术运行中心大屏幕，可以实时观看到10万亩面积的奥帆赛比赛海域和整个奥帆场馆的情况，及时发现和处理各种情况。TD-SCDMA服务"科技奥运"顺利保障了奥运通信，圆满完成了国家对国际社会奥运期间应用3G的承诺。

2008 年 8 月 28 日，在最高时速达 431 公里／小时的上海磁悬浮列车上，大唐移动实现了与外省 TD 用户间流畅的 TD-SCDMA 视频通话，而几乎在同一时间，中国移动总裁王建宙在北京首次对外确认 TD-SCDMA 将在 28 个城市进行二期建网，并透露将把 TD-SCDMA 纳入上市公司建设和经营。在完成 16 天的奥运大考后，中国本土 3G 标准 TD-SCDMA 已经进入新的发展快车道。在 10 城市 TD-SCDMA 试验网的基础上，中国移动已经在 2008 年末完成了 TD-SCDMA 与 2G 网的核心网融合的工程，实现现有的 2G 用户可以 "不换号、不换卡、不登记"、只要换一部双模手机就可以方便地使用 3G 服务，截至 2008 年年底，全国 3G 用户已达 41.9 万人。

4. 正式发牌商用 (2009 年)

2009 年 1 月 7 日下午，工业和信息化部在内部举办小型牌照发放仪式，向重组后的中国移动、中国电信和中国联通发放三张 3G 牌照，其中中国移动获得 TD-SCDMA 牌照，中国电信获得 CDMA2000 牌照，而中国联通则获得 WCDMA 牌照。由此，我国正式进入第三代移动通信时代。我国具有核心知识产权的 TD-SCDMA 的发展也将进入一个新的阶段，由全球最具实力的运营商中国移动来运营中国自有知识产权 3G 标准 TD-SCDMA，其含义不言而喻，而工业和信息化部在发放牌照的同时也明确表示，TD-SCDMA 发展在 3G 发展中具有重要的地位。2009 年 1 月 19 日，工业和信息化部无线电管理局正式对 3G 频段进行了分配，中国移动获得的频段是 1880-1900MHz 和 2010-2025MHz，而目前属于小灵通的频率 1900-1920MHz 最终也将于 2011 年底前小灵通退出市场后，划归中国移动用以发展 TD-SCDMA。

（1）TD-SCDMA 正式商用，发展势头良好。

2008 年 12 月至 2009 年 4 月，三大运营商相继发布了其 3G 品牌标识，并陆续推出相关 3G 服务。2009 年 1 月 7 日，中国移动正式推出其 3G 品牌 "G3"，率先提供相关 3G 服务，并在广东和上海两试点城市放号。6 月，28 省 3G 网络建设完成后将在全国 38 个 TD 城市放号。TD-SCDMA 的相关终端产品手机、上网本等也纷纷上市，尤其是多款 TD 上网本的推出和高额的购买补贴更是吸引了大众的目光。

截至 2010 年 7 月底，我国 3G 用户累计达到 2808 万户，其中，中国移动 TD 用户达 1183 万排名三大运营商 3G 用户首位。当前 TD 已经基本形成 "三分天下有其一" 的格局，我国自主创新技术成功实现产业化和大规模商用，成为我国移动通信发展史上的又一个里程碑。

（2）TD 产业联盟持续壮大。

现在，以大唐电信集团为首、国内为主的 200 余家上下游厂商已加入到 TD 产业中，完整的 TD 产业链竞争力不断增强。目前，TD 产业联盟成员超过 66 家，覆盖系统、终端、芯片、天线、仪器仪表、室内覆盖、业务、运营等产业链上的各个环节，国内厂家已经在系统设备和终端招标中占据大部分市场份额,并有超过 30 个手机厂商的近 300 款终端获得入网许可证,TD 产业链完全能够支持运营商大规模建网商用的需要。目前,TD 网络均完成 TD–HSDPA(3.5G)的升级,与全球提供的最新 3G 业务同步。

(二)协同创新推动 TD 产业链发展

1. 借助产业联盟平台,发挥对中小企业带动作用

大唐电信集团积极利用发起成立的 TD-SCDMA 产业联盟,以"共同完善和推动 TD–SCDMA 标准"为宗旨,以"提升中国移动通信企业的研发、生产和制造水平"为己任,积极整合及协调产业资源,促进 TD-SCDMA 产业的快速健康发展,实现 TD-SCDMA 在中国及全球通信市场的规模推广和应用。通过对自身拥有核心专利的无私释放和转让,大唐电信集团直接推动了 TD-SCDMA 产业联盟的成立和发展,并有效加速了产业链上各环节企业产业化的进程。在系统设备领域,我集团通过对核心专利技术的释放和转让,帮助相关企业快速进入到 TD-SCDMA 系统产品产业化的实质性阶段;在核心芯片领域,大唐电信集团先后投资 T3G 和凯明,并与国外芯片厂商合作,以掌握的 TD-SCDMA 核心技术,对业内所有的芯片厂商都给予了最大程度的技术支持和帮助;在终端设备领域,一方面向全行业开放了自己的终端一致性测试平台,使得众多的终端企业依托这个平台,极大地提升了各自产品的产业化进度;另一方面,大唐电信集团的终端解决方案和终端协议栈软件作为目前业内最为成熟的同类产品,也已经为众多的终端厂商和芯片厂商所采用。

作为具有典型意义的创新模式,TD-SCDMA 产业联盟这一载体在推动产业发展和突破的进程中充分发挥了平台的支撑作用,成为了企业间专利技术与公共设施的共享平台,这种平台效应体现在:其一,联盟制定了知识产权高度共享的原则,并实现了核心技术的相互许可与转移,有效的解决了产业发展中所面临的知识产权、共有技术、共同测试环境等问题,大大降低了企业的进入门槛;其二,创造性的推动产业链上下游由传统的串行发展转变为并行开发模式,从而大大缩短了产业化周期;其三,以工作组的方式实现了标准完善、一致性标准与代码开发、业务研究与规划、测试规范制定等环节的共同开发,有效地解决了互联互通问题。

2. 建立开放的软件平台,扶持和孵化中小企业发展

大唐电信集团在 TD-SCDMA 技术标准、专利和基础软件方面均具有较强的优势。依托自身优势,大唐电信集团积极建立开放的软件平台,积极带动业内企业、有效促进 TD-SCDMA 产业发展。大唐联芯科技公司立足自身优势建立开发面向中小企业业务发展的 LERENA 平台。依托于 LERENA 平台,已经有与近 100 家应用、业务厂商加入 LERENA 社区,共同丰富 TD-SCDMA 的业务和应用。当前依托社区平台扶持和孵化的

业务和应用遍及可视电话，手写输入，手机广告，手机音乐，数据库，手机即时通信，导航/定位软件，文本阅读软件，Office办公软件，股票查询/交易软件，网络安全等等数百种应用。社区中不乏本土中小企业，通过不同层次的合作，社区有效孵化出一批 TD-SCDMA 特色的业务和应用，为 3G 生活带来更多的精彩，同时也为中小企业快速推出特色产品、培育核心竞争力提供了强有力的支持。

3. 开放硬件平台，利用科技优势帮扶中小企业

2003 年底，大唐电信集团投入巨资和大量专业人才组建了国内外第一家 TD-SCDMA 标准终端开放实验室。终端开放实验室设有先进的 TD-SCDMA/TD-LTE 测试环境，测试环境包括真实网络测试环境和模拟网络测试环境，分别配备有诸个完整的体系。这些体系包括真实网络测试体系；业务、应用研究平台体系；射频、物理层测试体系；外场试验研究体系；远程研究试验体系以及终端高层协议栈测试体系。在成立的第一天起，终端开放实验室就不是以盈利为目的的，服务价格远低于成本。终端开放实验室以为民族通信标准 TD-SCDMA 产业发展保驾护航为宗旨，利用央企强有力的技术优势常年为 TD-SCDMA 终端厂家（包括解决方案厂家）提供完善优质的终端调测解决方案以及相关的网络测试服务，这过程中包括芯片企业提供给终端企业的所有商用产品和版本，包括 R4 功能产品、N 频点功能产品、HSDPA 功能产品、MBMS 功能产品、HSUPA 功能产品等；同时，为各 TD-SCDMA 芯片和终端厂家提供强有力的技术支持，帮助 TD-SCDMA 产业链企业，特别是技术实力较弱的中小企业快速解决技术孵化、研发过程中所遇到的问题。

为了满足产业链内企业测试的需求，终端开放实验室除了配备有先进的测试环境，在服务管理方面形成一整套行之有效的测试服务保障体系。服务保障体系包括：①共享公共信息平台；②技术服务支撑平台；③测试管理系统；④远程技术服务系统。特别是远程技术服务系统，能够为北京、上海、香港等异地企业提供远端网络传输接入，大大方便了业内企业的测试需求。行之有效的测试服务保障体系更好地为业内企业特别是中小企业的技术发展提供了有力保障。此外，终端开放实验室还配有经验丰富的技术开发测试服务团队，成员包括信令分析仪表专家、RAN 技术专家、终端测试专家。测试服务团队在终端开发、外场测试、多厂家联合调测、标准维护、终端模拟网络编程测试等方面都具备深厚的经验。

截止目前，大唐移动联合实验室已经为天碁（T3G）、重邮信科、展讯、三星、LG、比亚迪、德信、凯明、SKT、UT 斯达康、希姆通等业内近 20 家企业提供测试服务，特别是对 TD 业内中小企业提供专业优质的服务，保证这些企业在研发方面能够得到快速进步，积极推动了 TD-SCDMA 产业链的成熟和发展，为民族通信标准产业发展保驾护航。

（三）标准战略与标准化能力提升过程

标准发言权需要强大科研技术支持。大唐电信集团参与国际标准制定开始于1998年，在前期的科研、产品方面都做了大量的准备。参与标准工作十几年，与过去制造产品、卖产品和发明技术不同，大唐得出的经验是做标准是在整个产品市场体系里面的一个环节，并不独立，需要科研在背后的支持，而目的也是为了在将来的市场获得利益。在1998年左右，电信集团在若干项目上（无线接入系统）取得了重大进展，尤其是TDD：从1G到2G，由语音通信向数据通信、宽带通信发展是大势所趋，从而对频段的要求（更宽、不对称）也越来越高；深入研究的TDD对欧美传统上主导FDD具有了相对的优势。

TD-SCDMA已经进入商用阶段，但大唐电信集团没有停下创新的脚步。目前，面向未来4G国际标准的竞争已经展开，按照国际电联（ITU）的要求，面向4G的ITM-Advanced将能够满足未来10-15年全球移动通信的需求，并于2009年年中结束候选方案的征集，2010年年中完成候选方案的技术评估和融合，2012年前后发布4G技术标准方案。从目前全球4G国际标准的竞争态势来看，未来进入4G国际标准竞争的将主要是TD-LTE和FDD-LTE两种技术制式。大唐电信集团凭借自身较强的自主创新实力，拥有了TD-LTE全部关键核心技术与知识产权。TD-LTE下行数据速率将达到100Mbps，上行数据速率达到50Mbps，在获得性能提升的同时，可以保证TD-SCDMA及TD-SCDMA增强网络向TD-LTE网络的平滑演进。此外，大唐电信集团还在TD-LTE标准化过程中处于主导地位，有力地确保了我国在未来4G国际标准竞争中的话语权和控制权。

在3G标准制定阶段，大唐电信集团独立提出了完全不一样的标准，更独特，尽管是一个巨大的突破，但产业化只能由自己来做，比较艰难；在4G标准制定过程中，大唐电信与欧洲企业有更多相同点，国际厂商参与程度更深，技术虽然不独特，相对份额下降，但更能够获得欧美市场的认可，在绝对技术和市场上是一个非常大的提高。4G过程中，大唐电信集团正在更多参与FDD，也有更多的厂商参与到TDD的标准中来；在3G时用的多天线技术，在4G时代有用武之地，4G采用的IP技术大唐也比较熟悉，形成"你中有我，我中有你"的竞争态势；由于欧美多年来的积累，总体技术来说还是欧美更强，面对这样的形势，中国企业应该更加注重特色的技术，才能在整个格局中占有立足之地。

四、大唐电信集团支持创新的内部机制

（一）围绕"四化"的技术创新体系

1. 技术专利化、专利标准化、标准产业化、产业市场化

大唐电信集团坚持"技术专利化、专利标准化、标准产业化、产业市场化"的指

导方针，通过布局产业链各关键环节，形成对产业链的控制力和影响力，以实现在市场化竞争中获取竞争优势。鼓励"技术专利化"，即技术创新体系与知识产权创造体系紧密结合，强化核心技术向知识产权转化的能力，积极将创新成果固化为受法律保护的知识产权（特别是专利）。大唐电信集团成立了技术产品路标委员会和专利标准委员会，强调技术前瞻性和知识产权意识，通过两个委员会互动，明确技术规划和专利布局等策略。

促进"专利标准化"，即核心专利与国内外技术标准的紧密结合，使得技术随着标准的普及被更广泛地推广与应用，能够最有效地提升创新成果的价值。大唐电信集团的压强原则是：集中资源专注于 TDD 标准领域，以及 3GPP 和 ITU 国际标准化组织，强化影响力，获得更多支持。互动博弈原则：与政府、标准组织、企业和专家间的互动博弈，企业内研发、系标、测试、法律部门间的紧密互动。这些在推动 TDD 时体现得非常明显：在标准提案提交前，率先申请专利，在保持提案技术新颖性的前提下对技术进行保护；实现两个委员会互动，共享标准信息和知识产权信息，从而形成标准竞争策略；制定制度流程，将标准与基本专利列为专门的考核指标；注重标准知识产权违约，最大限度平衡产业利益和专利权人利益。

推进"标准产业化"，即标准的生命力取决于其产业化的程度，通过成立产业联盟、专利许可等方法实现技术标准的广泛产业化，使标准中知识产权价值真正地体现出来。大唐电信集团于 2006 年开始内部重组，先后成立大唐联芯（集成电路）、大唐联诚（党政军业务）和大唐投资，西安大唐推出了程控交换机领域，在外则收购了中芯国际战略性股权，与 ARM、IBM、爱立信等公司开展战略合作。

开拓"产业市场化"，即坚持以价值为导向，以拥有的核心知识产权为基点，面向市场，有选择地参与生产、服务等领域的分工与合作，使产业具有更强的竞争力，实现整体价值最大化。例如，依托在 TD-SCDMA 系统性技术研发方面的优势，大唐电信集团拥有 TD-SCDMA 终端协议栈核心技术，以此为基础，大唐整合内部优势资源，成立了联芯科技公司，发挥企业在协议栈方面的优势，专门从事 TD-SCDMA 终端协议栈研发、终端解决方案开发和终端芯片的设计业务。目前，联芯科技已经成为 TD-SCDMA 终端芯片领域的主导者，市场占有率超过 40%以上。

2. 研发组织和管理模式

大唐电信集团以建设创新型企业为目标，建立"以 TD 技术为主线，企业为主体、产学研用相结合、开放式"具有央企特色的科技自主创新体系。2007 年，大唐被评为国家首批"创新型试点企业"，并于 2008 年顺利通过评估，被正式命名为国家首批"创新型企业"。2008 年，获批建设"无线移动通信国家重点实验室"，是首批 36 家依托企业建设的国家重点实验室之一，申请的"新一代移动通信系统技术国家工程实验室"也已正式获批。结合国家级实验室的建设，大唐集中了国内无线移动通信领域顶尖研发力量，组成高水平的专家级创新团队，也建立起完善的面向产业化的技术攻关、成果转化、产品开发和质量保障的机制，有力地促进产、学、研结合。与此同时，大唐与爱立信成立 LTE 联合研究中心，推进了前沿技术研发方面的合作，与微软、DELL 等国际知名企业签订战略合作备忘录。大唐积极发挥企业的研发主体作用，联合国内高校和研究机构形成产学研战略联盟，实现资源的协调与互动。2008 年，与国内 17 家无线移动通信领域知名高校和院所签订了战略合作协议，进一步加强长期战略合作。

此外，积极申请国家科技重大专项，做好各项配套工作。大唐电信集团协调调动集团优势资源，成立专门组织，加强产学研合作，积极申请承担"新一代宽带无线移动通信网""极大规模集成电路制造装备及成套工艺"和"核心电子器件、高端通用芯片及基础软件产品"三个国家科技重大专项课题，促进三个专项之间的协调互动，争取更多的科技创新成果。扎实落实电子信息产业调整和振兴规划中"TD 新跨越"与"集成电路升级"两大重点工程。

3. 承担重大科技项目

此前，大唐电信集团一直承担着包括"八五"、"九五"、"十五"期间、"863"等国家一系列科技重大项目。2008 年，大唐电信集团获批国家科技部的"无线移动通信国家重点实验室"，该实验室是首批 36 家依托企业建设的国家重点实验室之一。2010 年，获批国家发改委的"新一代移动通信系统技术国家工程实验室"。目前，大唐电信集团是国家科技重大专项三"新一代宽带无线移动通信网"的主要承担载体，同时也是国家科技重大专项二"极大规模集成电路制造装备及成套工艺"的重要承担主体，还参与了国家科技重大专项——"核心电子器件、高端通用芯片及基础软件产品"的相关研发项目。在 2009 年政府推动实施的电子信息产业调整和振兴规划中，大唐电信集团承担了"3G TD 发展新跨越"与"集成电路升级"两大重点工程的相关项目。

（二）人才与激励

大唐电信集团把握通信产业科技人才供需与成长规律，立足于"坚持自主创新，走新型发展之路"的指导方针，以"四个载体，一个通道"为抓手，以产学研结合、资产整合、对外合作和重大项目为载体，畅通科技人才职业发展通道，造就一支具有行业话语权的科技专家队伍，为践行"中国制造"到"中国创造"发展道路提供了强大的人才支撑。

一是以资产整合为载体，引进战略型海外人才资源。2007 年，通过收购瑞平公司，引进海外高层次专家团队，大大增强了集团在无线移动宽带接入领域的话语权；2009 年，通过入资中芯国际，引进紧缺的集成电路产业领军型人才 100 余人，其中，81 名海外博士来自英特尔、德州仪器等全球领军型企业。2009 年以来，为补充 TD-SCDMA

产业和集成电路设计领域人才资源，实施"走出去"战略，赴美国硅谷等人才高地吸纳优秀人才，鼓励科技专家利用参加国际会议、技术论坛等机遇，以才引才，成功引进多名领域领军型专家人才，先后有 3 人纳入中央"千人计划"候选人范围。2000 年以来，引进海外人才近 150 人，有力提升了在无线移动通信和集成电路领域的技术主导地位。

二是以产学研联合开发为载体，培养创新型科技人才。利用研究生学历教育与博士后工作站资质，通过与清华大学、北京邮电大学等建立合作关系，共同培养科技人才，截至 2009 年底，大唐电信集团研究生部共培养统招硕士 1200 余人，工程硕士 150 余人。2008 年，与清华大学、中科院计算所等 17 所高校、院所签订战略合作协议，开创建立了以创新型试点企业为主体、以国家重点实验室为平台、以市场为导向，与高校、院所合作产学研相结合的央企与高校合作新模式，为企业培养创新型科技人才，走新型工业化道路奠定了坚实基础。

三是以对外交流合作为载体，培养国际化视野。近年来，先后与爱立信、SKT 等国外行业巨头开展技术研发合作，与微软、IBM 等领军企业进行战略合作；每年定期推选优秀的科技人才参加包括国际电信联盟、第三代移动通信国际组织等权威组织举办的会议及高层次学术论坛；促使科技人才及时学习跟踪行业前沿发展趋势，拓展前沿眼光和国际视野，提升科技创新能力。

四是以重大科研项目为载体，实践中培养科技人才。近年来，企业承担政府国家重大科技攻关计划项目、国家高技术产业化项目、国家"863"计划项目等超过 1000 项，自 2009 年，承担了国家三个重大专项的大多数课题研究。通过一大批国家重大科技项目，灵活运用"干中学"的特色培养模式，为年轻的科技人员施展才干提供了广阔空间，促使优秀的科技人才不断成长涌现出来，目前，大唐电信集团拥有 10 项发明专利的行业专家近 130 名。

五是构建职业发展通道，促进科技人才健康成长。2008 年，大唐电信集团分步搭建"技术专家—高级技术专家—首席专家—首席科学家"四个层级的岗位阶梯，完善高层次科技人才在重大技术攻关、梯队人才培养等方面发挥牵引作用的机制，逐步形成专业技术和经营管理人才分类发展的良好局面。2009 年，启动了"首席科学家"和"首席专家制度"，选聘首席科学家 1 名和首席专家 8 名。

（三）知识产权保护和管理

1. 保护和管理

大唐电信集团高度重视知识产权管理工作，特别是依据企业实际情况制订了"知识产权战略纲要"，着力推行知识产权战略，进一步明确知识产权战略的重要地位，健全管理制度和组织结构，从技术、法律等多方面促进知识产权的创造、应用和保护。

（1）知识产权保护工作。

①专利预警：新技术、新产品、新市场、新品牌均需经过知识产权预警分析的层

层把关。

②内部知识产权流程完善：专利申请流程；专利评估流程；发明人激励流程；著作权登记流程。

③物理保护：内部网络安全；文档安全系统；终点保密区域实行物理隔离等。

④对商业秘密的保护：为了避免因科研人员的流动造成商业秘密流失的问题，公司从研发机构的内部管理开始入手，把商业秘密作为企业知识产权保卫工作的重中之重来抓，采取多种措施手段杜绝泄密的可能性。

（2）知识产权管理工作。

①制度建设完善：制定《专利管理办法》《专利申请流程》《发明人奖励办法》《商标管理办法》《商业秘密管理办法》《软件著作权登记内部流程》等制度。

②人才队伍建设：专职专业的标准与专利管理人员超过200人，绝大多数为硕士及以上学历。

③配套的专利管理工具：包括建设专利检索平台；专利分析软件；专利管理数据库；集团专利月报制度等。

（3）取得的成绩。

大唐电信集团是国家知识产权局"第二批专利试点单位"。知识产权工作已经成为企业整体战略的重要组成部分。仅"八五"以来，承担政府有关部委国家重大科技攻关计划项目、国家移动通信专项、国家高技术产业化项目、国家通信"863"计划等项目达千余项，取得重大科技成果300余项，其中获国家及部委、省市奖励200余项，部分成果已形成产业。部分核心专利荣获信息产业重大技术发明以及国家发明专利金奖，在第十届、第十一届中国专利奖评选中均获得优秀奖。近两年来，随着知识产权战略的有效实施，专利数量以近40%的速度增长，企业自主创新实力持续增强。依托强有力的技术创新优势，展开以无线移动通信为重点，覆盖集成电路、特种通信、基础软件等多个领域的专利布局。截至2009年年底，大唐专利超过6 000项，其中，最重要的发明专利占到总量的97.5%，在中央企业专利排名中位居前列，人均持有专利数量排名第一。2006年以来，大唐电信集团累计申请专利2 300余件（不含中芯国际），在TD-SCDMA领域已累计申请专利近2 000件。在TD-SCDMA领域的专利实施率远超行业水平。

2. 知识产权经营

大唐电信集团推行知识产权经营理念，着手建立以价值回报为导向的知识产权商业模式。在知识产权创造过程中，通过制度保证实现技术创新成果向知识产权的转化。同时，将价值的提升、核心竞争力的提高、盈利能力的增强作为各单位检验一切创新工作的唯一标准。以技术创新、知识产权创造为基础，通过对技术创新模式、知识产权产品形态、商业模式正确的选择，以企业价值的培育、提升为标准，增强核心竞争力，保证集团在产业化过程中对产业链的控制力、影响力和企业的可持续发展。

（四）信息化管理

大唐电信集团基于原有的办公信息化系统，在主业公司推动财务专用软件、ERP系统、IPD信息化系统的建设工作。特别是在科技创新和产业化管理方面，充分发挥信息化对于企业管理的支撑作用。以标准仿真计算系统为例。为了满足移动通信领域核心研发工作的需要，大唐电信集团依托标准仿真计算系统建立了新技术计算中心。该计算中心的历史可以追溯到1998年，前身是大唐电信集团中央研究院计算中心，旨在对我国自主提出的第三代移动通信标准TD-SCDMA中的各项技术方案、产品开发、特性研究、核心算法验证以及LTE、LTE-A技术进行准确验证和分析，是原创力量的重要保证。该计算中心仿真平台涵盖了从物理层链路级仿真到高层协议和高层算法的系统级仿真，可以提供从单基站中功能模块级到多基站通信网络系统级的各项性能评估指标。在技术研发与标准创新过程中，托标准仿真计算系统计算中心为TD-SCDMA、TD-LTE（及其演进）标准提交、专利撰写、新技术预研、产品开发、运营商网络规划的优化提供了大量基础数据，为企业进行重大技术决策提供了理论参考。

（五）科研院所转制中的文化转变

作为科研院所转制企业，大唐电信集团（电信科学技术研究院）继承了原有的宝贵科研资源。大唐电信集团的前身是成立于1957年的原邮电部邮电科学研究院。经过50多年的发展，企业自身在通信领域积累了一大批国内优秀的科技人员，同时也拥有着丰富的重大科研项目研发管理经验，形成了自主创新的文化氛围。

另一方面，相比于其他高科技企业，大唐电信集团在体制机制上受到束缚。信息通信产业作为全球科技进步最快、竞争最激烈的领域之一，客观上要求身处该领域内的企业能够建立面向市场的、能够满足激烈市场竞争的现代企业管理制度。作为科研院所转制企业，需要从原有计划经济向市场经济体制转型，从事业单位管理向现代企业管理转型，特别是在激励约束与考核制度上，由于受到国有经济保值增值的压力，无法采用市场通行的制度和措施，使得企业科技创新实力未能得到充分发挥。在产业化与市场化方面，作为科研院所转制而来的企业，此前从没有经历过完整的创新技术产业化与市场化过程，需要重头开始摸索。特别是对于产业化与市场竞争的一些内在发展规律，需要通过切实的实践才能得到真正的领会。

五、大唐电信集团创新能力评估

（一）产品整机层面

作为TD-SCDMA国际标准的提出者、核心知识产权的拥有者、产业化的重要推动者，大唐电信集团通过产业价值链的科学分析，逐渐退出低端制造领域，布局占领产业链高端环节，占据 TD 系统设备市场 30% 的市场份额，终端芯片和解决方案领域 50% 以上的市场份额，终端领域亦有不俗表现，总体保持着 TD 产业发展的领导者地位。在 2010 年中国国际通信展上，展出了 TD-SCDMA 终端协议一致性测试仪，填补国内在该领域仪表行业的空白。图 7-6 是对大唐电信 TD 系统设备、终端芯片的技术创新能力状况评估。

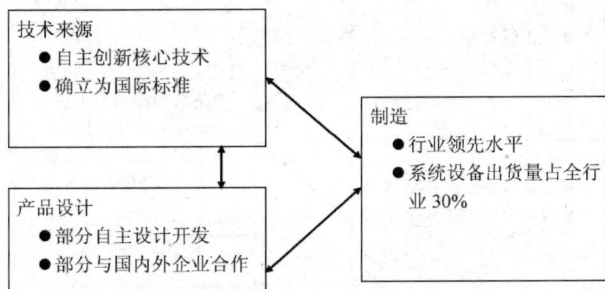

图 7-6　TD 系统设备创新能力评估图

　　大唐电信集团经过多年积累，拥有 TD 及 TD-LTE 的核心知识产权，始终主导 TD 和 TD-LTE 的技术和标准发展。这使其在 TD 系统设备领域处于有利的位置，迄今为止在中国移动系统设备的三轮招标中，大唐电信集团累计向中国移动提供了 3 万多套基站，进入 20 个省市自治区，综合市场份额达到 30%。

　　在 TD-SCDMA 产业化开始的时候，大唐电信在国家相关部门的支持下发起成立了 TD 产业联盟，向普天、中兴、华为等电信设备企业实施了技术授权，既壮大了 TD 产业，也促进大唐自身的 TD 产品化的努力。一方面，大唐电信集团成立了大唐移动等核心企业专注于 TD 产品的开发；一方面，大唐开展了各种形式的国内外合作：从 1998 年开始，大唐与西门子开始在 TD 上进行合作，双方开展包括原理样机、原型样机开发等在内的合作；2004 年，上海贝尔阿尔卡特建立了 1 亿元的 TD 生产线并以 1.5 亿人民币入股大唐移动。通过这些合作（特别是与西门子长达四年的 TSM 项目），企业的项目管理水平，尤其是产品开发管理水平得到了大幅度的提升；此外，企业通过不断引入国际先进的 IPD 集成产品开发理念，对企业的业务流程进行根本性地再思考和重新设计，大大提升了创新管理水平。

　　在集成电路领域，我国的产业基础是相对薄弱的，而 TD 终端专用芯片一度成为阻碍 TD 产业化的障碍。为了实现国家对集成电路关键环节"自主可控"，"为我所用"的整体战略部署，大唐电信集团采取了一系列措施：2002 年与普天、德州仪器诺基亚、LG 等 10 家公司合资成立凯明信息科技有限公司，2003 年与飞利浦、三星合资成立天基科技公司，通过项目合作形式，在芯片领域形成了中外企业合作参与的产品开发团队，取得了突破性进展；2007 年，大唐成立大唐联芯，专注芯片和终端解决方案；2008 年，大唐战略入资中芯国际，成为这家全球第四大，中国大陆最大、技术最先进的集成电路代工企业第一大股东，增强了大唐在芯片领域的竞争力。TD 商业化一年多来，大唐在 TD 终端芯片市场的占有率达到了 50%，大唐电信集团在 TD 核心芯片创新能力评估如图 7-7 所示。

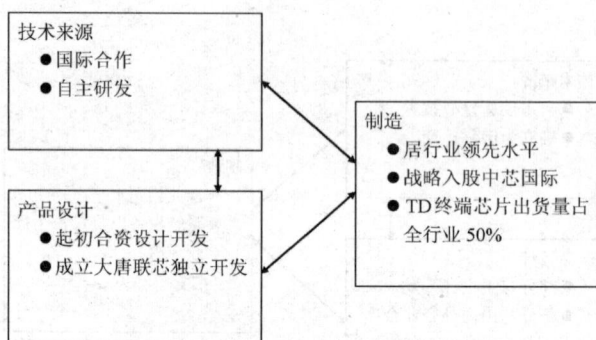

图 7-7　TD 核心芯片创新能力评估图

（二）核心技术层面

1998 年，大唐电信一批海归学子认识到 TDD 在频谱效率方面的优越性，大胆采用智能天线、联合检测、接力切换和上行同步等大量具有自主知识产权的先进技术，使 TDD 和 CDMA、TDMA、FDMA 技术完美结合，独创性地提出了 TD-SCDMA 方案，具有频谱利用效率高等优点。大唐电信沿着这条自主创新的航线继续前进，将最初的 TD-SCDMA 演进成了 TD-LTE；目前，大唐电信依托新一代宽带无线移动通信网国家重大专项，取得显著进展，提出了 TD-LTE-Advanced，于 2009 年底进入国际电信联盟的 4G 候选技术。在下一代移动通信标准的竞争中，LTE 阵营在和 UMB、WiMax 阵营的竞争中，基本取得了胜利。而在 LTE 阵营中，分为基于 WCDMA 的 FDD-LTE 和基于 TD 的 TDD-LTE。大唐电信所主导的技术演进路线正是基于 TD 的 TDD-LTE。

拥有 TD-LTE 和 4G 核心自主知识产权，大唐电信集团将持续保持在移动通信国际标准竞争中的主导地位，抓住 TD 国际标准竞争的主导地位，持续发挥对产业与市场竞争的影响力和控制力。

（三）产业链创新的主导能力层面

市场选择 TD-SCDMA，并不是选择一种技术或一家企业，而是选择一个完整的产业链。大唐电信认识到仅仅依靠自身的力量是不能够完成 TD 的产业化的，因此在政府的扶持下，在 TD 产业化早期的 2002 年，与普天、中兴、华为等国内领先电信企业发起成立了 TD 产业联盟，并通过授权的方式共享技术，通过开放的知识产权环境促进 TD 的产业发展和壮大。随着 TD 产业化进程的加速和产业能量的不断释放，

TD 吸引了越来越多国内外知名通信企业的关注，几乎所有大型跨国公司都通过合资、合作的方式参与了 TD 的产业化工作。图 7-8 标示了 TD 产业链各环节主要的参与企业。

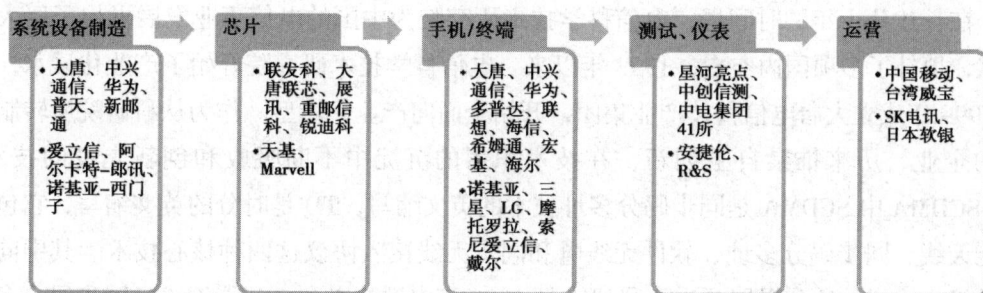

图 7-8　TD 产业链主要参与企业

目前，在 TD 产业链的每一个环节，从系统设备、芯片，到终端、测试仪表，都有多家有实力的企业参与。其中，掌握 TD 核心知识产权的大唐电信集团做出了巨大的贡献：推动发起成立了 TD 联盟，并向联盟企业进行技术授权；在 TD 产业化各项试验测试中，大唐与其他企业（中兴通讯等）相互合作，共同开发；在限制 TD 发展的一些领域，如终端芯片，大唐通过合资等方式，扶持了若干企业，完善产业链各环节。通过这些措施，可以认为迄今为止，大唐电信主导了 TD 产业链的创新。随着 TD 商用的逐渐成熟，作为运营商的中国移动预计将对产业链的创新产生越来越大的影响；尽管如此，大唐电信凭借其对 TD 及其演进技术知识产权的拥有、产业链成功运作的经验，也将继续对 TD 产业链的创新产生深刻的影响。

六、大唐电信集团创新能力成长模式

（一）成长模式的内涵

目前，我国的创新模式大部分是在引进平台基础上，进行产品衍生创新，接近于"逆向创新"，即采取"逆向工程"的方法分解之后进行仿制和替代。这种技术路线的特点是时间短、风险小，缺点是不掌握原理和参数，不掌握核心知识产权，容易产生路径依赖。与之相对应的是"正向创新"，它采取"正向工程"的方法，盯住未来的市场和技术需求，正向确定技术路线，自主研发和探索，走出一条新路。虽然时间长、风险大，但具有非常高的价值，是真正创新能力的体现。在我国当前的形式下，"正向创新"较少，因为它需要的条件比"逆向创新"要严苛得多，大唐电信集团在 TD 上的成功就是"正向创新"模式的一个例证。课题组将大唐电信的创新能力成长模式概括为：**国家扶持下的突破性自主创新模式**。需要强调的是，在当前的情况下，这种模式往往需要三个条件：一是有基础研究积累，二是有战略性市场需求，三是有政府大力支持。

（二）成长模式的主要做法

1. 重视基础研究和积累

大唐电信集团改制于国家级的电信科学技术研究院，后者的历史可以追溯到 1957 年。在长达几十年的时间里，电信科学技术研究院为中国的电信事业发展做出了巨大的贡献，填补了多项国内空白。1993 年以来，电信科学技术研究院开始了产业化试水，并于 1999 年成立大唐电信科技产业集团，开始全面向产业化转型。作为从科研院所转制过来的企业，历来推崇自主创新，在技术积累的沉淀中不断吸收和创新先进的技术。TD-SCDMA 中 SCDMA 是同步码分多址技术的英文缩写，TD 是时分的英文缩写，它包括智能天线、同步码分多址、软件无线电和同步无线接入协议这四种核心技术。其中同步无线接入协议方法和设置是大唐科研人员 1998 年申请的专利；智能天线、同步码分多址及软件无线电则是对原有技术的学习和创新。如果没有长期对基础研究的重视，没有响应的积累，是很难能够提出 TD 这个技术标准，并在十多个技术标准中脱颖而出的。

2. 坚持"四化"

大唐电信集团提出了围绕"四化"的技术创新体系，即"技术专利化、专利标准化、标准产业化、产业市场化"："技术专利化"即核心技术突破向知识产权专利的转化；"专利标准化"实现专利与标准的有机结合，保障专利价值的最大化；"标准产业化"是基于产业价值链、全球产业分工格局的科学分析，占据产业链高端环节，坚持有所为有所不为；"产业市场化"是指以自身核心技术优势，撬动与产业链上下游一流跨国公司间的合作，促进创新技术与我国大规模低成本电子制造资源的结合，运用多种形式确立市场竞争优势，获得价值回报。

3. 与联盟成员共享知识产权

从 2002 年 5 月到 9 月，大唐电信集团的高管在国家发改委的帮助下，力邀普天、中兴、华为等 9 家企业发起成立 TD 产业联盟。联盟成立之后首先遇到了技术转让的问题，站在其他企业的角度，在 TD 市场前景十分不明朗的情况下，就先交出很高的技术转让费用，会给企业决策增加很大的压力；站在大唐电信的角度，已经投入数亿人民币，如果免费转让，大唐多年来在 TD 技术上的积累和投入得不到一点回报，会挫伤士气。在这种情况下，国家发改委、科技部、原信产部联合立项，为 TD 科研产品开发提供 7 亿资金，其中约定部分用于支持技术授权的费用。由此，大唐电信集团将截止到 2003 年 11 月所有的 TD 技术与资料，包括源代码、原理图、测试案例，毫无保留地授权给中国普天和中兴。知识产权共享的突破也带动了跨国公司和国内其他有一定基础的企业加入到 TD 的产业化中来，形成了 TD 联盟"专利共享、共同开发、协同组织"的机制。"以大唐为代表的 TD 核心企业通过专利技术共享等方式，降低了企业进入 TD 产业领域的门槛，使得后进入企业在已有技术平台基础上迅速切入 TD 产业链各环节的研发和产业化工作，加快了 TD 产业化的整体进程。"TD 产业联盟秘书长杨骅如此总结。

4. 适时组织变革

不断变革的组织结构对于企业的技术创新而言是非常重要的，企业资本、技术和知识积累通过企业组织结构能够更加高效地服务于企业创新。对于科研院所改制为高科技企业的大唐电信，本身对于组织架构也在进行不断的变革。TD 标准提出后，TD 的产业化重任落在了电信科学技术研究院，即大唐电信集团身上。大唐于 2001 年 11 月成立中央研究院，并以此为基础于 2002 年 3 月挂牌成立大唐移动，拉开了 TD 技术产业化开发的序幕。2002 年初，由于实质支撑 TD 的系统企业仅有大唐与西门子联合体，而西门子同时也在对 WCDMA 进行研发，TD 从系统设备、终端到测试仪表都是一片空白，进展大大落后于 WCDMA 和 CDMA2000。在这种情况下，大唐电信集团积极获取政府相关部门的支持，并在国家发改委的支持下于 2002 年 10 月，和南方高科、华立集团、华为公司、联想集团、中兴通讯、中国电子、中国普天 8 家企业发起成立 TD-SCDMA 产业联盟。TD 产业联盟成立后，TD 的产业化开始一步一步走向正轨。随着 TD 产业链环节的逐步建成，大唐电信开始将目光逐渐转向产业链的布局。2007 年，大唐联芯成立，专注于 TD 芯片的研发、设计和生产；2008 年，大唐联诚成立，为 TD 在特殊通信领域和军事信息化领域的应用建立了平台；2008 年，大唐投资成立，为 TD 的产业化提供资金支持；同时，西安大唐等也逐渐退出了传统的低端制造领域。经过这样的组织结构调整，大唐电信占据了 TD 产业链及价值链的高端，企业核心竞争力获得大幅提高。

5. 积极参与国际标准制订，成为国际标准组织的重要参与者

1984 年，美国在国际电信联盟（ITU）年度会议上建议把模拟蜂窝通信系统（1G）统一标准，由于争论，最后决定从尚在孕育的数字制式开始考虑。1997 年 ITU 正式启动 3G 的无线传输技术方案征集，并在美、欧、日、韩、中等国提交的 15 个提案（含卫星 5 种）中，正式批准 TD 为第三代移动通信三大国际标准之一。2001 年 3 月，在美国召开的国际标准组织 3GPP 会议上，接纳了中国提出的 TD-SCDMA 第三代移动通信标准全部技术方案，标志 TD 被全球电信运营商和设备制造商所接受，成为全球 3G 移动通信网络建设的选择方案。

在 TD-LTE 及后续演进技术中，大唐电信集团亦积极参加国际标准制定。在下一代（4G）移动通信标准的最优希望的候选者 TDD 和 FDD 中，大唐电信集团在 TDD 制式领域的全球标准提案数量全球第一，其 TD-LTE-A 被国际电联接受为 4G 候选技术。大唐电信集团在移动通信国际标准竞争中继续保持着很强的竞争力，成为国际标准组织的重要参与者。

七、大唐电信集团技术创新经验启示

20世纪80年代，我国电信基础网络，从农话到国家骨干电话网，都是清一色的进口设备，这些动用巨额外汇购入的昂贵设备来自七个国家八种制式的机型——被形象地成为"七国八制"。这种几乎垄断的局面，被以"巨大中华"为代表的本土厂商所打断。时至今日，"巨大中华"中的华为技术、中兴通讯和大唐电信集团已经成长为世界级的电信公司。与华为、中兴凭借市场导向战略获得成功不同，大唐电信集团主导了3G三大标准之一的TD-SCDMA，并以此为基础推动了TD的产业化工作。

（一）从基础研究开始的系统创新风险高、投入高，但一旦成功，将获得巨大回报

从1998年大唐电信集团提出TD-SCDMA到2009年1月工信部正式发牌商用，期间10年左右的时间，TD的产业化基本上是没有获得收入的，却耗尽了大唐电信集团大量的人力和物力；不仅如此，按照大唐高层的说法，一旦TD项目中途失败，大唐电信集团本身也有可能被兼并收购（事实上，TD项目数次走到了危险的边缘）。但在大唐电信集团艰苦努力下，在相关部门和相关企业及政府支持帮助下，TD-SCDMA最终取得了成功，使大唐电信集团一跃成为世界级电信企业，步入了产业技术的高端，培育了核心竞争能力，获得了巨大的经济和社会效益。

（二）产业链打造和主导过程中既要有分享、又要有核心技术的控制

2002年TD产业化遇到的危机，很大程度上是由于大唐电信集团缺乏产业链运作的能力；在先前的交换机等项目中，也因为所有环节都自己做，而遇到了障碍。随着经验的积累，逐渐找到了技术分享和技术控制的平衡。通过技术授权给其他电信企业的方式，既壮大了TD产业的力量，也保证了自身对于TD核心知识产权的权益和控制。

（三）企业要做好专利和标准战略

由于大唐的创新是以基础创新为基础的，专利工作和标准战略就具有重要的意义。专利工作有两方面：一是通过各种途径管理和保护知识产权，二是要想方设法经营专利，获得收益。大唐电信集团的核心优势在于TD及其演进技术得到了国际标准的认可，而这也对企业的标准工作提出了很高的要求，为此大唐建立了一个专门的标准团队，长期参与国际标准的讨论和制定，确保企业在移动通信领域的国际话语权。

（四）创新能力的积累要重视人才队伍的培养和稳定

人才是创新活动的核心资源。由于科研院所及区位等的优势，在培养人才方面，大唐电信集团是有很多的优势，也培养了一大批各方面优秀的人才。但是在另一方面，行业中较低的收入水平和市场化竞争，也使得大唐电信集团在稳定人才队伍方面遇到了一些问题，部分人才流失到了国内外竞争对手，急需突破国有企业的体制机制限制。

第八章

中国北车股份有限公司
技术创新调研报告

一、中国北车概况

中国北车股份有限公司（简称中国北车）是经国务院同意，国务院国资委批准，由中国北方机车车辆工业集团公司联合大同前进投资有限责任公司、中国诚通控股集团有限责任公司和中国华融资产管理公司，于 2008 年 6 月 26 日共同发起设立的股份有限公司，注册资本 58 亿元，总部位于北京。

中国北车的发展史就是我国机车车辆工业发展的缩影。1881 年，中国第一个轨道交通装备制造企业创建。中国北车唐车公司的前身唐山机车车辆厂是晚清洋务运动中伴随着中国第一条铁路——唐胥铁路的修筑而诞生的，是中国轨道交通装备制造业的发祥地。随后自主制造了中国第一台蒸汽机车"中国火箭号"（1882 年），中国第一辆客车"銮舆龙车"（1889 年）。1906 年 8 月，伴随着铁路先驱詹天佑先生修建中国第一条国有铁路——京张铁路，南口公司成立，是第一个国有化铁路工厂，开创了我国自主设计铁路的先河。新中国成立以后，中国北车的发展历程大致可以分为五个阶段：第一阶段（1949 年 –1985 年）从铁道部厂务局、到机车车辆制造局、修理局，之后又经几次调整，1975 年 –1985 年为铁道部工业局，行使政企合一职能，对所属工厂和研究所实行统一领导和全面管理。第二阶段（1986 年 –1995 年）铁道部工业总局改组成为工业总公司，到转变为企业性质的中国铁路机车车辆工业总公司。第三阶段（1996 年 –2000 年 9 月）改组为控股公司，名称仍为中国铁路机车车辆工业总公司，简称中车公司，进行资产经营。第四阶段（2000 年 9 月 –2008 年 6 月）中车公司与铁道部脱钩重组，分立为南车、北车两个集团公司，归国资委领导和监督。第五阶段（2008 年 6 月至今）中国北方机车车辆工业集团公司联合大同前进投资有限责任公司、中国诚通控股集团有限责任公司和华融资产管理公司共同发起设立中国北车股份有限公司。2009 年 12 月 29 日，中国北车在上交所上市。

2004 年 10 月以来，中国北车按照铁道部总体部署，贯彻落实国务院"引进先进技术、联合设计生产、打造中国品牌"总体要求和"先进、成熟、经济、适用、可靠"技术方针，作为技术受让方和系统集成商，先后与庞巴迪、阿尔斯通、西门子等轨道交通装备制造业领先企业合作，与铁道部签订了大功率交流传动电力机车、大功率交流传动内燃机车、高速动车组、铁路大型工程机械等 15 项大型技术引进消化吸收国产化项目合同。经过努力，中国北车全面深入地消化吸收引进技术，积极实现再创新，产品开发和技术创新能力大幅提升，批量制造了具有国际先进水平的轨道交通装备产品，德国 SCI Verkehr 咨询公司发表《2009～2014 年世界铁路技术市场报告》，中国北车居世界机车车辆制造商第三位，有力支撑了中国轨道交通装备现代化。"机车战略超越，客车再创辉煌，货车持续领跑"战略取得显著成果。中国北车现拥有两个国际领先的动车组技术平台，CRH5 动车组批量投入运营，CRH3 动车组创造了时速 394.3 公里"中华第一速"，成为奥运配套交通的重要运输工具，也成为京沪高速铁路的主力车型；拥有国际领先的三个产品系列的大功率交流传动电力机车技术平台，和谐 D2 型、和谐 D3 型电力机车大批量投入运营，占和谐型电力机车总量的 70% 以上，担当了大秦、京沪、京广等重要线路的牵引任务；具有国际领先水平的国内首台国产化和谐 N3 型大功率交流传动内燃机车成功下线；两个国际领先水平的大型养路机械项目也落户北车。铁路机车车辆和城市轨道车辆产品占国内市场份额的一半以上。相关多元化业务呈现出良好的发展势头。国际市场进一步拓展，产品现已出口到 30 多个国家和地区。在海外建立合资企业，实现了技术输出。骨干企业技术装备达到国际先进水平，机械加工、铸锻、钢结构制造和组装、电机电气等有显著优势。

二、中国北车技术创新历程

作为中国轨道交通装备制造业核心企业的中国北车，在中国轨道交通发展史上创造了许多个第一，为中国铁路运输乃至轨道交通的发展做出了巨大的贡献。目前，中国北车拥有电力牵引、客车、货车和客车电气四个研发中心，机车和车辆两个专业研究所以及六个国家认定的企业技术中心，企业技术中心的数量居行业之首；下属长客股份和唐山客车公司是行业内仅有的两家进入国家首批 91 家创新型企业行列的企业；公司还有高速列车系统集成国家工程实验室（北方）以及动车组与机车牵引和控制国家重点实验室。近年来，中国北车获得国家科技进步特等奖 1 项，一等奖 2 项，三等奖 3 项，居行业领先；2007 年被国务院国资委授予"科技创新特别奖"，仅 15 家中央企业获得，为行业独有。2010 年再次获得"科技创新特别奖"；下属机车客车新造企业都具备领先的研发制造能力，全部进入铁路装备现代化重点企业行列。图 8-1 是中国北车主要整车研发制造企业与主要整车业务之间的关系，现阶段它们是中国北车技术创新研发的核心载体。

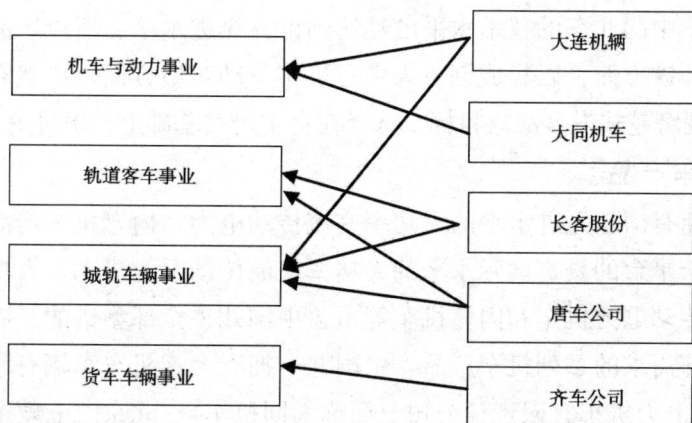

图 8-1 中国北车主要整车制造研发企业与主要业务之间的关系

资料来源：调研资料综合

中国北车的技术创新发展历程可以分为在仿制中起步、自力更生自主设计研制、自主研发产品形成系列以及自主创新为基础引进消化吸收再创新四个阶段。1949-1960 年，我国轨道交通装备制造业在仿制中起步，初步构建制造工业体系；1960-1980 年，我国轨道交通装备制造业走上自力更生为主的发展道路，自主设计研制的产品，基本满足了中国当时轨道交通运输需要；1980-2003 年，以自主研发为主，形成了中国轨道交通装备产品系列，为后续快速发展奠定了坚实的基础。2003 年至今，以自主创新为基础，坚持自主研发和引进消化吸收再创新有效结合，制造了具有国际先进水平的轨道交通装备产品，中国轨道交通装备产品技术取得长足进步。表 8-1 列举了中国北车 20 世纪以来技术创新的历程。

表 8-1 中国北车技术创新历程

	50 年代	60 年代	70 年代	80 年代	90 年代	2000-2003年	2004 年以后
机车（大连、二七、大同）	由修转造	研制东风4	生产东风 4，创造历史	东风 4B，替代进口	东风 4D，铁路提速主力	SS7E，内电并举	HXD3、HXD2、HXN3、HXD3B
客车（长春、唐山）	不详	不详	不详	168 国际招标车	25 型客车	中华之星	CRH3、CRH5、CRH380A
货车（齐齐哈尔）	P13,30T 到 50T	不详	C62，50 到 60T	不详	不详	C80、C70，60T 到 70、80T，速度翻倍	
地铁（大连、长春、唐山）	长春建厂，建设北京地铁	DK1、DK2 填补空白	不详	不详	第一辆铝合金客车	自主产权的城市轨道车辆	全系列

三、中国北车主要产品技术发展状况

机车、客车动车、货车、城轨地铁是中国北车最主要的业务。根据中国轨道交通运输发展的要求和国内外相关产品技术发展状况，中国北车选择了不同的产品创新路线。货车方面，中国北车的技术水平已经达到世界先进水平，所以产品创新以自主研发为主；城轨地铁方面，以集成创新为主；机车、动车组方面，虽然有相当的技术基础，但为了实现跨越式发展战略目标，选择在自主研发基础上，引进消化吸收再创新。

（一）机车产品

中国北车拥有国际先进水平的大功率交流传动电力、内燃机车产品技术平台，可以开发制造基于平台的具有国际水平的大功率交流传动电力机车、大功率交流传动内燃机车、直流传动电力机车和内燃机车等覆盖中国几乎全部型谱的、满足中国铁路交通市场几乎全部需求的系列机车产品。中国北车拥有大连机车车辆有限公司（简称大连机辆）、大同电力机车有限责任公司（简称大同机车）、北京二七轨道交通装备有限责任公司（简称二七机车）等多家机车研发制造企业，以及直属股份公司的大连电力牵引研发中心（简称牵引中心）。中国北车在机车产品方面创造了多项纪录：1956年自行研制"和平型"我国第一台干线蒸汽机车（大连机辆）；1958年自行研制"巨龙型"我国第一台内燃机车，填补我国机车工业空白（大连机辆）；1964年研制东风型中等功率内燃机车，中国铁路有了自己的主型干线内燃机车（大连机辆）；1969年研制成功东风4型大功率内燃机车，开启中国内燃机车新时代（大连机辆）；2005年研制东风7G型内燃机车，它是唯一配属在青藏铁路的国产调车机车（二七机车）。在中车集团分为南北车集团之前，电力机车的研发集中在株洲所（现属南车），内燃机车的研发集中在大连所。内燃机车开发是中国北车的强项，而发展迅速的电力机车历史积累相对稍弱。

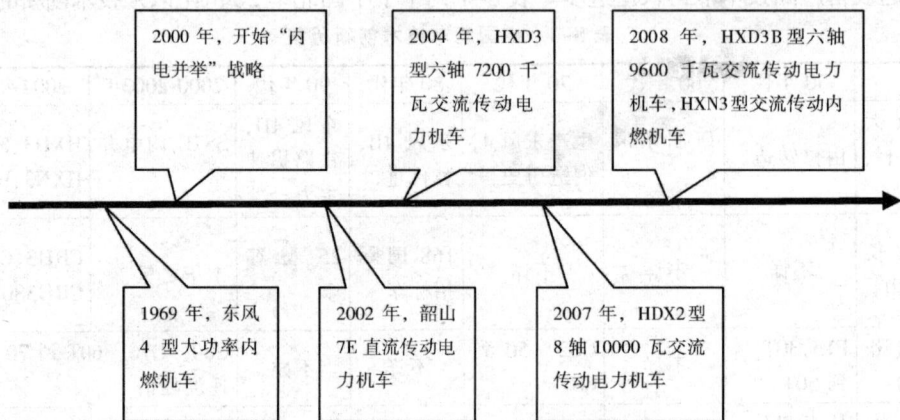

图8-2 中国北车机车产品创新历程

资料来源：调研资料综合

如图8-2所示，从2000年开始，中国北车开始了"内电并举"战略的讨论，决定向电力机车的研发挺进。2001年成立电力牵引研发中心。2002年，按照铁道部通知要求，由中国北车组织，电力牵引研发中心牵头，大同机车厂、大连机车车辆厂和株洲电力机车研究所共同开发分工协作，研制适应铁路大提速的韶山7E型电力机车，其目前仍代表直流传动机车国际先进水平。2003年，其自主开发交流传动韶山 SSJ3 型 7200 千瓦试验原型车，在交流电力机车方面积累了经验。2004年，按照铁道部于 2003 年提出的跨越式发展目标和统一组织下，机车领域也开始了大规模技术引进。2004 年大连机辆公司引进日本东芝先进技术，经过消化吸收再创新之后研制出 HXD3 型六轴 7200 千瓦大功率交流传动电力机车，成为铁路第六次大提速中担任货运牵引任务唯一的交流传动电力机车车型，逐步取代现有直流传动货运电力机车，成为中国铁路签单最多、产量最高、投入运营最多的交流传动机车，并获得了国家科技进步一等奖；在 HXD3 为基础搭建的电力机车技术平台上，大连机辆公司于 2008 年研制了具有自主知识产权的 HXD3B 型六轴 9600 千瓦大功率交流传动货运电力机车。2007 年大同机车厂引进法国阿尔斯通公司技术，联合设计生产 HXD2 型八轴 10000 千瓦大功率交流传动电力机车，是国内功率最大的电力机车。内燃机车方面，大连机辆厂与美国 EMD 公司合作，于 2005 年开始研制 HXN3 型大功率交流传动内燃机车，2008 年下线，技术性能达到世界先进水平。

在 2006 年"和谐型"系列交流电力机车投产前，中国铁路普遍缺乏大功率电力机车，随着中国经济增长和铁路货运需求增加，大功率电力机车开发需求迫切。中国北车在自主创新的基础上，引进消化吸收再创新，建立了多个先进的机车技术平台，取得了可喜的成绩，达到了世界先进技术水平，不断满足我国铁路运输发展的需要。

（二）动车组与客车产品

中国北车拥有世界先进的时速 200 公里和时速 350 公里两个高速动车组产品技术平台和客车产品技术平台。基于这两个平台，中国北车可以开发制造具有国际先进水平的覆盖中国铁路客车全部型谱的系列动车组产品、客车产品。主要的研发制造企业为长春轨道客车股份有限公司（简称长客股份）和唐山轨道客车有限责任公司（简称唐车公司），两家企业均有国家级的企业研发中心。

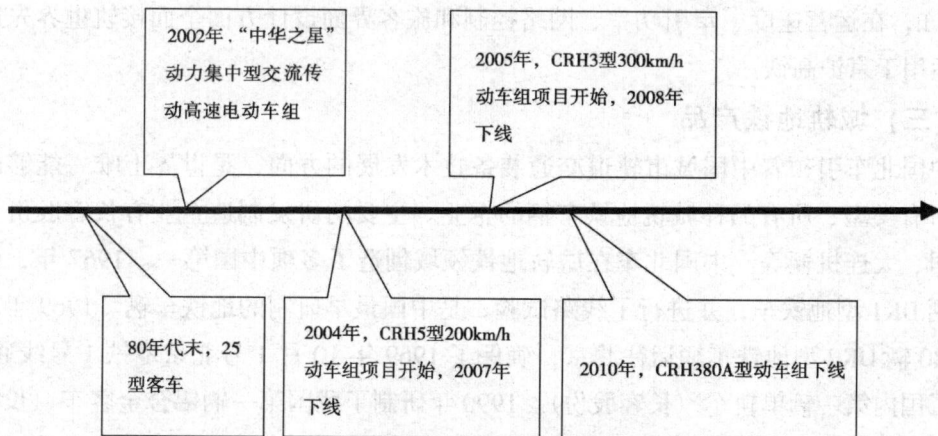

图 8-3 中国北车动车组与客车产品创新与变革历程

资料来源：调研资料综合

　　如图 8-3 所示，在客车产品研发方面，中国北车做出了重要贡献。1959 年研制了国内第一批高级公务车（唐车公司）。80 年代末期，与英国合作联合开发生产了中国第一辆 25 型客车（长客股份），主导了中国铁路客车由 22 型开始全面更新换代为 25 型。1995 年，长客股份选派技术人员到德国 ABB 公司学习高速铝合金客车技术，于 1997 年完成铝合金车体研制，填补我国此项空白。1999 年自行开发研制"大白鲨号"高速电动车组，是我国首列时速 200 公里的交直传动电动车组；2000 年研制的"蓝箭号"交流电动车组是我国首批自行开发的批量投入商业运营的国产高速交流电动车组，设计时速 200 公里。2002 年研制成功"中华之星"动力集中型交流传动高速电动车组，设计时速 270 公里，最高试验时速 321.5 公里，这一"中华第一速"直到 2008 年才被同为中国北车制造的 CRH3 型高速动车组打破。

　　2003 年铁道部提出了"快速提高铁路运输能力、快速提升装备技术水平"的跨越式发展战略目标，在铁道部统一组织下，高速动车组技术引进开始了。2004 年，长客股份同法国阿尔斯通公司开展合作，充分吸收消化阿尔斯通 200km/h 动车组技术，全面掌握系统集成、车体、转向架等关键核心技术，完成了国产化生产并实现了再创新，搭建了 200~250km/h 高速动车组技术平台。2007 年 4 月 18 日，首批"和谐"CRH5 型 200km/h 动车组正式投入运用；目前，在京哈、京广、石太及西安 - 宝鸡线批量投入运营。2005 年 11 月唐车公司与西门子公司签订 60 列 300km/h CRH3 动车组合同。经过唐车、长客两公司的共同努力，项目充分消化吸收 350km/h 高速动车组关键技术，与德国西门子公司合作搭建了 300~350km/h 动车组技术平台，首列高速动车组已于 2008 年 4 月 11 日正式下线；目前在京津、武广线路上运行平稳。在消化吸收这两个高速动车组平台基础上，中国北车加大再创新力度：长客和唐客公司合作进行自主创新，搭建了 CRH380A 新一代高速动车组平台，持续运营速度 350km/h、最高运营速度 380km/h，在运营速度、牵引功率、网络控制和旅客界面设计方面全面接轨世界先进水平，运用于京沪高铁。

（三）城轨地铁产品

　　中国北车引领着中国城市轨道交通装备技术发展的方向，是世界上唯一能够研制生产所有类型、所有品种城轨地铁车辆的企业。主要的研发制造企业有长客股份、唐车公司、大连机辆等。中国北车在城轨地铁领域创造了多项中国第一。1967 年，研制了 2 辆 DK1 型地铁车，并进行了线路试验，是中国最早研制的地铁车辆。1969 年首批生产 80 辆 DK2 型地铁车辆运往北京，确保了 1969 年 10 月 1 号北京地铁 1 号线通车。研制了国内第一辆单轨车（长客股份）。1990 年研制了我国第一辆铝合金客车（长客股份）。1998 年研制了我国首批采用 VVVF 变频调速装置的车辆装置的车辆产品。2002 年研制我国首列具有自主知识产权的城市轨道车辆（大连机辆）。中国研制了国内第一批不锈钢轻轨车（天津轻轨车）、第一批铝合金轻轨车（武汉轻轨车）、第一批单轨车（重庆单轨车）、第一批铝合金车体70%低地板轻轨车（长春轻轨车）、第一批不涂装不锈钢地铁车（北京5号线地铁车）和国内第一批无人驾驶直线电机地铁车辆（北京机场线）。

中国北车自主研发制造的地铁城轨产品能够满足国内不同城市多样化需求。中国北车形成了单轨、双轨不同轨道运行方式，旋转电机、直线电机不同牵引方式、碳钢、不锈钢、铝合金不同材质，A、B、C不同车型的城轨地铁产品开发和制造能力，50多个城轨地铁车辆产品几乎覆盖了全国所有在建城轨项目，占全国城轨车用量的80%以上。以香港地铁项目的中标为标志，中国北车具备了与世界一流轨道交通装备制造商同台竞争的实力。同时，中国北车在磁悬浮列车技术方面取得了实质性突破，达到了较先进的水平。研制生产了国内第一辆高速磁悬浮样车（长客股份）。国内第一列具有完全自主知识产权的中低速磁悬浮列车在唐车公司开始进行线路运行试验，标志着中国已经具备了中低速磁悬浮列车产业化的制造能力。

（四）货车产品

中国北车是中国铁路货车技术和产品的主导者和领跑者，引领着中国铁路货车工业发展方向，货车产品技术达到了国际先进水平。中国铁路货运速度、密度、重载并重，装备技术集重载和快捷于一体，相关技术居世界领先水平（见图8-4）。公司坚持以自主创新为主，在中国铁路主型通用货车敞车、棚车、平车、罐车、漏斗车、集装箱车六种车型中，主导除平车外的其余5种车型研发。主持起草了多数中国铁路货车产品设计、制造试验、检修等国家标准和行业标准。其中，公司下属的齐齐哈尔轨道交通装备有限责任公司（简称齐车公司）是研发制造领域的领先企业，规模和市场占有率居同行业之首。

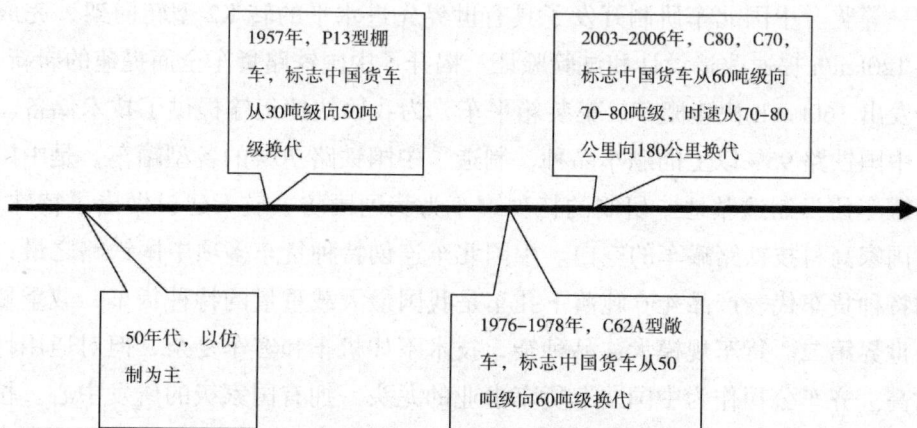

图8-4　中国北车货车产品创新与变革历程

资料来源：调研资料综合

从新中国成立之初到 50 年代，中国北车从事的主要是仿制货车的工作。如图 8-4 所示，20 世纪 50 年代后期到 60 年代，开始自主设计：1957 年，新中国第一个自主设计的 P13 型棚车在中国北车齐车诞生，同时载重 30 吨货车在中国全面停产，标志着中国铁路货车实现了由 30 吨级向 50 吨级的第一次升级换代。60 年代到 80 年代，货车设计能力又有了大幅提高：1976-1978 年间，载重 60 吨 C62A 型敞车在中国北车齐车公司研制成功，同时载重 50 吨级货车在中国全面停产，标志着中国铁路货车实现了由 50 吨级向 60 吨级的第二次升级换代。从 1998 年至今，货车事业又有了大的跨越：2003-2006 年，载重 80 吨级 C80 铝合金等重载货车、载重 70 吨 C70 等通用货车研制成功和载重 60 吨级货车在中国全面停产，标志着中国铁路货车实现了载重由 60 吨级向 70-80 吨级、时速由 70-80 公里向 120 公里的第三次升级换代。

以法国、德国等欧洲国家为代表的快速货运技术，特点是车辆运行速度高，列车编组短；以美国、澳大利亚为代表的重载运输技术，主要特点是车辆轴重大、载重高、列车编组长；中国铁路货运技术的特点是速度、密度、重量并重，其装备技术集重载和快捷于一体，相关技术居世界领先水平。在率先推出 21 吨轴重提速货车的基础上，成功开发出 70 吨级系列货车，为中国铁路开创货运提速、重载并行的先河做出了重大贡献，特别是单车载重 70 吨、时速 120 公里、列车编组 5000 吨三大技术指标的同步提升和有机集成，适应了我国铁路"客货混线、高效周转、安全第一"的特有条件和要求。研制的 80 吨级系列新型重载货车，满足了开行 2 万吨重载列车的运输需要，为我国铁路跨入重载运输世界先进国家行列发挥了重大作用，中国一举成为继美国、南非、加拿大等国之后第六个开行万吨列车的国家，大秦铁路年运能从 1 亿吨跃升到 2 亿吨、2.5 亿吨和 3 亿吨，2008 年创造了 3.4 亿吨的世界铁路重载运输奇迹。中国北车作为"大秦铁路重载运输成套技术和应用"项目的主要完成单位获得国家科技进步一等奖。中国北车研制开发了具有世界先进水平的转 K2 型转向架，完成了既有货车 120km/h 提速改造设计和试验验证，揭开了中国铁路货车全面提速的崭新一页，研制开发出 160km/h 快速棚车、集装箱平车，为我国快捷运输提供了技术储备。开发设计了中国铁路 95% 以上的罐车品种，制造了中国铁路 70% 的各型罐车，是中国最大的铁路罐车研发制造基地。研制的特种罐车为我国国防、航天建设做出了特殊贡献，填补了国家高科技铁路罐车的空白。中国北车连创特种货车多项中国铁路之最，开发设计的特种货车代表产品 450 吨落下孔车是我国最大载重量的特种货车，载重量亚洲第一、世界第二。货车规模大、品种杂、技术不如机车和客车复杂，但对通用性的要求非常高。齐车公司作为中国北车货车事业的龙头，拥有国家级的研发中心。按照集团公司的部属，齐齐哈尔货车研发中心正逐步搬至大连，以其为核心成长为货车事业部研发中心。

四、中国北车创新能力积累关键事件

（一）300km/h 铁路动车组项目

2005 年 10 月，铁道部向唐山机车车辆工厂和德国西门子公司采购 60 列时速300 公里动车组。采购面对的主体是唐山机车车辆工厂，作为采购的前提条件，西门子向唐山机车车辆工厂全面转让时速 300 公里动车组设计和制造技术。2005 年 11 月 10 日，胡锦涛主席访德期间，铁道部部长和西门子公司总裁兼首席执行官签署了动车组采购合同和技术转让协议。合同约定少量列车由德国直接出口至中国，大部分由唐车公司在中国组装，并改名为 CRH3 型和谐号列车。2008 年，首列国产时速 350 公里 CRH3 "和谐号"动车组下线，我国由此成为世界上仅有的几个能制造时速 350 公里高速铁路移动装备的国家之一。2008 年 6 月 24 日，CRH3 型动车组在京津城际铁路创造了394.3km/h 的中国铁路第一速度；2009 年 12 月 9 日，CRH3 型动车组在武广高速铁路创造了 394.2km/h 的两车重联世界最高运行速度。300km/h 动车组项目的技术引进和国内制造，首要的是实现动车组总成、车体、转向架、牵引变流、牵引变压、牵引电机、牵引控制、列车网络和制动系统等九项关键技术的引进。唐车通过全面引进、消化、吸收西门子的管理理念、先进技术，结合公司实际情况，在成功实现 CRH3 国产化的同时，自身也发展成为全国瞩目的创新型企业，主打产品时速 350 公里 CRH3 型动车组是世界上技术最先进、运营速度最高的动车组；同时，建立起了国家级的企业技术中心。

1. 项目背景

唐山轨道客车有限责任公司（简称唐车公司）前身是唐山机车车辆厂，始建于1881 年，是中国轨道交通装备制造业的发源地。唐车公司作为轨道装备制造企业，在生产制造高速动车组之前，技术含量在同行业属于二流行列。长期以来由于实力不足，质量不稳定，科技创新能力弱，产品单一，销售收入徘徊在 10 亿元左右。

为加快实现我国铁路机车车辆现代化的步伐，铁道部遵照 2004 年国务院下发的《研究铁路机车车辆装备有关问题的会议纪要》精神，以国内企业为主导，通过"市场换技术"，相继引入了多种时速 200 公里及以上动车组技术。随着铁路进入高速时代，唐车公司面临两种选择：一是立足眼前，在原有基础上，开发高附加值的普通客车；二是放眼未来，抓住机遇，引进世界先进的高速动车组技术，用较短时间与世界先进技术接轨。唐车公司最终选择了后者。从公司的长远发展考虑，唐车公司在资金十分紧张的情况下，自筹资金建设了国内一流的铝合金车体生产线，提前配置资源，进行全面规划和改造。而与此同时，原本与中国北车长客股份进行高速动车组技术合作谈判的德国西门子公司因为要价过高导致谈判破裂，失去了进入中国高速铁路市场的先机，落后于竞争对手加拿大庞巴迪公司（与南车四方合作）、法国阿尔斯通公司（与北车长客股份合作）和日本联合财团（与南车合作）。在这样的背景下，2005年胡锦涛主席出访德国期间，铁道部与唐车公司、德国西门子公司签订了总价值为130多亿元的合作生产时速300公里高速动车组合同，使高速动车组项目最终落户唐车公司。

2. 困难和挑战

制造时速350公里的新一代高速动车组对一个当时只能制造普通客车、从未参与过铁道部大提速的企业来讲，面临的技术难度和组织跨度以及管理复杂度都是前所未有的。一列动车组大约由8000个零部件组成，涉及总成、车体、转向架、牵引变流、牵引变压、牵引电机、牵引控制、列车网络和制动系统等九项关键技术，跨越电子、微电子、计算机、网络、通讯、机械加工、非金属等多个技术领域，对于组织管理、信息化、专业队伍等要求极高。而在引入动车组前，唐车公司技术中心为省级技术中心，研发人员仅100多人；唐车公司的组织机构是传统的职能组织管理，各个部门存在严重的本位主义，部门利益高于整体利益，横向难以沟通；技术决策主要靠领导的经验，缺乏科学的依据；信息化程度也不高。

3. 变革和创新

（1）组织结构调整。

唐车公司决策层对能否成功生产动车组的有利条件和不利因素进行了系统分析，进而决定必须首先建立高效的组织管理平台。2006年，唐山轨道客车有限责任公司（简称唐车公司）在原唐山机车车辆厂客车新造业务基础上改制设立，余下部分成为唐山轨道交通装备有限责任公司，主要从事轨道交通装备的检修改造等。唐车公司采取了如下措施：一是优化组织架构。对职能部门按项目要求进行调整，围绕公司核心能力对各生产单位进行统筹规划，坚持充分授权的原则，按照成本中心、利润中心的模式设置各厂，授予基层领导更大的配置资源权限，并做到权责利对等，调动起各区域负责人的积极性，使组织机构更加清晰，工艺更加流畅。根据动车组生产的需要，在全公司范围内招聘员工，组建成立了铝合金分厂，把总组装车间重组为总装配厂，新设立了调试中心等机构；将非主产品或非主工序单位分离为独立经营、独立核算的虚拟利润中心。此举盘活了资产，提高了效率，调动了基层积极性。二是实行强矩阵式管理。首先成立高速动车组项目组，下设技术转让、制造技术、物流、质量、信息化等专业小组。项目组全权负责动车组技术引进的工作，对外与客户和合作伙伴做好洽谈、沟通和协调，对内调度资源，全面推进技术引进生产、物流、质量控制等工作。项目组成员全部来自企业各个专业部门，小组长为各职能部门领导。这就比较有效地规避了矩阵和直线职能制的冲突。其次是强化授权与协作，采取的手段是为项目团队的领导充分授权，各单位必须无条件地服从项目经理的管理，加强了项目管理的力度和部门之间的横向沟通，提高了运行效率，促使在项目质量、成本、进度等多个方面获得提升。三是学习效仿，多项目并存。职能部门负责人搭平台，培养资源、提供资源，项目经理在平台上组建团队，按照计划、控制、监督、沟通、协调、考核的考求，开展好项目工作。

（2）管理流程改革。

唐车公司原有管理流程是每个部门按照传统观念，制定各式各样的流程，各自为主，部门之间借口难以融合，无价值的流程与主要工作流程抢资源，造成流程管理效率低。为了给高速动车组项目组项目提供管理支撑，唐车公司借鉴西门子管理流程，对原有各项业务流程进行优化，去掉无效和不增值的环节，保证物流、资金流、信息流的高效流动，从传统的分段、分块管理的模式，转为面向流程的管理，通过信息化工具进行固化。按照面对顾客的原则，优化售后工作流程，原有的售后服务流程只是市场部门一个小的业务组负责，只能被动处理故障，针对动车组专门成立了单独的售后服务中心，由一名副总经理专职负责。按照追求零库存原则，优化生产物流管理，将生产职能和物流职能合并，成立生产和物流统一的生产物流中心，制定专门的生产物流管理流程，借助信息化平台直接订单生产，减少车间库存的同时提升效率。引入世界先进的 ERP 系统 SAP，把优化后的流程固化，与西门子管理体系接管，建立管理信息化平台；打造数字化唐车，西门子转让的几十万条物料明细、工艺路线、加工参数、质检信息等等，全部整理进入 SAP 系统，公司以此为平台，对产品和各项业务进行标准化设计、制造和管理、分析。

（3）人才培养。

唐车公司加大科技投入力度，多方筹措资金，建立由各个层次研发人员、设计人员、工艺人员、装备人员、质检人员和技术工人组成的技术人才梯队。研发队伍从 100 多人增加到了 600 多人，建立了工程实验室，包括焊接、电气、化工试验室和检测中心。同时，唐车公司下大力气在员工培训上。在出国培训上共组织 99 个团共 543 人次参加动车组项目出国培训，培训总学时超过 1 380 人月、每人次平均境外停留时间接近 3 个月，平均每人在国外的培训费至少在 5 万元以上。同时注重培训方法，建立规范国外培训程序。在德国培训的一名女铝焊工，经过六个月培训后，获得西门子要求的所有资质，被德国教练称为"中国焊花"，在动车组制造过程中解决了许多焊接难题；目前成为唐车公司铝合金焊接的一道风景线，以她的名字命名了多种焊接方法。完成出国培训任务不是目的，让每一位操作者真正学会先进的制造技术，生产出不仅合格而且能创造中国第一的产品才是公司真正的追求。为此，唐车公司建立了回国人员当教员的接力培训，技能培训、技术培训、软件培训、管理培训、语言培训多点同步跟进。仅 2008 年上半年，就组织举办各类培训班 294 期，培训 3 991 人次，委外培训 41 批，培训 133 人次，并强力推行了一岗一证、持证上岗，已有 1 216 名员工取得动车组项目上岗资质，467 名员工取得地铁上岗资质，234 名碳钢电焊工取得相应的 EN287-1 资质、共取得资质证书 696 份。严格按照"先僵化、再固化、后优化、最后习惯化"的原则，两年来公司培养了近 300 名合格的、具有国际先进操作水平的铝焊工。

（4）强烈的使命感。

这一系列变革和创新的背后，绝不能忽视的是唐车人对"百年唐车"的感情，正是这种对企业的深厚感情和对做好中国机车车辆事业的使命感，使得上至决策层下至普通技术工人，能够在企业困难的时候不离不弃，在企业需要变革的时候义无反顾地投入奉献。在调研中，唐车公司的负责人坦言，进行动车组引进时，企业研发人员的工作节奏是"白加黑，5+2"：夜以继日，一周七天。

4. 成就

在铁道部和中国北车的领导下，通过解放思想和在组织结构、人才培养、管理生产流程等方面脱胎换骨的改变，唐车公司引进吸收西门子高速动车组项目获得了成功：CRH3"和谐号"动车组在京津城际铁路和武广高速铁路成功投入运营；建立起了高速动车组技术平台，以国家科技支撑计划为依托，完成了京沪新一代时速 380 公里高速动车组研发。从单一产品到现在能够生产铝合金、碳钢车体的 25 型、350 公里、380 公里动车和特殊车辆的"二线四系"产品。唐车公司目前拥有的 600 多人的研发队伍中，高级职称人员 156 人，中级职称人员 162 人；北车级专家 102 人；博士 6 人，硕士 186 人。专业技术人才队伍中，获得 ISO9606-2 资质铝合金焊工 203 人，调试人员 109 人。拥有国家发改委等五部委确定的国家级技术中心，是国家首批确定的创新型企业、高新技术企业、科技部确定的国际科技合作基地。唐车公司发展成为全国瞩目的创新型企业，销售收入从 2007 年的 10 亿元左右，到 2008 年的 14 亿元，到 2009 年的 47 亿元。

（二）200km/h 铁路动车组项目

2004 年 10 月，长客股份公司与法国阿尔斯通公司签订了 200km/h 动车组项目技术引进协议，同时与铁道部签订了 60 列时速 200 公里动车组采购合同。根据合同，阿尔斯通提供 3 列完整的样车（意大利组装）和 6 列可拆装的样车（以散件形式付运，由中方负责组装）。青岛四方所提供列车控制设备，永济厂提供牵引电机和牵引电力设备等，长客股份作为该项目的主导厂，承担着项目的技术引进、消化吸收和国产化全部责任。首列 CRH5 于 2006 年 12 月 11 日从意大利登船运往中国，至 2007 年 1 月 28 日抵达大连港，第一组中国生产的 CRH5 动车组于 2007 年春出厂，于 2007 年 4 月 18 日随中国铁路第六次提速调图的实施，正式运行于京哈线上。2009 年 7 月，长客股份再获铁道部 30 列 8 辆编组的 CRH5A 型动车组订单。

与唐车作为主导引进 300km/h 动车组项目不同，长客股份在引入之前，已经是中国客车研发制造领域的核心企业，通过引进、消化吸收国外先进技术，不断提高自主创新能力有相当长的历史经验。主导引进法国阿尔斯通 250km/h 及随后协助唐车引进德国 350km/h 动车技术，是公司历次、也是整个行业有史以来规模最大、水平最高的一次系统全面技术引进。通过引进消化吸收再创新，长客股份的技术水平进一步提升，并有能力进行技术输出。

1. 长客股份简介

长春轨道客车股份有限公司（简称长客股份）成立于 2002 年 3 月，它的前身长春客车厂，始建于 1954 年，是国家"一五"期间的 156 个重点建设项目之一，经过 50 多年的建设和发展，已成为我国最大的铁路客车和城市轨道车辆的研发、制造和出口基地。拥有员工 10 000 余名，厂区占地 312 万平方米，目前具有年产 500 辆铁路客车、1 000 辆动车组、1 200 辆城轨车、6 000 个转向架的生产能力。自建厂以来，公司已累计生产各类铁路客车（含动车组）30 000 多辆，约占全国铁路客车保有量的 50%，覆盖全国所有的铁路局和地方铁路公司；累计生产各类轨道车 4 000 多辆（含长客庞巴迪），约占全国城轨客车保有量的 55%。长客股份拥有各种装备 4 000 多台套，关键工序的装备水平处于国际领先水平，包括国际水平最高的铝合金车生产线、能力最强的不锈钢车生产线、自动化程度最高的转向架焊接加工生产线、最先进的油漆喷涂线、供电制式最全的动调线等具有国际水平的专业生产设施。设有国家级企业技术中心和博士后科研工作站，拥有博士 20 人，硕士 245 人；拥有教授级高工 25 人、高级工程师 360 余人。公司研发团队经历过 20 余项国际合作项目、30 余项国家级重点项目、200 余项企业新产品研发的锻炼，接受过国外系统培训，承担过对国外进行技术指导。同时，公司还拥有一大批制造经验丰富的技术工人，形成专业齐全、梯队合理的技术队伍。长客股份承担了多项国家重点项目，完成国家、部省级以上科技成果 100 余项，获奖成果 22 项。其中国家级 5 项，省部级 17 项。拥有专利 223 项，其中发明专利 7 项、使用新型 180 项、外观设计 36 项。长客股份公司的铁路客车和城市轨道客车产品先后出口到伊朗、巴基斯坦、沙特、新西兰等十几个国家，1995 年至今，累计订单超过 30 亿美元。

2. 从 25 型客车到 200km/h 动车组

通过引进、消化吸收国外先进技术，不断提高自主创新能力一直是长客股份的战略选择，也是长客获得快速发展的重要途径。从 25 型客车的研制到 200km/h 动车组的下线，长客股份每一次技术的跃进，几乎都是中国铁路客车技术的进步。25 型客车是中国铁路第三代主型客车，是用于中国铁路的车长 25.5 米的铁路客车，拥有多个系列，从 20 世纪 90 年代开始逐渐替代 22 型客车系列，在动车组大规模运行之前是中国铁路客车的主型产品。主要型号有 25A、25B、25C、25DT（含国产第一代 200km/h 高速客车）、25G、25Z、25K、25T。1987 年，铁道部利用衡广铁路复线建设日元贷款余额，国际招标采购 168 辆中国国内使用的车长 25.5 米集中供电空调客车，由长客股份、唐车公司和南京浦镇车辆厂联合投标中标；长客主导引入英国样车，开发出 25A 型客车，达到 80 年代世界先进水平，全国铁路开始由 22 型向 25 型换代。1991 年，长客股份在 25A 基础上同时研制不带空调的 25B 型和 25G 型空调客车。90 年代，长客股份与韩国韩进重工合作，生产当时中国唯一 200km/h 级别高速客车车厢 25Z，于 1998 年少量运用于广深铁路。1993–1996 年，长客与青岛四方、浦镇车辆联合研制 25Z 型；在此基础上，于 1996 年研制适合 1997 年铁道第一次提速所用的 25K，大量生产直至 2003 年新型 25T 开始投产。

90 年代中期，在与韩国联合设计 25Z 的同时，长客股份引进了韩国不锈钢车体技术。1995 年，长客股份选派 30 多名技术人员到德国 ABB 公司学习高速铝合金客车技术。1997 年 10 月，长客股份成功完成了铁道部重点科技攻关项目——铝合金车体制造，填补我国此项技术空白，加之引入日本跨坐式单轨车技术，开创了中国城轨车轻量化、高档化的先河。2000 年后，通过吸纳德国磁浮技术，引进庞巴迪直线电机技术，研制开发出了具有国际水平的国内首辆高速磁浮车和直线电机地铁车。

2001 年 4 月，铁道部下达"270km/h 高速列车设计任务"，拉开"中华之星"自主研发的序幕，集中了当时国内机车车辆制造和研发的最核心力量，包括南北车旗下四大铁路机车车辆厂（株洲电力机车厂、大同机车厂、长春客车厂、青岛四方机车车辆厂），株洲电力机车厂和大同机车厂负责研制动力车，长客股份（也就是长春客车厂）和四方机车车辆厂负责研制拖车。2002 年 11 月 27 日，"中华之星"创造了 321.5 公里当时中国铁路试验速度的最高值。虽然最后没有实现产业化，"中华之星"的研制让国外厂商认识到了中国在高速铁路上的技术基础。

2004 年，铁道部进行 200km/h 动车组采购招标。在铁道部和北车集团统一组织下，长客股份与法国阿尔斯通公司开展技术合作，共同承担 60 列 200km/h 动车组项目。起初，长客股份是与技术更为先进的德国西门子公司谈判技术合作，但是由于西门子公司提出的条件苛刻，长客转而与阿尔斯通谈判，导致西门子错过了这一轮的动车组采购，落后于法国、日本企业。在 200km/h 动车组项目执行过程中，长客股份充分消化吸收阿尔斯通公司 200km/h 动车组技术，全面掌握系统集成、车体、转向架等关键核心技术，完成了国产化生产，搭建了 200–250km/h 高速动车组平台。目前，动车组在京哈、京广、石太及西安–宝鸡线路批量投入运营。在技术引进中，长客派出了大量人员赴法国和意大利学习掌握关键核心技术和管理方式，阿尔斯通则派人员来中国指导动车组的生产和工艺。同时长客股份要求阿尔斯通从技术、生产、管理到售后各个环节给中方带出团队，在引入 200km/h 动车组之后，2005 年为了确保同为北车的唐客公司 300km/h 动车组项目，长客股份从 200km/h 动车组项目团队中抽调了 100 多名技术和管理专家，与德国西门子公司合作搭建 300–350km/h 动车组技术平台；并且为唐车公司生产的 CRH3 提供核心的部件——高速转向架。对于这个项目，长客股份相关人士认为，阿尔斯通成熟可靠的时速 200 公里技术让长客真正进入到了高速动车组的研制领域，又一次达到了世界先进水平；但是对于立志满足国家对高速铁路装备需求的长客来说，200km/h 动车组项目只是一个过渡产品，通过引进学习它，长客将通过自主创新全面超越它。

（三）CRH380A 新一代高速动车组

2009 年 3 月 16 日，在中国北车两个技术平台建设、两个高速动车组研制和第一代高铁工人队伍建设的基础上，铁道部率先与中国北车签署了研制 100 列时速 380 公里新一代高速动车组的合同。与长客股份主导 CRH5 项目和唐车公司主导 CRH3 项目不同，CRH380A 项目是在中国北车的统一领导下，整合内部技术与研发实力，成立新一代动车组联合设计团队，全面推行了"两厂三地"协同设计模式，如图 8-5 所示。"两厂"为中国北车所属的唐山和长客两个子公司，"三地"即总部所在地北京、两个制造基地唐山和长春。在北京开展概念设计、系统设计、流程管理和数据审核，在唐山、长春两地分别开展产品设计、工程设计、协同设计校对和主要数据创建。通过异地协同设计平台，所有的用户操作都是从主服务器进行的，以保证流程和数据的一致性；所有设计文件的上下载都是在本地局域网内进行的，以保证数据访问的速度；所有设计文件的内容复制都是由系统在后台进行的，对用户是透明的，因此研发效率得到了极大的提高,研发周期缩短了 40%，实现了首辆首列产品提前下线。这标志着北车公司的产品技术开发进入到公司整体策划、下属企业协同攻关的新阶段。

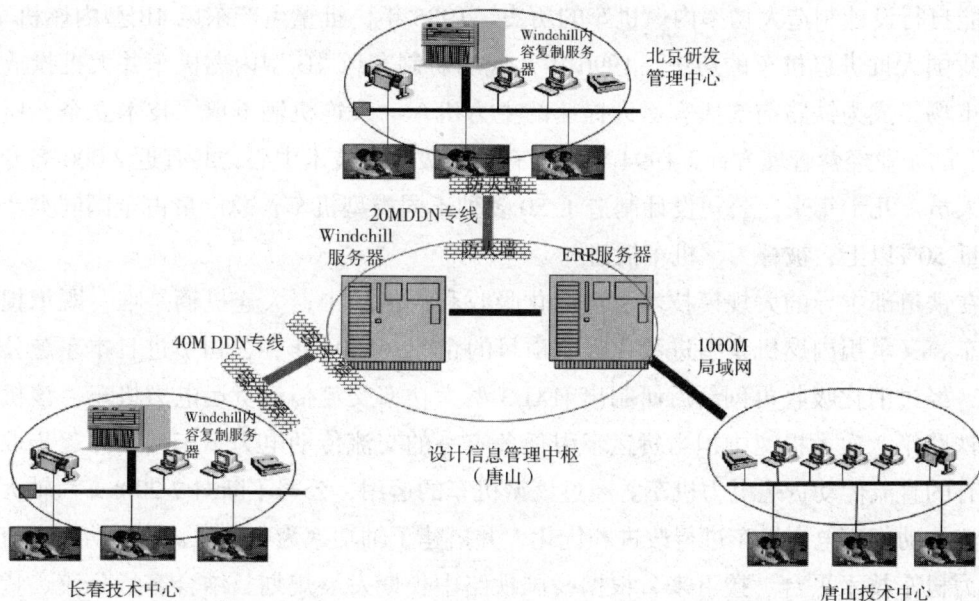

图 8-5　CRH-380 三地联合设计模式

通过艰苦努力，中国北车在原有平台上开发出了具有完全自主知识产权的、具有国际先进水平的新一代高速动车组。在运营速度、牵引功率、网络控制和旅客界面设计方面全面接轨世界先进水平，其十大创新点主要体现在：低阻力时代感流线型车头、高舒适性车体振动模态、高气密强度和气密性车体、大承载高安全高平稳性转向架、先进隔声降噪减振技术、大功率牵引系统、主动控制低气流扰动双弓受流技术、高安全低磨耗空电联合制动、以人为本多样化个性化服务设施、控制诊断监视智能化系统。

（四）HXD3 型交流传动电力机车

2004 年以来，按照国务院"引进先进技术，联合设计生产，打造中国品牌"总体要求，国内机车车辆行业进行了前所未有的技术引进，除了动车组领域通过引进消化吸收再创新形成世界领先的 CRH 系列，另一个领域就是机车领域。通过类似的引入方式，形成了"和谐"系列电力和内燃机车，其中由中国北车大连机辆引入的 HXD3 型电力机车和 HXN3 型内燃机车，及随后再创新的 HXD3B 型电力机车，无疑是其中的佼佼者。

中国北车大连机车车辆有限公司（简称大连机辆）是中国北车股份有限公司全资子企业，始建于 1899 年，是国家重点大型企业。新中国成立以来，经过六次大规模技术改造，从一个只能修理蒸汽机车的老厂，发展成为能够独立设计制造具有世界先进水平机车车辆的现代化企业。1958 年，自行设计制造成功我国第一台内燃机车，为我国机车车辆工业发展奠定基础。1965 年，成为我国第一个内燃机车制造厂。1969 年，研制成功东风 4 型大功率内燃机车。1974 年，批量生产东风 4 型内燃机车，结束了我国不能自行设计制造大功率内燃机车的历史。1986 年，批量生产东风 4B 型内燃机车，结束我国大批进口机车的历史。1996 年，成功研制东风 4D 型内燃机车并大批投放到铁路市场，成为铁路前 5 次客运大提速的主力机车。大连机辆秉承"技术立企，质量取胜"的企业经营管理方针，1994 年即拥有国家级企业技术中心，共有近 3 000 名专业技术人员。几十年来，公司设计制造了 50 多种不同类型机车，总产量占全国同类产品保有量 50% 以上，被誉为"机车摇篮"。

在铁道部主导的大规模技术引进消化吸收和再创新中，大连机辆是唯一既承担电力机车、又承担内燃机车引进消化吸收项目的企业。2004 年，公司引进日本东芝公司技术，经过消化吸收再创新后研制出 HXD3 型大功率交流传动货运电力机车。该机车成为铁路第六次大提速中担当货运牵引任务唯一的交流传动电力车车型，并逐步取代了现有的直流传动货运电力机车。通过该型机车的运用，公司不断对 7 200kw 六轴大功率交流传动货运电力机车进行改进和优化，并搭建了轴功率为 1 200kw 的大功率交流传动电力机车技术平台。接下来，根据我国铁路中长期发展规划，结合客货分流、货运重载和快捷货运的要求，以及更大功率交流传动货运电力机车的要求，在六轴 7 200kw 大功率交流传动货运电力机车为机车搭建的电力机车技术平台上，开展了具有自主知识产权的大功率交流传动六轴 9 600kw 货运电力机车 HXD3B 的研制。接下来则是时速

120 公里、7 200kw 的六轴客货通用电力机车和时速 160–200 公里六轴大功率交流传动客运电力机车的研制。在内燃机方面，公司于 2005 年引入美国 EMD 公司技术，经过引进消化吸收之后研制了 HXN3 型大功率交流传动货运内燃机车，达到世界先进水平。以此为基础，将像 HXD3 一样打造国产品牌，自主研发适用不同国家、不同运量、不同规矩、不同速度、不同功率的干线内燃机车和 5 000 吨级重载调车内燃机车，并改造既有内燃机车。

（五）铁路货车

与其他轨道装备研制领域所不同的是，我国货车研制技术一直处于世界先进之列，其创新过程是以自主创新为主，技术引进为辅。因为不同于美国澳大利亚纯粹的重载（载重超过 100 吨）和欧洲纯粹的快捷（速度非常快）方式，中国铁路运输的实际需求要求车辆既要装得多也要跑得快，而且车次密，即所谓的"快重密"。这样的成套技术，是国外所没有的，只能靠自己的创新投入来完成。而事实上，通过不断的产品创新，中国的铁路货车技术形成了自己的特色，在国际上具有领先地位。中国北车旗下的齐齐哈尔轨道交通装备有限责任公司（简称齐车公司）在铁路货车领域具有强大的研发制造能力，几乎引领铁路货车每一次的更新换代。

齐车公司始建于 1935 年，是以铁路货车新造、修理、铁路起重机造修、铁路车辆配件制造四大单元为核心业务的大型企业集团，拥有齐齐哈尔、牡丹江、大连、哈尔滨四个制造基地，年生产能力为新造铁路货车 12 000 辆，修理铁路货车 9 000 辆，造修铁路起重机 30 台，建国以来累计新造铁路货车 30 多万辆，产品国内市场占有率 20%以上，企业规模、市场占有率、业务增长率及盈利能力均居同行业之首，为中国提供了大批精良的铁路运输装备，产品还远销世界六大洲的二十几个国家和地区。特别是 2001 年 44 辆铁路粮食漏斗车和 50 辆铁路平车出口澳大利亚，实现了我国铁路货车整机首次批量打入发达国家，展示了我国铁路货车制造业参与国际市场竞争的实力，标志着我国铁路货车制造水平达到国际先进水平。齐车公司被誉为中国铁路工业的"掌上明珠"。

1957 年，新中国第一个自主设计的 P13 型棚车在中国北车齐车诞生，替代载重 30 吨货车，标志着中国铁路货车实现了由 30 吨级向 50 吨级的第一次升级换代。1976–1978 年间，载重 60 吨 C62A 型敞车在中国北车齐车公司研制成功，替代载重 50 吨级货车，标志着中国铁路货车实现了由 50 吨级向 60 吨级的第二次升级换代。1998 年，铁道部提出"客车大提速，货车也要跟上"，齐车公司从美国标准转向架公司引进技术，研制了 P65 型车，为后续创新打下基础。2003–2006 年，齐车公司研制以 C70 为代表的敞车、棚车、罐车和漏斗车等系列货车和 C80 为代表的铝合金、不锈钢运煤敞车，全面替代之前研制的载重 60 吨级货车；作为"大秦铁路重载运输成套技术与应用"项目的主要完成单位获得国家科技进步一等奖；齐车公司同时为满足快捷货运试制 160 公里的铁路货车，为丰富品种试制 30 顿轴重敞车、棚车、罐车和漏斗车系列产品。这些标志着中国铁路货车实现了载重由 60 吨级向 70-80 吨级、时速由 70-80 公里向 180 公里的第三次升级换代。

五、中国北车支持创新的内部机制

（一）技术创新体系

完成艰巨的技术引进消化吸收再创新任务，需要大量的资源保证。整合公司内外部技术创新资源，实现内部技术创新资源最大化效益，外部技术创新资源最大化为我所用成为北车技术创新体系建设最重要的任务。

一是构建了中国北车统一领导、总体协调、整体组织、全面指导，所属企业具体实施、确保目标实现的高效组织体系。成立了以总经理担任组长的技术引进工作领导小组，负责技术引进的统一领导、指挥、协调和重大事项决策等工作。成立了由主管副总经理任组长的工作小组，由项目牵头单位行政第一负责人为组长的各项目组，以及各相关项目技术专业组。实行项目经理负责制，"一把手"问责制、绩效考核一票否决制，层层落实责任，为技术引进消化吸收再创新工作提供了强有力的保障。

二是建立了"一套体系、两个层次、三足鼎立"的引进消化吸收再创新工作实施框架。"一套体系"是把近期技术引进和长远技术创新体系建设有机结合；"两个层次"是形成前期研究和工程化应用开发相分离的两个研发层次；"三足鼎立"是形成主机企业系统集成、研发中心前期研究和产业化基地产业化开发三足鼎立的格局。中国北车产品技术开发进入到总部整体策划、企业协同攻关的新阶段，初步实现了研发资源的整合利用。

三是认真学习消化吸收国外合作伙伴先进的管理理念、方法、经验与标准，形成了相对完善的中国北车技术创新规范与制度体系，如创新战略管理、质量管理、项目管理等机制和制度系统。比如长客股份公司总结的"十步法"：①技术分析。对动车组的运营速度、自然环境、运行线路、旅客需求等进行安全性、可靠性、舒适性、可维护性的适应性分析。②仿真分析。对动车组的车体、转向架、牵引、制动、噪音、环控进行动态模拟仿真分析计算。③试验研究。通过车体强度及模态、转向架的动力学、架构疲劳、噪音、制动性能、空调温度场均匀性等试验，找出系统存在问题。④问题攻关。对动车组不适应中国运行环境的运营问题成立专题小组，进行攻关。⑤方案制定。通过对动车组仿真分析、试验研究、问题攻关，制定切实可行的技术方案。⑥专家评审。联合高校、科研院所对动车组主要技术方案进行专家评审，确保方案的合理性、科学性和先进性。⑦工程设计。按照设计质量要求对经过评审的技术方案进行设计，并通过严格的审核流程，严控设计质量。⑧样件试制。根据工程图纸，对重要零部件制作样件，保证满足设计要求。⑨试验验证。针对重要零部件及整车进行试验，验证其是否符合设计要求。⑩技术评估。主要针对零部件及整车可靠性、安全性、适用性、可维护性等进行最后的技术评估。这套通过实践摸索出来的方法，在消化吸收两种动车组技术的再创新中，被广泛的使用。

四是形成了中国北车技术创新投入机制，保证了公司发展需要。近年来，中国北车技术投入比例每年以超过 0.5 个百分点的速度增长，2009 年达到 4.02%，投入金额达14.4 亿元。中国北车还投入 40 多亿元，进行了大规模的工业化改造，初步形成了世界一流的高速动车组生产制造基地，基本实现与国际先进水平接轨的目标。

五是诚信为本、创新为魂、崇尚行动、勇于进取的中国北车价值观已经深植人心，培育造就了一批适合股份公司发展的高素质人才队伍，包括基本掌握国际先进管理理念与方法的经营管理人员，有能力开发具有国际先进水平产品和实现国际先进制造水平的工艺师队伍和经过大量严格训练的具有较高操作技能的技术工人队伍。在与外方签定技术引进协议时，人员培训条款制定得非常详细，保证北车的员工能够从外方学到真正的技术工艺。最具有说服力的是，国际上取得国际焊机师资格证书的两名工人都在中国北车。

（二）产业链相关资源管理

中国北车强调合作共赢理念，把包括供应商、客户和最终消费者在内的上下游利益相关者纳入统一的产业链中，充分利用外部创新资源，努力构建中国北车优势产业链。企业根据不同技术层次采取了不同的方式：第一层次，对一些不影响掌握核心技术的相关元器件，立足于全球采购；第二层次，对一些相对重要的部件技术，如动车组的 10 项配套技术，通过合资合作，建立供应商体系，实现为我所用，同时保持可控；第三层次，对关键核心技术，如动车组的 9 大关键技术，集中优势资源突破和掌握，采取"以我为主、产学研结合"和"以我为主，有效利用国外资源"两种方式。

目前，中国北车已经打造了以主机厂为龙头，构建了辐射近千家配套企业的产业链。不仅改变了以往"大而全、小而全"的企业形态，也提高了关联企业、外包企业生产经营和技术创新的积极性、主动性。长客股份动车组铝合金型材供应涵盖了国内四家具有大型铝挤压生产线铝业公司，其中辽源麦达斯铝业有限公司抓住轨道交通快速发展的机遇，已经形成轨道车辆车体铝型材 5 万吨的生产能力。在货车车辆实现"减轻车身自重、增加货物装载量、提高运行速度"的要求下，太钢集团研发了经济型铁路车辆专用 TCS 不锈钢，目前太钢已经成为全球产能最大、工艺技术装备水平最高、品种规格最全的不锈钢企业。此外，轨道交通装备产业链还惠及众多中小企业，使其可以在配件供应、机械加工、铸造等方面为主机厂配套。

（三）构建产品技术平台

产品技术平台水平是代表企业研究开发实力的重要标志。中国北车在自身已有技术基础上，以引进产品为蓝本，努力消化吸收引进技术，产品系列化程度进一步加大，产品技术标准化、模块化程度进一步加强，公司的高速动车组平台基本形成，主要产品初步实现了基于平台开发的目标。基于平台技术，能够经济快速地开发出适应市场需要的、有竞争力的产品，这是当今跨国公司普遍采用的技术和产品开发模式。结合铁路大功率机车、高速动车组技术引进工作，中国北车认真探索基于平台的产品开发模式，提出了构建具有国际先进水平的整机、系统和部件三级产品技术平台的目标。在原有产品平台基础上，以引进产品为蓝本，深层次消化吸收和融会贯通引进的不同国外合作伙伴的技术、方法、理念、精髓，全面系统科学地完善和细化中国北车整机、系统和重要部件产品系列。一是整机方面，完成了电力机车、内燃机车、动车组、货车和城市轨道车辆技术平台构建，建立了时速350公里和时速200公里以上两个高速动车组产品技术平台，和谐系列大功率交流传动电力机车和大功率交流传动内燃机车产品技术平台，以及70吨级、80吨级系列货车产品技术平台。二是系统方面，完成了电传动、网络控制、制动、走行系统技术平台的构建。三是部件方面，完成了变流装置、电机和柴油机部件技术平台的构建。目前，产品系列化程度进一步加大，产品技术标准化、信息化、模块化程度进一步加强，主要产品已基本实现了基于平台的产品开发目标。

（四）融入国家技术创新体系、主导行业关键核心共性技术研发

做好技术创新工作，完成消化吸收引进技术实现再创新的任务，需要大量的技术创新资源作保证，日本消化吸收低地板轻轨技术时所用的资金是引进的5倍，韩国开发高速列车投入的资金是引进的7至8倍。北车此次大规模技术引进费用约20亿，消化吸收引进技术实现再创新需要大量资金支持。北车在引进国外技术、自主创新过程中，为打破企业、高校、科研等单位界限，将各类创新要素汇集到企业，采取了以下做法：

一是积极承担技术创新主体责任，主动融入国家技术创新体系。中国北车按照国家"建设以企业为主体，市场为导向，产学研结合的技术创新体系"的总体要求，将建立和完善适应企业发展需要的技术创新体系融入到国家技术创新体系建设中。中国北车和所属3家企业进入国家创新型（试点）企业行列，占行业总数的五分之四，在中央企业名列前茅。科技部组织开展国家自主创新产品试点工作，中国北车两项产品进入首批243项国家自主创新产品名单，占轨道交通装备产品仅有的3项中的2项。中国北车所属14家企业被认定为高新技术企业。中国北车"高速列车系统集成国家工程实验室"正在紧张建设中，2010年将建成国家高速列车集成技术、轻量化车体、高速转向架及部件、噪声监测及控制、电磁干扰和气密性、系统安全与可靠性等实验体系。"动车组与机车牵引与控制国家实验室"建设项目得到国家科技部批复。机客货及

配件6家龙头企业技术中心全部进入国家级技术中心行列，居行业之首。通过国家级研发机构的建设，与国家重要研发机构、行业技术研发机构和高等院校形成了良好的合作关系，提高了国家创新资源的使用效率。

二是参与行业基础技术研发和主导行业关键核心共性技术研发，汇集技术创新资源。对于行业发展的基础性技术，如轮轨关系、核心材料、大功率交流传动控制等技术，必须借助国家级技术创新战略队伍，同时中国北车组织精干力量，积极参与，发挥作用，取得基础技术研究的发言权和使用权；对于行业发展的共性关键技术，如列车牵引控制系统、列车网络控制系统等技术，中国北车发挥技术创新体系主体作用，以产学研联盟的方式，联合科研院校共同努力突破。对于产品研发中的具体技术，主要由企业努力研究突破。

（五）产学研合作

中国北车积极承担国家和地方的科技项目，包括350公里动车组研制和160-200km/h高速转向架及其配套系列货车研制。近年来，北车承担国家支撑计划课题14项，国家火炬计划课题1项，国家科研院所技术开发研究专项资金课题6项，国家863计划课题4项，国家振兴东北老工业基地高新技术产业发展专项2项，铁道部科研计划课题48项。以这些项目为载体，中国北车与中科院、清华大学、北京交通大学、西南交通大学等院校合作建立了6个合作研究机构，围绕课题核心开展深度合作，更好地发挥了社会科研力量的作用。比如，在实施新一代高速动车组自主创新项目中，中国北车动员和集成全国优势科研及产业资源，建成具有中国特色的高速列车技术创新链和产学研联盟，联合了国内一流重点高校25所，一流科研院所11所，国家级研究实验室51家，参与院士68人，教授500余人，研究员200余人，工程技术人员上万人，如图8-6所示。

（六）信息化建设

中国北车信息化建设的目标是：开拓三大市场（轨道交通市场、相关多元市场和国际市场），实施四大战略（创新、整合、并购、国际化），打造四大产业（轨道装备产业、机电装备产业、工程装备产业和现代服务业），实现"三步走发展目标"发展战略。

一是依托信息化手段，搭建自主技术创新的载体——异地协同设计平台。异地协同设计要求所有处于异地的研发管理和技术工程师的设计工作将在已经建成的Intralink设计平台上进行，处在异地的研发人员组成一个虚拟开发团队共同完成一个产品，通过异地协同设计平台，可实现产品开发流程统一，数据同步和共享，并能保证数据访问和上／下载的速度。

二是建设业务板块集成研发设计平台，提升企业自主创新能力。研发设计平台包括以机车与动力、轨道客车、货车车辆、机电产品、工程机械五个事业部及研究院为主体的6个项目，其建设目标是在五个事业部及研究院建立以三维CAID／

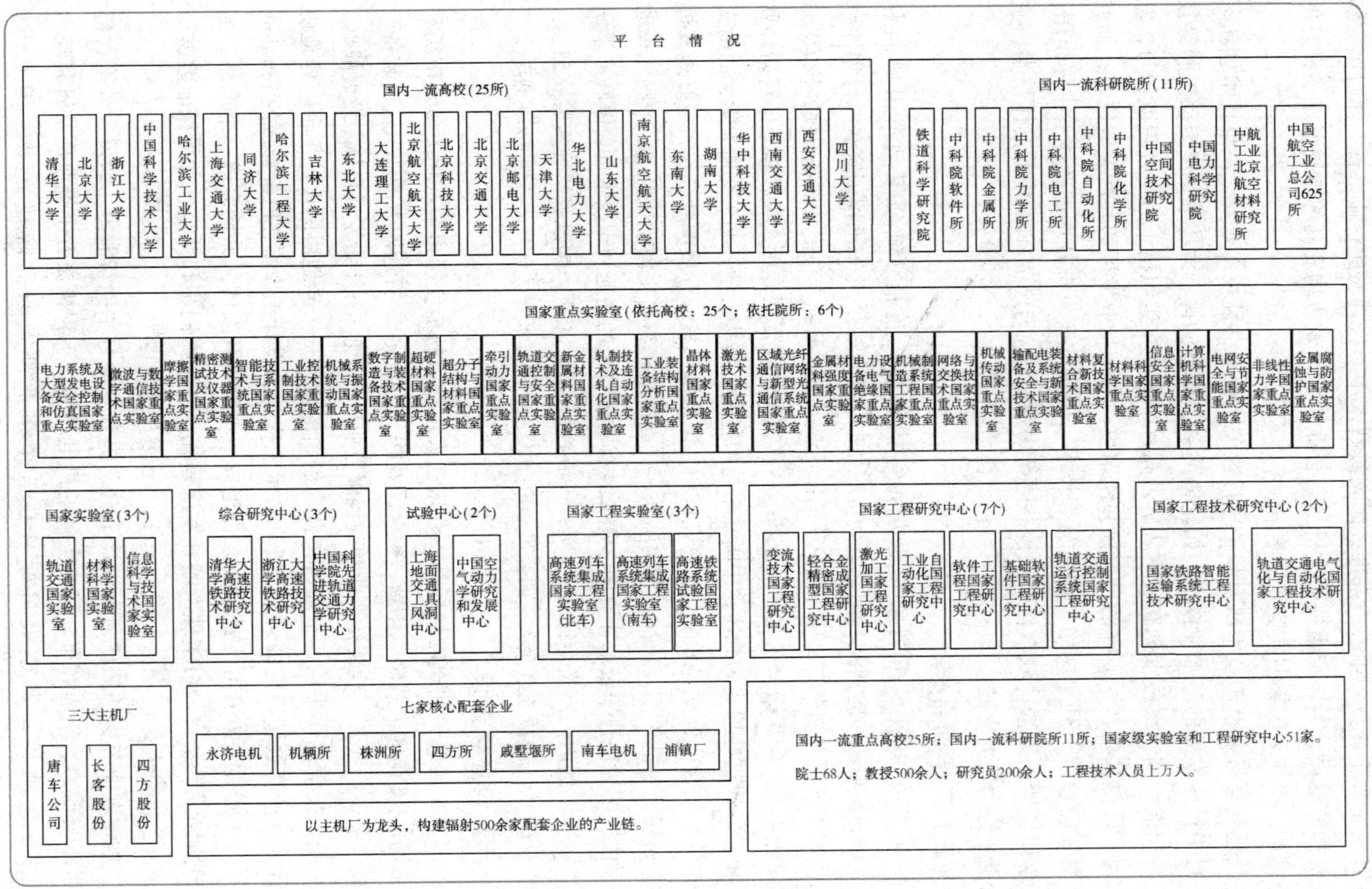
平台情况
国内一流高校(25所)
清华大学
北京大学
浙江大学
中国科学技术大学
哈尔滨工业大学
上海交通大学
同济大学
哈尔滨工程大学
吉林大学
东北大学
大连理工大学
北京航空航天大学
北京科技大学
北京交通大学
北京邮电大学
天津大学
华北电力大学
山东大学
南京航空航天大学
东南大学
湖南大学
华中科技大学
西南交通大学
西安交通大学
四川大学
国内一流科研院所(11所)
铁道科学研究院
中科院软件所
中科院金属所
中科院力学所
中科院电工所
中科院自动化所
中科院化学所
中国空间技术研究院
中国电力科学研究院
中航工业北京航空材料研究所
中国航空工业总公司625所
国家重点实验室(依托高校：25个；依托院所：6个)
电力系统及大型发电设备安全控制和仿真国家重点实验室
微波与数字通信技术国家重点实验室
摩擦学国家重点实验室
精密测试技术及仪器国家重点实验室
智能技术与系统国家重点实验室
工业控制技术国家重点实验室
机械系统与振动国家重点实验室
数字制造装备技术国家重点实验室
超硬材料国家重点实验室
超分子结构与材料国家重点实验室
牵引动力国家重点实验室
轨道交通控制与安全国家重点实验室
新金属材料国家重点实验室
轧制技术及连轧自动化国家重点实验室
工业装备结构分析国家重点实验室
晶体材料国家重点实验室
激光技术国家重点实验室
区域光纤通信网络与新型光通信系统国家重点实验室
金属材料强度国家重点实验室
电力设备电气绝缘国家重点实验室
机械制造系统工程国家重点实验室
网络与交换技术国家重点实验室
机械传动国家重点实验室
输配电装备及系统安全与新技术国家重点实验室
材料复合新技术国家重点实验室
材料科学国家重点实验室
信息安全国家重点实验室
计算机科学国家重点实验室
电网安全与节能国家重点实验室
非线性力学国家重点实验室
金属腐蚀与防护国家重点实验室
国家实验室(3个)
轨道交通国家实验室
材料科学国家实验室
信息科学与技术国家实验室
综合研究中心(3个)
清华大学高速铁路技术研究中心
浙江大学高速铁路技术研究中心
中国科学院先进轨道交通力学研究中心
试验中心(2个)
上海地面交通工具风洞中心
中国空气动力学研究和发展中心
国家工程实验室(3个)
高速列车系统集成国家工程实验室(北车)
高速列车系统集成国家工程实验室(南车)
高速铁路系统试验国家工程实验室
国家工程研究中心(7个)
变流技术国家工程研究中心
轻合金精密成型国家工程研究中心
激光加工国家工程研究中心
工业自动化国家工程研究中心
软件工程国家工程研究中心
基础软件国家工程研究中心
轨道交通运行控制系统国家工程研究中心
国家工程技术研究中心(2个)
国家铁路智能运输系统工程技术研究中心
轨道交通电气化与自动化国家工程技术研究中心
三大主机厂
唐车公司
长客股份
四方股份
七家核心配套企业
永济电机
机辆所
株洲所
四方所
戚墅堰所
南车电机
浦镇厂
以主机厂为龙头，构建辐射500余家配套企业的产业链。
国内一流重点高校25所；国内一流科研院所11所；国家级实验室和工程研究中心51家。
院士68人；教授500余人；研究员200余人；工程技术人员上万人。

图 8-6　中国北车产学研究合作平台

CAD/CAE/PLM 集成应用为核心的产品集成开发平台，实现全数字化产品建模、多领域的性能仿真、数据与过程的集成管理，建成完善的虚拟产品开发平台。

三是依托公司整体化信息建设，实现研发设计和经营管理的一体化运作。为了配合公司产品研发战略，实施产品研发信息化工程，构建公司数字化研发设计平台，中国北车部分下属单位进行了 PDM 和 SAP 的集成。基于 SAP-PLM，以 CAID、CAD、CAE、CAPP 等技术为工具，开展产品研发的技术活动。全面支持产品研发的全数字化产品建模、多领域协同仿真、产品数据与过程的集成管理，支持跨企业、跨地域、跨国界的产品开发协同与全生命周期管理。

（七）人才队伍

1. 人才队伍现状

目前，中国北车共有各类经营管理和专业技术人员 25 488 人，占职工总数的 26.8%，其中，工程专业技术人员 11 956 人。具有高级职称的 3 687 人、中级职称的 7 684 人，分别占经营管理和专业技术人员的 14.5% 和 30.1%；具有大学本科以上学历的 10 069 人、大专学历的 10 516 人，分别占经营管理和专业技术人员的 39.5% 和 41.3%。技术工人 46 455 人，其中，高级技师 261 人、技师 1 733 人、高级工 10 013 人，分别占技术工人的 0.56%、3.7%、21.6%。

2. 人才建设工程

一是"五个一"人才建设工程目标。到"十一五"末，培养一名国家工程院院士推荐人选，十名在国内外同行业富有影响力的企业家和专家学者，一百名专业学科带头人，一千名专业技术和经营管理创新骨干，一万名包括"金蓝领"、高级技师、技师和优秀高级工的高技能人才。

二是实施"1536"高层次人才建设工程。依托国家、铁道部和集团公司重大科研和建设项目，以及技术引进和合资合作项目，结合国务院特殊津贴、新世纪百千万人才工程国家级人选、詹天佑铁道科技奖和茅以升铁道工程师奖等奖项人选的推荐以及集团公司专家人才的选拔评审，重点做好轨道车辆总体技术等 12 个重点专业人才的选拔与培养工作。

三是专家人才体系建设。北车畅通专业技术人才发展渠道，逐步规范专家人才的梯级层次和职责，加快建立"长师分设"、"长家分离"的管理体制，促进专业技术人才与经营管理人才平行发展。建立健全企业首席专家制度和重大项目专家论证制度，充分发挥首席专家和学科带头人在引领集团公司专业技术领域发展方向、主持重大科研项目和关键技术的攻关、带动本专业技术领域的人才梯队建设、组织本专业领域及相关专业领域的学术交流和合作等方面的作用。对重点科研、工艺开发和工程建设项目主要技术负责人的安排，原则是由首席专家或学科带头人担任，通过重大项目的实施，加快培养造就一批领军型专业技术人才。

六、中国北车技术创新能力评估

（一）产品整机能力层面

2004年10月以来，中国北车按照铁道部总体部署，贯彻落实国务院"引进先进技术、联合设计生产、打造中国品牌"总体要求和"先进、成熟、经济、适用、可靠"技术方针，作为技术受让方和系统集成商，先后与庞巴迪、阿尔斯通、西门子等轨道交通装备制造业国际领先企业合作，与铁道部签订了大功率交流传动电力机车、大功率交流传动内燃机车、高速动车组、铁路大型工程机械等15项技术引进吸收国产化项目合同。凭借着几十年的技术积累和制造经验，中国北车在全面深入消化吸收的基础上，积极实现再创新，其产品整机技术能力获得了巨大的提升，特别是在动车组和机车这两个领域。

1. 动车组技术能力评估（见图8-7）

图8-7是对中国北车动车组产品整机技术情况的评估。2004年10月9日，铁道部与中国北车长客股份、法国阿尔斯通公司签订60列"时速200公里及以上速度等级交流传动电动车组"采购合同，合同金额137.91亿元；2005年11月20日，铁道部与中国北车长客股份、德国西门子公司签订60辆"时速300公里及以上速度等级交流传动电动车组"采购合同，合同金额130.3亿元。在执行这两个项目的过程中，中国北车充分消化吸收了国外动车组技术，全面掌握系统集成、车体、转向架等关键核心技术，完成了国产化生产并实现了再创新，搭建了高速动车组技术平台。在消化吸收的基础上，中国北车发挥集团优势，在北京设立了新一代高速动车组联合研发中心，集合长客股份和唐车公司研发力量组成联合设计团队，与清华大学合中科院等50多个高校与科研院所合作，成功研制了我国具有自主知识产权的时速380公里新一代高速列车CRH380A，并于2010年5月27日下线。在短短的几年中，中国北车经过消化吸收再创新的艰难过程，使高速动车组产品在较短时间内达到了世界一流水平。

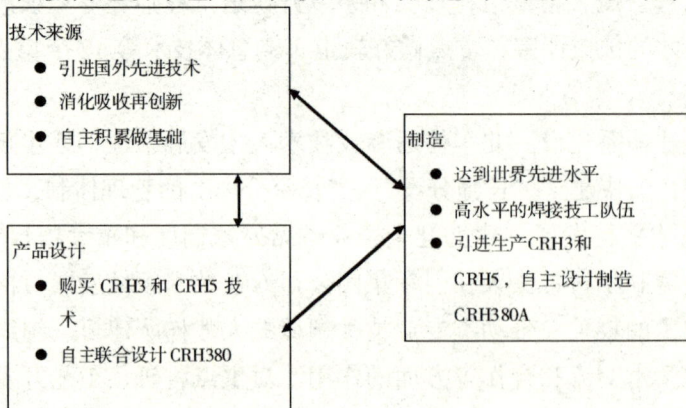

图8-7　动车组创新能力评估图

目前，中国北车建立了以高速列车系统集成国家实验室、研发中心、专业研究所和国家级企业技术中心为龙头的企业研发体系；搭建了高速动车组的产品技术平台：时速 380 公里 CRH380 型高速动车组采用全新的协同设计平台开发设计产品，结构设计采用先进的 ProE-Intralink 协同设计平台，电气设计采用国际领先的 ELCAD 电气设计平台，ProE-Intralink、ELCAD 均与 SAP 系统集成，实现了产品数据的信息化，可实现北京、长春、唐山两厂三地协同设计；依托协同设计及信息化平台，中国北车联合设计团队完成时速 380 公里 CRH380A 型新一代高速动车组的开发设计。在制造上，中国北车利用技术引进消化吸收再创新的机会，实施大规模工业化改造，新建或扩建了高速动车组铝合金车体生产线、转向架生产基地、组装调试基地、运营试验线路等，启动了中国北车长客高速动车制造基地和中国北车唐山动车城。人才方面，中国北车培养出了一支高层次的高速动车专业技术、经营管理和技能操作创新人才队伍。

2. 机车技术能力评估（见图 8-8）

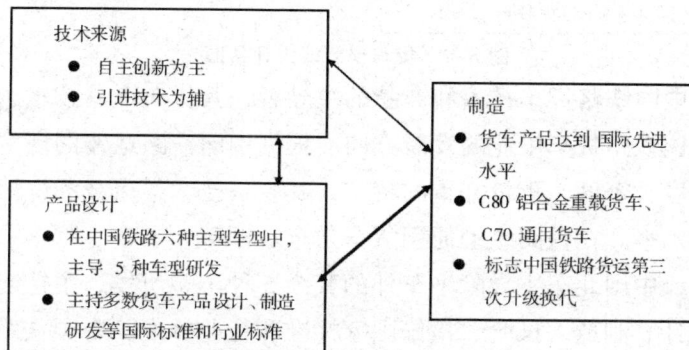

图 8-8　机车创新能力评估图

中国北车大连机辆、二七机车和同车公司是中国北车机车整机制造企业，其中大连机辆多年来一直在机车领域占据主导地位，是我国机车主要研发和生产基地。2004 年 10 月 27 日，铁道部与大连机辆、东芝公司签订 60 台"六轴大功率交流传动电力机车"采购合同，合同金额 12.4 亿元，含技术转让费 0.78 亿元；大连机辆经过消化吸收再创新后研制出 HXD3 型交流传动货运电力机车，获得国家科技进步一等奖，成为铁路第六次大提速中担当货运牵引任务唯一的交流传动电力机车，并搭建了轴功率 1 200kw 大功率交流传动货运电力机车技术平台；以此为基础，研制具有自主知识产权的六轴 9 600kw HXD3B 大功率交流传动货运电力机车。2005 年 9 月 1 日，铁道部与大连机辆、美国 EMD 公司签订 300 台"大功率交流传动内燃机车"采购合同，金额 65.8 亿元；经过消化吸收之后，大连机辆研制了 HXN3 型大功率交流传动货运内燃机车，达到世界先进水平，全面提升我国铁路内燃机车整车制造技术水平。2007 年大同机车厂引进法国阿尔斯通公司技术，联合设计生产 HXD2 型八轴 10 000kw 大功率交流传动电力机车，是国内功率最大的电力机车。目前，中国北车具有国际先进水平的大功率交流传动电力、内燃机车产品技术平台，可以开发制造基于平台的具有国际水平的大功率交流传动电力机车、大功率交流传动内燃机车、直流传动电力机车和内燃机车等覆盖中国几乎全部型谱的、满足中国铁路交通市场几乎全部需求的系列机车产品。至 2009 年 10 月，中国铁路大功率机车招标中，中国北车占机车采购总数的 64.6%。

3. 货车技术能力评估（见图 8-9）

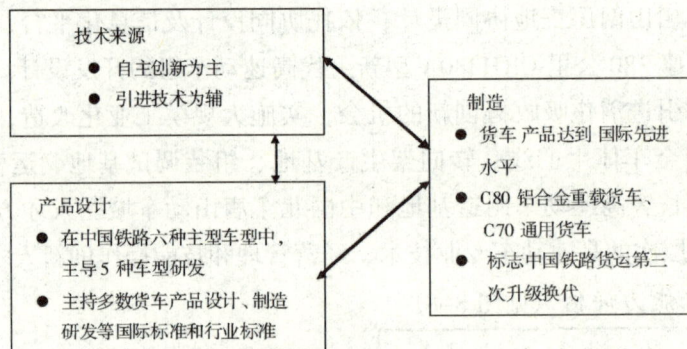

图 8-9　货车创新能力评估图

中国北车是中国铁路货车技术和产品的主导者，其货车产品技术达到了国际先进水平，代表着中国铁路货车工业的发展方向。根据中国铁路运输的现实和需求，使得中国货运呈现速度、密度、重量并重的特点，其装备技术集重载和快捷于一体，相关技术居世界先进水平。在铁路主型通用货车敞车、棚车、平车、罐车、漏斗车、集装箱车六种车型中，中国北车主导除平车外的其余 5 种车型研发，主持起草了多数中国铁路货车产品设计、制造、试验、检修国家标准和行业标准。中国铁路货车三次升级换代都由中国北车货车事业的龙头企业——齐车公司研发和主导：2003-2006 年，载重80 吨的 C80 铝合金等载重货车、载重 70 吨的 C70 等通用货车研制成功和载重 60 吨级货车在中国全面停产，标志中国铁路货车实现载重由 60 吨级向 70-80 吨级、时速由70-80 公里向 120 公里的第三次升级换代。80 吨级系列重载货车成功研制，使我国跨入重载运输世界先进国家行列，一举成为继美国、南非、加拿大等国之后第六个开行万吨列车的国家，大秦铁路年运能从 1 亿吨跃升到 3 亿吨，2008 年创造了 3.4 亿吨的世界铁路重载运输奇迹，中国北车作为"大秦铁路重载运输成套技术与应用"项目的主要完成单位获得国家科技进步一等奖。

（二）核心技术能力层面

中国北车将产品技术平台分成整车平台、系统平台和部件平台三级，构建产品技术平台的目的是使产品的研发能够做到资源共享，在标准化、系列化、模块化和信息化的基础上，快速开发出满足多样化市场需求的系列或系族产品。前面介绍的动车组、机车、货车产品技术都是在整车平台这个层面，即以引进技术作为依托，构建技术平台，再进行自主产品的开发。关键系统和部件技术平台由系统技术平台和部件技术平台两级构成：系统技术平台如电传动系统、网络控制系统、制动系统、走行系统等，重点是研究共性技术，由公司统筹构建；部件技术平台如变流装置、电机、柴油机等，有的从属于系统技术平台（变流装置、电机属于电传动系统技术平台），有的独立构成产品技术平台（柴油机技术平台）。

"十一五"期间，中国北车把重点放在了电传动、网络控制、制动、行走系统以及变流装置、电机和柴油机部件技术平台。在电传动系统领域，以引进交流传动系统的变流、控制等核心技术为基础，结合既有产品技术和开发手段，消化吸收并掌握交流传动系统联调试验、系统集成技术，构建公司电传动系统技术平台，开发拥有自主知识产权的轨道交通运输装备交流传动系统。在变压器领域，以引进的机车、动车组变压器技术为基础，为轨道交通运输装备提供配套的变压器系列产品。电机方面，以现有电机技术为基础，融合引进的各型电机技术，重点掌握计算分析、绝缘、试验技术，构建集团公司电机技术平台，自主开发轨道交通运输装备用电机系列产品。

（三）产业链创新的主导能力层面

中国北车以技术为龙头，从全球化角度全面系统分析制约企业发展的各项技术，具有一定的产业链的创新主导能力。对不影响掌握核心技术的或从全球角度看已经成熟的相关元件、配件、材料及技术，立足全球采购，实现全球资源的合理使用。对相对重要的部件技术，如动车组的十项配套技术，尝试通过合资合作，建立供应商体系的方法实现为我所用，形成优质的产业链。对于制约公司发展的关键和核心技术，集中优势资源突破和掌握，采取"以我为主，产学研结合"和"以我为主，有效利用国外资源"两种方式。对第二种方式，坚持以共同发展和实现共赢的理念，与技术持有方建立长期战略合作伙伴关系。通过分类实施，中国北车不仅进一步促进了所属企业和合作产业链中专业化、开放化经营理念的形成，而且整体竞争方式也从关注单个企业开始向产业链转变。比如，用于动车的铝合金型材，当年长客为生产动车组进行铝合金型材招标时，国内没有现成的生产线可以做到，当时规模不大且成立不久的中新（新加坡）合资企业吉林辽源麦达斯铝业在投标方中表现最为活跃，积极参与新产品的试制，获得了适用于动车组的铝型材生产专利（北车长客获得设计专利），成为此次和后续招标中的主要赢家，以此为契机发展成为中国最大的轨道车辆铝合金型材生产企业，其不仅是中国北车的主要铝型材供应商，同时也大量供应中国南车、西门子、阿尔斯通等企业。再如，客车用不锈钢，以前国内钢企也没有能力进行生产，它较之于普通钢车厢，具有耐腐蚀性好，维护成本低，车体自重轻、能源消耗低，适用寿命长等优点；从 2005 年起，太原钢铁（集团）有限公司和宝钢集团有限公司研发出了客车用不锈钢，提供给中国北车等客车生产企业，使得国内不锈钢轨道客车车体生产用钢由过去 100%依靠进口，达到目前 80%的国产化率。

七、中国北车创新能力成长模式

回顾中国北车的创新能力成长之路，可将其概括为：**国家战略需求与企业有效配合的引进、消化、吸收与再创新**。主要做法包括：

（一）国家意志引领

中国北车的创新成就引领着我国轨道交通事业的发展，而其中代表国家意志的铁道部的作用是不容忽视的。一方面，从 1949 年新中国成立到 2000 年南北车分家，中国北车都是归铁道部领导和监督的；另一方面，虽然中国北车进行了一定程度的多元化和国际化努力，铁道部依然是中国北车绝大多数产品的用户。这种不同于一般制造业的格局，为国家意志引领创新提供了可能性。2004 年，国务院批准了《中长期铁路网规划》，对铁道装备提出"引进先进技术、联合设计生产、打造中国品牌"的总体要求。中国北车按照铁道部的总体部署，作为技术受让方和系统集成商，先后与德国西门子、法国阿尔斯通、加拿大庞巴迪、日本东芝、日本日立、美国 EMD、奥地利 PLASSER、瑞士 SPENO 等轨道交通装备制造业国际领先企业合作，与铁道部签订了大功率交流传动电力机车、大功率交流传动内燃机车、时速 300 公里和 200 公里高速动车组、铁路大型工程机械等共计 15 个大项目技术引进消化吸收国产化项目合同，合同总金额达 1542 亿元，承接了总成、转向架、车体、变流器、电机、牵引控制系统、网络控制系统、制动系统、变压器等九项关键技术。

在动车组技术引进中，作为"战略买家"，铁道部同时与具有该技术的四家跨国公司德国西门子、法国阿尔斯通、加拿大庞巴迪、日本川崎进行谈判，由于跨国公司不能向中国直接出口动车组整车产品，铁道部和承担技术引进的中国南车、中国北车最终以较低的成本同时引入了所有四种动车组技术：南车引入庞巴迪技术生产 CRH1，引入日本技术生产 CRH2；北车引入西门子技术生产 CRH3，引入阿尔斯通技术生产 CRH5。具体的技术引入方式是"以市场换技术"，即铁道部向中国北车（或中国南车）及其国外合作伙伴签订动车组采购合同和技术转让协议：以 CRH5 为例，2004 年铁道部与中国北车长客股份及法国阿尔斯通公司签订 60 列"时速 200 公里及以上速度等级交流传动电动车组"采购合同，总金额 137.91 亿元，含技术转让经费 9 亿元，长客股份占 75.75 亿元（55%），阿尔斯通占 62.15 亿元（45%），合同约定原装车 3 列，CKD车 6 列，其余由国内制造。其他动车组技术引进合同类似。

此次的大规模技术引进是"高起点引进"，所引进的各项技术都属于国际领先的技术，以 CRH3 为例：德国西门子公司时速 300 公里的动车组技术在当时是极其先进的技术，因而在最初的谈判中提出了很高的要价。在铁道部的统一安排下，西门子公司迫于压力最终以比较合理的条件向中国北车唐车公司进行了技术转让，由后者生产出的 CRH3 型动车组成为四种引进车中速度最快的车型。

（二）自主开发

如果仅仅是引入，那便远远谈不上创新能力；而中国北车作为中国轨道交通装备领域的领军企业，它的自主研发是创新能力成长的核心组成部分。根据中国轨道运输发展的要求和国内外相关产品技术发展情况，中国北车选择了不同的产品创新路线。在所有这些路线中，自主创新都是重要的组成部分。

货车领域，我国对铁路货运的要求不同于国外：单纯的重载（美国、澳大利亚）或是快速（法国、德国）都不能解决，只有兼顾重载和快速才能应对特殊的需求。而这方面的现成技术是没有的，所以北车的货车事业坚定地选择了自主开发的道路。从1957年成功研制 P13 型棚车，以 50 吨级替换 30 吨级的第一次铁路货车更新换代开始，到 2003-2006 年成功研发 C80、C70，开始第三次铁路货车更新换代，长期的自主积累，使货车成为轨道交通领域对国外技术依赖最少、相对技术水平最为领先的部分。

机车领域，中国北车也有非常强大的自主研发能力和深厚的技术积累，可以说是自主研发和引进消化吸收再创新并举。1969 年，中国北车大连机车车辆厂试制东风 4 型大功率干线客货运内燃机车，是中国内燃机车中的经典车型，至今仍被大规模使用；现存东风系列内燃机车也基本以东风 4 型作为平台来设计制造。2000 年，中国北车大连机辆开始实施"内电并举"战略，在巩固内燃机车优势的同时，进军电力机车领域；在中国北车组织下，由牵引研发中心牵头，大同机车厂、大连机车厂和株洲电力机车研究所共同努力，开发了电力机车韶山 7E。2004 年以来，中国北车在铁道部的协调下，引进国外机车技术，研制了 HXD2、HXD3、HXN3 三种型号的机车，建立起相应的产品技术平台，研制了具有自主知识产权的 HXD3B 等型号的产品。

动车组客车领域，尽管使用广泛的高速动车组和 25 型客车技术来源均是国外，中国北车的自主能力仍能得到明显的体现。20 世纪 80 年代末，在引进的 25 型客车的基础上，中国北车或通过自主研发、或通过合作研发，研制出了各种改进的型号，以满足铁路客运事业迅猛发展的需求。20 世纪 90 年代末，动力分散的动车组技术已经成为潮流，中国北车积极参与"中华之星"电动车组的研制，该车在 2002 试验时达到了时速 321.5 公里；2004 年后，由于铁道部开始了大规模技术引进（特别是高速动车组技术），"中华之星"计划遗憾地被搁置了，尽管如此，它的成功研发体现了中国北车（当然也包括其他参与研制单位）在高速动车组领域的深厚造诣和技术积累，也在客观上促进了国外技术的顺利引进。2004 年开始，中国北车按照铁道部的统一部署，先后从法国阿尔斯通、德国西门子引进技术建立了时速 200 公里和时速 350 公里两个高速动车组产品技术平台，在此基础上设计研制了拥有完全自主知识产权的 CRH380A，各项性能超过了引进型号。

中国北车在货车、机车、动车组客车这三大整车业务中，对于国外技术的引进有多有少，但无论哪项业务都非常强调自主创新的重要性。即使是在引进较多的动车组客车领域，中国北车的负责人仍一再强调，"引进的目标是为了学习它，超越它"。无论是过去还是现在，中国北车都没有止步于仅仅依靠引进，对 25 型客车不断的改善，引进机车、动车组的再创新成果等都证明了这一点。中国北车的自主创新和长期积累沉淀，使得它能够更好地与世界轨道装备制造业接轨，自主研制或者通过吸收再创新国外先进技术，生产出不断满足我国轨道交通事业发展需要的优质产品。

八、中国北车技术创新经验启示

（一）对技术创新的战略思考和组织布局

就如何发展我国轨道交通装备事业，上至国家、铁道部，下至中国北车，都根据自身能力、需求和国外技术水平做了深入的研究和思考，对不同的领域采取了有针对性的技术发展路线。此外，中国北车还根据制定的技术战略，将旗下原本相对独立的企业进行内部整合，从整合研发力量开始，整合成货车、客车、机车等事业部，变过去的行政管理为战略管理，更有效地利用创新能力。例如，在设计研制 CRH380 时，采用了北京、长春、唐山三地联合设计的方式，以集中高速动车组研发的核心力量，提高效率。

（二）有效的技术消化

在唐车公司消化时速 350 公里动车组技术时，采取了很多措施来促进消化的有效性。首先，加大在消化上投入。国内企业技术引进和消化的投入一般是 1：0.7，而唐车公司在高速动车组技术引进中引进和消化的投入比达到了 3：1。其次，唐车公司努力打造跟踪式的消化团队。对高速动车组技术的各个环节（包括管理和工艺等）建立相应的责任组织，确保把外在的知识转化为内部的知识。此外，唐车公司打造了四个消化平台，包括工艺平台、设计平台等。唐车公司是高起点、全方位的引进，其动车组平台在同类平台中是佼佼者。

（三）掌握核心技术

对于关键技术，有的要主要依靠自己来完成，有的则要在引进别人技术的基础上进行攻关（典型的例子是 CRH380A）。当然后一种方式的前提是拥有消化技术的能力。

（四）以核心产品带动产业链的发展

铝合金、不锈钢车体的大量投产，中国北车对上游的钢铁、铝业企业的发展和创新起到了巨大的推动作用。

（五）重视科技人才的培养和使用

中国北车对下属企业的技术人才进行了各种方式的培养和激励，努力摆脱国有企业在体制上的一些僵化。此外，中国北车非常重视对高技术工人的培养，投入大量人力物力培养了一支具有世界水平的焊接工人队伍。

第九章

海尔集团技术创新调研报告

一、海尔集团概况

海尔集团总部位于山东省青岛市，其前身是隶属于青岛二轻局家电公司的青岛电冰箱总厂。1984 年，该厂有员工 820 人，年生产电冰箱 740 台，销售收入 348 万元，固定资产 500 万元，年亏损额 147 万元，出口为零。通过市场考察，企业决定引进国外先进技术和设备，与德国利勃海尔工程有限公司签订了电冰箱制造技术合同。合同于 1984 年 9 月 12 日生效，青岛电冰箱总厂成为原轻工部批准的我国最后一批电冰箱定点生产企业。海尔由"利勃海尔"的引进项目而得名，这是中国改革开放三十余年历史中，最成功的引进项目之一。

截至 2009 年，海尔集团在全球建立了 29 个制造基地、8 个综合研发中心、19 个海外贸易公司，全球员工总数超过 6 万人，已发展成为跨国企业集团。创业 26 年来，海尔品牌在世界范围的美誉度大幅提升。2008 年 3 月，海尔第二次入选英国《金融时报》评选的"中国十大世界级品牌"。2008 年 6 月，在《福布斯》"全球最具声望大企业 600 强"评选中，海尔排名 13 位，是排名最靠前的中国企业。2008 年 7 月，在《亚洲华尔街日报》组织评选的"亚洲企业 200 强"中，海尔集团连续五年荣登"中国内地企业综合领导力"排行榜榜首。2009 年，海尔全球营业额实现 1243 亿元，品牌价值高达 812 亿元，连续 8 年蝉联中国最有价值品牌榜首。海尔品牌旗下冰箱、空调、洗衣机、电视机、热水器、电脑、手机、家居集成等 19 个产品被评为中国名牌，其中海尔冰箱、洗衣机还被国家质检总局评为首批中国世界名牌。世界著名消费市场研究机构欧洲透视 2009 年发布数据显示，海尔在世界白色家电品牌中全球市场占有率 5.1%，这是中国白色家电首次成为全球第一品牌。

海尔集团在 26 年的发展历程中，先后经历了"名牌战略"阶段（1984~1991 年）、"多元化战略"阶段（1991~1998 年）、"国际化战略"阶段（1998~2005 年）和"全球化品牌战略"阶段（2005 年年底以来），如图 9-1 所示。

名牌战略阶段。1984 年，青岛电冰箱总厂从低点起步，通过对当时的国内家电市

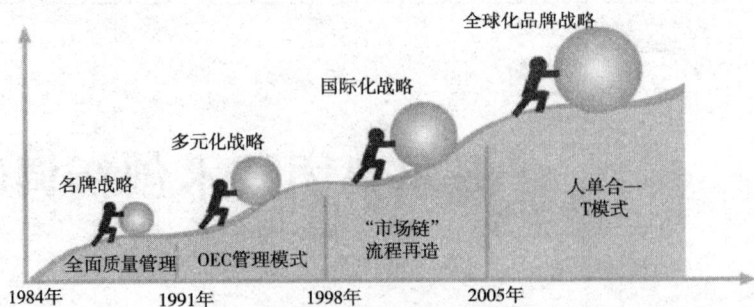

图 9-1　海尔集团的四个发展阶段

场进行了调查和分析，将"琴岛——利勃海尔"冰箱定位为最终成为影响并带领整个行业市场发展的名牌龙头产品。把产品目标、经营管理和市场营销战略定位在出名牌产品上。7 年间，青岛电冰箱总厂通过转变观念、大胆改革、锐意进取，树立了以市场为导向的经营意识和观念，其核心目标是提高产品质量。从提高产品质量入手，建立新的管理体制和强化 OEC 基础管理，转换企业经营机制，使海尔实现了由产品生产向商品生产的战略调整和战略转移。在这一阶段，海尔只生产冰箱这一种产品，探索并积累了企业管理经验，为今后的发展奠定了坚实的基础，总结出一套可移植的管理模式。

多元化战略阶段。1991 年 12 月 20 日，以琴岛海尔集团公司成立为标志，海尔完成了由单一生产型企业到多产品生产经营型企业的转变，开始从粗放经营转向集约化经营。1993 年 9 月，琴岛海尔集团更名为海尔集团，更改商标为"海尔"，所属企业名称也全部更改为"海尔"。同年 11 月 19 日，青岛海尔电冰箱股份有限公司股票上市，筹得资金 3.69 亿元，用于海尔工业园的建设。通过上述活动，海尔集团对外完成了全面有效的转轨并制，对内实行了内部改造，在战略决策、经营管理、资源配置、科技开发、生产质量、服务手段、文化道德方面进行了实质性的调整、重组以及进一步完善。在这一阶段中，海尔集团采用了"联合舰队"运作模式，使资本集聚和资本培植向集团化方向发展。从一个产品向多个产品发展，从白色家电进入黑色家电领域，以"吃休克鱼"的方式进行资本运营，以无形资产盘活有形资产，在最短的时间里以最低的成本把规模做大，把企业做强。这一时期海尔非常重视培植自身的竞争实力，构建核心技术体系，申请了众多核心专利。

国际化战略阶段。1995 年 5 月 22 日，海尔集团的海尔中心大楼落成，以集团总部东迁海尔工业园为标志，海尔进行了发展史上的重大战略转移，开始了跨国经营、创世界名牌的二次创业阶段。以 1996 年 2 月海尔莎保罗有限公司在印尼雅加达正式成立为标志，海尔集团开始走向世界。从 1997 年开始，海尔在销售收入、利润、税收、集团人数、出口创汇、资本增值能力和劳动生产率方面与前两个阶段相比都有了质的飞跃，在产品、技术和资本输出方面初步具有了跨国公司的基本素质。从 1999 年开始重点建设海外市场。产品批量销往全球主要经济区域市场，有了自己的海外经销商网络与售后服务网络，海尔品牌已经具有了一定知名度、信誉度与美誉度。

全球化品牌战略阶段。为了适应全球经济一体化的形势，从2005年年底2006年年初开始，海尔集团进入第四个发展战略创新阶段——全球化品牌战略阶段。国际化战略和全球化品牌战略的区别是：国际化战略阶段是以中国为基地，向全世界辐射；全球化品牌战略则是在每一个国家的市场创造本土化的海尔品牌。国际化战略阶段主要是出口，但现在是本土化创造自己的品牌。海尔实施全球化品牌战略要解决的问题是：提升产品的竞争力和企业运营的竞争力。与供货方、客户、用户都实现双赢利润。从单一文化转变到多元文化，实现持续发展。产品不仅要出口，而且要成为当地的名牌，技术战略上也一定要有好的技术，推出好的产品，像U-home、无尾电视等。

截至2009年底，海尔累计申请专利9 738项，其中发明专利2 799项，稳居中国家电行业榜首。仅2009年，海尔就申请专利943项，其中发明专利538项，平均每个工作日申请2项发明专利。在自主知识产权的基础上，海尔已参与23项国际标准的制定，其中无粉洗涤技术、防电墙技术等7项国际标准已经发布实施，这表明海尔自主创新技术在国际标准领域得到了认可；海尔主导和参与了232项国家标准的编制、修订，其中188项已经发布，并有10项获得了国家标准创新贡献奖。海尔是参与国际标准、国家标准、行业标准最多的家电企业。海尔是唯一一个进入国际电工委员会（IEC）管理决策层的发展中国家企业代表，2009年6月，IEC选择海尔作为全球首个"标准创新实践基地"。

二、海尔集团技术创新历程

（一）技术创新历程

创业26年来，海尔自始至终都十分重视技术创新，在发展的每个阶段都开发出了许多新产品，有效支撑了海尔的持续发展，如表9-1所示。

（二）制造模式创新演进

海尔的创新成果中最引人瞩目的是制造模式的创新。26年来，海尔不断进行制度创新和战略的调整，也在进行持续不断的制造模式的创新：从20世纪80年代末的OEC（overall every control and clear，日事日毕，日清日高）的精细化管理，到90年代末的SBU（人人是直接对市场负责的老板）的市场链管理，一直到2005年的"人单合一"管理模式，海尔在制造模式上的转变从未停止过，对海尔制造模式创新发展的演进历程中对应的战略和组织以及制造技术进行总结，如表9-2所示。对海尔各阶段在企业战略、制造战略、制造组织、制造技术等方面的比对分析，如图9-2所示。

表 9-1　海尔技术创新历程

阶段		技术与产品成果
第一阶段（1984~1991 年）名牌战略	冰箱	琴岛——利勃海尔电冰箱、荣获第一枚国优金牌；BCD-220 型电冰箱、BCD-212 型家用电冰箱、BD-132 型冷冻箱
第二阶段（1992~1998 年）多元化战略	冰箱	BC160/BD-92 组合电冰箱、无氟换代 MSV 保鲜系列冰箱、全无氟超级节能电冰箱
	空调	KFR-28GW/BPA 分体热泵型变频空调器、空调变频一拖多技术
	洗衣机	XQG50-1/50-8 全自动洗衣机
	其他	雪王子冰柜、计算机辅助设计系统、新药藻酸双酯钠
第三阶段（1998~2005 年）国际化战略	冰箱	BCD-238 型无霜保鲜环保电冰箱、飞天王子变频冰箱、宇航绝热层技术
	空调	多燃烧控制和免除霜燃气驱动多联空调、180°正旋波驱动自由组合直流一拖三空调器
	洗衣机	离子洗涤技术、变频环保技术在洗衣机上的应用、内循环同步洗技术
	其他	抗菌系列家电及抗菌塑料、智能家居集成、防电墙、数/模合一高清流媒体平板电视、造业网络协同制造工程与实时智能质量保障体系架构、画中画技术在手机上的应用、MPE64+Scaler 数字无缝接技术
第四阶段（2005 年底至今）全球化品牌战略	冰箱	超薄超静音超高效技术、全自动治冰技术、采用 VC 保鲜技术的海尔鲜+变频彩晶王子系列、热管技术
	空调	多燃烧控制和免除霜燃气驱动多联空调、180°正旋波驱动自由组合直流一拖三空调器
	洗衣机	水循环利用洗涤技术、自动节水技术
	其他	安全预警系统热水器、ERP 吊装整体式技术、水气双向循环、防回流及温度保护、超低温制冷

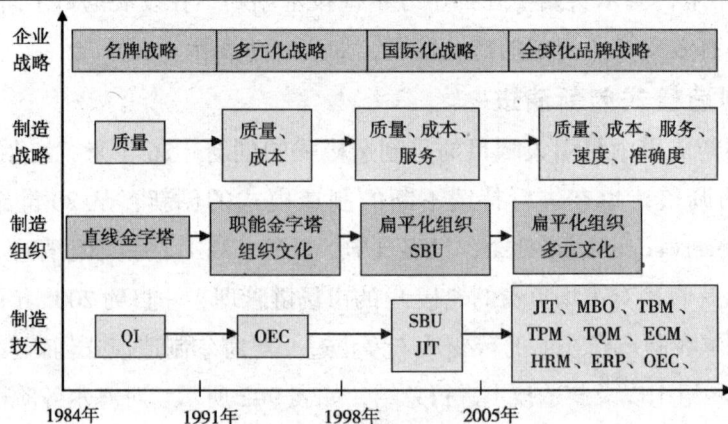

图 9-2　海尔集团各阶段制造模式对比

表 9–2　海尔制造模式创新发展的演进历程

特征\\阶段	市场竞争环境	企业战略	制造战略	制造组织	制造技术
第一阶段（1984~1991 年）全面质量管理阶段	产品供不应求，各厂商努力扩大生产规模	名牌战略（"砸冰箱"事件）	学习日本企业的全面质量管理	产品品种和经营形式单一，直线金字塔式	质量改进（QI），改进制造技术，引进先进的生产设备、质检设备，生产高质量产品
第二阶段（1992~1998 年）OEC 模式阶段	市场经济体制逐渐完善，市场竞争日趋激烈	多元化战略（兼并 18 家企业）"东方亮了再亮西方"	除了继续实施全面质量管理，主要是低成本战略	产品品种多样化，职能金字塔式，重点推进企业文化管理（ECM）	"日事日毕，日清日高"（OEC），精细化的全面控制，通过输入 OEC 模式和管理人员，实现多次并购
第三阶段（1998~2005 年）市场链流程再造 SBU 模式阶段	企业未掌握核心技术，同质化竞争激烈，价格战	国际化战略（先难后易，先在发达国家创造出名牌，然后进入发展中国家）	开始推行 JIT 精益生产，满足质量、成本、服务多方面的制造尺度	组织变革，1998 年开始市场链流程再造，扁平化的组织结构，减少管理层次，努力实现企业与市场的零距离	"策略事业单位"（SBU），每个管理者都是一个独立作战的经营体，每个人都有自己的目标市场和市场目标，自主，快速，各部门自负盈亏
第四阶段（2005 年底至今）"人单合一"和 T 模式阶段	客户经济时代，要以客户需求为中心，以订单为主导，速度要和准确度统一，质量价格要双优	全球化品牌战略，从单一文化到多元文化转变	在成功引进 JIT 精益生产的基础上，推行"人单合一"，"人"是对市场直接负责能自主创新的 SBU	继续深化扁平化组织结构，人人面向产品订单，实现企业和市场的零距离，单一文化向多元文化转变	T 模式，通过预算和优化确保有竞争力的目标实现，包括准时制造、目标管理、全面预算管理、全面生产维护、全面质量管理等

三、海尔集团创新能力积累主要成果与关键事件

（一）技术创新

1. 无级变频技术

早在 2001 年，中国消费者就对变频冰箱作出了正面积极的回应：海尔冰箱推出的变频冰箱上市不到三个月，就成为 2001 年度销速最快的高端冰箱。而其后推出的变频全温区冰箱，卡萨帝法式对开门冰箱、卡萨帝意识三门冰箱、卡萨帝六门冰箱都在海尔"无级变频技术"的基础上实现了节能、保鲜、静音等多种优势，引领着中国变频冰箱的发展方向。

海尔的"无级变频"技术可以根据需要调整压缩机的转速频率，这样一种变频控制达到了对冰箱输出能力的随意调节，即用户需要多少冷量，压缩机就输出多大功率，温度调节是随着冰箱内温度变化而自动调节的，冰箱食物多、温差大的时候，压机就高速运转，在比较短的时间内可以达到温度要求。反之，则转速慢、耗电低。

在应用了"无级变频"技术的基础上，海尔冰箱还应用独创的"数控模块"，实现了精准到 0.1 度的温度控制范围，同时通过"数控模块"，将"无级变频"技术的优势发挥到最大——海尔冰箱能够实现从零上 10 度到零下 18 摄氏度 29 档的自由变换，是目前唯一能够实现"全温区"的变频冰箱，引领着冰箱行业持续升级。

2. 防电墙技术

被广泛应用的漏电保护器不能解决环境漏电这一世界性难题，为了保护广大用户的生命安全，海尔电热水器于 2002 年 3 月推出了"防电墙"技术，很好的解决了环境带电的问题。它不仅可以在热水器内部零部件漏电的时候起到保护作用，在地线带电、水管带电等环境带电的情况下，也可以有效的分解电压，使得人体承受的电压仅在 12 伏绝对安全电压以下，确保不会对人体造成任何的伤害，实现了从产品安全到系统安全的跨越。

该技术在 2002 年便获得了国家发明专利，并于 2003 年被列为国家级火炬计划项目而大力推广；在 2006 年中国国际专利技术与产品交易会上，海尔防电墙热水器获得"中国国际专利技术与产品交易会"金奖，防电墙技术得到与会专家以及各部门的广泛认可；2006 年 10 月 31 日，海尔防电墙技术正式成为国家标准，并于 2007 年 7 月 1 日正式实施。2009 年 1 月，海尔防电墙技术正式通过 IEC（国际电工委员会）"关于对海尔生产工艺和监测流程的审议"，海尔防电墙技术写入了国际标准。

3. 双动力洗衣机

海尔在服务本地用户的时候，并没有忘记在全球寻找创新的想法。这不是简单地把在其他地方有优势的东西照搬过来，而是集思广益，萃取精华，把不同的做法和技术重新合成以解决本地问题，以用户需求为导向，整合所有与产品有关甚至无关的边缘技术进行产品创新。海尔独创的世界第四种洗衣机——"双动力"洗衣机，就是其中的一个典型案例。

此前世界上只有三种洗衣机，一种是亚洲波轮式的，另一种是欧洲滚筒式的，还有一种美国搅拌式的，这三种洗衣机各有优点，但也各有缺点。而海尔独创性地采用一个电机转化为两个动力输出，实现双向转动形成沸腾水流，由此吸收了波轮、搅拌和滚筒洗衣机各自的优点，发明了一种新型洗衣机，省水省时各一半，洗净比提高了50%，磨损率降低了 60%。这种"双动力"洗衣机在 2004 年 5 月法国列宾国际发明博览会上，荣获了唯一发明金奖。

4. 不用洗衣粉的洗衣机

海尔不用洗衣粉的洗衣机利用先进的膜化学、电渗析技术，采用隔膜式电解槽，把自来水电解为弱碱性水，PH 值达到 9-11 之间，此项技术在发达国家已得到利用，如在日本，用于售价昂贵的电解饮用水、美容机等方面；而此项技术在洗衣机上的应用，在国际上都是领先的。经国家家用电器质量监督检测中心检测，该洗衣机在不用洗衣粉的情况下洗净比达到了 0.875，比国家标准 0.7 提高了 25%；经国家轻工业洗涤用品质量监督检验中心检测，在人工污布、实际污渍、实际衣物这三种条件下，不用洗衣粉洗衣机的洗涤效果好于使用标准洗衣粉的洗涤效果，且不用洗衣粉的洗衣机洗涤后无明显气味残留。

2003 年 11 月经专家鉴定："海尔'不用洗衣粉'的洗衣机的研制是成功的，环保技术属国际首创，整机洗净比、消毒杀菌率等主要性能指标优于国家标准，达到了国际领先水平，不使用洗衣粉同样满足消费者对衣物洗净、杀菌的需求，对环境保护有着重要意义"。2004 年 2 月，由于有益于环境和人体健康，海尔不用洗衣粉的洗衣机被中国环境保护产业协会授予"绿色之星"的产品称号，这是中国家电行业首个获此荣誉的产品。

5. 冰箱超薄保温材料

海尔与航天、材料方面的科研专家经过不断的努力，克服了几十项技术难题，率先将宇航绝热层材料应用于冰箱的保温层，于 2004 年 9 月推出了全球首台使用宇航保温材料的冰箱———海尔"飞天王子"变频冰箱。这是在 2003 年 11 月 28 日海尔与中国航天部门举行科技合作签约后航天技术首次转化为民用。

此前冰箱行业为了达到节能效果，最普遍的就是加厚发泡层，市场上销售的节能冰箱，发泡层一般在 9 厘米到 10 厘米，最厚的达到 10.5 厘米，保温效果未必理想且不美观。同时，因为发泡层加厚则意味着必须牺牲冰箱内部的有效容积，或扩大冰箱的占地面积。而宇航科技的民用转化给冰箱业的节能技术带来了一次革命。由于宇航绝热层材料的导热系数仅相当于冰箱普通聚氨酯发泡保温材料的 1/12，所以可很好地阻止冰箱内外的热量传递，实现了冰箱保温层厚度减半、省电一半的效果。海尔"飞天王子"变频冰箱的保温层厚度减少到 4.8 厘米，比节能冰箱厚度减少 52%；同时更省电，比普通冰箱的耗电量又下降了 51%。与日、韩同类技术相比，用料更好、更节能、成本更低。而且这种材料是无机物，因此无论在其制造、使用或用后处理过程中无任何污染，可以回收。

6. 超低温医用冷柜

2000 年 8 月，中国第一台网络超低温冷柜——可以保存生命信息的 BD255LT 在海尔诞生，在 40 摄氏度的环境温度下，其制冷温度可达到零下 50 摄氏度。它的问世，是我国医疗机构、科研机构等低温制冷领域的一大福音。

医用特殊药品、血液样本、脐血、疫苗的储存对温度要求相当严格，钢材、塑料等材料试验也需要低温环境，海尔此举改变了长期以来我国低温制冷设备一直依赖进口的现状。且与国外同类产品相比，海尔网络超低温柜智能化程度有了质的提高：凭借 Televis 远程控制系统，用户可以通过中心控制室或远程计算机随时查询千里之外的超低温冷柜内温度的变化情况，实现远端控制功能；同时，系统的自动报警功能可在温度超出设定的高、低温报警点时自动弹出菜单予以提示，并且自动传真通知多达 20 多个服务中心，以确保故障及时排除。

目前，海尔已生产出了满足市场全方位需求的一系列医用冷链产品。其中，零下150 摄氏度深低温保存箱主要用于保存病毒、病菌、红细胞、白细胞、皮肤、骨骼、细菌、精液、生物制品、远洋制品、电子器件、特殊材料的低温试验等。它优化了复叠制冷技术，制冷能力更强；采用由上而下的蒸发器，保证了制冷剂最有效的流动；采用双风扇高效冷凝系统和根据空气动力学成型的风机叶片，提高了冷凝效果；采用清洗的冷凝器过滤网，确保了制冷效率，且过滤网无需工具拆卸。

（二）制造模式创新

海尔从最初学习日本的全面质量管理，到后来提出"市场链"流程再造，再到现在"人单合一"与 T 模式，海尔在制造模式上不断实现创新与突破。

当前，海尔正在进行"三转"：依据外部环境，从传统经济向互联网经济转变；在企业层面，从制造业向服务业转型；再具体到员工就是转化，从员工转向自组织，主动发现用户需求，创造用户需求，创造市场。

互联网时代用户是个性化需求，因此必须让每个员工都直接面对用户，让每个员工都成为"自主创新体"。海尔将管理结构由正三角变成倒三角，员工直接面对用户，进行创新，领导的任务是支持和提供资源，帮助员工实现创新。

"人单合一双赢"模式是非常大的创新，传统企业的核算体系是以资本和资产为中心，追求利益最大化，海尔则将传统的财务报表变为自主经营体的三张表：损益表、日清表、人单酬表。这种核算体系是以员工为中心，将用户最大价值与员工的最大利益紧密结合在一起，大大提高了一线员工的活力和创新力，更好地适应了互联网时代营销碎片化和需求个性化的特点。

海尔目前正在广为推行的"人单合一双赢"的模式建立之后，企业将具备真正的竞争力。海尔提出了零库存下的即需即供，在市场上不打价格战，要货马上提供，不要货也不会存货，不断货不压货。现在海尔库存是 5 天，这将近只是中国企业平均库存天数的十分之一。海尔现在的现金周期天数是负 10 天，优于国内企业平均水平。

（三）关键事件

1."砸冰箱"事件

1984 年以前，青岛电冰箱总厂主要生产单缸洗衣机，产品分为一等品、二等品、三等品和等外品。由于市场需求旺盛,无论任何产品只要能够使用就可以出售;若无法出售则分配给一些员工自用,或者送货上门半价出售。1984年末,张瑞敏和杨绵绵进厂之后,组织大家学习日本质量管理知识,并成立了质量管理小组;但是,员工并没有真正提高质量管理意识。

1985年4月,张瑞敏收到一封用户的投诉信,投诉海尔冰箱的质量问题。于是,张瑞敏到工厂仓库对400多台冰箱进行详细的检查,发现有76台不合格产品。时任厂长的张瑞敏找到检查部,要求其对不合格产品进行处理,并要求检查部办一个劣质工作、劣质产品的展览会。待员工们参观完后,张瑞敏把生产这些冰箱的责任者和中层领导留下,询问大家对于不合格产品的处理意见,最后大家比较一致地认为应该进行内部处理。可是张瑞敏却坚持将不合格产品销毁。于是,他顺手拿了一把大锤,照着一台冰箱就砸了过去,把这台冰箱砸得稀巴烂,然后将大锤交给了责任者。转眼之间,76台有质量问题的冰箱全都销毁了。张瑞敏说:"从现在开始,我们要确立质量方面的一种理念'有缺陷的产品就是废品'。以后我们的产品不能在有一、二、三等品和等外品的分类。我们的产品就分合格品和非合格品。市场只有合格品,非合格品坚决不能进入市场。"并表示,从此时开始,海尔必须完善质量管理制度,追究不合格产品生产者的责任。

这一事件作为海尔创业史上的一个重要镜头,也成为海尔发展史上的经典案例。砸冰箱这件事,给海尔全体员工思想造成了强烈的震撼,员工的质量意识有了普遍的提高。张瑞敏用一把有形的锤子,砸醒了全体员工的质量意识,第一次在中国企业的员工中树立起争创一流的观念。海尔的这一锤也告诫全体海尔员工:谁生产了不合格的产品,谁就是不合格的员工。"精细化,零缺陷"变成全体员工发自内心的心愿和行动,从而使企业奠定了扎实的质量管理基础。1988年12月,海尔就获得了中国电冰箱市场的第一枚国内金牌,把冰箱做到了全国第一。作为一种企业行为,海尔砸冰箱事件在社会上也引起极大的震动,引发了中国企业质量竞争的局面,反映出中国企业质量意识的觉醒,对中国企业及全社会质量意识的提高产生了深远的影响。

2. 吃"休克鱼"

吃"休克鱼"是海尔兼并扩张举措的一种形象的比喻。从20世纪90年代初开始的近10年间,海尔先后兼并了18个企业,18件兼并案中有14个被兼并企业的亏损总额达到5.5亿元,而最终盘活的资产为14.2亿元,都实现扭亏为盈,成功地实现了低成本扩张的目标。

所谓"休克鱼",海尔的解释是:鱼的肌体没有腐烂,比喻企业硬件很好;而鱼处于休克状态,比喻企业的思想、观念有问题,导致企业停滞不前。这种企业一旦注入新的管理思想,有一套行之有效的管理办法,很快就能够被激活起来。

从国际上看，企业间的兼并重组可以分成三个阶段。先是"大鱼吃小鱼"，兼并重组的主要形式是大企业兼并小企业；再是"快鱼吃慢鱼"，兼并重组的趋势是资本向技术靠拢，新技术企业兼并传统产业；然后是"鲨鱼吃鲨鱼"，这时的"吃"，已经没有一方击败另一方的意义，而是我们常说的所谓"强强联合"。吃"休克鱼"的理论，为海尔选择兼并对象提供了现实依据，是海尔管理理念的一项重要创新。

3. 打造"自主经营体"

目前，海尔正在着力打造"人单合一双赢"新商业模式，在企业内部催生出无数个大大小小的"自主经营体"，让整个组织结构由"正三角形"变为"倒三角形"：让消费者成为发号施令者，让一线员工成为CEO，倒逼整个组织结构和流程的变革，让管理者成为倒金字塔底部的资源提供者。端到端（从用户不满意到满意）、同一目标和倒逼体系、是海尔自主经营体的三大要素。海尔希望通过这种倒逼力量，促使那些通常与消费者较少联系的部门真正走出办公室，接触市场，以消费者需求为中心，保证企业的商业模式永远处于随需而变的动态更新中。

海尔对终端销售提出的四个管理目标：零缺陷、差异化、强黏度和双赢。现在，每位一线人员要负责海尔全产品线的销售，他们不仅需要争取销售额和利润，更重要的是，提高用户的满意度也成为考评其业绩的指标。从卖产品到卖服务，必要条件是零库存下的即需即供，充分条件就是零距离下的虚实网结合。强大的物流和营销网络，正是海尔希望在互联网时代建立起的强大优势之一。2009年9月前，通用电气的冰箱还没有进入中国三四级市场，而进入海尔营销网络后，三个月就超过了其2008年全年在中国市场的销量，一跃成为外资冰箱品牌的第二名。

"自主经营体相当于自己雇佣自己，签了协议的自主经营体由用人权，而SBU的人员不是自由组合的"，海尔集团技术研发中心技术预研部部长说："研发人在以前实行SBU时是跟公司签合同的，风险由公司承担；现在研发人员相当于是在跟市场签合同，风险由团队承担，风险大了收入也高了。"

四、海尔集团支持创新的内部机制

（一）研发体系

1. 中央研究院

成立于1998年12月26日的海尔中央研究院，是海尔集团的核心技术机构，是海尔集团通过技术合作建成的综合性科研基地。目前研究院联合美国、日本、德国等国家和地区的28家具备一流技术水平的公司，拥有1.2万平方米的研发大楼和1.6万平方米的中试基地，配备了国际先进水平的软、硬件设施，并利用全球科技资源的优势在国内外建立了48个科研开发实体。中央研究院着重与制冷技术、网络家电技术、控制技术、集成电路、环保、节能技术、智能家居集成技术、新材料、工业设计等领域的技术自主研发和创新。其主要职责是跟踪、分析和研究与集团发展密切相关的超前5-10年的技术，同时推进这些技术的产业化转化工作，形成新的高新技术产业。研究院下设 U-home 研究中心、嵌入式软件研发中心、创新设计中心、工艺设计中心、模型设计中心、知识产权中心、用户体验中心、中长期技术研究中心和实验检测中心。

海尔中央研究院，2002年至2007年连续六年获得国家级技术中心评价第一名，累计申报专利 8795 项，其中发明专利 2261 项，累计主持和参与国家标准 152 项，国际标准 9 项，累计获得国家科技进步奖 11 项，承担国家 863 计划 13 项，承担国家科技支撑计划项目 5 项，承担自然科学基金 1 项，是首家承担自然基金项目的家电企业，成立博士后工作站 6 个，开发了中国第一颗自主产权的数字电视解码芯片。

海尔中央研究院主要围绕以下五个方面开展工作：整合全球科技资源，实现超前技术项目的商品化，为海尔的国际化发展提供源源不断的技术支持；集成软件资源，提升海尔产品的附加值，并实现成本节约；主持技术标准的制定和实施，成为海尔及中国的技术标准拥有者，提升海尔及中国家电产品的技术实力；为海尔集团在全球的制造、采购、服务部门提供研发能力和技术支持；动态跟踪、采集、分析全球经济、市场、技术的动态，为海尔集团的决策提供依据。

海尔中央研究院在满足消费者需求、创造顾客价值方面具有得天独厚的优势：通过全球布局的信息中心，全面了解全球用户的各类需求，并在第一时间将这些需求转化成研发的课题；通过整合全球资源，把最新最好的产品不断奉献给消费者，满足消费者个性需求；作为软件资源集成的技术服务提供者，海尔中央研究院提高了海尔产品的功能附加值并降低了研究开发成本，为消费者带来更多的便捷和实惠。

2. 数字化家电国家重点实验室

数字化家电是家电产业发展的必然趋势，是未来国民经济的主战场，是家电核心技术的制高点。为建立国际领先的前沿技术研究载体和人才培养基地，确保国家在数字化家电领域国际领先的竞争力，2003年4月由海尔集团和青岛市科技局共同成立"青岛市网络家电技术重点实验室"，主要研究方向为：通讯协议、智能家居集成及信息化家电技术平台、芯片技术、数字技术等；其主要成果有：E家佳家庭网络标准、系列家庭网络产品等。

2006年底海尔成立了中国唯一一家"数字化家电重点实验室"。实验室占地 3500 平方米，现有固定工作人员 89 人，其中高级职称 60 人，中级职称 19 人，初级职称 10 人。主要研究方向为：面向家电的 SOC 芯片及嵌入式软件技术、家电通讯技术与协议、智能控制技术、家庭信息化网络平台技术等。

数字化家电重点实验已累计申报国家发明专利 65 项；累计主持和参与国家标准 76 项，国际标准 3 项；累计发表学术论文 60 余篇，其中 SCI/EI 检索 32 篇；累计获得国家科技进步奖 1 项，省市科技奖励 65 项；承担国家 863 计划 11 项；承担国家科技支撑计划项目 2 项；承担自然科学基金 1 项，是首家承担自然基金项目的家电企业。

3. 海尔中心实验室

1998 年，海尔集团投资 1.5 亿元建成了海尔集团质量检测中心，该中心拥有 1.2 万平方米的实验中心，直属于海尔集团公司，是海尔集团的质量控制、认证、检验中心，是目前国内家电行业中最大的综合性检测基地。该实验室拥有 12 个整机专业检测实验室与 18 个零部件专业检测实验室，可以完成 500 多项标准，2 000 多个项目的测试，包括黑色、白色、米色家电的所有整机与零部件测试。实验室拥有各种测试设备 1 000 余套，配备了国际最先进的产品测试系统和一流设备，其中具有世界先进水平的大型精密实验室和测试设备达 40 余套，如：电磁兼容（EMC）实验室、人工气候室、声学实验室、环境实验室、全球气候室等。

中心实验室是国家认可实验室，长期以来与 VDE、UL、ETL、TUV 莱茵、LCIE、JET、CSA、LGA、KTL、CQC 等多家著名认证和检测机构长期保持密切合作，并且取得了 TMP、WMT、CTDP、TDAP 等不同等级的数据认可。主要承担海尔集团产品国内、国外认证和集团产品的验证检测工作，同时又获得了欧盟 EN45001 的认可，使产品无需跨出国门即可在本中心实验室进行以上机构的认证项目现场测试。另外，通过"青岛海永成认证服务有限公司"的平台，还进行产品的国内外认证代理工作，凭借完善的业务平台以及与认证机构良好的合作关系，可以让客户以最短的认证周期、最快的速度、赢得最大的市场份额。

4. 产品研究院

海尔集团拥有冰箱研究所、冷柜研究所、空调研究所、洗衣机研究所、电子研究所、商用空调研究所、微波研究所、洗碗机研究所、热水器研究所、通信研究所等产品研究所，下面简单介绍冰箱、空调和洗衣机研究所的情况。

冰箱研究所成立于 1987 年，拥有最先进的实验设备，高水平、高素质的研发人员和以本部全球产品企划部、新商品开发部为依托，在世界各地设立了 10 个设计中心，并拥有全球 28 个合作研发机构，能够随时反馈世界最新行业信息，研制开发适合各国需求的差异化产品。冰箱研究所始终坚持创自主品牌、潜心打造世界名牌的坚定信念，依靠创造差异化需求、运用差异化战略走向国际市场；用本土化的战略，进入当地大流通渠道；在当地融资、融智、融文化，创出一个当地消费者认同的世界名牌，谱写出国际化的"走出去、走进去、走上去"三部曲，使海尔冰箱在国内外市场一体化和竞争对手一体化的条件下，抢占先机，成长为世界级品牌。海尔冰箱已自主研发了上千种满足不同地区、不同消费需求的高品质产品，实现企业增值的同时，也带动了中国冰箱行业的发展：第一台四星级冰箱、第一台组合式冰箱、第一台多温区冰箱、第一台宇航变频冰箱、第一台光波增鲜冰箱、第一台法式对开门冰箱均诞生在海尔，这些产品引领了市场的潮流，带动了市场的发展。截至2007年，海尔冰箱共申请专利1060项，其中发明专利152项，实用新型专利340项；共有62个项目经山东省科委、青岛市科委及同行专家评定，达到国际领先水平；共获国家级、省级、市级科技进步奖55项；共有10个产品被列入"国家重点新产品"计划；共有11个产品获得"中国环保产品认证"，107个产品获得"中国节能产品认证"。

海尔空调商品开发部成立于1991年，随着海尔空调的发展而不断壮大，拥有高素质的人才队伍和强大的产品研发能力。空调商品开发部拥有我国第一家国家认可熔差实验室，海尔空调实验室获国家级认可后，意味着今后凡经过海尔空调实验室检测出的所有空调数据，均可视同国家级检测标准，并且可以在国际市场上的互相认可。空调商品开发部承担着海尔家用空调（包括分体壁挂式、柜式、一体式）、专用空调、除湿机、暖风机、空气清新机等产品的研制开发工作。开发人员遵循"一票到底"的开发理念，对信息收集、商品企划、工业设计、结构、系统及电控的设计开发、验证、产品认证、测试、试产、上市、新品跟踪、质量改进等工作全程负责。以健康、节能、环保为主题的海尔空调，创造用户需求，以差异化产品赢得了全球137个国家用户的信赖，引领着全球空调发展方向，并始终坚持自主创新，在技术研发领域取得了一系列的成果。迄今为止，海尔空调商品开发部累计申请专利871项，其中发明专利143项。参与制定了GB/T 7725–2004、GB 4706.32–2004、GB 12021.3–2004等国家标准。

青岛海尔洗衣机开发总公司成立于1995年10月7日，是青岛市十大"青年科技创新示范基地"之一，荣获"青岛市青年文明号称号"。主要有波轮开发部、滚筒开发部、搅拌开发部、技术发展部、技术保障部、综合资源开发部以及商品企划部等部门。波轮、滚筒开发部又下设国内及国外各区域市场研究所，搅拌开发部下设搅拌研究所与干衣机研究所，为进行节能环保产品的开发，满足用户需求提供了坚实的保障。海尔洗衣机开发总公司以提升民族工业科技水平，创中国的世界名牌为目标，提高自主创新能力，变"中国制造"为"中国创造"，振兴民族工业，以创新的激情和产品引领洗衣机行业发展新趋势。

5. 全球研发网络

目前，海尔在青岛、北京、首尔、东京、米兰、洛杉矶设有综合研究中心；在首尔、大阪、洛杉矶、南卡、哥本哈根、阿姆斯特丹、慕尼黑、米兰设有设计中心；在亚洲的香港、台湾、新加坡、巴基斯坦，北美洲的纽约、蒙特利尔，南美洲的巴西、阿根廷，欧洲的伦敦、巴黎、法兰克福、米兰，大洋洲的悉尼、非洲的突尼斯、开普敦，中东的迪拜设有16个信息中心。

海尔的全球研发网络是基于两大主体中央研究所（主要进行知识和技术创新）和

区域研究所（主要进行新产品开发）构建起来的。中央研究所位于中国，战略定位侧重于以新方案、新思想、新概念和新技术为核心的知识和技术创新。整合全球技术资源，为海尔创造全球知名品牌提供核心技术。区域研究所位于海尔的海外市场，为实现快速响应市场提供条件。中央研究所和区域研究所之间以及各研究所之间是众多相互依赖的研发机构中的一员，各地的研究所经由正式和非正式的协调机制联系在一起，从而形成一个高效运行的网络。例如，区域研究所之间虽然研究领域迥异，但由于基础性研究在深层次上存在着相当的联系和重叠，因此可以相互借鉴研究成果，通过整体协作提升整个研发网络效率；各区域研究所开发的产品一方面服务于本土化战略，另一方面则通过一个研究中心实现同一产品在不同国家和地区之间的设计、款式、性能间的转化和互换，通过研发网络内流转提高同一新产品的利用效率。这样，各研究所在利用东道国本地的资源进行研发活动的同时，还可以通过研发网络将东道国本地的资源转化为网络内可流转的资源。

（二）新产品开发模式与专利保护

海尔非常重视知识产权，遵循"尊重他人的知识产权、保护好自主的知识产权"的专利工作原则，注重"量质并重"的专利申请，妥善对待他人侵权。

海尔奉行"好的公司满足需求，伟大的公司创造需求"的理念，在技术创新领域要求技术开发要紧紧围绕市场、用户这个目标来开展，知识产权战略以创造新需求为导向，将知识产权制度有机融入到企业经营管理中，形成了三位一体的产品创新和开发模式，即面向市场需求、采取针对式开发、及时进行成果保护。销售人员收集市场信息，以信息为导，专利人员以进行技术研发为核心，技术人员将专利信息提炼为资源。三位一体的创新模式提高了海尔专利申请的质量和数量，知识产权贯穿了技术创新的全过程。通过对知识产权的保护，海尔得以独享技术创新创造的新蛋糕，而不是去用价格战瓜分原本有限的蛋糕。

（三）T模式下的研发

1. T模式简介

T模式是海尔结合内外环境变化和企业长期战略提出的新的管理模式和制造模式。T模式包括4个T：time（时间），要准时；target（目标），要有第一竞争力的市场目标；today（日清），即每天的工作要日清日高；team（团队），市场目标是由SBU团队来完成。简言之，T模式就是每个人、每个部门都把实现自身市场目标的时间定为"T"日，然后确定"T"日前要做哪些预算，"T"日后要进行哪些闭环优化。海尔T模式是一种典型的在中国背景下通过企业自主创新提出的先进制造模式，其通过对企业组织的有效控制，利用预算约束和目标管理的方法，结合精益生产的思想和供应链管理的技术，最终实现高效、节省、快速、即时的产品和服务输出。图9-3为T模式示意图。

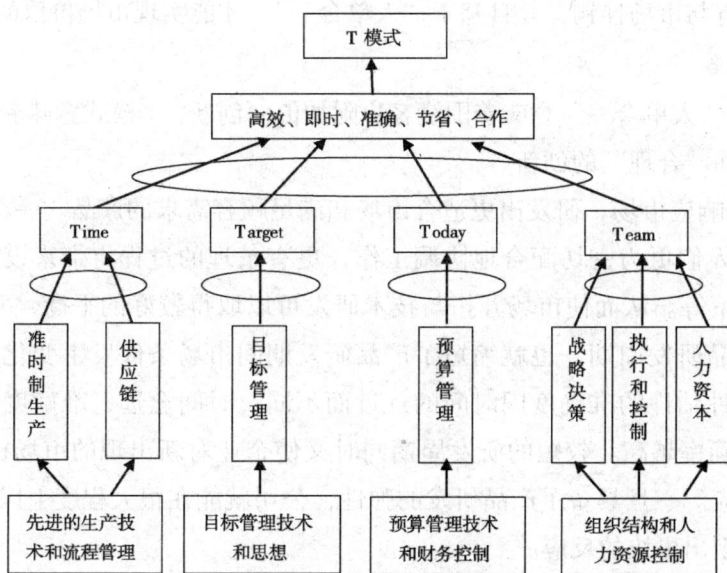

图 9-3 海尔 T 模式示意图

2. 研发目标

T 模式理论对企业提出的目标是"快速应变,目标提升"。应用到研发战略中,"快速应变"是指与生产一样,研发的最后结果应该以最快的速度来响应市场和顾客需求;"目标提升"即努力实现客户价值的最大化,从而实现企业利润的最大化。

3. 研发核心理念

作为 T 模式的核心,"人单合一"理念对研发管理来说依然是核心概念。具体来说,就是于对每个具体的产品研发或者项目研发,要求研发经理与项目结合起来,即产品开发设计的"型号经理一票到底"制度,一个产品从"生"到"死"都将由型号经理负责。首先根据用户对产品的需要,构思如何从技术上满足这种需求——型号经理负责产品生命周期中的一切问题,并从经营的角度来对产品增加新的卖点,降低成本,以"不是为产品找用户,而是为用户找产品"的思路,满足用户的需求,创造用户的忠诚度。在 T 模式下,紧紧围绕以下原则进行研发配置:

(1)以订单为依据,以竞争力的市场为目标进行研发。T 模式理论下,每一个订单都代表一个市场,每个市场都有一个相应的人员负责。因此,每个人员实现目标与否都是企业的目标是否得到最大化实现的关键。

(2)设计的新产品必须具备一定的市场竞争力,必须在市场上有销量才能得到酬劳。酬劳的支付方式一般分为四个阶段,各个阶段兑现额度主要考核产品实际销售量、毛利率、质量损失、社会返修率、新产品难易程度等方面。

(3)新产品开发人员关心产品的市场效果与质量状况,提高人员的市场意识和抢订单意识。只有与市场挂钩，并且基于"人单合一"，才能实现市场价值的最大化。

4. 研发战略

在设计上，"人单合一"意味着围绕客户附加值而创新，T模式意味着一种高质量、个性化的设计和"合理"的创新。

（1）快速响应市场，研发出更适合市场和满足顾客需求的产品。一个高效的研发过程必然要求人们更为密切配合地协调工作，更有条理的过程将带来设计上的改进，以及更好的决策等。从而使市场开拓与技术研发可以取得较好的平衡，并能发现新的机会。缩短产品研发周期，也就缩短了产品研发期间市场条件发生变化的时间间隔。企业对市场条件估计的准确度因时间的远近而不同，时间愈远，准确度越低；反之，时间越近，准确率越高。较短的研发周期同时又使企业对新出现的市场机遇能够做出更为迅速的反应。一旦具备了产品研发的弹性，公司就能在很大程度上以市场为导向，并对顾客需求坐出更快的反应。

（2）准确的市场定位战略，走差异化路线。市场定位战略是跨国企业发展战略的重要战略选择，它确定了公司研发资源和能力配置的方向和范围——是定位于领先和拓展还是定位于跟随和模仿。在欧洲、北美等主流市场，市场大多比较成熟，因此打开这些市场困难重重，要想在这样的市场中立足，准确的市场定位犹如一把尖刀，会为企业的市场开拓杀出一条道路。产品的差异化作为一种营销战略被认为在市场开拓方面具有很明显的效应，但是首先差异化必须作为一种研发战略才能真正做到产品的差异化。对于成熟市场中的客户而言，如对于海尔所在的家电行业，满足生活需要已经不是第一位的，相对而言，更高的生活质量和生活品质更为顾客所追求。因此，以差异化研发战略作为突破口是要求快速反应市场的T模式下的必然选择。

5. 研发运行机制

在T模式下，产品事业部直接对市场效果负责，而事业部根据市场的效果给技术开发部支付酬劳，这样使得产品事业部和产品开发部都具有自己明确的市场目标和市场回报。T模式下的研发运行机制如图9-4所示。

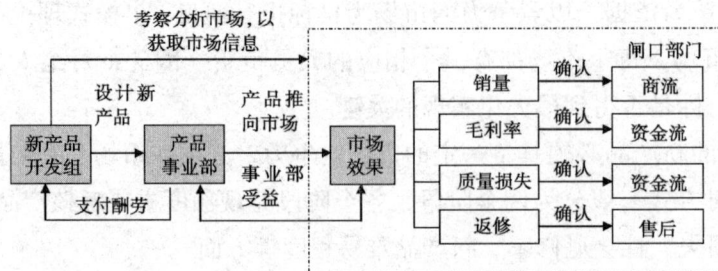

图9-4 海尔T模式下的研发运行机制示意图

（四）T 模式下的人力资源管理

T 模式下的人力资源管理理念是"人本管理"。具体说来，主要包括如下几层含义：一是靠人——全新的管理理念；二是开发人的潜能——最主要的管理任务；三是尊重每一个人——企业最高的经营宗旨；四是塑造高素质的员工队伍——组织成功的基础；五是凝聚人的合力——组织有效运营的重要保证。

1. 人力资源管理目标

T 模式意味着一种 SBU 理念的延伸。在 T 模式下，"人"就是有老板意识、有自主创新意识的人。"人单合一"是全流程的，任何流程中的每一个人都要创造出自己在 T 模式下的市场目标，在提升自己竞争力的同时也提升企业的竞争力。T 模式下的人力资源管理目标还体现在：每个员工做自己的"CEO"，这充分体现了员工价值。

2. 员工培训机制

海尔集团从一开始至今一直贯穿以人为本提高人员素质的培训思路，建立一个能够充分激发员工活力的人才培训机制，最大限度地激发每个人的活力，充分开发利用人力资源，从而使企业保持高速稳定发展。

首先是价值观的培训。"什么是对的，什么是错的；什么该干，什么不该干"，这是每个员工在工作中必须首先明确的内容，这就是企业文化的内容。对于企业文化的培训，除了通过海尔的新闻机构《海尔人》进行大力宣传以及通过上下灌输、上级的表率作用之外，更重要的是员工互动培训。特别是集团中高层人员，必须定期到海尔大学授课或接受海尔大学培训部的安排，如果不授课则要被索赔，同样也不能参与职务升迁。每月进行各级人员的动态考核、升迁轮岗。通过种种手段培训员工的价值观念。

技能培训是海尔培训工作的重点。海尔在进行技能培训时重点是采取案例、到现场进行"即时培训"的模式。具体来说，是抓住实际工作中随时出现的案例（最优事迹或者最劣事迹），利用当日班后的时间立即在现场进行案例剖析，针对案例中反映出的问题或模式，来统一人员的动作、观念、技能，然后利用现场看板的形式在区域内进行培训学习，并通过提炼在集团内部的报纸《海尔人》上进行公开发表。员工从案例中学到分析问题、解决问题的思路及观念，并能提高自身的技能。

3. 员工职业生涯规划

为配合实施多元化的企业发展战略，海尔设计"外部市场竞争效应内部化"的市场链机制。将资源提供给相关员工作为"负债"，将外部市场效应内部化后，每个员工都应该追求达到最好的效益，必须通过经营使资源增值。每个员工都要通过"赛跑"来看是否有能力通过竞争上岗来实现自己的价值，这样才能达到经营自我、不断战胜自我、战胜满足感、超越自我的境界。

4. 员工激励机制

企业激励水平越高，员工积极性越高，企业的劳动生产力也就越高。海尔认为，企业领导者的主要任务不是去发现人才，而是去建立一个可以创造人才的机制，并维持这个机制健康持久的运行。这种人才机制应该给每个人相同的竞争机会，把静态变为动态，把相马变为赛马，充分挖掘每个人的潜质，并且每个层次的人才都应接受监督，将压力和动力并存，方能适应市场需要。

在以上人力思路的指导下，海尔集团建立了一系列的赛马规则，包括三工并存、动态转换制度；在位监督控制；届满轮流制度；海豚式升迁制度；竞争上岗制度和较完善的激励机制等。T模式相应的薪酬制度实行分层、分类的多种薪酬制度和灵活的分配形式。实行"计量到位，计效联酬"的分配奖励机制。工资分档次发放，工资标准规定：岗位工资标准不超过青岛市职工平均工资的3倍。岗位工资＋国家补贴＝工资总额。每月无奖金，年终奖金不超过两个月的工资。科研和销售人员实行工效挂钩。员工分房按规定标准记分数，与房屋条件对号分配，标准由职代会制定、论证，然后执行。在集团内部设立"海尔奖"等奖项，用于奖励本集团内各岗位的员工对企业的贡献。在工资分配政策的制定和执行上，坚持"公平、公开、公正"的原则，对每一个岗位、每一个环节都进行科学的测评，计点到位，绩效联酬。人才的价值在工资分配中得到真正体现，从而可极大地调动员工的生产积极性。

5. 员工价值体现

由OEC形式的监督体系囊括了所有员工，在任何一家下属公司都可以看到"日清栏"上的表扬和批评，并且都会在下月的工资单上得到相应的体现。OEC作为一种管理办法就是让每个人都做自己的CEO，它鞭策每一名员工日事日毕，日清日高。这种独特的、科学而严格的管理方法可从人力资源管理层面有力地配合和推动全球化品牌战略的实施。

五、海尔集团技术创新能力评估

企业的技术创新能力可以从整体（产品整机／整体工艺技术）、核心（关键零部件／关键工艺技术）这两个层次来考察；针对海尔集团所处行业的产品生产等特征，可以从技术来源、产品设计、制造三个方面来衡量这两个层次的创新能力水平，尤其是海尔在制造模式上的创新非常成功；作为行业龙头企业，还可以从海尔对产业链创新的主导能力来考察企业的技术创新能力。

（一）整机技术层面

海尔在电视、冰箱、洗衣机、热水器等产品领域的技术和设计创新多次荣获国内外殊荣，整机开发生产能力不断提高，已处于国际领先水平，得到市场一致好评。以海尔最新成果——"无尾"电视为例，对海尔整机技术创新能力进行评估，如图9-5所示。

2010年1月8日，在美国拉斯维加斯举办的第四十三届国际消费类电子产品展览会（CES展）上，海尔推出了全球首台"无尾"电视，吸引了众人眼球。这台拥有轻薄时尚外观的32寸液晶电视采用了先进的WiTricity的无线电力传输技术，不用电源线、信号线、网线，省去了消费者家中众多电源连线带来的种种不便。它的诞生标志着全球彩电行业从此跨入"无尾时代"。

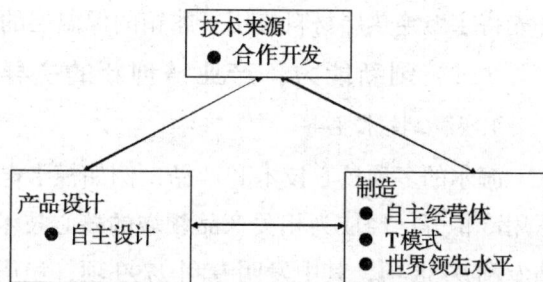

图9-5 "无尾"电视创新能力评估图

海尔无尾电视采用了麻省理工学院发明的无线电力传输技术，能够在不借助电线的情况下利用"磁耦合共振"原理实现远距离高效无线供电，这也是无线电力传输技术首次成功应用于电视接收终端。海尔彩电是国内首家麻省理工学院产业联络计划(MIT/ILP)成员，该电视的诞生便得益于该计划的帮助。海尔无尾电视的诞生是自主经营体发现麻省理工有这项技术，之后才开展合作的。从确定要开发到拿到样机，只用了几个月的时间。自主经营体的运作机制大大提升了海尔产品开发的能力。

（二）核心技术层面

海尔拥有多项自主研发的核心技术，例如，2006年海尔推出的"U-home数字家庭"的多项核心技术都是海尔自主研发的，不仅包括IT的、网络的、计算机软件技术；最重要的是其中的核心芯片也是由海尔自主研发出来的。这些技术大多是由海尔中央研究院主持研发和孵化的。

除了自主研发之外，海尔也注重与其他研究机构的合作开发，例如，海尔无粉洗涤技术的两大核心难题，其一是与中科院化学所合作的，另外一个是与日本最大的家庭饮用水公司合作的。下面，以冰箱的超薄保温材料为例，对海尔的核心技术创新能力进行评估，如图9-6所示。

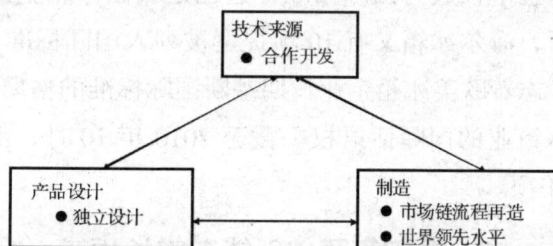

图9-6 冰箱的超薄保温材料创新能力评估图

海尔于2004年推出了全球首台使用宇航保温材料的冰箱——海尔"飞天王子"变频冰箱，这是2003年11月海尔与中国航天举行科技合作签约后航天技术首次转化为民用，是海尔与航天、材料方面的科研专家经过不断的努力，克服了几十项技术难题，率先将宇航绝热层材料应用于冰箱的保温层的成果。

（三）创新能力：产业链创新的主导能力

1. 核心技术主导

海尔的多项核心技术和产品，例如模卡电视、LED 显示屏、U-home 芯片、超低温医用冷柜等已经成为相关产品领域的核心技术主导。截止到 2009 年年底，海尔累计申请专利 9738 项，其中发明专利 2799 项，稳居中国家电行业榜首。仅 2009 年，海尔就申请专利 943 项，其中发明专利 538 项，平均每个工作日申请 2 项发明专利。

2. 标准主导

一流的企业制定标准，二流的企业开发技术，三流的企业制造产品。海尔集团在自主创新中，努力把专利技术转化为标准技术。海尔的多项技术和产品成为国家标准，海尔多次主持或参与国家标准制定；在自主知识产权的基础上，海尔已参与 23 项国际标准的制定，这表明海尔自主创新技术在国际标准领域得到了认可。截止 2009 年年底，海尔主导和参与了 232 项国家标准的编制、修订，其中 188 项已经发布，并有 10 项获得了国家标准创新贡献奖；参与制定行业及其它标准 447 项。海尔是唯一一个进入国际电工委员会（IEC）管理决策层的发展中国家企业代表，2009 年 6 月，IEC 选择海尔作为全球首个"标准创新实践基地"。防电墙技术、无粉洗涤技术、冰箱等产品的相关技术已成为国际标准，引领国内与国际的产品和技术革新。企业标准成为国际标准，就标志着企业在更广阔的空间拥有了话语权。海尔已成为中国创全球品牌的成功代表。

另外，以海尔冰箱的相关技术标准为例，2009 年于挪威举行的国际电工委员会（IEC）相关会议上，海尔冰箱提报的涉及安全、节能、环保等领域的 4 项技术提案通过审核成为国际标准，这也是我国冰箱企业的技术提案首次被列入国际标准。此后，海尔冰箱又有 10 项提案被列入国际标准，提案数量超越部分欧美冰箱企业，这标志着欧美冰箱企业长期垄断国际标准的格局被彻底打破，中国冰箱企业已经掌握了冰箱业的国际话语权。截至 2010 年 10 月，海尔冰箱累计提案的国际标准数量达到 31 项。

六、海尔集团创新能力成长模式

（一）成长模式的内涵

海尔集团经过 26 年的发展，经过名牌战略阶段、多元化战略阶段、国际化战略阶段以及全球化品牌战略阶段这四个阶段，始终坚持质量优先，坚持面向市场、面向顾客，不断进行管理和制造模式的创新与变革，从一个依赖从外部引进设备生产线生产电冰箱的小企业一步步成长为今天跨多个产业领域的巨人，其成长模式的内涵可以概括为：**基于自主品牌和快速响应市场需求的创新模式**。

（二）成长模式的主要做法

从技术创新上看，海尔在市场上的核心战略是开发创新型产品，海尔坚定地站在用户的一边，富有创造性地为用户解决问题并长期坚持这样做；捕捉本地的机会，然后再在全球整合创意和资源。海尔看重的是源于市场需求的技术创新，在服务本地企业的同时，没有忘记在全球寻找创新的想法，集思广益，萃取精华，把不同的做法或技术重新合成以解决本地问题。以用户需求为唯一标准，整合所有与产品有关甚至无关的边缘技术进行产品创新。

从管理创新上看，海尔的不断创新的文化和制造模式保证了海尔始终从市场出发，从用户出发，为海尔贴近用户需求的技术创新、产品的生产、全球化品牌战略提供了文化和制度上的保障。

七、海尔集团技术创新启示

（一）质量品牌观念

当今世界是质量竞争和品牌竞争的时代，企业要保持竞争优势，就必须创出自己的名牌，名牌是企业的命牌。正是海尔严格的质量品牌观念，才使得它能在世界家电市场崭露头角并保持领先。海尔关于质量品牌的观念主要包括以下几个方面：质量意识，例如"产品有缺陷就是废品"，"精细化、零缺陷"等；用户意识，例如，"用户永远是对的"，"用户的抱怨是最好的礼物"，"您的满意就是我们的工作标准"，"为您设计，让您满意"等；市场意识，包括"品牌无国界"，"只有淡季思想，没有淡季市场"，"绝不对市场说不"等理念，比如海尔认为优质产品不等于名牌产品，要创造名牌，不仅要盯住企业内部，更要盯着市场，下决心向消费者提供比竞争对手更令人满意的产品；服务意识，例如"星级服务"理念，海尔不仅把服务看成是产品的一个组成部分，更重要的是树立了"服务品牌和产品品牌"同等重要的观念，建立了与国际接轨的星级一条龙服务，即售前——售中——售后——回访——开发——制造，以"用户的烦恼减少到零"为服务目标。

（二）人才观

海尔的人才观主要是"人人是人才，相马不如赛马"的理念。海尔认为现在缺的不是人才，而是出人才的机制，所以管理者的责任就是要通过搭建"赛马场"为每个员工营造创新的空间，使每个员工成为自足经营的SBU。这些人才观具体是通过下面这些措施实现的：一是公平竞争、任人唯贤；二是职适其能，人尽其才；三是合理流动，动态管理。这些催生了"三工并存，动态轮换"的用人机制，有效地实现了对于员工的激励和考核，最大限度地发挥了每个人的潜能。

（三）战略观

海尔的战略观可以归结成"先谋势，后谋利"，比较典型的思想如"东方亮了再亮西方"，"先有市场后有工厂"。在这些理念的指导下，海尔完成了三个方向的转移，即管理方向由直线职能性组织结构向业务流程再造的市场链转移，由国内市场向国外市场转移的市场方向转移，以及在产品方向上由制造业向服务业的转移。海尔的战略观和基于此战略观而制定的一系列战略以及发展路线为其他企业的战略制定和发展提供了很好的思路。

（四）市场观

海尔坚持"市场无处不在，人人都有市场"这一理念，并在此基础上对市场链进行改造，形成了"速度、创新和SBU"的主题。海尔通过速度创造用户资源，通过速度成为用户首选的对象，在创造用户资源的前提下，再创造用户的价值；同时让每个员工成为SBU，让每个员工当老板，创造用户的忠诚度。通过这些举措，海尔真正实现了"零库存、零距离和零运营成本"这些目标，对其他生活用品生产制造企业抓住市场、降低成本具有很好的借鉴意义。

（五）管理创新是技术创新的保证

海尔技术创新的思路是：第一台引进，第二台国产，第三台出口，第四台境外生产，电冰箱、空调、洗衣机都是走这样一条道路。引进技术后，将其迅速转化，国产化后在中国生产，然后再根据国外的情况出口到海外，进行一些新的改造，最后再到境外去生产。而管理上的创新是保证技术创新思路得以实现的基础。正是由于管理上的不断创新发展，才孕育了海尔制造模式的创新和海尔员工的创新观念，使得创新成为海尔不断成长进步永葆青春活力的动力和源泉；为其他制造企业进行技术自主创新提供了非常好的经验。

第十章

海信集团有限公司
技术创新调研报告

一、海信概况

海信集团有限公司（简称海信）是我国特大型电子信息产业集团公司，是青岛市政府授权的国有资产经营机构，成立于 1994 年 8 月，其前身是成立于 1969 年 12 月的"青岛无线电二厂"。自成立以来，海信始终把坚持自主研发和技术创新作为发展根基，形成了"人才是本，技术是根，创新是魂"的技术观，以技术孵化产业，逐步向高端产业和产业高端延伸，形成了以数字多媒体技术、现代通信技术和智能信息系统技术为支撑，涵盖多媒体、家电、通信、IT 智能系统和现代家居与服务业的产业格局。2006 年，通过收购广东科龙电器股份有限公司，海信拥有海信电器（600060）和海信科龙电器（000921）两家在沪、深、港三地上市的公司，同时成为国内唯一一家持有海信（Hisense）、科龙（Kelon）和容声（Ronshen）三个中国驰名商标的企业集团。2005 年，海信电视首批获得国家出口免检资格。2007 年，海信电视、海信空调、海信冰箱、海信手机、科龙空调、容声冰箱全部当选中国名牌；海信电视、海信空调、海信冰箱全部被评为国家免检产品。自 2004 年起，海信平板电视在国内的市场占有率一直稳居第一；目前海信冰箱和容声冰箱加起来在国内冰箱市场占有率排名第二；海信变频空调在变频空调领域也位居前列。2009 年，海信实现销售收入 560 亿元，比 2008 年增长了 80 亿元，在中国电子信息百强企业中名列前茅。

作为国家首批创新型企业、国家创新体系企业研发中心试点单位，海信拥有国家级企业技术中心、国家级博士后科研工作站、国家 863 成果产业化基地、国家火炬计划软件产业基地、数字多媒体技术国家重点实验室，是"闪联"成员单位、TD-SCDMA 产业联盟正式成员、国家"标准化良好行为"AAAA 级企业。海信在青岛、深圳、顺德、南非、美国、荷兰等地设有研发中心，初步确立了全球研发体系；在南非、匈牙利、法国、埃及、阿尔及利亚等地拥有生产基地，在全球设有 15 个海外分支机构，产品远销 130 多个国家和地区。

二、海信技术创新发展历程

41 年来，海信以优化产业结构为基础，以技术创新为动力，以资本运营为杠杆，推动企业持续健康发展。经过多年的技术研发和产业孵化，如今海信已经形成了涵盖数字多媒体、绿色节能技术与家电、现代通信、智能信息系统、现代房地产与现代服务业的产业格局，形成了由海信、科龙、荣声、塞维组成的海信品牌系列。基于雄厚的研发实力，海信先后承担了"基于 IPV6 的家庭网络技术研究和系列产品开发及应用试验"、"TD-SCDMA 终端产品开发及产业化"、"大尺寸 LED 背光电视液晶模组关键技术开发及产业化项目"、"高画质高清大尺寸液晶 SOC 芯片开发"等国家发改委、工信部、商务部的重大产业化专项 63 项；科技部国家科技攻关计划项目"TD-SCDMA 终端关键技术研究开发"等 5 项；国家科技支撑计划项目"快速热循环绿色注塑成型新技术及其成套工艺与装备研究开发"等 2 项；国家 863 计划项目"激光显示光学引擎关键技术及视频图象处理技术研究"和"面向出行者的综合交通信息服务"等 8 项；国家火炬计划项目"高清晰度多媒体 LCOS 投影机"和"采用可变载波三相矢量控制技术的 AS-24UR4SKS MA 高效直流变频空调器"等 35 项。另外，海信还承担国家重点新产品计划项目 53 项、国家科技型中小企业技术创新基金项目 2 项、国家认定企业技术中心创新能力项目 1 项、山东省重大科技专项 2 项。"高清晰高画质数字视频媒体处理芯片及其应用"项目荣获 2006 年（原信息产业部）信息产业重大技术发明奖。截至 2007 年底，海信已累计申请了 2576 项专利，申请软件著作权登记 600 多项，其中国外专利的申请比例也迅速提高。2007 年 2 月，经国家知识产权局专家严格评审、考察，海信被国家知识产权局确认为全国首批企事业知识产权示范创建单位。海信核心技术中获得专利的情况为：视频处理芯片项目已授权发明专利 5 项，受理、授权实用新型专利近 20 项；数字家庭系统申请了 20 多项发明专利；移动终端设计方面共申请了 430 多项专利和软件著作权登记，其中发明专利 79 项，软件著作权登记 152 项。海信各个时期的重点技术创新突破与成果的演进历程总结如表 10-1 所示。在 41 年的发展历程中，海信先后历经了"技术积累"（1969~1991）、"立足自主创新"（1992~2000）和"技术突破"（2001 年以来）三个不同发展阶段。

（一）1969 年至 1991 年：技术积累阶段

这一阶段是在计划经济体制模式下，依靠技术引进、消化、吸收的原始积累阶段。1969 年 12 月，海信前身"青岛无线电二厂"成立，当时只有职工 10 余人，生产半导体收音机。1970 年 8 月，通过学习研制出了第一台电子管式 14 英寸黑白电视机，填补了山东省的空白。1971 年，开始生产台式收音机。1976 年 9 月，成功研制了 9 英寸全

表 10-1   海信主要技术突破与创新成果的演进历程

阶段 \ 成果和模式	技术与产品				主要方式
	电视	空调	冰箱	其它	
第一阶段 (1969~1991 年)	电子管式 14 英寸黑白电视机、14 英寸彩电	分体式家用空调	中国第一台双门冰箱	收音机	引进松下、引进、消化、吸收、积累
第二阶段 (1992~2000 年)	纯平电视、大屏幕、数字机顶盒	变频、直流变频	中国第一台无氟环保冰箱	POS 机	完善自主创新平台、引进东芝
第三阶段 (2001 年以后)	LED 液晶电视、数字音视频处理芯片、新型数字多媒体终端、液晶显示模组	正弦波直流变频、全直流变频、超级节能双模	低耗电量冰箱、矢量变频、双制冷双循环系统技术	移动通信、数字家庭系统、智能交通系统、快速热循环注塑成型技术	技术突破、国际化、与日立合作、并购、强强联手、战略合作伙伴 IBM、合资引进高端人才

塑机壳晶体管黑白电视机，填补了国内空白；同年 11 月，12 英寸木塑结构晶体管电视机试制成功。1977 年，为了保证产品质量，该厂建立了产品老化实验室，大大提高了产品质量。1978 年，电视机总产量达到了 6 375 台，名列山东省第一。1979 年 2 月，更名为青岛电视机总厂，并被国家确定为电视机定点生产厂。同年，青岛电视机总厂组建了研究室，从事黑白电视机线路设计、工艺流程、描图制表以及技术基础档案管理等项工作。1982 年，研究室更名为设计科，进行彩电设计、彩电国产化、工艺改进等技术工作。1981 年，青岛电视机厂的年产值达到 2 500 万元，职工总数达到 835 人。产品供不应求，进入了快速发展时期。1984 年 6 月 11 日，青岛电视机厂与日本松下签订了引进合同，引进了当时国外最先进的彩电生产线。同年 12 月 26 日，第一台 14 英寸彩电走下线体，创造了当年谈判、当年签约、当年投产、当年见效的高速度。青岛电视机厂在吸收松下先进技术的同时，积极开展国产化工作，当年彩电生产的国产化水平即达到 75% 以上；同时，由于实行内部经济承包责任制，严把质量关，产品的质量信誉和生产规模都有了很大幅度的提高；完成工业总产值 4 057 万元，生产电视 10 万台，销售收入达 3 748 万元，实现利税 700 多万元。企业焕发着蓬勃的生机，实现了第一次腾飞，主要技术经济指标列山东省电子业、全国电视业第一名，进入了蓬勃发展的时期。

（二）1992 年至 2000 年：技术创新阶段

这一阶段，海信彻底摆脱计划经济体制，开始了在市场机制下的技术创新之路。在这个蜕变过程中，海信率先在技术领域发起了变革和创新。1992 年，海信确立了

"技术立企"的战略方针，立足自主研发，把技术研发作为首要工作来抓，注重技术投入，构建起了一套比较完善的技术创新体系，始终保持技术和产品的领先。同年，设计科更名为研究所，并在研究所内部实行"特区"机制，充分调动了研发人员的积极性，研发水平不断提高。1993年，面对市场大屏幕电视缺乏和企业急需发展的现状，海信引进了日本东芝新的产品及生产技术，成为当年国内少数几个能生产大屏幕彩电的企业之一。1995年海信大屏幕彩电TC2929DSP被国务院经济研究中心评为"中华之最"，海信成为"中国最先进大屏幕彩电生产企业"基地。同年，研究所升级为技术研究中心，并成为了国家级技术研究中心。也是在1995年，海信做出了前瞻性的战略决策：选择了世界空调行业最先进的变频技术进行攻关。1996年，海信开始研制KFRP-35GW空调，1997年实现了批量生产，这是海信第一款变频空调器，也是国内最早的变频家用空调之一，填补了中国空调的技术与产品空白。1998年，海信攻克了纯平电视的关键技术，研制出国内第一台纯平彩电，并实现了大批量生产和销售，为企业创造了良好的经济效益。1999年，海信参加了数字电视产业联盟组织的高清晰度数字电视接收机的联合攻关项目，负责高清晰度数字电视接收设备的研发。在建国50周年庆典上，海信参与制作的高清晰数字电视接收机成功地配合了国庆50周年的高清晰度数字电视转播试验。由于画面清晰、信号优良，受到国家信息产业部等有关部门的好评。同年，海信自主创新、独立开发了第一个具有自主知识产权的收款机——HK588系列POS机，该研发成果获得"九五"国家重点科技攻关计划优秀成果奖，以及国家科技部等五部委颁发的2001年度"国家重点新产品"证书。2000年，经过8个月精心的技术准备，海信隆重推出两款"工薪变频空调"，一时成为市场追棒热点，当月销量突破6万套。同年，海信与日立公司签署第三代数字手机CDMA项目合作协议，CDMA成为海信新的产业增长点。

（三）2001年至今：技术突破阶段

这一阶段，是在全球化经济形势下发展壮大的时期，是不断融入全球、不断超越和突破的时期。在"技术孵化产业、原创确保优势、科技服务人性"的宗旨下，海信研究并形成了自己完善的技术创新体系，保证了技术开发选题来自全球市场和技术发展前沿，使海信的技术研发水平始终处于国内同行业前列，在一些核心领域的关键技术上始终保持国际领先水平。2002年，海信整合了集团研发资源，成立海信集团研发展中心，发布了"海信研发工作纲要"，新的技术创新体系开始运行，首届海信科技创新奖隆重推出了五项获奖成果。2005年是海信硕果累累的一年。6月，中国第一块拥有自主知识产权并实现产业化的数字视频处理芯片——"信芯"在海信诞生，结束了中国年产7000万台彩电无"中国芯"的历史，彻底打破了国外垄断。在历经了3年半艰苦卓绝的自主研发后，2005年海信正式推出了中国的矢量变频控制技术，一举打破了日企对中国长达 8 年的高端技术封锁，取得了空调及冰箱核心技术的重大标志性突破。海信只用了不到五年的时间便走过了国外企业 20 多年的历程，同年，海信不仅攻克了智能交通系统的核心技术，更创造了世界上智能交通第 3 大系统——HiCon，彻底打破了国外技术垄断，实现了国家倡导的民族企业有选择地在关键点上超越国外先进公司的目标。自 2005 年海信成功推出全球第一款可商用化的光纤到户局端模块以来，海信已主持和参与了多项光通信国际标准的制定，国内同类市场占有率也超过了 50%，彻底打破了中国的通信器材供应商所需的高端模块全部依赖进口的局面。2007 年 3 月，海信成立了欧洲研发中心，这是国内彩电企业在欧洲设立的首个独立研发中心，对海信国际化和技术立企战略的延伸具有重大意义。同年 7 月，国内第一家也是唯一一家在数字多媒体领域设立的国家级重点实验室落户海信。2007 年 9 月，首批"中国制造"的液晶模组在海信下线，标志着中国电视液晶模组完全依赖进口的状况被打破。2008年，海信推出了中国首款也是当时全球最薄的 LED 背光源液晶电视，这不仅是中国彩电业与国际先进水平保持同步的一款产品，而且在薄度上领先于国外竞争对手。同年12 月，由海信作为秘书处承担单位的全国家用自动控制器标准化技术委员会变频控制器分技术委员会在青岛成立。

三、海信技术创新能力积累的主要成果和关键事件

（一）数字多媒体产业

海信的数字多媒体产业，致力于基于互联网、广播电视网、局域网、家庭网络的数字多媒体系统与终端产品以及主要部件的研发、制造和销售；在青岛、淄博、贵阳、广东、南非、埃及等国家和地区拥有研发制造基地。数字多媒体产业包括终端电视、数字音视频处理芯片、液晶显示模组、数字机顶盒、数字家庭系统、交互电视与多媒体系统。

1. 电视——新型数字多媒体终端

海信电视不仅具有数字广播电视接收与播放的功能，而且具有数字相框、多种接口所支持的数字网络多媒体终端显示与播放等功能，已经成为名副其实的数字多媒体终端，且完成了平板化的技术升级。海信的多功能广告机、车载电视、数码相框、投影仪和数字移动电视等，丰富了海信数字多媒体产品线。自 2004 年来，海信平板电视连续高居中国平板市场销量和销售额占有率第一。在海外市场，海信平板电视已经成为欧美市场百思买、沃尔玛等各大连锁机构的重要采购对象。2008 年 7 月，自主研发并成功上市的 LED 液晶电视，使得海信成为中国最早进入该高端产品领域的企业。

2. 数字音视频处理芯片

视频处理芯片是针对目前出现的新型显示器件（等离子显示屏、液晶显示屏、背投显示器等），将可能作为这些显示器件输入信号的各种数据信号（包括模拟 PAL、

NTSC 制式的电视信号、数字电视信号、计算机图像信号）。按照显示器件要求，采用大规模集成电路设计技术和方法，对其进行扫描格式转换和画质改善，使之能够适应上述新型显示设备需求。2005 年 6 月，海信高清晰高画质数字视频媒体处理芯片研发成功，通过原信息产业部鉴定，其结构设计与关键算法设计等达到国际先进水平。这是中国音视频领域第一款具有自主知识产权的产业化芯片，打破了自中国生产彩电以来核心技术一直被国外垄断的历史，中国年产近 7500 万台彩电自此有了中国"芯"。目前该芯片已应用近 85 万片，应用该芯片的电视市场反映良好。该芯片的研发及产业化成功，具有极大的社会经济效益：第一，本芯片以及在此芯片的基础上开发出的具有自主知识产权的整机系统，大大提高了国内整机企业的技术水平和核心竞争力；第二，本芯片的顺利推广打破了国外大公司对此类产品的垄断，替代此类芯片的进口，并对国外公司同类产品的市场布局进行一定的挤压，促使其产品价格下降，对于扩大整机企业的利润空间，提高产品的竞争力是一个十分巨大的促进；第三，通过此类课题的开发锻炼和储备了大量视频处理和集成电路设计人才，为今后海信在数字视频方向上继续实现产品和技术突破奠定坚实的基础。此项目研发成功后，国家、省、市各级政府给予高度赞誉和表彰。中共中央政治局五位常委批示祝贺。国务院总理温家宝在批示中说："祝贺海信集团数字视频芯片研制成功并批量上市。立足自主研发和技术创新，企业才有生命力；拥有自主知识产权和核心技术，企业才有竞争力。希望海信集团再接再厉，不断为我国电子信息产业做出新贡献。"

3. 液晶显示模组

模组是将液晶显示器件、连接件、集成电路、PCB 线路板、背光源、结构件装配在一起的显示组件，就是我们通常所说的液晶显示屏。海信进入模组加工，不仅仅局限于屏的组装，而是要做到除了液晶面板本身之外，其它与液晶模组相关的驱动电路、背光、结构件、电源等都进行自主设计，而背光、驱动、电源、结构件等占液晶电视模组成本超过 40%。2006 年底，海信低成本动态 LED 光源系统开发项目获得国家 863 计划支持，这也是中国彩电企业首次承担国家 863 计划在该领域的项目。2007 年 9 月 19 日，海信在全国率先成功研制出彩电液晶模组，并建成了中国第一条液晶模组生产线，在信息产业园正式开工投产，随着首批"海信制造"的液晶显示屏从生产线上缓缓下线，中国液晶电视模组几乎全部依赖进口的现状将被彻底打破。经过三期建设和不断升级，目前产能已经达到 300 多万片。自投产以来，海信液晶模组生产线自主生产的从 15 寸到 55 寸的液晶显示屏已经批量应用到整机产品中，通过性能测试已经与合资品牌没有差别，这些产品在市场上也受到了消费者的普遍青睐。海信自主研发的"LED 背光液晶显示技术研发及产业化项目"，陆续解决了高色度与亮度均匀性发光单元及模块、超薄光学设计等多项技术难题，首款应用产品 TLM42T08GP 于 2008 年 8 月份批量上市，是全球最薄的直下式

LED 背光产品。目前，海信的 LED 背光电视已经推出 42 寸、47 寸和 55 寸系列产品。

4. 数字家庭系统

海信从 2000 年就开始做相关技术方面的研究，目前已经实现了对媒体中心、网络机顶盒、网络空调、网络冰箱、安防报警系统、智能监控系统、医疗健康系统、电子相框、网络可视电话、三表远传等 30 多个子系统或产品、20 余种关键技术的集成，申请了 20 多项发明专利。2007 年 7 月，海信首家推出了 DNet-home 数字家庭系统，标志着中国数字家庭系统开始从概念转向产品，实现了从提供单一终端产品向提供数字多媒体家庭整体解决方案的升级；以数字家庭为起点，走向数字社区、数字城市、乃至数字化的地球村，为人类带来全新的生活方式。

（二）绿色节能家电产业

海信家电产业以变频和节能环保为技术支撑，涵盖空调、冰箱、冷柜、洗衣机等领域的绿色家电产品研发、制造和销售，在北京、青岛、顺德、营口、湖州、扬州、成都、南京设有研发制造基地。

1. 变频技术

变频技术在电冰箱中应用，具有高效节能、噪音小、冷冻能力大、速冻速度快、控温精度高等优点。虽然海信进入冰箱行业的时间较短，但海信的起点高，致力于掌握冰箱的关键、高端技术。矢量变频冰箱控制技术，是目前世界上最先进的变频控制技术，2004 年底海信从底层技术方案做起并研发成功，通过国内知名专家的鉴定，达到国际领先水平。而且，在这项技术上，海信成为中国的唯一。2005 年，海信成功开发出世界领先的矢量变频冰箱；2007 年海信将国际最前沿高端冰箱技术的双制冷双循环系统技术应用在海信多门变频冰箱上。

当前，变频技术成为诸多提升空调能效途径中最成熟、最有效、最科学的途径，充分体现了其"节能、舒适"的优势。海信空调以变频起家，经过多年的执着追求，先后在驱动设计技术、制冷系统设计、电磁兼容设计等核心技术上取得了一系列突破，1996 年，海信推出中国第一台变频空调，1999 年推出中国第一台直流变频空调，2004 年推出中国第一台 180° 正弦波直流变频空调，能效比达到 7.01，2006 年推出中国第一台能效比 7.5 的直流变频空调，2009 年推出中国第一台 360° 全直流变频空调和超级节能双模空调。国家标准化委员会在海信设立中国家电变频控制器分委员会，牵头组织家用电器变频控制器国家标准制定，这也是对海信的充分肯定。

2. 快速热循环注塑成型技术

快速热循环注塑成型技术（RHCM），也称高光无熔痕模具及注塑成型技术，是目前国际上前沿的模具及注塑成型技术，应用该技术可生产出表面完全无熔接痕并具有很高光洁度的塑件，可达到有机玻璃护屏的视觉效果，大大提高了整机产品的外观质量和工艺水平。海信从 2006 年 11 月开始，承担了国家科技支撑计划项目"绿色制造关键技术与装备"课题，投入大量人力物力，技术人员付出了大量的心血和汗水，在短时间内掌握了 RHCM 技术的成型原理、设计规范和技术难点，并申请了两项专利。目前，利用该技术开发的模具已投入批量生产，并构建了 5 条快速热循环注塑生产线，已形成年产液晶电视机前壳 50 万件的生产能力。高光无熔痕模具及注塑成型技术的开发成功和有关技术的运用，打破了世界绿色贸易壁垒，降低了生产成本，使海信产品的市场竞争力大幅提高，经济效益显著。新技术的应用，取代了传统喷涂工艺，既消除了以往喷涂工艺过程中产生的大量有害物质对员工的职业危害，又减少了对环境的污染，符合国家可持续发展的政策方针。

（三）现代通信产业

海信的通信产业是以现代通讯技术为基础，致力于 CDMA、GSM、3G 移动终端及无线固话等和光电转换器件的研发、制造和营销。海信长期坚持自主知识产权的移动终端的设计开发工作，特别是在 TD-SCDMA 产业化进程中，海信从一开始就积极全面的介入 TD 终端产品的研发工作，并先后在 4 年的时间里推出 3 代 TD-SCDMA 终端产品，为 TD 终端的产业化做出了贡献。同时海信开发的 Linux 操作系统，为客户及运营商深层次定制开发提供可能。2002 年，海信基于技术研发而成功孵化的光通信产业，是与多媒体网络技术的发展密切相关的高端产业。自 2005 年成功推出全球第一款可商用化的光纤到户局端模块以来，海信已主持和参与了多项光通信国际标准的制定，国内同类市场占有率也超过了 50%。2008 年 10 月，海信成为全球第一家、也是唯一一家自主研发并成功制造 10G PON 光电模块的企业，成为全球通信行业大型设备 10G PON 光电模块的领先供应商。

（四）智能信息系统产业

海信的智能信息系统产业主要致力于智能交通与商业系统软硬件的研发、制造和服务，涵盖智能交通、物流与商业服务等领域。主要产品包括：智能交通和商业与物流软件和硬件，商业和金融领域的软件系统和终端设备。海信的智能交通尤其是海信独创的可以处理混合交通等复杂状况自适应交通控制技术，其技术性能和水平均达到国际先进水平，在某些方面已经处于国际领先水平。2005 年，海信以领先国外大公司 20 分的成绩成功中标北京数字奥运智能交通项目。海信的智能交通和城市公共交通系统等已经开始投入实际应用，城市快速公交系统已经在上海、北京等地成功实施，城市应急联动系统项目也已经开始在青岛启动。海信智能交通的核心产品在国内城市智能交通管理市场已占据 20% 的份额，快速公交系统的市场覆盖率达到 70%。近几年，海信在智能交通领域承担了多项国家项目，包括牵头编制国家标准，引领着行业的发展。海信商业企业信息化解决方案已成功服务于国内 300 多家大型流通企业和 15000 余家中小型商业客户，智能商用终端设备商用收款机、金融 POS 机、税控收款机（ECR）及各类结算终端在全国连锁百强客户占有率达到 46%，连续七年全国领先，产品远销亚洲、非洲、欧洲、美洲等多个地区和国家。

（五）核心部件创新的典型案例

1. "信芯"的诞生

芯片是信息产业的基础与核心，决定着一个国家的技术水平和竞争实力，国外称其为"生死攸关的工业"和"工业粮食"，美国、日本在电子信息产品领域的霸主地位，正是由于他们掌握并垄断着核心的软件、集成电路和关键元器件设计与生产。据统计，截至2004年底，我国境内有彩电生产企业68家，年产能为8 660万台，实际年产量7 328.8万台，实际销量占全球销量的55%，已成为全球彩电生产及销售的第一大国，但每年7 000多万台彩电却没用一颗"中国芯"，全部依赖进口，仅2004年上半年，我国用于芯片进口的外汇就达到262亿美元。加强芯片相关产品的设计与生产，是我国信息产业发展的重中之重。但这是一条充满艰辛的道路。中国芯片界的说法是"不研发芯片是等死，研发是自己找死"。因为芯片技术多年来一直是引进、消化、吸收，技术跟随战略的结果是一直跟在别人后边走，技术上落后发达国家2~3代。

1998年，当国内同行还孜孜不倦于"彩电价格战"时，海信集团副总裁、技术中心主任夏晓东开始对集成电路设计给予了极大关注。他亲自出面，与美国一家集成电路设计公司洽谈，希望和他们一起进行有关电视芯片的合作开发。1999年，周厚健和夏晓东把一批做电视电路开发的人召集到一起，开了一次研讨会，讨论的话题只有一个："我们现在涉足芯片可能性怎么样"？战嘉瑾和海信的技术同行们参加了那次会议，他们的回答是：只要企业能够投入，只要能给出时间，按照海信技术人员的素质，芯片是可以开发成功的。随后，夏晓东先后两次派遣战嘉瑾与其他研发人员一起，去美国这家公司，协助该公司做一些芯片验证板及调试方面的工作。从美国回来后，战嘉瑾奉命开始着手储备有关芯片研发的技术理论和技术资料；2000年，在海信集团技术中心的众多研究所中，已经设立了"专用集成电路设计所"，荣任海信技术中心数字所副所长不久的战嘉瑾成为该所的负责人和唯一一名员工。跟踪和实施芯片设计开发已经在海信领导层中明确起来。这一年，国家出台了鼓励软件开发和集成电路设计的"18号文件"。上海有关部门了解到海信有意向做集成电路，就专程来到青岛，邀请海信将开发部门搬迁到上海；而上海良好的芯片产业环境以及长三角完好的芯片封装、加工等配套企业也吸引着海信。几次洽谈后，2001年6月，战嘉瑾率领三名研发人员，开赴上海，组建海信ASIC上海研发中心。

2000年正是全球半导体行业最低迷的时候，海信决定进军集成电路行业。一时间，外界甚至企业内部充满着一片质疑声，没有人能够断言海信能否取得成功，只能在黑暗中探索。确定方向是第一步，战嘉瑾他们开始广泛调研。从2000年至2001年，他们主要研究进行集成电路自主设计的可行性，以及产品开发的领域。当时项目组相继调研和探索了十多个产品项目，从电视遥控器芯片、空调遥控器芯片、通用8位微处理器，到数字电视解码芯片、全球定位GPS芯片等等。确定芯片研究方向的同时，对他们来说，尽快建立自己的开发流程同样重要。然而,海信自身甚至整个中国企业在电视芯片设计方面都毫无技术积累,更谈不上成熟的设计理念——这是真正的"白手起家"。作为项目的负责人,战嘉瑾一边带领大家竭尽全能、由浅入深的汲取有关知识,一边进行集成电路设计的探索工作——包括数字图像处理算法的设计、集成电路设计的研究以及建立海信自身的集成电路设计流程。在研究了十多个芯片的方向和多方论证后,到2001年底,他们形成了一致意见:舍弃当时大多数企业都在做的微控制器方向,研发"数字视频处理芯片"。2001年年底,海信集团上下一致同意海信芯片设计的切入点是"数字图像、视频处理"方向;而此时,海信集成电路的设计流程也在他们的摸索中初步建立。2002年年底,他们完成了包括从算法到电路的全部液晶显示器电路的FPGA实现项目。

在数字电视常用的接收与解调芯片、解码芯片以及数字视频处理芯片三种核心芯片中,数字视频处理芯片不仅在开发设计上最花功夫,也是最有开发意义、份量最重的一款芯片。而海信确定的芯片核心技术突破口恰恰是这个。以已经完成的液晶显示器FPGA实现项目为基础,这一次的研发开始突飞猛进。2003年最初两个月,他们已经完成数字视频处理芯片的调研、论证以及系统的定义;接下来的6个月,他们就完成了项目所需全部算法的研究和设计工作;从2003年10月到2004年1月,他们又完成了RTL电路的设计工作;到2004年5月,电路的设计验证工作完成;后来的2个月时间,他们完成了芯片的IP整合工作;2004年8月至9月,完成了芯片的后端设计工作。

当成就的喜悦一个个接踵而来时,最困难的时候也夹杂其中。2003年8月至9月期间,当他们把经过软件仿真后的设计代码进行实际的电路验证时,却发现理论上设计得好好的东西放到验证板上,出来后就全都乱了。反复修改多次都是这样。设计人员加班加点,终于发现是验证中的一个很小的疏忽造成的,在修正了这个问题后,系统终于可以按照设计意图正常运转起来,设计人员的心血换来了清晰稳定的图像处理效果。2004年初,芯片进入关键的流片阶段。经过几个月的艰苦努力,9月28日,他们完成了"数字视频处理器芯片VPE1X"的全部设计工作,芯片设计交付加工厂进行加工(Tape Out)。11月27日,海信芯片完成MPW流片,专业测试通过验证;两周后,该芯片即成功地应用在支持1080P高清显示格式的电视机上。反复的测试表明,中国海信战嘉瑾们设计的芯片"一次流片成功"。从2005年2月开始,该芯片反复数次进行装机的工程批生产和验证,并与国际同类产品进行严格的比较试验。结果显示,运用该芯片的电视整机产品与采用国际先进芯片的电视相比,技术性能毫不逊色。2005年4月23日,山东省科技厅组织的专家组经过鉴定认为,该芯片在视频处理算法、芯片体系结构、深亚微米集成电路设计技术方面达到了国际同类产品领先水平。专家还建议海信集团尽早开展芯片的产业化工作,为中国自主的技术创新和中国经济做出更大的贡献。

"信芯"的成功,彻底打破了国外芯片的垄断地位,直接导致了同类进口芯片价格大幅度下降，芯片价格从 13 美金降到了 5 美金。"信芯"的战略意义不仅是解决了自主生产和自主应用的企业难题，更重要的是它给中国电视制造业带来了生存和发展的空间，给中国消费者带来了真正的实惠。"信芯"的诞生，源自"技术立企"的信念，又极大地鼓舞着这种信念的坚持，依靠自己的芯片，依靠自己的技术，海信不断在彩电的性能与功能上推陈出新，降低成本，在激烈的市场竞争中立于不败之地。

2. 自主建立电视液晶模组生产线

电视液晶模组主要由面板、背光板、时序控制等电路板、驱动芯片、金属结构件、塑料结构件等几部分组成。在组成电视液晶模组的各部份中，背光源的成本比重较大。以 32 寸液晶模组为例，其中彩色滤光片、偏光片、玻璃、液晶是组成面板的主要材料，约占材料成本的 50% 左右。背光模组部分占整个液晶模组成本的 1/4 左右，是液晶模组的重要组成部分。如果能够生产除面板以外的部分，将能够控制整个模组成本的 50%-60%。从 2004 年起，海信即开始着手筹备电视液晶模组项目。一开始不仅面临很多困难，缺乏行业经验，缺乏技术、工艺等人员，缺乏上游资源支持等，而且面临着同行和上游面板合作企业的怀疑和不解。面对种种质疑，海信鲜明地亮出了自己的观点："我们做模组是出于长期战略考虑，降低成本和实现产品差异化，加强上下游资源整合。"2007 年 9 月，海信靠自己的力量建成了中国电视行业第一条液晶模组线，打破了我国液晶模组几乎全部依赖外企的现状。不到半年时间，海信的第一条液晶模组线不仅顺利达产，而且良品率达到 99%。上游显示屏供应商的一位高层决策者也不禁为海信能在短时间内达到如此高的生产水平而感到惊讶。海信的第一条液晶模组的投产受到国内外的广泛瞩目，媒体纷纷报道，同行和合作伙伴纷纷要求参观。有多家权威机构把这一事件评为中国电视行业、中国平板显示行业 2007 年重大事件。随后，有多家国内同行企业也陆续宣布将建设自己的模组厂，一时成为行业热点。海信在模组领域的探索，也得到行业主管部门的充分肯定，认为是中国电视行业走出困境和提高竞争力的一条切实可行的发展之路。

3. 攻克 LED 背光技术

海信做模组，绝不是一时冲动，也不是仅仅基于屏的组装，而是从产业整合角度出发进行的战略跋涉。加上芯片开发技术，海信目标最终实现液晶模组 60% 以上的组件自主开发。为此，海信进行了大量的技术和人才积累，其中，代表产业升级趋势的 LED 背光模组技术的突破更是支持海信做模组的最大内驱力。海信充分认识到：要做好模组，除了要掌握驱动技术、时序控制技术等关键技术之外，背光技术的掌握十分重要，特别是目前国际上正在开发的 LED 背光技术。LED 背光技术具有节能、环保、高画质等突出特点，是革命性的技术。海信从 2005 年开始 LED 背光技术开发，一开始在寻求 LED 芯片和器件支持碰到很多困难。面对不利条件，以刘卫东博士为技术带头人的海信研发团队没有气馁，而是横下一条心，他们坚信功到自然成。持续研发到今天，LED背光技术已经突破了国外的专利封锁，海信陆续获得了"863"重大项目和电子信息产业发展基金的支持，形成了自主创新的核心技术和相关算法，同时申请10项国内外重要专利，初步实现了国内企业在技术关键点上深度突破和与国际产业升级同步的战略构想，有望成为在彩电核心技术领域继信芯之后的又一重大技术突破。

四、海信支持创新的内部机制

（一）创新体系与研发合作

1. 研发机构的设置

建立于1993年的海信技术中心是海信自主创新平台。经过多年的发展和变革，海信技术中心已经建成国内较为完善的研发体系，包括国家重点实验室、产品研发中心、公共研发支持平台（工业设计中心、模具开发中心、检测中心、数据信息中心、技术培训与学术交流中心）等、产学研合作基地（含博士后工作站、山东大学海信研究院等）。技术中心通过信息共享和资源综合利用，为研发人员提供了一个具有国际先进水平的开发实验环境，为海信的技术创新打下了坚实的物质基础，使海信集团的技术水平始终处于国内同行业的前列，每年承担数十项国家级项目。2000年，海信对企业内的技术力量进行了一次集中整合和升级，成立了海信集团研究和发展中心，占地7万平方米，园区内建有十多个专业技术研究所，有服务于全集团的工业设计中心和检测中心，建设有中试车间，以及国家重点项目实验室等机构，建成了国内较为完善的研发平台体系，为技术创新提供了设施完备、手段先进、资源利用充分的硬件条件。

海信早在2003年就率先提出了在企业构建国家级重点实验室的设想，得到了国家科技部和青岛市相关领导的大力支持。2003年，青岛市在海信建设智能信息系统重点实验室；2004年5月，科技部实施国家创新体系企业研发中心建设试点工作，海信成为首批试点企业之一，主要试点内容之一是探索在企业建设国家级重点实验室。2007年7月，科技部正式公布了首批企业国家级重点实验室名单，国内唯——家国家级数字多媒体技术重点实验室花落海信。海信对这个国家级多媒体重点实验室的建设工作极为重视，将初期规划的5000万建设资金追加到了1.5亿元，将研发人员的配置也从初期的100人增加到了150人，为国家级多媒体重点实验室提供了巨大的支持。海信多媒体重点实验室确定了"多媒体计算技术、芯片技术、网络技术到终端显示技术"四个主要研究方向。它成为企业重要的研发平台，通过这个平台有助于推进企业研发成果的产业化，推进产学研合作的开展，同时它也成为高水平国际人才施展才华的舞台。

2. 技术创新体系

1997年，海信就开始研究创建自己的技术创新体系，之后进行了几次修订，2002年对技术创新体系进行了重大调整，颁布实施了《海信研发工作纲要》。海信的创新体系分为三个层次：第一个层次是从事前瞻性、关键性和共性技术的研究开发，旨在培植海信的自主知识产权，增强企业的核心竞争力，由集团研发中心承担。芯片就属于这一类开发工作，它不直接开发某一款电视机或空调，但它的研究成果可以支持主导产业的开发。集团研发中心主要关注的是预研技术，预研研发人员占总的研发人员人数的10%-20%左右。只有在某一个行业足够久，对行业的发展有一定的感觉，才能进入预研研发人员队伍。第二个层次是面向市场以产品开发和设计为主要任务的开发机构，由各产品公司提供研发费用。这类开发必须以高效率、高水平、快节奏的运作方式来推出适销对路的产品，既是各公司产品研究所，又是集团研发体系中的一个重要方面。第三个层次是研究开发的公共支持平台，包括集团的监测中心、工业设计中心、文献信息中心、培训中心等，由集团提供费用支持。这些机构为所有研究开发提供平台支持，比如海信监测中心承担集团主导产品的实验检测验证，工业设计中心则承担主导产品的工业设计。

3. 与高校的研发合作

多年来，为了技术创新成功，海信依托本公司博士后科研工作站与中国科学院和大学6家博士后流动站建成合作关系；成立了山东大学海信研究院；通过"双向融资融智"模式与青岛大学海信信息工程学院合作；为了芯片合作研究成立海信上海ASIC研究中心；为了开发数字视频最新产品，与美国公司合资建立海信美国技术分中心。如今海信已经分别在中国、美国、荷兰、南非等全球七个地区设立研发中心，拓展了技术研发的国际化视野，实现24小时不间断研发的技术全球化态势。

海信集团与山东大学的合作可以说是国内产学研合作成功的经典案例。2004年8月21日，海信集团与山东大学合作创立的山东大学海信研究院在青岛正式成立。该研究院主要集双方的优势资源，在人才、项目、技术等方面实现产学研的深度结合。主要合作内容包括：①开展人才培养，实行"双导师制"培养工程技术类研究生、接收工程技术类研究生进入研究院进行毕业设计。②加强博士后工作站与访问研究，海信集团博士后科研工作站的相关业务纳入该研究院的工作范围，在接收山东大学相关专业博士后进站进行研究工作的同时，逐步拓宽渠道，创造条件接收国内外访问学者和研究人员，来研究院进行相关课题的研究开发工作。③推动学术和技术交流，设立电子信息技术发展论坛，定期与不定期地组织学术和技术交流活动，促进交流与沟通，推进实质性合作项目的完成。④积极推动研发项目的组织实施。通过双方努力，依托研究院，以推进产业技术进步和提高工程技术人才的培养水准为目标，以国家创新体系企业研发中心为契机，建设相关技术研发平台，使之成为省部共建重点实验室、国家工程中心，搭建产学研结合的大平台。

海信集团为研究院提供必要的启动和运行经费，先期投入200万元，在研究院设立山东大学海信研发基金，用于前瞻性、关键性和预研性项目的研究。同时，山东大学电子信息学科的部分教授成为海信的客座教授，共同进行技术项目的开发；海信集团40多位高级工程师也受聘山东大学的校外研究生导师；山东大学软件工程硕士也获得在海信进行为期一年的毕业实习的机会。双方通过频繁的交流，在科研合作、人才培养等领域展开了卓有成效的合作，达到了"互补、互惠、共享、共赢"的目标。2007年，山东大学海信研究院承担的国家"十一五"科技支撑计划项目——"绿色制造关键技术与装备"的关键技术——"高光无熔痕绿色注塑新技术及其成套工艺与装备"研究取得重要进展。该项目组自主设计和研发的"高光塑料模具温度控制系统"在海信集团大尺寸平板电视机面板生产车间得到规模应用，这一技术和其所生产的产品质量均达到国际先进水平。海信集团成为国内第一家拥有自主知识产权的高光无熔痕绿色注塑新技术生产线的企业。

4. 国际化战略联盟与国际合作

在国际化战略联盟和国际合作经营方面，海信也有许多成功案例：①1984年引进日本松下电器的彩电技术和设备，1993年合资组建青岛AT&T通信设备有限公司。②2002年7月，日本著名的住友商事株式会社与海信集团在青岛签署协议：在日本合资成立海信住商，主营海信系列家电产业在日本的销售。海信与国际商业巨头住友合作开创了中国家电企业与世界贸易巨头资本合作的一个先例。③2002年11月，海信与日立签约成立海信日立商用空调系统有限公司，共同开发商用空调。④2007年12月，东芝电气株式会社以5800万元和产品上市之后一定比例的销售提成，将一项独有的冰箱技术转让给了海信科龙电器股份有限公司。这一项合作使用的是海信科龙的品牌。⑤与IBM的合作。2008年5月23日，海信携手IBM展开智能交通领域的合作，双方合作不仅限于技术、营销、服务领域，还可能会延伸到资本等更深层的领域。⑥2008年，海信科龙电器股份有限公司与美国家电巨头惠而浦（香港）有限公司成立了海信惠而浦（浙江）电器有限公司，主要从事洗衣机、冰箱及其部件的开发、生产和组装业务。

（二）科技项目产业化模式

海信探索出了一条非常成功的科技成果产业化模式——技术孵化产业模式。具体的操作方式为：当海信拟介入一个新的产业领域时，首先在集团直属研发机构——技术中心成立相关技术的研究所，引进与选聘技术带头人，进行该领域的技术研发和人才储备，构建新产业进入的技术平台。待技术、人才准备充分之后，选择适当的时机（如市场启动、技术成熟、人才和组织基础逐步完善）快速地进入新的产业领域，使研究所裂变为一个新的公司，从而实现快速、安全地进入新产业。有关负责人介绍说："预研项目的方向提交研发中心指挥机构以后，整个企业的专家队伍来进行评估，如果评估结果通过，就初步立项；战略规划发展部和集团董事做最后的拍板。专家不是公司指定的，而是由科研精英形成的天然群体。项目的提出者并不能选择团队成员，而是由研发中心指定，可能会有不断的变化。预研的项目成功以后，公司就进行产业化运作，同时会给预研的人员一定的激励，核心成员也可能会晋升为较高级的管理者"。

这种孵化作用主要表现在三个方面：人才、产品、新公司。当集团拟进入的新产业确定以后，核心技术开发人才的选择与确定是孵化的第一步工作，因为他们将肩负着新技术导入及新组织筹建的重任，因此要求核心人才必须具备对特定技术领域较高的认知能力和较强的管理能力。以核心人才为核心，组建技术研究所是孵化的第二步工作，它将为新产业积累产品开发能力及产品技术，并对市场进行动态的研究和监控，培养市场创新的能力。最后，再根据该产业领域国际、国内市场发育的情况，选择恰当时机组建公司。技术中心孵化新产业的模式，实现了人才培养和产品开发同步，为海信进入这些产业降低了成本、减少了风险、赢得了宝贵的市场先机，并推动了海信产业的升级和结构优化。

借助技术孵化模式，海信迅速拓展了新产品、新产业，企业规模不断扩大而且有效规避了风险。海信自1993年以来所涉入的新产业：空调、商用空调、计算机、软件、防火墙、移动通信、光通信、信芯科技等公司都是用了这一模式。短短几年，空调研究所、计算机研究所、软件研究所、通信研究所、芯片研究所等纷纷"破壳"，成为海信进军空调器产业、计算机产业、软件产业、通信产业、集成电路产业的"先锋"。此外，在技术孵化产业模式理念的基础上，海信还以技术为依托，成功实施了多项兼并收购，为海信的快速壮大发挥了巨大的推动作用，包括淄博海信、贵阳海信、辽宁海信、北京海信（收购雪花）、海信科龙等诸多企业，都是海基于技术优势和品牌影响开展的资本运营，使海信在短短的时间内，资产迅速膨胀，规模迅速扩大，企业实力不断增强。

（三）技术人才引进和激励

1. 人才引进

海信在人才引进及使用、人才结构改善及优化上始终坚持开放的国际化视野，有效促进了企业的自主创新进程，从而铸就了企业架构清晰、定位宏远的人才国际化格局。目前，海信在中国、欧洲、美国、南非等地设立了7大技术研发中心，通过多种形式实现了众多国际一流技术人才的加盟，共同进行行业高端技术的开发，形成了24小时不间断研发的技术全球化格局。此外，从国外当地市场聘请了众多经验丰富的营销专家，产品销售与当地环境实现了快速融合，营销网络随着人才资源的到位也日益成熟。一大批优秀人才的加盟极大增强了海信的核心竞争力。多媒体产业板块近年从日、韩等国家引进了多位技术开发、工艺制造等方面的专家，还引进了飞利浦研发团队，这些专家的引进，加速了平板电视产业和技术的升级换代，使得海信电视市场占有率稳居国内第一。同时，为了尽快缩小与国外技术的差距，提升经营管理的国际化水准，海信自2003年加大了对国际化人才的引进和储备力度。先后引进了包括集团副总裁王志浩博士、林澜博士，海信科龙公司副总裁周小天博士在内的诸多外籍高管和专家，他们的加盟给海信带来了国际化的新视野。正是这些来自不同背景、不同区域、不同文化的技术碰撞和管理融合成就了海信深厚宏远的自主创新之路，直接助力了海信自主品牌国际化战略的实施，从而有效提升了海信的国际化运作水平。

2. 人才激励

"技术是根，人才是本，创新是魂"，只有加大对人才的投资，才能培育企业的核心竞争力，才能确保企业未来的持续发展。着眼于长效人力资源开发战略，是海信技术立企战略的第一工程。为了激发企业的发展活力，1992年，海信率先在技术中心设立"人才特区"，优秀研发人员的薪酬水平可以达到普通员工10倍以上。目前从整体来看，研发人员平均收入仍然可以达到整个集团平均收入的3倍以上，优秀研发人员的薪酬水平，甚至最高可以达到集团副总裁的收入。海信在各职位序列逐步建立和完善了"以专业晋升通道为主、管理晋升通道为辅"的双通道职业发展机制，其核心就是在待遇和地位上让有突出业绩的研发人员、工艺质量人员、业务管理人员和销售人员与他们的上级齐平，甚至更高。这样就使他们能安心现有的工作，更加专注个人业务技能的提升，而不是煞费苦心往管理岗位上发展。职位不再是一种象征和特权，而只是员工做事的一种标志，因此员工的晋升通道也自然打开，发展的空间也更为广阔。

此外，海信还制定有课题完成奖、效益提成奖以及海信科技创新奖等一系列奖励措施，其中科技创新奖每年评选一次，特等奖的奖金额高达50万元，最低奖励也有4万元。对研发人员的薪酬和奖励，都制定有明确、细致的考核及评选办法，如对研发课题确定难度系数，再由难度系数定薪酬基数，再依照进度考核计算报酬系数，从而较好地解决了不同类型研发活动的薪酬公平性问题。

海信不但为技术人员制定了集团内最高的薪酬标准，形成了所谓的"工资特区"，而且还设立"产权特区"，即在母公司还是百分之百国有的情况下，对下属公司实行"一企一策"，推行投资主体多元化和管理层、技术骨干大比例持股，建立长期激励机制。通过这种激励模式，将人才的愿望与企业的命运紧密的捆绑在一起。同时，也达到了企业留住人才的目的。结合"3P1M"，也就是为职位、个人能力、业绩和市场价值付薪的激励模式，在职位评估基础上，海信建立了员工任职资格评价体系，从任职基本要求、能力素质、绩效结果等3个方面，对各职位序列员工进行综合评价，各种评价结果都记入个人信息档案，以此作为选人用人的依据。同时，建立了"能者上、庸者下"的管理岗位竞争机制。目前，集团及各产品公司基本实现管理干部队伍年轻化、知识化、专业化，形成了"专家治企"的局面。有效的人力资源开发体系和激励体系的建立和健全，为海信发展注入了新的活力，使海信有效规避了传统国有企业普遍存在的短视行为，从企业的长远发展出发，积极促进人才结构优化和员工队伍建设。

（四）科研投入

《海信研发工作纲要》对R&D投入占销售收入的比重做了规定，并确定了投入增长要高于公司业务规模增长速度的方针，以投入来促进、加速集团技术创新工作的进程。为了有效落实所确定的投入规模，集团在对子公司经营者的考核指标中，设置了对投入的考核指标并规定了相应的处罚办法。表10-2为近7年来海信的研发投入情况。

表10-2　近7年来海信研发投入情况

年份	2003	2004	2005	2006	2007	2008	2009
投入占比	4.12%	4.54%	4.29%	4.37%	4.10%	4.04%	4.05%
研发人数	2025	2050	2052	2010	2168	2168	2495

五、海信技术创新能力评估

（一）整机技术层面

以平板电视为例，该产品让海信从"CRT第三军团"一跃而进入"平板第一品牌"行列，对海信具有重要意义。如图10-1所示，2002年，海信就成立了"平板电视事业部"，每年投入销售收入的5%左右到产品研发中去，并将优势资源向平板技术倾斜。海信准确把握了平板电视快速普及、普通液晶电视向LED快速升级、3C融合等重大机遇，通过加大自主创新力度，持续追求研发深度，成功推出了中国第一款具有自主知识产权的产业化数字音视频处理芯片——信芯、中国第一台42寸超薄LED液晶电视，实现了向高端产业和产业高端延伸。海信平板电视今日取得的成就离不开海信始于上世纪70年代的电视生产和研发技术的积累，是建立在70年代黑白电视的自主研发和80年代引进的松下彩电生产线以及90年代引进的东芝的大屏幕彩电生产线的过程中的消化吸收积累基础上的。在此基础上，海信通过自身研发队伍的努力以及产学研合作，实现了一个个关键技术的自主创新突破，才得以在当今激烈的平板电视竞争中，以一流的品质和快速的新品推出能力，不断推陈出新，稳居市场领军地位。

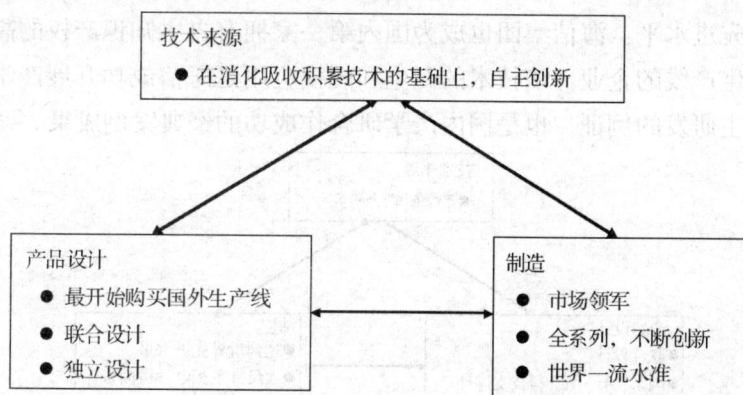

图10-1　平板电视创新能力评估图

（二）核心技术层面

1. 中国首款具有自主知识产权的"信芯"

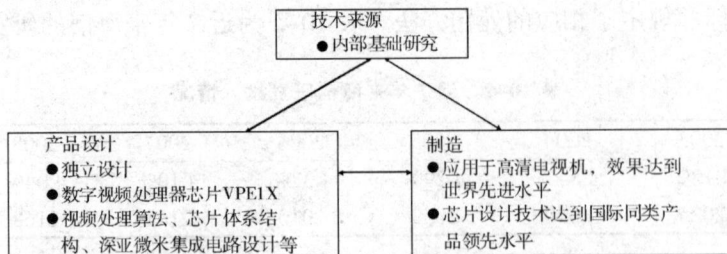

技术来源
● 内部基础研究

产品设计
● 独立设计
● 数字视频处理器芯片VPE1X
● 视频处理算法、芯片体系结构、深亚微米集成电路设计等

制造
● 应用于高清电视机，效果达到世界先进水平
● 芯片设计技术达到国际同类产品领先水平

图 10-2 "信芯"创新能力评估图

回顾前文所述的"信芯"开发过程，不难发现在外国企业对代码、设计流程等知识产权进行严格的技术封锁，海信的研发人员协助外国企业进行芯片验证板及调试方面的工作并不能学到关键技术的情况下，海信自身的研发人员依然利用一切机会进行交流和培训，仅仅依靠从外国企业那里获得的感性认识，借鉴他们的先进经验，白手起家，艰苦奋斗，克服重重困难，在书本的理论知识中摸索，不断调研、论证、探索、测试、验证，最终实现了芯片"一次流片就成功"。经过反复数次进行装机的工程批生产和验证，并与国际同类产品进行严格的比较试验，结果表明运用该芯片的电视整机产品与采用国际先进芯片的电视相比，技术性能毫不逊色；其结构设计与关键算法设计（视频处理算法、芯片体系结构、深亚微米集成电路设计等）技术方面也达到了国际同类产品领先水平，其创新能力评估图如图 10-2 所示。

2. 高光塑料模具温度控制系统

此技术是 2007 年国家"十一五"科技支撑计划项目——"绿色制造关键技术与装备"的关键技术——"高光无熔痕绿色注塑新技术及其成套工艺与装备"在研发中取得的重要成果，如图 10-3 所示，是由山东大学海信研究院自主设计和研发的。此技术在海信集团大尺寸平板电视机面板生产车间得到规模化应用，这一技术及其生产的产品质量均达到国际先进水平。海信集团也成为国内第一家拥有自主知识产权的高光无熔痕绿色注塑新技术生产线的企业。该技术的诞生和规模应用是海信成功开展产学研合作进行自主设计、自主研发的例证，也是国内产学研合作成功的经典案例成果。

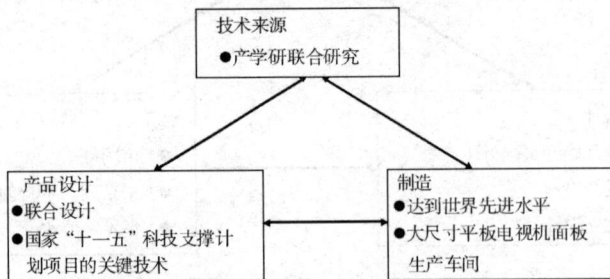

技术来源
● 产学研联合研究

产品设计
● 联合设计
● 国家"十一五"科技支撑计划项目的关键技术

制造
● 达到世界先进水平
● 大尺寸平板电视机面板生产车间

图 10-3 高光塑料模具温度控制系统创新能力评估图

（三）产业链创新主导能力

作为行业内技术领先的龙头企业，海信在产业链创新上发挥了很强的主导作用，表现在以下两个方面：

1. 核心技术主导

海信以技术立企，取得了相当多的核心技术突破，包括数字音视频处理芯片、LED背光液晶显示技术、变频技术、快速热循环注塑成型技术等。截至2007年底，海信共申请专利2576项。海信以这些专利和专有技术为支撑生产出的产品，往往成为了该领域的先行者和标准，引领了该行业产品发展的潮流。海信的这些核心技术也给行业格局和同行业其它企业的发展方向带来了深远的影响：不仅表现在通过核心零部件的批量生产和关键技术的扩散对行业内其他企业的产品创新提供基础，带动整个行业市场的变革，并因此影响了产业链上游供应商的创新，例如信芯的开发和规模应用对高清电视产业的主导和影响和变频技术对节能空调产业的主导和影响等；还表现在海信在已经拥有的核心技术的基础上进一步深入研发，向产业链上游进军，主导产业链上游的创新能力，并对整个行业的产业链竞争格局产生影响，例如在海信在芯片技术的基础上，向产业上游延伸，靠自己的力量于2007年建成了中国电视行业第一条液晶模组线；在海信打破了我国液晶模组几乎全部依赖外企的现状后，多家国内同行企业也陆续宣布将建设自己的模组厂。

2. 标准主导

海信参与制定的某些国家标准，成为该领域的产品标准，主导了我国其他企业的产品发展方向，例如：国家标准化委员会在海信设立的中国家电变频控制器分委员会，牵头并组织了家用电器变频控制器国家标准制定。除此之外，海信标准也逐步走向国际。2009年12月在日本举行的国际电工委员会IEC/TC110（平板显示技术委员会）年会上，最终确定了由海信的刘卫东博士牵头起草LED液晶背光分规范国际标准；同时刘卫东博士还将与韩国专家共同牵头起草背光显示总规范标准。该系列国际标准由中国企业负责制定，在这平板显示领域尚属首次。近年来，平板显示核心技术向中国大陆转移是不可抗拒的潮流，中国在成为最重要的制造中心之后，也将成为最重要的技术研发的中心之一。此次由海信牵头制定LED背光国际标准，将有助于提高我国背光源组件产业乃至液晶模组、液晶显示产业的整体技术水平、标准化水平和产品质量水平，有助于提升中国平板电视的国际市场地位。在发达国家"技术专利化，专利标准化，标准全球化"的趋势下，海信牵头起草LED背光国际标准对中国企业的崛起具有重要意义。

六、海信创新能力成长模式及其启示

海信历经41年的峥嵘岁月，经过技术积累、技术创新、技术突破三个阶段，从一个名不见经传的无线电小厂成长为今天的特大型电子信息产业集团公司，其成长模式的内涵可以概括为：**整机产品和核心技术突破并重的自主创新模式**。在激烈的市场竞争中，很多家电企业也曾盛极一时，但却在盲目而残酷的价格战中倒下了，海信却始终没有迷失，在每一次市场变革时，都准确地把握住了变革的节奏。归根结底是由于其始终坚持"技术立企"的战略，稳健经营，低调、务实；始终比同行业企业在技术上走得更靠前一些，对技术的起点要求更高一些，对技术的自主创新的功夫下得更深一些。在前期同国外企业的合作中，通过引进当时最先进生产线和技术，给自己提供一个最高的起点，通过消化吸收积累，再依靠自身研发人员的不懈努力以及与科研院所的密切合作，义无反顾攻克核心技术难关，最终征服了一个又一个技术高峰；在掌握核心技术的基础上，稳中求进，扎扎实实，一步步以技术孵化产业，从单一的彩电产品、空调产品向更多高科技产业领域进发，才得以收获今日骄人的成绩。

（一）坚持自主创新

海信走自主创新之路，重视技术引进后的再创新发展，强调引进的根本目的在于提高自己研发的起点。海信在引进技术再创新上的投入是引进投入的 10 倍以上，这使海信从技术引进消化创新为主的模式，快速走到以技术集成和原创为主的阶段。正如海信员工所说："在当时的条件下，海信作为一个地方的小企业想获得显像管进口配额非常难，日子并不好过。但正是由于海信有了自主设计能力，才慢慢超越了国内其他的企业。1996 年开始，海信就具备了根据电视芯片做电视机软件的设计能力。而那些在 1996 年至 1998 年失败的企业，大部分都是引进了生产线却没有自主创新，不能自己设计电视机软件的企业。"

（二）追求卓越、勇于挑战

技术战略上，海信大胆提出"非世界一流技术不引进，非世界一流产品不生产"，这保证了海信起步高、发展快。早在 1984 年，青岛电视机总厂决定引进松下生产线的时候，当时很多人主张引进香港康力牌，厂长李德珍则坚持引进日本松下生产线。她的坚持使一些人感到不满，因为康力便宜，只需 90 万元就可引进全套技术和设备，而松下需要 500 万美元。李德珍等人最终还是把目光聚焦在未来发展的需要上，引进世界一流的技术设备，通过消化吸收，争取尽量短的时间赶上西方发达国家的彩电生产水平，从而能够在未来的竞争中与西方发达国家的品牌抗衡，使自己处于有利地位。对于核心技术的研发，无论是"信芯"还是矢量变频技术等，海信一开始都受到了来自国内外多方面的质疑，然而海信不仅迎难而上，而且要做就做最好的，绝不避重就轻，而是选最硬的骨头去啃，向最先进的研发难度最大的技术发起挑战，最终在赢得技术的同时，也赢得了尊重和赞誉。

（三）创新体系是保障

多年的发展实践证明，技术创新已成为海信的核心竞争力，而核心竞争力的保持和强化，离不开技术创新体系的建设和完善。海信"技术立企"战略的有效实施是由技术创新体系来保证的：一方面，这个体系保证了海信的技术开发选题来自市场和技术发展前沿，以此来保证不仅能把钱换成技术，更能把技术转换成经济效益；另一方面，这个体系保证了开发人员的激励与约束机制。从确定方案时就确定了课题的难度系数，从而确定了报酬的基数，再用进度确定报酬的系数，此办法的有效性表现在它不仅促进了效率，而且体现了公平。

（四）严格控制质量

追求卓越绩效，实施全面质量管理，是海信质量管理的基本方针。用经济的眼光衡量质量效果，用道德的要求约束全员的质量行为，用企业的社会责任提升全员的质量标准是海信的质量文化。"产品质量不能使企业一荣俱荣，却能使企业一损俱损，海信一直非常强调这一点。只要质量出问题，年薪制一票否决；严重的话，会罚款、通报，甚至免职。对于质量问题，对管理层的处罚力度比较大，因为管理层掌握资源，所以要对质量全面负责；对于基础层面，对质量管理以奖励为主，处罚较少。质量控制可以一方面减少企业的成本，另一方面提高产品和企业的口碑。

（五）始终走在技术和市场的前面

海信电视在多年的发展中，在每次技术变革、产品更新时，都准确把握了契机。2002-2004年，背投市场形势大好，其他彩电厂商都积极投身背投市场，而海信做背投的同时又做平板；2003年平板市场趋势明晰后，国内其他企业才进入该市场，已经落后于海信；而索尼也一直在左右摇摆，2004年开始做等离子，后来又做液晶。海信在平板市场上占据先发优势，2004年10月，跃为平板市场第一名并持续至今。海信电视的成功战略转型一部分原因就是海信高瞻远瞩、始终走在技术和市场的前面，在关键的节点上，由于已经有了丰富的技术积累和准备，得以始终保持行业领先。

（六）充分的经营自主权

在竞争性领域，国有企业要想取得持续的成功，不断做强做大，就应该像民营企业那样，作为完全独立的商品生产和经营主体来行事，绝不能因为是国有企业就将其作为政府的一个下属部门来对待，来发号施令。青岛市政府和青岛市国资委在这方面处理的相当好。他们履行自己作为国有资产所有权代理人的监督功能，没有干预海信的工作，而是千方百计创造一个有利于海信自主经营的制度环境，海信才不仅没有失去适应市场竞争的动力和活力，反而得以蓬勃发展。

第十一章

鞍山钢铁集团公司
技术创新调研报告

一、鞍钢概况

鞍山钢铁集团公司（简称鞍钢）始建于 1916 年，位于中国辽宁鞍山市，前身是日伪时期的鞍山制铁所和昭和制钢所。1948 年鞍山钢铁公司成立，是新中国第一个恢复建设的大型钢铁联合企业和最早建成的钢铁生产基地，被誉为"中国钢铁工业的摇篮"、"共和国钢铁工业的长子"。鞍山地区铁矿石资源丰富，已探明的铁矿石储量约占全国储量的 1/4。周围还蕴藏着丰富的菱镁石矿、石灰石矿、粘土矿、锰矿等，为黑色冶金提供了难得的辅助原料。

经过近 60 年的建设和发展，截止到 2009 年，鞍钢已形成集采矿、选矿、烧结、炼铁、炼钢、轧钢等钢铁产业，以及焦化、耐火、动力、运输、冶金机械、建设、技术研发、设计、自动化、综合利用等辅助单位于一体、综合配套的大型钢铁企业集团。拥有全资子公司 16 家，控股子公司 3 家，直属单位 20 家，参股公司 12 家。拥有热轧卷板、冷轧板、镀锌板、彩涂板、冷轧硅钢、重轨、中厚板、无缝管和钢绳制品等完整的产品系列，能够生产 16 大类、150 个细类、850 个牌号、50 000 个规格的钢铁产品和近 40 种焦化产品。产品广泛应用于机械、冶金、石油、化工、煤炭、电力、铁路、船舶、汽车、建筑、家电、航空航天等行业。主体生产工艺和技术装备达到国际先进水平，企业综合竞争力进入国际先进企业行列。在职职工 13.9 万人，在岗职工 11.8 万人，其中从事钢铁生产人员 2.9 万人，离退休人员 12.3 万人。1949-2009 年，鞍钢累计生产铁 3.96 亿吨，钢 4.01 亿吨、钢材 2.96 亿吨；上缴利税 1 314 亿元，相当于国家对鞍钢投入的 24.3 倍。其中，2009 年，生产铁 2 051 万吨，钢 2 013 万吨，钢材 2 013 万吨。实现营业收入 802.64 亿元，利润总额 39.61 亿元。

鞍钢技术创新工作成效显著。专利授权数量由 2006 年的 38 件提高到 2009 年的 554 件；近 5 年鞍钢取得的国家授权专利数、国家受理发明专利数分别是前 20 年总和的 2.36 倍和 2.92 倍，鞍钢的专利授权量、拥有量、申请量已在央企钢铁行业排名跃升为第二位；科研成果水平不断提高，其中 2 个项目分别荣获国家科技进步一、二等奖；鞍钢先后荣获国家首批"创新型企业"、首批"全国企事业知识产权示范创建单位"荣誉称号，国家认定企业技术中心成就奖。

二、鞍钢技术创新能力积累的关键事件

（一）重点产品的创新历程

1. 船板

（1）产品概况。

鞍钢是我国最早生产造船用钢的企业，一直处于国内同行业排头兵的地位。近几年，经过大规模技术改造，鞍钢技术装备已达到国际一流水平。在此基础上，鞍钢加强科研开发，采取产、学、研、销紧密合作的运行机制，为高端船板产品的开发奠定了基础，从而使鞍钢在最短时间内研发出特厚和超高强船板，填补了国内高端船板生产的空白。据统计，鞍钢在船板开发上共取得专利 32 项，其中发明专利 14 项，实用新型专利 18 项，取得专有技术 40 项。其中，"高性能船用钢制造技术创新与集成"项目获 2009 年国家科技进步二等奖。到 2009 年，鞍钢已具备年产造船板 300 万吨的能力，产品品种覆盖了所有船体结构用钢，可以实现整船供货，生产的船用钢种数量达到 128 个。鞍钢船板年产量将满足国内船板需求量的 20%~30%，鞍钢已成为生产规格最全、钢种数量最多、质量级别最高的国内最大的造船板生产基地。

（2）创新历程（见表 11-1）。

鞍钢从 1995 年开始不断开发船板产品，到目前已完成了从普通强度级别到超高强度级别船板的开发，实现了整船供货的目标。目前，鞍钢的船板生产量居于国内领先地位，规格最多，强度级别最高。2006 年，鞍钢顺利通过第四次船板扩大认证，成为国内首个、世界第 3 个具备生产高档次船体结构和海洋工程结构用钢板能力的厂家。这次船板认证的钢种为 128 个，厚度规格 8&mdash；100 毫米、质量级别从普通的 A 级到最高质量级别 F 级、强度级别从 235 兆帕到 550 兆帕。

2008 年，鞍钢股份鲅鱼圈钢铁分公司船用钢钢坯和船板通过了九国船级社的首次认证，具备生产船板的资格。此次通过认证的船用钢板包括全部规格的一般强度级别 A、B 和高强度级别 AH32、AH36 船板坯，以及 5 500 毫米厚板产品厚度为 40 毫米以下的相应强度级别船板，覆盖目前船厂订货品种量 85% 以上。当年，鞍钢在国内首创采用 TMCP 工艺技术生产超高强度、高强度和普通强度系列船板，技术处于国际领先水平。

2009 年 4 月 20 日，鞍钢收到美国、中国、挪威、德国、日本五国船级社关于该公司生产的大线能量焊接用船体及海洋采油平台用钢系列产品通过认证的正式通知。本

表 11-1　鞍钢船板系列产品发展历程

时间	成就	备注
1995 年	鞍钢进行了第一次大规模船板产品开发和认证	鞍钢是我国最早生产船用钢的企业
2006 年	2006 年，鞍钢顺利通过第四次船板扩大认证	鞍钢成为国内首个、世界第 3 个具备生产高档次船体结构和海洋工程结构用钢板能力的厂家
2008 年	鞍钢股份鲅鱼圈钢铁分公司船用钢钢坯和船板通过了九国船级社的首次认证，具备生产船板的资格	认证覆盖船厂订货品种量 85% 以上。当年，鞍钢在国内首创采用的 TMCP 工艺技术处于国际领先水平
2009 年	鞍钢收到美国、中国、挪威、德国、日本五国船级社关于该公司生产的大线能量焊接用船体及海洋采油平台用钢系列产品通过认证的正式通知	认证产品强度、低温韧性、规格等指标均达到国际先进水平，大大超过国内一般钢厂能达到的最大厚度为 40mm、焊接线能量为 50kJ/cm 的水平。本次认证填补了我国没有大线能量焊接用船体及海洋采油平台用钢的空白

次通过这五家船级社认证的产品范围为：普通强度 A、B、D、E 级和高强度 AH32-EH32、AH36-EH36、AH40-EH40 级的大线能量焊接用船体及海洋采油平台用钢系列，产品最大厚度为 100 毫米、焊接线能量为 100 千焦/厘米。其强度、低温韧性、规格等指标均达到国际先进水平，大大超过国内一般钢厂能达到的最大厚度为 40 毫米、焊接线能量为 50 千焦/厘米的水平。大线能量焊接用船体及海洋采油平台用钢的开发是鞍钢与北京钢铁研究总院共同承担的国家科研课题。经过大量的实验室研究以及工业试制，在大线能量用钢的成分设计、物理冶金原理和工艺技术上取得突破，工业生产技术成熟稳定，产品性能优异。

（3）市场开发。

在国内市场，鞍钢船板销量逐年大幅度提升。从 2004 年销售量 70.3 万吨、销售额 27.4 亿元到 2008 年销售量达到 210 万吨、销售额 110.3 亿元，占国内市场份额的 12.8%。2009 年，鞍钢与中国造船行业领军企业——中国船舶重工集团公司在北京签署战略合作协议，双方正式建立长期稳定的战略合作伙伴关系。根据协议，双方将在信息共享、技术开发与应用、资本运营、物流管理及商务领域开展广泛交流与合作。截止到 2010 年，鞍钢不仅与中国船舶工业物资东北有限公司、大连船舶重工集团有限公司、渤海船舶重工有限责任公司等国内船板用户建立战略合作关系，还瞄准国际市场，船板产品不断打入韩国三星、大宇、现代、STX 等船厂。为了更好地服务客户，鞍钢股份——大船重工大连钢材加工配送有限公司于 2004 年 11 月 25 日正式成立，成为国内第一家专业化的造船钢材加工配送企业。此后又分别在葫芦岛、青岛等地建设工厂，为船厂使用船板提供了更为优越的条件。①

在国际市场，鞍钢船板出口量逐渐增加，市场逐渐扩大。1997年，鞍钢开始出口船板。作为中国第一家出口船板企业，最初鞍钢一年出口仅1万吨左右，到2009年出口超过15万吨，累计出口船板100万吨，为中国开辟海外船板市场做出了突出贡献，为国家创汇3亿多美元。鞍钢船板走出国门后，逐渐进入欧洲、韩国、新加坡、东南亚市场，与世界上最大的造船厂如现代、三星、大宇以及STX建立了长期供应协议。随着鞍钢供应的船板级别越来越高，鞍钢牌船板在国际上已经成为著名品牌产品。出口量从2004年的7.2万吨、创汇4195万美元到2008年的18.5万吨、创汇1.62亿美元，鞍钢成为国内船板出口数量最多的钢厂。

2. 汽车板②

（1）产品概况。

汽车板是代表钢铁企业生产技术水平的标志性产品。汽车用钢中，轿车用钢的质量最高。高等级汽车板主要为冷轧汽车板，根据生产工艺不同可分为冷轧普板、电镀锌板和热镀锌板3类。根据汽车板表面质量要求的不同，分为表面无缺陷钢板（05）和内板（03）。钢铁企业能否批量生产05板，在某种程度上表明了其汽车用钢市场的地位。

（2）创新历程。

从20世纪50年代开始，鞍钢就为长春一汽提供汽车板。新中国制造的第一辆解放牌卡车用的就是鞍钢生产的汽车板。但是，到20世纪90年代，鞍钢汽车板的生产和销售落入低谷，丢掉国内汽车板市场。进入21世纪，鞍钢在汽车板的生产和研究上取得了很大成绩，成为国内重要的汽车板生产基地。经过"九五"以来的技术改造，鞍钢汽车板生产的设备条件已经成熟。"十五"之初，鞍钢改造建设了我国第一条立足国内技术资源自主集成的冷轧生产线——冷轧2号线，其技术装备达到国际先进水平。同时，鞍钢开始与德国蒂森·克虏伯钢铁公司进行全面技术合作，引进对方汽车板生产技术，并合资建设产品定位于高档汽车板的大连热镀锌生产线。

2001年，鞍钢成功开发市场上广泛使用的德标ST系列和日标SP系列冷轧汽车板，随后又相继开发出BH340、AIF340、P380等高强度轿车用钢板，轿车内板形成产量规模。到2002年底，鞍钢实现了生产轿车板2万吨的目标。2003年9月，鞍钢成立汽车板开发队，确定了"突破外板"和"形成规模和稳定生产"的目标。2003年底，鞍钢板产量达到2 000吨，2004年上半年突破4 800吨。同时，鞍钢按05级表面质量轿车板标准组织生产的汽车板还成功地打入北美轿车面板市场。2004年6月，鞍钢大连镀

---

① 资料来源：《鞍钢船板年产能300万吨 国内市场占有率达13%》，http://cn.made-in-china.com/info/article-inJQr CUPomlu.html，访问时间：2010年10月23日22:10。

② 资料来源：《宝钢、鞍钢汽车板生产研发实践及产业研究》。

锌钢板生产线正式投产。鞍钢的合作伙伴是德国的蒂森·克虏伯钢铁公司，双方的成功合作使得鞍钢具备了生产世界一流汽车面板的能力。2006年鞍钢轿车用05板销售量达到5万吨／每年。2006年，美国通用汽车公司采购鞍钢冷轧轿车板投入旗下工厂生产，通用集团、韩国大宇公司等国外汽车制造企业也通过了对鞍钢冷轧汽车板的质量认证。

3. 高强度钢

（1）高强度耐候钢①。

耐候钢是铁道车辆的主要用材。由于铁路运输日益朝着高速和重载方向发展，对铁道用钢的强度和耐腐蚀性能都提出更高要求，只有生产高强度的耐候钢才能适应铁路运输市场的需求。2003年9月，鞍钢开始进行研发尝试，开发试制的450兆帕级高强度耐候钢，交付中国北车集团双层集装箱车试验使用。使用结果表明，鞍钢试制的高强度耐候钢冲压、剪切、冷弯成型等各种性能均符合国家标准。这一结果坚定了鞍钢进军高强度耐候钢市场的信心和决心。2004年是鞍钢高强度耐候钢取得突破性进展的一年。经铁道部同意，从2004年2月起，鞍钢开始按照铁道部标准试制新型高强度耐候钢板，并进行装车试验。同年6月29日，鞍钢高强度耐候钢一举通过铁道部产品质量认证，成为国内全面达到铁道部新技术标准且大批量投入生产的钢铁企业之一。至此，鞍钢获得了"抢滩"铁路高端应用市场的通行证。

2005年8月，铁道部组织中国北车集团齐齐哈尔铁路车辆（集团）有限公司等国内5家铁道车辆生产厂家，就生产C70新型车用的高强度耐候钢进行招标。鞍钢以多年赢得的市场信誉和高质量前瞻性的产品，一举获得这5家车辆生产厂家的供货权，取得铁道部C70新型车绝大部分订单。这标志着鞍钢高强度耐候钢在短短一年多的时间内实现了突破性跨越，市场份额由零一跃成为国内最大的高强度耐候钢生产基地，为铁道部的货车型号升级做出了贡献。

（2）三峡蜗壳用ADB610D钢板②。

ADB610D钢是现代冶金生产技术与物理冶金研究成果相结合的产物，属于国际上近20年来发展起来的高强度、高韧性、焊接性能优良的新钢种。2004年，三峡工程指挥部在进行右岸工程招标时，曾为左岸大坝的水轮机组制造蜗壳提供钢板的外国公司，采取不报价方式拒绝向三峡工程继续提供该钢板，并采取技术封锁。同年6月，三峡总公司向鞍钢提出研制国产蜗壳钢板替代进口的需求。根据中国水利水电第八工程局提出的技术要求，鞍钢结合4 300毫米宽厚板生产线的工艺、设备条件，采用已掌握的

① 资料来源：http://www.china.com.cn/chinese/jingji/933415.htm，《鞍钢成为国内最大高强度耐候钢生产基地》，访问时间：2010年10月25日21:00。

② 资料来源：http://finance.sina.com.cn/g/20061229/12191129944.shtml，《鞍钢"三峡蜗壳用钢板研制"通过省级鉴定》，访问时间：2010年10月28日14:30。

工艺技术，在各工序环节进行技术攻关，仅用3个月就成功开发出三峡右岸水电站水轮机组蜗壳用610兆帕级低焊接裂纹敏感性ADB610D钢板。到2005年12月31日，鞍钢全面完成三峡右岸12台水轮机蜗壳制造所需钢板合同。此举打破了国外厂家在此类钢板领域的垄断，成功化解了三峡工程的燃眉之急。

同时，鞍钢将此钢种与国际通用标准对接，实现产品规格全面覆盖，又用于小湾、瀑布沟等水电站蜗壳的制造。应用结果表明，该产品质量稳定，焊接性能优良，完全符合技术条件标准并满足用户使用要求。

2006年12月，辽宁省科技厅和省经济委员会在鞍钢主持召开了"鞍钢三峡蜗壳用ADB610D钢板研制"鉴定会。鉴定委员会的专家们依据国家科委和国家经贸委发布的《科学技术成果鉴定办法》和相关鉴定规程，对鞍钢提供的全部技术资料和辽宁省钢铁产品质量监督检验站提供的产品质量检测报告及生产条件、用户使用情况等方面进行审查后，认为鞍钢有效解决了ADB610D宽、厚钢板控轧控冷后的板形、探伤等技术难题，形成了具有自主知识产权的产品及其生产技术，已具备全规格、大批量供货的生产能力，能满足国内大型水利水电工程蜗壳及压力钢管制造的需求，完全可以替代进口，具有显著的经济效益、社会效益和广阔的应用前景。

（3）汽车大梁板。

随着我国经济的快速发展，资源短缺问题日益凸显，国家提出实施汽车、铁路车辆"减重节能和轻量化战略"，要求车辆用钢具有更高的强度和耐腐蚀性。2007年1月，鞍钢研制成功的系列新型A610L高强度、轻量化汽车大梁板钢材成功应用于国产出口载重汽车的生产过程。据估算，应用此种钢材可以为每辆车平均减少2吨的钢材用量。鞍钢充分发挥自身的优势，加大新一代钢材的研发力度，先后研制开发出高强冲压IF钢板、高强含磷钢板、烘烤硬化钢板和A510L、A550L、A610L冷轧及热轧汽车用钢，为国产汽车节约钢材资源创造了良好的条件。

（4）核电工程用钢。

近年来，中国核电产业发展迅猛，但由于核电用钢技术含量极高、质量要求严格，目前世界上只有极少数企业能够形成核电用钢的产业化生产。核电材料成为制约中国核电产业发展的一大阻碍。鞍钢是我国首家开展核电用钢材料研制并具备批量生产能力的企业。早在上个世纪80年代，我国自主研发建设的秦山一期核电站机组就应用了鞍钢生产的16MnHR、20MnHR等钢种。2006年，鞍钢独家生产的核反应堆支撑用钢，成功应用于秦山二期核电机组。

为适应第三代核电技术需要，鞍钢从2009年5月开始与国家核电技术公司对接，成立了由鞍钢股份公司技术中心、一炼钢厂、鲅鱼圈分公司、中厚板厂组成的核电用钢项目组。在产销研一体化运作下，到8月末，鞍钢仅用不到4个月的时间就完成了钢种的实验室成分筛选、工艺摸索及产品生产试制。11月份经国家核电用钢检验结果表明，鞍钢试制的 SA738 钢板各项指标均满足 AP1000 核反应堆安全用钢板技术规格要求。此外，鞍钢生产的 SA516、A588、A36 核电用钢板已经对国家核电技术公司的三门 1 号、2 号和海阳 1 号、2 号核电设施批量供货。2009 年 12 月 25 日，国家核电技术公司所属的山东核电设备制造公司与鞍钢股份公司签署了第三代核电钢制安全壳专用的 SA738 钢板采购合同。"鞍钢制造"将正式应用在我国第三代核电设施建设上。

目前，鞍钢已形成一套独立的核电用钢产品体系，其中包括十几个钢种，可分别按照 AP1000、EPR1000 及 CPR1000 等不同核电技术所需钢材要求进行批量生产，能够满足不同用户、不同机组及不同设备用钢的需求。目前，鞍钢正在对 AP1400 乃至第四代核电机组的用钢开发进行技术储备。

（二）生产线

1. 创新成就

截止到 2009 年，鞍钢已经拥有薄板坯连铸连轧（ASP）炼钢、连铸、热轧全系统物流控制平衡技术；ASP 中等厚度优质板坯生产技术；ASP 控轧、控冷技术；具有自身特色的 ASP 三级计算机管理技术；自由程序轧制技术等一大批核心技术。鞍钢已掌握了自主设计自主集成高效紧凑节能生态环保整套短流程钢铁生产线的技术。

（1）1 700 毫米中薄板坯连铸连轧（ASP）生产线。

连铸连轧生产线是当代应用于钢铁冶金领域生产热轧带钢的工艺流程，对推进我国冶金行业的发展和进步起着重要作用。鞍钢 1 700 毫米中薄板坯连铸连轧（ASP）生产线是我国首次依靠自己的技术力量集成并立足企业实际、创造性开发的中薄板坯连铸连轧工艺技术与生产流程，是我国首条自行设计、制造、施工、软件编程、调试、技术总负责，并拥有全部知识产权的新型短流程热轧带钢生产线。该项目轧线设备 100% 国内制造、连铸设备 91.5% 国内制造，全线设备国产化率达到 99.5%，为"九五"期间国内不景气的机械制造行业提供了 3 亿多元的产值。该项目获 2003 年国家科技进步二等奖、"九五"国家重点科技攻关重大科技成果奖和冶金科学技术特等奖。并成功输出到济钢，成为国内首家具有成套技术输出能力的钢铁企业，改写了我国冶金重大成套装备长期依靠从国外进口的历史，标志着鞍钢成功实现由"产品输出"到"技术输出"的重大转变。

（2）1 780 毫米热轧带钢生产线。

1 780 毫米热轧带钢生产线（鞍钢半连轧厂总体改造工程）是国务院批准的"九五"重大技术改造项目。该工程结合实际，合理、经济地选定了工艺流程、工艺布置及主要设备组成、工艺设备参数。轧线装备除要求具有世界先进水平外，同时要求经济、适用、可靠，力求节约投资和外汇。在满足质量要求的前提下，1 780 毫米热轧工程引进了日本三菱的技术和关键设备，其余设备立足国内设计和制造，扩大国内设计和合作制造比例，设备国产化率达到 85%，整条轧线的装备水平达到了世界一流。

（3）1 780 毫米大型宽带钢冷轧生产线。

1 780 毫米冷轧生产线包括一条年产 150 万吨的酸洗—轧机联合机组、70 万吨的平整机组、70 万吨的罩式退火炉、两套 35 万吨的重卷机组、自动包装生产线、配套的轧辊电火花打毛和轧辊磨床以及相应的供电、燃气、给排水等公辅设施。酸洗线采用先进的紊流酸洗技术，配备激光全自动焊机，引进大张力拉伸弯曲矫直机；冷轧机采用五机架连轧机，第一机架和第五机架采用 6 辊 UC 轧机，中间辊窜动，配有正弯系统，第二、三、四机架采用传统 4 辊轧机，工作辊正负弯曲，机组装备达到国际先进水平。该生产线在系统集成过程中协同国内各合作单位申请专利 28 项，形成新专有技术 94 项。比国内由国外技术总负责的同类项目节省投资 1/4~1/3，获国家科技进步一等奖和冶金科学技术特等奖。

1 780 毫米冷轧生产线的建成，在国内首次实现了自主集成冷轧工艺、技术及装备，包括酸洗、轧制、退火、平整、精整等核心工艺技术和装备的研发、集成与创新，表明我国掌握了冷轧成套装备制造技术和工艺生产控制两大核心技术，具备了冷轧成套设备制造和相关工艺技术总成的能力，推动了钢铁行业的产业结构调整和优化升级，提升了钢铁行业和装备制造业的竞争力。

2. 发展历程

第一步：技术引进，引进 1 780 毫米热轧带钢生产线

鞍钢 1 780 毫米热轧工程引进了日本三菱的技术和关键设备，其余设备立足国内设计和制造，扩大国内设计和合作制造比例，设备国产化率达到 85%，整条轧线的装备水平达到了世界一流。1 780 毫米生产线是鞍钢"九五"期间对轧钢系统进行技术改造的重大举措。1 780 毫米生产线的建成，不仅改变了鞍钢轧钢设备、工艺水平严重落后的现实，同时也为鞍钢积累了丰富的经验。通过技术引进，鞍钢在系统集成和软件开发等方面提升自身的能力，并带动了装备的国产化。

第二步：技术改造，建成 1 700 毫米中薄板坯连铸连轧（ASP）生产线①

1999 年 6 月 28 日，在消化 1 780 机组工艺技术以后，鞍钢利用在热连轧方面开发的技术成果，依靠自己的力量开始对老半连轧机组进行改造，1 700 毫米生产线破土动工。2000 年 11 月 30 日，精轧机组和全线热负荷试车一次成功。作为国家"九五"重大技术装备研制项目———薄板坯连铸连轧成套设备的依托工程，鞍钢 1 700 毫米生产线是一套由中薄板坯连铸机、带有长行程装钢机的超宽步进式加热炉、初轧机、热卷箱、飞剪、精轧机、卷取机组成的短流程连铸连轧生产线。钢坯的入炉温度平均为 900

---

① 资料来源：《鞍钢 ASP：令世界同行瞩目》，http://www.nen.com.cn/79941100999016448/20040910/1491247.
shtml，访问时间：2010 年 10 月 24 日 21:30。

摄氏度，年生产能力为 260 万吨，设计总重量为 18 588 吨，设备电气装机容量为 79 492 千瓦，总体设计设备安装和调试均由鞍钢自己承担。生产线与国内引进的同类产品相比，节省投资一半；与传统生产工艺相比，生产成本大幅降低，年创效益约 7 亿元。

1 700 毫米生产线的建成，大大提升了鞍钢技术创新能力，也为在加入世贸后提高企业的核心竞争能力奠定了坚实的基础。该生产线高技术含量的计算机控制系统、液压 AGC、液压串辊、液压弯辊板形控制系统及加热炉、精轧机组等重大技术装备实现了国产化，整体技术水平达到国际先进水平。

2004 年 11 月，济钢从鞍钢成套引进的 1 700 毫米（ASP）中薄板坯连轧生产线。济钢 1 700 毫米连铸连轧工程全套引进鞍钢 ASP 生产工艺和技术，主体部分由鞍钢总承包，从工艺设计到设备制造，从软件开发到调试达产完全由鞍钢负责。整条生产线设计生产能力为 250 万 –300 万吨，并在 2005 年 12 月底前投产。此举开国内冶金系统大规模技术输出先河，标志着鞍钢成为国内首家、世界为数不多具有技术输出能力的钢铁企业之一。①

第三步：技术创新，1 780 毫米大型宽带钢冷轧生产线工艺装备技术国内自主集成与创新②

鞍钢 1 780 毫米大型宽带钢冷轧生产线工艺装备技术国内自主集成与创新是我国第一次依靠自己的技术力量，由鞍钢技术总负责，联合中国一重、中冶南方，通过自主研制、开发和集成建设并成功投入运行的大型冷轧生产线。是我国钢铁冶金领域重大成套装备国产化、高技术设备、核心技术等方面的一次战略性、具有历史意义的跨越。

通过自主研发和创新，在国内首次实现了大型宽带钢冷轧生产线工艺、装备技术集成，并在集成的过程中成功地研发了一系列冷轧领域的核心技术。工艺、技术、装备及产品技术经济指标达到了国际先进水平。成功轧制出超设计能力（0.3 毫米）的 0.18 毫米极薄冷轧带钢产品；开发出轿车外板、硅钢原板、高档次镀锌原板、家电板及半工艺中低牌号硅钢等高附加值产品。该项工程申报了 28 项国家专利；形成了 94 项冷轧专有技术。

通过自主集成比国外技术总负责的同类项目节约投资 1/3 强。在集成的过程中形成了跨行业的自主创新的组织体制。打破了冷轧领域由国外垄断的格局，其模式已成功应用于鞍钢及国内其他一些冷轧项目中。它的成功表明我国已经掌握并突破了冷轧成套设备制造和工艺生产控制两大核心技术；具备了冷轧成套设备的制造和相关工艺技术总成的能力，并具有极强的国际市场竞争力。

第四步：建设鞍钢西区 500 万吨项目③

2006 年 5 月，鞍钢西部现代化板材精品基地改造项目全线竣工投产，标志着鞍钢

① 资料来源：《鞍钢向济钢成套输出 ASP 技术》，http://news.sina.com.cn/c/2004–11–09/09164183460s.shtml，访问时间：2010 年 10 月 24 日 21:30。
② 资料来源：《鞍钢 1780mm 大型宽带钢冷轧生产线工艺装备技术国内自主集成与创新》，http://www.most.gov.cn/ bstd/cx/kjjlcx/kjjl2006/kjjl2006kxjsjbj/200702/t20070228_41554.htm，访问时间：2010 年 10 月 24 日 21:30。
③ 资料来源：《鞍钢西部现代化板材精品基地改造项目全线竣工》，http://www.nen.com.cn/77970767572107264/20060518/1917384.shtml，访问时间：2010 年 10 月 24 日 21:56。

的钢产量从 1 000 万吨提升到 1 500 万吨，彻底改写了我国钢铁工业大规模现代化生产线成套技术装备主要依赖进口的历史。

西部现代化板材精品基地的建成，是鞍钢坚持自主创新的成功范例，它以我国第一座立足自己力量建成的大规模现代化钢铁厂而载入我国钢铁工业发展的史册，其技术自主创新和设备国产化程度之高，在国内堪称一流。在建设过程中，鞍钢坚持自行设计、自己施工、设备国内制造，创造性地设计了从冶炼、连铸到轧钢为一体的高效、紧凑、节能、生态保护型的短流程生产线。从烧结到高炉，从转炉到连铸，从热轧到冷轧，所有大型设备均实现国产化，从工艺设计、计算机控制到软件开发拥有完全的自主知识产权，集鞍钢自主技术创新成果之大成。从烧结、炼铁、炼钢、连铸、热轧到冷轧，众多先进技术工艺和节能环保技术装备的应用，让鞍钢西部现代化板材精品基地在"高起点"上发展。在炼铁工序，两座3 200 立方米高炉是结合鞍钢的原燃料的最佳选择，融合了 PW 固定式串罐无料盅等多项世界先进高炉冶炼技术，整体装备达到当今世界先进水平。在炼钢工序，两座 260 吨大型转炉采用世界先进水平的自动化炼钢技术、顶底复合吹炼、副枪动态控制等一系列先进技术工艺及装备，转炉煤气蒸汽全部回收利用，实现负能炼钢。同时采用具有当今世界先进水平的铁水预处理、炉外精炼，实现三级计算机管理及控制，其工艺技术水平及设备装备水平亦具有世界先进水平。2 150 毫米热轧带钢生产线则集成了连铸连轧技术，精轧机立辊宽度自动控制，精轧采用长行程厚度自动控制、工作辊轴向窜动和弯辊装置、液压低惯量活套，全线采用三级计算机控制系统等多项热轧先进技术，是国内第一条自主集成的热连轧机组，整体工艺装备同样达到世界先进水平。在 2130 冷酸洗———轧机联合机组，自主集成了当代世界冷轧先进技术工艺，主轧机四、六辊混合机型、激光焊接、连续退火、三级计算机自动控制系统及多项能源、环保新工艺、新技术，使整条生产线都达到世界先进水平。

第五步：建设鞍钢鲅鱼圈项目[①]

2008 年 11 月，经过两年多的建设，我国首个自主设计、技术总负责、具有世界先进水平的新型沿海联合钢铁企业———鞍钢辽宁营口鲅鱼圈钢铁项目竣工投产。在此之前，鞍钢西区 500 万吨项目投产，鞍钢综合生产能力已达 1 600 万吨，鲅鱼圈钢铁项目的 500 万吨钢的年生产能力将使鞍钢综合生产能力增至 2 100 万吨，这为鞍钢集团迈向"世界 500 强"奠定了坚实基础。鞍钢鲅鱼圈项目涵盖原料、烧结、化工、炼铁、炼钢、轧钢以及公辅配套设施的冶金建设全领域和钢铁生产的全流程，具备年产 493 万吨铁、500 万吨钢、200 万吨宽厚板和 296 万吨热轧板等系列钢铁产品的生产能力。主要生产未来市场需求有较大增长空间的高档次、高附加值的高强度板、造船板、舰艇板、桥梁板等，满足各行业对高质量宽厚板及薄规格品种板材的需求。

---

① 资料来源：《践行"绿色钢铁"理念 鞍钢鲅鱼圈项目投产》，http://www.cinn.cn/xw/cinngz/156159.shtml，访问时间：2010 年 10 月 23 日 22:00。

作为国家对钢铁行业实施宏观调控以来，首个批准建设的大型钢铁联合项目，鞍钢鲅鱼圈项目以"流程紧凑化、设备大型化、操作自动化、管理信息化"为目标，采用当今世界钢铁工业最先进的技术装备和工艺。其主体生产工艺设施和公辅配套设施的各个子项目，均大量应用世界一流的技术装备和工艺，如采用世界先进 k（钾）法脱硫工艺的 7 米焦炉，采用地德式热风炉及余热回收、烟煤浓相输送与直接喷吹、高炉炉内料面检测等国际顶尖先进技术大型高炉，采用挡渣技术和溅渣护炉技术、双联法冶炼等达到国际先进水平技术的大型转炉，集成了平面形状控制技术、变厚度钢板生产技术、消除钢板残余内应力技术、钢板脱氢处理技术、数字式交流传动控制技术、三级计算机控制技术、电气故障诊断技术、神经元网络技术等一大批具有国际先进水平的技术装备和生产工艺，为整体工艺达到国内领先和国际一流水平提供了有力支撑。特别是建设有着"轧机之王"之称的世界上最大规格的 5 500 毫米宽厚板轧机，填补了国内空白，可以满足国民经济的特殊需求。

（三）选矿工艺

1. 研发背景

鞍山地区有丰富的铁矿资源，矿石储量总计 84.9 亿吨，约占全国铁矿石总储量的 1/4，其中磁铁矿 42.6 亿吨，赤铁矿 42.3 亿吨。鞍山地区铁矿石贫、细、杂的性质代表了我国铁矿资源的基本特点。鞍钢是以自有矿山原料为主的钢铁联合企业。目前，自产铁精矿产量 1 400 余万吨/ 每年，占所需铁料的 90%。

2. 研发历程

新中国成立至 20 世纪 90 年代末期，尤其是"六五"至"八五"期间，国家有关部委多次组织全国院校（所）对鞍山地区铁矿石进行选矿攻关，但受历史条件和客观因素制约，攻关未取得重大突破，铁精矿质量始终未获大的提高。磁铁矿：品位 65.5%，从表 11-2 可以看出，鞍山地区铁矿石为贫铁高硅、结晶致密，属难磨难选矿种。$SiO_2 \geqslant 8\%$，赤铁矿：品位 63.5%，$SiO_2 \geqslant 9.5\%$。2000 年，鞍钢综合铁精矿品位为 64.65%，炼铁高炉入炉品位仅为 54.79%，处于全国各大钢铁企业的下游。入炉品位低制约了炼铁高炉技术经济指标的提高和鞍钢产量效益的增长。

为解决铁精矿品位低、杂质高的问题，1998 年，鞍钢立项并会同国内科研院校（所）进行新工艺、新药剂、新设备的试验研究。该课题被列入国家"十五"科技攻关项目。经过室内试验研究和工业试验验证，选矿技术取得重大突破。2000 年下半年开始实施选矿厂新技术应用的改造，使鞍钢选矿工艺技术达到国际领先水平，为我国贫铁矿资源的有效利用提供了先进的工艺技术。在试验取得重大突破后，鞍钢集团公司对选矿厂实施技术改造，将科研成果转化为现实生产力。鞍钢集团自行设计和施工，于 2000 年开始建设改造，2002 年竣工投产，分别完成了齐大山选矿厂、弓长岭选矿厂

表 11-2　鞍山地区铁矿石化学成分表

元素		TFe	FeO	SiO$_2$	Al$_2$O$_3$	CaO
含量 (%)	赤铁矿	29.60	5.66	52.87	1.48	0.82
	磁铁矿	29.11	12.30	50.52	2.77	1.32
元素		MgO	MnO	S	P	
含量 (%)	赤铁矿	0.95	0.085	0.03	0.04	
	磁铁矿	1.87	0.16	0.14	0.03	

的工艺技术改造；同时，调军台选矿厂实施了技术改进。各选矿厂技术改造后，产品质量和技术指标得到了大幅度的提高，如表 11-3 所示。

表 11-3　选矿厂攻关改造前后技术指标对比表

		原矿品位（%）	精矿品位（%）	尾矿品位（%）	铁回收率（%）
齐选厂	改造前	28.74	63.51	10.66	75.65
	改造后	29.68	67.42	10.83	75.67
调选厂	改造前	30.07	65.39	11.23	75.64
	改造后	29.86	67.53	11.78	73.37
弓选厂	改造前	32.50	65.55	9.95	81.80
	改造后	32.50	68.89	10.15	80.65

通过采用新工艺、新药剂、新设备对三个选矿厂进行技术攻关改造，使鞍钢的自产铁精矿质量有了显著提高，综合铁精矿品位由改造前的 64.65％提高到 67.65％，升幅达 3 个百分点；SiO$_2$ 含量由改造前的 7.63％降低到 4.42％，降幅达 3.21 个百分点；高炉入炉品位由改造前的 54.79％提高到 59.24％，升幅达 4.45 个百分点。入炉品位的提高使炼铁高炉的主要技术经济指标实现了历史性突破。

实施新工艺、新药剂、新设备的技术改造，使鞍山地区贫铁矿石的选矿工艺发生了根本性的变化，取得综合精矿品位 67.65％、SiO$_2$ 含量 4.42％的先进指标。尤其是赤铁矿选别，在精矿品位大幅度提高的同时，金属回收率保持不变，在技术指标提高的同时，选矿加工成本有所降低。技术改造实施后，鞍钢铁精矿的铁品位及杂质含量已达到或超过进口铁矿石的水平，年获综合经济效益 9.58 亿元，如表 11-4 所示。鞍钢贫铁矿选矿技术研究及应用实践，为我国充分开发利用贫铁矿资源生产优质铁精矿开创了新路。

2002 年，采用类似技术，太钢集团尖山铁矿完成了提铁降硅的反浮选改造，精矿品位获得大幅度提高。应用本研究成果，更多开发和合理利用国内贫铁矿资源，对我国钢铁企业经济安全运行、增加税收、增加就业岗位、提高和增强钢铁企业参与国内外两个市场的竞争能力具有重要的战略意义。

三、鞍钢支撑创新的内部机制

（一）总体做法

鞍钢技术创新以自主创新为主，以产学研合作为辅，以全面建设创新型企业为目

表 11-4 改造后经济效益表（单位：亿元）

项目	齐选厂	调选厂	弓选厂	合计
选厂效益	0.80	1.25	1.09	3.14
炼铁效益	0.57	2.80	2.07	5.44
能源置换效益	1.00			1.00
合计	2.37	4.05	3.16	9.58
节省煤气管道大修费用	0.56			

标，以市场需求为导向，以优化产品结构、提高工艺质量、增强竞争实力、加速成果转化、壮大知识资产为基本要求，瞄准世界钢铁科技发展的前沿技术和行业共性技术，开展科技攻关；紧密围绕钢铁主业、矿业、冶金工程和装备制造及相关产业，开发具有国际竞争力的产品和技术，为全力推进鞍钢加快"四个转变"，实现"两步跨越"发展目标提供技术支撑。

（二）科技创新体系

鞍钢的技术创新体系以矿山和股份公司为主体，以技术中心为核心，以设计研究院、自动化公司为辅助，以基层厂矿研究所（室）和生产技术部门为技术，以院校所、下游用户和同行企业为合作伙伴。

1. 研发机构设置

鞍钢技术中心是国家级企业技术中心，经过系统优化整合，围绕钢铁主体生产工艺下设：冶金工艺、钢铁产品、新型材料、科技信息、理化检验、焦化技术、汽车板、电工钢 8 个研究所，总人数 361 人，其中教授高工 30 人、高级工程师 75 人。重点研究适应企业可持续发展的重大新工艺、新技术、新产品及节能减排技术。

鞍钢矿业公司研究所[①]是国内最大的矿山企业研究所，下设 9 个研究室，涵盖采矿、选矿、机械、自动化、化工、材料、监测、信息等专业。具备采矿、选矿、工艺矿物学、岩石力学、炸药及爆破、选矿设备、机械、电气、计算机与自动化、环境保护、化学药剂、岩性测试技术及化学分析等多学科的综合研究及试验能力，主要承担冶金矿山现代采、选工艺各种试验研究任务。2010 年，鞍钢正积极建设面向世界级高端技术人员的、开放式的研发平台——鞍钢未来钢铁研究院。

2. 外部合作研发

本着优势互补的原则，与北京科技大学、东北大学、辽宁科技大学、上海大学、中国矿业大学、中国科学院金属研究所、中国铁道科学研究院、中国钢研科技集团公司、澳大利亚 FMG 公司及韩国 STX 集团公司等 20 余个著名高等院校、科研院所开展广泛的产学研合作。主要的合作模式如下：

钢铁战略联盟：2007 年 6 月，在全国产业技术创新战略联盟启动会议上，鞍钢集

---

① 与鞍钢矿山设计研究院是什么关系？访谈中了解到的是关于矿山设计研究院的信息。

团成为全国钢铁可循环流程技术创新战略联盟成员单位，参加钢铁行业战略联盟合作。

全面战略合作：分别与中国船级社、中国钢研科技集团公司、北京科技大学、东北大学、辽宁科技大学等单位签订、实施全面战略合作协议，构建长期稳定的战略联盟。

科研项目合作：以签订科研项目技术合作合同为依托，以定期项目交流为手段，推进全面合作。分别与澳大利亚悉尼大学、上海大学、中国矿业大学、中国科学院金属研究所、中国铁道科学研究院等单位开展科技合作。

共建国家级实验室：先后与多家科研院所合作共建国家级实验室。先后共建了国家先进材料工程实验室、涂镀技术国家工程实验室、冶金技术研发中心、轮轨关系国家工程实验室、国家轧制工程中心联合实验室。

用户合作共同开发：分别与一汽集团共建汽车用钢实验室、共建美国西安摩尔实验室，与韩国 STX 集团公司等下游用户共同研发，强化产学研用的紧密合作。

3. 国际学术交流

鞍钢认为，推动企业科技创新工作，学术交流要先行。只有营造积极、主动、热烈的学术交流氛围，共享创新资源和智慧，才能助推鞍钢产学研用不断升级。鞍钢积极参与国际国内科技学术交流活动，先后举办了"2008 年洁净钢生产技术国际研讨会"、"2009 年汽车钢生产技术国际研讨会"；连续三年参加"国际网络炼钢大赛"，并在 2007 年"第二届国际网络炼钢大赛"上取得国际冠军称号。与韩国 STX 集团、美钢联、台湾中钢建立了双边定期交流机制。

2009 年，鞍钢累计邀请 25 位国内外专家来公司讲学，参加大型国际、国内学术会议 36 个、发表科技论文 300 余篇；其中参加第七届中国钢铁年会，鞍钢投稿论文数、录用论文数、宣讲论文数均为各参会单位之首；共提出合理化建议 4 200 项，其中公司级建议 350 项，创经济效益 3.6 亿元。优秀 QC 成果共 120 项，8 个 QC 小组被授予全国优秀质量管理小组。

为加强国际交流，鞍钢专门设置了国际交流处，负责开展国际学术交流，通过与国外大学交流，举办学术会议，鞍钢能够接触很多行业里的专家教授，积累了人脉，扩展了合作渠道，使得过去看起来与钢铁行业毫不相关的技术，现在通过合作，在鞍钢找到了用途。鞍钢的这一举措有助于实现向技术"领跑者"转变。

4. 科研管理体系

科研项目按照管理层次构建了集团公司级、二级公司级、厂（矿）级项目三级管理；项目层次分为：长远发展战略（基础、尖端、前沿、5 年以上）、中长期项目（目标清晰、行业领先、现实情况可实现、3 年）、解决当前技术难题（1–2 年）三个层面。

集团公司按国家（政府）项目、公司科技重大项目、高科技项目、对外合作项目、直属单位项目五大项目计划组织。二级公司级、厂（矿）项目实行了分级管理、集团备案。

为加强创新与市场结合，密切与用户合作，鞍钢对重点用户提出并开展 EVI 管理。鞍钢成立 5 个 EVI 活动团队，主要通过用户产品研发过程中的"前期介入"，有效地加快新产品开发及应用进程，形成具有鞍钢特色的独有产品和领先产品，有利地满足用户产品结构调整的需求。

5. 科技开发平台

本着试验手段更加精密高效和试验室专业分工更加明确的原则，鞍钢进一步加大专业试验室建设与完善力度，投资 9 600 余万元专项资金，加强研发设备条件建设：淘汰落后的 Gleeble-1500 热模拟试验机，更新了国际最先进的 Gleeble-3800 热模拟试验机；更新了 Quanta 400HV 扫描电子显微镜、X 射线衍射仪等当代国际先进检验设备；引进了 Tecnai G220 投射电子显微镜、质谱仪、汽车板冲压成形双动压力机、高温物性测试仪等大型设备；建成并完善了以链箅机回转窑为核心设备的烧结试验室、球团试验室，为开展高炉合理炉料结构奠定了坚实的基础；完成了以 200Kg 真空炉和顶底复吹为核心设备的炼钢试验室，为优化品种结构，开展纯净刚技术研究创造了条件；新建了以冲压成形双动力机、钢板成型系列试验机、镀锌模拟器为核心的汽车板研究专业实验室，为开展下游用户应用技术研究搭建了实验平台；更新了以热轧试验机组、冷轧试验机组为主要装备的轧钢试验室，使新产品研发中试手段得到极大改善，提高了科研效率和水平。

6. 知识产权保护

五年来鞍钢持续加强知识产权管理制度建设，在鞍钢已有的《知识产权管理规定》、《专利管理办法》、《专有技术管理办法》、《商标管理办法》等制度的基础上，针对国家推出的知识产权战略，对相关制度进行了补充规定，对已有制度进行修改和完善，建立健全鞍钢知识产权制度体系。新制定了《技术贸易与技术合同管理办法》、《计算机软件权登记管理办法》，并对原有的《知识产权管理规定》、《专利管理办法》、《专有技术管理办法》等制度进行了重新修订，初步形成了较健全的知识产权管理制度体系，为知识产权保护工作提供了制度保障。

鞍钢专利申请数量由 2006 年的 128 件提高到 2009 年的 738 件；专利授权数量由 2006 年的 38 件提高到 2009 年的 554 件；近五年取得的国家受理专利数、国家受理发明专利数分别是前 20 年总的 2.36 倍和 2.92 倍；鞍钢的专利授权量、拥有量、申请量已在中央企业钢铁行业排名跃身为第二位。累计主编国家标准制修订 47 个，参与国家标准制修订 12 个。鞍钢被命名为国家首批"全国企事业知识产权示范创建单位"。

7. 人才激励制度

在完善《鞍山钢铁集团公司选拔技术专家和技术拔尖人才办法》的基础上，本着在培养科研领军人物方面要有突破的原则，制定了《鞍山钢铁集团公司关于建立工程技术岗位等级序列的实施意见》，建立包括首席专家、一级专家、二级专家、首席工程师、主任工程师、主管工程师 6 个岗位层次的工程专业技术人才晋升通道，并建立工程技术岗位等级序列与管理等级序列之间的联系通道。

从 2005 年开始，鞍钢在自主创新、科技进步中取得突出贡献者中评选科技标兵，至 2008 年，共有 62 人次获得表彰奖励；同时评选出高技能人才标兵 30 人，鞍钢技术状元 20 人，获得轿车或重金奖励。几年来，共选拔 398 人次获鞍钢技术专家称号、1 111 人次获鞍钢技术拔尖人才称号。2008 年鞍钢实施了《鞍山钢铁集团公司重大科学技术奖管理办法》，该办法规范了重大科学技术奖的评审程序、奖项等级。奖项分三个等级，其中特等奖一次性奖励 30–50 万元，一等奖一次性奖励 20 万元。

8. 信息化建设

鞍钢于 2008 年完成了以 ERP 系统为核心的鞍钢信息化基础支撑架构的总体建设，同时把工作重心逐步转向高层次信息化建设阶段。一方面，鞍钢全力推进 ERP 项目二期工程，使产销系统、财务成本管理系统、设备管理系统等 ERP 的主要子系统，完成阶段性建设并投入运行；另一方面，鞍钢开展了以鲅鱼圈厂区 ERP 系统为代表的 ERP 三期工程建设。为了加强 ERP 的基础工作，鞍钢还相继开展了数据仓库与数据挖掘系统等研发项目，实现了 ERP 技术研发与高层次信息技术引进应用的协调发展。

2008 年 5 月，辽宁省科技厅主持了《用 UNIX 小型机服务器构建大型钢铁企业 ERP 系统运行平台》科技成果鉴定会，认为"鞍钢探索创建了用 UNIX 小型机服务器集群构建大型钢铁企业 ERP 系统运行平台，在国内外同行业中属于首创；达到了钢铁行业国际领先水平"，"建议在国内大型企业信息化建设中推广应用"。2009 年，鞍钢制定完成《鞍钢信息化发展规划（2009–2015 年)》，对 SAP 运行平台进行了升级。

四、鞍钢创新能力评估

（一）产品整机/整体工艺技术层面

1. 生产线（见图 11–1）

从图 11–1 可以看到，在经历了技术引进、消化、吸收和再创新的过程之后，鞍钢已经完全掌握了生产线设计、开发和集成的能力。从引进日本的 1 780 毫米热轧生产线技术，到自主开发 1 700 毫米热轧线和 1 780 毫米冷轧线，再造自主设计鞍钢西区和鲅鱼圈项目，鞍钢在生产线技术上已经达到世界先进水平，并在此过程中发挥国内企业的协同效应，带动冶金装备制造业的发展。

2. 赤铁矿选矿（见图 11–2）

在已有技术的基础上，鞍钢联合国内其他科研单位，针对鞍山地区铁矿石的特点研发的新药剂、新工艺和新设备，已经达到国内领先水平。该技术应用成功的范例是：2002 年，采用类似技术，太钢集团尖山铁矿完成了提铁降硅的反浮选改造，精矿品位

技术来源
- 引进日本1 780毫米热轧生产线技术
- 自主开发1 700毫米热轧生产线
- 自主开发1 780毫米冷轧生产线
- 自主设计鞍钢西区鲅鱼圈新区

产品设计
- 1 780毫米热轧生产线技术由日方提供图纸
- 自主设计1 700毫米热轧生产线
- 自主设计1 780毫米冷轧生产线

工艺设计
- 1 780毫米热轧生产线计算机控制系统编程由鞍钢负责
- 1 700毫米热轧生产线自行研制、设计和集成超高速网结构快速计算机控制系统
- 1 780毫米冷轧生产线控制系统由鞍钢自主开发

产品制造
- 1 780毫米热轧生产线,核心产品进口,其余产品国内生产
- 1 700毫米热轧生产线,国产化率达到99.5%
- 1 780毫米热轧生产线设备由中国一重、中冶南方参与制造

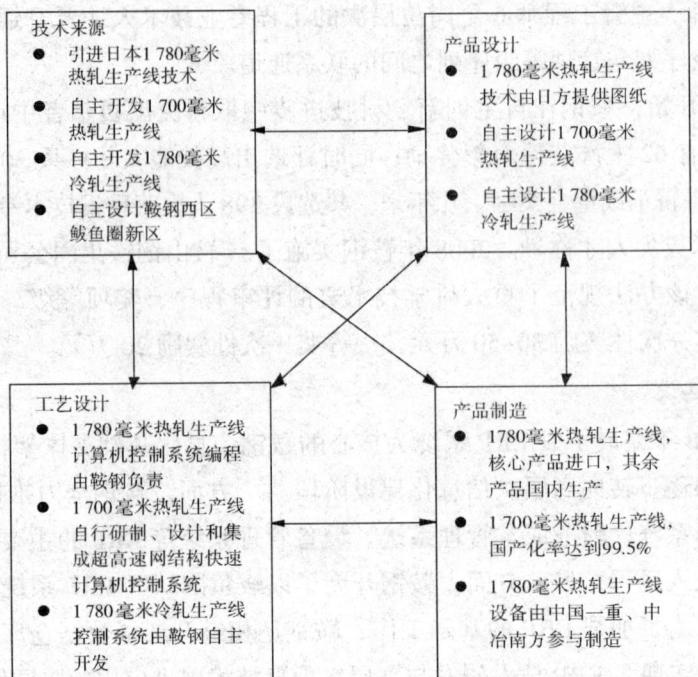

图 11-1 生产线创新能力评估图

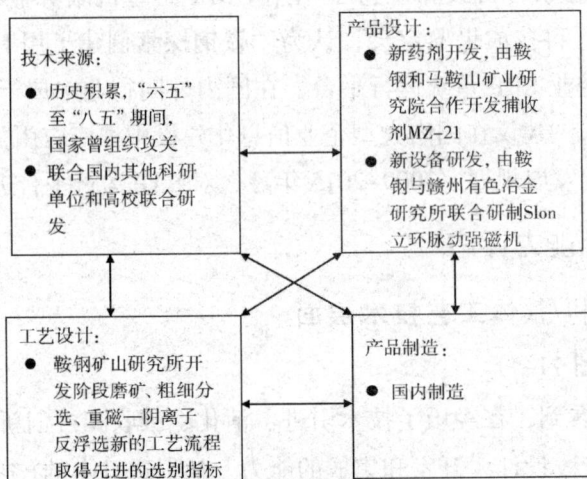

技术来源:
- 历史积累,"六五"至"八五"期间,国家曾组织攻关
- 联合国内其他科研单位和高校联合研发

产品设计:
- 新药剂开发,由鞍钢和马鞍山矿业研究院合作开发捕收剂MZ-21
- 新设备研发,由鞍钢与赣州有色冶金研究所联合研制Slon立环脉动强磁机

工艺设计:
- 鞍钢矿山研究所开发阶段磨矿、粗细分选、重磁—阴离子反浮选新的工艺流程取得先进的选别指标

产品制造:
- 国内制造

图 11-2 选矿工艺创新能力评估图

获得大幅度提高。应用本研究成果,更多开发和合理利用国内贫铁矿资源,对我国钢铁企业经济安全运行、增加税收、增加就业岗位、提高和增强钢铁企业参与国内外两个市场的竞争能力具有重要的战略意义。

(二)核心技术层面

1. 生产线过程控制软件

生产线的过程控制系统是生产线设计开发的核心技术。为此,鞍钢十分重视生产

过程的自动化和信息化技术。在1780毫米生产线的引进过程中，鞍钢负责计算机控制软件的编程，在此过程中积累经验、锻炼人才，为后来成功开发1700毫米热轧和1780毫米冷轧生产线奠定了基础。在自主开发1700毫米热轧生产线过程中，鞍钢自行研制、设计和集成的用于热轧控制的超高速网结构快速计算机控制系统，保证了产品的高精度高质量。在自主开发1780毫米冷轧生产线过程中，鞍钢自行研制了该生产线的控制系统，突破了这一核心技术。通过以上三个阶段的发展，鞍钢在生产线控制系统方面掌握了核心技术，达到世界先进水平。

2. 冷轧工艺（见图11-3）

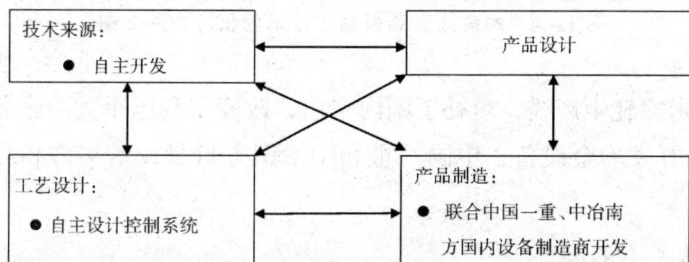

图 11-3　冷轧工艺创新能力图评估图

冷连轧技术是国际钢铁行业公认的技术密集、难度极大的生产工艺，国际上仅有德国SMS、日本三菱、日立等少数的技术工程公司具备工程技术集成能力。自上世纪70年代武钢引进我国第一套冷连轧机后，我国先后建设了近10条冷连轧生产线，但全部采用国外技术集成的方式，在核心技术上没有自主知识产权。这也是中国钢铁企业在引进全套生产线时花费最多的环节。鞍钢联合中国一重、中冶南方等国内冶金设备制造商，成功突破了冷轧成套设备制造和生产工艺控制两大核心技术。此后鞍钢又先后完成了2150毫米热连轧生产线、2130毫米冷轧生产线的自主集成建设，整体技术装备达到国际一流水平。

3. 冷轧成套装备制造技术（见图11-4）

在自主设计开发1780毫米冷轧生产线的过程中，鞍钢联合中国一重和中冶南方，共同突破了冷轧成套装备制造技术，填补了国内空白，具有世界先进水平。

（三）产业链创新的主导能力层面

1. 对设备供应商的带动

鞍钢在技术改造和创新过程中，不断推进冶金重大装备的国产化，增强产业链创新的主导能力。最典型的例子是1780毫米生产线的开发。在1780毫米冷轧生产线的开发过程中，鞍钢联合中国一重和中冶南方两家国内冶金设备制造商，通过自主研制、开发和集成建设，突破了冷轧成套设备制造和工艺生产控制两大核心技术。鞍钢主导

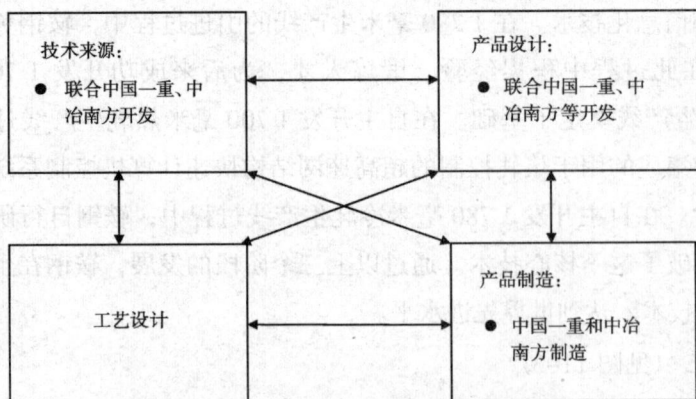

图 11-4　冷轧成套装备制造技术创新能力评估图

开发的 1 780 毫米冷轧生产线，填补了国内空白，改变了我国重大冶金装备依赖进口的历史。通过参与开发冶金设备，中国一重和中冶南方自身技术实力和经济效益得到较大提升。

2. 对上游铁矿石的独立

铁矿石资源对于钢铁企业的发展至关重要。鞍钢拥有国内最大的矿山，但面临着铁矿石品位低、含硅高、难磨难选等问题。针对上述问题，为降低炼钢成本，提高铁矿石自给率，降低对外依存度，鞍钢开发了贫铁矿的选矿工艺、药剂和设备，并进行选矿厂的技术改造。此举提高了鞍钢铁矿石入炉的品位，降低了成本，提高了资源利用效率，保证了自身铁矿石的供应和可持续发展。

五、鞍钢创新能力成长模式

（一）成长模式的内涵

鞍钢技术创新能力成长模式可以概括为：**基于企业内部需求的低成本创新的成长模式。**

鞍钢的技术创新贴近自身的实际需求。改革初期的鞍钢，面对技术设备落后、资金缺乏的实际情况，采取"点菜吃饭"的方式引进日本先进技术，重视自身的参与和国内协同，既降低了技术引进的成本，又能最大程度地学习到国外先进技术，为自主集成生产线奠定基础。在选矿工艺创新方面，鞍钢围绕自身矿山的实际需求出发，根据鞍山铁矿贫铁高硅、结晶致密，难磨难选的特点进行突破，解决了鞍钢铁矿石入炉品位低的难题，为企业带来巨大的综合效益。

鞍钢的技术创新善于集成外部知识。1 780 毫米热轧生产线引进日本关键技术，为日后自主集成生产线奠定基础；在自主集成 1 700 毫米热轧生产线和 1 780 毫米冷轧生产线的过程中，鞍钢联合中国一重、中冶南方等国内冶金设备生产企业进行研发，取得了显著的成绩；在选矿工艺研发方面，鞍钢也与长沙矿冶研究院、马鞍山矿冶研究院、赣州有色冶金研究所、武汉理工大学等单位通力合作。

（二）成长模式的主要做法

1. 预见到自身和国内对冷轧板生产线的需求，快速实现由技术引进到自主创新

国内汽车产业、造船业的发展，对钢板的质量提出更高的要求，能否制造高质量的汽车板和船板等产品，很大程度上决定了钢铁企业在市场竞争中的地位。鞍钢预见到国内对冷轧板生产线的需求，在已经掌握的热轧生产线的基础上，联合国内冶金装备制造商，突破冷轧生产线装备制造和工艺控制两大核心技术，自主设计开发1 780毫米冷轧生产线，填补了国内空白。

2. 坚持自主开发的积累

鞍钢重视自身长期的技术积累，这是增强技术创新能力的基础。作为发展历史悠久的大型国有企业，鞍钢在长期的发展过程中，不断坚持自身技术积累；鞍钢自身的技术积累包括自主技术研发，以及技术改造过程中引进、消化、吸收外部先进技术。

3. 坚持产学研合作创新中的主导权

鞍钢在技术创新过程中充分利用外部智力资源，产学研合作取得显著成果。鞍钢积极与中国钢研科技集团公司等国内外科研机构、知名学府和先进企业签署全面战略合作协议，共同开发国内急需的新产品、新技术、新工艺和新设备。在产学研合作过程，鞍钢坚持企业的主导权，坚持市场导向，重视用户需求，保证技术创新的成果有效地转化为企业效益，提高了产学研的效率。

4. 依靠技术引进，但不依赖技术引进

鞍钢生产线改造最初的技术来源是引进日本的1 780热轧生产线技术，引进过程采取"点菜吃饭"的做法，只引进影响质量的核心技术，其余设备由国内杂合制造，同时鞍钢负责计算机控制系统的编程。鞍钢积极参与技术引进的过程，锻炼了人队伍，提高了自身的技术能力，为1 700毫米热轧生产线和1 780毫米冷轧生产线的自主开发奠定了基础，避免走进"引进——落后——再引进"的怪圈。

5. 全产业链的技术覆盖，侧重掌握核心技术

作为规模较大、实力雄厚的大型钢铁企业，鞍钢技术创新能力的突破实现全产业链的覆盖：从上游铁矿石的选矿工艺，到炼铁、轧钢生产线技术，鞍钢形成了比较系统全面的技术实力。在技术创新的过程中，鞍钢侧重掌握关键和核心技术：针对贫赤铁矿入炉品位低的选矿新工艺和"提铁降硅"技术；针对成套生产线的设计开发能力；针对冷轧生产线的装备制造和工艺控制两大核心技术。掌握了核心技术，鞍钢形成了自身的核心竞争力。

六、鞍钢技术创新经验启示

（一）对产业链的带动

1. 自主集成生产线对国内设备制造商的带动

鞍钢"九五"以来的技术改造，是一个不断淘汰落后、采用高新技术现代化改造的过程。同时，这一过程也是鞍钢不断推进冶金重大装备国产化的历程。在引进日本1 780毫米热轧生产线过程中，凡是影响质量和技术水平的关键部件由国外引进，凡是国内能制造的设备全部由国内制造，但由日本三菱公司技术人员监制。工程图纸来自日本三菱公司，但计算机控制系统的编程由中方负责。结果整个机组进口比例不到15%，85%由国内制造，投资仅43亿元，建设工期30个月，比世界记录减少 6 个月。

在1 700毫米热轧生产线上，完全由国内设计制造的第四代精轧机采用了当代先进的弯辊技术、串辊技术、工作辊自动换辊技术、AGC技术及导尺短行程等最新技术，实现了自由轧制。整个生产线的装备国产化率达到99.5%。在1 780毫米冷轧生产线的开发过程中，鞍钢联合中国一重和中冶南方两家国内冶金设备制造商，通过自主研制、开发和集成建设，突破了冷轧成套设备制造和工艺生产控制两大核心技术。

走国产化道路的鞍钢实现了滚动式发展，自主创新的国产化工艺技术装备经受住了实践考验。拥有全部自主知识产权、具有国际先进水平的1 700毫米中薄板坯连铸连轧生产工艺获得国家科技进步二等奖、"九五"国家科技攻关重大科技成果奖和冶金科技特等奖。1 780毫米冷连轧生产工艺获得2005年冶金科学技术特等奖。鞍钢1 700毫米中薄板坯连铸连轧生产工艺全套输出济钢，改写了我国冶金重大成套装备长期依靠国外进口的历史。

2. 自主集成生产线对自动化公司的带动

鞍钢集团自动化公司是东北地区规模较大的从事自动化、信息化技术，具有辽宁省电子工程施工企业二级企业资质的高新技术企业。鞍钢集团自动化公司于1994年成立，先后进行了与鞍钢主体"分离"、"分立"的体制改革，成为了一个具有法人资质自主经营、自负盈亏的经济实体。

自成立以来，鞍钢集团自动化公司全过程地参与了鞍钢10年来的技术改造，不仅公司得以发展壮大，同时还培养造就了一支技术过硬、作风顽强的职工队伍。伴随着鞍钢大规模的技术改造和外部市场的拓展，公司的自动化技术和信息技术得以不断创新、发展，目前已达到国内同行业先进水平，成为鞍钢发展壮大的助推器。连续几年经营业绩实现稳步增长，2005年实现合同额15 446万元，业务收入16 172万元，上缴税金439.7万元。

在鞍钢集团自动化公司的推动下，自动化技术在鞍钢的连铸、轧钢、镀锌线等生产工序中得到广泛应用和快速发展。该公司承担了鞍钢1 780毫米、1 700毫米两条热轧带钢生产线自动控制系统的设计、编程和调试，以及大型厂万能轧机自动化控制系统、中板厂轧机自动化控制系统等。对于热轧厂1 780毫米生产线2号平整分卷机组自动控制系统，鞍钢自主设计、选型和配套了电控系统，该自动化系统投入生产后运行稳定且性能可靠。

3. 脱硫技术对工程技术公司的带动

1996年鞍钢提出建设"绿色鞍钢"，大力开发新产品，工艺方面降耗减排提效，实现"绿色经营，绿色制造"，重点开发烧结机的脱硫技术和余热余能的发电技术。

经过技术改造，鞍钢逐步淘汰了小高炉和旧的烧结机，通过建设鞍钢西区和鲅鱼圈新厂，鞍钢在节能减排方面取得显著成效；在污染物的控制方面，建设了处理工业废水的废水厂，鞍钢矿山系统实现零排放，鞍钢西区拥有当前国内最大烧结机（328平方米）烟气脱硫装置。以鲅鱼圈项目为例，与同期的曹妃甸项目相比，鲅鱼圈新厂的建设成本更低，竞争力更强，在物流成本、新工艺应用、产品结构方面优于曹妃甸项目。

节能减排对于企业而言既是挑战，也是机遇。"挑战"在于企业进行设备改造和污水处理需要加大投入，增加成本；"机遇"在于企业可以在基于更高环保要求的基础上形成新的核心竞争力。

（二）适时对科研院所进行公司制改革

鞍钢的科研院所通过公司制改革，适应市场经济的发展要求，提高了下属单位的活力和经济效益。鞍钢工程技术有限公司（英文简称ASE）是由原鞍钢集团设计研究院于2009年12月整体改制成的鞍钢独资的有限责任公司。ASE注重技术创新，开发了一塔式脱硫脱氰、高炉热风炉双预热、硫铵饱和器、蓄热式加热炉等一批专有技术和专利，具有良好的市场前景。拥有的高炉、转炉、连铸、热轧、线材轧机等钢铁冶金工艺过程控制软件达到了国内外先进水平。特别是2009年完成的鞍钢西区烧结烟气脱硫总承包工程，拥有当前国内最大烧结机（328平方米）烟气脱硫装置。

与其他科研院所一样，鞍钢自动化研究所也经历过缺少市场、效益不好、人才流失的阵痛。痛定思痛，鞍钢自动化公司经过探索走出了一条以科技为先导、以改革为动力、以用户为上帝的发展道路；多年来坚持立足鞍钢、高效服务、面向市场、开拓发展的经营策略，全过程地参与了鞍钢10年来的技术改造。伴随着鞍钢大规模的技术改造和外部市场的拓展，自动化技术和信息技术得以不断创新、发展，目前已达到国内同行业先进水平，成为鞍钢发展壮大的助推器。

（三）创新流程改进：EVI模式

为加强创新与市场结合，密切与用户合作，鞍钢对重点用户提出并开展EVI。鞍钢成立5个EVI活动团队，主要通过用户产品研发过程中的"前期介入"，有效地加快新产品开发及应用进程，形成具有鞍钢特色的独有产品和领先产品，有利地满足用户产品结构调整的需求。

第十二章

哈尔滨电气集团公司
技术创新调研报告

一、哈电集团及其下属企业概况

（一）哈尔滨电气集团公司

哈尔滨电气集团公司（简称"哈电集团"）是由国家"一五"期间前苏联援建的156项重点建设项目的6项沿革发展而来的，是在原哈尔滨"三大动力厂"（哈尔滨电机厂、哈尔滨锅炉厂、哈尔滨汽轮机厂）、阿城继电器厂及哈尔滨绝缘材料厂的基础上，为适应成套开发、成套设计、成套制造和成套服务的市场发展要求，组建而成的我国最大的发电设备、舰船动力装置、电力驱动设备研究制造基地和成套设备出口的国有重要骨干企业集团之一，也是中央管理的53户关系国家安全和国民经济命脉的国有重要骨干企业之一。

20世纪90年代，经国务院和黑龙江省政府批准，始建于1951年的哈电集团进行了股份制改造和重组，依托"三大动力厂"生产经营主体组建成哈尔滨动力设备股份有限公司（下设哈尔滨电机厂有限责任公司、哈尔滨锅炉厂有限责任公司、哈尔滨汽轮机厂有限责任公司、哈尔滨电站工程有限责任公司），并于1994年在香港联交所H股上市（哈电集团控股50.93%），原生活、后勤等服务部门分别组建成哈尔滨哈电、哈锅、哈汽、三联4个实业开发总公司。1998年兼并了佳木斯电机厂；1999年完成了对阿城继电器厂的股份制改组工作（阿城继电器股份有限公司在深交所A股上市）；2002年成立了哈电秦皇岛重型装备公司；2006年成立了哈电交直流公司；2007年成立了哈电阀门公司；2008年成立北京分公司。

50多年来，哈电集团带动了我国发电设备制造水平和自主创新能力的新跨越，实现了发电设备由"中国制造"向"中国创造"的转变，为国家电力建设做出了重大的贡献。形成了以六大主导产品为主的"多电并举、齐头共进"的良好格局。水电年生产能力600万千瓦，产品占国内市场份额50%；煤电年生产能力3 000万千瓦，产品占国内市场份额 1/3 以上；气电年生产能力 200 万千瓦，占国内市场的 45% 以上；核电年生产能力 200 万千瓦；舰船动力装置和电气驱动装置方面具备同时批量生产 3 种舰船动力设备 10 台套的能力；电站成套设备交钥匙工程已获得 ISO9001 及美国 FMRC 质量体系认证，承建了近 20 个国外电站工程项目及一系列国内电站成套项目和交钥匙工程。

哈电创造了多个历史"第一"：制造出中国第一台苏雄 800 千瓦水轮发电机组和 2.5 千瓦火电机组（锅炉、汽轮机、发电机）；开创了我国发电设备自主设计制造的先河，成功研制出新安江 7.25 万千瓦大型混流式水轮发电机组；首次获得我国发电设备制造业最高荣誉，自主研发的葛洲坝 12.5 万千瓦轴流转桨式水轮发电机组和 21 万千瓦汽轮机，获得国家科技进步特等奖；首次出口大型发电设备，并保持着当今中国出口单机容量最大机组的记录；制造中国第一台成功服役的舰艇核动力汽轮机、主泵电机；成功研发 60 万千瓦、100 万千瓦超临界、超超临界汽轮发电机组；自主设计制造的三峡右岸 70 万千瓦机组成功投运，开创了中国巨型水电机组自主设计制造的新纪元。

（二）哈尔滨动力设备股份有限公司

哈尔滨动力设备股份有限公司是由哈电集团在所属"三大动力"主机制造厂的基础上，经过股份制改组成立的股份有限公司，于 1994 年在香港挂牌上市，是中国规模最大的发电设备制造商之一。公司及所属的"三大动力"生产的发电设备占据了国内火电装机总量的 1/3，水电装机总量的 1/2。2008 年公司总资产 490 亿元，销售收入 299 亿元。哈电股份公司已形成开发、设计、生产制造大型水电、火电、核电及其成套设备，电站项目交钥匙工程，舰船装置和电气驱动装置等主导产品的能力。发电设备年生产能力 25 000 兆瓦以上，具备生产 600 兆瓦亚临界、超临界，1 000 兆瓦超超临界和空冷机组的能力；具备生产 700 兆瓦水电机组和 300 兆瓦级循环硫化床锅炉的能力；具备同时生产三种舰船动力装置的能力；具备加工生产百万等级和百万千瓦级核电机组、核岛主设备和常规岛汽轮机组主辅机、核主泵及阀门的能力；具备加工生产 9FA 重型燃气轮机的能力。同时，还具备生产电站阀门、交直流电机及特种电机的能力。哈电股份公司拥有发电设备国家工程研究中心和国家级企业技术中心，拥有各类专业技术人员近万人，其中，中国工程院院士 2 人，教授级高工 30 人，先后有 69 人享受国务院特殊津贴，高、中级专业技术人员 4 300 人。

（三）哈尔滨锅炉厂有限责任公司概况

哈尔滨锅炉厂有限责任公司的前身是 1954 年建厂的哈尔滨锅炉厂，以设计制造 50 兆瓦~1 000 兆瓦火力发电机组锅炉为主导产品，并设计制造配套辅机、石化容器、核能设备、工业锅炉以及军工等产品，是国内生产能力最大、最具规模的发电设备制造企业，电站锅炉年生产能力已达 30 000 兆瓦以上。截至 2008 年末，哈锅已累计生产电站锅炉 1039 台 /17 577.15 万千瓦，占建国以来国产火电装机容量的 35% 以上，产量居全国首位；并设计制造了各种不同容量和布置方式的锅炉、汽轮机辅机 1 000 余台，装备了全国 200 多个电厂，产品出口 20 多个国家和地区。哈锅作为国家大型电站锅炉的科研与开发基地，80% 以上各种容量参数的首台锅炉均诞生于此。此外，国产首台 600 兆瓦亚临界锅炉、国产首台 1 000 兆瓦超超临界锅炉、拥有自主知识产权的国产首台 300 兆瓦大型循环流化床锅炉（CFB）、国产首台鲁奇式气化炉、国产首台 24 万吨／年尿素合成塔及内衬钛 CO_2 汽提塔、引进型首台 1 000 兆瓦核电站汽水分离再热器等产品均在哈锅诞生。

（四）哈尔滨电机厂有限责任公司概况

哈尔滨电机厂有限责任公司始建于 1951 年，国家一级企业，原名哈尔滨电机厂，1994 年 10 月改组为股份制企业。经过 50 多年的发展，哈尔滨电机厂现已成为我国生产大中型发电设备、大中型交直流电机及配套控制设备的重点骨干企业。哈电的产品遍布全国各地，生产的水轮发电机约占国产水电机组总装机容量的 1/2，汽轮发电机约占国产汽轮发电机总装机容量的 1/3。哈电拥有自主研发、设计、制造能力。哈电的主导产品有：水轮机、水轮发电机、汽轮发电机、电站主机配套的控制设备和大中型交直流电机共 6 大类。哈电创造了我国发电设备制造史上的多个"第一"：自主开发成功制造了新中国第一台水轮发电机组；成功开发的葛洲坝 125 兆瓦水轮发电机组荣获国家科技进步特等奖和第一枚国家级质量金牌奖；成功制造了第一台国产单机容量最大的 600 兆瓦汽轮发电机；成功制造了我国最高水头混流式水轮发电机组；成功制造了转轮直径居国内首位（直径 8.3 米）的水轮发电机组；成功制造了我国最大的宝钢2050 热连轧机配套电机，各项指标均达到世界先进水平。到 2009 年，哈电已与德国西门子公司、美国西屋公司、日本日立公司、法国阿尔斯通公司、瑞士 ABB 公司和挪威 GE 公司等 12 个国家 30 多家企业建立了合作关系，产品行销加拿大、美国、巴基斯坦、日本、伊朗等 16 个国家，为国外 26 座电站装备了 107 台机组。

（五）哈尔滨汽轮机厂有限责任公司概况

哈尔滨汽轮机厂有限责任公司前身是建立于上世纪 50 年代的哈尔滨汽轮机厂，1994 年改组为股份制企业。经过半个世纪的发展，哈汽已经发展成为一个以设计、制造大型火电汽轮机、船用汽轮机和重型燃气轮机为主的国家重点大型骨干企业。形成了批量生产 30 万千瓦、60 万千瓦汽轮机，30 万千瓦、60 万千瓦直接空冷气轮机，60万千瓦超临界汽轮机，百万千瓦以上的超超临界汽轮机、百万千瓦等级的核电汽轮机、舰船主动力蒸汽轮机和重型燃气轮机组，年 1 200 万千瓦的生产制造能力，拥有亚洲最大的高速动平衡机和真空电子束焊机，整体装备水平在国内处于领先地位。1958 年 9月 29 日，我国第一台 2.5 万千瓦汽轮机在哈汽设计、制造成功。此后，相继设计、制造了我国第一台 5 万、10 万、20 万和 60 万千瓦汽轮机；设计制造了我国第一台 20万、30 万、60 万千瓦空冷汽轮机，我国第一台 60 万千瓦超临界汽轮机、第一台 30 万千瓦热电联供汽轮机和我国第一台 65 万千瓦核电汽轮机。

二、哈电集团技术创新历程

哈电集团的主要产品包括煤电设备、水电设备、核电设备等，其创新历程如表 12-1 所示。

表 12-1　哈电集团技术创新发展历程

业务	产品及厂家	创新历程			
煤电设备	锅炉（哈尔滨锅炉厂）	20 世纪 50 至 60 年代，苏联技术支持	20 世纪 70 年代，在苏联技术基础上自主研发	上世纪 80 年代联合引进美国西屋公司技术，标准转轨	20 世纪 90 年代至今，自主技术引进，并自主开发 60 万千瓦超临界流化床锅炉，100 万千瓦超超临界褐煤锅炉
	汽轮机（哈尔滨汽轮机厂）	20 世纪 50 年代，苏联技术支持	20 世纪 60 年代至 70 年代，在苏联技术的基础上自主研发	20 世纪 80 年代从美国 CE 公司、西屋公司引进 30 万千瓦和 60 万千瓦亚临界机型技术	20 世纪 90 年代至今，开发 60 千瓦超临界汽轮机，100 万千瓦超超临界汽轮机，世界领先
	汽轮发电机（哈尔滨电机厂）	2005 年，哈汽引进日本东芝 100 万千瓦超超临界汽轮发电机技术	2007 年 8 月，哈汽制造中国最大的 100 万千瓦超超临界汽轮发电机成功	2010 年 7 月，由哈汽自主研制、设计的沁北百万"小机座"汽轮发电机研制完成并进行总装型式试验	
水电设备	水轮机（哈尔滨电机厂）	1951–1960 年，在水力发电设备方面走集成创新路线，在水电设备方面形成了自己的技术体系	1960–1980 年，哈电自主开发刘家峡电站单机 22.5 万千瓦发电设备；"文革"期间技术停滞	1980–1997 年，对外引进技术。哈电与日本日立事务所建立友好工厂，与跨国公司合作，承包生产任务，学习国外的先进技术和管理经验	参与三峡工程左岸技术引进，在消化吸收左岸技术的基础上，在三峡右岸工程中开发出新型水轮机叶片，效率达到 94%以上，并采用全新的水力发电机组空冷技术，世界首创
	发电机（哈尔滨电机厂）				
核电设备	核岛	国家核电技术公司统一组织技术引进，处于消化吸收阶段			
	汽轮机（哈尔滨汽轮机厂）	引进日本三菱公司技术，处于消化吸收阶段			
	发电机（哈尔滨电机厂）				

（一）煤电设备

1. 锅炉

哈电集团锅炉技术的进步主要经历了以下几个阶段：20世纪50年代至60年代，由苏联提供技术支持，技术资料公开，到目前为止，哈尔滨锅炉厂生产20万千瓦以下的锅炉基本还是参照苏联的技术标准。20世纪70年代，哈锅在苏联技术基础上进行自主开发，国内第一台5万、10万和20万千瓦锅炉由哈锅研制成功；20世纪80年代，国家组织联合技术引进，从美国CE公司、西屋公司引进锅炉技术。三家企业（哈锅、上锅、东锅）参与引进30万千瓦和60万千瓦亚临界锅炉设计、制造技术。其中，哈锅负责60万千瓦亚临界锅炉技术。到20世纪80年代末，哈锅开发30万千瓦亚临界自然循环锅炉技术（国外采用控制循环技术）。通过此次技术引进，哈锅了解到美国机械工程协会的标准，从材料、工艺、产品性能、试验标准和质量控制等全方面与国际标准接轨，改变了改革开放前全部采用苏联标准的现状。20世纪90年代末至今，企业自主引进技术阶段。哈锅从日本东芝公司引进高压加热器技术。2003年之后迎来中国电力大发展阶段，哈锅从英国引进600兆瓦超临界锅炉技术，从法国阿尔斯通引进循环流化床锅炉技术，从阿尔斯通美国公司引进联合循环余热锅炉技术，从日本三菱重工引进600兆瓦、1000兆瓦超超临界锅炉技术，从日本三菱重工引进核电AP1000常规岛汽水分离再热器、高压加热器、除氧器技术。"九五"期间哈锅积极承担国家科技部组织的"863"计划和国家科技支撑计划，组织和联合国内知名大专院校、科研院所进行关键技术攻关研究。在循环流化床锅炉、超超临界锅炉、褐煤燃烧及环保技术等方面取得了一系列研究成果。综合上述哈锅技术进步的各个阶段，可以看出，哈锅走出了一条引进、消化、吸收再创新，产学研合作自主创新的技术进步路径。哈锅自主开发了60万千瓦超临界循环流化床锅炉和100万千瓦超超临界褐煤锅炉。

2. 汽轮机

哈电集团汽轮机技术进步经历了以下几个阶段：1956年哈汽由苏联援建，主要生产发电设备和轮船动力，当时有5600多名员工，占地55万平方米，科研人员近900人，年产能3000万千瓦，从仿制苏联10万千瓦以下机组开始起步。上世纪60年代至70年代，在苏联技术的基础上自主研发，进行改型和优化，自主设计生产了10万千瓦、20万千瓦汽轮机，其中首台20千瓦汽轮机出口巴基斯坦。上世纪80年代开始技术引进，从美国CE公司、西屋公司引进30万千瓦和60万千瓦亚临界机型技术。哈电集团汽轮机公司开始了新一轮的图纸转化、人员培训、技术咨询和重大科技攻关活动。1986年，我国首台60万千瓦考核机组制造成功。1989年，优化改进型60万千瓦汽轮机制造成功，达到当时国际先进水平。这是一个重大的历史性转折，哈电集团汽轮机公司完成了主力机组从10万千瓦、20万千瓦向30万千瓦、60万千瓦的战略性转变，为国产汽轮机蒸汽参数、单机容量和综合经济性能提高，做出了重大贡献。上世纪90年代，开发了全三维计算软件，利用现代设计技术开发设计了新一代亚临界30万千瓦、60万千瓦汽轮机，从而使亚临界30万千瓦、60万千瓦汽轮机技术达到了国际先进水平。

2002年以来，哈汽与日本三菱公司联合开发超临界60万千瓦汽轮机，实现了以我为主、创新提高的技术发展思路。哈汽生产的我国首台超临界60万千瓦汽轮机，具有高效、节能、环保等几大优势。同年，哈汽采用当代国际前沿技术，开发了具有自主知识产权的亚临界30万千瓦、60万千瓦空冷汽轮机，且各项性能均达到国际先进水平。首台空冷30万千瓦汽轮机于2004年在山西漳山电厂投运；首台空冷60万千瓦汽轮机于2005年上半年在大同电厂投运。这些机组的顺利投运，解决了西北地区富煤少水环境下汽轮机运行的难题。

2005年以后，哈汽分别与日本三菱公司和东芝公司签订了超超临界60万千瓦汽轮机和超超临界100万千瓦汽轮机技术合作协议。这表明，哈汽公司已经具备了国际最先进的100千瓦等级超超临界机组的设计、制造能力。

3. 汽轮发电机

近五年来，哈电集团汽轮发电机技术取得了显著的进步，走出了一条引进、消化、吸收再创新的道路。2005年，哈尔滨电机厂有限责任公司与日本东芝公司签订100万千瓦超超临界汽轮发电机技术转让协议，引进100万千瓦超超临界汽轮发电机技术。2007年8月，哈尔滨电机厂有限责任公司制造中国最大的100万千瓦超超临界汽轮发电机成功。与全国同类机型相比，这台汽轮发电机的实际发电能力可达110万千瓦，也是中国最大的百万等级的汽轮发电机组。它的成功研制表明哈电集团在汽轮发电机制造技术和设计能力方面已经达到世界一流水平。2009年10月，哈尔滨电机厂生产的首台国产化超超临界100万千瓦汽轮发电机——江苏泰州电站一期工程2号机组，通过国内专家组鉴定，认为该设备性能指标和制造工艺达到了世界先进水平。超超临界100万千瓦汽轮发电机是目前国际上功率最大、最先进的巨型火力发电机。在江苏泰州电站一期2号机研制前，包括哈尔滨电气集团在内的国内企业也生产过或参与生产过同等级的发电设备，但存在国产化程度低或技术指标低等问题。哈电集团在充分消化、吸收国际先进超超临界100万千瓦汽轮发电机组生产技术过程中，形成了成熟的产品设计理念，并将机组的一些部位进行了优化设计，将能够达到要求的国产材料应用到机组中。

通过在电磁计算、冷却技术、制造工艺等方面的不断改进创新，哈电集团生产的江苏泰州电站一期工程2号机国产化率达到80%，其主要技术经济指标均达到或超过国际标准，整机重量为国内同型机重量最轻的。而电机最关键的性能——效率，在电厂运行中已超过了99%，最大连续出力高达110万千瓦。运行数据还显示，国产化的泰州电站一期工程 2 号机的发电机额定容量运行时轴振动值等多项主要性能指标优于同类进口产品。2010 年 7 月，由哈电集团自主研制、设计的沁北百万"小机座"汽轮发电机研制完成并进行总装型式试验。经过近一年多的制造，百万"小机座"汽轮发电机已进入研制完成倒计时阶段。优化后的沁北百万机型是目前世界上整体运输重量最轻、体积最小的 1 000 兆瓦超超临界汽轮发电机，长宽高为 11 000 毫米×3 800 毫米×4 200 毫米，运输重量为 380 吨。铁路二级运输不超限，只要有铁路的地方，就可以进行运输。百万"小机座"的研制成功，标志着哈电集团大容量等级汽轮发电机的设计能力和制造技术均达到世界一流水平，将为未来的市场竞争增添优势。

（二）水电设备创新历程

哈电集团水电设备由哈尔滨电机厂有限责任公司生产，包括水轮机和发电机，其创新历程分为以下几个阶段：1951-1960 年，在水力发电设备方面走集成创新路线，在全国技术人员的支持下，哈电在水电设备方面形成了自己的技术体系。1960-1980 年，哈电自主开发刘家峡电站单机 22.5 万千瓦发电设备，刘家峡电站因此成为当时世界上单机容量最大的电站。在"文革"期间，技术水平处于停滞阶段。1980-1997 年，对外引进技术，国内水电发展较快。哈电与日本日立事务所建立友好工厂，与跨国公司合作，承包生产任务，学习国外的先进技术和管理经验。1997 年至今，哈电抓住三峡工程的历史机遇，在国家主导下参与三峡水电设备技术引进，与法国阿尔斯通、瑞士 ABB 公司、挪威 KEN 公司组成的联合体共同承担了三峡左岸 8 台水轮机发电机组，开创了技术引进、消化、吸收再创新的"三峡模式"。哈电在之后三峡右岸自主开发的水轮机叶片大大提高转化效率，达到世界先进水平，同时自主开发的全空冷技术，被专家誉为"开创了大型水轮发电机组空冷技术的新时代"。

（三）核电设备创新历程

哈电核电设备技术创新方面主要经历了以下几个阶段：1999 年 9 月，哈电与美国西屋公司联合设计、合作生产的我国第一台 65 万千瓦核电汽轮机。继秦山核电第一台 65 万千瓦核电汽轮机顺利投运之后，在秦山核电二期工程扩建项目中，哈汽公司又承揽了两台 65 万千瓦汽轮机组制造合同。2005 年，哈汽与东芝公司签订了超超临界 100 万千瓦汽轮机技术合作协议，这表明，哈汽公司已经具备了国际最先进的 100 万千瓦等级核电、100 万千瓦等级超超临界机组的设计、制造能力。2008 年 11 月，哈电集团取得中核集团福清、方家山 100 万千瓦核电机组反应堆主冷却泵（核电主泵）的自主制造技术。

核反应堆开始工作后，主泵将冷水泵入蒸发器转换热能，是核电站最关键的设备，被称为核电站的心脏。我国以前核电站所用的主泵长期依赖进口，核电主泵的自主设计和制造是我国推进核电自主化的重点和难点。哈电掌握这一技术，意味着我国在打破国外核电技术垄断，实现核电设备自主化方面取得了重大进展。

三、哈电集团创新能力积累的关键事件

（一）三峡水力发电设备

1. 技术引进、消化和吸收

1997 年 9 月，三峡左岸 14 台机组采用国际招标。标书中规定：投标者要与中国有资格的制造企业联合设计、合作制造，并向中国制造企业全面转让技术。国内两家企业——哈尔滨电气集团电和东方电气集团分别与两个联合体 VGS 联营体（德国VOITH、西门子、加拿大 GE Hydro 和东电）和阿尔斯通联营体（法国阿尔斯通、原瑞士 ABB、原挪威 Kvaerne 和哈电）签订了分包合同和技术转让合同。分包份额约为总价的 30%，技术转让合同规定了技术转让的内容、转让的方式、软件名称和图纸资料清单及验证方法。技术转让合同规定，从 1998 年开始，哈电的科研、设计、工艺、项目管理和质量保证等方面的技术人员陆续前往国外，接受 Alston–ABB–KEN 集团的全面技术转让。根据技术转让协议规定的内容，哈电共接受设计分析软件 42 个，涉及三峡机组设计制造的各项关键技术，如水力设计与试验、电磁通风计算、推力轴承、结构刚强度、绝缘、关键工艺等，其中有商业软件和自开发软件。此次技术引进包括水轮发电机和水轮机两大类技术。

水轮发电机：水轮发电机电磁参数设计；水轮发电机的电磁场分析；发电机刚强度分析计算；发电机组轴系稳定性、临界转速及动态响应计算；电力系统与电机仿真计算；发电机通风冷却技术；发电机推力轴承技术；发电机绕组绝缘技术。

水轮机：水力设计技术；模型水轮机试验测试技术；三峡水轮机结构计算软件；其他设计软件。

通过技术引进，哈电集团获得以下四方面的成果：

人才队伍的锻炼和培养。通过 6 年多的技术引进，哈电机公司不仅全面地掌握了大型水电机组的制造技术，为三峡电站提供了优质的产品，同时也培养出了一大批优秀的技术人才，这些掌握了先进技术的科技人员，把从三峡项目中所学到的知识消化吸收，运用到更广的方面，许多人已经成为了哈电公司的技术骨干和中坚。

引进大量的设计软件，其中仅发电机就有 8 个部分共 20 多种软件，如SIMSEM，对三峡发电机在带有交直流输电线路的系统上的运行状态进行初步分析。此部分引进的软件中还包括了一些商业软件，如 MADYN 和 ANSYS 等。ABB 公司为三峡设计的水电机组冷却方式为半水冷系统，主要计算软件是 Flowmaster，可对可压和不可压二种流体进行稳态和瞬态的分析及流体动力计算，比较先进。水轮机方面引进的三维粘性流动分析软件 Tascflow 商业软件在三峡水力设计分析中得到了应用。一大批先进的软件

的应用，极大地提高了哈电公司的科研开发能力和水平。

设计与制造技术方面能力提升。除了引进了先进的结构设计，如发电机定子机座采用的斜支墩技术，这是针对大型机组部件因受热所引起的变形设计出的有延周长膨胀适应特点的部件。在水轮机转轮的设计方面，还采用了新型的叶片设计理念，可将水轮机效率提高到 94% 以上。这些先进技术的应用，提高了产品的技术水平，也促进了技术的进步。同时在设计上引进了新的设计方式，广泛应用了新的绘图软件，大大提高了设计的能力。在制造技术方面，掌握了大型部件的制造工艺，如水轮机转轮重达 450 吨，直径在 10 米左右，如何保证组装的质量和焊接质量，直接影响转轮的整体性，对机组性能的保证是至关重要的。通过引进技术，在这些大型部件的制造中，不仅满足了图纸的要求，有的部件质量甚至超过了国外的产品。

机组安装技术。通过与国外的合作，哈电在机组安装方面获得了完整安装技术资料，填补了国内在安装方面的一些空白。特别是一些大型机组的安装规范，过去国内的安装单位都没有统一的标准，完全依靠经验，通过三峡工程的技术引进，哈电掌握了大型发电设备安装的技术，也建立了适应国内电站安装需要的技术条件和规范。

2. 再创新

在消化吸收左岸引进技术的基础上，哈电集团在技术上又有了创新的发展，其中在水轮机转轮设计中，开发出具有哈电公司特色的模型转轮，该转轮不仅各项性能指标远远好于原来引进的左岸外国公司的转轮，而且该"混流式 L 型叶片转轮"还获得了国家发明专利，此专利同时也获得 2008 年中国专利奖优秀奖。另一重大的创新就是哈电公司在右岸所采用的全空冷发电机，更是创下新的世界记录，开创了 700MW 巨型机组空冷的新时代，三峡左岸由于采用的是半水冷发电机，这种冷却方式的发电机尽管冷却的效果比较理想，但由于需要专用的循环水系统，在厂房内要有一定的占地面积，同时还要设置净化水设备，在机组运行过程中，维护工作量大，还存在着水泄漏造成事故停机等诸多面的问题。哈电公司正是基于左岸机组存在的问题，在开展了大量研究工作的基础上，设计出了与左岸机组完全不同的冷却方式的机组。哈电机公司在右岸机组的创新，从三峡右岸机组投运后的数据表明，哈电机公司自主研发、自主设计、自主制造的全空冷机组，运行稳定，各项指标完全符合合同的要求，而且在全部三峡投运的 26 台机组中，哈电机公司生产制造的机组台台都创下最优的记录，被用户赞誉为创金牌的机组。

(二) 锅炉技术

1. 循环流化床技术[①]

哈锅的循环流化床锅炉技术主要源于与国外公司的技术合作、技术引进以及国内

---

① 资料来源：http://www.hbc.com.cn/production/PRODUCTION_CFB.htm，访问时间：2010 年 11 月 10 日 15:00。

科研院所的合作。结合国内的市场情况及客户的特殊要求，哈锅将引进、合作的技术有机结合，并进行多方面的优化设计，推出具有哈锅特色、符合中国国情的循环流化床锅炉技术。自上世纪80年代开始，哈锅在循环流化床锅炉方面的技术来源如下：与国外拥有成熟技术的锅炉设计制造商（美国PPC、ALSTOM公司、奥地利AE公司）合作；引进ALSTOM（原德国EVT）公司220t/h–410t/h级（包括中间再热）循环流化床锅炉技术；引进美国燃烧动力公司（CPC）的细粒子循环流化床锅炉技术；与国内研究流化床燃烧的高校及科研院所合作；引进ALSTOM公司20万–35万千瓦等级亚临界循环流化床锅炉技术；与热工院联合自主开发国产10万、20万、33万千瓦循环流化床锅炉技术；自主研发30万千瓦等级CFB锅炉；自主研发60万千瓦等级超临界CFB锅炉技术。

（1）30万千瓦等级CFB锅炉。

目前，哈锅300兆瓦等级CFB锅炉技术主要有三种：一种是经优化设计的引进型炉型，另一种是与国电热工研究院联合开发的带有气动分流回灰换热器的炉型，还有一种是自主开发的双烟道挡板调温炉型。

2003年12月，在国家发改委的组织下，国内三大锅炉厂及六大设计院联合引进了ALSTOM公司的20万–35万千瓦等级的CFB锅炉技术。2006年6月，由哈锅设计制造的30万千瓦循环流化床锅炉机组顺利通过了168小时的试运。针对引进型技术出现的问题，有些是可以改进的，比如磨损问题，冷渣器问题等，但有些是比较困难的，例如厂用电率高，系统复杂及初期投资大等问题，为了能提供给用户更加理想的大型循环流化床锅炉，哈锅自主研发了不带外置换热器系统的30万千瓦等级CFB锅炉。在自主开发的技术上，哈锅没有对引进技术进行全面的否定，充分借鉴了白马及开远的成功经验，并对已投运的中等容量机组中出现的问题进行分析总结，形成了新的技术方案。

引进型CFB锅炉厂用电耗高，很大原因是由于外置床系统较大，因此哈锅与热工院联合开发的33万千瓦CFB锅炉虽采用了分流回灰换热器，但其容量要比引进型小得多，并用屏式过热器及水冷屏作为补充受热面。另外，分流回灰换热器采用气动控制方式，该装置同时具有回料阀的返料密封功能、锥型阀的分流回灰控制功能和外置床换热功能，大大简化了系统。

（2）60万千瓦超临界循环流化床锅炉。

由于我国超临界煤粉锅炉技术以及大型CFB锅炉技术均已经成熟，具备了独立自主开发60万千瓦超临界CFB锅炉的实力。因此，国家决定60万千瓦超临界CFB锅炉走自主开发的路线，不再引进，积极推动示范工程立项。早在"十五"期间，哈锅就与清华大学联合完成了60万千瓦超临界循环流化床方案及关键技术的研究工作。"十一五"期间，国家科技部与发改委组织了哈锅、东锅、上锅、清华大学、热工院、西安交大和中科院等主要 CFB 制造商、高校和科研院所，正式开始了国家科技支撑计划的 60 万千瓦超临界 CFB 锅炉的研发工作，并制定了以企业为主的开发理念。该项目于 2010 年完成。

2. 超超临界技术[①]

2002 年以前，中国燃煤发电使用的是亚临界锅炉，其热效率为 38% 左右，燃煤机组的供电煤耗为 330 克/千瓦时。当时，我国连超临界机组的示范工程都尚未开始建设，国际上也仅有德国、丹麦、日本的 5 个电厂投产。专家预测，在我国未来电源结构中煤电仍占很大比重，到 2020 年仍将占总发电量的 75% 以上，火电带来的环保问题成为能源发展的制约因素。2002 年 7 月，"超超临界燃煤发电技术的研发和应用"课题全面启动，该课题共包括 5 个子课题，哈锅负责第二子课题"超超临界锅炉关键技术研究"，与上海锅炉厂有限公司、东方锅炉(集团)股份有限公司、西安交通大学、华北电力大学(北京)联合对超超临界锅炉设计制造的关键技术开展科学研究和技术攻关，这也是我国 863 计划首次以企业牵头负责的科研项目。2005 年 11 月，课题组全面完成了合同规定的各项内容。

对于哈锅而言，研发超超临界锅炉关键技术既是一次难得的机遇，也是对哈锅整体技术实力、制造实力最严峻的考验。超超临界锅炉关键技术研发过程中最大的挑战莫过于解决特殊材料焊接难题，按照日方选定的焊接材料、工艺，用哈锅的现有设备，一个月时间没有焊接成功，日本专家也束手无策。哈锅大胆创新，打破了日方原有焊接工艺和焊接材料的局限，采用了新材料和新工艺，利用一周时间完成了焊接。平均一条焊缝的焊接时间仅为 1 人 12 小时左右，与日方 2 人 15 天一条的焊接工艺相比，生产效率大大提高。

2007 年 11 月 24 日，作为"超超临界燃煤发电技术的研发和应用"课题的依托工程，由哈锅制造的我国首套 4 台 100 万千瓦超超临界机组锅炉全部投运：锅炉效率为 93.88%，热效率达到 45.4%，比 60 万千瓦超临界机组提高 3% 以上；机组的发电煤耗为 270.6 克/千瓦时，比 60 万千瓦亚临界机组低 60 克/千瓦时，烟气中氮氧化物的排放浓度为 270 毫克/立方米，优于国家排放标准。如果以 2006 年全国燃煤发电厂总量计算，使用该技术后全年可节约大约 2 亿吨标准煤，减少二氧化碳排放约 5.4 亿吨。机组的能耗和污染物排放指标达到当今世界同类型机组的先进水平，高效、节能、环保的优势得以充分体现。该技术荣获 2007 年度国家科学技术进步一等奖。该项新技术的应用，标志着我国电力工业和装备制造业达到了国际先进水平，将带动我国火电技术实现新跨越。

---

① 资料来源：http://news.qq.com/a/20080110/002768.htm，访问时间：2010 年 11 月 12 日。

（三）煤电汽轮机技术

1. 引进西屋公司技术，实现主力机组的战略性转变

哈汽自上世纪80年代开始技术引进，从美国西屋公司引进30万千瓦和60万千瓦亚临界机型技术。哈电集团汽轮机公司开始了新一轮的图纸转化、人员培训、技术咨询和重大科技攻关活动。1986年，我国首台60万千瓦考核机组制造成功。1989年，优化改进型60万千瓦汽轮机制造成功，达到当时国际先进水平。这是一个重大的历史性转折，哈电集团汽轮机公司完成了主力机组从10万千瓦、20万千瓦向30万千瓦、60万千瓦的战略性转变，为国产汽轮机蒸汽参数、单机容量和综合经济性能提高，做出了重大贡献。

2. 自主开发空冷汽轮机技术，解决西北地区富煤少水环境下汽轮机运行的难题

哈汽对于空冷汽轮机的系统研究始于20世纪60年代。1966-1970年，哈汽与哈工大共同开展了我国第一台5万千瓦试验电站空气凝汽器试验研究工作。1990年初，哈汽取得内蒙古丰镇电厂20万千瓦间接空冷汽轮机的项目。首台机组在1991年一次启动成功，经运行表明机组轴系稳定，安全满发，其中710毫米叶片的研究与运行达到国际先进水平。该机组在1995年被评为年度国家级新产品，并于1998获国家科技进步二等奖。2000年以来，哈汽相继开发了具有自主知识产权的5万千瓦、10万千瓦、13.5万千瓦、20万千瓦、30万千瓦、60万千瓦等空冷汽轮机，从而形成了从大型到中、小型具有完全自主知识产权的完整的空冷汽轮机系列，完全达到了自主设计、自主研发生产的一条龙式生产链条，改变了原来依赖国外技术不得不支付昂贵技术费用的局面，既为企业提高了利润，也为国家节约了成本。2002年，哈汽根据国家能源政策和电力工业发展需要，开发了具有自主知识产权的60万千瓦和30万千瓦亚临界空冷机组。首台空冷30万千瓦汽轮机于2004年在山西漳山电厂投运，这是由哈汽开发、设计、制造、投运的国内第一台达到世界先进水平的直接空冷汽轮机。国产首台直接空冷60万千瓦汽轮机于2005年上半年在山西大同二电厂运行，机组表现出优异的稳定性和经济性。由国内知名的专家组成的鉴定组一致认为机组技术性能良好，满足技术规范的要求，具有国际先进水平。随后，哈汽与东芝公司合作开发了两缸两排气的60万千瓦直接空冷汽轮机，在原来三缸两排气的基础上，减少了一个缸。这一改变不但使汽轮机组实现了质的飞跃，轴系总长度从原来的27米缩短到现在的不到21米，而且还降低了汽轮机的制造成本，大大缩减了维修费用和电厂造价。之后，哈汽的研发再次提速，相继开发出两缸两排气60万千瓦超临界和60万千瓦超超临界直接空冷汽轮机等一系列新型空冷机组。值得指出的是，哈汽研制的具有自主知识产权的100万千瓦超超临界汽轮机具有世界先进水平，2010年分别安装在内蒙古克什克腾发电厂和山西定襄发电厂。一座空冷电站耗水量大约相当于同容量湿冷电站耗水量的1/3。这

对于富煤缺水地区的水资源合理利用及保护自然生态环境有着重要意义。同时，哈汽通过创新实现了大型空冷汽轮机组的国产化，告别了原来依赖进口的局面，节约了大量资金。

（四）核电汽轮机技术

1.秦山二期工程（65万千瓦核电汽轮机组）

哈汽坚持技术引进与自主设计相结合，加快制造自主化进程。1992年，哈汽与美国西屋电气公司联合承担了为秦山核电二期国产研制两台65万千瓦核电汽轮机的设计制造任务。这是国内首台65万千瓦核电汽轮机组。哈汽公司为技术总负责单位。在此过程中，哈汽公司攻克了诸多技术难关，圆满地完成了机组的设计和制造任务，纠正了国外厂家的设计缺陷，并在实际工作中逐步实现了"以我为主"开发研制我国首台核电65万千瓦等级汽轮机组的目标，拓展了领域，也锻炼了队伍。秦山二期核电汽轮机首台机组于1999年9月厂内一次盘车成功，并于2002年4月进入商业运行阶段。核电秦山二期机组的成功投运，填补了国内核电汽轮机制造技术的空白。在这次研发制造过程中，哈汽通过技术创新创下了大功率核电汽轮机国产化比例最高记录。随后，哈汽公司在秦山第二核电厂二期工程和海南昌江核电厂又分别获得两台65万千瓦汽轮机组，保持了在全速核电领域国内同行业中的领先地位，国产化率达到100%。65万千瓦核电汽轮机的研制成功，表明我国自主研制大型压水堆核电站汽轮机的能力大幅度提高，同时通过该机的设计制造，哈汽形成了一套完整的核电质保体系，为设计制造百万千瓦等级核电汽轮机奠定了基础。

2.百万千瓦核电汽轮机

"十五"期间，国家把核电发展和建设作为一项重点内容列入国家发展规划中。据此，哈汽开展了百万等级核电汽轮机关键技术研究，相继完成了全转速和半转速汽轮机的设计方案；全转速和半转速汽轮机的加工制造和质量保证；1 200毫米超长叶片的研制；沸水堆汽轮机和压水堆汽轮机在设计、工艺、材料等方面的补充研究课题，并完成了100万千瓦全转速核电汽轮机的方案设计。2007年9月，世界首座第三代核电站——浙江三门核电站项目开标。哈汽赢得了常规岛两台125万千瓦核电汽轮机的设计制造合同，再次站在国内核电汽轮机制造业的至高点。2010年，哈汽赢得中国电力投资集团公司海阳电站扩建工程两台125万千瓦核电汽轮机主辅制造合同，合同金额超过20亿元。至此，作为国内唯一掌握AP1000核电汽轮机主辅制造技术的企业，哈电集团也囊括了目前国内核电站该项设备的全部8台订单。哈汽凭借自身实力成为目前国内唯一掌握AP1000核电汽轮机主辅制造技术的企业，成为我国第三代核电设备生产的主力。AP1000第三代核电技术是当今世界上最先进的核电技术。该技术由于运用非能动的安全系统，可较大幅度地简化系统，减少设备数量，提高核电站的安全性和经济性。该电站全部投入运行后，将凸显"零排放"的优势，每年比同类装机规模的火电厂减少二氧化碳排放 5 000 多万吨、氮氧化物排放约 15 万吨、烟尘排放约 12 万吨。

四、哈电集团支撑创新的内部机制

（一）技术创新体系

1. 集团公司层面

哈电集团拥有国家级企业技术中心、博士后工作站、发电设备国家工程研究中心、国家水力发电设备工程技术研究中心、水力发电设备国家重点实验室、国家大电机水轮机质量技术监督检测中心、哈尔滨大电机研究所等国家级科研机构，其科研开发体系如图 12-1 所示。哈电的技术创新开发包括以主机厂设计、工艺部门为核心的"产品制造技术"层；以发电设备国家工程研究中心、国家水力发电设备工程技术研究中心等为核心的"研究开发"层；以博士后工作站与高校、科研院所协同作为载体的"上游技术"层。

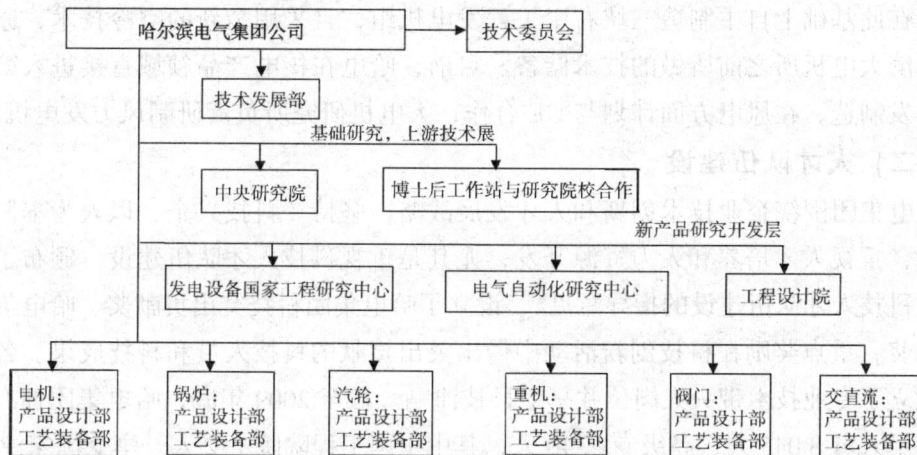

图 12-1　哈电集团科研开发体系

2. 主机厂层面

（1）哈尔滨锅炉厂有限责任公司。哈锅的技术创新体系由上至下可以分为三个层次：第一个层次是技术发展战略委员会，由 3 位中国工程院院士担任技术专家顾问，就哈锅技术发展战略提出指导意见和建议；第二个层次是总工程师领导下的技术管理处，主要负责公司科研项目的管理和协调工作；第三个层次是具体的科研机构，分为"一站"和"三所"，"一站"是 2008 年成立的博士后科研工作站，已经接受哈工大一名博士后，从事自主开发 60 万千瓦超临界技术研究，"三所"是材料研究所、工艺研究所和锅炉研究所。锅炉属于定制化产品，对技术的专门化和服务水平要求较高，专业的研究所支撑哈尔滨锅炉厂的技术创新和产品服务。

（2）哈尔滨汽轮机厂有限责任公司。哈汽的技术创新体系可以概括为三大平台：

一是企业内部平台，由技术管理处和下设的研究院（材料、核电、技术、工程研究所）、辅机研究平台和工艺研究平台组成；二是产学研合作平台，与高校和其他科研院所开展合作；三是与国外企业的合作平台。

（3）发电设备国家工程研究中心。该中心是2001年1月由国家批准建设的全国发电设备制造行业集科研、新产品开发与科研成果工程化、产业化推广应用为一体的研发中心。工程中心以哈尔滨动力设备股份有限公司为依托单位，按国家工程研究中心建设要求，依照《公司法》组建了有限责任公司，成为具有法人资质的实体单位。截至2010年，工程中心共有1个管理部门和5个研发部门，研发人员31人，其中有博士3名、硕士9名、大学本科15名。

（4）哈尔滨电机厂有限责任公司（哈尔滨大电机研究所）。哈尔滨大电机研究所于1959年建立，作为行业所，负责推广行业技术，做好技术积累；技术转让能否成功，关键在于国内企业自身的技术积累和实力；三峡工程中哈电能够成功掌握外方技术，并在此基础上自主制造三峡右岸工程发电机组，且采用全新的空冷技术，原因在于哈尔滨大电机所之前所做的技术储备。目前，哈电在核电产品领域直接进入第三代产品研发制造，在风电方面计划与GE合作，大电机研究所负责研制风力发电机。

（二）人才队伍建设

哈电集团围绕企业技术创新和人才发展战略，坚持"科技兴企、以人为本"的科学理念，重视人才培养和人力资源开发，尤其是重视科技人才队伍建设。颁布了《关于加强科技人才队伍建设的指导意见》，设立了哈电集团科技突出贡献奖、哈电集团科技进步奖，重点奖励在科技创新活动中做出突出贡献的科技人员和科技成果。各成员企业设立了专业技术带头人岗位并享受科技津贴。截至2009年底，哈电集团拥有各类专业技术人员8 045人，高级专家40人，其中中国工程院院士2人，享受国家津贴36人，百千万人才工程2人，博士及博士后23名。

（三）知识产权建设

哈电集团实施知识产权战略，强化自主知识产权，制定了《哈电集团知识产权战略规划》，明确了知识产权目标：到2020年，哈电集团拥有较为完善的企业知识产权工作体系，创造、运用、保护和管理知识产权的能力显著增强，知识产权意识深入企业，自主知识产权的水平和拥有量达到国内同行业一流，知识产权对哈电集团发展的促进作用充分显现，企业技术水平大幅提升，成为拥有知名品牌和核心知识产权，具有世界影响力和国际竞争力的现代装备制造企业集团。截至2009年底，哈电集团累计申请专利331项，专利授权241项，目前有效专利213项，其中发明专利25项。

（四）产学研合作

哈电集团在技术创新过程中，积极参与国家重大科技专项研究，协同国内其他制造商、高校及科研单位联合攻关，利用外部科技创新资源促进自身科研实力的提升。2007年11月，哈电集团与哈尔滨工业大学正式签署全面合作协议。双方将"以企业为主体，市场为导向，产学研相结合"，优势互补，在科技创新、人才培养与交流等领域全面建立长期稳定的合作关系。双方在科技创新领域，充分发挥各自的产业优势和科研优势，推进产学研联合，提高自主创新能力。哈工大为哈电集团的发展战略规划、科技发展规划、重大工程和重大项目的决策等提供咨询服务。哈电集团为哈工大提供最新科技成果和前沿技术转化的保障条件。双方联合申报国家及所在省市科技计划项目，成立联合研究机构或课题组，开展合作研究。

在人才培养与交流合作领域，双方发挥各自的优势，共同建立高层次人才的培养基地。双方积极争取国家相关政策的支持，开办工程硕士班，对双方共同培养的研究生，实行企业、学校"双导师制"；在非学历培养方面，开办各种培训班，提高哈电集团人员的创新能力和技术素质。双方互聘对方的学者、教授、专家作为客座研究员或兼职教授以及兼职研究生指导教师，并为对方人员的学习、交流和培训提供必要的条件。下属企业方面，哈锅的技术来源除了对外技术引进和合作之外，也有对内产学研合作：与热工研究院联合开发33万千瓦等级CFB锅炉；与上锅、东锅、清华大学、西安交大、热工院等单位联合参与国家科技支撑计划的60万千瓦超临界CFB锅炉的研发工作，并制定了以企业为主的理念；与上锅、东锅、西安较大、华北电力大学（北京）等联合对超超临界锅炉设计制造的关键技术开展科学研究和技术攻关，哈锅负责其中第二子课题"超超临界锅炉关键技术研究"。2007年8月，中国首个汽轮机研究院——哈尔滨汽轮机厂有限责任公司研究院成立。该院依托哈汽，通过与哈工大、哈尔滨工程大学等国内一流重点大学组建联合研究室，形成企校院联手的产学研格局，开发立足学科前沿、符合国家产业政策发展方向、符合企业生产实际的项目，加快提升汽轮机制造企业的自主创新能力。

（五）项目制管理

通过抓住三峡工程的契机，哈电机公司不单单是在技术上得到了发展，在生产管理组织结构上也发生了一些质的变化。传统的管理方式是依照原有的工艺和技术而形成的，组织的结构也是如此设置的。企业按照工艺的流程和产品的特点形成的生产组织管理流程和结构是多层次的，技术的信息是通过层层的传递，才能最终完成一项生产任务。这种多层次的组织形式，使得信息传递和部门间的相互沟通十分不顺畅，如图12-2所示。

在三峡项目的执行过程中，则完全打破了原有的组织结构形式，参照国外的生产管理方式，突出了以项目管理为主线，把项目经理作为纽带，对外代表工厂，对内则代表用户，及时准确地把用户和工厂的相关产品制造过程中的信息传递给各个环节，大大地提高了工作的效率，如图12-3所示。

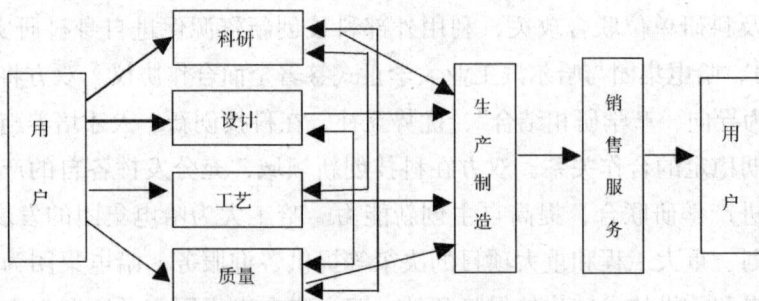

图 12-2　调整前生产组织管理流程

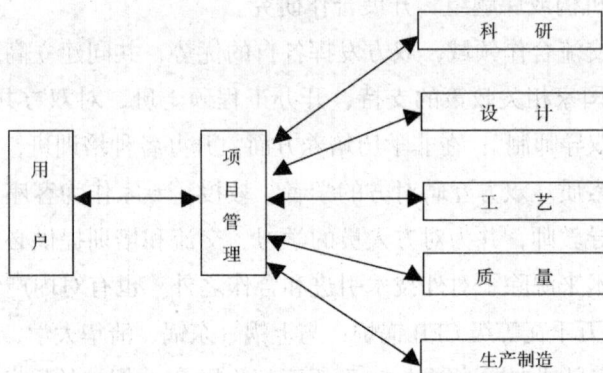

图 12-3　调整后生产组织管理流程

五、哈电集团创新能力评估

（一）产品整机/整体工艺技术层面

1. 水轮机

哈电集团通过自身长期技术积累，抓住三峡工程参与联合技术引进的机遇，学习外国企业先进的设计理念，引进大量绘图和设计软件，提高自身的产品设计能力和制造能力，在水轮机产品整机技术上达到世界先进水平。掌握了先进的水轮机设计理念和配套的组装焊接技术，哈电机生产的水轮机叶片效率达到94%以上，处于世界领先水平。哈电集团水轮机产品整机创新能力评估如图12-4所示。

2. 超超临界锅炉

2002-2005年，哈尔滨锅炉厂有限责任公司通过参与"超超临界燃煤发电技术的研发和应用"国家863计划课题，负责"超超临界锅炉关键技术研究"子课题，与国内其他锅炉制造商、高校合作，攻克超超临界锅炉技术，产品以优于国家排放标准、节能降耗达到国际先进水平的技术之"最"，荣获2007年度国家科学技术进步一等奖。在研发过程中，哈锅打破了日方原有焊接工艺和焊接材料的局限，采用了新材料和新工艺，生产效率大大超过日方。哈锅的整体技术实力和制造能力达到世界先进水平。哈电集团超超临界锅炉产品整机创新能力评估如图12-5所示。

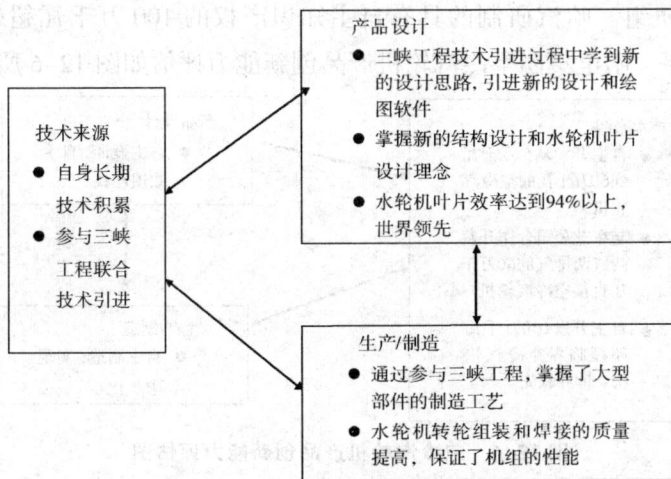

图 12-4　水轮机产品创新能力评估图

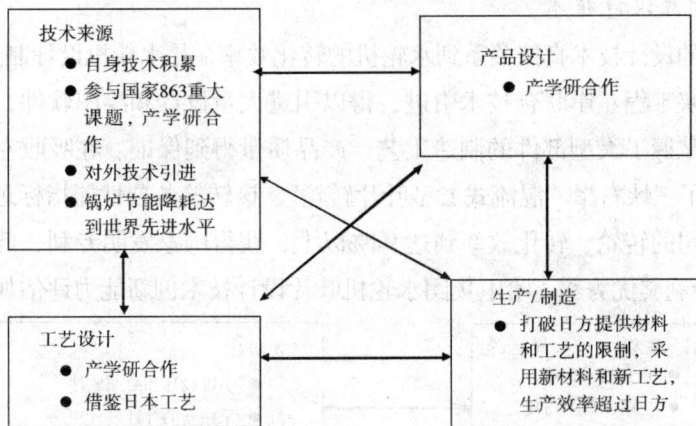

图 12-5　超超临界锅炉产品创新能力评估图

3. 空冷汽轮机

哈汽对于空冷汽轮机的系统研究始于 20 世纪 60 年代。2000 年以来，哈汽相继开发了具有自主知识产权的 5 万千瓦、10 万千瓦、13.5 万千瓦、20 万千瓦、30 万千瓦、60 万千瓦等空冷汽轮机，从而形成了从大型到中、小型具有完全自主知识产权的完整的空冷汽轮机系列，达到了自主设计自主研发生产的一条龙式生产链条。2002 年，哈汽根据国家能源政策和电力工业发展需要，开发了具有自主知识产权的 60 万千瓦和 30 万千瓦亚临界空冷机组，均达到世界先进水平。随后，哈汽与东芝公司合作开发了两缸两排气的 60 万千瓦直接空冷汽轮机，在原来三缸两排气的基础上，减少了一个缸。这一改变不但使汽轮机组实现了质的飞跃，轴系总长度从原来的 27 米缩短到现在的不到 21 米，而且还降低了汽轮机的制造成本，大大缩减了维修费用和电厂造价。之后，哈汽相继开发出两缸两排气 60 万千瓦超临界和 60 万千瓦超超临界直接空冷汽轮机等一系列新型空冷机组。哈汽研制的具有自主知识产权的 100 万千瓦超超临界汽轮机，达到世界领先水平。哈电集团空冷汽轮机产品创新能力评估如图 12-6 所示。

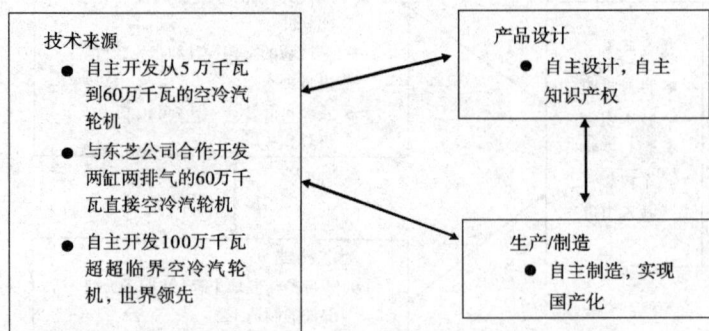

图 12-6 空冷汽轮机产品创新能力评估图

（二）核心技术层面

1. 水轮机叶片设计技术

水轮机叶片的设计技术直接关系到水轮机的转化效率，是水轮机设计制造的核心技术。哈电集团通过三峡工程左岸联合技术引进，得以引进大量设计和绘图软件，学习到新的叶片设计理念，并掌握了大型部件的制造工艺，产品质量得到保证。在吸收左岸技术上，哈电集团自主开发了三峡右岸"混流式 L 型叶片转轮"，该转轮各项性能指标远远好于原来引进的左岸外国公司的转轮，转化效率到达 94%以上，获得国家发明专利，此专利同时也获得 2008 年中国专利奖优秀奖。哈电集团水轮机叶片设计技术创新能力评估如图 12-7 所示。

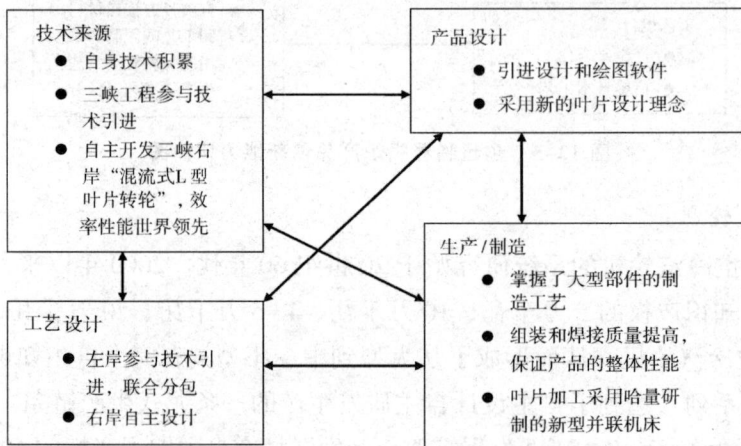

图 12-7 水轮机叶片创新能力评估图

2. 水力发电机组的空冷技术

三峡左岸由于采用的是半水冷发电机，这种冷却方式的发电机尽管冷却的效果比较理想，但由于需要专用的循环水系统，在厂房内要有一定的占地面积，同时还要设置净化水设备，在机组运行过程中，维护工作量大，还存在着水泄漏造成事故停机等诸多问题。哈电公司基于左岸机组存在的问题，在开展了大量研究工作的基础上，设计出了与左岸机组完全不同的冷却方式的机组。哈电公司在右岸所采用的全空冷发电机，创下新的世界记录，开创了70万千瓦巨型机组空冷的新时代。哈电公司在右岸机组的创新，从三峡右岸机组投运后的数据表明，哈电公司自主研发、自主设计、自主制造的全空冷机组，运行稳定，各项指标完全符合合同的要求，而且在全部三峡投运的26台机组中，哈电公司生产制造的机组台台都创下最优的记录，被用户赞誉为创金牌的机组。哈电集团水力发电机组空冷技术创新能力评估如图12-8所示。

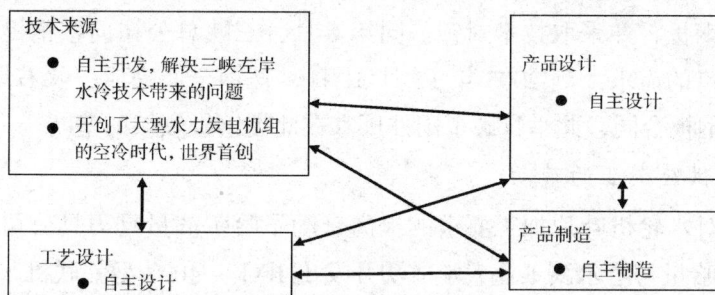

图 12-8　水力发电机组空冷技术创新能力评估图

3. 循环流化床锅炉技术

哈锅的循环流化床锅炉技术主要源于与国外公司的技术合作、技术引进以及国内科研院所的合作。结合国内的市场情况及客户的特殊要求，哈锅将引进、合作的技术有机结合，并进行多方面的优化设计，推出具有哈锅特色、符合中国国情的循环流化床锅炉技术。哈电集团循环流化床锅炉技术创新能力评估如图12-9所示。

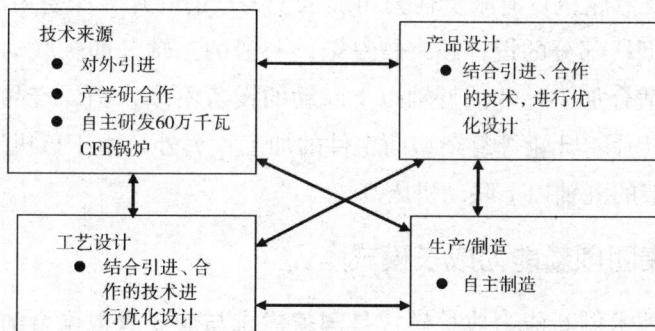

图 12-9　循环流化床锅炉技术创新能力评估图

4. 汽轮机的空冷技术

如前文所述，2000年以来，哈汽在相继开发出从大型到中、小型具有完全自主知识产权的完整的空冷汽轮机系列，达到了自主设计自主研发生产的一条龙式生产链条。哈汽与东芝公司合作开发两缸两排气的60万千瓦直接空冷汽轮机，掌握了具有世界先进水平的汽轮机空冷技术。

（三）产业链创新的主导能力

1. 对上游钢铁企业的带动

哈电集团水力发电设备的技术创新带动了上游钢铁企业高强度钢的创新发展，鞍钢生产的水轮机制造蜗壳 ADB610D 钢板是典型的事例。ADB610D 钢是现代冶金生产技术与物理冶金研究成果相结合的产物，属于国际上近 20 年来发展起来的高强度、高韧性、焊接性能优良的新钢种。2004 年，三峡工程指挥部在进行右岸工程招标时，曾为左岸大坝的水轮机组制造蜗壳提供钢板的外国公司，采取不报价方式拒绝向三峡工程继续提供该钢板，并采取技术封锁。同年 6 月，三峡总公司向鞍钢提出研制国产蜗壳钢板替代进口的需求。到 2005 年 12 月 31 日，鞍钢全面完成三峡右岸 12 台水轮机蜗壳制造所需钢板合同，此举打破了国外厂家在此类钢板领域的垄断。

2. 对设备供应企业的带动

哈电集团对水轮机叶片加工要求的提高带动了哈尔滨量具刃具公司并联机床的发展。2003 年，哈量与哈尔滨工业大学成功开发出 BXK－4027 型并联机床，该机床主要用于加工汽轮机叶片(不锈钢 1Cr13)和模具等复杂曲面零件，实现了并联机床从原型机到产品的跨越。这台并联机床交付哈尔滨汽轮机厂有限责任公司叶片分厂，用以加工三维叶片。经过连续近一年的运行，状况良好，用户反映其加工效率和加工精度都达到了国际先进水平。该机床是国内第一台用于批量加工工件的并联机床。2004-2005 年，哈尔滨汽轮机厂有限责任公司与哈量集团签约，共订购 HLNC5001 型并联加工中心 4 台，均用于哈尔滨汽轮机厂有限责任公司叶片分厂加工中小型叶片。据悉，这 4 台机床已为哈尔滨汽轮机厂有限责任公司加工了大量的叶片，深受用户的认可。目前，叶片、叶轮工作型线部分的设计越来越复杂，一般的三轴、四轴联动机床已难以加工出来，国内特别适合加工叶片的五轴以上联动的设备不多，国外产品价格昂贵；而该机床最适合用于叶片、叶轮等复杂型面工件的加工；另外，由于该机床机械结构简单，其性能价格比一般的五轴以上联动机床高。

六、哈电集团创新能力成长模式

哈电集团的技术创新能力成长模式是**国家需求与企业有效配合的引进、消化、吸收与再创新**。最具代表性的是参与三峡工程的技术引进。哈电集团通过参与三峡左岸工程分包，引进国外发电设备制造商的先进技术和设计理念，凭借自身技术积累，在引进技术的基础上实现了再创新，在水轮机叶片制造和水轮发电机空冷技术上达到世界领先水平，并在三峡右岸工程中得以应用。国家和政府给企业创造的良好市场环境，正是通过以市场换技术的方式，吸引了国外知名厂家，集世界之先进的技术用于三峡工程上，使国内的企业有机会接触到最前沿的水轮发电机技术。特别是在投标方式上，国家规定的任何一家国外公司中标，其联合体内必须有国内的企业参加，这就给国内企业创造了学习先进技术的机会，这是尤为关键的一点。主要做法包括：

（一）高起点引进技术

在水力发电设备方面，三峡项目引进的技术在当时是最先进的技术，避免了以往某些项目引进的都是国外即将淘汰的技术。同时，为了有效地控制技术引进的效果，三峡总公司还规定了一条特殊的支付费用的条件，那就是每一项技术引进和技术培训，必须有国内企业的参与人员签字，证明已经掌握了技术，或已经获得了核心的技术和软件，三峡总公司才能支付这笔费用，这极大地保证了技术引进的成效。在核电汽轮机方面，哈电引进了美国西屋公司第三代先进压水堆（AP1000）技术，这是当今世界上最先进的核电技术。该技术由于运用非能动的安全系统，可较大幅度地简化系统，减少设备数量，提高核电站的安全性和经济性。哈汽凭借自身实力成为目前国内唯一掌握AP1000核电汽轮机主辅制造技术的企业，成为我国第三代核电设备生产的主力。

（二）用户的大力支持

三峡工程水电机组技术引进的成功离不开三峡工程总公司的大力支持。三峡技术引进之所以能够获得巨大的成功，首先最重要的是利用14台机组，近7亿美元的发电设备市场份额来进行国际招标，同时还明确了左岸必须是联合体投标，联合体中还必须包括中方的制造企业，为国内企业参与三峡工程技术引进创造机会。为了要求国外厂商全面转让技术，作为业主方的三峡总公司还花费了巨额的资金，对哈电机公司的全部技术引进直接投入了1 800万美元的资金支持。三峡工程总公司的支持还包括对国内企业产品的采购，保证哈电集团的创新产品有相应的市场需求；在右岸产品采购过程中，三峡工程总公司要求国内产品与国外产品"同台竞技"，将国内企业和国外企业送交的产品在同一平台上进行测试，择优采购，此举带给企业技术创新的压力，促进企业做好技术和产品的再创新。在三峡工程之后，溪洛渡水电站的18台机组，哈电集团拿到6台的份额；向家坝水电站的8台机组，哈电集团拿到4台。

（三）摆脱技术引进依赖、强调自主创新

哈电集团在技术引进之后注重再创新，最终摆脱对国外技术的依赖，打破国外的技术垄断，成为国外企业的竞争对手。在消化吸收左岸引进技术的基础上，哈电机公司在技术上又有了创新发展，其中在水轮机转轮设计中，开发出具有哈电机公司特色的模型转轮，该转轮不仅各项性能指标远远好于原来引进的左岸外国公司的转轮，而且该"混流式L型叶片转轮"还获得了国家发明专利，此专利同时也获得2008年中国专利奖优秀奖。

另一重大的创新就是哈电机公司在右岸所采用的全空冷发电机，更是创下新的世界记录，开创了70万千瓦巨型机组空冷的新时代。三峡左岸由于采用的是半水冷发电

机，这种冷却方式的发电机尽管冷却的效果比较理想，但由于需要专用的循环水系统，在厂房内要有一定的占地面积，同时还要设置净化水设备，在机组运行过程中，维护工作量大，还存在着水泄漏造成事故停机等诸多面的问题。哈电公司正是基于左岸机组存在的问题，在开展了大量研究工作的基础上，设计出了与左岸机组完全不同的冷却方式的机组。

七、哈电集团技术创新经验启示

（一）培育多家龙头企业，以有限竞争促进创新

哈电集团、上海电气和东方电气是国内三家规模较大的电气设备制造商，三者形成了既竞争又合作的关系。在三峡技术引进中，三家公司参与，联合引进技术；在面对用户时，三家公司又是互相竞争的关系。这种有限竞争的市场格局，给企业增加了创新的推动力。在三峡右岸工程产品采购中，作为用户的三峡工程总公司要求国内国外的产品"同台竞技"，进行参数比较，择优采购。哈电机大电机研究所副所长表示，这种方式带给哈电很大的压力，产品如果没有优异的性能，便面临着失去市场的危险；最终，哈电生产的水轮机效率达到94%，超过国内其他同类企业及国外厂家，顺利拿到右岸机组的订单。由此可见，这种寡头竞争局面是哈电集团技术和产品创新的推动力之一。

（二）对国内独特需求的准确把握是自主创新的突破点

企业的自主创新需要有相应的市场需求作为支撑，通过满足市场需求，收回研发成本，才能形成可持续的创新机制。这就要求企业准确把握市场需求，开发市场潜力大的差异化产品。长期以来，在我国西北地区多煤缺水环境下，水轮机的运行存在困难，造成水资源的紧张。哈电自主研发的空冷汽轮机，解决了我国西北地区多煤缺水环境下汽轮机运行困难的问题。一座空冷电站耗水量大约相当于同容量湿冷电站耗水量的1/3。这对于富煤缺水地区的水资源合理利用及保护自然生态环境有着重要意义。同时，哈电通过创新实现了大型空冷汽轮机组的国产化，告别了原来依赖进口的局面，节约了大量资金，也增强了企业的市场竞争力。

（三）主要用户对自主创新的支持

主要用户敢于用我国企业自主创新的成果，甚至主动提出来产品必须要在引进技术上有创新，这对企业实施自主创新既是动力，也是压力。三峡工程总公司这样鼓励创新的态度和做法无疑是非常有利于我国企业的自主创新的。

（四）坚持国际水平的再创新

再创新不是简单地在引进技术的基础上、针对国内市场的需求做些渐进改进，而是要在高起点的基础上，一举达到国际领先水平，可以跟国际领先企业同台竞技并取得胜利，这是消化、吸收、再创新的关键。

第十三章

中国船舶工业集团公司
技术创新调研报告

一、中船集团公司及主要下属单位概况

中国船舶工业集团公司（简称中船集团公司，英文简称 CSSC）组建于 1999 年 7 月 1 日，是中央直接管理的特大型企业集团，国家授权投资机构。中船公司是中国船舶工业的主要力量，旗下聚集了一批中国最具实力的骨干造修船企业、船舶研究设计院所、船舶配套企业及船舶外贸公司，共有约 60 家独资和持股企事业单位，主要分布在上海、九江、广州等地区，包括江南造船（集团）有限公司、沪东中华造船（集团）有限公司、广船国际股份有限公司、上海外高桥造船有限公司、上海船厂五大造船基地；中国船舶及海洋工程研究院、上海船舶研究设计院、中国船舶工业研究所、船舶系统工程部等研究院所以及中国船舶贸易公司等，其中广船国际、江南重工和沪东重机属上市公司。中船公司产品涵盖散货船、油船、集装箱船等主要船型和液化天然气船（LNG 船）、海洋工程装备等高技术、高附加值产品。中船可承建 30 万吨超大型油船、大型集装箱船、大型液化气船、汽车滚装船、海洋工程、新型导弹驱逐舰、新型导弹护卫舰、常规潜艇及各种军辅船。在做大做强造船主业的同时，中船积极发展壮大修船业、船用配套以及钢结构等非船业务。目前，中船已进入航运、航天、建筑、电力、石化、水利、环保、冶金、铁路、轻工等二十多个行业，形成大型钢结构、冶金设备、陆用柴油机组、压力容器等一批重点产品。中船集团公司主要有以下几家下属单位。

1. 江南造船（集团）有限责任公司

江南造船（集团）有限责任公司前身是 1865 年 6 月 3 日清朝创办的江南机器制造总局，也是洋务运动中诞生的一个集军事工业、科技研究和造船为一体的大型民族企业，是中国民族工业的发祥地、中国产业工人的摇篮、中国打开国门对外开放的先驱。江南造船（集团）有限责任公司是由江南造船厂改制成立的，为中国企业500强之一。改革开放以来,先后为美国、加拿大、德国等十多个国家和香港等地区建造了各类高科技出口

船数百万吨，出口创汇成绩斐然。公司建造的"远望"号远洋科学考察船和我国海军最先进舰艇，为海军建设、航天工业以及国防科研做出了重要贡献。2003 年 7 月 24 日，中船集团公司与上海市人民政府就上海地区船厂布局调整的有关问题签署了合作备忘录，其中明确提出，上海市近期在长兴岛安排 8 公里岸线，用于中船集团公司系统内黄浦江沿岸船厂调整搬迁。长兴岛中船江南长兴造船基地一期工程有 3.7 公里的岸线，占地面积约 560 万平方米，在这里将规划、开发、建设一个高起点、高标准、高要求的军民结合、水上水下并进、产品范围包括钢结构等在内的我国第一造船大厂。这里将拥有 4 个大型船坞，其中最大的船坞长 580 米、宽 120 米，具有 450 万吨年造船能力。

2. 沪东中华造船（集团）有限公司

沪东中华造船（集团）有限公司是中国船舶工业集团公司下属五大造船中心之一，是既造军用船舶、民用船舶，又造大型钢结构的综合型企业集团。总部位于上海浦东新区，主要生产区域分布在上海东部的黄浦江两岸，占地面积 135 万平方米，码头岸线 2 800 米；拥有 360 米×92 米大型干船坞 1 座，700 吨龙门吊 2 台，12 万吨级浮船坞、12 万吨级和 7 万吨级船台各 1 座，2 万吨级以下船台 3 座。具有 70 多年的造船历史和丰富的造船经验，为国内外船东建造过各类大中型集装箱船、LNG 船、LPG 船、化学品船、滚装船、浮式储油轮、成品油轮、原油轮、散货轮、客船、特种工作船、军舰和军辅船等共计 3 000 多艘。船品除满足国内用户需要外，还远销亚洲、欧洲、非洲、大洋洲、南美洲和北美洲等 40 多个国家和地区，深受国内外船东的好评。目前已具备年造船 200 万吨的生产能力。

3. 上海外高桥造船有限公司

上海外高桥造船有限公司坐落于上海市浦东新区长江口南港河段南岸，由中国船舶工业集团公司、宝钢集团有限公司、上海电气（集团）总公司等出资组建，中船集团公司控股，注册资本 14.40 亿人民币，是中国目前现代化程度最高的大型船舶总装厂。规划占地总面积 210 万平方米，岸线长度 1 500 米。其中，一期工程占地面积 146 万平方米，投资 32.14 亿人民币，于 1999 年 10 月 18 日开工兴建，2003 年 10 月 18 日竣工验收。二期工程于 2005 年 3 月 28 日开工，建设期为 3 年，总投资 11.98 亿人民币。二期工程完工后，年造船总量将达到 260 万载重吨以上。2004 年，完工总量位居中国各船厂之首。2005 年，成为中国第一家年造船总量突破 200 万载重吨的船厂。2006 年造船完工总量又达到了历史性的 311.5 万载重吨，接近于 2000 年的全国造船总量，不仅是我国率先超越 300 万载重吨大关的船厂，而且还是我国唯——家年造船总量和手持订单双双进入世界十强的造船企业，在中国船舶工业的发展史上又矗立起了一座丰碑，被誉为"中国第一船厂"，已形成好望角型散货船系列、阿芙拉型成品原油轮系列、31.6 万吨级 VLCC 系列、大吨位海上浮式生产储油轮系列四条生产线。2001

年以来，先后与日本、比利时、美国、英国、希腊、德国、土耳其、意大利、挪威、新加坡以及香港和台湾等国家和地区的航运公司签订了船舶建造合同。

4. 广州中船龙穴造船有限公司

广州中船龙穴造船有限公司是中国船舶工业集团公司所属的现代化大型船舶总装企业，是中国三大造船基地之一的龙穴造船基地的核心企业，位于广州市南沙区龙穴岛，邻近香港、澳门，区位优势得天独厚。占地面积 253 万平方米，泊位 4 个，腹地纵深 1.3 公里，大型船坞 2 座，配套 600 吨龙门吊 4 台。公司采用先进的工艺流程设备，目标产品为超大型油轮（VLCC）、大型集装箱船、大型矿砂船（VLOC）、大型液化气船等各类民用船舶。一期建设生产目标年造船 20 艘、212 万载重吨，于 2008 年上半年开工造船。二期工程完工后年造船能力达 300 万载重吨。

5. 中国船舶及海洋工程设计研究院（708 所）

中国船舶及海洋工程设计研究院，创建于 1950 年 11 月，是中国船舶行业成立早、规模大、成果多的研究开发机构，船舶设计技术国家工程研究中心的依托单位，国际拖曳水池会议（ITTC）、国际船舶结构会议（ISSC）的成员单位，流体力学和船舶与海洋结构物设计与制造的硕士、博士研究生培养单位。建所 60 年来，主要业务领域不断拓展，自主开发出多型具有世界先进水平的各类船舶、海洋工程装备和船用装备，为我国船舶工业、海洋事业的发展和国民经济建设做出了重大贡献。

二、中船集团公司技术创新历程

（一）整体创新与变革历程

1. 1949-1982 年

中国船舶工业在解放初期只有铆接建造的技术，1955 年起全面引进苏联的快艇、潜艇和驱逐舰等五型舰船的建造技术，实施了以焊接技术为主的分段制造技术。通过消化吸收，到 20 世纪 70 年代，在自力更生政策的指导下，设计和建造了核动力潜艇、导弹驱逐舰、2.5 万吨级货船和 5 万吨级油船。这一阶段，中国的船舶工业逐渐走向现代化，由建国前简单的小型船舶修理能力发展为现代钢质船舶的建造能力。在 20 世纪 80 年代以前，由于国际的冷战状态以及国内的一些特殊事件，新中国的船舶工业主要围绕军品发展。1982 年 5 月，经全国人大常委会和国务院批准，由六机部所属全部企事业单位和交通部所属的 15 个大中型修造船企事业单位联合，成立中国船舶工业总公司（CSSC）。中国船舶工业总公司，是我国第一个打破地区和部门界限，按行业实行联合和改组的专业公司，独立核算，自主经营，自负盈亏，是国务院领导下的部级全国性专业公司。这一改组行为，为新中国船舶工业解放和发展了生产力。总公司成立后不久，国务院即批准总公司提出的"军民结合、军品优先、国内为主、搞好出口"的发展方针，从此，军、民、出口三方面全面展开，船舶工业进入了现代化建设的新时期。经过后继多年的发展，船舶总公司已逐步成为不具有政府管理职能和行业管理职能的特大型经济实体，并逐步采纳了现代企业制度，有力地促进了船舶工业的健康发展。

2. 1982-1999 年

上世纪 80 年代以来，中国全面引进日本的造船技术和日美联合研究的现代造船理论，经消化吸收，骨干船厂全力推行现代造船模式。同时，在国家的支持下进行船厂技术改造。自 1994 年以来，中国船舶产量稳居世界第三位。1999 年 7 月 1 日，中国船舶工业实施了重大改组，分割为中国船舶重工集团公司（CSIC，简称中船重工）和中国船舶工业集团公司（CSSC，简称中船集团公司）两大独立经济实体。两大集团均为国家授权投资的机构和资产经营主体，是特大型企业集团，由中央直接管理，形成了国内船舶业的自我竞争态势。

3. 1999 年至今

中国船舶工业集团公司自 1999 年成立以来，始终坚持自主创新，在散货船、油船和集装箱船三大主力船型上都形成了系列化产品，综合技术指标与国外先进造船国家不相上下，实现了批量接单和标准化造船，取得了十分显著的经济效益。在大型高技术船舶研究开发方面，中船集团公司近年来也取得了突破性进展。沪东中华造船（集团）公司先后承接的 5 艘 14.7 万立方米液化天然气（LNG）船和 9 艘 8530TEU 集装箱船订单，是目前世界上公认的两型技术含量高、建造难度大的高技术船舶。这两型船的承接，使我国在大型高技术船舶的设计建造方面跟上了世界造船技术的发展步伐，并成为继日本、韩国等国家之后世界上少数几个能承造这些船舶的国家和地区，充分显示了我国造船工业的技术实力，大大提高了我国船舶工业的国际地位。

此外，在海洋工程尤其是海上浮式储油轮（FPSO）研制领域，中国船舶工业集团公司研究开发的 60 万桶 FPSO 项目，使中国造船业首次进入边际油田用 FPSO 领域，开发的船型能够满足世界上要求最严的挪威船级社的特殊要求。上海外高桥造船公司为美国康菲石油公司建造的 30 万吨 FPSO 项目，代表了该船型目前世界的最高水平。负责该型船设计的中船集团公司 708 所，20 年来已研发设计具有世界先进水平的各类FPSO 船 10 余艘，约占全球总量的 1/6，实现了由小吨位到大吨位，由软钢臂式到内转塔式，由旁输到尾输，从适用于海况良好区域到海况恶劣区域，从适用浅海海域到适用较深海域，从国内走向全球的转变。

(二) 主要船型的演化

1. VLCC 油船

是否能自主研发 VLCC 是衡量一个国家造船技术水平和船舶设计、建造能力的重要标准。中船集团公司成立后,将开发拥有自主知识产权的 VLCC 纳入了发展战略规划。长期以来,708 所瞄准国际油船技术前沿,自主研发、设计了灵便型油船、巴拿马型油船、阿芙拉型油船和苏伊士型油船等多型油船。同时,708 所与国外船级社和国内骨干造船企业合作,学习、引进、消化、吸收国外 VLCC 先进设计技术,为自主研发、设计 VLCC 作了大量的技术储备。1994 年,挪威一家航运公司向大连新船公司订购了3 艘 15 万吨苏伊士型油船。在原中国船舶工业总公司的安排下,708 所承担了该型船详细设计任务。凭借该所的综合技术能力,设计取得了圆满成功。该型船不仅载重量、航速、强度都达到了规定指标要求,而且船体振动小,深受船企、船东的赞赏。挪威船级社称其为"中国船舶工业的里程碑"。该型船首制船获 1998 年原船舶总公司科技进步一等奖、1999 年国家科技进步二等奖。1996–1997 年,3 艘 15 万吨苏伊士型油船完工交付,这不仅填补了我国自主设计、自主建造苏伊士型油船的空白,也为我国自主研发、设计和建造更大吨位的 VLCC 打下了坚实的基础。2004 年,中船集团公司科技部、经济运行部和中国船舶工业贸易公司等统一策划、组织研发 VLCC,708 所组建了 VLCC 专业研发、设计团队,从此,VLCC 的自主研发、设计工作步入了新阶段。2007 年 5 月,中船上海江南长兴造船有限公司首次承建 29.7 万吨 VLCC,其总长 330米,型宽 60 米,型深 29.7 米,由中船集团公司 708 所自主开发设计,经济性、环保性和安全性达到国际先进水平,入美国船级社 ABS 和中国船级社 CCS 双重船级。它是国内第一艘拥有自主知识产权的 VLCC,也是上海造船工业有史以来建造的最大吨位运输船舶。2009 年 12 月,由中船龙穴造船基地制造的我国首艘完全自主知识产权的 30.8万吨超大型油轮(VLCC)"新埔洋"号交付船东,掀开了华南地区乃至我国造船史上新的一页。这两艘船的船东中国海运(集团)总公司认为,这是国内最大的"巨无霸"加盟"国油国运"船队。2010 年 8 月,708 所正式开始了对 32 万吨超大型油船(VLCC)的详细设计工作。708 所自主研发的 32 万吨 VLCC,其载重量、货舱舱容、主机油耗、氮氧化物排放等各项性能指标均达到国际先进水平,经国外著名船模试验水池的船模试验验证,其快速性指标也达到国际先进水平。

研发设计了拥有自主知识产权的 29.7 万吨、30.8 万吨、32 万吨 VLCC,形成了 30万吨级 VLCC 船型系列,标志着 708 所已成功掌握了 VLCC 船型核心设计技术,打破了世界上少数国家对 VLCC 设计技术的垄断,也突显了中船集团公司战略级船型自主开发的骄人硕果,中船工业集团 VLCC 船技术创新历程见表 13-1。

2. 散货船

散货船是指专门运输谷物、矿砂、煤炭等大宗散装货物的干货船,包括散粮船、矿砂船、运煤船及散装水泥船等。这种船型在第二次世界大战后发展很快。到 20 世纪80 年代初,散货船的总吨位已占世界商船总吨位的 25% 以上,其数量仅次于运油船,

表 13–1   中国船舶工业集团 VLCC 船技术创新历程

时间	产品	技术水平	技术来源	参与单位
1994 年	15 万吨级苏伊士型油船	填补了我国自主设计、自主建造苏伊士型油船的空白，也为我国自主研发、设计和建造更大吨位的 VLCC 打下了坚实的基础	自主技术积累；学习、引进、消化、吸收国外 VLCC 先进设计技术	1.原中国船舶工业总公司安排 2.708 所承担详细设计任务 3.大连新船厂制造
2004 年	30 万吨级 VLCC 船	国际先进水平	自主开发	1.中船集团公司科技部、经济运行部和中国船舶工业贸易公司等统一策划组织 2.708 所组建 VLCC 专业研发设计团队 3.中船龙穴造船基地建造
2009 年	30.8 万吨级 VLCC 船	国际先进水平	自主知识产权	1.708 所研发设计 2.中船龙穴造船基地建造
2010 年 8 月	32 万吨级 LCC 船	1.载重量、货舱舱容、主机油耗、氮氧化物排放等各项性能指标均达到国际先进水平 2.快速性指标也达到国际先进水平		

占商船中的第二位。中船集团公司散货船技术创新历程如表 13-2 所示。

（1）"中国江南·巴拿马"型（江南造船厂）。

自从 20 世纪 80 年代以来，中国船舶工业在船舶出口业务上有了长足的发展，一举成为我国重要的对外贸易产业。在我国建造的众多出口船舶中，曾有一型被世界命名的"中国江南型"散货船船型，受到了国际航运界的广泛欢迎，为中国船舶工业赢得了全球的荣誉。1982 年，江南造船厂向香港成功交付了中船总公司的第一条出口船舶：2.7 万吨散货船"世沪（World Shanghai）"号，正式迈出了中国船舶工业向世界市场进军的步伐。"世沪"号的建造成功是江南造船厂造船史上的一个新的里程碑。1984 年，江南造船厂与香港海洋技术顾问公司（简称 PC 公司）合作开发了 6.5 万吨级巴拿马型散货船。江南先后派出 70 余名工程技术人员参与联合设计，双方互相审核对方所设计的图纸资料，吸取、借鉴国外先进技术信息，加强技术经验交流，边设计，边充实，保证设计的正确完整。1985 年 12 月，第一艘采用新方案建造的 6.4 万吨出口船正式开工。1987 年 10 月，江南造船厂首制 6.4 万吨散货船"祥瑞"号正式交船。投入航行 4 个多月，"祥瑞"号的性能和经济技术指标达到世界先进水平，并经受了11 级强

表 13-2　中船集团公司散货船技术创新历程

	1982 年	1984 年	1985 年	1990 年
巴拿马型	2.7 万吨级散货船 "世沪号"	6.5 万吨级巴拿马型散货船	首制 6.4 万吨级散货船 "祥瑞" 号正式交船	6.5 万吨级散货船交付美国泛太平洋轮船公司
技术水平	江南造船厂造船史上的一个新的里程碑		性能和经济技术指标达到世界先进水平，并经受了 11 级强台风的考验，第一次被国际租船市场命名为国际著名品牌	性能、质量优异
参与单位	中船总公司江南造船厂	江南造船厂与香港海洋技术顾问公司合作开发	江南造船厂	江南造船厂

	2001 年		2004 年
好望角型	世界上第一艘绿色环保型 17.5 万吨级好望角型散货船		在 17.5 万吨基础上局部优化，载重量提升至 17.7 万吨
技术水平	设计大胆创新，并融入了绿色环保理念和元素，使其成为国内第一艘取得美国船级社 "绿色入级符号" 的船舶		当今世界上能进入法国敦克尔克港口最大的散货船
参与单位	香港著名船舶设计师郑瑞祥与上海外高桥造船公司、上海船舶研究设计院联合开发设计		上海外高桥造船公司

台风的考验，在国际航运界赢得声誉，被命名为 "中国江南·巴拿马" 型。这是中国造船工业第一次真正意义上的进入国际船舶市场，第一次被国际租船市场命名为国际著名品牌。"中国江南·巴拿马" 型为中国和江南造船厂赢得世界声誉。1988 年初，"祥瑞" 号途经大西洋、太平洋时，在极其恶劣的海况和强达 11 级的大风的考验下安然无恙，船体和各种机械设备未发现损坏，货舱舱口盖也没有发现渗漏现象，尤其是航速及相应的油耗指标等均符合设计要求。船东和租船方都非常满意。事实证明了该型船性能优异，品质过硬，船东盛赞为 "中国江南·巴拿马" 型（中国江南型），以后即以此名被英国伦敦租船市场单独挂牌，命名为国际著名品牌。"中国江南·巴拿马" 型船创出国际品牌后，还被美国、法国及我国香港等国家和地区客商连续订购了数十条同类型船舶，其中第 3、4 艘分别于 1990 年 1 月和 1990 年 5 月交船，其船东美国泛太平洋轮船公司为江南人坚持 "质量第一" 的精神所折服，将江南厂建造并已命名的两艘 6.5 万吨远洋散装货轮的姐妹船，改名为 "中国光荣" 号和 "中国自豪" 号。并将续订的 3 艘 7 万吨新型 "中国江南型" 货轮又分别命名为 "中国精神" 号、"中国希望" 号、"中国欢乐" 号。

（2）好望角型绿色环保散货船（上海外高桥造船厂）。

2001 年 5 月，香港著名船舶设计师郑瑞祥与上海外高桥造船公司、上海船舶研究设计院联合开发、设计的世界上第一艘绿色环保型 17.5 万吨好望角型散货船正式投放市场。由于设计大胆创新，并融入了绿色环保理念和元素，使其成为国内第一艘取得美国船级社（ABS）"绿色入级符号"的船舶，也立刻成为国际航运界的热门船型。比利时、希腊、土耳其、美国、日本以及中国香港、台湾等地的航运公司纷纷前来下订单，多达 35 艘。2004 年，上海外高桥造船公司对 17.5 万吨好望角型散货船进行了局部优化，不但使其载重量提升至 17.7 万吨，而且满足国际船级社联合会以及海事国际公约、议定书有关新规则和规范，成为当今世界上能进入法国敦克尔克港口最大的散货船。该船型自 2004 年 11 月问世以来，已有比利时波士玛航运公司、希腊卡迪夫航运公司、日本邮船株式会社及日本川崎汽船株式会社等世界知名航运公司先后与上海外高桥造船公司签订了造船合同，订单达到 9 艘，市场前景十分看好。随着铁矿砂等散货运输量的剧增，散货船大型化是必然趋势。专家认为，17.7 万吨好望角型散货船的成功开发正是顺应了这种潮流，有望成为未来散货船市场的主力船型。

3. 集装箱船

在我国船舶工业技术水平与世界先进水平相比仍存在较大差距的情况下，通过高起点引进技术，开展消化吸收再创新；充分利用后发优势，逐步增加原始创新和集成创新，在较短的时间内实现了跨越式发展。上个世纪 90 年代前，国内主要以几百箱的小型集装箱船为主。1990 年，沪东造船厂承接了 2700 箱的出口德国的集装箱船，由于当时技术没有掌握，直接从国外购买图纸，结果造成了极其严重的亏损。"十五"初期，国家对集装箱船的发展给予了高度重视，中船集团组织攻关，引进、消化、吸收，先后开发了 1700 箱、3500 箱、4200 箱、5688 箱等船型，并快速推向市场。在此基础上，中船集团公司继续加大研发力度，攻克了 8000TEU 以上超大型集装船关键技术。到 2005 年，中国已经超过日本，成为世界上第二大集装船设计建造国家。2007 年 9 月，拥有完全自主知识产权的我国第一艘 8530 箱超大型集装箱船在上海交付船东中海集运公司，从洋山港首航美国，标志着我国在高科技船舶设计建造领域自主创新取得重大突破，成为继韩国、日本、丹麦后第四个能自主设计、建造超大型集装箱船的国家。该船是中船集团公司所属沪东中华造船（集团）有限公司为中海集运公司自主开发设计建造 5 艘同类型船舶中的第一艘，拥有完全独立自主知识产权。8530 箱集装箱船是超巴拿马型大型集装箱船，也是目前我国自主设计建造完成的最大型集装箱船，是目前国际上主流集装箱船型之一，具有高技术含量、高经济附加值、高建造难度等特点。在环保方面，它成功申请了德国船级社 EP 船级符号。这一船级符号几乎覆盖了目前与船舶设计、建造有关的所有环保要求。

4. LNG 船

LNG 船是为运输零下 163 摄氏度极低温液化天然气而设计、建造的专用船舶，是国际公认的高技术、高难度、高附加值的"三高"船舶，被誉为造船业"皇冠上的明珠"，过去只有欧洲少数国家和韩国、日本能够设计、建造。为了培育我国自主开发、设计、建造 LNG 船的能力，中船集团公司所属沪东中华造船(集团)有限公司从 1997 年起就启动了 LNG 船的研究工作，对此类船舶的建造信息、规范规则、技术专利和市场前景进行了大量的调研和考察。经过几年的努力，在国家有关部委的支持和国外合作方的帮助下，沪东中华造船（集团）有限公司通过引进、消化、吸收，掌握了大型薄膜型 LNG 船的关键建造技术，并成功开发了采用蒸汽透平推进系统的 14.7 万立方米薄膜型 LNG 船。2004 年 8 月，首艘 LNG 船建造合同签订，同年 11 月 15 日开工建造，2008 年 4 月 3 日交付。截至 2009 年 12 月 10 日，首批 5 艘 LNG 船已全部交付使用。

（三）船用柴油机系列产品演化（沪东重机的产品）

1. 改革开放前

沪东重机的发展历史就是我国低速船用柴油机的成长历史。1958 年 9 月，我国自行设计、制造的第一台二冲程增压船用低速重型柴油机试制成功，并于 1959 年 10 月通过国家鉴定，安装在我国 3 000 吨沿海货轮"和平 60"号上。1965 年 6 月我国自行设计、制造的第一台万匹机 7ESDZ75/160 型柴油机安装在江南造船厂建造的我国第一艘万吨级远洋货轮"东风"号上。1975 年，12E390V 柴油机研制成功，并广泛应用于护卫舰、登陆舰、综合补给船、大型训练舰、电子侦察船等舰船，为海军建设做出重大贡献，该产品荣获国家科技进步一等奖。1970 年 7 月，首台 9ESDZ43/82B 型柴油机研制成功，安装在我国第一艘 7 500 吨客货轮"长征"号上。

2. 改革开放后

在改革开放前的 20 年，我国船用大功率柴油机从"毫无经验、一片空白"到"自力更生、初具规模"，沪东重机担当了产品原创设计的重要角色、产品原创制造的主要角色，使我国大型船舶装上了中国"心"。改革开放后，我国学习日韩的模式，通过引进世界上最先进的船用柴油机生产许可证，开始在国际舞台上崭露头角。随着社会分工的日益细致，目前国际通行的船用柴油机制造都是通过引进丹麦、芬兰等欧洲国家的专利进行研制生产的。这种引进专利的方式只提供图纸，而工艺方法和原理等全靠制造企业自己研究。而且专利设计基于的工艺是按照国际制造业中上水平提供的，沪东重机的制造设备不一定能满足需要。这就需要花费大量的人力、物力和财力试验、培训，真正吸收设计的理念和思路。只有在掌握核心本质的思想后才能对制造技术有整体的把握，才有可能用较低的成本满足较高的要求。沪东重机"十一五"的战略定位就是重点加大科研投入，不断提升制造能力，调整工艺流程，以提高生产力；改进工艺技术，使原有设备发挥更大的效能；与高校联合开发新的制造技术，适应不断发展的需要。在每一道生产流程上都蕴藏着许多创新点。

三、中船集团公司创新能力积累的关键事件

（一）船舶设计开发技术

1. 17.5 万吨、17.7 万吨绿色环保好望角型散货船（上海外高桥造船厂）[1]

1999 年 10 月 17 日，外高桥造船公司与泰昌祥轮船（香港）有限公司签订了 17.5 万吨好望角型散货船建造意向书。在基地筹建阶段，外高桥造船公司按照建厂、造船、育人"三同步"计划，密切跟踪船舶动态，研究分析市场需求，走访船东征询意向，选择确定既符合企业自身条件，又适销对路的产品。早在 1999 年初，外高桥造船公司与香港著名船舶设计师郑瑞祥、上海船舶研究设计院联手，共同开发、设计绿色环保型 17.5 万吨好望角型散货船。经过近两年的构思和完善，外高桥造船公司于 2001 年 5 月，向市场隆重推出了绿色环保型 17.5 万吨好望角型散货船。该船在设计中大胆创新，融入了绿色环保理念和元素，使其成为国内第一艘取得美国 ABS 船级社"绿色入级符号"的船舶，成为国家重大装备国产化创新研制项目、国防科工委高技术船舶科研项目和上海市出口机电产品研究开发项目，成为了我国建造的最大吨位散货船。17.5 万吨好望角巨轮船长 289 米，两柱间长 279 米，型宽 45 米，型深 24.5 米，设计吃水 16.5 米，航速 15 节。出于船体平衡的考虑，过去一直是将庞大的燃油舱安置在船的底部。但底部不仅容易受损，造成海洋污染，而且修理难度大。通过优化设计，将燃油舱位置挪到船体上部的两侧，并采用双层隔离空舱进行加固。同时，通过反复的论证和精确的计算，改变压载水舱的分布和排列，使得压载水舱的配置更加合理，排空、注满顺序更为科学，不仅降低了船员的劳动强度，而且也提高了船舶的安全性。这一创新设计，使该船型成为了一艘既满足环保要求的"绿色好望角号"，而且也提高了其装运效率和安全性能。

2003 年 6 月 25 日，"好望角"首制船"祥瑞"号研制成功，使外高桥造船公司基本掌握了好望角系列船的设计、建造和试验技术，填补了我国在好望角型散货船领域的空白，为我国进军世界大型散货船市场积累了经验，对增强我国船舶工业在国际市场上的竞争能力具有重要的意义。

2003 年，外高桥造船公司制造的绿色环保型 17.5 万吨好望角型散货船获得第五届上海国际工业博览会铜奖，上海市高新技术成果转化项目 A 级。2004 年又获得中国船舶工业集团公司科学技术进步一等奖，上海市科学技术进步二等奖，第六届中国国际高新技术成果交易会优秀产品奖等，2006 年列上海市自主创新"十强"之首。

过去由于受法国敦克尔克港口设施的限制，好望角型散货船的最大吨位只能控制在 17.5 万吨之内。2003 年，该港口进行了技术改造，使停靠的船舶吨位增大到 17.7 万

---

[1] 资料来源：http://www.pdcpc.org.cn/Doc_Info.jsp?docid=193，《外高桥船厂建造好望角散货船列上海市自主创新"十强"之首》，访问时间：2010 年 12 月 10 日。

吨。获此信息后，外高桥造船公司快速反应，在集团公司的统一部署下，组织专业设计人员对17.5万吨好望角型散货船进行局部优化，不但使其载重量提升至17.7万吨，而且满足国际船级社联合会以及海事国际公约、议定书有关新的规则和规范。经过半年多时间的精心设计，世界上吨位最大的好望角型散货船在上海问世，成为当今世界上能进入法国敦克尔克港口最大的散货船。2004年11月，世界上吨位最大的好望角型货轮绿色环保型17.7万吨好望角型散货船正式推向国内外市场。到2006年，这款由中国自行开发、设计和建造的绿色好望角型系列船承接总量已达到70艘之多，约占世界好望角散货船市场40%的份额，承接总量位居世界各大船厂之首。

2. "中国江南·巴拿马"型散货船（江南造船厂）

1984年，江南造船厂与香港海洋技术顾问公司（简称PC公司）合作开发了6.5万吨级巴拿马型散货船。江南先后派出70余名工程技术人员参与联合设计，双方互相审核对方所设计的图纸资料，吸取、借鉴国外先进技术信息，加强技术经验交流，边设计，边充实，达到设计的正确完整。最终方案具有以下优点：采用优化球首、球尾船体线型，线型由香港PC公司提供，此线型在满载航行时效率最高；在螺旋桨前端设置二个半环导管，起到整流作用，可提高航速0.15节；依照法国船级社（BV）规范，局部采用低合金钢，减轻主船重量1 000余吨；缩短机舱长度，将货舱围槛设计成倾斜形，与同时代日本日立造船公司（Hitachi）设计的6.13万载重吨散货船比较，货船容量增大4 000立方米左右；选用国产引进B&W专利的5L70MCE新型主机，配备有500千瓦的恒频轴带发电机组，除进出港外，全船电站，由此发电机组供电；配有自适应舵，不仅有跟踪特性，还能根据设定的航线自动进行修正，缩减无效航程，减少转舵力矩，节约主机功率消耗；淡水系统采用集中冷却，扩大冷却范围，延长设备的使用寿命；主机、副锅炉可直接燃烧6 000帕秒重燃油料，降低燃油成本；设有完善的燃油净化处理系统，并配备油渣处理装置。

第一艘采用新方案建造的6.4万吨出口船于1985年12月正式开工。在建造过程中，江南厂还连创新举：采用单面焊双面成型和双丝单面焊双面成型的新的高效焊接新工艺，不仅确保了焊接质量，而且提高工效两倍以上；采用上层建筑整体吊装、精度造船、单元组装、分段预舾装、计算机应用等综合新工艺和新技术，为船舶建造、缩短周期、节省工时、降低成本、提高质量取得了明显效果；采用"下水阻尼措施"，避免了船下水后可能撞到黄浦江对岸所产生的危险。诸如此类的技术工艺新措施，凝聚了江南厂广大工程技术人员的智慧和心血。1987年10月，第一条江南产6.4万吨散装货船"祥瑞"号（取意"祥云万朵，瑞气千条"），正式交船使用。中国建造的第一条6.4万吨轮，经过4个多月的实际营运，其经济技术指标及总体性能均达到了当时国际先进水平。

在一次太平洋的航运中，"祥瑞"号与日本同期同类（1984年8月交船，6.512 5万载重吨散货船）建造的"日武丸（M/V NICHIBU-MARU）"轮齐头并进，两艘巨轮开足马力，全速航行，但"祥瑞"号成功地逐渐将日轮远远抛在后面，最后不见了踪影。1988年初，"祥瑞"号途经大西洋、太平洋时，在极其恶劣的海况和强达11级的大风的考验下安然无恙，船东和租船方都非常满意。事实证明了该型船性能优异，品质过硬，船东盛赞为"中国江南巴拿马型"（中国江南型），以后即以此名被英国伦敦租船市场单独挂牌，命名为国际著名品牌。

从20世纪80年代以来，中国船舶工业在船舶出口业务上有了长足的发展，从1985年首艘"中国江南"型散货船"祥瑞"号交付，一直到2005年，绝大多数由江南造船厂承建的"中国江南"型散货船已成为中国船舶工业对外出口中批量最大的船型，其载重量也从"祥瑞"号的6.4万吨逐渐改进上升为6.8万吨、7万吨、7.3万吨和7.4万吨。

3. 8530箱超大型集装箱船

2007年9月，由我国自主研发、拥有完全自主知识产权的第一艘8530箱超大型集装箱船在上海交付船东中海集运公司，标志着我国在高技术船舶设计建造领域坚持走自主创新道路取得了重大突破，已经成为继韩国、日本、丹麦后第四个能够自主设计、建造超大型集装箱船的国家。这艘名为"新亚洲"号的8530箱超大型集装箱船是中船集团公司所属沪东中华造船（集团）有限公司为中海集运公司自主开发设计建造5艘同类型船舶中的第一艘，属目前我国自主设计建造完成的最大型集装箱船，该型船设计建造技术得到了"十五"国家重点科技攻关计划的大力支持。8530箱集装箱船是超巴拿马型大型集装箱船，是目前国际上主流集装箱船型之一，具有高技术含量、高经济附加值、高建造难度等特点。在之前的出海试航中，该船顺利完成了所有试验项目，试航获得圆满成功，得到船东和船级社的高度称赞。

4. 与法国大西洋公司合作开发LNG船

为了培育我国自主开发、设计、建造LNG船的能力，中船集团公司所属沪东中华造船(集团)有限公司从1997年起就启动了LNG船的研究工作，对此类船舶的建造信息、规范规则、技术专利和市场前景进行了大量的调研和考察。经过几年的努力，在国家有关部委的支持和国外合作方——法国大西洋造船厂的帮助下，沪东中华造船（集团）有限公司通过引进、消化、吸收，掌握了大型薄膜型LNG船的关键建造技术，并成功开发了采用蒸汽透平推进系统的14.7万立方米薄膜型LNG船。2004年8月，首艘LNG船建造合同签订，同年11月15日开工建造，2008年4月3日交付。截至2009年12月10日，首批5艘LNG船已全部交付使用。

在良好的外部条件支持下，中船集团公司成功摸索出了一条"内部联合，外部引援"的自主研发之路。2005年底，中船集团公司开始组织专门力量对大型LNG船新船型进行研发。2008年，中船集团公司专门成立了LNG船研发领导小组。随后，中船集团公司所属沪东中华造船（集团）有限公司和708所又联合组建了LNG船项目开发组，决定举集团公司之力，充分利用整体研发力量、建造力量、配套力量和设施设备，全力做好大型LNG船的研发工作。除了集团公司内部企业联合开发以外，中船集团公司还积极协调项目开发组与许多高校、船级社以及船东之间的合作关系，力争使新船型的设计更加完善。2009年5月和6月，项目开发组分别与英国劳氏船级社和挪威船级社签署了大型LNG船开发合作协议。协议明确表示，中船集团公司在开发大型LNG船时，相关船级社将在市场要求、规范规则、图纸预审等方面给予技术支持。根据协议，中船集团公司还多次派遣开发人员赴国外，与相关船级社相关人员展开技术交流。另外，为了使LNG船的研发工作更具针对性和有效性，沪东中华造船（集团）有限公司、708所等单位在集团公司的支持下，加强了与船东的沟通和交流，并获得了许多宝贵的市场信息以及产品设计方面的意见。

（二）船用柴油机的国产化[①]（沪东重机）

如前文所述，在改革开放前的20年，我国船用大功率柴油机从"毫无经验、一片空白"到"自力更生、初具规模"，沪东重机担当了产品原创设计的重要角色、产品原创制造的主要角色。

白合金零件是船用低速柴油机中不可缺少的部件，原来生产这些零件需要酸洗、挂锡等预先处理，污染环境，并且工人的劳动强度大，生产成本高。2005年沪东重机与高校联合进行柴油机零件白合金焊接技术研究，并取得成功，2006年公司批准将该项技术应用于实际生产，组建生产线。该技术的应用，将大大提高生产效率和零部件质量，同时解决了酸洗液的环保处理问题。据了解，该技术在国内还没有应用，国际上也仅有几家大公司掌握这项先进技术，沪东重机的这条生产线是名副其实的全国首创。自主核心技术的掌握极大地提高了公司在市场上的竞争力。

1997年，MAN B&W公司设计出最新型的5S50MC-C柴油机。沪东重机抓住日韩企业观望不定的时机，果断决定研制世界首制机，并成功地制造出MAN-B&W 5S50MC-C柴油机。世界上12家船级社一致确认：HHM-B&W 5S50MC-C柴油机各项技术指标，完全达到设计要求。从此，沪东重机瞄准世界先进水平研发最新产品，填补国内船用柴油机的空白。国内首台VLCC（超大油轮）主机，国内功率最大的智能型柴油机，国内首台超大缸径柴油机，一系列的第一在沪东重机诞生。

四、中船集团公司支持创新的内部机制

中船公司的科技创新体系，分为集团公司和成员单位两个层面，集团公司主要开展战略层面的研究，注重技术的前瞻性，以直属的708所作为集团公司的研发中心；

[①] 资料来源：http://www.techpudong.gov.cn/web/gwcxInfo.asp?ArticleID=686，《沪东重机:万吨巨轮里跳动着"中国心"》，访问时间：2010年12月10日。

下属成员单位制定科研规划上报集团公司备案。集团公司每年制定科技发展规划，包括国家项目、集团公司项目和下属单位上报的重点项目。根据项目的重要性，配置科研资源，发挥集团公司在科技研发中的统筹作用，同时发挥下属单位科研的自主性和灵活性。在研发投入方面，中船公司每年将主营业务收入的 3.8% 投入 R&D 中，高于全国制造业平均水平。

在信息化建设方面，中船公司目前正在推动办公系统的自动化、设计系统的自动化和管理系统的自动化，通过在成员单位的试点，最终在集团内部实现统一，提高集团信息化程度。在设计系统的自动化方面，中船在沪东造船厂和 708 所开展试点，实现了设计系统的统一和兼容，在 LNG 船的研发中起到了积极的作用。在管理系统自动化方面，中船在上海外高桥造船厂开展试点。

在技术人员的激励方面，中船公司给予技术人员的待遇，在国内行业中处于中上等水平；虽然与外资企业相比，技术人员的薪资存在差距，但差距正在缩小。技术人才队伍是科研的核心资产，也是提高产品质量的重要保证，中船公司在培养技术人才队伍方面投入较大。LNG 船的焊接难度大，对焊工操作习惯及焊接环境要求较高；因此从事三大主流船型焊接的焊工因为操作的惯性，反而不适应 LNG 船的焊接，容易影响到产品的质量。为了完成 LNG 船的焊接工作，保证产品质量，中船公司专门从陕西技校招聘一批刚刚毕业，没有焊接常规船型经验的女焊工；同时规定 LNG 船的焊工在每天正式上岗之前，每个人都要先焊接样本，样本经检验合格之后才能上班，以此保证焊接没有瑕疵。

五、中船集团公司创新能力评估

（一）产品整机/整体工艺技术层面

1. VLCC 油船

中船 VLCC 船产品整机技术能力评估如图 13-1 所示。

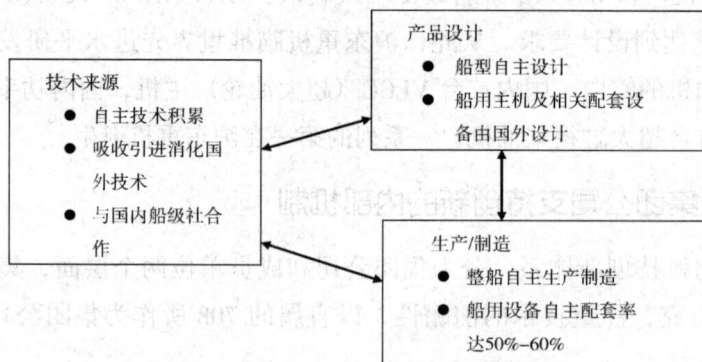

图 13-1　VLCC 船产品创新能力评估图

2. 散货船

中船集团公司散货船型主要有江港船厂制造的"中国江南·巴拿马"型和上海外高桥造船厂制造的好望角型绿色环保载货船两种。其整机创新能力评估情况如下图13-2所示。

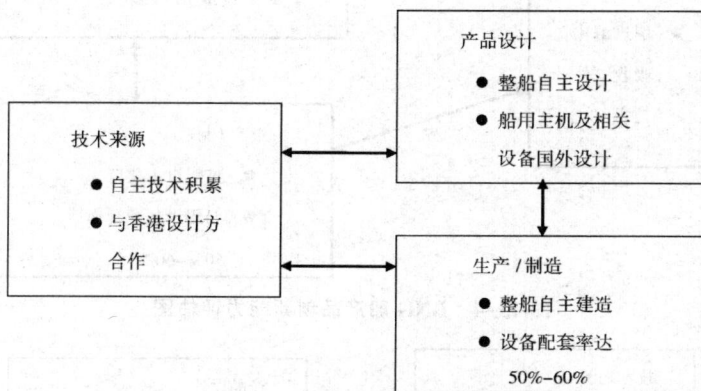

图13-2 散货船产品创新能力评估图

3. 集装箱船

中船超大型集装箱船产品整机技术能力评估如下图13-3所示。

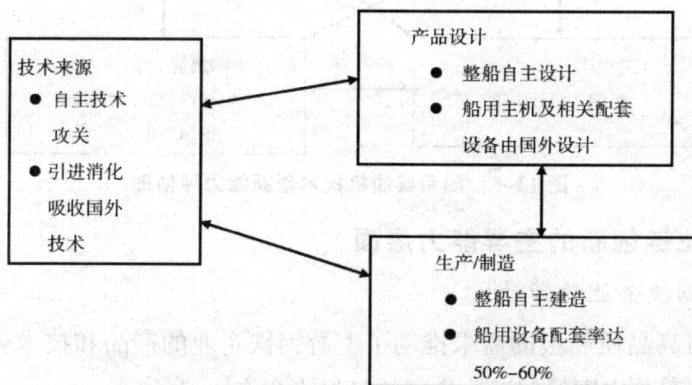

图13-3 集装箱船产品创新能力评估图

4. LNG船

中船LNG船产品整机创新能力评估如图13-4所示。

（二）核心技术层面

根据前文所述，中船公司研制的MAN-B&W 5S50MC-C柴油机得到世界上12家船级社的一致认可，沪东重机瞄准世界先进水平研发最新产品，填补国内船用柴油机的空白。国内首台VLCC（超大油轮）主机，国内功率最大的智能型柴油机，国内首台超大缸径柴油机，一系列的国内突破都在沪东重机诞生。中船沪东重机船用柴油机创新能力评估情况如图 13-5 所示。

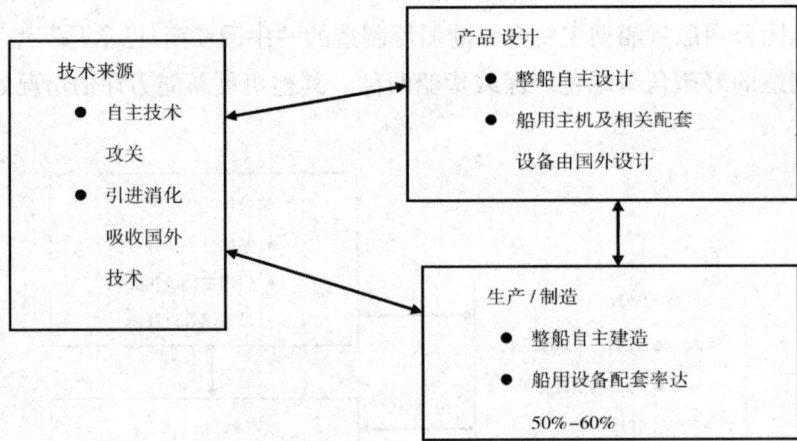

图 13-4　LNG 船产品创新能力评估图

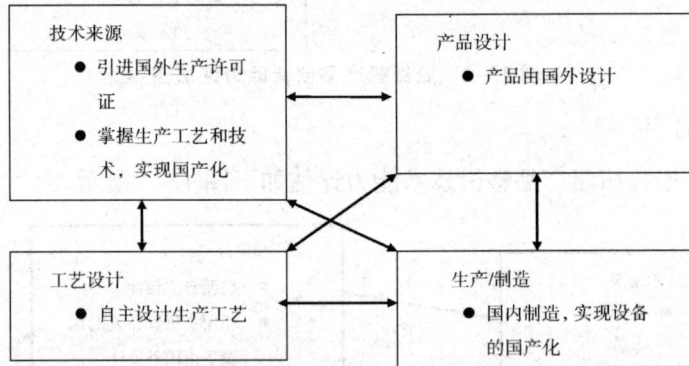

图 13-5　船用柴油机技术创新能力评估图

（三）产业链创新的主导能力层面

1. 对上游钢铁企业的带动[①]

造船企业对高品质船板的需求推动了上游钢铁企业的产品和技术创新。2010 年 1 月，宝钢集团公司与中国船舶工业集团签订战略合作协议。

宝钢股份 5 米厚板轧机在 2005 年投产当年，即为中船集团提供船板 6.1 万吨，同时，宝钢股份开始了向中船集团旗下的外高桥船厂 30 万吨海上浮式储油船的整船供料；2006 年，宝钢为中船提供船板 34.2 万吨，并开始向外高桥船厂实施船板分段交货。2009 年，宝钢累计向中船供应船板达 200 万吨。到 2010 年 1 月，中船集团已成为宝钢股份最大的厚板用户。与中船集团的合作，极大地促进了宝钢船板制造技术的进步和厚板物流管理水平的提高。2009 年 1 月，双方在签订年度战略协议时就"国货国运、国轮国造、国钢国用"达成共识，并确立了打造具有国际竞争力的战略供应链目标。根据协议，中船集团始终优先选用宝钢钢板，宝钢也向中船集团优先供货；中船集团将继续与宝钢携手打造长期稳定、最优、最具竞争力的供应链，深化合作，规避市场风险，使战略合作向更高水平发展；宝钢将积极参与支持中船集团在25万吨级以上油轮、海洋石油平台等新业务领域相关品种的研发、制造和供应，以更优质的服务和更稳定的成本，促进双方更密切、更广泛和更高层次的战略合作，巩固双方在产业链中的优势地位。

2. 产业链升级

在产品主要面向国际市场、市场竞争激烈的造船行业，中船公司不断谋求产业链的制高点，积极调整产品结构，开发高附加值、高技术的船型，扩大市场需求，增强市场竞争力。与日韩等造船强国相比，中船公司在产品结构上仍以成熟的三大主力船型为主。为提升自身竞争力，中船沪东中华造船（集团）有限公司通过引进、消化、吸收，掌握了大型薄膜型 LNG 船的关键建造技术，并成功开发了采用蒸汽透平推进系统的 14.7 万立方米薄膜型 LNG 船。2004 年 8 月，首艘 LNG 船建造合同签订。截至2009 年 12 月 10 日，首批 5 艘 LNG 船已全部交付使用。中船掌握 LNG 船的研发制造技术，将有利于调整优化自身产品结构，追赶国际先进造船企业。

六、中船集团公司创新能力成长模式

中船创新能力成长模式可以概括为：**基于自主品牌和快速响应市场需求的集成创新**。主要做法如下：

（一）以三大主流船型的创新开拓国际市场

三大主流船型（散货船、VLCC 船及集装箱船）制造技术成熟，突破难度较小。中船选取三大主流船型作为追赶国际先进水平的突破口，利用中国劳动力成本较低的优势，在引进消化吸收外来技术的基础上自主创新，开发适合市场需求的船型，开拓国际市场，迅速"做大"。2009 年，中船造船总吨位 1 000 万吨，仅次于韩国现代重工的 1 800 万吨，在国际造船企业中排名第二。在三大主流船型技术成熟的基础上，中船公司在技术、资本和人才各方面获得更多的积累，积极向行业高端迈进，突破并掌握了 LNG 船的制造技术，改进产品结构，谋求"做强"，实现我国由"造船大国"向"造船强国"的转变。

（二）以国内市场战略需求为导向进入高端市场：以 LNG 船为例

LNG 船技术含量高，对制造水平要求较高，属于造船行业的高端产品，与豪华游轮一道被称为"造船皇冠上的两颗明珠"。在原国家计委的推动下，中船把握到中国对天然气进口需求日益增长的趋势，认为 LNG 船是战略性产品，一定要实现自主制造；同时掌握 LNG 船制造技术，有利于改善自身产品结构，抢占行业制高点，增强市场竞争力。正是由于正确把握到国内市场对 LNG 船的需求，以 10 年之功掌握 LNG 船的制造技术，满足国内运输需求，中船得以突破造船行业高端市场，积极"做强"。

（三）坚持整船自主设计

相比汽车等行业，中国造船行业以中资为主，合资较少，造成这种现象的原因在于，我国造船行业在上世纪 80 年代高起点引进国外先进技术，引进时间早，技术起点高，对合资需求不太迫切。进入 2000 年以后，中国造船业发展迅速，在国际上对日韩等造船强国形成了面对面的威胁，再想通过合资的方式引进技术就变得非常困难。在这种情况下，中船坚持整船自主设计，保证自主性，增强国际竞争力。

（四）高起点引进技术

中国船舶工业的发展也经历了引进、消化、吸收、再创新的过程。中船主要参与了两次重要的技术引进：一是 20 世纪 80 年代参与引进三大主流船型的技术。目前，中船在三大主流船型技术上已经成熟，能够设计制造 32 万吨 VLCC 船、17.7 万吨绿色环保好望角型散货船及 8350 箱超大型集装箱船，在国际上具有较强的竞争力。二是在掌握三大主流船型设计制造技术之后，为抢占行业制高点，从 1998 年开始，中船引进法国船厂的 LNG 船技术，历经 10 年消化吸收，掌握 LNG 船的设计制造技术，并成功交付首批 5 艘 LNG 船，实现了 LNG 船的突破。

（五）完整的创新链：内部有研究院和设计所

中船公司自身拥有比较完整的创新链，这是自主创新取得重大成就的重要原因。除了 5 大造船基地，中船公司下属有中国船舶及海洋工程设计研究院、上海船舶设计研究院和广州船舶及海洋工程设计研究院等科研院所。这些科研院所与生产基地的集合，实现了科研资源的有效配置，保证了科技成果的市场转化。

（六）与上下游企业合作创新

中船在自主创新过程中重视与上下游企业的合作，保证造船的原材料供应及产品满足市场用户的需求。在与钢铁企业的合作方面，中船与宝钢签订战略合作协议。在与用户的合作方面，中船与中远成立联合开发组，合作开发船型。中远从用户的角度提出改进产品和技术的建议，促进中船公司提高产品质量，满足用户需求。

（七）与技术供应商合作，推动主机零部件国产化

在船用设备特别是船用电子产品、导航和自动化设备等方面，中船公司主要依靠进口。在船用低速机方面，中船公司从丹麦和挪威两国的技术供应商处拿到设计图纸，通过研究工艺方法和原理，提高生产制造能力，致力于设备的国产化。

第十四章

奇瑞汽车股份有限公司
技术创新调研报告

一、奇瑞公司概况

奇瑞汽车股份有限公司（简称奇瑞公司）于 1997 年 1 月 8 日注册成立，1997 年 3 月 18 日动工建设，注册资本 36.8 亿元。1999 年 12 月 18 日第一辆奇瑞轿车下线，2001 年奇瑞轿车正式上市，2007 年 8 月第 100 万辆汽车下线，成为我国第一家达到此规模的自主品牌乘用车企业。2010 年 3 月，奇瑞第 200 万辆汽车下线，成为中国第一个达到 200 万辆级自主品牌的汽车企业。目前，奇瑞公司拥有四个轿车厂、两个发动机厂、两个变速箱厂以及中央研究院、规划设计院、试验技术中心等生产研发单位，已具备年产 90 万辆整车、发动机和 40 万套变速箱的生产能力。奇瑞公司旗下拥有奇瑞、瑞麒、威麟和开瑞四个子品牌，产品覆盖乘用车、商用车、微型车领域。目前，奇瑞公司已有 16 个系列数 10 款车型投放市场，另有数 10 款储备车型将相继上市。奇瑞先后通过 ISO9001、德国莱茵公司 ISO/TS16949 等国际质量体系认证。多年来，以"零缺陷"为目标的奇瑞产品受到消费者青睐，2009 年实现整车销售达 50 万辆，同比 2008 年增长 40%，连续 9 年蝉联中国自主品牌销量冠军，连续 7 年成为中国最大的乘用车出口企业。

"自主创新"是奇瑞发展战略的核心，也是奇瑞实现超常规发展的动力之源。从创立之初，奇瑞就坚持自主创新。目前，奇瑞已建成以汽车工程研究总院、中央研究院、规划设计院、试验技术中心为依托，与奇瑞协作的关键零部件企业和供应商协同，和国内大专院校、科研所等进行产、学、研联合开发的研发体系，并拥有一支 6 000 余人的研发团队，掌握了一批整车开发和关键零部件的核心技术。奇瑞还高度重视观念创新、管理创新，不断完善体制机制，激发企业的创新活力，吸引并留住了一大批技术和管理人才。2008 年，奇瑞成为我国首批"创新型企业"，"节能环保汽车技术平台建设"、"轿车整车自主开发系统的关键技术研究及其工程应用"二项目分别荣获国家科技进步奖一等奖、二等奖。截止到 2010 年上半年，公司共获得国家授权专利 3 051 件，在国内汽车企业中名列前茅。

"全球化"是奇瑞公司的战略发展目标。奇瑞从发展初期就注重开拓国际、国内两个市场，积极实施"走出去"战略，成为我国第一家将整车、CKD 散件、发动机以及整车制造技术和装备出口至国外的轿车企业。2006 年奇瑞被国家商务部、发改委联合认定为首批"国家汽车整车出口基地企业"。2007 年通过与美国量子等企业的合作，开启中国汽车工业跨国合作的新时代。目前，奇瑞正全面推进全球化布局，产品面向全球 80 余个国家和地区出口，已建或在建的海外 15 个 CKD 工厂，通过这些生产基地的市场辐射能力建设，实现了全面覆盖亚、欧、非、南美和北美五大洲的汽车市场。在积极打造硬实力的同时，奇瑞还高度重视培育软实力。秉承"大营销"理念，奇瑞全面升级"品牌、品质、服务"三大平台，不断提升品牌形象和企业形象。2006 年，"奇瑞"被认定为"中国驰名商标"，入选"中国最有价值商标 500 强"第 62 位；2007 年，奇瑞公司当选 2007 年度"最具全球竞争力中国公司 20 强"和"发展中国家 100 大竞争力企业"；2009 年，奇瑞公司第 4 次被《财富》杂志评为"最受赞赏的中国公司"。

二、奇瑞公司技术创新发展历程

（一）整体创新与变革历程

奇瑞的自主创新历程，具体可以分为以下三个阶段：

1. 仿制阶段：模仿开发，抓住机遇，实现快速积累

1997-2001 年，是奇瑞汽车起步的仿制阶段。通过安徽省和芜湖市政府引进尹同耀等"八大金刚"，组成 50 多人的初始团队；从英国福特引进一条旧的发动机生产线，实行低成本战略，形成仿制能力。同时，奇瑞加入上汽集团，利用引进车型国产化而发展起来的配套体系，形成批量生产能力。这一阶段，奇瑞的模仿创新主要通过反向工程的方式进行。反向工程是指通过对产品进行解剖和分析，从而得出其构造、成分以及制造方法或工艺，这是企业提升自身竞争力的重要手段，是法律允许的行为，也是世界公认的技术进步的一个手段。

2. 创造性模仿阶段：以我为主，联合开发，取得自主产权

2002-2005 年，是奇瑞汽车创造性模仿阶段。在跨越模仿创新的研发初始阶段后，奇瑞公司制定了"以我为主、立足产权、国际合作、消化创新"的技术合作开发战略，充分利用改革开放后的新环境，大胆利用和整合世界资源，采用与国际著名研发公司联合研发的方式，走集成创新与引进消化吸收再创新相结合的路子，实现产品研发、生产、销售、管理等全面与世界标准接轨。

3. 自主创新阶段：从制造走向创造

2005 年至今，奇瑞汽车加快自主创新的步伐。从 2005 年的 A520 开始，都是自主知识产权产品，属正向设计，奇瑞完成了由反向开发向正向开发的转变；从发动机产品看，奇瑞新发动机 ACTOTEC 开始了正向设计，于 2005 年底正式上市，成为中国轿车的第一个"中国芯"。奇瑞汽车工程研究院是国内装备最先进的汽车研发机构之一，并初步形成具有国际水平的技术开发平台。同时，奇瑞通过各种方式的技术合作，以我为主，积极地引进、吸收并消化世界上最先进的技术，借鉴其生产流程和标准体系，降低基础研发阶段的风险和成本。如底盘的开发请世界上最有经验的日本三菱公司、德国著名的 Sachs 公司、英国 LOTUS 公司帮助，与美国量子、克莱斯勒集团、意大利菲亚特集团相继签约进行贴牌生产。经过多年的自主研发实践,形成了内部研发、控股研发、国内外联合研发、委托研发及配套厂家协同研发的多重交互研发机制。奇瑞汽车的技术创新历程如表 14-1 所示。

表 14-1　奇瑞自主创新历程

能力阶段＼能力维度	技术资产	组织整合	外部网络	技术战略
仿制（1997-2001 年）	引进英国福特的发动机生产线，试行安装、调试	初期的"八大金刚"起步，核心团队是到 1997 年聚集起来的 50 多人	奇瑞加入上汽集团，利用在国内为引进车型国产化而发展起来的配套体系	低成本战略,形成仿制技术能力
创造性模仿（2002-2005 年）	2002 年，奇瑞成为中国首通过 ISO/TS16949 国际标准的整车制造企业；10 月，经过近一年精心准备的 ERP 项目正式上线。奇瑞从德国最著名的专业厂家杜尔（DURR）公司引进世界最先进的 5 条涂装线之一，投资 7 亿元人民币	奇瑞汽车研究院发动机部件到 2003 年 12 月已经建立起一支达 200 人的技术队伍	委托奥地利 AVL 公司设计了 18 款发动机，与台湾福臻公司合资建立了一个模具公司	从模仿做起，从低端开始，在参与中学习
自主创新（2005 年至今）	从 2005 年的 A520 开始，都是自主知识产权产品，属正向设计。从发动机产品看，ACTOTEC 开始了正向设计	奇瑞汽车工程研究院是国内装备最先进的汽车研发机构之一，并初步形成有自己特色的国际水平的技术开发平台	底盘的开发请世界上最有经验的日本三菱公司、德国著名的 Sachs 公司、英国 LOTUS 公司帮助，与美国量子、克莱斯勒集团、意大利菲亚特集团相继签约进行贴牌生产	公司经过多年的自主研发实践,形成了内部研发、控股研发、国内外联合研发、委托研发及配套厂家协同研发的多重交互研发机制

（二）整车车型系列演化

1. 产品系列

奇瑞目前拥有四个轿车厂，产品系列如表14-2所示：

表14-2　奇瑞汽车公司轿车产品系列

品牌	产品系列
奇瑞	QQ3、QQme；旗云1、旗云3、瑞虎3；A1、A3；风云；瑞虎；东方之子
瑞麒	G5、G6、M1、X1
威麟	X5、H5、V5
开瑞	优优、优派、优翼、优胜、优劲

2. 主要产品发展历程

（1）风云。1999年12月，奇瑞的第一款车"风云"下线，底盘和车身由尹同耀设计开发，模具委托台湾福臻制造商制造。2001年3月，"风云"一代正式上市。"风云"经历了四代产品。为了"风云"四代产品的改进，奇瑞公司耗资8000万元，研发安装新的发动机降低油耗，整车在原有基础上进行了13项改进。2005年5月，奇瑞宣布：奇瑞"风云"经过5年砥砺，产品质量日臻成熟，价格贴近主流消费者，已经成为中国当代"国民车"第一品牌。

（2）QQ。在推出"风云"之后，奇瑞于2003年5月推出QQ。奇瑞开发QQ微型车受到韩国大宇MATIZ2的启发，在车型的设计上采用了钱玉麟（原东风公司资深造型师）父女联合创作的方案。奇瑞QQ上市之后，凭借时尚的造型、个性的设计、丰富的装配，被国家科学技术部作为经济型轿车研究项目列为"国家火炬计划项目"，迅速引发了国内微型轿车的销售热潮。

（3）A1&A3。奇瑞A1型车从2003年开始研发，到2007年下线。在A1的开发过程中，奇瑞与外方合作，有30多名原韩国大宇公司的技术人员负责指导，奇瑞200多名技术人员负责CAE开发。奇瑞在外方技术人员的评审过程中积累车型开发技术，掌握了工程开发的过程，实现了由反向开发向正向开发的转变。奇瑞A3型车从2004年开始开发，到2007年下线，目标定位于打造中国"家轿"。在A3的开发过程中，有4名韩国工程师参与CAE开发。2005年以后奇瑞CAE部分开始独立，标志着奇瑞整车开发能力有了质的提升。

（三）发动机的系列演化

1. 产品系列

奇瑞目前拥有两个发动机厂，已经形成全面的发动机正向开发能力体系，从布置设计、模拟分析、零件试制，直到试验开发。目前发动机研发队伍近1000人，其中博士占3%，硕士占10%，本科生占80%。截止到2009年度，奇瑞发动机共申报发明专利 163 项，适用新型专利 249 项；2.0NA 汽油发动机获 2006 年度全国"十佳发动机"荣誉称号；2009 年奇瑞公司节能环保汽车技术平台获得国家科技进步一等奖；481A 柴油发动机被评选为 2009 年度国内"十佳发动机"。奇瑞发动机产品系列如表 14–3 所示：

表 14–3　奇瑞发动机家族产品

CAC 系列	372/473 发动机
	480/475 发动机
	477F/FB 发动机
ACTECO 系列	NEF1 发动机
	NEF2 发动机
	NEFD 发动机

2. 发展历程

奇瑞发动机技术的发展经历了以下三个阶段：一是模仿阶段，消化英国福特的发动机。1997 年，奇瑞的创业从发动机开始，创业之初以 2 500 万美元的价格购买了英国福特发动机产品技术和一条生产线，奇瑞用了近一年的时间消化福特的发动机技术。1999 年 5 月 18 日，第一台 CAC480 发动机成功下线。二是联合开发阶段，与奥地利 AVL 发动机公司合作联合开发发动机。2002 年以来，奇瑞公司与世界著名的奥地利 AVL 发动机公司合作，联合研发了从 0.8 升到 4.0 升的 18 款发动机，前 4 款外方为主，其后以奇瑞人为主，全部达到欧洲 4 号排放标准，包括采用缸内直喷技术的先进发动机。2003–2005 年，奇瑞的工程师参与了 18 款发动机的整个开发过程，从概念设计一直到各个分系统的设计。通过合作开发的方式，一方面缩短开发周期，加快产品上市时间，另一方面培训了技术骨干，掌握了先进的开发技术和设计理念，缩短与世界先进水平的差距。三是自主开发阶段。2005 年底，奇瑞的新发动机 ACTECO 正式上市，成为中国轿车第一个"中国芯"。2008 年 3 月 28 日，奇瑞 ACTECO 1.5L（SOHC–16V）发动机的下线，宣布了我国首款单顶置凸轮轴四阀发动机的诞生，标志着发动机技术由"中国制造"向"中国创造"的转变。奇瑞发动机技术的进步历程如表 14–4 所示。

（四）变速箱的系列演化

1. 产品系列

从 2003 年开始，奇瑞相继启动机械式自动变速器（AMT）、无极变速器（CVT）和 6 速电控液压自动变速器（6AT）的研发工作。目前，奇瑞拥有两个变速箱厂，具备研发手动变速箱和自动变速箱的能力。奇瑞变速箱产品系列如表 14–5 所示。

2. 发展历程

① CVT 项目。奇瑞已具备 CVT 变速箱轴齿、壳体、热处理 5 万台 / 年，年装配 15 万台的产能。CVT 项目最初由奇瑞与国外公司合作开发，国外公司负责设计，奇瑞 10

表 14-4　奇瑞发动机技术进步的历程

时间	产品
1999 年	1.6L
2003 年	0.8L
2005 年 11 月	ACTECO 1.6L、2.0L
2006 年 5 月	ACTECO 1.3L
2006 年 6 月	ACTECO 1.8L、2.3L
2006 年 10 月	ACTECO 2.0L TGDI
2006 年 11 月	ACTECO 1.9LD、1.3LD
2007 年 1 月	ACTECO V6-3.0、V8-4.0

表 14-5　奇瑞自动变速箱产品系列

自动变速箱	CVT	QR019CH
		QR023CH
	AT	QR640AZ
		QR640AH
	AMT	QR512EH
		QR513EH
		QR519EH

多人参与；外方提供概念，奇瑞负责画图，外方审核，奇瑞从中学习积累经验。合同中途停止，后期工作由奇瑞独自完成。

② 6AT 项目。样机已下线，完成整车试验。6AT 手自一体变速器在 2011 年已投产。

③ AMT 项目。2005 年开始研发，包括结构总成开发，自动变速箱控制单元(TCU，常用于 AMT、AT、DCT、CVT 等自动变速器。实现自动变速控制，使驾驶更简单）等项目开发。

三、奇瑞公司创新能力积累的关键事件

(一) 整车开发技术

1. "风云"与 QQ：反向开发，奠定基础

日本企业在第二次世界大战后的技术学习，主要是通过"反向研发"来实现的，即通过模仿市场上已有产品进行自主开发。奇瑞起步时推出的几款车型，也是基于类似的思路。对于国内车企来说，这是自主研发的初级阶段，无法跨越。"风云"和 QQ 是奇瑞初期反向开发的代表车型。两款车造价较低，抓住了中国居民家庭消费需求结构，从传统的耐用消费品向住房、汽车等大宗消费品转型的第一轮黄金机遇期，得以迅速打开市场，为奇瑞后续的发展奠定了基础。

（1）风云。"风云"是奇瑞生产的第一款车。"风云"在 1995 年奇瑞诞生之前即开

始策划。在样车出来之前，安徽汽车零部件工业公司（奇瑞前身）的整车厂，包括冲压、焊装、喷涂、总装四大工艺生产线已经开工，到1998年3月四大工艺总装车间设备全面安装到位。1999年12月，奇瑞首辆轿车下线。到2000年，奇瑞公司生产了2 000多辆汽车。这款配有1.6升发动机的三厢轿车，与桑塔纳、捷达和富康这"老三样"属同一档次，但价格却低了1/3，在市场上一亮相就反响强烈。2001年，"风云"轿车全面上市，"风云"由于性价比突出，市场热销，当年就带来了13亿元的利润。正是有了这"第一桶金"的积累，为奇瑞后来的新车型开发和扩大产能投资奠定了基础。

（2）QQ。奇瑞在推出第一款车——"风云"之后，获得了初步的成功。尽管"风云"汽车的价格具有足够的竞争力，但是奇瑞自身的产品质量、服务以及品牌影响力还不强。在这种情况下，奇瑞公司选择微型轿车打入市场。2001年7月，微型车的设计在奇瑞的控股公司——佳景科技开始上马。当时同类车中风靡世界的是原韩国大宇的MATIZ，由造型界教父、意大利造型师乔治亚罗设计。大宇公司1999年推出的MATIZ 1一炮走红，因此该车被称为"世界车"。2001年，当MATIZ 2诞生时，引起市场更多的注意，奇瑞开发微型车受到MATIZ 2的启发。在车型的设计上，佳景的数位造型师的方案参加角逐，最终一位女造型师钱琦和她的父亲——原东风公司资深造型师钱玉麟联合创作的方案被选中。车名最初叫Fairy，后来改为QQ。奇瑞QQ的目标客户是收入并不高但有知识有品位的年轻人，同时也兼顾有一定事业基础、心态年轻、追求时尚的中年人。奇瑞的品牌策略将QQ诠释为年轻人的第一辆车。2003年5月31日，奇瑞QQ正式上市，凭借时尚的造型、个性的设计、丰富的装配，迅速引发了国内微型轿车的销售热潮，同时被国家科技部作为经济型轿车研究项目被列为"国家火炬计划项目"。到2005年5月31日奇瑞QQ上市两周年之际，其累计销量已达10万台。

2. A3的开发：建立正向开发体系[①]

2003年底，经过对市场的充分分析，奇瑞公司决定设计、制造一款全新的家庭A级轿车。这款车要有很高的安全性，很好的操控稳定性，更主要的是这款车肩负着塑造奇瑞品牌形象的重任，它就是A3。奇瑞公司找了一家意大利的合作公司——宾尼法瑞纳进行设计开发工作，这家公司与国内很多厂家都有过合作。最先宾尼法瑞纳提出了要隔离工作，奇瑞坚决反对，最后双方共同组成了一个研发团队。为了锻炼队伍，奇瑞先后派往宾尼法瑞纳的设计人员近百人，而这些人现在大部分都已经成为奇瑞的技术骨干，很多人已经担任了部长级别的职务。2006年底，设计方案冻结，接下来便是试制新车。匹配工作奇瑞持续了一年半左右，不断地进行安全气囊、安全带，座椅、门内板、仪表板等的匹配试验，奇瑞选择了很多国外供应商，他们的经验和能力对奇瑞有很

---

① 资料来源：《A3奇瑞新的开始—专访奇瑞总经理助理、乘用车工程研究一院院长刘惠军》。

大的帮助。整个前期试验奇瑞用了 700 多辆车，其中用作碰撞试验的就超过 200 辆。与市场同价位的其他 A 级车相比，A3 是唯一获得 5 星安全评价的、唯一配备 ESP 车身稳定系统的、唯一配备侧安全气帘的、唯一配备 205 轮胎并配备铝圈的、唯一采用四连杆独立后悬架、唯一采用前后盘式制动器、唯一采用电子动力转向的车型。A3 的开发对奇瑞来说不仅仅是一款高质量的产品，它对奇瑞未来发展的影响也很大。通过 A3 的开发，奇瑞对质量标准、技术规范、试验方法和试验内容都进行了更新，对整车开发流程更是进行了一次梳理。最关键的还是人才的培养，人才梯队的建设过程得到完善。设计、研发、试验、生产都得到了实质性的改进。

（二）发动机技术

1. 引进英国福特发动机并在此基础上改进

1997 年，奇瑞的创业从发动机开始。创业之初，奇瑞准备和一汽联手收购西班牙西亚特的一条生产线。后来，奇瑞以 2 500 万美元的价格购买了英国福特的发动机产品技术和一条生产线，但是一汽拒绝合作，奇瑞只好自己独立来做。起初，英方派来 20 多个人协助安装，但是效率低下，奇瑞老总尹同耀让外方技术人员提前回国。奇瑞用了近一年的时间消化福特的发动机技术。1999 年 5 月 18 日，第一台 CAC480 发动机成功下线。

2. 跟 AVL 联合开发

2002 年以来，奇瑞公司与世界著名的奥地利 AVL 发动机公司合作，联合研发了从 0.8 升到 4.0 升的 18 款发动机，前 4 款外方为主，其后以奇瑞人为主。AVL 是向宝马和保时捷提供发动机的全球发动机至尊，奇瑞与 AVL 联合开发的 18 种发动机，含有 VVTI （智能正时可变气门控制系统①）和双 VVTI、柴油直喷、柴油共轨、涡轮增压各种发动机先进技术，全部达到欧 4 排放标准。通过联合开发，奇瑞的目标不仅是要得到新产品，更是为了掌握高性能发动机的设计方法和试验流程，掌握全部知识产权，形成自己的技术能力。刚开始的时候，奥地利 AVL 公司将双方的技术人员隔离，不打算让奇瑞的技术人员参与，但是奇瑞坚决反对，反复坚持，最终参与了整个开发的全过程。在联合开发的过程中，奇瑞的技术人员迅速掌握了从概念设计、详细设计、开发体系、计算机辅助设计（CAE）到试制、开发试验、整车试验等一整套开发流程、开发体系和方法论。同时，奇瑞还拥有了一批具备国际先进水平的试验设备，包括 17 台 AVL 发动机试验台架和 1 台动力总成试验台架，在此基础上逐渐形成了自己的开发数据库。在与 AVL 的合作中，奇瑞与对方形成了一种互利共赢，又以我为主的关系，奇瑞的研发人员全程参与新产品

---

① 这一装置提高了进气效率，实现了低、中转速范围内扭矩的充分输出，保证了各个工况下都能得到足够的动力表现。另一个先进之处在于全铝合金缸体带来的轻量化，不仅减小了质量，也降低了发动机的噪声。控制机构的主要目的是在维持发动机怠速性能情况下，改善全负荷性能。这种机构是保持进气门开启持续角不变，改变进气门开闭时刻来增加充气量。

开发，而且自己完全拥有产品的知识产权，对方则以取得开发费来实现其商业性回报。通过与 AVL 的联合开发，奇瑞培养起一批优秀的设计师。2003-2005 年，奇瑞的工程师参与了 18 款发动机的整个开发过程，从概念设计一直到各个分系统的设计。通过合作开发的方式，一方面缩短开发周期，加快产品上市时间，另一方面培训了技术骨干，掌握了先进的开发技术和设计理念，迅速缩短与世界先进水平的差距。

3. 自己独立开发

2005 年底，奇瑞公司的新发动机 ACTECO 正式上市，成为中国轿车第一个"中国芯"。2008 年 3 月 28 日，奇瑞 ACTECO1.5L（SOHC-16V）发动机的下线，宣布了我国首款单顶置凸轮轴四阀发动机的诞生，标志着发动机技术由"中国制造"向"中国创造"的转变。

四、奇瑞公司支撑创新的内部机制

（一）技术创新战略

1.模仿、研发实践、超越

正如奇瑞公司自己描述的那样，奇瑞公司从模仿起家，在复制的基础上升级，形成了平台化的产品系列，具备了自主创新的能力。在整车开发上，奇瑞公司起步阶段推出的"风云"和 QQ，都是模仿市场已有产品反向开发出的典范。随着技术能力的积累，奇瑞推出 A3 型车，建立起正向开发体系，整车开发实力有了质的提升。在发动机和变速箱的开发上，奇瑞也是模仿起步，然后与国外厂商合作开发，积累技术经验，最后实现自主开发。

2. 以技术和人才为核心构建企业组织和管理流程

奇瑞公司认为，创新是分层次的，依次是技术创新——流程创新——文化创新。流程创新是要建立创造新的机制，尊重技术，尊重人才。奇瑞引进的技术专家，不只是从事技术工作，而是大胆的任用技术专家从事管理工作，以技术人才为核心构建企业组织机构和管理流程，将技术与管理结合起来。

3. 以我为主，积极利用外部创新资源

自主创新的关键是自己做主、以我为主。但自主开发不等于"自己开发"，而是在以我为主的前提下，充分利用国内、国际两种资源，开发出具有自主知识产权的产品。原奇瑞汽车工程研究院院长许敏说过，在自主开发的问题上，要走出一个误区，以为自主开发就是什么都要有自己来干。在今天的世界上，没有一家汽车公司的产品全部都是靠自己完成的。在利用国内创新资源方面，奇瑞以企业技术中心为核心，以芜湖佳景科技、上海设计分公司、北京设计分公司等控股设计公司为支撑点，与关联零部件企业和供应商开展协同设计，同时兼顾与国内大专院校科研所展开合作，不断加强企业间及产学研方面的合作。奇瑞的产学研合作主要采取项目合作开发和共同设立

公司等方式。在项目合作开发方面，分别与清华大学、天津大学、上海交通大学进行了 NVH 项目关于悬置的优化设计、低排放柴油发动机的研制开发、纯电动轿车整车开发项目合作；共同设立公司方面，通过引进掌握世界核心技术的人才，奇瑞先后参股或控股成立了 30 多个关键零部件企业。

在利用国际创新资源方面，奇瑞公司与江森、德尔福、李尔、强森等一些世界顶级的零部件供应商成立了合资公司；通过自主决策，与世界顶尖的技术公司和研发机构协同研发，而不是通常的与跨国公司合资生产汽车，这是国内汽车界独辟蹊径的创新策略。在协同研发中，建立广泛的双边、多边合作关系，产品由自己定义，技术路线共同确定，既可快速嫁接先进技术，参与研发、培养人才，又可完整获得自主知识产权，形成企业自身的知识积淀。

（二）研发经费投入

国外汽车公司研发经费占销售收入的比例在 3%–4%，而国内的几家汽车合资企业的研发资金比例不到 1%。相比之下，奇瑞公司始终坚持"再难不省研发"的原则，每年用于整车、发动机、变速器、关键零部件、新材料、制造技术及前沿技术研究开发的经费超过销售收入的 5%，有力保障了创新项目的顺利实施。

（三）研发机构设置

在研发机构的设置上，奇瑞公司建立了企业技术中心，并于 2005 年被国家发改委、财政部、海关总署、税务总局确认为国家级技术中心。中心组织机构健全，主要职能通过汽车工程研究院、规划设计院、信息中心、国家节能环保汽车工程技术中心、国外合作机构及博士后工作站等实现，如图 14-1 所示。

汽车工程研究院现有产品开发人员 2 000 余人，其中有来自欧美日汽车强国的外籍专家 80 余人，有从国外学成归来的高级汽车技术人才以及国内外著名大学毕业的博士、硕士 240 余人，另有百余名工程师正在国外培训或参与联合开发。职能是负责产品设计、开发和验证的全过程，制定产品的各类设计文件、技术文件，编制或确认采购产品的技术标准、技术参数、验收规则，宣传和推广技术管理标准及相关国际标准，对本领域的最新技术和产品发展方向以及有关新工艺、新材料的应用进行研究和推广，管理知识产权，检索专利，组织申报，维护专利，改进现有产品等。规划设计院是奇瑞公司的制造技术研发机构，承担着制造工艺技术研究、生产线的设计与开发及新产品量产工作。企业信息中心是企业信息化功能机构，负责奇瑞技术中心数字化、网络化信息技术的应用，开发公司急需的研发软件，协助完成公司产品数据库建设等。国家节能环保汽车工程技术中心的职能是负责节能环保汽车技术的研究和技术产品产业化，依托自身优势、强化外部合作，开发节能环保动力系统的关键技术。国外合作机构是奇瑞公司的重要战略合作伙伴，与奇瑞共同开展车型、发动机、变速箱、底盘以及工艺技术等的

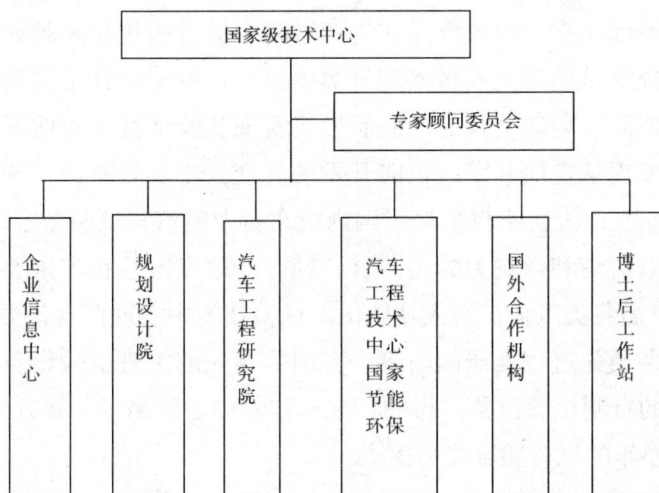

图 14-1 奇瑞公司技术中心组织结构图

研究、设计与开发应用，向公司推荐和引进相关的国际行业先进技术、装备和标准。

（四）研发条件建设

奇瑞公司除了完善研发体系外，还十分注重研发条件建设，逐渐建立起国内一流的研发条件。

1. 汽车节能环保国家工程实验室

2008 年 3 月，国家发改委批准奇瑞公司组建"汽车节能环保国家工程实验室"，这是国内车企唯一得到国家认可并授牌的国家级汽车节能环保实验室。奇瑞公司以建成国家工程试验室为目标，总投资 14 亿多元、现已投资 8 亿多元，建成占地近 30 万平方米，汽车零部件、节能环保、整车道路、动力总成、被动安全（碰撞）、材料、计量在内的七大试验室和一条整车操稳、NVH 调校试车跑道的亚洲最大的汽车试验技术中心，具有涵盖整车和零部件可靠性、操稳、NVH、安全、环境适应性、动力性、经济型、电子电器 /EMC、空调系统、耐候性、排放和材料等性能的试验开发和验证能力，已经具备了 23 个专业模块的近 1 800 余类试验项目能力。试验中心的一次性投资规模大、项目全、规格高，居世界领先水平，它的建成大大提高了产品开发核心技术的试验研究能力。二期建设，试验中心还将建设电磁兼容（EMC）、环境风洞（CWT）两个先进的试验室。该中心现已通过国家相关部门认可，被正式挂牌为"汽车节能环保国家工程实验室"。奇瑞公司后期将再投巨资，建设占地 10 平方公里、长 12 公里的高速环道、有各种可靠性组合路面的综合试验室，建成后将是亚洲规模最大的现代化汽车综合试验场；届时将拓展 17 个专业模块的近 400 余类试验项目能力。

2. 奇瑞汽车试验技术中心

奇瑞汽车试验技术中心是奇瑞研发系统的一个重要组成部分，主要担负奇瑞全新产品开发试验和验证工作，以及产品在生产过程中的升级优化和验证支持，为各项基础学科专项研究提供试验研究及精密测量等手段，负责公司计量检测体系的管理和维护。该试验室建成后，奇瑞公司的产品研发将实现从验证性试验向开发性试验的根本转变，从而完全实现从逆向开发向正向开发的转变。中心现有员工550人，其中技术人员占总人数的80%以上，不仅汇聚了国内汽车行业的汽车试验专家，还拥有10多名世界汽车行业颇有造诣和影响力的美、日、韩等外籍专家。在未来5年内，试验中心最终将拥有1 500名各类专业试验人才队伍。试验技术中心现拥有各类仪器设备800余台套，不仅包含各类先进程度居国内第一、国际领先的关键试验设备，而且拥有一大批已获国家专利的自制试验设备。目前，试验技术中心能满足每年开发30款全新车型和生产200万辆整车的试验验证能力需求。

3. 奇瑞汽车试验技术中心重点实验室

碰撞安全实验室：目前亚洲规模最大的碰撞实验室，实验室可满足欧、美、日等国相关安全法规的要求，可对实车开展刚性壁障的正碰、40%偏置碰、30°角度碰、正面柱碰、正侧柱碰、车对车的正碰、车对车每隔15°的角度碰、追尾碰和翻滚试验；可开展台车的侧碰和正碰模拟试验，也可进行安全气囊和约束系统的开发试验；可进行成人头型、儿童头型以及人体小腿、大腿及胸部等模块的行人保护试验。实验室整体试验能力处于行业领先水平。在国家工程实验室挂牌仪式上，该实验室将进行美标30°角实车"中国第一碰"。

整车实验室：试验室可开展整车动力性试验、燃油经济性试验、制动性试验、操纵稳定性试验、传动系耐久性试验、高速耐久、加速侵蚀耐久、制动评价、底盘系统匹配试验等在内的几乎所有整车试验项目。整车试验能力居行业先进水平。

NVH实验室：实验室可满足ECE、ISO等相关噪声标准要求，开展包含整车、动力总成、零部件等在内的较为齐全的NVH试验开发工作。是目前国内功能齐全、设备先进、综合开发能力一流的集试验开发于一体的实验室。

节能环保实验室：实验室能满足欧Ⅳ、欧Ⅴ、美标等排放法规的要求，模拟整车在高低温环境下的行驶工况的能力，模拟控制范围能基本覆盖人类陆地活动的各类气候条件，开展四驱及两驱车的环境适应性、空调系统、冷却系统、温度场、整车耐侯性、排放及经济性试验。整体试验能力处于行业领先水平。

零部件实验室：实验室可开展整车道路模拟试验，开展全车各总成、各系统及零部件的性能试验和可靠性试验。该实验室是国内涉及专业最多、覆盖面最宽的零部件综合实验室。

动力总成实验室：实验室可满足欧Ⅴ及美标超低排标准，开展各类汽油、柴油发动机的性能开发和可靠性试验，功率覆盖330KW以内的汽油机、440KW以内的柴油机；变速箱试验台可开展 MT、AT、AMT 和 CVT 各种性能和可靠性试验，扭矩覆盖横置 400NM、纵置 550NM 以内的变速箱；同时可开展发动机 ECU 标定开发及变速箱 TCU 的匹配工作。整体试验能力处于行业领先水平。

材料实验室：实验室可开展汽车金属材料静态性能、动态性能、化学成分、物理性能、无损检测、焊接、金相、失效模式的试验与分析；开展车用塑料、橡胶、纺织品、皮革等高分子材料的性能测试、材质分析、温湿度试验、老化试验；开展汽车车内空气质量监测、汽车材料有害物质检测等试验项目。整体试验能力处于行业先进水平，其中汽车车内气味监测及控制、汽车材料有害物质检测、汽车金属材料疲劳寿命测试、重金属测试、材料回收等技术能力居行业领先地位。

计量中心：实验室可对产品开发过程中的零部件及整车开展尺寸测量工作，对检测设备开展校准工作；可开展发动机、变速箱、整车的全尺寸检测及车身检具测试；校准能力覆盖长、热、力、电等基础参量及汽车专用参量；能对汽车专用及综合测试设备开展校准。整体技术能力处于行业先进水平，其中精密测量能力居行业领先地位。

（五）研发流程建设

奇瑞公司根据市场规则建立相应的研发管理制度，诸如有关研发创新方面的重大决策实行技术委员会会议表决制度，而关于技术、研发及重点项目可行性的评估，实行专家委员会会议表决制度，确保研发方向及重点项目选择与公司经营战略相一致。同时，实行强弱项目矩阵管理模式和平台研发技术，建立项目管理、过程监督等约束机制，建立系统的产品研发流程，并编制相应的研发指导手册，实现产品研发流程的制度化、标准化。以奇瑞试制工厂为例，其具备了每年试制 600 台样车的能力，形成了核心技术框架；内部整理了 90 多本教材及光盘等学习资料，进行技术成果总结。

（六）激励机制

奇瑞公司为了吸引和凝聚人才，确定了以人为本、诚信合作、用创新的薪酬制度激励人、用有效的企业学习制度培养人的人才理念，并且不断建立、健全激励机制，充分调动和发挥研发人员的工作积极性和创造性。具体体现在以下三个方面。

1. 以"以人为本"的人才管理机制吸引人才

奇瑞公司为及时拥有掌握世界核心汽车技术的人才，人力资源部设有专人负责的国际重点人才资料库，锁定企业关注的人才，时刻追踪他们的动态，寻找引进他们的合适时机，对于因为各种原因难以正式加盟奇瑞的优秀人才，公司还分别在上海、北京以及墨尔本、都灵等地设立独立研究所，通过委托开发及合资、合作开发等形式，与他们进行相关研发项目的合作，充分利用这些智力资源。通过这种引智形式，公司完成了数十项关键科研项目，既解决了企业难题又给企业带来显著的经济效益。

2. 采用富有弹性与活力的薪酬机制激励人才

奇瑞公司坚持短效激励与长效激励相结合、物质薪酬（物质刺激）与非物质薪酬（精神激励）相结合、直接薪酬（工资、奖励）与间接薪酬（福利）相结合的原则，针对不同层级的员工开发出相应的具有市场竞争力的薪酬政策及激励制度。公司实行月度考核与年度考核相结合，将月度绩效考核结果与月度绩效薪酬、奖金直接挂钩，年度考核结果与年终奖励及职位晋升、任免相联系；为增强人才对公司长期发展的关注度和参与度，公司设立了内部期权、期股，兼顾年度个人绩效和部门绩效进行配置；对公司引进的高层次人才，除配置内部期权、期股之外，还专门为其设计了较高福利，消除其后顾之忧。

3. 通过形式多样的培训机制留住人才

奇瑞公司对新聘用的人才，一般通过配备导师制、派出到国外合作机构学习、与公司聘请的国内外知名专家一起工作、轮岗、挂职锻炼、举办各种培训或讲座等方式进行培养，其中，派到国外学习的人数已超过 3 000 人次。参与国际合作项目，使年轻员工受到了许多在其他企业需要十几年甚至几十年工作时间才可能接触到的工作培训与训练，使他们开阔了视野，积累了经验，自身人力资本价值也得到了快速提升。

（七）人才培养

自主创新，人才是关键。奇瑞在自主研发和技术积累的过程中，一方面十分重视科技人员的作用，鼓励科技专家从事管理工作，将科技和管理结合起来。截止到 2010 年 9 月，奇瑞的技术研发人员共有 5 500 多人，其中博士 36 人，硕士 500 多人，本科生 4 900 多人，还有 150 多名海外高层次人才加盟。另一方面通过技术和产品开发培养人才，提升技术创新能力。徐有忠是奇瑞公司技术人员跟随企业快速成长的典型。徐有忠 1996 年毕业于东北大学机械设计及理论专业，2004 年获得浙江大学工学博士学位、高级工程师。2002 年赴奇瑞汽车公司工作，先后担任奇瑞汽车工程研究院 CAE 部车身分析科主管、科长、部长助理、副部长等职务。2007 年，荣获"第六届安徽省十大杰出青年科技创新奖"；2010 年 4 月，被授予"全国劳动模范"光荣称号。他在完成博士论文后，面对众多优秀外资企业伸出的橄榄枝，选择了当时刚刚起步的奇瑞。从 2002 年入职奇瑞至今，徐有忠谈及自己在奇瑞工作的最大感受是，奇瑞有尊重技术、尊重人才的管理体制，公司员工的平均年龄较低，工作氛围很好。因为之前在大学做过一些 CAE 的工作，徐有忠来到公司后，从最基层的技术岗位做起，参与一些简单的车身设计、了解制图过程等等。从 2003 年开始，徐有忠便进入技术管理岗位，先后担任 CAE 部车身分析科主管、科长、部长助理、副部长等职务。作为 CAE 部门的创始人之一，他全程参与了公司"旗云"轿车项目中车身改进的关键工作，包括当时从设计和分析改进方案，到与工艺人员交流、绘制手工件草图、试制样件、试装样车与跟踪试验，直至满足要求达到批量生产的整个过程。车身建模工作量非常大，而分析工作又很急迫，为了赢得项目进度和提升技术的能力，多年来，徐有忠牺牲大多数的节假日，经常加班到很晚，刻苦钻研技术。就是带着这样一种热情和执着，奇瑞的整车 CAE 工作由最初的两个人，发展到今天近百人的团队，成为奇瑞公司的核心技术部门之一。

在奇瑞，徐有忠凭着精益求精的进取精神，带领 CAE 部的员工承担各项高难度工作，CAE 部努力向性能开发发展，2010 年完成了 G5 这款中高端整车 NVH 性能开发工作，而且在 B13 整车操控性能开发中也取得了可喜的成绩。这些工作不仅为公司节省了大量研发经费，也为国家培养一支汽车整车性能开发队伍奠定了基础。将 CAE 用于指导概念设计，以平台化的模式进行开发，这些最新的理念已经在奇瑞公司逐渐开花、结果，使得奇瑞在提升自主品牌的国际竞争力方面走出了至关重要的一步。随着在公司奋勇拼搏的时间慢慢变长，徐有忠的科研成果也越积越多。他参与了"十五"期间国家"863"计划 1 项和国家科技支撑计划 1 项、"十一五"期间"863"计划"轿车集成开发先进技术"安全子课题研究等，发表学术论文 11 篇，其中有 2 篇论文获奖；参与编写的专利已授权 8 项、公开 4 项、受理中 7 项，主持及参与编制的技术标准 1 项。

五、奇瑞公司技术创新能力评估

（一）产品整机/整体工艺技术层面

奇瑞公司的整车开发经历了由逆向开发到正向开发转变，通过创业初期的模仿，到联合设计学习，最终奇瑞具备了整车的正向开发能力。奇瑞整车产品创新能力评估情况如图 14-2 所示。

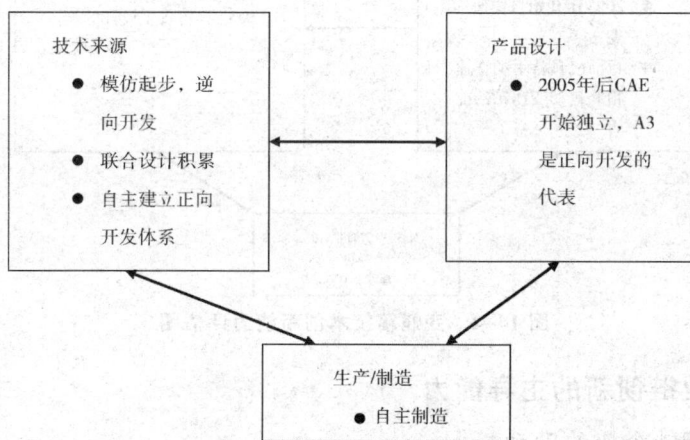

图 14-2　整车技术创新能力评估图

（二）核心技术层面

1. 发动机技术

发动机是汽车的核心技术。从最初吸收福特的发动机技术，到与奥地利 AVL 公司联合开发，再到自主开发，奇瑞公司已经具备发动机的正向研发能力。奇瑞发动机技术情况如图 14-3 所示。

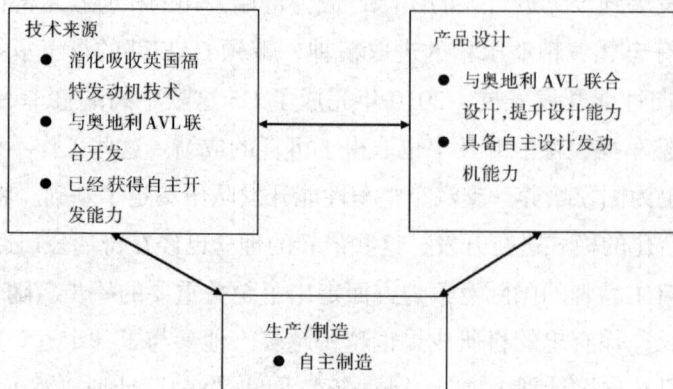

图 14-3　发动机技术创新能力评估图

2. 变速箱技术

变速箱是汽车制造的又一核心技术。经历与国外企业合作开发阶段之后，奇瑞公司于 2003 年开始相继启动机械式自动变速器（AMT）、无极变速器（CVT）和 6 速电控液压自动变速器（6AT）的研发工作。目前，奇瑞拥有两个变速箱厂，具备研发手动变速箱和自动变速箱的能力。奇瑞公司变速箱技术能力评估情况如图 14-4 所示。

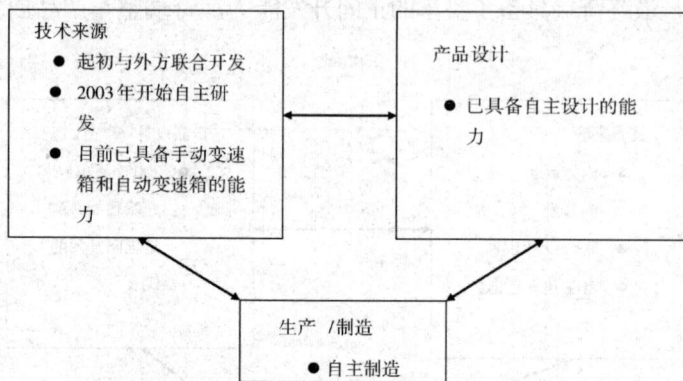

图 14-4　变速箱技术创新能力评估图

（三）产业链创新的主导能力

1. 对上游钢铁企业的带动

奇瑞公司通过核心技术的创新突破和对汽车制造产业链的完善，促进了国内钢铁企业原材料的需求和创新。奇瑞和鞍钢在多年合作中建立了良好的合作关系。2003 年，鞍钢 O5 级轿车板在奇瑞轿车上开始使用。2004 年 5 月，鞍钢 O5 板在奇瑞旗云轿车实现整车供料，鞍钢成为奇瑞公司的主要供料单位之一。奇瑞"东方之子"也全面采用了鞍钢生产的 RS 系列汽车专用板，标志着鞍钢与奇瑞的合作已涉入高档产品领域。2009 年，武钢配套奇瑞 80 万辆轿车钢材配送中心项目竣工，该配送中心项目自 2008 年 6 月 16 日开工建设，项目占地 103 亩，一期设计年产能 40 万吨，二期规划增加激光拼焊等先进加工设备。项目建设后，将更好地满足奇瑞对优质汽车钢的需求，延伸武钢产品的服务。以钢材加工、配送、仓储、贸易为主业的威仕科公司，作为武钢和奇瑞的战略合作实施平台，自 2007 年成立以来，该公司服务创新满足了奇瑞公司不断发展的需要。2010 年 7 月，武钢与奇瑞公司合资兴建一汽车零部件生产基地，2011 年即已投产，该生产基地主要生产汽车冲压件。武钢采用参股模式参与。

2. 自主完善产业链

奇瑞对资源的整合是其核心竞争力之一，通过自主完善产业链，掌握整个利润分布，获得更强的控制能力。奇瑞不满足于整车的整合，自主突破了汽车的核心技术——底盘设计能力、发动机技术和变速箱技术。除了上述核心系统技术以外，奇瑞还向汽车电子方向进军。北京锐意泰克汽车电子有限公司是奇瑞汽车公司全资子公司，注册资金 1 000 万元。是一家主要从事汽车发动机电控系统（Engine Management System）研发和生产的高新技术企业。该公司是国内首家实现自主品牌 EMS 系统 OEM 供货厂商，目前该公司已实现 EMS 产品为奇瑞汽车批量供货，并已获得国内其他整车制造商的订单，完成了从研发向批量生产的跨越。相比之下，由于合资企业过度依赖于引进技术，国内绝大多数的汽车电子企业几乎全部都是合资品牌的"势力范围"。例如，北京亦庄经济技术开发区的德尔福（Delphi）和苏州工业园的博世（Bosch），它们的大股东分别是大众和通用。奇瑞或者是吉利虽然也可以委托这些企业来调校发动机电控系统，但是要价必然远远高出大众和上海通用。奇瑞通过自主完善产业链，掌握核心技术，在于合资品牌的竞争中取得宝贵的成本优势，增强市场竞争力。

六、奇瑞公司创新能力成长模式

奇瑞的创新能力成长模式可以总结为：**整机产品和核心技术突破并重的自主创新**。一方面，奇瑞坚持走自主品牌路线，重视自主研发；另一方面，自主开发不等于"自己开发"，而是在以我为主的前提下，充分利用国内、国际资源，开发出具有自主知识产权的产品。

（一）抓住市场机会，建立自主品牌

在外资和合资品牌占据优势的中国汽车消费市场，奇瑞凭借制造性能优异、价格便宜的轿车，迅速打入市场，攫取第一桶金，为后续的发展奠定了基础。2001 年，奇瑞生产的第一款车"风云"全面上市，性能堪比市场上存在的"老三样"——富康、桑塔纳和捷达，价格却便宜了 1/3。当时正值中国居民家庭消费需求结构从传统的耐用消费品向住房、汽车等大宗消费品转型的第一轮黄金机遇期，"风云"由于性价比突出，

市场热销，当年就带来了 13 亿元的利润。

（二）利用全球技术资源：包括引进、委托设计、引进人才等方式

奇瑞公司的技术创新之路，在坚持以我为主的前提下，充分利用国内、国际资源，开发具有自主知识产权的产品。奇瑞公司在起步阶段进行逆向开发，从 2002 年开始转向正向开发。正向开发要做早期的概念设计，在概念设计的基础上进行分解，进行反复优化和试验验证，最后才是产品出线。正向开发对人才队伍和知识能力要求很高。奇瑞于是寻求国际专业设计公司联合开发，设计公司按照奇瑞的要求进行产品设计，奇瑞拥有所有产品的知识产权。此外，奇瑞在与设计公司联合开发的过程中，自身技术人员积极参与，逐渐培育提高自己的正向研发水平，在最短的时间内具备了整车和主要零部件的正向开发能力。在引进人才方面，截止到 2010 年 9 月，奇瑞已经有 150 多名海外高层次人才加盟。汽车工程研究院有来自欧美日汽车强国的外籍专家 80 余人，有从国外学成归来的高级汽车技术人才以及国内外著名大学毕业的博士、硕士 240 余人，另有百余名工程师正在国外培训或参与联合开发。

（三）坚持自主研发高投入，建立研发条件

在研发经费投入上，奇瑞公司坚持"再难不省研发"，每年用于整车、发动机、变速器、关键零部件、新材料、制造技术及前沿技术研究开发的经费超过销售收入的 5%，有力保障了创新项目的顺利实施。

在研发条件建设上，奇瑞建立起国内一流的研发设施条件。奇瑞公司以建成国家工程试验室为目标，总投资 14 亿多元，现已投资 8 亿多元，建成占地近 30 万平方米、汽车零部件、节能环保、整车道路、动力总成、被动安全（碰撞）、材料、计量在内的七大试验室和一条整车操稳、NVH 调校试车跑道的亚洲最大的汽车试验技术中心，具有涵盖整车和零部件可靠性、操稳、NVH、安全、环境适应性、动力性、经济型、电子电器 /EMC、空调系统、耐侯性、排放和材料等性能的试验开发和验证能力，已经具备了 23 个专业模块的近 1 800 余类试验项目能力。

（四）营造宽松的创新氛围，给予技术人员快速成长机会

自主创新，人才是关键。奇瑞在自主研发和技术积累的过程中，给予技术人员充分的自主性，引导技术人员发挥创造性；通过技术和产品开发培养人才，提升技术创新能力。

七、奇瑞公司技术创新经验启示

（一）自主创新中，自主是关键，尤其是品牌自主和技术决策自主

没有自主品牌、没有核心技术的汽车合资企业，即便在股权上双方都是 50%，但中方不拥有企业的控制权和未来的发展权，只是充当了跨国公司"金字塔形"的产业分工链条上最低端"组装车间"的角色，在利润分配上也只能挣到微薄的"加工费"。

自主创新要坚持"以我为主",奇瑞公司在自主创新过程中,坚持走自主品牌路线,掌握关键核心技术的开发。在对外技术合作过程中,设计公司按照奇瑞的要求进行产品设计,奇瑞拥有所有产品的知识产权。

(二) 培育群体企业家精神

奇瑞的诞生和发展离不开"敢想敢干"的企业家精神。从安徽省政府到芜湖市政府发展汽车制造业的决心很坚定,引进奇瑞诞生和发展的关键人物——尹同耀。尹同耀连同一起到奇瑞的"八大金刚",构成了奇瑞最初的管理和研发队伍。奇瑞的创业者们怀有对制造自主品牌汽车的极大勇气和极高热情,以"敢为天下先"的创业精神,解决了创业之初遇到的种种困难,开创了奇瑞发展的良好局面。今天,创业精神与创新一起已经成为了奇瑞公司的核心价值观,推动着奇瑞公司的持续发展。

(三) 人才集聚和使用

从创业之初的尹同耀和"八大金刚",到现在对国内外汽车人才的集聚,奇瑞自主创新背后支撑的是对人才的吸引和集聚。奇瑞的人才结构是开放式的,截止到 2010 年 9 月,奇瑞已经有 150 多名海外高层次人才加盟。汽车工程研究院有来自欧美日汽车强国的外籍专家 80 余人,有从国外学成归来的高级汽车技术人才以及国内外著名大学毕业的博士、硕士 240 余人,另有百余名工程师正在国外培训或参与联合开发。

(四) 大力投入,建立先进的研发条件

企业的自主创新离不开研发经费的投入,更离不开研发条件的建设。在成功打入市场之后,奇瑞公司坚持每年将销售收入的 5%作为研发资金投入,而国外汽车制造商一般为 3%-4%,国内合资企业这一比例不到 1%。奇瑞下大力气建设研发基础设施,已经具备国内一流的研发条件,提高了自身的创新能力。以发动机测试平台为例,之前需要委托外面做,效率低而成本高;奇瑞建设自己的发动机测试平台,满足自身的研发需求,提升发动机技术实力。

(五) 管理创新与技术创新结合

正如奇瑞总结的那样,奇瑞做到了管理创新和技术创新的结合,企业流程创新是要建立创造新的机制,尊重技术,尊重人才。奇瑞引进的技术专家,不只是从事技术工作,而是大胆地任用技术专家从事管理工作,以技术人才为核心构建管理流程,将技术与管理结合起来。

第十五章

中国石油长庆油田分公司
技术创新调研报告

一、长庆油田概况

中国石油天然气股份有限公司长庆油田分公司（简称长庆油田）成立于 1970 年，总部在陕西省西安市，工作区域在中国第二大盆地——鄂尔多斯盆地，横跨陕、甘、宁、内蒙古、晋五省（区），勘探总面积 37 万平方公里。主营业务是在鄂尔多斯盆地及外围盆地进行石油天然气及共生、伴生资源和非油气资源的勘查、勘探开发和生产，油气集输和储运，油气产品销售等。矿产资源登记面积 25.78 万平方公里，跨越 5 省区，登记地域范围 7 个盆地，占中国石油天然气股份有限公司（简称中国石油）总登记面积的 14%，位居中国石油第二位。

长庆油田所在的鄂尔多斯盆地位于我国中部，是我国第二大沉积盆地。油藏在 0.5 毫达西（1 个毫达西是指 1 厘米长岩芯，截面面积为 1 平方厘米、两端压差为 1 个大气压、流体黏度为 1 毫帕秒的情况下，流量只有每秒 1 立方厘米）以下的超低渗透率之多，为世界少有。要从素有"磨刀石"之称的如此致密的含油层中把原油"抠"出来，是名副其实的世界级开采难题。

40 年来，几代石油人在这里艰苦创业，潜心开发，终于迎来了飞速发展时期。2005 年以来，油气年产当量连续以百万吨规模攀升。先后发现并开发了 36 个低渗透、特低渗透油气田，创造了著名的安塞、靖安、西峰模式和靖边、榆林、苏里格模式，成为中国低渗透油气田开发的典范。公司所辖的 2 亿吨级储量的安塞油田、3 亿吨级储量的靖安油田，分别为我国最早开发、最大的低渗透油田，安塞油田经济有效的开发技术被誉为"安塞模式"在全国推广，西峰油田打造成为国内低渗透油田现代化管理的示范油田。苏里格气田作为我国第一个特大型低品位整装大气田，在 2009 年成功成为百亿立方米的大气田。2003 年油气当量突破 1 000 吨，2007 年油气当量跨越 2 000 万吨，2009 年油气当量突破 3 000 万吨，一举成为我国第二大油气田，如图 15-1 所示。

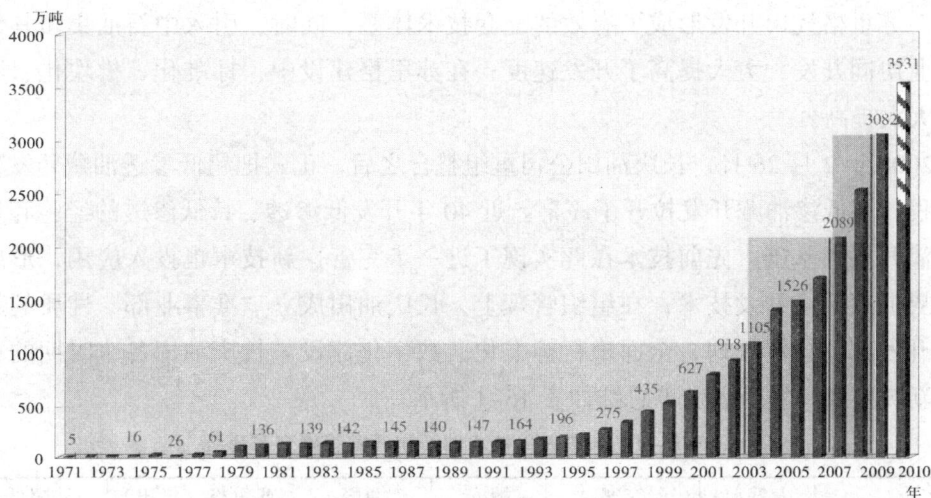

图15-1　1971-2010年长庆油田油气年产当量

注：2010年为预计数

二、长庆油田创新与变革历程概述

针对鄂尔多斯"三低"油气资源的特征，长庆油田一直坚持技术创新。在上世纪80年代末安塞油田开发之前，尽管长庆油田并没有形成有效开发低渗透油气藏的能力，但已经意识到压裂、注水等技术对于推进油田建设的重要性，为此做了技术积累，即形成了"马岭模式"。安塞油藏平均渗透率为0.49毫达西，加之油层致密坚硬，常规手段很难开采。1989年，安塞油田进入正式开发。面对特低渗透这道世界性开发难题，长庆油田采取压裂攻坚手段，经过技术团队的潜心攻关，以"三小一低"为代表的压裂技术在应用中取得成功。安塞油田实现经济有效开发，其以"三大技术系列"、"八项配套技术"以及油气集输的"单、短、简、小、串"特点为主要内容，实现从侏罗系油藏开发向三叠系油藏开发的转变，成为低渗透油田开发革命性的转折，被中石油集团公司树为"安塞模式"向全国推广。

压裂技术的突破、相关工艺技术的推广以及中石油加快鄂尔多斯盆地油气勘探战略的部署，使得鄂尔多斯盆地开发形势豁然开朗。1994年，中国最大的整装低渗透油田靖安油田投入开发。通过开展"四项技术攻关、二项科技试验"，靖安油田从一开始就建立在高起点、新技术的基础上，很多技术含量高的技术在这里出现，比如提高单井产量的关键技术——提前注水技术。靖安油田成为技术含量高、经济效益好的低渗透油田高效开发的典型。

在大油田建设的同时，长庆气田建设也成就卓著。自1989年靖边气田开始，天然气的产量逐渐在长庆油气总产量中占据半壁江山，成为我国重要的天然气来源。能够这么快地实现开发，技术和建产模式的革新至关重要，而2000年发现的苏里格气田是典型。苏里格气田开发形成了有效的配套技术体系；同时，引入中石油集团其他非上市企业协同开发，大大提高了开发速度；在苏里格建设中，标准化、模块化、数字化程度大大提高。

2008 年 2 月 26 日，长庆油田公司重组整合之后，正式把超低渗透油藏开发列入工作日程，超低渗油藏开发拉开了序幕。近 40 年开发低渗透、特低渗透的经验和积累是超低渗开发的基础，先前技术在此实现了进一步完善，新技术也投入应用，形成了领先世界的超低渗开发技术；在组织管理上，长庆油田成立"准事业部"性质的超低渗油藏开发部，整体规划，全面推行标准化、数字化建设。长庆油田各个时期的重点技术创新突破和开发管理变革总结如表 15-1 所示。

表 15-1　长庆油田技术创新和开发管理变革历程

		安塞前	安塞	靖安	西峰	苏里格（气田）	超低渗
油气藏工程	注水	使用	精细注水	后期提出超前注水	超前注水大规模应用	无	温和超前注水
	井网优化	无	不详	不详	大规模应用	高精度二维地震为核心井网优化	小井距井网优化
	储层评价	无	油藏描述	油藏综合评价	早期精细描述	不详	储层快速评价
钻采工程	压裂	使用	"三小一低"，突破低渗透	改进	改进	不详	多级压裂改造技术
	钻井技术	使用	丛式、水平钻井技术	应用	应用	优化钻井技术	应用
	钻采配套	不详	"三分法"注采调控模式	双向注采调控技术	注采调控技术	不详	"四小"低成本钻采配套技术
地面工程	地面简化	常温不加热集输	单、短、简、小、串	优化布站	应用	地面简化	地面优化简化
	功图法计量技术	无	无	无	提出	应用	应用
开发管理模式		传统	传统	传统	"勘探开发一体化"快速大规模	"5+1"、标准化、模块化、数字化	准事业部、标准化、模块化、数字化
数字化管理		无	无	无	起步	全面数字化	"两高一低三优化两提升"

经过这个过程，长庆油田形成了自己的特色技术，包括"五大油气理论"、"六种建设模式"、"十二项主体技术"，技术水平保持国内先进，低渗透核心技术达到国际先进水平。低渗透油气藏勘探开发理论是：古地貌成藏理论、三角洲成藏理论、滚动勘探开发理论、超前注水开发理论、"三低"油气田经济开发理论。岩性油气藏勘探技术系列是：岩性油气藏多层系立体勘探技术、复杂地貌条件下的地震勘探

技术、低渗透测井精细解释技术。低渗透油田开发技术系列：滚动勘探开发技术、提高单井产量技术、油田稳产技术、丛式井钻采工艺配套技术、地面建设优化简化技术。低渗透气田开发技术系列是：富集区块优选、井位优选、滚动建产、稳产接替、快速钻井、分压合采、快速投产、井下节流、排水采气、地面简化、增压开采、分类管理。

2000-2009 年，长庆油田共获得科技成果 1 240 项，其中多项获得各种科技奖励，其中"苏里格大型气田发现及综合勘探技术"、"低渗透油田高效开采配套技术"等五项获得了国家科学技术奖。截至 2009 年底，长庆油田共取得国家专利 184 件，其中发明专利 15 件。

三、长庆油田创新能力积累关键事件

（一）马岭模式

1975 年，全国 350 项单项重点工程之一的马岭油田 30 万吨产能建设会战拉开序幕，首次采用单井单管常温不加热密闭集输工艺及配套技术，探索形成了独具特色的"马岭模式"，为长庆大规模效益化开发侏罗系油藏积累了经验。"马岭模式"是常温输送的基础，没有马岭模式就没有安塞模式及其它模式。

1. 技术积累之一：压裂改造油层

马岭油田延安组和延长组油藏都属于低渗透油藏。尽管它们的沉积环境不同，但在岩性上都具有含油层段多、油层物性差、孔隙度和渗透率低、压力低的共同特点。尤其是延长组油层渗透率更低，即使钻井过程中见到较好的油层显示，完井试油也会成为干井，或仅产少量油花，试油成果往往以"毫升计量"，被形象地喻为"地质家的眼泪"。为了改变这种状况，1971-1972 年，在马岭油田进行压裂 30 多口井，近 40 个层次，取得了初步成果。但这时投产的油井主要是物性好的主力油层，采用小型合层压裂解堵措施。1972 年，马岭油田用活性水和原油作压裂液，实施油井压裂 5 口 7 个井次，成功率为 60%，累计增油 712t，平均单井增油 142t，有效期约 100 天。1973 年，按照原燃料化学工业部的要求，开展了以"攻克低渗透油层大面积出油关和增产关"为主要内容的"压裂年"活动，探索低渗透油田的勘探开发途径。1993 年以后，针对常规重复压裂增产效果逐年下降的实际问题，先后引进应用了以瓜胶、香豆粉、羟乙基田菁压裂液。1994 年，实施 39 井次，成功率 87.2%，当年增产油量 1.707 4 × 10⁴t。同年，还在马岭油田 4 口井开展了高能气体压裂工艺试验，年增产油量 550t。1998 年，为了使老井压裂产生新的裂缝，提高导流能力，改善压裂效果，在马岭油田北区新北 62 井进行了"堵老缝造新缝重复压裂试验"，获得成功。通过多年的现场实践与研究，总结出了适应不同油层物性的压裂施工参数。

2. 技术积累之二：注水开发

1973年，马岭油田中一注水站建成投用，同年11月29日岭214井转注，拉开了马岭油田注水开发的序幕。从井口单体泵加压注水到注水站系统注水，从笼统注水到细分层注水，从注入水未经处理到大罐沉淀、密闭隔氧、加药杀菌、精细过滤处理，从小剂量单井调剖、区块整体调剖到大剂量深部调剖，从单一的酸化解堵增注到多种解堵方式并存，马岭油田注水工艺随着油田的开发逐渐发展。

3. 技术积累之三：常温输送工艺

马岭模式地面工程以单管常温输送为特点。在会战初期，为了降低工程造价，面对低渗透油田特点，1975年开展了单管常温不加热密闭集输工艺研究。这一工艺以抽油机为动力将油气从井口输送到计量站，计量后又混输至接转站，除计量外中间不加热。在接转站气靠分离缓冲罐压力输往集中处理站，油则通过三通旋转出油阀用泵输往集中处理站。在试验中，通过对出油管线的解剖和凝固点测试，发现在距井口150米以内，结蜡比较严重，150米以外结蜡很少。同时发现油气混输时油品在低于凝固点（马岭油田原油凝固点17℃-20℃）11℃-16℃的情况下，流动状态良好，突破了油气集输设计规范规定的"油气集输温度必须高于油品凝固点3℃-5℃的规定"。通过实践为常温输送流程找到了依据。该项目获得原石油部1979年重大科技成果奖。通过不断完善，最终形成了"井口投球加药——管道破乳——大罐沉降脱水"油气常温输送的马岭模式。

4. 技术积累之四：原油稳定、轻烃回收

为了充分利用油气资源，提高经济效益，解决民用燃料问题，1980年在马岭中区集中处理站建设了原油稳定及轻烃回收装置。该装置的投产，使全油田职工由烧煤或煤油改为烧液化气，在石油系统较早地实现了"三烃三回收"。通过随后的攻关使全油田密闭程度达97.6%，油气损耗降低到0.5%，每年减少原油损耗6 620吨，节省燃料油1 281吨，增产液化气2 829吨，回收轻烃934吨，经济效益373.4万元。

（二）安塞模式

长庆采油一厂负责管理开发的安塞油田是国内典型的特低渗透油田，在石油地质上有"磨刀石"之称。20多年前国外公司曾断言"无开发价值"。但是，长庆人应用管理现代化方法和手段，成功开发了我国陆上第一个亿吨级整装特低渗油田，使曾经的"磨刀石"变成了一块宝藏，建立起了一个年产300万吨能力的大油田，树立了中国石油特低渗透油田开发的典范。1983年，塞一井获得了日产64.45吨工业油流，先后经历单井、井组、先导性和工业化开发试验，前期准备证明了开发的可行性；1989年后，安塞油田开始大面积开发建设，创造了"安塞模式"，7年累计建产能140万吨，跨入陆上石油百万吨采油厂行列；1997-2000年，通过注水调整和合理流压控制等稳产手

段，进入第二次储量增长高峰期；2001 年以后，进一步开展技术攻关，丰富"安塞模式"，2004 年年产原油突破 200 万吨，2008 年成功建成年产 300 万吨能力；采油一厂计划在 2015 年实现 400 万吨的采油量。

长庆以"坚持程序、搞好试验、依靠科技、攻克低渗、提高单井产能"的工作方针为指导，按照"合理利用油气资源，适用技术配套；提高单井产能，提高整体开发效益；先肥后瘦、先易后难、先评价后方案、先试验后开发"的基本开发思路，采用先进、适用的配套技术以及简化地面流程"从简、从省、从快、采用新技术"的原则开发建设，形成以"三大技术系列"、"八项配套技术"以及油气集输的"单、短、简、小、串"特点为主要内容的"安塞模式"。"三大技术系列"是从式钻井射孔、压裂优化、提高单井产能的技术系列；压裂投产、不压裂投注、注采同步、建立有效驱替系统、稳产及提高采收率的技术系列；少投入、多产出，提高整体开发效益的技术系列。"八项配套技术"是从式钻井技术、油层压裂改造技术、优化射孔新工艺技术、油田注水开发技术、采油工艺技术、油田动态监测技术、注水油藏研究技术和油气集输工艺技术。安塞油田的开发是在侏罗系到三叠系转型的时期，很多关键技术都是在这个时候走向成熟。

1. 技术积累之一：压裂改造油层

安塞油田油井基本无初产，每口油井投产之前都必须进行压裂改造。经过 5 年多的努力，建立了一整套合理的压裂改造模式。根据裂缝形态、方位、缝高等，优化压裂施工参数；开展油井震动压裂、油井裸眼压裂、裂缝全充填压裂、不同加砂强度压裂和斜井压裂等工艺技术试验，达到了适用不同地层的压裂工艺要求；改进压裂液配方，完善现场配置技术，大幅度地降低压裂成本。1991 年 4 月 11 日，在安塞油田南部的王 19-18 井，经压裂改造后，获得日产 71.8 吨的高产工业油流；1998 年 5 月 15 日，王窑区王 17-211 井经压裂抽汲排液，获得日产 101.94 吨的高产工业油流，充分显示压裂改造特低渗透油层的重要作用。在安塞油田开发建设过程中，共完成 1 859 口油水井、2 468 个小层的压裂改造任务，单井日产量由 2.56 吨提高到 4.37 吨。

2. 技术积累之二：注水开发

通过压裂改造，虽然能够提高单井产量，如果不注水，单纯靠自然能量开发，油井产量年递减仍将达到 25%-30%，最终采收率只能达到 8%。矿场试验证明注水补充油层能量是提高安塞油田开发效果的有效途径。1987 年 7 月 1 日，安塞油田第一口注水试验井塞 6-71 井投注，三个月后，周围 3 口油井明显见效，产量上升。采油一厂全面采用注水开发技术后，水驱动储量控制程度达到 73.6%，有效驱替压力系统基本建立，底层压力保持水平达到 90.7%，油井大面积连片见效，使安塞油田得到高效、经济、快速的开发。

3. 技术积累之三：丛式井和水平井

安塞油田地形复杂，山高沟深，采用直井开发建设成本高。仅每口井修建一条公路，如果两口井之间直线距离就算 1 公里的话，要修成能让井下作业大型车辆通行的公路，翻山越岭、绕沟爬坡，至少也要修筑 20 公里的公路；加之安塞油田属特低渗透油藏，单井产量低，产能建设井数多，如果采用直井开发，单修公路这一项投资就很庞大；而且单井出油管线、计量站集油管线的数量也很大，耗费钢材多，还要征借大量的建设用地等，给油田投产的生产管理带来诸多问题。为减少地面建设工程量、节约建设用地、节约钢材用量、降低工程建设投资、方便油田生产管理、保护生态环境，1988 年，长庆石油勘探局把丛式井、水平井技术引入安塞油田开发。长庆油田的定向井工艺从 20 世纪 70 年代起步、80 年代提高完善、90 年代日趋成熟。第一钻井工程公司、第二钻井工程公司经过 3 年的实践和改进，1988 年 11 月 17 日，在王窑区的王 18-9 井开始试验定向井、丛式井钻井。1990 年 11 月 17 日又在王 11-12 井组一个井场内 83 天钻成 1 口直井、4 口定向井，各项技术指标均达到技术要求。取得成功后，安塞油田全部采用丛式井组开发，到 1994 年，39 个钻井队均掌握定向井技术，10 年间共钻定向井 1 300 多口。丛式井虽然在钻井直接成本方面有所增加，但综合成本可降低 12%，还少征了大量建设用地，节省了钢材，为油气集输系统的建设和采油厂的生产管理带来了很多便利。

与此同时，水平井的科研攻关也取得成果。由第一钻井工程公司 32795 钻井队施工的长庆石油勘探局第一口水平井——塞平 1 井，于 1993 年 6 月 24 日开钻，10 月 4 日完井，井深 1 658.27 米，水平段 236.17 米；1995 年，又完钻塞平 2 井。1996 年 4 月 17 日，采用国际首创的砂垫体胶塞封隔技术和自定位射孔技术，在塞平 1 井、塞平 2 井分段压裂获得重大突破。

水平井、定向井、丛式井技术的应用，减少了搬家次数，提高了效益，很快在长庆石油勘探局全面推广。

（三）靖安模式

长庆采油三厂负责管理开发的靖安油田同样是一个特低渗油田，位于沟壑纵横的陕北，被外国公司诊断为"没有开采价值，投入就是亏损"，也同样通过长庆人的技术进步和管理创新创造了奇迹。所不同的是，靖安在利用安塞油田开发经验的基础上有自己独到之处，形成了更加成熟的特低渗透油田开发模式"靖安模式"。

上世纪 70 年代末，采油三厂曾经是长庆油田产量最高的采油厂；然而进入上世纪 90 年代后，宁夏油田开发已进入后期，原油产量逐年下降。为寻求出路，采油三厂果断实施油藏开发由侏罗系向三叠系地层转移、由河流沉积向湖泊三角洲沉积转移，由宁夏老区向陕北新区转移。1994 年，即在安塞油田大规模开发开始的 5 年后，当时全国最大的整装特低渗透油田——靖安油田拉开了开发序幕。起初，来自英荷壳牌公司的西方专家对靖安做了考察和论证，结果仍旧是没有开采的价值。

针对这种情况，采油三厂立足特低渗透油藏开发实际，着力提高工程技术人员的科技攻关和技术创新能力，使科学技术在油田开发时间中大显威力，成为新技术、新工艺的"孵化器"，形成了超前注水与滚动扩边技术、精细油藏描述及数值模拟动态跟踪技术、以水动力受效单位为核心的双向注采调控技术、低产井综合治理技术、分层注水技术等三叠系油藏开发积水系列和底水油藏控水稳油技术、化学封堵底技术、"三小一低"措施解堵技术、剩余油研究与挖潜技术等侏罗系油藏开发技术系列，大批低效油层被解放。虎狼峁油田从 2003 年不足 100 吨 / 日上升到 2007 年的 500 吨 / 日；在美国人认为"不适合人类生存"的盘古梁油田，4 年就建成年产 50 万吨能力，2008年靖安油田产量达到 200 多万吨，而今后的目标是 400 万吨，乃至 500 万吨。

坚持向科技要生产力的信念，展开四项技术攻关、二项科技试验，探索了以丛式井双管不加热密闭集输为主要流程，以优化布站、井组增压、区域转油、油气混输、环网注水为主要配套技术，以"井口(增压点)→接转站→联合站"为主要布站方式，形成以"两高三新"和"三优两先"为内容和特色的"靖安模式"。

（四）西峰模式

长庆采油二厂负责的西峰油田位于鄂尔多斯盆地西南部的陇东黄土第一塬——董志塬，是陇东地区的粮仓。西峰油田的勘探起始于上世纪 70 年代初，经历了"三上三下"的坎坷。进入 21 世纪，按照"三个重新认识"的指导思想，第三次挺进董志塬，2001 年 10 月 24 日终于在西 17 井获得重大突破，获得三级石油储量 5.66 亿吨，成为中国陆上近 10 年来发现的规模最大的整装油田之一。2003 年西峰油田正式投入规模开发，到 2006 年仅用 3 年时间建成百万吨生产能力，成为长庆油田在新世纪建成并开发的第一个整装百万吨大油田，创造了超低渗油田快速建产开发的历史新纪录。

长庆人将"西峰模式"概括为：按照优化集成、配套的原则，以"整体油藏评价、早期精细油藏描述"为基础，以"开发试验"为先导，按照"勘探开发一体化"采用"五优四化"模式展开大规模开发建设，提出经济有效、加快开发西峰油田的技术政策和创新管理标准。技术创新是西峰油田的生命根基。面对典型的特低渗油气藏埋藏深、孔隙度小、渗透率低等特点，低渗透油藏的开采技术是决定油田具有开采价值、保证油田上产速度的关键；持续的技术创新在油田进入稳产期后，是延缓老油田产量递减速度、延长稳产期的保证。同时，实现低成本开发是西峰油田效益化开发面临的更艰巨挑战。如不实施超前注水等措施，将不具备开采价值。

长庆油田创造了以油藏工程、采油工程、地面工程三个方面 18 项主体技术为核心的特色技术系列，为特低渗、超低渗油田的有效开发提供了经验。在油藏工程中，形成了以深化底层认识为主导的技术体系，主要有勘探评价开发一体化技术、油藏早期精细描述技术、超前注水技术、井网优化技术、注采调控技术、动态监测技术；采油工程中，形成了以持续开发为主导的技术体系，主要有储层压裂改造技术、套管防腐技术、井控防喷技术、延长油井免修期技术、注水井不压裂投注技术等；地面建设中，形成了以降本增效为主导的技术体系，主要有优化布站技术、攻图法计量技术、稳流配水技术、自动化控制技术、伴生气综合利用技术、综合环保（钻井、试油、采出水处理、伴生气综合利用）技术等。西峰油田大量采用数字化管理，以信息技术和信息化管理作为支撑能力。

（五）苏里格模式

2000 年 8 月 26 日，长庆油田部署在内蒙古鄂尔多斯市苏里格庙地区的苏 6 井喷涌出高产工业气流，揭开了苏里格气田勘探开发的序幕。2001 年 9 月 10 日，采气三厂宣布成立，实施苏里格前期开发评价和现场科研攻关试验，发现苏里格气藏属于典型的"低渗、低压、低丰度"非均质性致密气藏，采用常规工艺技术和开发模式就没有开发价值。2005 年，长庆油田按照中石油"引入市场机制开发苏里格气田"的指示精神，与中国石油非上市企业一起，打响了破解三低气藏的攻坚战。通过实施合作开发，建立"5+1"开发体制和机制，以及依靠科技创新攻关，苏里格低成本开发获得了巨大成功：2009 年 6 月 25 日，苏里格气田日产一举跃上 2 500 万立方米，比 2006 年增长 8 倍。2009 年 7 月 31 日早 8 时，苏里格气田累计外供天然气商品量突破 100 亿立方米。苏里格计划在 2013 年达到 200 亿立方米。苏里格模式可以概括为：通过技术创新、机制创新和管理创新，探索形成 12 项主体开发技术、"六统一、三共享、一集中"的管理模式和"5+1"的合作开发模式，并由技术集成化、材料国产化、设备橇装化、服务市场化的开发方针调整成技术集成化、建设标准化、管理数字化、服务市场化的苏里格气田四化工作思路。

1. 依靠科技创新，解决低品位油气资源开发难题

（1）分析低品位资源，组织力量攻关。

在苏里格气田开发评价阶段，长庆油田技术发展处、气田开发处、勘探开发研究院、油气工艺研究院、中国石油勘探开发研究院鄂尔多斯分院及西安长庆科技工程有限责任公司的专业技术人员，进行开发技术和经济效益综合分析，找出影响开发的关键技术，开辟技术试验区，组织力量进行技术攻关，完成了以高精度二维地震为核心的井位优选、以 PDC 为代表的快速钻井技术、以井下节流为关键的地面简化技术等。一是突破井位优选技术。在苏里格气田找到砂体，并不代表就找到了有效储层，提高地震预测含气性准确度是井位优选技术的关键。为了提高 I+II 类井比例，探索出以数字检波器接收、小道距、大偏移距、高覆盖次数、潜水面以下激发的高精度二维地震技术，获得高品质资料，满足了用地震资料直接预测气层的条件（AVO），含气预测性

取得突破。用高精度全数字二维地震技术在苏 14 区块进行井位优选，Ⅰ+Ⅱ类井比例由 62% 提高到 80% 以上，成为集成创新的典范。二是井下节流技术应用试验。合作开发初期，苏 1 集气站由天然气水合物引发井堵，使气井的开井时率只有 60%。2006 年，突破井下节流技术，不仅解决了井堵问题，而且形成了不加热、不注醇、中低压集气工艺，实现地面投资的大幅降低，气井开井时率也提高到 96.3%。

（2）加大科技投入，增强先导性试验研究。

各研究院所实行科研项目负责制，横向组合使国内外适用技术得以应用，纵向组合使研究成果快速推广形成生产力，有效调动了各方积极性。从 2007 年开始，在苏里格大规模展开以"水平井、丛式井、小井眼、井网试验和新型压裂技术研究"等进攻性工艺技术攻关，在现有基础上将单井产量提高 10%，采收率提高 5%-10% 以上；超前开展复杂技术研究，指导苏里格型气田的开发。设立 10 亿元苏里格重大开发试验费用，用 3 年时间完成三个专业 9 个项目攻关，使苏里格气田实现规模开发、技术开发、效益开发。2008 年，苏里格提高单井产量攻关试验安排研究子课题 13 项，现场试验 14 项（见表 15-2），预算经费 2 亿元，攻关重点是丛式井提高钻速试验和多分支水平井试验。

（3）重视技术集成，突破气田有效开发"瓶颈"。

长庆油田推进技术集成，通过不断试验完善，使每一项工艺技术的内部效率最大化、功能最优化，也就是对现有技术进行分析、筛选、集成、改进、优化，突破制约苏里格气田有效开发的技术"瓶颈"。坚持"适用的才是最好的"理念，注重低成本和应用效果，对现有常规技术进行筛选、优化、集成和改进，并突出应用的整体性，以功效最大化为原则反求技术创新，形成苏里格气田 12 项开发配套技术（见图 15-2），使气田开发成本显著降低，开发水平得到大幅提升。

主要开发配套技术及作用如下：一是快速钻井技术。优选 PDC 钻头、井身结构优化、国产油套管应用、改进泥浆体系等，形成以 PDC 钻头 + 螺杆钻具复合钻井为核心的快速钻井技术，钻井周期不断刷新，由平均 45 天缩短到 2008 年的 14.6 天。苏 25-11-23 井创造出钻井周期 6 天 23 小时的纪录。二是分压合采技术。针对气层层数多、单井产量低，常规压裂施工周期长、成本高问题，自主研制 Y241 和 K344 机械封隔器、机械分隔 + 尼龙球暂堵分压合采一体化管柱，成功实现一次分压三层。该技术节约了施工时间，降低了施工成本，减轻了对储层的伤害，最大程度提高了苏里格气田纵向储量动用程度。三是地面简化技术。通过放置在井口以下一个流量调节装置，控制天然气的流量，使其在设定的范围内平稳释放。压力问题解决了，井口装置得以简化，井口成本得到降低，中低压输气也可实现，集输管道价格也随之下降。四是井间串接技术。采取井间串接采气缩短管线长度，提高采气管网对滚动开发的适应性，成为降低地面投资的关键技术。与 2003 年 10 口加密井相比较，苏 14 区块平均单井管

表 15-2　苏里格提高单井产量攻关试验研究子课题和现场试验

研究专题	子课题	试验工作量
1.苏里格低渗气藏开发地质综合研究及开发技术政策	①苏里格地区沉积体系及沉积模式研究	
	②苏里格气田富集区筛选技术与应用研究	高精度二维数字地震 300 千米
	③苏里格气田中区密井网试验及提高采收率技术研究	苏 14 井区及苏东井网加密试验，苏 14、苏 6 井区试采试验
	④苏里格气田开发技术政策研究	苏 14 井区变工作制度生产试验 2 口井，苏西系统试井 5 口井
2.苏里格低渗气藏钻采工艺技术研究及现场试验	①丛式井组、水平井、小井眼等特殊工艺井开发技术研究及现场试验	苏 14 井区水平井试验 2 口（含分支水平井 1 口），苏 14 井区及苏东丛式井 26 口,小井眼 2 口
	②低渗砂岩优化压裂技术研究	苏 14 井区三层以上分层压裂试验井 5 口
	③低压、低产气井采气工艺技术研究	苏 14 井区井下节流优化试验井 10 口
3.苏里格气田地面工艺模式完善配套和现场试验	①数字化生产管理控制系统研究	苏 14 井区井口智能截断阀试验 10 口井
	②苏里格气田地面工艺评价及优化研究	
	③井组增压工艺技术研究	苏 14 井区井组增压采气试验 2 口井
	④集气站及井场标准化、模块化研究	
4.苏里格气田环境保护技术研究及现场试验	①钻井废弃液无害化处理技术研究	苏 14 井区治理泥浆池 10 口井
	②苏里格气田生态环境保护措施研究	苏 14 井区单井道路及井场绿化 16 口井

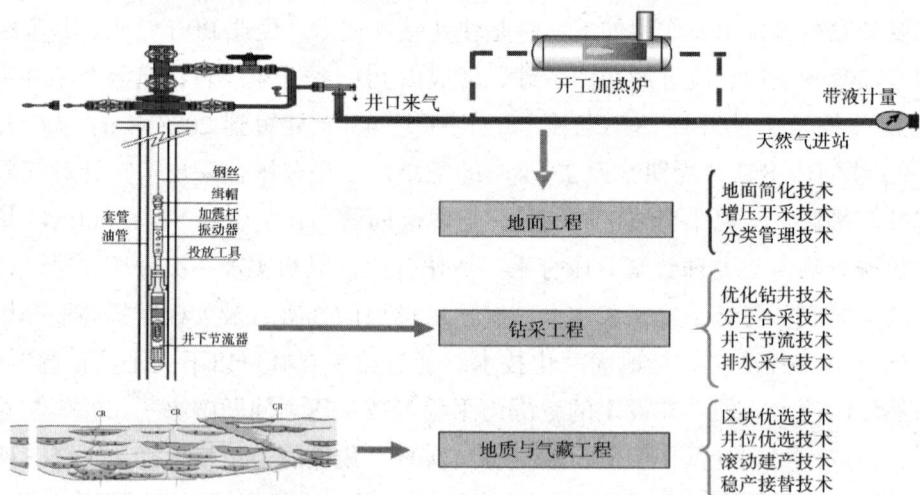

图 15-2　苏里格气田 12 项开发配套技术

线长度减少36%，平均单井管线投资节约32%。

2. 实行"5+1"开发体制，标准化设计、模块化建设和数字化生产管理平台

苏里格气田要实现经济有效开发，关键是要突破两个关口：一是技术，二是成本。2005年8月，长庆油田引导合作开发，通过招标优选确定与长庆局、辽河局、四川局、大港局、华北局5家未上市企业合作开发苏6等7个区块，形成"5+1"合作开发体制。按照合同组成苏里格气田联合管理委员会（简称联管会），为合作项目最高管理机构，定期举行联席会议，商定苏里格气田开发中的重大事宜。联管会主席由长庆油田人员担任，副主席由合作方人员担任。5家中标单位都有自己在技术方面的专长。辽河局在侧钻水平井、欠平衡钻井等钻井技术领域有较高的水平，大港在丛式井开发方面有丰富经验，四川局在低渗透油田开发和难动用储量开发方面有明显优势。通过"5+1"合作开发，实现优势资源整合，充分调动建设队伍的积极性，打破地域限制和内部体制的桎梏。长庆油田让合作企业获得天然气资源，但必须单独承担风险和开发费用，并以优惠价将天然气出售给长庆油田。合作企业的利润取决于开发水平和产气量多少。长庆油田在规避所有风险和控制成本的同时，可以用市场价出售天然气，获取差价带来的利润。

低成本是苏里格气田实现经济有效开发的唯一选择，必须从投资的源头——设计环节抓起，因为设计决定了投资规模以及投产后运行成本投入的规模和方式。为此，长庆油田集中技术力量，积极开展先导性开发，通过创新——实践——再创新的方式，逐渐培育成熟苏里格气田开发的主体技术，创造性地提出标准化设计理念，并在苏里格气田建设中全面推广。标准化设计核心就是工艺流程通用、井站平面统一、工艺设备定型、安装预配模块组装、建设标准统一，最终形成一套标准、通用、系列相对稳定、适用于地面建设的指导性和操作性文件。标准化设计相关的规范性文件是对苏里格气田开发实践的提炼，体现苏里格开发的最新地面设计理念。标准化设计适应大规模建设的需要，对设计资源进行优化配置，将技术人员从设计环节的重复劳动中解放出来，集中精力进行技术攻关和设计方案优化，为优选地面集输工艺流程、优化站场布置和集输管网、走低成本开发之路奠定基础。标准化设计所依托的是技术创新。在低成本开发指导下，围绕"Ⅰ类井（日产2万方）+Ⅱ类井（日产1万方）比例达到80%"的目标进行优化。标准化使设计图纸复用率达到95%以上，每座站节约投资60多万元，地面单井的平均投资由2002年开发初期500万元降低到150万元，每座井场占地面积由3亩变为1.8亩。为了适应大规模、低成本、快速建产的需要，根据建设流程及工艺环节，长庆油田对不同功能模块进行分项批量预制，推行组件成模和现场拼装等施工方法。组件预制工厂化，通过标准化设计将工艺过程划分为模块，施工阶段再根据加工、焊接、在线检测、运输、组装要求，将模块分解为组件，进行工厂化分

项预制；工序作业流水化，通过施工工艺合理组配流水资源，形成工序衔接，流向顺畅，操作简捷、高效、可靠；过程控制程序化，通过编制模块化施工技术手册，应用模块化预制工艺卡，统一工艺流程，统一工序检验标准；模块出厂成品化，通过组件装配成便于运输的最大模块出厂，转运方便，产品系列化，互换性强；现场安装插件化，实现模块现场以插件形式安装，现场作业量小，适应快速建站需要，便于维修；施工控制数字化，通过统一数据模型，整合项目管理系统，满足施工过程数据的可追溯性及标准规范要求。2008年，苏里格气田新建集气站安装施工工期由原来的45天降低到14天，总体有效工期由原来的111天降低到60天，处理厂建设周期由14个月降低到9个月。

苏里格气田资源丰富，但单井产量低，依据规划未来井数将超过1万口，生产管理最大的工作量是巡井和大面积的间歇生产井频繁开关。长庆油田成功研制了一套智能化生产管理控制系统，实现数据自动采集、方案自动生成、气井实时诊断、单井电子巡井、远程自动控制、资料安全共享，有利于精简机构、控制用工、降低操作成本，还能有效减少巡井和现场操作次数，减少安全风险。2006年，长庆油田开展了井至集气站井口数据采集无线传输系统的研发与试验，并成功推广应用。2007年，通过对井口紧急截断阀的改进完善以及与井口数据自动采集、无线传输技术的集成，形成功能比较齐备的苏里格气田井口数据采集及远程开关井控制单元。长庆油田研发出一套智能化生产管理控制系统，依靠指挥中心和集气站二级平台进行高度自动控制，对整个气田生产过程实行自动化、数字化管理，实现数据自动采集、方案自动生成、气井实时诊断、单井电子巡井、远程自动控制、资料安全共享。其中，通过单井太阳能数字化管理系统解决单井用电问题，在节约巨额电力设备投资的同时，大幅降低气田运营期间的电力支出，达到保护环境、建设和谐气田的目标。

（六）超低渗开发

1. 从特低渗到超低渗

渗透率小于50个毫达西的油藏为低渗透油藏，渗透率为1–10毫达西的油藏是特低渗透油藏，小于1毫达西的油藏是超低渗透油藏。长庆油田的超低渗透油藏是指渗透率小于1毫达西、埋深在2000米左右、单井产量较低、过去难以经济有效开发的油藏，主要分布在华庆、姬塬、西峰两侧、志靖－安塞等区带。与已规模开发的特低渗透油藏相比，油藏岩性更致密、孔喉更细致、应力敏感性更强、开发难度更大。但此类油藏胶结物中水敏矿物较少，宜于注水开发；原油性质较好，粘度低、凝固点低、易于流动；开发初期递减大，第一年递减10%–15%，第二年后递减仅5%–8%，具有较长的稳产期，10年后百万吨级超低渗透油田年产量仍可达到50万吨（而中高渗透油田仅为28万吨），因此该油藏长期开发稳产效果、效益好。目前，长庆油田超低渗油藏石油探明、控制、预测三级地质储量近 10 亿吨，预计 2015 年最终可探明储量 17 亿吨以上，成为长庆油田增储上产的主要方向。2008 年 2 月 26 日，长庆油田公司重组整合之后，正式把超低渗透油藏开发列入工作日程，3 月 14 日，超低渗油藏开发规划通过了中国石油审查，这是继苏里格气田成功开发之后集团公司做出的又一重大决策，自此超低渗油藏开发拉开了序幕。

2. 坚持技术集成和创新，攻克开发难题

按照 "2342" 油田开发思路和 "经济、实用技术才是好技术" 的原则，结合油田公司 "1277" 创新工程，通过自主创新、集成创新和引进消化吸收再创新，瞄准超低渗透油藏开发的技术难点，深化基础理论研究，攻关关键技术，推广成熟技术，完善配套技术，围绕提高单井产量、快速规模建产、经济效益开发形成了储层快速评价、温和超前注水技术、多级压裂改造技术、地面优化简化技术和低成本钻采配套技术共计 5 大系列 17 项关键技术，有效解决了提高单井产量、控制投资成本的技术难题，推动了超低渗油藏的经济有效开发。

（1）储层快速评价技术。储层快速评价技术基于储层综合评价与测井精细解释，系统考虑有效厚度、油层物性和含油性参数，利用综合系数法、测井信息挖掘法与神经网络法等产能预测模型，对储层建产效果进行超前的预测和评价。该技术为规避产能建设风险、提高单井产量提供了技术保障。通过在华庆、姬塬等地区推广应用，有效提高了相对高产井的比例，其中 Ⅰ + Ⅱ 类井比例达到了 90%，初期单井日产油好于预期。

（2）温和超前注水技术。超前注水技术充分考虑超低渗透油藏裂缝普遍发育、泥质含量高的特征，综合应用裂缝延伸压力（即停泵压力）和吸水指示曲线确定合理注水压力，利用合理注水压力确定最大注水量，提出了小水量阶梯配注的超前注水新技术，有效提高了油井初期产量，减缓了油藏递减。超低渗透油藏规模建产区投产初期日产油达到了 3 吨，含水平稳。

（3）多级压裂改造技术。储层改造以多级压裂为思路，集成创新形成了前置酸加砂压裂、多级加砂压裂、多缝压裂、多级水力射流压裂等技术，针对不同的超低渗透储层特征，完善储层改造模式，有效地解决了超低渗透油藏储层改造难题，提高了试油产量。在主力油层厚度大（一般在 30 米左右）、多个小层叠合且隔夹层发育的油田已大规模推广应用，投产初期平均单井增产 0.3-0.7 吨 / 天，该项技术已成为超低渗厚油层改造的一项特色技术。

（4）地面优化简化技术。按照优化、统一、通用、系列的原则，借鉴靖安、安塞、西峰油田建设模式和苏里格气田成功开发经验，持续优化简化，形成了以大井组单管不加热密闭集输、井组间串接、多站同管输油为主要流程，以大井组、二级布站、井站共建、多站合建为主的地面建设模式，大大降低了建设投资。

（5）低成本钻采配套技术。在低成本钻采配套技术应用方面，采用四小（小套管、小抽油机、小管杆、小抽油泵）钻采配套工艺，可有效降低单井钻采成本10万元左右。针对油区水资源匮乏、水费昂贵、压裂液排放环保压力大等问题，研制了可回收环保压裂体系和回收处理设备，首次实现了无需排污池的试油压裂绿色作业。同时，研发了低成本、低密度高强度支撑剂，以覆膜石英砂、低成本陶粒代替陶粒，降低了支撑剂费用。一套井网多层系开发技术用一套井网、一套管柱，实现多层同时开采，提高单井产量，降低了开发成本。

3. 管理体制创新和勘探开发一体化

为了提高超低渗油藏开发管理的运行效率，充分挖掘和整合长庆油田在资源、信息、技术、人才、管理方面的优势，更好地实现内部协同，最大程度发挥管理体制的优势，长庆油田在超低渗透油藏开发管理的组织设计上，大胆创新，打破以往"总部——二级单位"的传统开发管理体制，充分借鉴事业部制的组织模式，以准事业部为体制基础，按照"区域划开、投资单列、产量分开、单独考核"的运行机制，从油田公司层面对超低渗油藏开发进行专项管理。按照事业部制的组织架构，围绕超低渗油藏的开发管理核心业务，形成了四个责任中心：长庆油田总部决策和投资中心，超低渗油藏开发部是经营和利润中心，超低渗油藏研究中心是技术支持中心，四个项目部和八个采油厂是生产和成本中心。新的组织模式由决策、管理、技术、实施四个层面组成，并通过优化各层面内部及其之间的运行机制，使超低渗油藏开发形成了责权利相统一、联动运作的高效运行体系，为超低渗开发提供了组织保障。在管理职责上，通过超低渗油藏开发部与研究中心领导交叉任职，使技术支撑、技术研究、科研攻关与经营管理目标更加紧密结合，突出技术研发和攻关在提高单井产量、控制投资成本这一工作重心中的关键地位。技术和工艺作为超低渗油藏有效开发的第一生产力，科技研发工作按照"分类管理、责任到人、开放研究、完善体系"的原则，建立起了以试验项目组为责任与管理主体，以"三院一中心"为实施单元，以大专院校和社会科研所为辅助补充的开放式科研攻关体系。勘探开发研究院、油气工艺研究院，勘探设计院专门成立了超低渗油藏攻关小组，集中优势资源，开展联合攻关；超低渗油藏研究中心专门成立现场实施小组，长期驻扎在开发建设一线，督导现场技术方案的实施和效果跟踪，有力地加强了超低渗透油藏开发的科技保障力度。在超低渗油藏开发的组织实施方面，首先将原有第一、二、三采油技术服务处整建制转型为超低渗油藏第一、二、三项目部，又根据陇东区域矿权调整成立第四项目部。四个项目部与八个采油厂，构成超低渗透油藏开发的实施主体，适应油藏低于分散、产能建设任务大的形式；另一方面，八个采油单位的超低渗透油藏开发的原油产量与常规区域原有产量生产计划统一下达，四个项目部超低渗产能建设和原油生产均统一纳入各单位业绩指标考核内容。产能建设和原油生产任务指标保持统一，确保产能建设、原油生产管理过程的全过程控制投资、降低成本的开发思路和措施的落实。

传统勘探开发模式包含油田勘探（地震普查、预探、详探）阶段、前期评价阶段、开发试验阶段，在获取大量信息资料的基础上再转入开发阶段，使得勘探开发存在周期长、投资大、节奏慢等问题。长庆油田针对超低渗透油藏的特点，打破串行开发模式，借鉴并行工程理论，将勘探开发视做一个整体，形成了边发现、边评价、边生产的勘探开发一体化，可以概括为"四个一体化、两个延伸"，即勘探目标、开发效果一体化，方案部署、井位优选一体化，地质研究、技术攻关一体化，资料录取、信息共享一体化；勘探向后延伸，勘探时考虑到开发时的需要，开发向前延伸，以技术进步努力提高储量动用程度。短短两年时间，华庆地区呈现6亿吨储量规模，超低渗长6油藏新增探明储量近3亿吨，控制储量2亿多吨，长8油藏亿吨级储量逐步显现，建成产能近百万吨；2008年实现超低渗透油藏规模建产，2009年建成产能200万吨。姬塬地区整体探明4亿吨规模储量。2009年超低渗油藏快速落实堡子湾南、池46、安201等3个规模区块，建成产能70万吨以上，实现了当年发现、当年建产。该区原油产量从2004年不足20万吨提升到240万吨，预计到2015年储量规模可达8亿–10亿吨，形成年产800万吨以上的生产能力。

通过标准化建设，建设工期缩短20%以上，投资降低5%左右。2009年建成的姬三联合站4月开工，6月底建成，工期不到90天，实现了当年设计、当年建设、当年投产。通过创新地面建设模式，采用大井组——增压点——联合站部站方式，减少骨架站数量10%；通过集成创新，采用井网优化、超前注水、多级压裂等关键技术，单井产量提高了20%以上。通过两年多的实施，超低渗油藏开发取得较好经济效益，内部收益率12.74%，大于基准利率12%，投资回收期6.6年，按384.88元/吨的最高生产成本费用，只要油价在大约384.88元/吨（7.59美元/桶）即可盈利。

（七）特色技术突破过程举例

1. 抽油机井远程在线监测计量技术

抽油机井远程在线监测计量技术，是依据抽油机井深井泵工作状态与油井产液量变化关系，把定向井有杆泵抽油系统视为一个复杂的振动系统（三维振动系统：包含抽油杆、油管和液柱三个振动子系统），该系统在一定的边界条件和一定的初始条件（如周期条件）下，对外部激励（地面功图）产生响应（泵功图）。为此，首先建立了定向井有杆泵抽油系统的力学、数学模型，该模型能计算出给定系统在不同井口示功图激励下的泵功图响应，然后对此泵功图进行分析，确定泵的有效冲程，进而求出地面折算有效排量。该技术集先进、成熟的计算机技术、通信技术、数据采集及传感器技术于一体，采用高精度数据采集器，获取安装在各数据采集点抽油机井上负荷和位移传感器数据，通过井场控制模块及数据传输系统（数传电台），将采集数据及信息发送到设置在站点的数据处理点。数据处理点对采集点传送的数据，通过数传电台和数据控制模块接受，经油井自动计量和监测分析系统根据实测光杆示功图、井身数据、抽油机参数、杆柱组合、动液面等诸多油井数据，利用定向井有杆泵抽油系统计量分析软件计算出泵功图，再通过泵功图识别技术判断油井工况，获得泵的有效冲程，进而得出油井产液量。并可通过网络、光缆等工具，将信息传送到控制中心，实现远程自动监测的目的。该技术自 2000 年步入现场试验以来，现已在长庆油田应用 1 万多口井，并成为长庆油田采油工艺特色技术之一。该项技术的应用，节约了地面建设投资成本，实现了油井计量的重大变革，为数字化油田建设搭建了良好的平台。

2. 超前注水技术

在靖安油田开发的后期 1999-2000 年，形成了一项关键技术——超前注水技术。对比研究表明，在安塞和靖安两大油田，超前注水比同步注水可以提高采收率 3%-5%。当渗透率很低的时候，会有压敏效应和非达西效应。这个在理论上很清楚，以前侏罗系油藏渗透率很高，不需要采用这种方法；随着井打得越深，渗透率越低，就必须要注水。超前注水的发现来源于实践：相比同步注水、滞后注水，超前注水能够提高油井的单井产量。对比研究表明，在安塞和靖安两大油田，超前注水比同步注水可以提高采收率 3%-5%。在 2000-2002 年，长庆提出"启动压力梯度是影响单井产量的核心因素"的新理论，创新发展了以建立有效压力驱替系统为核心的超前注水为主体的开发配套技术；2003 年开始由超低渗中心的前身"0.3 毫达西类储层攻关项目组"在西峰油田的两个区块做先导性试验，尝试超前注水，采用不同的超前期，发现提高了单井产量；2004-2005 年，超前注水更加成熟，在超低渗上也得到了不断的发展和应用。

对鄂尔多斯三叠系地质研究表明，低渗透油藏孔隙结构的特征主要是平均孔道半径很小，且非均质程度较大、孔道大小各不相同，即各种孔道需要不同的启动压力，原油渗流符合非达西渗流特征。采用超前注水，只注不采，提高了地层压力，当油井投产时，可以建立较高的启动压力。当超前时间达到某一值后，便建立了有效的压力驱替系统。同时，超前注水有利于提高油相相对渗透率。根据对安塞油田岩芯的水驱油试验，当水驱油压力提高时，油相相对渗透率上升，而水相相对渗透率变化不大，这是由于同一渗透率条件下，油相的启动压力梯度较高，因此，提高压力梯度，可使部分原不参与流动的油开始流动，致使油相相对渗透率上升。再次，超前注水还能避免因压力下降造成的原油性质变差。采用超前注水，可以建立有效的压力驱替系统，提高油相相对渗透率，并避免因压力下降造成的原油性质变差，从而提高单井产量。储层内的压力传递，是通过岩层中微小孔隙内的流体进行的，大量实际岩心室内实验表明，随着孔隙压力的降低，渗透率呈下降趋势；当孔隙压力升高，渗透率又会呈上升趋势。在长庆的超前注水技术中，注重均衡的地层压力作用，使注入水在地层中均匀推进，首先沿渗流阻力小的较高渗透层段突进，当较高渗透层段的地层压力升高后，注入水再向较低渗透层段流动，就会有更多的孔道加入到流动的行列，从而有效地提高了注入水的受效面积，达到提高采收率的目的。

在西峰、靖安、南梁、安塞、姬塬等油田实施超前注水技术，共动用地质储量2.8亿多吨，建成产能462万吨。据统计，超前注水区对应油井852口，初期平均单井日产油比相邻区域非超前注水区油井初期产能高1.35吨，平均单井产量提高20%-30%。作为一项创造性的低渗油藏开发配套技术，超前注水技术已在国内其它油田大面积推广。该项技术作为低渗透油藏提高单井产量新的核心技术，处于国际国内领先水平。

3. 压裂技术

压裂技术从始至终都是长庆油田开发超低渗的关键技术。正是由于压裂技术取得突破，才使得安塞油田的开发有了可能性。几十年来，压裂技术一直都是在不断突破，也一直都是重点项目。上世纪80年代前，压裂技术限于单井点，人工做设计，压裂规模比较小；从80年代到90年代，发展到了井网的压裂；现在，压裂的设计能够实现模拟，压裂规模、压裂设计、压裂方式都有很大的改进。压裂技术还包括压裂参数的设计、压裂液配方、工具、压裂监测的方法。压裂液的进步朝着减少对地层的伤害发展，希望伤害能达到最低；研发的配方，由井下的自己做。软件方面有一些是自己开发的，有一些是买来的框架性的东西，需要自己改造。超低渗油层比较厚，采用多缝压裂，可以提高单井产量。多缝压裂涉及三个技术：网状缝、定向设孔、射流压裂（多级水力射流射孔压裂）。这些是在与国外公司交流的基础上突破的。

四、长庆油田支持创新的内部机制

(一) 科研体系

长庆油田在公司层面有五个直管研究单位，分别是勘探开发研究院、油气工艺研究院、勘察设计研究院、超低渗透油藏研究中心、苏里格气田研究中心，如图15-3所示。油田下属主要采油采气厂分别下设地质研究所、工艺研究所。依托自己的科研体系，长庆油田建设了中国石油特低渗透油气田勘探开发先导试验基地，启动了低渗透油气田勘探开发国家工程实验室的建设。

1. 勘探开发研究院

勘探开发研究院是中国石油长庆油田分公司下属的一个综合性科研单位，主要承担鄂尔多斯盆地及其周边地区的石油天然气勘探、开发及非油气资源的科学研究任务，

```
                    长庆油田分公司
                   （科学技术委员会）

                     公司科技主管领导

                       技术发展处

  勘探    油气    勘察              苏里    超低
  开发    工艺    设计              格气    渗透
  研究    研究    研究              田研    油藏
  院      院      院                究中    研究
                                   心      中心

      采油厂、采气厂地质研究所与工艺技术研究所等28个
```

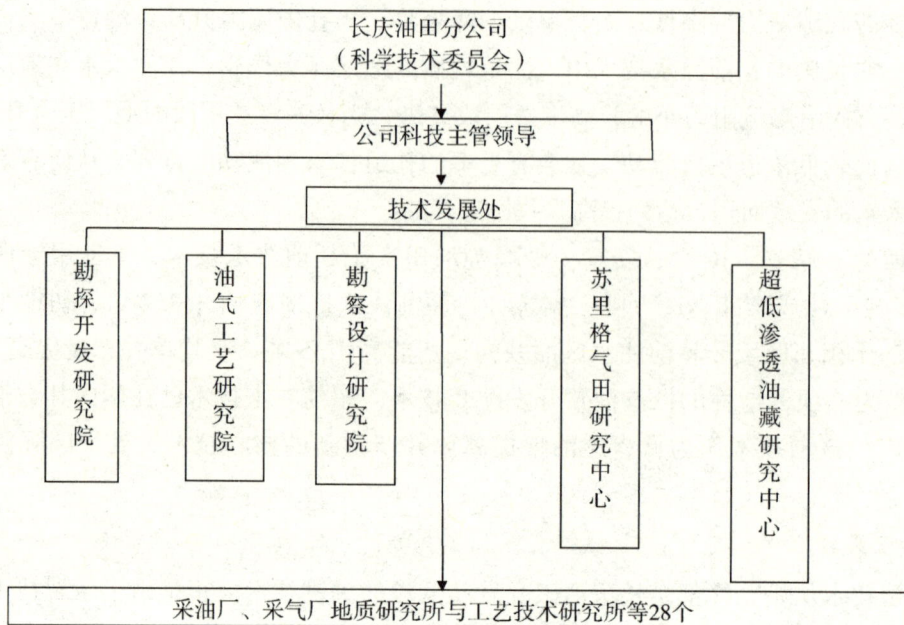

图 15-3　长庆油田科研体系

负责编制油田分公司油气田勘探开发部署方案，组织新技术推广、计算机应用、地质开发试验分析等科研与生产工作。在勘探开发鄂尔多斯盆地特低渗透油田、探明和开发长庆大气田的实践中，已经发展成为中国石油的低渗透油气田重点研究院之一。研究院下设石油勘探室、天然气勘探室、区域地质勘探室、储量地质室、油藏评价室、石油开发一室、石油开发二室、天然气开发一室、天然气开发二室、地球物理计算中心 10 个主力科研室；设有分析试验中心、资源信息中心、技术服务中心、新技术推广中心 4 个科研生产技术服务单位；机关设有院长（党委）办公室、人事科（组织科）、科研生产管理科、经营财务科 4 个职能科室和事务管理站、《低渗透油气田》杂志编辑部 2 个附属单位。建院 37 年来，几代科技工作者倾心尽力、不懈拼搏、实事求是、开拓创新，逐步创立和形成了适合长庆低渗透油气田勘探开发的特色技术：岩性及古地貌油气藏地震预测技术，鄂尔多斯盆地油气勘探综合研究技术，特低渗透油田开发配套技术，低渗透气田优化布井及高效开发技术，特低渗透油田超前、周期性、精细注水开发技术，隐蔽性岩性油藏滚动勘探开发技术，边底水油藏开发技术，低渗透油气田油田化学应用技术。

2. 油气工艺研究院

油气工艺研究院是长庆油田下属的综合性科研单位，主要从事低渗透油气田工艺技术研究，包括采油（气）工艺、增产技术、地面工艺、井下作业、油气田防腐、油气田化学、井下工具研制及安全环保、节能等技术攻关研究；承担采油（气）工程方

案编制及压裂、防腐、钻完井工程方案设计；承担油气田勘探、评价、产能建设现场技术支撑及新工艺新技术推广工作。机关设综合办公室、党群工作科、科研管理科及经营财务科4个职能科室。基层设采油工艺一室、采油工艺研究室、采气工艺研究室、地面工艺研究室、压裂技术研究室、井下作业研究室、工具研究室、工程地质室、油田化学与防腐室、钻井工程设计室、安全环保技术研究室、节能技术研究室、信息中心及新技术推广中心14个科研室。与西安石油大学共建"陕西省油气田特种增产技术重点实验室"。

油气工艺研究院按照"自主创新、重点突破、应用集成、开放研究、完善体制、整体推进"的总体原则，坚持"关键技术超前储备、瓶颈技术集中突破、成熟技术规模应用"，不断提升自主创新、集成创新和引进消化吸收再创新能力。以低渗、超低渗油气藏为研究对象，以提高单井产量和降低成本为目标，潜心科研、强化管理，积极开展对外合作与交流，科研实力不断提升。形成了适合鄂尔多斯盆地特点的"采油工艺、采气工艺、增产技术、油田化学与防腐、井下工具"五大工艺技术体系。井下节流、功图法计量、前置酸加砂压裂、多级加砂压裂、环氧冷缠带锌阳极套管外防腐、智能测试调配、分层合采等20余项先进成熟技术在油气田广泛推广应用。

3. 西安长庆科技工程有限责任公司

西安长庆科技工程有限责任公司（原长庆石油勘探局勘察设计研究院）始建于1973年，是国家行业甲级勘察设计研究单位，中国石油天然气集团公司EPC试点单位、集团公司中国石油优秀工程建设企业，西安市优秀高新技术企业。

西安长庆科技工程有限责任公司以勘察设计为核心，带动科技产品开发、工程监理、工程技术咨询和计算机应用及网络技术的发展，已形成了以油气田地面建设主营业务为基础并延伸市政及工程总承包、产品研发协调发展的经营格局，勘察设计、监理、建设市场从长庆油气田已辐射西北、华北、江、浙、皖及东南沿海等16个省区。

30多年来，西安长庆科技工程有限责任公司完成各类工程勘察设计项目6 000多项，荣获各种成果奖800多项，其中省部级以上成果奖160多项。设计建成的中国陆上最大的特低渗透油田——长庆（马岭、安塞、靖安、华池、西峰等20多个）油田地面建设工程和中国陆上最大的气田——长庆（靖边、榆林、乌审旗、苏里格等4个）气田地面建设工程，创造了油气田一系列开发模式，油气田标准化、数字化设计成果在中石油系统广泛推广应用，荣获了国家优秀设计金、银、铜奖。西安长庆科技工程有限责任公司同时具有年设计500万吨以上油田产能建设工程、50亿立方米以上气田产能建设工程、1 800公里以上大口径长输管道及120万平方米建筑勘察设计及综合配套设计能力。

4. 苏里格气田研究中心

苏里格气田研究中心坐落在西安经济技术开发区，成立于 2008 年底，是长庆油田"三院两中心"中唯一围绕苏里格气田专项技术研究和服务的科研机构。主要承担整个苏里格气田的发展规划，生产动态分析，开发方案的编制和实施等，并针对苏里格气田开发的特殊性开展增产、稳产措施及配套技术研究。是长庆油田公司一支集科研与技术支撑为一体的高素质科研团队。中心成立以来，紧密围绕"发展大油田，建设大气田，实现 5 000 万"和"苏里格气田年产 200 亿、稳产 20 年"的奋斗目标，认真贯彻落实油田公司总体工作部署，大力实施"1277"科技工程，以苏里格气田开发建设为重点，融服务和创新为一体，全力加强人才培养和技术创新团队建设，依靠全体员工的共同努力，打造一流的低渗透气田研究中心。

5. 超低渗透油藏研究中心

2008 年 9 月，长庆油田为了进一步加快超低渗透油藏开发建设，满足"大油田管理，大规模建设"的要求，确保 5 000 万吨油气当量发展目标的顺利实现，组建成立了超低渗透油藏研究中心。超低渗透油藏研究中心级别为处级，列入油田公司二级单位，作为超低渗透油藏开发部的技术支撑单位，编制总定员 150 人。研究机构设五个研究室：油藏地质室、方案研究室、压裂技术室、钻采工艺室、信息技术室，定员 130 人。

超低渗透研究中心成立后，油田公司各超低渗透油藏项目部，不再单独设立地质所和工艺所等研究机构，由超低渗透油藏研究中心统一负责其方案部署、随钻分析、油藏管理、动态分析、技术攻关、新工艺技术应用等工作，并为其超低渗透油藏开发提供技术支撑、现场技术服务和保障工作。超低渗透研究中心具有勘探开发研究院、油气工艺研究院以及采油厂"两所"的共同职能。凡是与超低渗透油藏有关的科研技术工作等各项业务均由超低渗透油藏研究中心负责。负责超低渗透油藏勘探开发、工艺技术的室内实验研究、分析化验及整体科研攻关等工作。

通过近两年的运行，超低渗透油藏研究中心积极探索超低渗开发建设的新思路、新技术、新模式，全力支撑生产建设，着力推进技术创新，持续深化队伍建设，大力加强基础建设，努力确保各项任务目标的顺利完成，保持了超低渗快速发展的良好局面。

（二）技术人才

截至 2009 年 12 月底，长庆油田共有专业技术人员 5 513 人，其中油气田开发、地质主体专业 3 984 人，生产配套专业 864 人，矿区服务 665 人。各类专业技术人员中，博士研究生 23 人，占技术人员总数的 0.4%；硕士研究生 588 人，占技术人员总数的 10.7%；大学本科（含成人）3 765 人，占技术人员总数的 68.3%；大学专科（含成人大专）733 人，占技术人员总数的 13.3%；中专技校（含成人）355 人，占技术人员总数的 6.4%。目前公司评选享受政府特殊津贴专家 3 人，集团公司管理专家 5 人，集团公司高级技术专家 5 人，陕西省有突出贡献专家 1 人。聘任油田公司三级专家共 184 人，其中一级技术专家 25 人、二级技术专家 51 人、三级技术专家 108 人。

（三）科研项目管理

长庆油田的科研管理工作可以用"一大三分四强化"来概括：一大是指大课题（跨专业、多学科，人员来自多科室、多单位）管理，人员在科室之间交叉，有些课题还与院外人员合作。有大课题的领导小组，由主管领导牵头，组织协调，下设有课题组，负责人员怎么分配、费用怎么管理、研究内容、指标，具体组织实施。整合人力资源和技术资源。有定期的例会制度：近期工作进展等。三分是指科技项目分级、分类、分阶段管理。分级是将项目分为国家级、集团公司/股份公司、油田公司。分类是将项目分为技术攻关类、超前储备类和大面积推广类。技术攻关类，这个是重点加强的，要创新，要解决，要求出结果；超前储备类，是为将来的发展储备的技术，不一定要马上出成果；技术大面积推广类，要求将技术转化为生产力。分阶段管理是指按照科研流程管理，进行前期论证、立项、开题、项目运作、实施、成果等各个阶段的管理。四强化：第一个强化：早启动、早安排、早实施。在科研没有立项之前，根据自己的情况，油田的实施情况，提早启动科研计划。第二个强化：对外合作。开放的研究体系，人员紧张，某些领域某些技术方面没有具备相当能力的人员，以我为主。第三个强化：项目的过程管理控制。注重技术型，注重理论和基础研究，注重实验，注重整个研究的质量和效用。第四个强化：成果培育。将被动的形成的成果变成主动的成果。当我们的项目开题立项时就要明确将要进行哪方面的创新，在哪方面形成成果。要调研，寻找信息，不做别人已经做过的重复性的工作，围绕着目标，将工作细化，按时间节点、人力等，最后实现成果。

关于考核，主要考核项目计划完成情况、成果，专利、论文的提交数量。专案实施符合率、技术应用率。所有奖励必须放入工资总额，工资总额是主管部门规定的。这对激励机制是一个很大的制约；科研费不能作为人员的费用，这是严格执行的，且有严格的审计。

攻关体系在 2007 年之前是攻关项目组的形式，之后采用项目管理、联合攻关，主要有三点：①三结合：地质和工艺结合、地面和室内实验现象结合、自主开发和技术引进结合；②开放式研究：国内外院所、石油院校、石油公司联合攻关；③技术交流：项目组每周进行交流，公司层面、股份公司层面（每年）也有相应交流机制。

长庆油田的科研攻关同样重视基础研究。在基础研究方面，从 2004 年开始提出渗油理论。1850 年，达西提出达西理论，但不能解释低渗；1920 年，有人提出低渗漏油理论；长庆则把指标量化了，利用油藏工程方法和产能/压力计算模型，结合室内实验为支撑实地实验，发表了文章。其他基础研究成果包括储层分类评价（将超低渗分为三类，一套指标综合评价）和压裂理论（对储层的伤害孔隙、压裂液会堵住孔隙，需优选压裂液）。

（四）科研投入

2000-2009 年，长庆油田科技计划共设立科研项目 375 项，其中国家级项目 5 项、集团公司科技项目 7 项、股份公司重大开发试验项目 3 项、勘探与生产分公司项目 59 项、油田公司项目 301 项，累计投入科技项目研究经费 20 亿元。

五、长庆油田技术创新能力评估

（一）整体工艺技术层面

经过 40 年不断的努力，长庆油田攻克了开采低渗透油气藏的世界性难题，相关工艺技术水平达到了世界先进水平，为在 2015 年油气产量达到 5 000 万吨提供了坚实的保障。图 15-4 是对其整体工艺技术创新能力的评估。

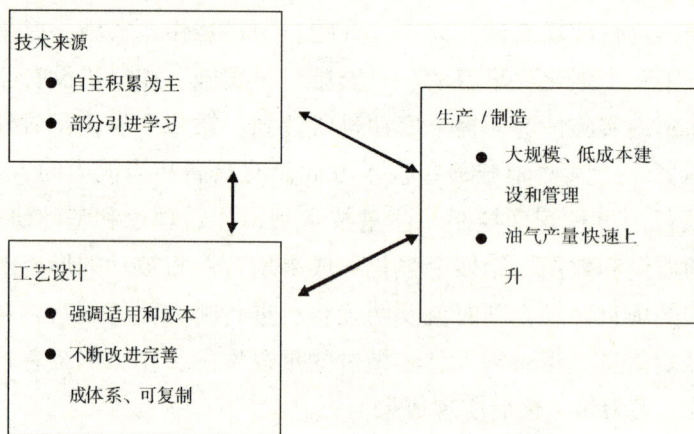

图 15-4　整体工艺技术创新能力评估图

长庆油田开发超低渗透油气藏的特色工艺技术主要是来自几十年内部的长期积累和自主创新。主要原因有二：一是国内外没有一套成熟的针对低渗透油气藏的开发技术；二则因为长庆拥有一个成熟的研究组织体系和一支具有奉献精神的科技人员队伍。长庆油田下辖有五个直管研究院：勘探开发研究院、油气工艺研究院和勘察设计研究院涵盖勘探、开采、地面建设等油气开采各个环节，且都具有近 40 年的历史；苏里格气田研究中心和超低渗透油藏研究中心都成立于 2008 年，分别服务于低渗透气田开发和超低渗油田开发。此外，主要的采油采气厂下面也设有地质研究所和工艺技术研究所共计 28 个。支撑这套研究体系的则是 5 513 名专业技术人员，他们有责任感，吃苦耐劳，不服输，深入条件艰苦的一线，结合生产实践进行科研，建立起有效开采低渗透油气藏的技术工艺体系。当然，在一些技术工艺环节，长庆油田是通过与国外公司合作取得突破的，例如多缝压裂技术。多缝压裂是提高单井产量的重要技术，长庆的做法是先请外国公司做一遍，随后立项技术攻关，最后形成国产化的水力喷射技术。

在技术工艺设计上，长庆油田强调适用性和经济性。适用，意味着不追求技术工艺的先进性和复杂性，而关注其是否能够服务于低渗透的油气田；经济，意味着依靠创新、简化和数字化来降低生产成本，让更多的低渗透油气藏能够以经济的方式开采出来。在苏里格开发中使用的地面简化技术，通过放置在井口下一个流量调节装置，控制天然气流量，使其在设定的范围内平稳释放；压力的问题解决了，井口装置得以简化，井口成本得到降低，中低压输气也可以实现，集输管道价格也随之下降，是体现实用性和经济性的一个生动例子。长庆技术工艺设计的另一个特点是传承性和系统性。正如前面归纳的长庆油田 40 年创新变革历程（表 15-1），在长庆发展的每个阶段都有一整套的油气藏工程、钻采工程和地面工程技术体系，后一个阶段会在前一个阶段技术的基础上完善创新，如压裂技术的不断进步，后一个阶段也会在前一个阶段的技术体系中加入全新的内容，如靖安油田建设开发后期提出的超前注水技术。传承性和系统性使得长庆能够稳步地从特低渗走向超低渗、从油田开发跨入气田开发不断向前，也使得能够以很快的速度将成功的模式复制到大庆其他油田，提高建产速度。

长庆油田以自主创新为主长期积累、强调工艺适用性和经济性的工艺技术创新之路，在进入 21 世纪后终于带来了丰硕的成果。成熟可靠适用的工艺技术体系打开了低渗透油气藏开采之门，并且能够在短时间内大量建成产能，并最终推动整个长庆油田油气产量稳步快速上升。

（二）核心技术层面

长庆油田开发超低渗油气藏的成套工艺技术体系是建立在众多工艺技术点之上。关键工艺技术的突破往往能够带来整体工艺技术的突破，例如压裂技术（见图 15-5）和超前注水技术（见图 15-6）。这两项技术是提高低渗透单井产量并实现长期稳产的关键。

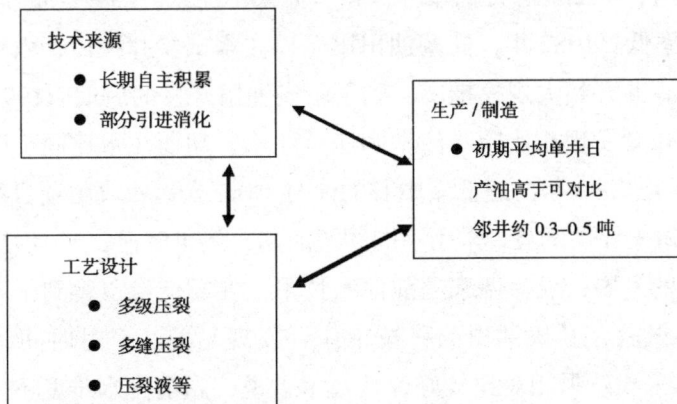

图 15-5　压裂技术创新能力评估图

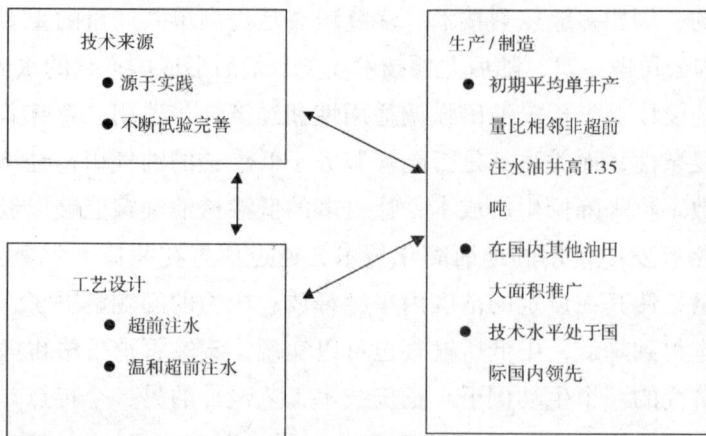

图 15-6　超前注水技术创新能力评估图

压裂技术利用水力作用，使油层形成裂缝，提高油藏的渗透能力，是开发超低渗的关键核心技术，也是长庆油田不断积累改进提高工艺技术能力的一个典型。早在1974年的时候，长庆油田就试图通过改进压裂技术开发低渗透的延安油田，那时的压裂限于单个井点，人工设计，压裂规模小。80年代，优化了压裂施工参数，开展各项工艺技术试验，改进压裂液配方，发展井网压裂等，正是由于压裂技术的突破，才有了安塞油田的建产开发和具有里程碑意义的"安塞模式"的形成。到了现在，以多级压裂为思路，集成创新形成了前置酸加砂压裂、多级加砂压裂、多缝压裂、多级水力射流压裂等技术，"压裂的设计能够实现模拟，压裂规模、压裂设计、压裂方式都有很大的改进，压裂液的进步朝着减少对底层的伤害发展"。压裂并非长庆油田独创，一般的压裂技术也不适用长庆油田的低渗透油藏，然而通过几十年的持续创新，长庆油田的压裂技术对于低渗透油田的开发无疑是行之有效的，多缝压裂技术先导试验表明，初期平均单井日产油高于可对比邻井约0.3-0.5吨。

通过压裂改造，虽然能够提高单井产量，如果不注水，油井产量年递减达到25%-30%，造成采收率低。1987年，安塞油田第一口注水试验井投注，效果良好，推动了安塞油田的开发，并开始大规模推广。到了靖安油田开发的后期（1999-2000年），长庆油田的科技工作者发现相比同步注水和滞后注水，超前注水比同步注水可以提高采收率3%-5%，于是2003年由超低渗中心的前身"0.3毫达西攻关项目组"在西峰油田的两个区块开始做先导性试验，采用不同的超前期，效果明显；2004-2005年，超前注水技术又有了新的发展，成为温和超前注水技术，在超低渗也得到了不断的发展和应用。通过反复的试验，长庆油田的科技工作者发现超前3个月时间，地层压力保持110%，递减率和采收效果相对比较好，从技术上说，超前注水难度不大，关键在于要形成一套组织的管理程序，比如先打什么井等。作为长庆油田一项创造性的低渗透油藏开发配套技术，超前注水初期平均单井产量比相邻非超前注水油井高1.35吨，不仅在长庆油田全面推广实施，也已被国内其他油田大面积推广，作为低渗透油藏提高单井产量新的核心技术，处于国际国内领先水平。

（三）产业链创新的主导能力层面

长庆油田油气产量的飞速增长，带动了低渗透油气开采技术的需求，也正在对涉及油气生产的产业链创新带来影响。2005年8月，在苏里格气田开发项目中，长庆油田通过招标优选确定与长庆局、辽河局、四川局、大港局、华北局5家中石油未上市企业合作开发苏6等7个区块。5家中标单位都有自己在技术方面的专长，辽河局在侧钻水平井、欠平衡井等钻井技术领域有较高的水平，大港在从式井开发方面有丰富的经验，四川局在低渗透油田开发和难动用储量开发方面有明显优势，在实际合作中，这些单位实行"资源共享、技术共享、信息共享"，推动了苏里格气田的建设。

同时，长庆油田与中国石油管材研究所等单位通力配合，在较短的时间内研制出适合苏里格气田的油管和套管，实现油、套管国产化（天钢生产的套管和宝钢生产的油管通过技术鉴定，完全符合苏里格气田气井生产要求），取代进口油管和套管。在苏里格项目中，通过与国内科研单位、厂家合作，长庆油田实现自动控制设备、仪器仪表等全部国产化。

六、长庆油田创新能力成长模式

（一）成长模式的内涵

回顾长庆油田发展40年，从20世纪70年代的创业阶段、80年代的低位徘徊，到90年代取得重大突破，21世纪实现快速发展，特别是2008年重组整合以后，制定5 000万吨发展规划，是一部不断创新的历史。它的创新能力成长模式可以归纳为：**基于企业内部需求的低成本创新。**

（二）成长模式的主要做法

1. 应用主导

长庆油田创新能力的成长与应用是紧密结合在一起的，体现在与国家战略需求的紧密结合和工艺技术创新中的用户主导。能源是国家战略重要的组成部分。长庆创建之初，正是为了摆脱我国"贫油国"的帽子，当时由兰州军区组织成立了"兰州军区长庆油田会战指挥部"，成建制地动员了军队参加会战，并从各地调来了物探队、地震队等专业队伍。在当前，面对我国原油需求一半以上依赖进口的状况，长庆油田又担负起"到2015年实现油气当量5 000万吨的战略目标"、"成为我国重要的油气生产基地、天然气中心枢纽和致密性油气田技术创新基地"的重任。国家对能源的战略需求，推动着长庆创新能力的成长，不仅体现在政府和中国石油对长庆创新工作的长期支持，也体现在长庆科研工作者"我为祖国献石油"的精神中。

工艺技术创新的用户主导体现在长庆油田"经济、实用技术才是好技术"的思路。长庆油田的工艺技术创新从来都是与生产实践紧密联系，创新服务于生产，服务于提高单井产量、快速规模建产和经济效益开发。在功图计量技术攻关的项目中，科研人员深入条件艰苦的生产一线，"2004年春节大年三十晚上9点多6个人都还没有回家，就对着井一个一个测，一个个功图去搞，去对比，去比较，以达到测量准确"，"功图计量对产量高的油井很准，对产量低的油井不准，但长庆的现实就是低产，所以要围绕实际做，本着解决现场实际问题去做"。

国家战略需求的推动和创新中的用户主导，进一步体现在"以低制低，低成本、规模化开发低（特低、超低）渗透油气田"的发展策略中。针对长庆油田水资源匮乏、水费昂贵、压裂液排放环保压力大等问题，长庆研制了可回收环保压裂液体系和回收处理设备，回收率可达80%以上，回收液循环使用次数最高可达11次。通过采用四小（小套管、小抽油机、小管杆、小抽油泵）钻采配套技术，长庆油田有效降低单井钻采成本10万元左右。这样的例子在长庆油田有很多。

创新模式中的应用主导也体现在科研机构的设置上。2008年，在原有勘探开发研究院、油气工艺研究院和勘探设计研究院的基础上，长庆油田又成立了苏里格气田研究中心和超低渗透油藏研究中心，专门服务于苏里格气田开发和超低渗透油藏开发这两个重大项目，体现了对重大项目的支持。

2. 自主开发、积累特色技术

长庆油田选择了一条自主开发、长期积累的创新道路。压裂、超前注水、井下节流、水平井、功图计量……长庆各项核心工艺技术的开发过程几乎很相似：在实践中提出问题，然后设立项目进行攻关，在一线进行先导试验后推广，如有可完善提高的地方，则投入新一轮技术攻关，长达40年的自主积累，使得长庆油田掌握了具有自己特色的超低渗透油气藏开发技术。根据油田5 000万吨发展需要，长庆油田设立"1277"科技创新工程，重点突破"复杂地貌地震采集与处理技术、地震薄层砂体有效气层预测技术、油气层测井快速评价与产能预测技术、超前注水关键技术、裂缝识别与描述新技术、多层系开采技术"等12项关键技术，集成创新"低渗砂岩气藏经济有效开发技术、超低渗油藏经济有效开发技术"等7项配套技术，积极开展"苏里格气田合理井网试验、延长组下部新层析开发试验"等7项开发试验，依托重大工程，组织好重大开发试验。同时，长庆油田也强调在实施"1277"工程过程中要加大对外科技合作的力度，积极引进先进技术。

3. 集成创新

长庆油田在重视关键技术突破的同时，对技术集成也非常重视。"安塞模式"包含"三大技术系列"和"八项配套技术"；"靖安模式"也有诸如低产井综合治理技术、分层注水技术等三叠系油藏开发积水系列以及底水油藏控水稳油技术、"三小一低"措施解堵技术等侏罗系油藏开发技术系列；到了"西峰模式"，是油藏工程、采油工程、地面工程三个方面18项主体技术为核心的特色技术系列；苏里格开发形成了12项开发配套技术；到了超低渗，则有储层快速评价、温和超前注水技术、多级压裂改造技术、地面优化简化技术和低成本钻采配套技术共计五大系列17项关键技术。长庆瞄准低渗透油气藏开发的技术难点，在攻克关键技术难点的基础上，集成完善了配套技术，有效解决了提高单井产量、控制投资成本的技术难题，推动了油气资源的经济有效开发。

七、长庆油田技术创新经验启示

（一）解放思想，思路变革引领创新

企业自主创新过程中也符合"思路决定出路"的规律。长庆油田的发展史，就是一部解放思想、实事求是、不断探索、实践创新的历史。正是有了这样的精神，长庆人才能够在30年的时间内"三上三下"董志塬，通过重新认识发现西峰大油田。进入新时期，在认真分析油田自身发展潜力的基础上，提出了"三个重新认识"："重新认识鄂尔多斯盆地、重新认识长庆低渗透、重新认识我们自己"，使长庆走上了快速发展的道路。

（二）战略上抓住重点，以"低成本"制"三低"（低渗、低压、低丰度）

正如美国 CER 公司在报告中提到的那样，长庆油田是"边缘油田"，不是不能开发，而是开发成本高于产出收益，这就迫使长庆油田要采用"低成本"战略。但"低成本"不可能通过低劳动力成本来实现的，而是不断通过技术创新来降低开发成本，以创新实现低成本。

（三）坚持管理创新与技术创新有效结合

长庆的管理创新成果显著，如苏里格开发中的"5+1"开发体制和标准化设计、模块化建设、数字化管理思路，超低渗透油藏开发中的勘探开发一体化，系统、超前优化地面配置和简化通用标准化的地面建设模式等。

（四）研发与生产紧密结合

这是工艺创新的客观要求，长庆对工艺创新规律的探索和把握都是从油气生产的

实践发现，解决生产过程中面临的技术难题，使得长庆油田的工艺技术创新具有十分明确的应用导向，与油气的生产紧密结合。

（五）信息技术在技术创新和管理创新中的广泛应用

长庆油田大力推动信息化和数字化，导致整个企业发生颠覆性的重构，使得相对落后的企业一跃成为现代化企业。信息技术的采用也实现了低成本条件下大范围跨区域的管理。

（六）为技术人员的长期研发创造宽松条件和资源支持

长庆的技术积累得益于稳定的技术队伍在相对宽松条件下的长期探索。在目前的管理体制中，长庆的用工总数的限制，使得快速发展的长庆很难通过扩大科技人员队伍来应对科研需求的增加，他们要应对更多的短期压力；而且，人工费用不能进入科研经费，这在一定程度上不利于建立有效的科研激励机制。此外，还有企业文化带来创新执行力，长庆自从建立以来形成的执行力文化、艰苦奋斗精神给创新带来活力；以生产和工艺应用为龙头，进行集成创新，应用全球技术资源；重视技术储备。在长期的生产实践中储备规模化生产需要的技术。

第十六章

哈尔滨量具刃具集团有限责任公司技术创新调研报告

一、哈量集团发展历程

哈尔滨量具刃具集团有限责任公司（以下简称"哈量集团"）是目前我国最大的精密量制造厂企业之一，是全国同行业中产品品种最多、规格最齐全、质量最好的工量具制造企业，控股股东为中国通用技术（集团）控股有限责任公司。哈量集团创建于1952年，经过50多年的发展，现在已经成为了国内工量具行业的排头兵企业、重要科研基地同时也是历史悠久、规模最大、品种最全、质量最优，集科、工、贸为一体的企业集团，下设6个国内子公司，1个德国公司和11个生产专业厂，拥有量仪研究所（国家级）、量刃具研究所、数控刀具研究所、德国凯狮设计团和热化研究所等科研机构，建立了国家级"博士科研工作站"。哈量集团被认定为省级高新技术企业，"连环"牌产品系中国名牌产品、中国驰名商标。

（一）1952-1980年：计划经济时期

哈量集团创1955年正式投产，前身为"哈尔滨量具刃具厂"，是我国"一五"时期156项重点工程唯一生产制造量具刃具的企业，也是156项重点工程中第一个建成并且正式投产的大型现代化工业企业。在苏联专家的援助下，哈量科研人员的发挥艰困奋斗的精神，进行产品的研发和技术的创新，作为共和国工具制造业的骄子，哈量集团几乎每一个产品就是"第一"：第一支钻头，第一块百分表，第一台精密量仪，第一只数控刀……上世纪50年代后期至70年代初，根据当时国内发展机械装备行业和加速经济建设的需要，以哈尔滨量具刃具厂为母体，先后援建和分迁了成都量具刃具厂、中原量仪厂、青海量具刃具厂、桂林量具刃具厂、关中工具厂等5个具有相当规模的工、量具厂，支援各厂工人、技术员工、管理干部累计达2 500多人，设备1 000多套，为中国的工量具行业的发展和壮大做出了重要的历史性贡献。

（二）1980-1998年：经济转轨时期

上世纪70年代后期到90年代中期，随着改革开放的不断深入，国内经济环境的变迁，哈尔滨量具刃具厂也经历了许多震荡和磨练。为了适应经济的转轨，哈尔滨量具刃具厂适时做出战略调整，实现了由单一的生产性企业向经营性企业的转变。"七五"和"八五"时期，哈尔滨量具刃具厂进行了技术改造，引进国外的先进技术，加大自主研发力度。在此期间，工厂顺利实现了由劳动密集型企业向技术密集型企业转变，大部分产品实现了由低中档向高中档发展，工厂生产规模显著扩大，产品质量稳步提升，一大批体现技术密集的新产品相继问世，并逐步打入国际市场，经济效益显著提升。然而好景不常，由于自身原有体制机制僵固，以及随着国际先进企业的冲击不断加剧，90 年代后期，哈尔滨量具刃具厂发展十分困难，举步维艰。至 1998 年，哈尔滨量具刃具厂累计亏损 6 700 余万元人民币，拖欠员工 8 个月的工资，与外界的通信联系也因欠费被中断，面临极度困难。

(三) 1998–2008 年：改制、兼并重组时期

1998 年 3 月，年仅 37 岁的哈尔滨量具刃具厂原数控刀具分厂厂长魏华亮临危受命出任哈量总经理一职，开始大刀阔斧进行改革，提出了"两年脱困、三年翻身、五年健康发展的目标"。在这一目标的指导下，哈尔滨量具刃具厂以精干主体、分离辅后、减掉冗员、提高效益为目的，积极向公司制迈进。哈尔滨量具刃具厂对下属专业厂进行了资产重组，相继组建了哈量实业责任有限公司、哈量量具刃具股份有限公司、哈量精密量仪有限责任公司，重组了哈量数据控刀具有限责任公司和哈量数控机床有限责任公司。改革后的哈量建立起了现代法人治理结构。2003 年 7 月 23 日，经哈尔滨市工商局正式批准哈量厂进行了整体改制，成立了哈尔滨量具刃具集团有限责任公司，顺利实现了"工厂制"向"公司制"的转变。2005 年，在国务院相关部门的指导下，哈量集团全资并购了德国凯狮（KELCH）公司，在德国注册了凯狮—连环有限公司（KLECH–LINKS CO.LTD），以此为契机哈量进行了一次立体式改造。同时，哈量集团以"国有控股，员工参股"和"集体创业"的模式进行进一步的企业改制，提出了"在改制中实施并购重组，在并购重组中推进改制"的原则，双管齐下，顺利推动了企业的改制和重组。兼并重组的成功实现了哈量集团产品结构的调整和技术水平的提高，推进了企业国际化战略的实施。改制的成功使得员工和企业结合得更加紧密，企业的凝聚力显著增强。改制和重组给哈量集团的发展带来了新的活力。2008 年，国际金融危机爆发，给哈量集团造成了很大的冲击，尤其是对哈量集团的德国子公司凯狮公司，营业额和营业利润都明显下降。但是金融危机的爆发也为哈量集团未来的发展指明了方向，针对我国刀具生产和设计落后的局面，哈量集团把主要的研发力量和资金都投入到了刀具的设计和生产之中，以期推动公司未来的发展，打破国外企业在该领域的垄断地位，维护国家和民族企业的利益。

（四）2009 年至今：成为中国通用技术集团控股子公司

2009 年 3 月 30 日，哈量与中国通用技术集团实现了联合重组，正式加入了中国通用技术集团，成为了中国通用技术集团下属的控股子公司。中国通用技术集团所具有的国际市场网络优势，为哈量集团进一步实现全球性国际化战略提供了更加广阔的空间和舞台，加快了哈量集团向"国内驰名、世界知名的国际化大型企业集团"迈进的步伐。

二、哈量集团技术创新历程

从建厂之日起，"崇尚技术，追求一流"就是哈量科研人员追求的目标。哈量集团从最初只能够生产通用量具和标准刃具两大类产品，到今天已经能够生产通用量具、标准刃具、精密量仪、数控刀具和数控机床以及关键功能部件五大类产品。六十年风雨历程，立足自主创新，推进企业管理改革伴随着哈量集团发展的全部过程。回顾哈量集团的发展史，可以发现这是一部产品研发和技术创新的历史。

（一）1952–1980 年：苏联援建阶段

1952 年，作为"一五"时期 156 项重点工程中唯一生产制造精密量具刃具的企业，在苏联专家的援助下，"哈尔滨量具刃具厂"在北国重镇哈尔滨建立，被誉为"共和国工量具制造业的骄子"。哈尔滨量具刃具厂成立之初，就把产品研发和技术的创新放在很重要的位置，在苏联专家的援助下，哈尔滨量具刃具厂的科研人员艰苦奋斗，克服种种困难，引进苏联技术，消化吸收并且进行产品的研发工作。

1960 年，中苏关系全面破裂，苏联撤走了在华的全部专家，一时间哈尔滨量具刃具厂的生产和研发陷入了困境。哈尔滨量具刃具厂领导人和员工发挥艰苦奋斗的精神，开始独立自主的进行产品的研发和技术的创新，经过一段时间的摸索，哈尔滨量具刃具厂生产和研发逐步摆脱了困境。动荡的七十年代，哈尔滨量具刃具厂自主研发出了被誉为"量具之王"的 00 级量块，填补了国内技术空白，达到了世界先进水平，成为了哈尔滨量具刃具厂技术创新能力最有力的见证。

（二）1980–2005 年：引进消化吸收再创新阶段

十一届三中全会后，我国开始进行改革开放，国民经济逐步从计划经济体制向市场经济体制转变。哈尔滨量具刃具厂开始引进国外先进企业的先进产品和制造技术，进行消化吸收再创新，对产品进行提档升级，先后开发了精密深孔测量仪和我国首台数字处理机等产品，短时间内实现了很多先进技术和产品的国产化。1998 年，受困于企业的原有体制，哈尔滨量具刃具厂的发展陷入了困境。以魏华亮为核心的新一届领导班子临危受命，借助于国家振兴东北老工业基地的政策，拉开哈量改制的帷幕。在"两年脱困，三年翻身，五年健康发展"的目标的指引下，哈尔滨量具刃具厂快速推进产品研发和技术创新，采取"引进消化吸收再创新"、"集成创新"以及"产学研相结合"多种渠道同步推进的方式，使企业创新能力得到了迅速的提升。从德国克林贝尔公司引进了当时世界上处于领先水平的 PSFU 万能齿轮测量机，掌握了密珠轴和导轨等核心技术。经过技术的储备和积累，哈量在 2000 年开始研发齿轮测量中心，2004 年取得成功，研发出了当时处于时间领先水平的 3920 型号齿轮测量中心，填补了国内空白，打破了国外企业的垄断。还从德国霍梅尔引进了粗糙度测量仪，提升了自己在加工和设计方面的能力，为哈量今后量仪的发展打下了坚实的基础。在产学研方面，哈量集团与国家计量院合作研发了 2 台国内技术领先的锥度测量仪。在国家大力推进数控机床国产化的过程中，哈量集团与北工大、哈工大等院校合作，实现了数控机床的产业化。

（三）2005 年至今：并购重组提升技术能力时期

2004 年，哈量集团接到了国家发改委、国务院振兴东北老工业基地领导小组办公室领导和中国机床工具协会负责人的重要指示：拟请哈量集团收购德国一家生产数控刀柄、刀具预调仪以及热套装产品的企业——德国 KELCH。哈量集团认为，德国 KELCH 的破产，为哈量集团实施国际化战略，提升企业整体实力以及其产品在国际市场的竞争力，进而缓解和改善制约我国数控机床发展的"瓶颈"问题，提供了良好的机遇。为此，哈量集团决定收购德国凯狮公司。与此同时，开始进行体制改革。哈量集团坚持"在改革中实施并购重组，在重组中推进改革"的方针，在取得改制胜利的同时，成功的并购了德国凯狮，通过技术的引进消化吸收再创新，推动了集团整体创新能力迈上了新的台阶。在此阶段，哈量集团全力开发适应市场的高新技术产品，积极推进产品结构的调整。依靠技术和制造的优势，通过引进消化吸收再创新，哈量集团解决了数控工具系统国产化问题。研制开发的以镗铣类工具系统、车削工具系统、可转位铣削刀具、孔加工刀具、HSK 工具系统为代表的五大类产品，均达到了国内领先和国际先进水平。现已设计制造出具有国际领先水平的 LINKS—EXE700 新一代并联机床，标志着哈量集团并联机床的生产制造能力迈上了新的台阶，跨入了能够生产制造国际高端数控并联机床企业的行列。3920 大型齿轮测量中心的研制成功，填补了国内空白，使我国成为继美国和德国之后，世界上第三个能生产该产品的国家。哈量集团也成为国内独家生产齿轮测量中心大、中、小产品规格齐全和具有产业化生产能力的企业。

2009 年 3 月 30 日，中国通用技术集团与哈尔滨量具刃具集团有限责任公司在哈尔滨正式签署重组联合协议，中国通用技术集团对哈量集团进行增资，掌控其 51.67% 的股份，哈量集团成为中国通用技术集团的控股子公司，掀开了哈量集团发展的新一页。哈量集团加入了中国通用技术集团，凭借着母公司的融资能力，解决了哈量困扰发展的债务问题，较好的控制了资产负债率。利用母公司的海外网络，哈量集团进一步的提升自己的海外扩张能力。母公司的大批研究院所，雄厚的研究实力，也为哈量集团自主创新提供了科技支撑能力。哈量集团并入中国通用技术集团，必将会促进哈量技术的自主创新和产品的研发能力的提升，哈量"哈尔滨数字化精密量仪与刃具工程技术研究中心"成功验收，具备了较完备的工程化研究条件与技术研发能力；同时与中南大学曾韬团队合资建立了长沙哈量凯帅精密机械有限公司，开发数控螺旋锥齿轮机床等产品。哈量集团提出，未来十年公司重点发展高精度、高可靠性的精密量仪类、数控刀具类、数控机床及关键功能部件等产品；巩固和完善量大、面广的常规量仪、数控刀具等产品。针对数控机床的关键功能部件——刀库、高速精密电主轴目前主要依赖进口的现状，哈量集团提出将采取引进技术和自主研发相结合的技术路线，使该类产品填补国内空白，满足我国大型数控装备的配套需要。重点研发和生产数控螺旋锥齿轮机床，为用户提供设计、加工等全套解决方案，努力替代进口，以满足我国汽车制造等行业的需求。

三、哈量集团创新能力积累关键事件

（一）里程碑式产品

产品是技术研发的起点，也是技术研发的终点。企业的产品往往凝结了企业最先进的技术，所以产品是一个企业技术是否先进的最直接的体现。哈量集团经过 60 年的发展，成为了我国工量具行业的领军企业，并且在激烈的世界竞争中占有一席之地，有很多具有重要历史意义的产品。

1. CNC 齿轮测量中心

哈量集团是我国最早的齿轮测量仪制造厂商，具有多年从事精密量仪设计和制造的基础。上世纪 80 年代，从德国克林贝尔公司引进当时世界上先进的 PFSU 万能齿轮测量中心，由于当时国外主要资本主义国家对我国的技术封锁非常严格，所以只能引进产品图纸，并没有相关的工艺流程设计。科研人员在孙秀文副总经理的带领下，克服重重困难，逐步掌握齿轮测量中心的密珠轴、导轨以及加工工艺等核心技术，在较短的时间内实现了技术和产品的国产化，缩小了我国和世界先进水平之间的差距。1999 年，哈量集团成立了精密量仪公司，通过对 PFSU 万能齿轮测量机的消化吸收，以及联合哈尔滨工业大学以及北方工业大学等院校的电子和软件优势，2000 年成功推出了 3900 系列齿轮测量中心。哈量推出的 CNC 齿轮测量中心结构紧凑，测量精度高，示值稳定；测量参数多；全自动完成测量循环，速度快；软件功能齐全，操作方便。随着 3900 系列 CNC 齿轮测量中心的研制成功，哈量集团先后推出了 3903、3906、3903A、3908、3910、3915、3920 等一系列技术水平更加先进的 CNC 齿轮测量中心产品。2004 年，哈量成功研发出我国首台 3920 型齿轮测量中心，并且在世界范围内首创了"液压"技术和"密珠静压复合支撑技术"，两项技术双双获得国家发明专利。3920 型齿轮测量中心主机精度与性能达到了国际先进水平，完全满足重型机械、船舶、军工等行业高精度大型齿轮的测量要求，属国内首创，填补了国内空白，使我国成为了继美国和德国之后，世界上第三个能够生产这种尖端设备的国家。哈量集团凭借 3920 产品冲入了世界工具行业的第一方阵，也因此成为了国内首家生产齿轮测量中心大、中、小产品规格齐全和具有产业化生产能力的企业。2010 年，哈量先后推出了"3002A-MAGIC 万能齿轮测量中心"以及使用了激光技术的"LINK-GMM3501 型齿轮在线测量中心"。

2. 刀具预调仪

刀具预调仪用途广泛，在制造业中用于铣类刀具的坐标位置、切削刃的轴向跳动、切削刃的投影角度、刀尖圆弧以及刃口的情况。能够减少机床撞刀的危险，降低废品率，缩短辅助时间，便于管理刀具，提高机床的效能。随着我国经济的不断地发展，国内控镗铣加工设备的普及，对刀调仪数量和质量的需求在不断的增加和提高。然而我国刀具预调仪市场基本上被美国和德国工量具企业的先进刀调仪所占领，国产预调仪在技术上和市场上都没有取得很大的突破。为了摆脱我国刀具预调仪市场的困局，哈量集团很早就开始了刀具预调仪的技术研发工作，在技术方面实现了很大的突破，但是由于工艺上的瓶颈，刀具预调仪的研发一直没有太大起色，始终无法实现量产化。2005 年，为了突破技术瓶颈，哈量集团成功的技术并购德国凯狮（KELCH）公司。当时的凯狮公司虽然发展陷入了困境，但是一家专门从事高端数控工具系统刀柄以及刀具预调仪生产的企业，拥有 21 项专利、"KLECH" 商标的独家使用权以及 SK、HSK、刀调仪等世界一流产品的全系列设计图，并且拥有完善的刀具预调仪研发、生产和销售网络。并购 KELCH 提升了哈量在刀具预调仪领域的整体实力。凯狮公司原有的刀具预调仪分为低中高三档产品，目前低端产品已经全部实现了技术和生产设备的转移，产品成功的返销德国市场；中档产品已经实现了技术上的转移；高端产品逐步实现了联合开发。为了促进创新能力的提升，加强双方的交流，哈量集团每年会派遣一些工程师前往德国学习交流，2007 年，双方合作开发了达到世界先进水平的 SECA 系列刀具预调仪。2008 年，成功的研发出了全球唯一具有机械手的 KALMAT-A/MR 型刀具预调仪，在中国第五届数控机床展上成功的展出。随着自身技术水平的不断提高，哈量把研发的重点转向了刀调仪软件系统，先后推出了 EASY-Webset 普通模式和 Tech-In 模式的软件。通过产业互动，优势互补，哈量集团成功的借助凯狮公司进入了刀具预调仪市场，通过不断的技术创新，研制出一系列代表世界先进水平的刀具预调仪，推动哈量集团跻身为世界刀具预调仪知名研发生产厂商，哈量集团刀具预调仪主要产品如表 16-1 所示。

表 16-1 哈量集团刀具预调仪产品

产品名称	型号	用途
立式刀调仪 KALIMAT 系列	A	目前性能最先进的立式刀调仪，集成式全自动高精度测量可以满足高标准的测量要求
立式刀调仪 KALIMAT 系列	E	精密测量和调整刀具的利器，刚性好，量程大，精度高
立式刀调仪 KALIMAT 系列	C	手动操作，结构紧凑，适合一般中等量程测量
卧式刀调仪 SiRiUS 系列	A	建立先进刀调仪的标准，高精度，高重复性，结构长期稳定
卧式刀调仪 SiRiUS 系列	E	具有实体旋转工作台，测量范围大，精度高，维修费用低，操作简单
卧式刀调仪 SiRiUS 系列	C	适用于工具间或直接用于生产线
台式刀调仪 SECA 系列	SECA-C/E	带有投影仪的手动测量设备
台式刀调仪 SECA 系列	SECA-CV/EV	带有摄像机的自动测量设备，大大的提高了生产率
台式刀调仪 SECA 系列	SECA-CC/EC	带有计算机的高水平自动测量设备
刀调仪软件系统 EASY-WEBSET	普通模式	
刀调仪软件系统 EASY-WEBSET	Tech-In 模式	

3. 数控工具系统

上个世纪，随着高速切削技术的推广，新型的数控工具系统得到了迅速的发展。德国的 HSK 锥柄、美国的 KM 锥柄、SANDVIK 公司的 CAPTO 锥柄相继发明和采用。德国的 HSK 锥柄最早申请 ISO 标准，加之优良的高速精度的使用性能，已经成为了高速数控机床首选的工具系统。由于数控工具系统几何精度高，形状复杂，要求平衡型好，加工难度大，国内不能够进行高效稳定的大批量生产，国内市场处于被垄断的地位，严重的阻碍了我国高速数控机床的发展。哈量集团 1987 年开始研发数控工具系统和刀具，经过多年的研发，投入了大量的科研力量和资金，始终无法突破数控工具系统的核心技术。在此环境下，哈量并购德国凯狮公司，把技术引进哈量，进行了大规模的消化吸收和技术改造工作。及至 2008 年，已经实现了 HSK 工具系统技术的产品化，但是由于生产人员的操作水平有限，产品的总体质量仍然没有太大提升。针对这种情况，哈量采取两种解决方式积极地应对解决：首先，派遣员工去德国学习工艺流程，2008 年初派遣了 2 批 7 人次的员工去凯狮公司学习了一个半月，掌握了 HSK 系统工具生产的关键工艺；其次，邀请凯狮派专家过来予以指导，2007 开始每两个月 KELCH 派两名专家来进行产品的验收，并且对关键工序提出建议。经过几年的努力，哈量解决了数控工具系统的国产化问题，研制开发了以镗铣类工具系统、车削类工具系统、可转位铣削工具、孔加工刀具、HSK 工具系统为代表的五大类产品，均达到了国际领先水平，打破了国外生产制造商再数控工具系统行业的垄断地位，为国内企业高速切削技术的普及提供了物质基础。

在众多数控工具系统当中，凝聚了哈量集团最先进技术的当属 HSK 工具系统。在 HSK 工具系统方面，哈量引进消化吸收再创新，2005 年成功兼并凯狮公司后，引进其先进的技术；同时还承担起了 863 计划中"HSK 工具圆锥量具"标准的起草制定；2006 年又承担了"高速数控机床用 HSK 工具系统的研究与应用"项目；2008 年研制成功 HSK 空心短锥柄，其刚性和安装精度较之前的 7:24 锥柄提升了几十倍，该产品填补了国内技术的空白，使我国数控机床的发展与应用提高到一个新的水平。几年的技术发展之后，哈量集团先后推出 HSK 工具系统和相关的检测工具，成为我国数控工具系统行业的领头兵，目前已经具备了年产五万套的能力，取得了明显的成效。

4. LINKS-EXE700 新一代并联机床

自从 1994 年世界上第一台并联机床诞生之日起，其动态性和灵活性便引起了人们的高度重视，并联机床开始风靡全球，世界各国专家学者因此进行了大量的研究。1999 年哈量集团成立了数控机床公司，2000 年，开始联合哈尔滨工业大学进行并联机床的研发，陆续推出了"BXK-4027 六足并联机床"、"七足联动混联式并联加工中心"并联机床，在这一领域内取得了不错的成绩。哈量集团在该领域内虽然起步晚，但是管理层十分重视，投入了主要的研发力量，并且花费巨资引进瑞典 EXECON 公司的技术。在原有并联机床经验积累的基础上，以国际并联机床最新技术为平台，通过消化吸收再创新，2007 年成功研发出了新一代并联机床 LINKS-EXE700。LINKS-EXE700 新一代并联机床具有刚性高、动态及高速性能好、加工范围大的特点，被广泛应用于航天航空、船舶、国防、汽车工业等大型复杂零件的自由曲面加工。

哈量集团组织专家评估组在斯德哥尔摩对该机床进行了评估，专家组认为 LINKS-EXE700 并联机床是行业领域内的一次重要的突破。LINKS-EXE700 新一代并联机床的研制成功，标志着哈量集团并联机床的研发能力和生产制造能力迈上了新的台阶，跨入了能够生产制造国际高端数控并联机床企业的行列，填补了国内技术的空白；丰富了我国机床产品的种类，在一定的程度上有助于解决我国复杂产品加工的难题。技术研发成功后，哈量积极的推进该产品在国内的产业化：一方面独立开展市场营销工作，向全球终端用户提供完整的机床和解决方案，重点向航天航空、核电力设备、船舶、高速列车以及汽车领域提供该产品。另一方面，向 EXECON 公司技术在中国和全球的集成许可商提供该机床的核心模块，由集成商向用户提供完整的机床，或与这些公司共同合作，向全球的用户提供完整的机床和解决方案。经过几年的市场推广，LINKS-EXE700 新一代并联机床已经成功的实现了产业化，借助 LINKS-EXE700 新一代并联机床，哈量集团也逐步的向世界级知名工具量制造商的方向迈进。

5. 数控螺旋锥齿轮机床

2009 年 3 月，哈量集团和中南大学曾韬技术团队合资创建了长沙哈量凯帅精密机械有限公司，旨在国内一流高档数控装备的研发和制造，2009 年实现了多种技术的突破，研发出了 H350C、H2000C 数控铣齿机等多个品种并且实现了销售。2010 年控股子公司长沙哈量凯帅精密机械有限公司成功的研发出了第二代数控螺旋齿轮磨齿机 H350G 数控螺旋齿轮磨齿机，H350G 数控螺旋齿轮磨齿机采用了自主创新的结构，具备了在线测量功能，实现了八轴控制五轴联动，达到了国际先进水平，2010 年 7 月，H350G 数控螺旋齿轮磨齿机通过专家组的鉴定，开始推向市场。H350G 数控螺旋齿轮磨齿机可以广泛运用于螺旋锥齿轮磨齿，特别是汽车后齿轮的工业会生产，具有良好的经济效益和社会效益。2010 年 9 月，在 H350G 数控螺旋齿轮磨齿机成功通过鉴定并且推入市场时，同为第二代产品，世界上最大的 H2000C 螺旋锥齿轮数控铣齿机和 H2000G 螺旋锥齿轮数控磨齿机已经完成了装配进入了调试阶段，它们都带有在线测量系统，可以自动对刀和在线测量齿轮精度。随着产品研发和技术创新不断取得新的成果，哈量继续积极进行新产品和技术的研发，加大研发投资力度，预计在年内还将开发为汽车行业服务的 H650C 铣齿机、H650G 数控磨齿机、H600L 数控研齿机等新产品，不断地丰富数控螺旋锥齿轮机床产品。

（二）核心技术突破

1. 三维扫描测头

精密量仪系列产品是哈量集团重点研发的项目之一，三维扫描式测头作为三坐标测量机和齿轮测量中心等仪器的重要功能部件，其重要性不言而喻。目前国内市场对精密量仪产品的需求量非常大，但是在哈量集团成功的研发出三维扫描测头之前，国内没有一家企业可以批量生产该产品，市场商品供应完全依赖进口。哈量集团的精密量仪产品在国内拥有较大的市场份额，产品规格和品种都十分的齐全，这为产品的提档升级和开发具有三维测量技术的齿轮测量中心产品提供了条件，也正因为此，哈量集团肩负起了研发三维扫描式测头的特殊使命。

2010 年 1 月份，哈量集团三维测量传感器的研发取得了阶段性的进展，联合重庆理工大学研发出三维扫描测头的核心部件光栅传感器，在测量范围、测量精度等方面都达到了国外同类产品的技术水平。三维扫描测头主要应用于齿轮测量中心上，以实现其功能。哈量集团针对 3900 系列 CNC 齿轮测量中心的应用特点，额外的增加了三轴气动锁定功能，为测量仪器的功能扩展带来了方便。

2. "液压"和"密珠静压复合支撑"

上世纪 80 年代哈量集团引进了德国克林贝尔公司的 PSFU 万能齿轮测量机，拉开了研发和生产齿轮测量机的帷幕，也为"液压"和"密珠静压复合支撑"两种核心技术的诞生埋下了伏笔。在技术的引进消化吸收再创新之后，哈量集团积极和研究院校进行合作研究，推动齿轮测量中心技术的国产化。2000 年，在前期技术消化和合作研发的基础之上，哈量开始进行齿轮测量中心的研发工作，在常规大小的齿轮测量中心取得了成功，成功的实现了产业化，给企业带来了一定的经济效益。

哈量领导人明白，虽然在齿轮测量中心领域内有所突破，可是在市场上，尤其是在核心市场上并没有优势，在这种思想的指引下，2003 年 5 月份魏华亮总经理提出了"先难后易"的研发思路，全力研发大型齿轮测量中心，于是 3920 齿轮测量中心的研发提上了议程。从 3903 一下子跨度到 3920，主轴承受的重量由 300 公斤瞬间提升到了10 吨，引发了"主轴如何承载"这一核心问题。哈量副总经理（副总工程师）孙秀文带领研发小组克服各种困难，最后提出了"液压"以及"密珠静压复合支撑"技术，解决了核心技术难题。2004 年 6 月份，3920 齿轮测量中心成功的开发，填补国内空白，打破了国外厂商的垄断，标志着哈量齿轮测量中心研发实力上了一个新的台阶。"液压"以及"密珠静压复合支撑"实现了国内外的首创，同期国外厂商也解决了这个难题，可是相比之下，"液压"以及"密珠静压复合支撑"具有更大的优势，两种技术先后获得了国家发明专利。

3. 软件技术开发

与哈量集团老牌国企名号形成鲜明对比的是其与时俱进的研发观念。在进行齿轮测量中心研发之前，哈量集团的软件开发一直都是同高等院校进行合作，交给研究院校来做的。在研发齿轮测量中心的时候，哈量集团的科技研发人员就敏锐的察觉到软件业务将是未来精密量仪的一个主导方向。哈量集团开始与哈尔滨本地的高等院校合作，联合培养软件开发人才，逐步建立起自己的人才队伍；与此同时，哈量引进现有的先进的技术，进行消化吸收，在这个基础上进行新的创新性研究，提高软件的精度和性能；派遣软件研发人员去凯狮进行学习。在大力发展之下，哈量的软件开发达到了一个新的水平。

经过几年的发展，软件开发规模不断的加大，哈量成立了两个软件小组，每组四人，负责软件的开发、升级与维护。哈量的软件开发人员锐意进取，取得了一系列的科研成就：提出了曲线插谱技术，完善测量动作和路径的优化，提高了效率；通过软件的开发实现了万能测量机的无限制升级；通过软件的开发推进了刀具预调仪产品的研发。

4. 并联机床

"并联机床"，又称"虚拟轴机床"，是空间机构学、数控技术、计算机软件技术和CAD/CAM 技术高度结合的高科技产品，被誉为"21 世纪的机床"。自从 1994 年美国公司成功的提出了"并联机床"这个概念并且实现了生产之后，国际数控机床的核心技术都掌握在了国外先进制造企业的手中。哈尔滨工业大学 1994 年开始并联机床的研制工作，并在 1998 年完成了并联机床的原型样机加工和装配工作，在 1999 年初进行了调试和切削实验。在了解了哈尔滨工业大学关于并联机床的技术后，哈量集团的决策层敏锐的意识到这将是一个非常具有市场前景的产品。尽管对于哈量来说是一个全新的领域，但是哈量认为利用哈工大的雄厚的研发实力完全可以解决哈量集团作为新进入者的后顾之忧。2001 年，哈量与哈尔滨工业大学就促进并联机床产业化达成协议，迈出了坚实的第一步，开始了并联机床产业化的艰辛历程。并联机床的产学研结合虽然有一个美好的开端，但是并不是一帆风顺的。在技术创新的过程中，恰好遇到了哈量发展不景气，新产品迟迟不能够研制出来，关键时刻，哈量董事长提出了，在困难也要坚持，不创新就没有未来。就这样，这个项目才得以在低谷中继续前行。哈量集团与哈工大通力合作，根据用户的需求，实现了技术的突破。2004 年，哈量成功的实现了并联机床产业化，也由此掌握了数控机床的核心技术——并联机床。哈量并联机床的成功研发，打破了国外的技术垄断，哈量也因此成为了国内第一家虚拟轴并联加工中心进入商品化阶段的高档数控机床生产企业。

哈量集团数控机床系统核心技术的突破，为哈量数控机床的技术创新和产品研发打下了坚实的基础，BXK-4027 型并联机床、LINKS-EXE700 型并联机床、数控螺旋锥齿轮机床等一系列达到国际先进水平的数控机床产品相继推出，不仅促进了哈量集团的飞速发展，也为国家数控机床技术的发展做出了杰出的贡献。

四、哈量集团内部创新机制

（一）研发投入方面

充足的资金为技术创新提供了坚实的物质保障，离开了研发资金的投入，就很难会取得研发的成功。哈量集团每年的科研经费投入基本上维持在 4% 的水平，远远高于国内的平均水平。雄厚的资金投入保证了先进的人才和完善的设备，为哈量技术研发和产品的创新提供了一个很好的平台。哈量集团历年研发投入见表 16-2。从哈量集团科研经费投入的方向可以看出，传统产品量具和刀具虽然仍然占据着绝大部分的比例，可是已经呈现了下降的趋势，而在精密量仪和刀具上的投入却在连年的增加，这是我国目前还相对落后的领域，也预示着哈量未来技术创新和产品研发的方向。

（二）人才培养方面

哈量集团在自主创新的过程之中一直坚持着以人为本的原则，始终把人才看作是企业宝贵财富。为了增强企业的研发力量，提高工程技术人员的研发能力和技术创新能力，采取了很多有效的措施留住人才、培养人才。首先，通过研发项目和课题以代培的方式由高校定向为哈量集团培养和委托培养硕士、博士研究生。哈量集团在产品研发和技术创新的过程中积极开展"产学研"活动，与高校进行联合技术的开发，招

表 16–2　哈量集团历年研发投入

单位：万元

时间	销售收入	研发投入	比例（%）			
			量具	刃具	精密量仪	刀具
1998	10 446.4		38	50	11	
1999	9 236.6		42	46	11	
2000	11 143.8		41	46	13	
2001	12 506.1					
2002	15 062.2	452	40	46	14	
2003	18 652.7	595	35	50	15	
2004	25 644.8	665	37	47	12	3.8
2005	40 716.7	774	30	53	13	3.9
2006	51 426	1 173	29	52	16	3.9
2007	64 170	1 690	27	52	17	5.0
2008	66 731	1 640	24	52	17	6.5
2009	45 988	1 756	27	52	18	3.8

收项目中的学生进入哈量的研发队伍。哈量集团软件开发小组组长张海亮就是通过这种方式进入哈量工作的，已经逐渐成为了哈量软件研发的中坚力量。其次，与名牌大学联办工程硕士班，以吸引和稳定人才，不断地派遣年轻人去高校进行培养。精密量仪研究所副所长郎岩梅就是通过这种方式从一个基层的研发人员，成长为精密量仪科研的带头人的。通过这种方式，哈量先后有 25 人获得了硕士、博士学位，9 位博士后进入了工作站工作。第三，不断地对现有的工程技术人员进行产品设计基础理论以及国内外大学动态等方面的培养学习，不断地更新知识，有效地推动技术创新和技术的进步。最后，兼并重组之后，为了能够更好的实现 KELCH 技术的引进消化再创新，哈量集团先后派出多批科研人员和生产员工前往德国进行交流培训。哈量集团采取各种方式留住人才、培养人才，实现了企业和科研人员之间的双赢。科研人员学习了先进的知识和技术，能够更大的发挥自己的价值，企业也为技术创新和产品研发打下了扎实的智力基础。

（三）激励制度方面

为了留住人才，保证企业的持续创新能力，哈量提出了四个留人的方针"机制留人，待遇留人，感情留人，事业留人"。

1. 待遇留人

为了调动产品研发人员的积极性，稳定科技人员队伍，哈量集团对产品研发人员实行了协议工资制。根据岗位的需求和每个人的能力确定相应的工资标准，尽可能的与社会总体科研人员工资水平接轨。1997 年，哈量集团在企业内部开始全面推行协议工资制。精密量仪郎副所长说："在协议工资制度出来之前，我每个月的工资只有两三百元，当时全厂上下基本上都是这个水平，科研人员和基层生产员工之间并没有太大的差别，科研人员的积极性受到了极大的挫伤；推行协议工资制之后，我的的薪水就达到了1 000元左右，2010年达到了5 000~6 000元人民币，目前集团员工平均工资为2.5万元/每年，待遇提高了，科研人员创新的热情也高涨了，对集团来说是一件很欣喜的事情。"协议工资制度极大的激发了科研人员的研发热情，推动了哈量技术创新的进步。哈量集团还设立了新产品开发设计奖和新产品销售提成奖，每一个研发团队都能够连续五年从所研发出来的新产品里面提成。这使得科研人员的劳动成果能够得到切实的应有的回报。

2. 感情留人

为了让员工在企业感受到家的感觉，有一个良好的研发环境，让企业的员工都能够分享企业发展的成果，哈量集团每年都会大力表彰科技创新单位和个人；定期为劳模、高级工程技术人员进行体检；修建了设施完备、环境优美的大学生公寓；每年还组织优秀员工赴外地疗养、旅游，让员工分享企业的发展成果，营造一个温馨的环境。通过这些感情建设，广大科研人员更加的爱岗敬业，极大的激发了他们技术创新的热情，哈量员工队伍的素质明显的提高。

3. 事业留人

哈量集团还提出了事业留人的方针，通过对员工的长期发展的考察，根据能力来提升研发人员的工资和职位。很多的研发人员，尤其是年轻的研发人员看到了未来事业的希望，从事产品研发和技术创新的积极性被调动起来了。哈量集团通过事业留人很好的保证了研发队伍的稳定和延续。哈量集团是我国工量具行业的领军企业，这为研发人员提供了一个非常好的事业发展平台。集团的科研人员有很多机会参与国家标准的制定和相关的学术会议，在这个过程中，社会地位得到了认可，实现了自己人生价值。

（四）合作研发方面

合作开发，能够充分的实现双方或者是多方的优势互补，加快技术创新和产品研发的进程，缩短研发的周期，提高研发成功的效率，降低研发风险和成本，提高研发经济效益。哈量集团在技术的自主创新的过程中非常重视合作研发，始终把合作研发作为企业自主创新的重点战略。哈量集团非常重视与高校进行合作研发，推动"产学研"相结合。2000年，与哈工大联合研发，推进了并联机床的产业化，先后研发了BXK-4027并联机床以及HLNC5001并联加工中心等产品。与西安工学院进行合作，先后研发出3903齿轮测量中心等产品。与哈理工合作，研发出了2231手持式粗糙度测量仪。2009年与中南大学曾韬团队合作建立长沙哈量凯狮，致力于数控螺旋锥齿轮机的研发，先后取得了一系列核心技术的突破，推动哈量成为全球高端数控产品制造商。2010年量又与重庆理工大学合作，致力于推动时栅传感器技术的进一步研发和应用。通过与高等院校之间的合作，哈量集团走在了技术研发的前沿，提高了企业的自主创新能力。在与高校联合研发的过程中，哈量感觉到传统的"产学研"模式对企业的制约非常的大，很多与高校联合开发的技术很难转化为产品，实现产业化。针对存在的这些问题，哈量集团提出了"合作开发"和"引进人才开发"的产学研模式，把自己的需求放进合作研发中，把人才引进哈量来，实现共赢。

哈量集团还积极开展与国内外先进企业的技术合作。2005年成功兼并KELCH，双方利用优势互补，在短时间内就研制出了SECA刀具预调仪等产品。2008年与ICAM技术公司达成战略伙伴关系，合作开发世界并联机床市场，双方在数控机床产品加工技术实现共享，推动ICAM技术公司高级定制后置处理器与LINKS-EXE700并联机床结合，进一步完善该产品的性能。哈量集团通过与研究院校和高科技企业之间的合作开发，推动了自身创新能力的提升，在众多领域内实现了核心技术的突破，成为了世界知名的工量具制造商。

（五）研发理念方面

在访谈的过程中，"设计一代，预研一代，研制一代，生产一代"是哈量的管理层和基层的科研人员提及的较多的一个口号，并实实在在的贯彻到了技术的创新和研发之中。按照这个理念，哈量实行研发储备并举，重点解决与制造的有效衔接，做到既有一线的主打产品，同时加大新产品的开发力度，探寻新的产品研发方向。"设计一代，预研一代，研制一代，生产一代"的理念也积极地推动了哈量的引进消化吸收再创新的过程。例如，哈量在兼并凯狮之前，就已经进行了刀具和刀具预调仪的研制，打下了一定的基础；哈量在引进EXECON公司技术的时候，就已经在并联机床领域取得了一定的研发成果。

（六）企业文化

哈量经过60年的发展，孕育了独特的、极富内涵的企业文化。六十年的风雨磨练，哈量形成了"追求完美，勇创一流"的企业理念、"进取在每一天"的企业精神、"不浪费一分钱"的管理目标、"发展企业、富裕职工"的奋斗目标、"做实、做精、做强、做大"的企业愿景以及"对人礼貌、对己克制、队伍珍惜、爱岗敬业、诚实守信、团结奉献"的员工素质等为核心的企业文化。哈量的企业文化，不仅仅体现了哈量创世界驰名品牌勇争第一的决心，也蕴含了哈量人对国家、对社会的崇高责任，激励着哈量全体员工不断地拼搏进取，不断地开拓发展空间，使得"连环"牌产品形成了全方位、高层次、高科技、规范化的发展趋势，不断地提升品牌实力，争创世界品牌，以雄厚的品质稳步向前发展。

五、哈量集团创新能力评估

（一）整机产品/整体工艺技术层面

通过一代代员工的努力，哈量集团的创新能力有力很大的提升，逐渐走在行业前面，引领着行业发展。目前，哈量人凭借着齿轮测量仪、刀具预调仪、数控工具系统以及并联机床一系列先进的整机产品和工艺技术在国内领先，逼近世界先进水平。

1. 齿轮测量中心

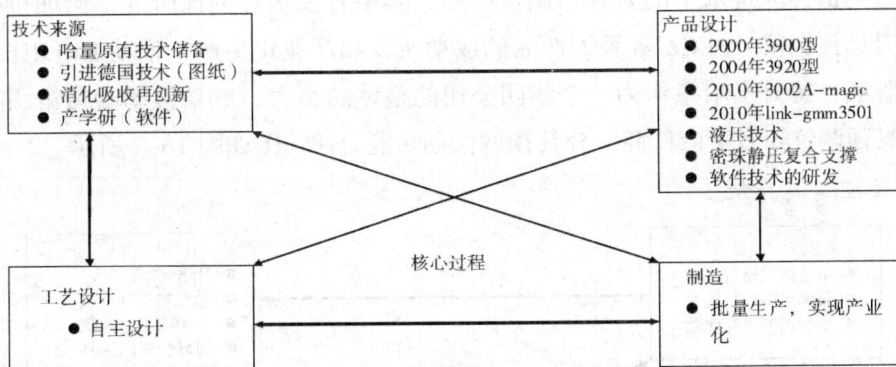

图 16-1　CNC 齿轮测量中心创新能力评估图

哈量集团 2000 年开始自主研发齿轮测量中心，针对"主轴承载"的问题，时任总工程师孙秀文先后首创了"液压"技术和"密珠静压复合支撑"技术，顺利的推动了 CNC 齿轮测量中心的研发。针对 CNC 齿轮测量中心的功能实现问题，哈量集团成立了软件小组，实现了软件的外包到自我研发的成功的转变。经过十年的发展，哈量集团的 CNC 齿轮测量中心产品已经达到了国际先进的水平，多项产品和工艺技术填补了国内的空白，打破了国外产品对我国市场的垄断，哈量也借此成为我国首家能够大、中、小三类齿轮测量中心产品的厂家，代表了中国齿轮测量中心生产的世界形象。CNC 齿轮测量中心创新能力评估图如图 16-1 所示。

2. 刀具预调仪

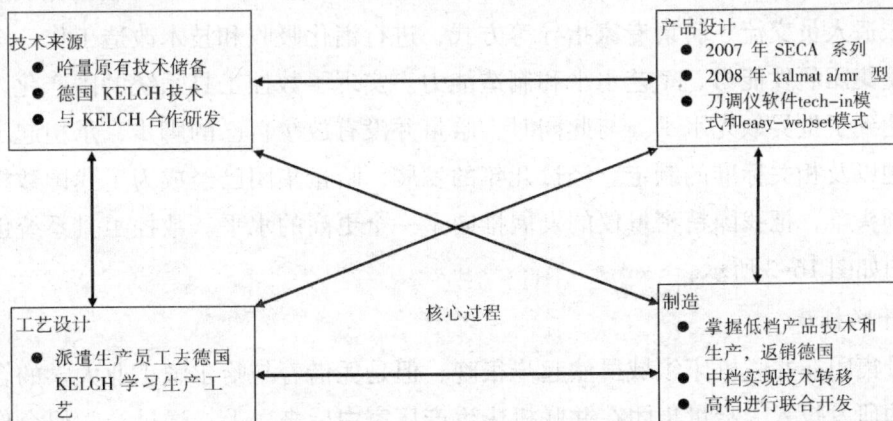

图 16-2　刀具预调仪创新能力评估图

哈量集团借助国家积极实施的"走出去"战略，在改制的过程中成功的并购了德国 KELCH，借助 KELCH 的研发、生产以及销售网络顺利的进入了刀具预调仪行业。通过企业间的优势互补，哈量集团联合 KELCH 公司进行产品和软件的研发，研制出了一系列达到世界先进水平的刀具预调仪产品，其中有很多首创性研发，例如机械手和全自动刀具预调仪。SECA 等系列产品的成功研发和产业化生产，带动 KELCH 走出了亏损的谷底，提升了哈量作为一个集团公司的整体的实力，成功推动哈量集团跻身为世界刀具预调仪知名生产厂商。分具预调仪创新能力评估图如图 16-2 所示。

3. 数控工具系统

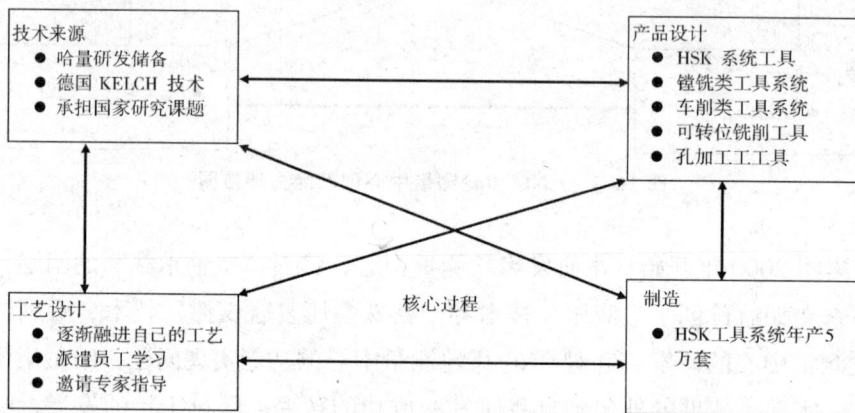

图 16-3　数控工具系统创新能力评估图

数控工具系统是我国工量具领域最薄弱的一个环节，哈量集团作为我国工量具行业的领军企业，自然而然的承担起了为我们国家研发数控工具系统的任务。然而，自 1987 年起，虽然投入了大量的研发力量和研发资金，经过十几年的发展，始终无法突破数控工具系统的核心技术。为了解决核心的技术难题，哈量集团利用国家政策的契机，收购了世界著名的数控工具系统研发生产企业——德国 KELCH。收购完成后，哈量通过派遣人员交流、聘请专家指导等方式，进行消化吸收和技术改造工作，全面提升了哈量集团研发能力、工艺水平和制造能力。实现了数控工具系统的国产化，各类产品都达到了世界领先水平。与此同时，哈量并没有放缓自己的脚步，承担起了几项国家课题以及相关标准的制定。经过几年的发展，哈量集团已经成为了我国数控工具领域的领头羊，把我国精密量仪的发展推向了一个更高的水平。数控工具系统创新能力评估图如图 16-3 所示。

4. 并联机床

哈量集团在并联机床领域虽然起步很晚，但是凭借着与哈尔滨工业大学的合作以及巨大的研发投入，哈量集团在并联机床生产厂家中后来居上。通过产学研合作以及技术的引进消化吸收再创新，哈量集团依次顺利的推出了"BXK-4027 六足并联机

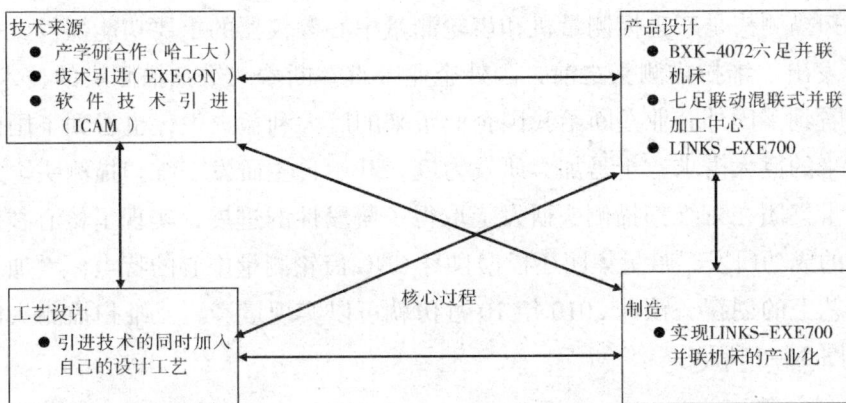

图 16-4　并联机床创新能力评估图

床"、"七足联动混联式并联加工中心"以及 LINKS-EXE700 新一代并联机床，打破了国外企业在这个行业领域内的垄断地位，填补了国内的技术空白。2007 年，LINKS-EXE700新一代并联机床研发以及产业化的成功，更加标志哈量集团并联机床的研发能力和生产制造能力迈上了新的台阶，跨入了能够生产和制造国际高端数控并联机床企业的行列。并联机床创新能力评估图如图 16-4 所示。

（二）核心技术能力层面

企业的核心技术是整机产品和整体工艺水平的支撑，所有整机产品和整体工艺的研发和创新都是建立在核心技术有所突破的基础上的。从 1998 年改制以来，哈量集团的主要发展重点基本集中在 CNC 齿轮测量中心、刀具预调仪、HSK 工具系统以及并联机床，在这几大领域投入了主要的人力和研发资金，核心技术集中在这几大领域，如 CNC 齿轮测量中心制造过程中提出的"液压"技术、"密珠静压复合支撑"技术以及"三维扫描侧头"，为了配合刀具和数控系统的研发而发展的控制技术等。

1. 三维扫描测头

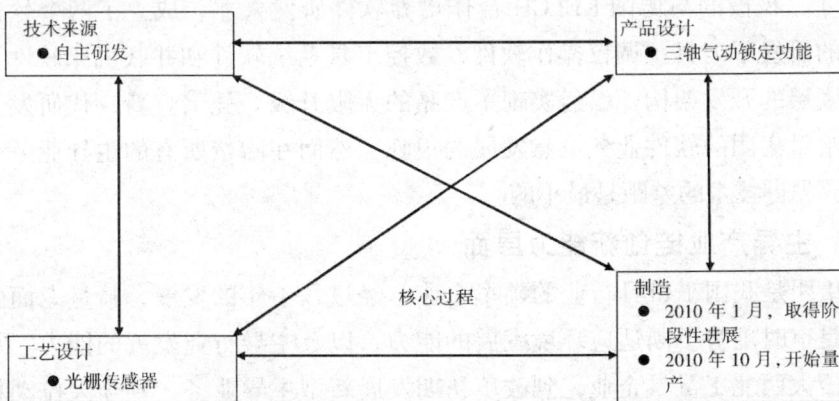

图 16-5　三维扫描测头创新能力评估图

三维扫描测头是三坐标测量机和齿轮测量中心等仪器的重要功能部件，在哈量集团成功研发出三维扫描测头之前，国外企业一直垄断着三维扫描测头的技术和市场。哈量集团看到了国外企业垄断给我国企业带来的巨大利益损失，也看到了国内精密量仪发展带来的巨大需求，于是加大研发力度，开始自主研发三维扫描测头。2010年1月份，哈量集团在三维扫描侧头研发上取得了阶段性的进展，实现了核心技术——光栅传感器的成功研发，哈量集团还根据自身CNC齿轮测量中心的特点，增加了三维扫描测头工艺上的创新。预计2010年10月份就可以实现量产。三维扫描测头创新能力评估图如图16-5所示。

2. 控制软件

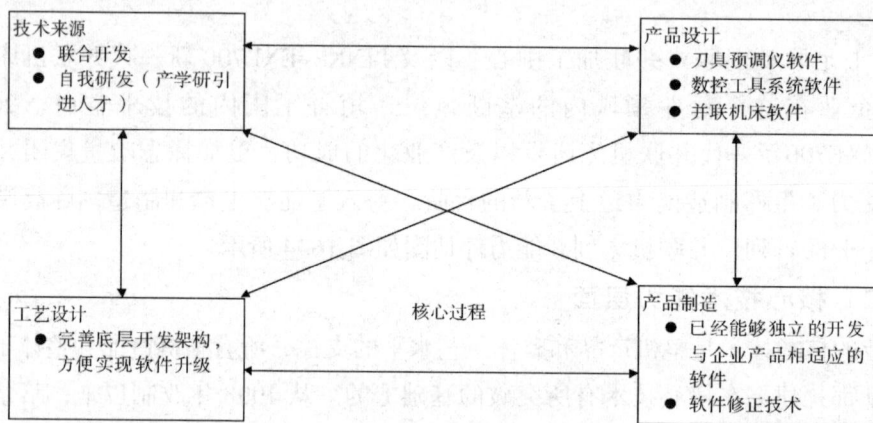

图16-6 控制软件创新能力评估图

随着对工量具测量精度要求的越来越高，计算机开始广泛的应用于工量具中。哈量集团最初的做法是把软件设计研发这一块业务外包给高校研究所和其他专业公司。在研发齿轮测量机的过程中，哈量开始认识到软件研发的重要性，通过产学研合作引进软件人才，积极的与德国KELCH合作培养软件研发人才，成立了两个软件研发小组，成功的研发了刀具预调仪操作软件，数控工具系统软件和并联机床软件，通过不断的完善底层的开发架构，已经实现了产品的无限升级。凭借着新一代研发人员的努力奋斗，哈量集团的软件业务虽然发展的很晚，然而在哈量所有的主导业务中，软件技术和世界先进技术的差距是最小的。

（三）主导产业链创新能力层面

哈量集团是我国工量具行业的领军企业，经过六十年的发展，哈量老而弥坚，所依据的就是审时度势不断适应环境发展的能力，以及主导行业发展的能力。从计划经济年代支援大西北工量具企业，到改革初期发展新型主导业务，到今天拉动相关产业的发展。哈量都以领军为己任，不断提高产业链创新的主导能力。

1. 齿轮测量、刀具和软件技术打造完整产业链

哈量集团上世纪 80 年代引进德国测量机技术，通过自己原有技术的储备，加之对德国测量机技术的消化吸收，在 2004 年成功的实现了技术的再创新，追赶上了老牌的齿轮测量机生产企业。哈量集团并没有沉醉在成功的喜悦之中，哈量领导人发现，要想在齿轮测量中心领域内实现进一步的突破，甩开其他竞争对手，就必须拓展自己的产业链条，提升哈量集团在齿轮测量中心领域的整体竞争力。在这一战略的推动下，哈量集团大力研发用于生产齿轮测量中心刀具，实现测量中心测量功能的软件技术。目前，哈量集团的软件研发技术已经取得了成功，能够独立开发先进的软件产品。刀具的研发已经取得了实质性的突破，开始了批量化生产。哈量集团以齿轮测量中心为核心的产业链已经形成，为今后的发展奠定了基础。

2. 对上游特种钢材的拉动

哈量集团对产业链创新的主导不仅仅体现在企业的内部，还广泛的带动了相关产业的发展。为了打破国外厂家在尖端刀具领域的垄断地位，实现齿轮测量中心精度和性能的提高，哈量集团进行尖端刀具的研发和生产。然而，最开始的研发受到了很多的限制，因为生产尖端刀具所需要的高速钢完全被国外厂商垄断，哈量集团的研发工作进展的非常缓慢。面对这种情况，哈量集团联合当时国内另外一家生产刀具的企业天工集团联合研发高速钢，经过双方共同的努力，终于掌握了生产高速钢的核心技术，实现了高速钢的国产化。随着高速钢的成功研发，哈量集团的研发工作迅速的开展，天工集团也借此从一个小小的刀具生产企业，成为我国最大的高速钢生产厂家。今天，民族企业已经牢牢占据了国内的高速钢市场，其中天工集团占据了 1/3 的市场份额。哈量集团根据自身的研发需求，联合天工集团打破高速钢垄断，带动了相关行业的技术创新，实现了自身经济价值和社会价值的统一。

六、哈量集团创新能力成长模式

（一）成长模式的内涵

哈量集团始终秉承"设计一代，预研一代，研制一代，生产一代"的技术研发理念，积极推动创新规范化、程序化和模块化发展，经过多年的努力和积累，形成了**基于技术并购的创新能力成长的创新模式**。哈量集团在创新能力成长的过程中，始终把自身能力的提高放在首位，从最开始的进行技术研发，储备技术，到最后的再创新过程中，在他人先进技术的基础上，不断融入哈量自己的技术和工艺，进行更高层次的产品和技术创新。与此同时，哈量集团充分利用自己所处外部环境，推动技术的引进和并购，加强同企业和科研院所的研发合作。通过这些技术的引进和合作研发，哈量成功的提高了研发效益，缩短了研发时间，也充分利用这些技术进行再创新。在内外因作用的基础

上，哈量集团的创新能了得到了提升，逐步跻身世界先进工量具企业行业。

（二）主要做法

1. 重视引进技术的消化创新，积累技术基础

哈量集团在创新能力成长的过程中，十分重视自身原有技术的储备和引进技术的消化创新。只有在自身能力不断提高、对行业技术有一定了解的前提下，才能够更好的去研发和掌握行业中最先进的技术。哈量集团在引进德国克林贝尔和霍梅尔齿轮测量中心技术之前，已经在齿轮测量中心技术上进行了长时间的储备，在并购 KELCH 之前，也已经在刀具预调仪和数控工具系统技术方面有所建树。也正是基于这些基础技术的积累，哈量在消化吸收的过程当中才能够如鱼得水，学习到自己真正想要的核心技术。在技术积累的基础之上，哈量充分的利用市场的外部资源，引进国外的先进技术，以最小的成本获取最大的技术收益。然后积极的进行消化吸收再创新，在再创新的过程中，哈量集团十分注重自身元素的融入，把自己的先进的制造工艺和理念融入新技术和新产品，真正的提升了创新的能力，培养了创新的新思维。

2. 抓住机遇、分层推进、实现双赢的国际技术并购

哈量集团在积极引进国外技术的同时，积极响应国家"走出去"战略的实施，推行国际技术并购。2005 年，哈量集团成功的并购了著名数控工具系统生厂商——德国 KELCH 公司，此时恰逢哈量体制改革，哈量集团决定改制和重组同步进行，分层推进，对公司进行了一次立体化式的改造。技术并购成功之后，哈量集团把 KELCH 中低档产品的技术和研发转移到国内，利用 KELCH 完善的国际网络，促进了集团公司的发展。而且哈量继续加大德国 KELCH 子公司高档产品的研究，并且积极的参与技术的研发。通过这种优势的互补实现了两者的双赢，哈量集团的总体研发水平上了一个大台阶，KELCH 也迅速的扭亏为盈，哈量集团总公司的竞争力大大的提升。

3. 产学研合作中注重培养人才

除了引进国外技术之外，哈量集团还充分的发掘国内技术资源，与高等院校和科研院所开展广泛的产学研合作，以期提升企业的创新能力。在前期的产学研合作中，基本上是以高校和科研院所为先导，哈量集团只是负责研发的相关投入。这种机制下，很多的问题都滋生出来，如技术虽然研发出来了，但是哈量集团并没有研究人员的参与，哈量集团的创新能力并没有得到提升；或如研究生毕业之后研发工作被迫中断，虽然产品得到了开发，但哈量的创新能力始终在原地徘徊。针对这些问题，哈量集团的领导层提出了新型产学研模式，以企业为主导，企业派遣科研人员和高校研究人员一起进行技术和产品的创新性研究，或者通过产学研的合作把高校的研究人员引进企业，提升企业的创新能力。哈量集团通过产学研合培养了一大批的科研人才，哈量集

团精密量仪研究所副所长郎岩梅博士和软件开发小组组长张海亮就是其中的典型代表。

4. 以协议工资制实现人才和企业的双赢，稳定技术人才队伍

人才是企业最宝贵的财富，一个企业如果不能吸引人才、汇聚人才，则必然没有生机，也终将会被市场所淘汰。哈量集团为了留住公司的人才，1997年在公司最艰难的时候，提出了协议工资制度，提高了科研人员的待遇，稳定了人才队伍，为科研人员解决了后顾之忧。科研人员的科研积极性也被激发出来，全身心的投入科研事业，为企业创新能力的发展贡献自己的力量。协议工资制的提出，实现了科研人才和企业之间的双赢，科研人员是实现了自身的价值，满足了自身的物质需求；企业也顺利的留住了人才，实现了创新能力积累的连续性。

七、哈量集团经验启示

（一）国际技术并购是提高技术创新能力的有效方式

国际技术并购能够有效的提高企业的技术创新能力，尤其是那些以经验知识积累为主的企业的创新能力。国际并购的实施，能够实现技术的整体引进，通过双方的优势互补，缩短技术创新的时间，加快科技研发的周期，提高了科研经费的利用率；并购的实施还能够推动不同科研思维的融合，拓展科研人员的创新思维，以带动企业创新能力的提升。所以说，国际技术的并购能够成功的推动企业技术创新能力的整体提高。

（二）创新能力的积累要重视人才队伍的培养和稳定

企业要重视人才队伍的培养和稳定，建立各种机制培养人才和留住人才，让员工在为企业贡献力量的时候，也能够实现自我的价值，得到物质、能力、感情和事业上的满足。这样才能保证企业人才的稳定和创新能力的稳定。

（三）不断开拓新领域，实现转型（国际化和新业务培育）是老牌企业重现活力的关键

时代在不断的发展，老牌企业必须根据自己所处的环境做出不断的调整，才能够紧跟时代的脚步以获取更大的发展。老牌企业必须放眼全球，立足全球，直面全球企业的竞争，在全球的范围内进行资源的配置和市场的开拓，方能够永葆生机。当今世界是一个日益多样化的世界，更多的新兴技术被应用于产品的开发，也有更多适应新环境的产品被需求，老牌企业要紧跟消费者的脚步，以市场为主导，不断的培育自己的新业务，才能够在竞争中立于不败之地。

（四）产业链的核心技术突破是龙头企业的努力方向

企业只有在产业链的核心技术上取得突破，成为产业链上最核心的一环，才能够利用自己的核心优势带动企业其他业务的发展，以及产业链上其他企业的发展，形成规模经济，提升企业的竞争能力和经济效益。